Philipp Theisohn, Georg Braungart (Hg.)

PHILOSEMITISMUS

Philipp Theisohn, Georg Braungart (Hg.)

PHILOSEMITISMUS

Rhetorik, Poetik, Diskursgeschichte

Wilhelm Fink

Der vorliegende Band ist gefördert durch die Fritz Thyssen Stiftung,
die zugehörige Tagung durch die Fritz Thyssen Stiftung und
die Christian Knorr von Rosenroth-Gesellschaft.

Umschlagabbildung:
Jean François de Troy: Esther in Ohnmacht vor Ahasver,
1747, Detail.

Bibliografische Information der Deutschen Nationalbibliothek

Die Deutsche Nationalbibliothek verzeichnet diese Publikation in der Deutschen
Nationalbibliografie; detaillierte bibliografische Daten sind im Internet über
http://dnb.d-nb.de abrufbar.

Internet: www.fink.de

Einbandgestaltung: Anna Braungart, Tübingen
Printed in Germany
Herstellung: Brill Deutschland GmbH, Paderborn

ISBN 978-3-7705-5301-3

Inhaltsverzeichnis

GEORG BRAUNGART / PHILIPP THEISOHN

Die überspringende Rede
Philosemitismus als literarischer Diskurs

1. Vorbemerkung

> Wir stehen hier einer höchst seltsamen Form von Toleranz gegenüber, die demjenigen, dem sie gilt, erst dann zugute kommt, wenn er darauf verzichtet, das zu sein, was er eigentlich ist. Also eine Toleranz um den Preis der Selbstaufgabe. Also eine Toleranz, die nicht bereit ist, Andersartigkeit zu akzeptieren. Also keine Toleranz.[1]

Unter den drei großen Missverständnissen des zeitgenössischen Theaters, von denen eines dessen pazifistische Grundüberzeugung sein soll und ein anderes auf den Namen Bertolt Brecht hört, ist Friedrich Torberg 1967 das „philosemitische Mißverständnis“ eine besondere Erwähnung wert. Dass sich auf den Bühnen eine Attitüde ausbreite, die in der fehlgeleiteten Unterdrückung antijüdischer Reflexe gerade deren Wirkmächtigkeit dokumentiere, ist Torberg nicht nur unzweifelhaft, sondern auch ein Indikator für den moralischen Zustand der Nachkriegsgesellschaft und ihres Literaturbetriebs. Als Belege für die theatralische Kultivierung einer Toleranzgeste, die dem Juden in der Umarmung sein Jude-Sein raubt, dienen Torberg Arthur Millers *Zwischenfall in Vichy*, Hochhuths *Der Stellvertreter*, Frischs *Andorra* und Erwin Sylvanus' *Korczak und die Kinder* – allesamt Dramen, die „von den besten Absichten geleitet“ werden, die aber ihre Überredung zum Miteinander gerade aus der Inszenierung des Judentums als einer Oberflächenidentität herleiten, unterhalb derer sich die Verbundenheit der Juden mit ihrer nichtjüdischen Umgebung beweisen lässt. Man kann und muss die Juden lieben, denn lässt man ihre Jüdischkeit beiseite, sind sie im Grunde doch Deutsche, Christen, Europäer, gute Menschen. Den Ursprung dieses Ideologems entdeckt Torberg – wie zu erwarten steht – in Lessings Nathan, der den Zweifel hegt, dass „Christ und Jude eher Christ und Jude, / Als Mensch“[2] seien – und damit das Beharren auf Partikularität und Andersartigkeit als eine Verblendung, ja: als eine Sünde wider die Humanität markiert. Torbergs prägnanter Analyse ist beizupflichten: Nimmt man dem Nathan sein Menschsein weg, lässt man ihn nur Jude sein, dann wird er sofort wieder zum Klischee, zum Geldwechsler, zum Shylock. Wenn die aufgeklärte Phantasie aber es sich gönnt, über dieses Klischee hinwegzuschreiten, dann bleibt am

---

[1] Friedrich Torberg, „Das Unbehagen in der Gesinnung. Versuch über einige Mißverständnisse des heutigen Theaters“, in: ders., *Apropos. Nachgelassenes – Kritisches – Bleibendes*, 2. Aufl., Wien, 1981, S. 280-328.

[2] Gotthold Ephraim Lessing, *Nathan der Weise*. Zitiert nach: ders., *Werke*, hg. von Herbert G. Göpfert, Darmstadt, 1996, Bd. II, S. 205-347, hier S. 523 f.

Ende eine austauschbare Figur übrig, der man im Grunde auch die Verse des Saladin hätte unterschieben können.

Philosemitismus – das meint in diesem Horizont die Vereinnahmung des Judentums unter gleichzeitiger Abforderung des Jüdischen, also so etwas wie die mentale Übersetzung einer Zwangstaufe. Die systematische Nähe zum Antisemitismus ist das wesentliche Kennzeichen dieses Begriffs, und in diesem Zuschnitt ist er auch als Kampfbegriff in aktuellen politischen Diskussionen bis heute noch präsent. Dort fungiert er als konstitutives Element einer Enttarnungsstrategie: Wer einem Gegenüber unterstellt, Philosemit zu sein, der entlarvt den vermeintlichen Freund als heimlichen Feind, dem ein offener Feind im Zweifel sogar noch vorzuziehen sei.[3] Es ist schwierig geworden, den Philosemitismus unpolemisch zu denken. Vielleicht ist es sogar schwierig geworden, ihn *überhaupt* als eine eigens fundierte Geisteshaltung zu denken, denn bei genauem Hinsehen scheint es sich – folgt man Torberg – dabei lediglich um die dialektische Kaschierung eines verschämten Antisemitismus zu handeln.

Der vorliegende Band geht davon aus, dass diese Einschätzung, selbst wenn sie im Einzelfall zutreffen mag, für eine Generalthese nicht herhalten kann. Er unterstellt im Gegenzug, dass sich der Philosemitismus in seinen historischen Formationen, seinen Motiven und Erscheinungsformen nur dann wirklich verstehen lässt, wenn man ihn selbst befragt. Anstatt die Gesinnungsfrage zu stellen, scheint es naheliegender, sich mit den Topiken, Metaphern und Sprechweisen zu beschäftigen, die sich im Gravitationsfeld des Philosemitismus auffinden lassen. Die philosemitische Rede – das mag als Grundthese vorerst genügen – besitzt eine ihr eigene Reflexivität; sie ist keineswegs auf eine antisemitische Kippsemantik zu reduzieren. (Was nicht ausschließt, dass der Antisemitismus sich einer solchen Semantik bedient; Eichmanns nachträgliche Selbstverklärung zum Zionisten[4] folgt etwa einer solchen.) Man könnte es vielleicht so formulieren: Entgegen der von Torberg (und nicht nur von ihm) formulierten Annahme, dass der Philosemitismus primär nach der Aufhebung des Judentums in der Bejahung des jüdischen Menschen strebe, zeichnet sich der Philosemit vor allem dadurch aus, dass er auch etwas *für sich selber* will. Philosemitismus ist Begehren, und ganz gleich, wo man ihn antrifft – in Theologie, Politik, Kunst und nicht zuletzt auch in der Literatur- und Geschichtswissenschaft –, richtet sich seine rhetorische Energie weniger darauf, das Andere sich gleichzumachen, als vielmehr selbst ein Anderer werden zu können, hinüberzugehen, geliebt und anerkannt zu werden.

---

3 So spricht etwa Yves Kugelmann, der Redakteur des *Tachles*, von „den unerträglichen Philosemiten, die die Juden hofieren, sie in einen Nationalismus drängen wollen, der ihnen so gar nicht entspricht. Die Philosemiten – die grössten und verlogensten Antisemiten – lieben die Juden, umarmen sie bis zum Erdrücken." (Yves Kugelmann, „Wenn ihr wollt, ist es ein Märchen", in: *NZZ Folio,* 01/08.)

4 Vgl. hierzu Philipp Theisohn, *Die Urbarkeit der Zeichen. Zionismus und Literatur – eine andere Poetik der Moderne*, Stuttgart/Weimar, 2005, S. 21.

So wird man ein Stück wie den *Nathan* – der in diesem Band nicht nur einmal eine Rolle spielen wird – nicht nur als die Projektion eines naiven Verständnisses von Alterität lesen dürfen, sondern man wird fragen müssen, mit welchen Mitteln und nach welcher Logik hier eigentlich ein Jude in die Zwischenposition, weder „Stockjude“ noch „ganz und gar nicht Jude“ sein zu können, hineingeschrieben und in dieser Position bis zum Ende gehalten wird.[5] Gegen den litotischen Gestus, das Aufweisen der Uneigentlichkeit der jüdischen Differenz steht dann nämlich doch die Einsicht, dass diese Differenz fortbestehen muss und gerade *nicht* aufgelöst werden darf, dass die philosemitische Phantasie sie als eine solche braucht und nach ihr verlangt. Der *Nathan* ist für diese ambivalente Bestimmung des Judentums durch den Philosemitismus vielleicht gerade deswegen das monumentalste Beispiel, weil er deutlich macht, wie sehr sich die jüdische und die außerjüdische Perspektive in Bezug auf dasselbe Phänomen entgegensetzen: Wo die Haskalah tatsächlich Strategien zu entwickeln versucht, die es dem Judentum erlauben sollen, sich universalistisch und distinkt *zugleich* zu verstehen – Mendelssohns *Jerusalem* widmet sich ganz und gegen alle inneren und äußeren Widerstände diesem Projekt[6] –, da eröffnet dieser jüdische Neuentwurf Lessings Stück gerade den Zugriff auf das immer noch ‚Andersgebliebene‘, auf eine jüdische Figur, deren Wert vor allem darin besteht, dass sie der nichtjüdischen Welt unterstellt, sie werde „sich unsrer Liebe/Noch immer wert genug behaupten.“[7] Der Jude muss ein Jude bleiben, weil er nur als solcher die Liebenswürdigkeit, den Wert des Nichtjuden bezeugen kann.[8]

An die Stelle der doch recht trivialen Formel des inversen Antisemitismus tritt damit eine doch recht komplizierte Dynamik: Das Judentum, wie es der philosemitische Diskurs imaginiert und inszeniert, ist ein Phantasma. Als phantasmatisches Objekt aber wird der Jude zu einem Träger der geheimen Wünsche

---

5 Lessing, *Nathan* (wie Anm. 2), S. 369 f.

6 Vgl. hierzu Carola Hilfrich, „‚Cultur ist ein Fremdling in der Sprache‘. Zu Moses Mendelssohns Kulturbegriff“, in: *Arche Noah. Die Idee der ‚Kultur‘ im deutsch-jüdischen Diskurs*, Freiburg i.B., 2002, S. 25-48.

7 Lessing, *Nathan* (wie Anm. 2), S. 333.

8 Und so verkehren sich die Dinge. Nehmen wir das Buch Esther, das in der jüdischen Tradition – nicht nur, aber eben vor allem an Purim – deswegen solch eine enorme Bedeutung besitzt, weil in ihm die Möglichkeit des ‚Hinübergehens ohne Selbstverlust‘ Gestalt findet. Aus jüdischer Perspektive liest sich das dort beschriebene Geschehen als die heldenhafte, weil nicht gefahrlose Subversion von Identitäten: Aus der Jüdin Hadassah wird die Königin Esther, und weil das ein Geheimnis bleibt, können aus den Verfolgten die Siegreichen, aus den Verfolgern die Gerichteten und aus dem Despoten der Schutzpatron werden. Für den Philosemiten aber ist und bleibt die Königin Esther der Zugang zur Jüdin Hadassah, und ihr Auftritt vor dem Hof des Ahasuerus, in dessen Augen sie „Gunst gewinnt“ (Esther 5,2), versteht sich als eine Inszenierung, in welcher der dem Betrachter zukommende jüdische Eros in das Gewand des politisch Zulässigen schlüpft. Die um 1815 entstandene Darstellung dieser Szene durch Franz Cauzig, die den vorliegenden Band ziert, fasst diese Doppelbödigkeit ein: Vor dem Bild stehend ist unser Blick eben nicht der des zu seiner Gemahlin hinstürzenden Königs, sondern dessen Reflexion: Wir nehmen den Reiz wahr, den Esther auf Ahasuerus ausübt – und tragen in diesen Reiz zugleich unser Wissen um die verborgene jüdische Identität dieser Frau ein, die hier für ihr Volk um Gunst sucht und findet.

seiner Umwelt: Er erscheint deswegen begehrenswert, weil er von uns begehrenswert erscheinen *will*. Und er will deswegen vor uns begehrenswert erscheinen, weil er will, dass *wir ihn* begehren. Und er will, dass wir ihn begehren, weil *er uns* begehrt. Das allein ist entscheidend.

Wenn die anschließenden Beiträge sich ausdrücklich dem Philosemitismus als *literarischem Diskurs* widmen, dann ist dies nicht dem Wunsch geschuldet, lieber Dritte reden zu lassen, unverfänglich zu bleiben, das Gefahrenfeld der Politik durch das unverfängliche Spiel der Kunst zu einzutauschen. Nein: Der Ausgangspunkt der Tagung, die diesem Band zugrunde liegt, war die Überzeugung, dass jenes Konzept der wechselseitigen Affizierung, in welchem wir den strukturellen Kern des Philosemitismus erkannt haben, auf ganz bestimmten persuasiven, reflexiven, kritischen Redeweisen aufruht, sich in diesen tradiert und entwickelt. Es gibt eine philosemitische Literarizität – und dieser auf die Spur zu kommen, ist das Anliegen der hier beteiligten Literaturwissenschaftler unterschiedlichster Provenienz, die in diesem Buch versammelt sind. Im Zentrum stehen dabei nicht ‚Gesinnungen', stehen nicht die Vorurteile von Autorinnen und Autoren, sondern eine Denkfigur, die das Judentum benutzt, um über die Sehnsüchte derer sprechen zu können, die keine Juden sind. Diese Denkfigur aufzuweisen, ist eine Sache – darzulegen, inwiefern sich in der Literatur der Neuzeit aber auch ein Bewusstsein der philosemitischen Rede entwickelt, das selbstreflexiv und selbstkritisch zu werden vermag – das ist die Aufgabe dieses Bandes.

2. Philosemitismus und Literaturwissenschaft – Zum Problem

Der Philosemitismus ist ein von philologischer Seite bisher schwach durchleuchtetes Phänomen. Während die Geschichtswissenschaft vor einigen Jahren mit einem imposanten Sammelband ihr Forschungsdefizit auf diesem Gebiet zwar nicht systematisch, aber doch zumindest summarisch ausgeglichen[9] und

[9] *Geliebter Feind – gehasster Freund: Antisemitismus und Philosemitismus in Geschichte und Gegenwart*, hg. von Irene A. Diekmann und Elke-Vera Kotowski, Berlin, 2009. In der Rückschau sind noch zwei weitere Arbeiten zu erwähnen: zum einen die nicht unproblematische und in ihren Definitionen unscharfe Untersuchung Alan Edelsteins (*An Unacknowledged Harmony. Philo-Semitism and the Survival of European Jewry*, Westport (Conn.)/London, 1982), zum anderen die zweifellos bedeutungsvolle Abhandlung von Hans Joachim Schoeps (*Philosemitismus im Barock – Religions- und geistesgeschichtliche Untersuchungen*, Tübingen, 1952).

die Theologie sich bereits vor geraumer Zeit definitorischen Bemühungen unterzogen hat[10], so ist die Forschungslage zum Gegenstand auf dem literaturwissenschaftlichen Feld bislang ernüchternd.[11] Dies liegt nicht zuletzt daran, dass der Begriff selbst sowohl in seiner problematischen Genese[12] als auch in seiner historischen Tragfähigkeit immer noch angezweifelt wird, und jeder Versuch, die terminologischen Grenzen enger zu ziehen, bereits im Verdacht steht, ideologisch motiviert zu sein. Wer von ‚Philosemitismus' spricht, der begibt sich unweigerlich in eine Debatte über den ‚richtigen' und ‚falschen' Umgang mit dem Judentum, er knüpft im Zweifel an eine antisemitische Diktion an, er definiert nicht mehr, sondern diffamiert. Im Angesicht dieses Gefahrenpotentials wird die wissenschaftliche Zurückhaltung gegenüber dem Philosemitismus verständlich. Dies ändert freilich nichts an der Tatsache, dass der Terminus selbst in der geistesgeschichtlichen Aufarbeitung des Verhältnisses von Juden und Nichtjuden in der Neuzeit mittlerweile etabliert ist; dass es auch schon längst Versuche gegeben hat, dem Begriff seine emotionale Schärfe zu nehmen und ihn in konkrete historische, politische wie theologische Kategorien zu überführen.[13] Es besteht somit kein Grund, den Philosemitismus als Gegenstand einer wissenschaftlichen Analyse von vornherein zu verwerfen. Gerettet werden kann er als ein solcher jedoch nur, wenn er nicht länger ausschließlich als polemische Klassifizierung, sondern darüber hinaus als ein *diskursives* Phänomen verstanden wird. Das ist wörtlich gemeint: Wer im wissenschaftlichen Sinne über den Philosemitismus sprechen will, der muss sich darüber im Klaren sein, dass er es dabei mit einer Jahrhunderte alten Redeform zu tun hat, die ganz bestimmten

---

[10] Wolfram Kinzigs Aufsatz „Philosemitismus. Zur Geschichte des Begriffs", in: *Zeitschrift für Kirchengeschichte* 105 [1994], S. 202-228 und S. 361-383, gehört sicherlich zu den instruktivsten Diskussionsbeiträgen zum Thema.

[11] Eine Ausnahme bildet lediglich Irving Masseys Studie *Philo-Semitism in Nineteenth-Century German Literature*, Tübingen, 2000.

[12] Allem Anschein nach erscheint der Begriff erstmals in Heinrich von Treitschkes Rede „Zur inneren Lage am Jahresschlusse" (1880), entstammt also dem antisemitischen Vokabular und richtet sich im angegebenen Kontext gegen die Fortschrittspartei, die sich gegen die von Treitschkes Parteigängern angezettelte Petition für den Ausschluss der Juden vom Beamtentum richtete. (Vgl. Kinzig, „Philosemitismus" [wie Anm. 10], 211ff.)

[13] Kinzig, der selbst für die Unterscheidung von „primärem" und „sekundärem" Philosemitismus plädiert (Kinzig, „Philosemitismus" [wie Anm. 10], S. 364 f.), führt nicht ohne Hintergedanken die Klassifikationsmodelle von Feuchtwanger, Schoeps, Rappaport und Edelstein auf (S. 227 f.), die durchaus eine Vielzahl an Schnittmengen aufweisen (christlich-missionarischer Philosemitismus, chiliastischer Philosemitismus, liberaler Philosemitismus, humanistischer Philosemitismus), gleichwohl in ihrem Versuch, Kategorien zu bilden, zwangsläufig in Abgrenzungsschwierigkeiten geraten. Diese beginnen bereits bei der Frage, ob der Philosemitismus dort aufhört, wo sich das philosemitische Subjekt in einen Proselyten verwandelt und enden bei dem Problem, das Maß an Übersteigerung zu bestimmen, welches aus einer bloßen ‚Zuwendung' zum Judentum einen Philosemitismus werden lässt. Gerade aus diesem Grund scheint es mir ratsam zu sein, das Phänomen nicht von seinen Inhalten, sondern von seiner spezifischen Form her zu bestimmen.

Regeln folgt, unabhängig davon, welche historischen Inhalte sie gerade transportiert – ob sie sich auf theologischem, politischem, philosophischem oder poetischem Untergrund bewegt.

Die besondere Schwierigkeit dieses Unterfangens ist nicht zuletzt in dem Umstand zu suchen, dass es im Grunde einer doppelten Perspektivierung bedürfte, um die Verlaufsformen und Effekte philosemitischen Denkens strukturell nachvollziehen zu können. Auf der einen, uns vertrauten Seite hat man es mit einem Komplex von Fremdprojektionen zu tun, die sich auf die ein oder andere Weise systematisieren und unter denselben Begriff bringen lassen. Der Philosemitismus steht grundsätzlich im Verdacht, in der übersteigerten Hinwendung zum Judentum dieses gerade nicht verstehen zu wollen, sondern für sich schon längst verstanden und identifiziert zu haben. Sein Fluchtpunkt ist hierbei die imaginäre, nicht zwingend chiliastische Einheit von Juden und Nichtjuden, sein Anliegen somit die Transgression auf das Feld des Judentums, das er zugleich aber eben auch als solches abgegrenzt sehen will. (Denn sonst wäre es ja nicht begehrenswert.) In diesem Sinne könnte man von einer Sehnsucht nach Teilhabe sprechen: *der Philosemitismus hypostasiert die Exklusivität des Judentums, um diese zugleich für sich selbst aufzubrechen.*

Auf der anderen Seite – und dies wird meistens übersehen – arbeitet der philosemitische Diskurs nicht ohne Resonanzraum, sondern begleitet die Geschichte der europäischen Juden seit dem Mittelalter unentwegt. Er ist eng an Fragestellungen und Theoreme jüdischer Identitätspolitik angekoppelt und interagiert auch mit diesen. Der Philosemitismus informiert sich genauestens über das Objekt seiner Begierde; er versucht, seine Aufmerksamkeit zu erregen und es zur Erwiderung der ihm entgegengebrachten Gefühle zu bewegen. Erst in der Einsicht, dass der philosemitische Monolog das Judentum als sein Objekt nicht nur beschreiben, sondern auch affizieren möchte, wird er als diskursgeschichtliches Phänomen überhaupt erst denkbar. Der Philosemitismus spricht nicht nur vom Hinübergehen auf das jüdische Feld, sondern bewahrheitet sich letztlich als eine Rede, die auf ihren Gegenstand *überzuspringen* versucht. Will man dieser Rede also wirklich gerecht werden, so muss man ihr zunächst die performative Würde wiedergeben. Zweifellos: Philosemitismus kann naiv und verdächtig sein. Er kann mithin ‚unterlaufen'. In der Regel jedoch folgt er vor allem einer rhetorischen Strategie, die das begehrte Andere nicht nur anspricht, sondern es auch zum Sprechen bringen will.

Die Literaturwissenschaft als die Disziplin, deren Metier nicht zuletzt die Analyse der performativen Aspekte literarischer Kommunikation ist, steht dem philosemitischen Diskurs bisher unentschlossen gegenüber. Die erforderliche Doppelperspektive hat sie nie eingenommen. Jener Bereich der Literaturforschung, der sich in irgendeiner Form auch mit jüdischen Themenkomplexen beschäftigt, räumt dem Phänomen im besten Falle eine Randnische ein, schließt es aber meistens sogar grundsätzlich aus. Der Philosemitismus wird dort meist als ein reines Vereinnahmungsgeschehen perspektiviert. Wenn es die Aufgabe der Literaturgeschichtsschreibung sein soll, das Profil einer jüdischen Literatur in deutscher Sprache zu schärfen, so steht der Philosemitismus diesem Bemühen scheinbar unvermeidlich im Wege, denn in ihm artikuliert sich nicht die ‚jüdische' Rede, sondern eben eine nichtjüdische ‚Rede über Juden'. Diese nichtjüdische ‚Rede über die Juden' ist wiederum nahezu ausschließlich Gegenstand von biographischen, sozial- und motivgeschichtlichen Untersuchungen geworden. Man spricht dann über das ‚Judenbild' (etwa in der Literatur des Realismus), über Goethes Erfahrungen mit dem Frankfurter Ghetto oder über die Entwicklung der rechtlichen Stellung der jüdischen Bevölkerung im europäischen 19. Jahrhundert. Ein differenziertes Bewusstsein für die poetische Faktur dieser Rede und ihre innere Logik findet sich hingegen höchst selten.[14] Die Entwicklung eines solchen Bewusstseins soll die primäre Aufgabe dieses Bandes sein.

3. Diskursfelder

Der philosemitische Diskurs lässt sich systematisch in drei Beobachtungsfelder unterteilen:

a. Theologisch-philosophische Konstellationen:

Das Vereinigungsphantasma, das den Philosemitismus verfolgt, entstammt der heilsgeschichtlichen Vorstellung des ‚gemeinsamen Bundes', der sich in der messianischen Zeit erfüllen wird. (Natürlich spielt hier insbesondere der Römerbrief eine zentrale Rolle.) Entscheidend ist hierbei immer die Frage nach dem Weg, auf dem sich diese Einheit vollziehen wird – nämlich als Konversion der Juden zum Christentum, als Rückkehr der Christen zum Judentum, oder gar als Vereinigung in einem dritten Bekenntnis (dessen einflussreichste Ausprägung sicherlich der Spinozismus gewesen ist). Jede dieser Varianten impliziert unterschiedliche Strategien philosemitischer Transgression, die bisweilen mit komplexen theologischen Entwürfen einhergehen. Das 16. und 17. Jahrhundert entwickeln hierbei etwa im Projekt der christlichen Kabbala ein sehr detailreiches Übergangssystem, dessen Bildsprache sich im philosemitischen Diskurs verankert und noch weit in die interkonfessionellen Debatten der Aufklärung hineinwirkt.[15] Die Säkularisierung dieses eschatologischen Rasters im Kulturgedanken des 18. Jahr-

[14] Hiervon auszunehmen ist Irving Massey, *Philo-Semitism in Nineteenth-Century German Literature*, Tübingen, 2000.

[15] Vgl. zu dieser Entwicklung mittlerweile Wilhelm Schmidt-Biggemanns vierbändige *Geschichte der christlichen Kabbala,* Stuttgart-Bad Cannstatt, 2012-2014.

hunderts und seine skrupellose Umdeutung seit der Mitte des 19. Jahrhunderts sind indessen eine eigene Betrachtung wert. Zu diskutieren wäre hier nicht zuletzt Zygmunt Baumans These von der ‚ambivalenten' Logik der Moderne[16], welche die nationalstaatliche Politik im Ausgang der Aufklärung zunächst zu einer ‚Naturalisierung' des Judentums führt. Was nur ‚Natur' ist, das kann durch den Geist durchwirkt und geläutert werden – im Umkehrschluss wird dann dasjenige, was sich dieser Läuterung widersetzt, der Vernichtung preisgegeben. Im problematischen Nachklang dieses Umschlagens ersteht der Philosemitismus sodann von Neuem, als Faktor einer Schuldökonomie, die die Shoah in einen ‚moralischen Kredit' umzuwandeln versucht.[17]

b. Diachrone Leitfiguren philosemitischer Rede:

Die philosemitische Rede bedient sich einer spezifischen Topik, die nicht selten neutestamentarisch gedeckt ist. Tatsächlich sind die Topoi des Philosemitismus, die sich nicht nur aus Verwandtschafts- resp. Familienmetaphorik beschränken, sondern etwa auch auf das Bildfeld der Apostasie oder des verborgenen Heils zurückgreifen, bisher weder systematisiert noch in ihrer historischen Funktionalisierung untersucht worden.[18] Tatsächlich kann es hier nicht nur um Metaphernsammlungen gehen; vielmehr gilt es, die entsprechenden Leitfiguren als Durchdringungskonzepte zu begreifen. Zu diesen Konzepten gehört nicht zuletzt auch das Phantasma der jüdischen Frau, in dem sich Bemächtigungs- und Entgrenzungsvorstellungen vermischen und um das sich eine Geschichte des philosemitischen Begehrens bildet, die von Grimmelshausens *Wunderbarlichem Vogelnest* (1672) bis zu Grillparzers *Jüdin von Toledo* (1855) und Raabes *Frau Salome* (1875) reicht. Neben das körperliche tritt das epistemologische Begehren. So entfaltet sich als ein weiterer Modellfall innerhalb der genealogischen Topik – von Reuchlin über Lessing und Herder bis hin zu Meyrink – der Topos des ‚weltweisen' Judentums (der sich bisweilen dann mit dem Ahasver-Mythos verbindet). Dieser fungiert vorzugsweise als historisches Korrektiv, mit dessen Hilfe die nichtjüdische Welt sich ihrer weltgeschichtlichen Position versichert. Dabei bleibt der Fluchtpunkt immer der einer ‚gemeinsamen' Geschichte (so sehr sie sich auch im Verborgenen

---

16 Vgl. Zygmunt Bauman, *Moderne und Ambivalenz – Das Ende der Eindeutigkeit*, aus dem Englischen von Martin Suhr, Frankfurt a.M., 1995.

17 Vgl. hierzu Frank Stern, *Im Anfang war Auschwitz – Antisemitismus und Philosemitismus im deutschen Nachkrieg*, Gerlingen, 1991, S. 241-266.

18 Hiervon abzugrenzen ist die eine solche Systematik doch weit verfehlende ‚Typologie' bei William D. und Hilary L. Rubinstein, *Philosemitism – Admiration and Support in the English-Speaking World for Jews, 1840-1939*, London/New York, 1999.

abzeichnen mag), die gleichzeitig nur von einem exklusiven – eben einem jüdischen – Standpunkt aus erzählt werden kann. Die Zuspitzung dieser Konstellation ereignet sich freilich im Topos des ‚Opfers', der die Diskussion um den Philosemitismus nicht erst seit 1945 beherrscht. Es ist dabei gleich, ob das Judentum als ein notwendig-weltgeschichtliches (im 19. Jahrhundert), tragisches (im frühen 20. Jahrhundert) oder nicht zu rechtfertigendes Opfer geschildert wird. Die philosemitische Rede begehrt in jedem Fall das Opfer[19], weil sie dessen Standpunkt begehrt. (Was nicht bedeutet, dass sie zwingend Opfer *sein* will; aber zumindest Opfer *gewesen sein* will sie eigentlich immer.) Die literarische Integration dieses Standpunktes ist notwendigerweise mit Annäherungsstrategien verbunden, deren Spektrum von Empathie über Gesprächsdialektik bis hin zu Initiationsriten reicht.

c. Die Poetik der philosemitischen Rede

Insofern sich der Philosemitismus als das Projekt eines auf Transgression abzielenden Sprechens verstehen lässt, wird nicht nur gefragt werden müssen, inwiefern poetischen und rhetorischen Verfahren hierbei eine Schlüsselstellung zukommt, sondern inwiefern Poetik und Rhetorik selbst über ein philosemitisches Sprachkonzept kodiert sind. Dessen Mechanismen regulieren das Verhältnis von Begehren und Sprache; sie verhüllen und offenbaren die überspringende Rede. Konstitutiv ist hierbei die Suggestion eines Zusammenhanges von ‚Jüdischkeit' und poetischer Potenz. Die ontologischen Bestimmungen von ‚Jude' und ‚Dichter' nähern sich mit einer beträchtlichen Geschwindigkeit an. Dies beginnt bei der Diffamierung des Intellektualismus als substanzloser Lebensform, auf die man eben jenes Wort münzt, das auch zur Beschreibung der jüdischen Existenz dient: ‚Luftmensch'.[20] Die Vorstellung der Heimatlosigkeit, der Exzentrizität und des Lebens in Schrift als gemeinsamer Charakterzug von Schriftsteller- und Judentum führt langfristig zur Affirmation der Dichtung als jüdischer Praxis, insofern alle „qui traitent ou habitent la langue en poètes" – so Derrida – ‚Juden' sind.[21] Lyotard hat gegen diese Verklärung des Judentums als

---

[19] Dementsprechend ist dieses Begehren nicht immer eindeutig zu bestimmen, sondern kann durchaus auch antisemitische Kennungen aufweisen. Die bisweilen auftretende Unentscheidbarkeit der Frage, ob ein Text sich dem Judentum anti- oder philosemitisch nähert, lässt sich beispielhaft an der Erzählliteratur des 19. Jahrhunderts, etwa Droste-Hülshoffs *Judenbuche* (1842) oder Freytags *Soll und Haben* (1855) verfolgen.

[20] Vgl. Nicolas Berg, *Luftmenschen – Zur Geschichte einer Metapher*, Göttingen, 2006.

[21] Jacques Derrida, *Schibboleth – Pour Paul Celan*, Paris, 1986, S. 99.

poetischer Existenz Einspruch erhoben[22]; gleichwohl erscheint es sinnvoll, die Geschichte dieser Verklärung und ihrer Einflussnahme auf die Theorie insbesondere der modernen Literatur nochmals zu durchleuchten. Gefragt würde hier demnach insbesondere nach den Entstehungszusammenhängen des „absolute place for the exilic imagination“[23], nach der Genese der ideologischen Gleichung ‚Poesie – Nomadentum – Judentum‘ und ihrer philosemitischen Emphase. Als Gegengewicht hierzu ließen sich etwa die im Umfeld der nationaljüdischen Renaissance abspielenden Kooperationen von Zionismus und Ästhetizismus anführen, in denen der jüdischen Tradition oftmals von nichtjüdischer Seite ein neuer Körper gestiftet wird. (Beispielhaft etwa in der Zusammenarbeit von Börries von Münchhausen und Ephraim Mose Lilien am Band *Juda* [1900]; von besonderer Bedeutung dürfte in diesem Kontext auch erneut die Frage der jüdischen Partizipation am George-Kreis und deren Reflexion werden.)

Das Ziel der mit diesem Band begonnenen und längst nicht abgeschlossenen literaturwissenschaftlichen Aufarbeitung der philosemitischen Rede bleibt dabei die Erkundung der historischen Konstellationen und der verborgenen Dynamik des Philosemitismus als literarischem Diskurs. Erst die Aufhebung der prekären Stellung dieses Diskurses und seine systematische wie theoretisch fundierte Eingliederung in die Forschung ermöglicht den unverstellten Zugang zu einem keineswegs unbedeutenden Kapitel der europäischen Literaturgeschichte.

***

In ihrer Anordnung folgen die Beiträge in etwa der Chronologie des philosemitischen Diskurses. Ihren Ausgang nehmen sie dabei in der frühneuzeitlichen Dramatik und der dort sich vollziehenden Referenzierung und Modifizierung alttestamentlicher Stoffe und Figuren. IRMGARD SCHEITLER legt in luzider Weise dar, welche Bedeutung die theatralische Repräsentation des Judentums schon im 16. Jahrhundert für die Entwicklung einer nicht von vornherein antisemitischen Imagination jüdischer Alterität besitzt, deren Ausgangspunkt nicht zuletzt in den Anfängen der Reformation und ihrer Vereinnahmungsstrategien

---

22 Jean-Francois Lyotard, *Heidegger et „les juifs“*, Paris, 1988, S. 50.

23 Vgl. hierzu ausführlich Sidra Dekoven Ezrahi, *Booking Passage – Exile and Homecoming in the Jewish Imagination*, Berkeley/Los Angeles/London, 2000, S. 14: „[...] to claim an absolute place for the exilic imagination is to privilege the story as the thing itself; the map for the territory, language without referent; and to regard ‚nomadic writing‘ as the inherently Jewish vocation.“

zu suchen ist.[24] In den Szenarien des alten Testaments sieht der Protestantismus eine Präfiguration des zeitgenössischen Konflikts. Dementsprechend identifiziert sich der protestantische Zuschauer – in der Dramatisierung des Baal-Stoffes – mit den frommen Juden, während die Katholiken zu Götzendienern werden. Tatsächlich führt von hier – wie Scheitler zeigen kann – ein schmaler Pfad zu einer Einfühlung in die *conditio judaica*; so erhält auch die jüdische Angst vor Pogromen einen Platz auf dem Theater und wird im Spiel Teil der nichtjüdischen Erlebenswelt. Zu fragen bleibt vor diesem Hintergrund – und Scheitler stellt diese Frage auch –, ob der Einbezug jüdischer Figuren, Kulturtraditionen und Brauchimitate wie der *cantica hebraica* tatsächlich nicht nur satirisch oder diffamierend bewertet werden kann, sondern zugleich dem Impuls einer ‚Teilhabe' am Judentum entspringt.

JÖRG MARQUARDT behandelt sodann mit dem zweiten Teil von Grimmelshausens *Wunderbarlichen Vogelnest* (1675) einen zentralen Text der Barockprosa und stellt dabei die Frage nach der Repräsentation des Judentums bei Grimmelshausen insgesamt, wobei es ihm weniger um die Disposition des Verfassers, sondern um die potentiell philosemitische Textur bzw. Struktur zu tun ist. In präzisen Analysen zeigt Marquardt, wie die bei Grimmelshausen zumeist namenlosen jüdischen Figuren zwischen Vorurteil und empathischer Charakterisierung changieren – und wie hier eine Verschmelzung von jüdischer und nichtjüdischer Welt im Modus der ‚doppelten Satire' vollzogen wird. Verhandelt wird dabei nicht zuletzt auch die der Projektion folgende Aufhebung von Alterität, die sich etwa dort bemerkbar macht, wo der Protagonist des Textes aus Liebe zur Jüdin Esther deren ‚jüdische Physiognomie' in Abrede stellt – eine Strategie, die der Text nicht ohne weiteres akzeptiert, sondern die er sogleich als ein Werk des Teufels denunziert.

Mit einem bislang unbekannten Kapitel aus der Geschichte des frühneuzeitlichen Pietismus wendet sich HAIM MAHLEV dem Wittenberger Theologen Christian Friedrich Bücher zu, dessen Auseinandersetzung mit dem Pietismus zugleich als eine Summe der philosemitischen Tendenzen des 17. Jahrhunderts gelesen werden kann. Am Beispiel des Proselyten Johann Peter Späth/Moses Germanus rekonstruiert Bücher Stück um Stück (und in polemischer Absicht) die Genese eines Christentums, das auf dem Zeichenverständnis der jüdischen Mystik aufruht und der Tradition der christlichen Kabbala entwachsen ist. Wie Mahlev zeigt, ist es dabei gerade das beredte Schweigen der attackierten Spener und Köpke, das Entkräften der Seitenvorwürfe beim Übergehen des eigentlichen Hauptvorwurfs (des ‚Judaisierens'), durch welches der rinascimentale Entwurf einer *theologia prisca* im Kern geschützt wird – und damit als eine imaginäre epistemologische Einheit von griechischer, jüdischer und christlicher Spätantike im Verborgenen fortexistieren und in der Aufklärung säkularisiert werden kann.

---

[24] Vgl. hierzu Philipp Theisohn, „Die Reformation und der Raum der Konversion", in: *Morgen-Glantz* 20 (2010), S. 63-77.

Wird die frühneuzeitliche Bindung an die jüdische Tradition und das Hebräische noch eindeutig primär durch ein theologisches Narrativ gelenkt, so verbreitert sich spätestens mit dem 18. Jahrhundert das philosemitische Diskursfeld – und findet nicht zuletzt in der Ästhetik ein den Verdächtigungen weitgehend entrücktes Refugium. DIETMAR TILL kümmert sich vor diesem Hintergrund um die mikrologische Analyse, indem er die Diskussion um die rhetorischen Qualitäten der Bibeldichtung, insbesondere der Psalmen seziert – und aufweist, wie aus der Projektion des jüdischen Rhetors (der freilich bereits Augustinus erliegt) eine Topik resultiert, welche bis weit über die zweite Hälfte des 18. Jahrhunderts die poetologische Entwicklung in hohem Maße beeinflusst.

Die Erneuerung des philosemitischen Diskurses im Horizont der Aufklärung bildet den Gegenstand der zweiten Abteilung, die durch CHRISTIAN KOHLROSS' spekulative Relektüre von Lessings *Erziehung des Menschengeschlechts* eröffnet wird. Wenn Kohlross die Frage nach dem ‚moralischen Fortschritt' stellt, die sich aus Lessings Schrift ergibt, dann rückt er den philosemitischen Gestus des *Nathan* und der *Juden* in ein Verhältnis zur Hierarchisierung von ‚jüdischer' und ‚christlicher' Moralität – die Lessing zwar ins Spiel bringt, aber eben auch in einen Widerspruch setzt. Zur Auflösung des ‚Stockjuden' Nathan in den ‚wahren Christen' tritt nämlich die Situierung seiner Welt und Handlungsmöglichkeiten *auf dem Theater*, tritt mithin eine Moralität der Kunst, in der Kultur- und Religionsgeschichte vorübergehend suspendiert werden können. Kann die Kunst dieses Gewicht aber tragen? Oder wird sie damit nicht selbst zum Werkzeug philosemitischer Sublimierung?

Als Fixpunkt der aufgeklärten Debatte um den ‚begehrten Juden' erweist sich im Weiteren natürlich die historische Gestalt Moses Mendelssohns – und so wird sie eröffnet durch eine eigenwillige ‚Retrospektive', nämlich durch die Nachrufe auf Moses Mendelssohn, die den Ausgangspunkt des Vortrages von STEFAN KNÖDLER bilden. Knödler kann zeigen, dass Mendelssohn mit seinem Tod zur Identifikationsfigur eines ganzen kulturellen Systems wird, das sowohl in den Nachrufen als auch in der literarischen Verarbeitung dieser Figur restituiert werden soll. Erneut kommt es dabei – diesmal in der Lyrik – zu Versuchen, antike und jüdisch-christliche Welt, antike und germanische Formen miteinander zu verbinden. In der tapferen Durchleuchtung einer Vielzahl an ‚gut gemeinten', aber ästhetisch fragwürdigen Texten (u.a. Ramlers, Conz' oder Schubarts) deckt Knödler auf, wie nach und nach sich Mendelssohn von Sokrates zu einem zweiten Christus wandelt – um genau dadurch die ‚Trauerhoheit' der Christen über seinen Tod zu legitimieren. Torbergs eingangs referierte Einschätzung des Philosemitismus kommt hier vielleicht am deutlichsten zum Tragen: Der ideale Jude des Philosemitismus ist der tote Jude – denn dieser kann sich der ihm eingeschriebenen Bedeutung nicht mehr widersetzen.

Der von Carl Philipp Conz poetisch avisierten Idee eines überkonfessionellen Religionsfriedens im Zeichen einer deutschen Philosophie (Wolff, Leibniz, Mendelssohn) geht im Anschluss der Beitrag von CORNELIA ORTLIEB auf den

Grund. Ortlieb analysiert die Beziehung zwischen Friedrich Heinrich Jacobi und Moses Mendelssohn, die durch eine ständige, werbende, umkreisende Bemühung Jacobis um Mendelssohn bestimmt war. Die Verbindung, die hier das Philosophieren mit gesellschaftspolitischen Entwürfen eingeht (die sich in Christian Wilhelm Dohms 1781 erschienener Schrift *Über die bürgerliche Verbesserung der Juden* konkretisieren), ist einzigartig – und charakterisiert nicht nur den ganz spezifischen ‚Geselligkeitsgestus' der deutschen Aufklärung, sondern macht ebenso deutlich, warum Mendelssohns Tod auch eine intellektuelle Krise auszulösen vermochte.

Die politische Romantik ist der Kontext, in dem GUNNAR OCH seine Ausführungen über die paradoxen Grundlagen des modernen Philosemitismus verankert. Zu suchen sind diese Grundlagen gerade dort, wo ein ultranationaler Antisemit wie Ernst Moritz Arndt die Luthersche Prägung der ‚Judenfreunde und Judengenossen' als polemisches Epitheton in der Diskussion um die Judenemanzipation einführt. Ausgerechnet die Gegner der Judenemanzipation – neben Arndt auch Arnim, Fichte oder Adam Müller – sind es aber, die das Judentum als eine politische Imago der deutschen Nation etablieren. So mag Müller zwar die Juden zum Gegenbild alles Deutschen stilisieren: Das hindert ihn keineswegs an der Heroisierung des jüdisch-nationalen Freiheitshelden Moses. Die Ablehnung der jüdischen Integration wird ganz offensichtlich auch getragen von der Ehrfurcht vor einer in der Zersplitterung überlebenden Nation, die den Deutschen gerade zum Vorbild gereichen soll. (In der Umkehrung werden dann – dies die Ironie der Geschichte – fast ein Jahrhundert später die Zionisten Fichtes *Reden an die deutsche Nation* als eine Botschaft an die jüdische Nation lesen.[25]) Überraschend wie symptomatisch nimmt sich vor diesem Hintergrund dann der Plan Heinrich von Kleists aus, ein Drama über die Zerstörung Jerusalems zu verfassen.

Das Epizentrum philosemitischer Reflexion, das für das 18. Jahrhundert Mendelssohn darstellt, bildet sich im 19. Jahrhundert und in anderer Weise um Heine. War Mendelssohn noch das Objekt philosemitischen Begehrens, so wird Heine selbst zum Ausgangspunkt philosemitischer Projektionen und Revisionen. Führt dies nicht selten zur Diskussion, ob es überhaupt so etwas wie einen ‚jüdischen Philosemitismus' geben könne, so lässt sich gerade Heines Fall als Referenzmodell für den diskursiven Ansatz der ‚überspringenden Rede' heranziehen: Wir haben es hier mit einer Literatur zu tun, die sich dem Judentum erst durch das Perspektiv der politischen und philosophischen Gegenwart nähern kann – und die umgekehrt dadurch im politischen und philosophischen Raum jüdische Phantasmata entdeckt und hinterlässt, so dass sie dort auch von Nichtjuden wieder aufgefunden werden können. RALPH HÄFNERS Beitrag rekonstruiert in diesem Zusammenhang und von Heines Napoleon-Begeisterung ausge-

[25] Vgl. hierzu Manfred Voigts, *„Wir sollen alle kleine Fichtes werden!" Johann Gottlieb Fichte als Prophet der Kultur-Zionisten*, Berlin, 2003.

hend, die Überblendung von Bonapartismus, Cäsarismus und jüdischem Messianismus in der deutsch-französischen Debatte. ANDREAS KILCHER entdeckt wiederum in Heines Selbstreflexion die Anlage zu einem ‚dritten Raum', der auf dem ‚christlich-jüdischen' resp. ‚jüdisch-christlichen' Bindestrich errichtet ist und dessen Vermessung im 20. Jahrhundert u.a. durch Martin Buber, Leo Baeck, Hanna Arendt und David Friedländer fortgeführt wird. Im Anschluss an Kilchers Beitrag stellt sich nicht zuletzt die Frage, ob jene Aufsprengung des Bindestrichs, das Verweigern der Dichotomien und die allmähliche Ausfaltung eines ‚dritten Raumes' nicht gerade auch ein Merkmal philosemitischer Literatur sein können bzw. der Philosemitismus nicht *ein* Beispiel dafür darstellt, wie dieses ‚Dritte' konkretisiert und ausagiert werden kann. BURKHARD MEYER-SICKENDIEK schließlich arbeitet sich an Heines polemischem Schreibkonzept zu einer Perspektive vor, in der die philosemitische Rede als Subversionsstrategie der antisemitischen ‚Hate Speech' lesbar wird.

Im Kontext Heinrich Heines ist auch der Beitrag von LUTZ-HENNING PIETSCH angesiedelt, der am Beispiel Ludwig Börnes fragt, wie im 19. Jahrhundert der Topos der jüdischen Herkunft funktionalisiert wird. Interessant zu beobachten ist dabei, wie die zunächst als Zwillinge wahrgenommenen Heine und Börne sich in der öffentlichen und schließlich posthumen Wahrnehmung und Charakterisierung immer weiter voneinander entfernen – und aus ihnen zwei Typen produziert werden, die jeweils für ein Prinzip jüdischer Existenz stehen sollen, von denen das eine das bewährte antisemitische Klischee aufspeichert, während das andere zur Grundlage eines ‚neuen Judentums' stilisiert wird. Heine haftet dabei der Ruch des dekadenten, frivolen Ästhetizisten an, der in seinem Relativismus mit der aufziehenden Moderne assoziiert wird, während Börne schon in den ersten literaturgeschichtlichen Darstellungen (u.a. Gutzkows, Gottschalls, Hermann Marquards etc.) als der aufrechte, redliche, prinzipientreue Autor dargestellt wird, der sich aus dem Elend des Frankfurter Judenghettos herausgearbeitet hat – ohne seine Herkunft jedoch abzulegen. Gerade hierin erwächst der Figur Börne nach und nach das Potenzial einer philosemitischen Ikone; noch 1912 erhebt Bleibtreu ihn zu einem talmudisch-prophetischen Juden.

Mit BERNHARD GREINER begibt sich der Band sodann in eine tiefschürfende literaturwissenschaftliche Investigation, in deren Zentrum Franz Grillparzers Drama *Die Jüdin von Toledo* und das Dramenfragment *Esther* stehen. In einer instruktiven Lektüre zeigt Greiner auf, wie Grillparzer – die historischen Gegebenheiten ebenso sorgfältig im Blick behaltend wie die zeitgenössischen Problemhorizonte in Österreich – die immanenten Spannungen des Philosemitismus *als Drama* inszeniert. So wird in der *Jüdin von Toledo* das Eindringen Rahels in die königlichen Gärten als fundamentale Störung einer Ordnung perspektiviert, die auch durch die Liebe des Königs nicht in ein lebensfähiges Modell von Interkulturalität gewandelt werden kann. Die mit der Zuneigung des Königs einhergehende ‚Nicht-Achtung' der Jüdin kann nur durch die Inkorporation des Judentums im Christentum kurzzeitig aufgefangen werden; dort, wo die Aporie des Philosemitismus dann letztendlich aufgelöst werden müsste, nämlich nach dem Mord an Rahel, bleibt diese bestehen: Fünf Anläufe nimmt das Stück, um diesen Mord zu bewältigen, aber keiner führt zu einer dramatischen Rundung. Auch das *Esther*-Fragment exponiert diese Uneinlösbarkeit philosemitischer Zielvorstellungen: Esther soll akkulturiert werden, zugleich aber als Jüdin zum Wohle ihres Volkes handeln – ein Versprechen, an dem selbst ein Medium, das die Möglichkeit der Dopplung besitzt wie das Theaer, scheitern muss.

In Abgrenzung von der durch Michael Fleischer ausgelösten personalisierte Diskussion um Theodor Fontanes Stellung zur Judenfrage[26] zeigt KATHARINA GRÄTZ am Beispiel von *Die Poggenpuhls* auf, welche Diskurs-Dispositive von Philo- und Antisemitismus es in Fontanes Erzähltexten gibt. Während es auf den ersten Blick scheint, als spielte das Judentum in diesem Werk keine nennenswerte Rolle, lässt sich bei näherem Hinsehen erkennen, dass die jüdische Präsenz in Fontanes Romanen weniger eine personale denn eine thematische ist – und dass diese Präsenz bisweilen sogar zur Allgegenwärtigkeit avanciert, beispielhaft eben in den Diskussionen, die in der Familie von Poggenpuhl über die Einheirat von Frauen aus jüdischen Bankiersfamilien, den Stigmata jüdischer Namen sowie die Möglichkeiten und Grenzen einer ‚Nobilitierung' des Judentums geführt werden. Grätz analysiert, wie hier immer wieder Stücke aus dem zeitgenössischen Diskurs inkorporiert und in narratologisch zu analysierender Weise in den Romantext integriert werden. Auch hier geht es um den Versuch einer ‚Einverleibung', allerdings ist diese bei Fontane durchaus reflexiv gebrochen, insofern die spielerische Inszenierung aller Klischees und Stereotypen die Fragwürdigkeit der Muster der Fremdwahrnehmung ausstellt – und somit eben nicht als vereinnahmende philosemitische Rede zum Stillstand kommt.

Mit dem Beitrag von EVA EDELMANN-OHLER wendet sich der vorliegende Band dann den Konstellationen zu, in denen sich die philosemitische Rede in der Moderne neu zu konfigurieren beginnt. Börries von Münchhausens Buchkunstwerk *Juda* (1900) wird vor diesem Hintergrund als das erste Beispiel eines forcierten textuellen Philosemitismus im Kontext der prophetischen Poetik der Jahrhundertwende lesbar. Edelmann-Ohler demonstriert eindrucksvoll, wie die ästhetisch-zionistische Dialektik den Text auf der Mikro- wie auf der Makro-Ebene zu strukturieren vermag – und weist dabei nach, wie in der Kollaboration Münchhausen/Lilien Zionismus und Philosemitismus als analog verlaufende Übergangsphänomene in der Überwindung einer diasporischen Existenz gedacht werden. Am Ende steht dabei die Figur des ‚Fremden, der in Deinen Toren wohnt' als Insignie einer philosemitischen Autorschaft, welche die Transgression auf das Feld des Judentums bereits vollzogen und abgeschlossen hat.

Einen ungewöhnlichen Ausgangspunkt für seine Analyse der philosemitischen Rede nimmt sodann MARC SEIFFARTH, der ausgerechnet im Kernstück

[26] Michael Fleischer, *„Kommen Sie, Cohn". Fontane und die Judenfrage*, Berlin, 1998.

des ‚jüdischen Selbsthasses', nämlich in Otto Weiningers *Geschlecht und Charakter* (1902) nach paradigmatischen Bestimmungen des Philosemitismus Ausschau hält. Seiffarths kluge Lektüre fördert dabei eine bemerkenswerte Verkehrung zutage: In Weiningers Behauptung, dass die allerschärfsten Antisemiten unter den Juden zu finden seien, steckt nämlich zugleich die These, dass Antisemitismus gerade als Ausweis einer – wie auch immer gearteten – ursprünglichen Verbundenheit mit dem Judentum zu verstehen sei. Während für Weininger die „ihres Ariertums gewissesten Arier" keinerlei Verständnis für den Antisemitismus entwickeln können und vielmehr konsequent Philosemiten seien, zeugt der Antisemitismus vielmehr von einem Bewusstsein, welches sich bereits aus dem Jüdischen herschreibt. In der Strukturanalyse von Weiningers Schreibverfahren lässt sich dann zeigen, dass es genau diese Entgegensetzung eines ‚unjüdischen' Philosemitismus und eines sich des eigenen Judeseins erwehrenden Antisemitismus ist, die nicht nur die von Weininger betriebene Geistesgeschichte antreibt, sondern die in ihrer argumentativen Inkonsistenz und in ihrem episodalen Wesen zugleich auch den Projektionscharakter der in Anschlag gebrachten Begriffe offenlegt.

HELMUTH KIESEL behandelt sodann die dialektische Verschränkung von anti- und philosemitischen Narrativen in Romanen der 1920er Jahre. In den Blick geraten dabei eine Vielzahl heute nahezu vergessener Texte – Emil Feldens *Die Sünde wider das Volk* (1921), Walter Bloems *Brüderlichkeit* (1922), Hugo Bettauers *Stadt ohne Juden* (1922) und auch Artur Lanergers *Berlin ohne Juden* (1925) – Romane, die Moritz Goldsteins „deutsch-jüdischen Parnaß" als ein kulturgenetisches Projekt verstehen und dieses dadurch zu legitimieren versuchen, dass sie das Judentum durch eine überzogene Superiorität seiner Protagonisten kennzeichnen. Die Klischees, welche diese Texte produzieren, werden dann, wie Kiesel detailliert zu zeigen vermag, durch die antisemitische Romanliteratur der 1930er – etwa durch Ernst von Salomons *Die Geächteten* (1930 und Hans Heycks *Deutschland ohne Deutsche* (1930) – gezielt aufgegriffen und ausgeschrieben.

Der Beitrag von STEPHAN BRAESE ist dem schwierigen Kapitel des Philosemitismus der Nachkriegszeit gewidmet – und dem ‚Anti-Philosemitismus' als Abwehrreaktion der vereinnahmten Opfer. Während der Antisemitismus in Schwundstufen immer noch die deutsche Literatur nach 1945 durchzieht, konstatiert Braese für den Philosemitismus das Primat des Politischen, eine Versöhnungsgestik, die nicht selten in Kooperation mit den neu entstehenden jüdischen Gemeinden im öffentlichen Raum zur Schau gestellt wurde. In Abgrenzung hiervon prägt Böll (selbst in dieser Sache keineswegs unverdächtig) den Begriff des ‚Prosemitismus'. Indessen besitzt auch im literarischen Diskurs der BRD der Philosemitismus eine strukturelle Begründung. So existierte – dies Braeses These – in der westdeutschen Nachkriegsliteratur eine formell-informelle ‚Verabredung', der zufolge die ‚Bewältigung' der Shoa eine Aufgabe der (nichtjüdischen) westdeutschen Autoren sein müsse. Jüdische Autoren blieben ohne Stimme, denn es gab sie nicht – und wenn es sie gab, dann störte ihre

Präsenz die Wiedergutmachungsrituale. Die verzögerte und verwickelte Rezeption Edgar Hilsenraths kann in diesem Sinn als ein Musterfall für die Aporien des neueren Philosemitismus der Nach-Shoa-Zeit gewertet werden.

Ein Experiment philosemitischer Redestrategien erkennt anschließend STEFANIE LEUENBERGER in Ingeborg Bachmanns *Malina* (1971). In den Fokus tritt dabei das Verhältnis von Abstraktion und Individualität, das in der philosemitischen Vereinnahmung sich verunklärt. Bachmanns Roman seziert dieses Kollabieren des Differenzierungsvermögens, indem er die namenlose, die Erinnerung an den väterlichen Faschismus mit sich herumtragende Ich-Erzählerin in zwei historische Narrative aufspaltet, die nicht mehr miteinander verbunden werden können. An die Stelle der Liebesrede, des Dialogs zwischen den Opfern und den Kindern der Täter, tritt auf der einen Seite die alptraumhaft wiederkehrende übersteigerte Identifikation mit der Welt der Opfer, die Selbstprojektion in die Gaskammern auf der anderen Seite der nüchterne, unempathische Blick des Militärhistorikers Malina. Benannt ist damit die konkrete Sprechsituation der Nachkriegszeit, in welcher der Philosemitismus den Dialog zwischen Juden und Nichtjuden nicht nur obstruiert, sondern vielmehr pathologisiert und somit geradezu unmöglich werden lässt.

Mit der Inszenierung jüdischer Bühnenfiguren beschäftigt sich alsdann ANDREA GEIER. Im Fokus steht insbesondere Elmar Goerdens *Lessings Traum vom Nathan dem Weisen* (2002), in dem sich Lessings und Shakespeares Figuren gegenübertreten und die Frage aufwerfen, inwiefern Shylock und Nathan tatsächlich auf dem Theater noch als glaubhafte Repräsentationen des Judentums auftreten können – und inwiefern nicht insbesondere der *Nathan* im Grunde unspielbar geworden ist. In Goerdens Lesart ist es gerade die ihr eingeschriebene unmenschliche Güte, die Lessings Figur zu einem Einfallstor der philosemitischen wie antisemitischen Projektion werden lassen: Nathan ist eben nicht nur der angebliche Beweis, dass man die Juden lieben muss, weil sie aus ihrer Leidensgeschichte die tiefste Menschlichkeit destillieren konnten, sondern immer auch die Norm dafür, wie ein Jude zu sein hat, dass man ihm gegenüber Toleranz üben kann. Umgekehrt lässt sich gleichwohl fragen, welchen Gegenentwurf das Theater hier bieten könnte – oder ob letztendlich die von Goerden angestellte Selbstreflexion der Figuren auf der Bühne der einzige Fluchtweg für Shylock und Nathan bleiben kann.

Die Frage, inwiefern Philosemitismus nicht auch ein Effekt von Verbildlichung sein kann und muss, steht im Zentrum von MONIKA SCHMITZ-EMANS' Überlegungen zu den *graphic novels* Will Eisners, Joann Sfars und Art Spiegelmans. Wo verlaufen die Grenzen zwischen einem philosemitischen Klischee und dem Versuch, mit comic-spezifischen Mitteln um Toleranz für die jüdische Kultur, Religion und für jüdische Menschen zu werben? Inwiefern – und das ist natürlich eine Frage, die an das stillschweigende Vorverständnis rührt, Philosemitismus habe mit einer innerjüdischen Reflexion nichts zu tun – lassen sich diese Klischees adressieren, programmieren, hintergehen? Und inwiefern ist der Philosemitismus eine ideelle Größe, wenn Texte, die jüdisches Leben thematisieren, einen impliziten Leser aufrufen, der sich diesem Leben eben vom Stereotyp her nähern muss, weil er dieses Leben nicht kennt? Jeder der drei Autoren gibt hierauf eine andere Antwort, entwickelt eine eigene Technik und Bildsprache mit Blick auf die allen gemeinsame ‚didaktische' Intention. haben je unterschiedliche Techniken und Bildersprachen entwickelt, und sie haben alle eine dezidiert ‚didaktische' Intention.

Maxim Billers Erzählung *Aus Dresden ein Brief* (1994), die Opfer- und Täterperspektive in monströser Weise miteinander verschränkt, bildet den Ausgangspunkt von DOERTE BISCHOFFS Beitrag, der die Aporien literarischer Zitationen von Holocaust-Erinnerung im Spannungsfeld von Philosemitismus und Antisemitismus, auch im Zeichen der von Biller angestoßenen Debatte um das ‚Shoa-Business' herausarbeitet. Den von Bischoff angeführten Texten geht es ganz offensichtlich nicht nur um die Vergangenheit und ihre Bearbeitung, sondern immer auch um die eigene Gegenwart, die zunehmend nicht mehr allein durch die deutsche und jüdische Geschichte, sondern ebenso durch das Faktum einer multikulturellen Gesellschaft bestimmt wird. Welche Folgen dieser Umstand für die Wahrnehmung von Juden und jüdischer Kultur durch Nicht-Juden hat, lässt sich in der deutschsprachigen Literatur der vergangenen zehn Jahre verfolgen. Neben Billers *Harlem Holocaust* (1998) und Yade Karas *Selam Berlin* (2003) sind hier insbesondere Doron Rabinovicis Romane *Die Suche nach M.* (1997), *Ohnehin* (2004) und *Andernorts* (2010) zu nennen, welche konkret danach fragen, inwiefern das Judentum tatsächlich in einem multikulturellen europäischen Milieu als eine Gruppe existieren kann. Lässt sich Philosemitismus vor diesem Hintergrund etwa als Eklektizismus verstehen? Ist es etwa legitim, sich die interkulturell angenehmen Seiten jüdischer Identität auszuwählen, oder ist es Pflicht, die gesamte Last der Klischees und Stereotypen, Verfolgungen und Pogrome stets mitzudenken? Inwiefern bringt Multikulturalität notwendig die Vorstellung mit sich, das Judentum in Teilaspekten ‚adaptieren' zu können (wie das der Judaistikstudent Klausinger, der Protagonist von *Andernorts*, tut) – und wo haben diese Adaptionsversuche ihre Grenzen?

***

Es ist der Nachteil von Tagungsbänden, dass die sich in der Nachverhandlung von Vorträgen ergebenden Diskussionen, in denen nicht selten zentrale Problemstellungen erst aufgedeckt werden, zum größten Teil unsichtbar bleiben und zum kleinen Teil in den gedruckten Beiträgen mitverarbeitet werden. So kann auch im vorliegenden Band nur summarisch festgehalten werden, was die gemeinsamen Überlegungen der hier versammelten Literaturwissenschaftler am Ende zutage förderten – und was weiteren Auseinandersetzungen mit dem Philosemitismus als literarischem Diskurs zur Klärung aufgegeben sein wird:

1. *Den* Philosemitismus gibt es nicht – es gibt nur Spielarten einer vereinnahmenden Annäherung an etwas, das man nur vage und annäherungsweise als ‚regulative Idee' des Jüdischen bestimmen kann, ja, das man überhaupt nicht *vorab* und gar nicht apodiktische identifizieren kann oder darf. Stattdessen ist das ‚Objekt', der Gegenpol philosemitischer Annäherung nur je konkret und erst als ein *Ergebnis* der Analyse zu erfassen. Die philosemitische Rede erweist sich somit als eine formative, das ‚Jüdische' bzw. das, was darunter verstanden und begehrt werden soll, je erst hervorbringende Rede. Dementsprechend ist Struktur und Funktion des literarischen Philosemitismus immer nur Einzelfall für Einzelfall – und nur mit Rücksicht auf den jeweiligen historischen Kontext – zu entziffern.
2. Die literarische Erscheinungsform des Philosemitismus bleibt folglich immer eingespannt zwischen konkreter historischer Realität einerseits und Diskursivierungen, Topoi, Ästhetisierungen jeder Art andererseits, die sich ihrerseits wiederum von jener rechtfertigen müssen. Indessen kann nur unter Einbezug der ästhetischen, theatralischen und literarischen Dimension dem Gesamtphänomen ‚Philosemitismus' wirklich Rechnung getragen werden, denn dieses Phänomen hat seinen Sitz gerade nicht im Offensichtlichen, sondern wird von Strategien des heimlichen Grenzübertritts getragen. Es manifestiert sich deswegen auch weniger in Bekenntnissen, sondern zuallererst in einer ganz bestimmten Performanz, in Redetechniken und Bildern. Literarische Texte mögen bei einer Untersuchung dieser Performanz am Anfang stehen, letzten Endes wird es darum gehen, den Philosemitismus als eine kulturelle und politische Praxis überhaupt in den Blick zu nehmen.
3. Nicht vergessen werden darf, dass Forschung, die ‚Philosemitismus' als einen wissenschaftlichen Untersuchungsgegenstand begreift, immer selbst schon Setzungen macht und eigens in einen ganz bestimmten Deutungshorizont eingelassen ist. So lässt sich durchaus fragen, ob nicht erst die Zäsur der Shoah es möglich gemacht hat, dass wir den Philosemitismus vor 1933 auch erst als einen solchen zu erkennen vermögen. Der Gegenstand ist in jedem Fall nicht frei von Teleologie.
4. Eine letzte selbstkritische Befragung der Literaturwissenschaft sollte am Ende stehen: Kann es eine kultur- und literaturwissenschaftliche Forschung geben, die selbst philosemitisch ist – und gehören Konferenzen wie jene, die diesem Band zu Grunde liegt, dazu? Oder, um es noch schärfer zu formulieren: Hat der Philosemitismus ein literaturwissenschaftliches Gewicht? Und sollte er eines haben?

***

Der vorliegende Band geht zurück auf die 21. Jahrestagung der Christian Knorr von Rosenroth-Gesellschaft, die im Juli 2011 in Sulzbach-Rosenberg stattfand.

Ein Teil der Beiträge zur frühneuzeitlichen Geschichte des Philosemitismus wurde bereits 2012 im 22. Band des *Morgen-Glantz*, der Zeitschrift der Christian Knorr von Rosenroth-Gesellschaft, veröffentlicht. Ihr erneuter Abdruck (in überarbeiteter Fassung) an dieser Stelle erfolgt mit Blick auf die Unverzichtbarkeit der frühneuzeitlichen Konstellationsforschung in einem themenbezogenen Überblicksband.

Die Veranstalter und Herausgeber bedanken sich bei der Fritz-Thyssen-Stiftung, die in großzügiger Weise die Tagung und den daraus hervorgegangenen Band finanziert hat, sowie bei der Stadt Sulzbach-Rosenberg und der Christian Knorr von Rosenroth-Gesellschaft für die Gastfreundschaft und weitere organisatorische wie finanzielle Unterstützung.

Georg Braungart, Philipp Theisohn
Tübingen/Zürich, im Dezember 2016

I.

Der Philosemitismus in der interreligiösen Auseinandersetzung der Frühen Neuzeit

Irmgard Scheitler

Juden und Judengesang im Schauspiel der Frühen Neuzeit

Unter den Mitteln dramatischer Figurenzeichnung nimmt der Gesang eine herausgehobene Stellung ein. Durch seine Vielschichtigkeit und Plurimedialität kann er mehr ausdrücken als die Rede. Die Beschaffenheit von Melodie, Harmonie und Tonsatz eröffnet die Möglichkeit zu Anspielungen, Zitaten, Parodien, sie übermittelt in eigenständiger und manchmal textunabhängiger Weise Affekte und Informationen. Das Zusammenspiel von Wort und Ton ist von besonderer Nachdrücklichkeit und haftet oft stärker im Gedächtnis als der bloße Text. Die Gesänge von Juden im Schauspiel der Frühen Neuzeit sind also sensible Indikatoren des jeweiligen Judenbildes. Sie zeigen an, wie man sich Juden vorstellte, was man von ihnen wusste, in welcher Weise man sie und ihre Kultur zum Gegenstand des Interesses machte oder ob man sich mit ihnen identifizieren konnte. Im Folgenden sollen daher Gesänge im Mittelpunkt stehen. Ob aus ihnen philosemitische Neigungen abgeleitet werden können, ist eine Frage der Interpretation. Im Kontrast zu eindeutigem Antisemitismus, wie er sich ebenfalls in einprägsamen Liedern äußern kann, ist eine neutrale Position, eine parabolische Darstellung oder auch das Bemühen um historische Wahrscheinlichkeit und ein Interesse an der Eigenart des Anderen bereits als judenfreundlich zu werten. Das Schauspiel des 16. und 17. Jahrhundert nimmt in dieser Beziehung eine Inselstellung ein. Die krassen Zerrbilder, die das Spätmittelalter zeichnet und die mit dem 18. Jahrhundert wieder verstärkt auf die Bühne kommen, findet man hier nicht.

Unvoreingenommenheit im modernen Sinn wird im Umgang mit Juden und Judentum nicht anzutreffen sein. Zu grundlegend, ja selbstverständlich ist die Überzeugung, das Christentum sei die Erfüllung des Alten Bundes und folglich einzig im Vollbesitz der Wahrheit. Mit Luther ändert sich jedoch die Lektüre des Alten Testaments. Diese Neubewertung ist von entscheidender Bedeutung, denn es sind hauptsächlich biblische Spiele, in denen in der Frühen Neuzeit Juden singend auftreten. Für die nachfolgende Betrachtung ist diese Einschränkung eher ein Vorteil. Dank der gleichbleibenden Stoffgrundlage können Veränderungen genauer registriert werden.

> Das Alte Testament halten etliche geringe/ Als das dem Jüdischen volck alleine gegeben/ vnd nu fort aus sey/ vnd nur von vergangenen Geschichten schreibe [...]. Aber Christus spricht [...] Forschet in der Schrifft/ denn dieselbige gibt zeugnis von mir.[1]

---

1 Martin Luther, *Biblia Das ist: Die gantze Heilige Schrifft: Deudsch*, Wittenberg, 1545, letzte zu Luthers Lebzeiten erschienene Ausgabe, hg. von Hans Volz, München, 1972, hier „Vorrede auf das Alte Testament“, S. 8.

Mit diesen Worten beginnt Martin Luther seine Vorrede auf das Alte Testament. Er verteidigt den theologischen Wert der Erfahrungen des Judenvolkes mit seinem Gott als bedeutsam und aktuell für den Christen. Diese Erzählungen seien gleichsam die Krippe, so schreibt er in einem eindrucksvollen Bild, in der man Christus finden könne. Der Gläubige, der die Bibel liest, solle „Christum vnd das Euangelium [zu] suchen im alten Testament".[2] Dies geschieht, indem er sich mit den Juden als mit einem Gleichnis des Glaubens und Unglaubens identifiziert. Der exemplarische Charakter der alttestamentarischen Geschichten – Luther nennt die Tobias-Geschichte ausdrücklich ein „Exempel"[3] – macht sie zu idealen Dramenstoffen. Dies gilt zunächst für die apokryphen Bücher Judith und Tobias, die Luther für ursprüngliche Dramen hält.

> Vnd Gott gebe/ das die Griechen jre weise/ Comedien vnd Tragedien zu spielen/ von den Jüden genomen haben [...]. Denn Judith gibt eine gute/ ernste/ dapffere Tragedien/ So gibt Tobias eine feine liebliche/ gottselige Comedien.[4]

Die alttestamentarischen Geschichten sind also Stoffe, die sich für das Spielen an Schulen und in Städten eignen. In der Diskussion um das Theaterspielen insbesondere durch Schüler bezog Luther eine liberale Position. Neben seiner von Schauspielautoren des 16. und 17. Jahrhunderts viel zitierten „Vorrede auffs Buch Tobie" drückt sich diese auch in seinen Tischreden aus:

> Und Christen sollen Comödien nicht ganz und gar fliehen, drum, daß bisweilen grobe Zoten und Bühlerey darinnen seyen, da man doch um derselben willen auch die Bibel nicht dürfte lesen. Darum ists nichts, daß sie solchs fürwenden, und um der Ursache willen verbieten wollen, daß ein Christe nicht sollte Comödien mögen lesen und spielen.[5]

Mit Nachdruck wandte sich Luther jedoch gegen das zeitgenössische Passionsspiel. Spätmittelalterliche Passionen waren stark mit fiktionalen Zutaten angereichert. Darunter nehmen die lächerlichen Szenen mit singenden, tanzenden und feilschenden Juden großen Raum ein. Im „Sermon von der Betrachtung des heyligen leydens Christi" am Karfreitag 1519 wendet sich der Reformator gegen diese Art der Vergegenwärtigung, die ein Spiel aus heiligem Ernst macht und die Zuschauer in Heilsgewissheit einlullt, weil die Schuld auf Judas und die Juden abgewälzt wird.[6] Seine Einwände kommen noch deutlicher zutage in der

---

2 Ebd., S. 9, 20.

3 Luther, *Biblia* (wie Anm. 1), Vorrede auf das Buch Tobias, S. 1712: „vnd Tobias eben solchs buchs ein Exempel."

4 Ebd., S. 1711.

5 Antwort Luthers auf die Frage von Johannes Cellarius nach der Aufführbarkeit der Komödien des Terenz 1533. Martin Luther, *Werke, Kritische Gesamtausgabe, Weimarer Ausgabe* (= WA), Weimar, 1883 ff., Bd. 1, *Tischreden*, Weimar, 1912, Nr. 867, hier S. 432 [deutsche Version Aurifabers, die genauer ist als der lateinische Text Georg Rörers].

6 WA (wie Anm. 5) *Schriften*, Bd. 2, S. 136: „Zum ersten bedencken ettlich das leyden Christi alßo, das sie uber die Juden tzornig werden, singen und schelten uber den armen Judas und lassen es alße gnug seyn, gleich wie sie gewont, andere leuth zu clagen und yhre widdersacher vordamen und vorsprechen. Das mocht wol nit Christus leyden, sondern Judas und der Juden

Auskunft, die er Joachim Greff gab. Greff, ein Pionier des deutschsprachigen Schauspiels im 16. Jahrhundert, berichtet in der Widmungsvorrede zu seinem Osterspiel, Luther habe von einer Darstellung der Passion abgeraten, weil „ein lecherey" daraus werden würde. In den Passionsspielen hätten „die Jüden/ mit der spötterey so sie die person Christi angelegt/ das volck mehr zum lachen gereitzt dann zu andacht bewegt".[7]

Luther bezieht sich sehr wahrscheinlich auf das Freiberger Pfingstspiel.[8] Um Einblick in die Charakterisierung der Juden zu bekommen, muss man sich anderen, gut überlieferten Passionsspielen zuwenden. Ob Künzelsau und Donaueschingen[9] oder die hessische Textgruppe[10] mit der Alsfelder Passion, die bis 1517 aufgeführt wurde: Das Bild, das von den Juden gezeichnet wird, entspricht Luthers Erfahrungen. Keineswegs handelt es sich bei diesen Hebräern um Zeitgenossen Jesu, vielmehr um Juden, die den Vorurteilen und Aburteilungen des Spätmittelalters entsprechen, also um Gottesmörder und Wucherer im Frankfurter und um Verbündete des Teufels im Alsfelder Passionsspiel.[11] Schockierten diese Gestalten durch ihre Reden, in denen sich blanker Schachergeist, Gemeinheit und Zynismus äußern, so reizten sie durch ihren nahezu beständigen Singsang das Publikum offenbar zum Lachen. Die Anweisung „cantant" findet sich außerordentlich häufig, jedoch wird so gut wie nie gesagt, was gesungen werden soll. Die Juden stimmen „aliquod" an, irgendein Lied, und dies zu erschreckend unpassenden Gelegenheiten wie dem Tanz um Jesu Kreuz. Nur wenige Male ist angedeutet, was gesungen wird: „Jhesus trogener"[12], Jesus, du Betrüger. Aber auch hier ist der Liedtext ebenso wenig verzeichnet wie im Fall des kryptischen „Krudes keudes", das den Tanz um das Goldene Kalb begleitet.[13] Man muss aus der lächerlichen Wirkung dieser Gesänge schließen, dass es sich (mit Ausnahme des „Jhesus trogener") um kindischen Unsinn handelte.

---

bösheyt bedacht heyßen." S. 138: „Awe, es ist myr nit mer zu spielen und sicher zu seyn, wan eyn solcher Ernst dahynden ist."

7 Joachim Greff*: Ein Geistliches schönes newes spil/ auff das heilige Osterfest gestellet*, Magdeburg, 1542, Bl. A3rf.

8 Von diesem ist kein Spieltext überliefert. Wichtigste Quelle ist Johann Greff. Das Freiberger Spiel enthält auch die Disputation zwischen Ecclesia und Synagoga, die stets viel Anlass zu antisemitischen Äußerungen gab.

9 *Das Künzelsauer Fronleichnamspiel,* hg. von Peter K. Liebenow, Berlin, 1969 (Ausgaben deutscher Literatur des 15. bis 18. Jahrhunderts. Reihe Drama II); *Das Drama des Mittelalters,* Bd. 4, *Das Donaueschinger Passionsspiel,* hg. von Eduard Hartl, Darmstadt, 1966.

10 *Die hessische Passionsspielgruppe*. Edition im Paralleldruck, hg. von Johannes Janota, Tübingen, 2002 ff.

11 Edith Wenzel, *„Da worden die Judden alle geschant." Rolle und Funktion der Juden in spätmittelalterlichen Spielen*, München, 1992 (Forschungen zur Geschichte der älteren deutschen Literatur 14).

12 *Die hessische Passionsspielgruppe* (wie Anm. 10), Bd. 2, *Alsfelder Passionsspiel. Frankfurter Dirigierrolle mit den Paralleltexten, weitere Spielzeugnisse, Alsfelder Passionsspiel mit den Paralleltexten*, V. 3680 und vor V. 4024.

13 Ebd., nach V. 5263, Ende der Disputation zwischen Ecclesia und Synagoga.

Der Inhalt war offenbar, wie gern bei komischen Szenen, dem Improvisationstalent der Darsteller überlassen. Entscheidend ist die Botschaft: Die mit den Juden des 15. Jahrhunderts identischen Juden auf der Bühne sind verantwortlich für Jesu Tod; im Spieltext sprechen sie das aus, was die Theologie bzw. die Meinung der Zuschauer in sie hineinprojiziert; diese Figuren gestikulieren, murmeln, tanzen und singen so, wie die Zuschauer das von „ihren" Juden zu kennen glauben, nämlich unsinnig und unverständlich; das Drama gibt sie zur Verachtung frei und bestätigt damit im Zirkelschluss die Erwartung. Betont sei, dass es sich bei den für das Judenbild verantwortlichen Passagen um fiktive Hinzufügungen zur biblischen Vorlage, also um bewusste Setzung handelt. Auch ist die antisemitische Prägung keineswegs auf die Leidensgeschichte Jesu beschränkt.

Luther fand diese Darstellung unerträglich, weil sie für ihn der Betrachtung der Passion im Weg stand. Sein Ziel war nicht ein Wandel zum Philosemitismus; das Ergebnis des von der Reformation eingeleiteten Paradigmenwechsels war aber in der Tat ein neuer Umgang mit der Figur des Juden auf der Bühne. Dieser verdient, insbesondere im Vergleich mit Präsentationen wie dem Alsfelder Passionsspiel, das Etikett judenfreundlich.

Die reformatorische Exegese behandelt die historischen Teile der Bibel als Exempla. Die auf Luthers Anregung zahlreich entstehenden Bibelspiele sind Lehrstücke für den Gläubigen. Die Hermeneutik lässt die zeitliche Distanz wegschmelzen, jedoch nicht in der Weise, wie dies bei den Spielen des Spätmittelalters der Fall war. Die Juden erscheinen auf der Bühne nicht als Zerrbilder des zeitgenössischen Judenhasses; sie sind vielmehr über die historische Dimension hinaus ins zeitlos Gültige gehoben und erreichen dadurch eine neue Gegenwart. In den Bibelspielen des 16. Jahrhundert werden sie weder als zeitlich entfernt noch als fremd wahrgenommen. Sie sind wie die Christen von Gott geprüfte, sündige, gestrafte und wieder erhobene Menschen, in deren Schicksal sich das der Zuschauer spiegelt.

Johann Wolfgang von Goethe amüsierte sich darüber, dass bei Hans Sachs der liebe Gott den *ungeleichen Kindern Eve* nach der Vertreibung aus dem Paradies eine Katechismuslektion hält, in der er über die Dreifaltigkeit, den Erlöser, die Sakramente u.s.w. doziert.[14] Der Christ des 16. Jahrhundert ließ sich aber gern zusammen mit den Voreltern darüber belehren, dass in der Bedrängnis, in der er sich seit dem Sündenfall befindet, keine Hilfe außer Glauben, Beten und Singen zu finden ist. Konsequent wird bei Hans Sachs Gottvaters „Kinderlehre", wie üblicherweise eine Katechismusstunde, mit Gesang beendet:

[14] „Erklärung eines alten Holzschnittes, vorstellend Hans Sachsens poetische Sendung", Z. 83 f. „Drauf seht ihr mit weiten Ärmeln und Falten | Gott Vater Kinderlehre halten". Johann Wolfgang von Goethe, *Werke,* Hamburger Ausgabe, Bd. 1, hg. von Erich Trunz, München, 1996, S. 137. Hans Sachs, *Comedia. Die ungeleichen kinder Eve, wie sie Gott, der herr, anredt; hat 9 person unnd fünff actus,* 1553, in: ders., *Werke,* hg. von Adelbert von Keller und Edmund Goetze, Bd. 1, Hildesheim, 1964, S. 53-87, Nr. 4245, Akt III.

Erzengel Michael ruft auf: „Zu lob wollen wir Got hofieren, | Mit seytenspiel, singen, quintieren".[15]

Das geistliche Lied war unmittelbar nach dem Erscheinen der ersten Gesänge Luthers und seiner Freunde zum Inbegriff der Hinwendung zu Gott geworden, seine Formulierungen wirkten in unvergleichlicher Weise prägend. Deutlichster Beweis der Identifikation des frühneuzeitlichen Publikums mit den jüdischen Figuren auf der Bühne ist es also, wenn Juden in Bibelspielen protestantische Kirchenlieder singen. Nach unseren Begriffen der Wahrscheinlichkeit mag es noch angehen, wenn es sich dabei um Psalmlieder handelt. Die Psalmen verbanden das Alte Testament mit der Kirche. Bereits in einem der ältesten Spiele des 16. Jahrhunderts, Sixt Bircks *Ein herliche Tragedi wider die Abgötterey*, singt der Prophet Daniel eine Versifizierung des 25. Psalms, „Herr ich erheb myn seel zu dir", sehr wahrscheinlich damals schon ein Kirchenlied.[16]

Die Differenz zu den ungenannten, aber jedenfalls lächerlichen Judengesängen des Alsfelder Passionsspiels könnte größer nicht sein. Die Reformation hatte einen grundsätzlichen Wandel bewirkt; denn nun waren die Geschichten und Figuren des Alten Testaments in der Tat zu Spiegelbildern christlichen Lebens geworden. Keineswegs werden nur Psalmlieder herangezogen wie in Andreas Pfeilschmidts *Esther* (1555), in dem Mordechai mit allen Juden „Wo Gott der Herr nicht bey unns helt" anstimmt.[17] Eindeutig christlich und in seinen drei Strophen trinitarisch ist das Lied, das in einer Schweizerischen *Comedia* Tobias und der Engel auf ihrem Weg singen. Es handelt sich um das bekannte Lied der Jakobspilger:

In Gottes namen farend wir
Seiner gnaden begeren wir
Deß Vatters güt behüt uns heut

---

15 Sachs, *Comedia* (wie Anm. 14), S. 76.

16 Sixt Birck, *Ein herliche Tragedi wider die Abgötterey*, Basel, 1535, III. Akt Bl. J2r. Sixt Birck, *Sämtliche Dramen*, hg. von Manfred Brauneck, Bd. 1, Berlin, 1969, S. 268. Vierstimmiger Satz im *Liber Musicalis pro Christophero Alutarii Novocastrense*, 1534, Bl. 12v-15r; Faksimile in Birck, *Sämtliche Werke*, S. 294 f. Die beiden Strophen gehören als Strophe I und IV einem Lied von Johannes Kolroß an, erstmals veröffentlicht in: *Ein gmein gsangbüchle von vil vor yetz nüwgedichten Psalmen/ Hymnen und geistlichen liedern*, Zürich, [um 1552]. Der Tenor des Satzes im *Liber Musicalis* entspricht der Melodie des Liedes. Bei den Melodien im *Liber Musicalis* liegt die Annahme nahe, dass sie deutlich älter sind als diese Handschrift.

17 Andreas Pfeilschmidt, *Ein hübsch vnnd Christlich Spiel des gantzen Buchs Esther darinnen schöne vnnd tröstliche Exempel verfasset sind/ New gespielt von einer ersamen Bürgerschafft der Stedte Cörbach/ in Reim vnd Spielsweyse verordnet*, [Frankfurt am Main 1555], hg. von Barbara Könneker und Wolfgang F. Michael. Mit einem Anhang: „Andreas Pfeilschmidt als Musiker und Melodienschöpfer" von Friedhelm Brusniak, Bern, 1986 (Arbeiten zur mittleren deutschen Literatur und Sprache 16), Bl. H 8r. Lied von Justus Jonas über Ps 124. Text: *Das deutsche Kirchenlied von der ältesten Zeit bis zu Anfang des XVII. Jahrhunderts*, hg. von Philipp Wackernagel, 5 Bde., Leipzig, 1864–1877, Reprint Hildesheim, 1964, Bd. 3, Nr. 62. Melodien: *Das deutsche Kirchenlied. Kritische Gesamtausgabe der Melodien*, vorgelegt von Joachim Stalmann, bearbeitet von Karl-Günther Hartmann, Hans-Otto Korth u.a., Kassel, 1993 ff. (im Folgenden: EdK) Ee11 oder Ea18 und mehrere andere.

Beware unser Seel und Leyb.
Kyrieleyson.

Messias sey unser gleittsman
Bleib stettig bey uns auff der ban
Und wend von uns deß Feindes list
Doch was seim wort zuwider ist
Kyrieleyson.

Der heilig Geist auch ob uns halt
Mit seinen gaben Mainigfalt
Tröst/ stercke uns in aller Not
Und für uns wieder heim mit Gott.
Kyrieleyson.[18]

Die kleine Veränderung in Strophe II ist bezeichnend. Der Dichter setzt statt „Christus" historisierend den von den Juden erhofften Messias.

Gerade in bedrängten Situationen nehmen die Figuren von Bibelspielen ihre Zuflucht zum Kirchenlied. In Martin Böhmes *Tragicomoedia: Ein Schön Teutsch Spiel/ Vom Holoferne unnd der Judith* zitieren die jüdischen Anführer Osias, Charmi und Achior in ihrer Not „Ach Gott vom Himmel sieh darein", „O frommer Gott ins Himmels Saal" sowie „Ach Gott welch manches Hertzenleidt".[19] Bezeichnend ist auch, dass Dichter für die Gestalten in Bibelspielen alttestamentarische Namen wählen, statt wie im Spätmittelalter jiddische oder lächerliche.[20]

Diese Kirchenlied-Zitate sind von besonderem Interesse, weil sie über den unmittelbaren Kommunikationszusammenhang im Drama hinausweisen: Der Judith-Stoff dient als Beispiel für den Triumph des wahren Christentums über seine Feinde und als eine bewusste Demonstration protestantischen Siegesbewusstseins im Jubiläumsjahr der Reformation (1617). Die Kontextualisierung zeigt uns, dass die alttestamentarischen Stoffe als Antitypen aktueller moderner Konflikte auf die Bühne gebracht wurden. In der Tat war dies nicht die Aus-

[18] *Ein Christenlich und sehr lustig Spyl/ von dem frommen unnd Gottsförchtigen Mann Thobia*, St. Gallen, 1581, Bl. L7r. Text Wackernagel, *Das deutsche Kirchenlied* (wie Anm. 17), Bd. 3, Nr. 1437, Melodie EdK (wie Anm. 17), Ea1.

[19] Martin Böhme, *Tragicomoedia: Ein Schön Teutsch Spiel/ Vom Holoferne unnd der Judith*, Wittenberg, 1618, II,1 und II,4. „Ach Gott, vom Himmel": Luthers Lied, in Wackernagel, *Das deutsche Kirchenlied* (wie Anm. 17), Bd. 3, Nr. 3. Zum 2. Lied vgl. „Ein schönes Newes Lied von der Weltlauff vorm Jüngsten Tag. Gestellt durch Johann Staiger Weber zu Ulm. In Thon Ewiger Vatter im Himmel." Incipit: „O Höchster Gott im HimmelsSaal." *Berliner Liedflugschriften. Katalog der bis 1650 erschienenen Drucke der Staatsbibliothek zu Berlin - Preußischer Kulturbesitz*, bearb. von Eberhard Nehlsen, hg. von Gerd-Josef Bötte u.a., Baden-Baden, 2008 f., Nr. 576 und 577. „Ach Gott welch manches Hertzenleidt": Wackernagel, *Das deutsche Kirchenlied* (wie Anm. 17), Bd. 5, Nr. 121.

[20] In der Frankfurter Dirigierrolle heißen die Juden z.B. Liebermann, Selegmann, im Alsfelder Passionsspiel heißen sie Bifus, Snoppenkile, Lendenkile, Sauwel, Essikax.

nahme, sondern die Regel. Esther ist das Vorbild einer frommen Ehefrau, weshalb Estherspiele besonders gern zu Hochzeiten gegeben werden. Der Judith-Stoff wird in aller Regel als Vorbild des Kampfes gegen die Türken interpretiert – Böhmes antikatholische Spielart ist ein Sonderfall. Für die Invektive gegen die römische Kirche sind die Baalsgeschichten der beliebteste Stoff. So wie sich der protestantische Zuschauer mit den frommen Juden identifiziert, so setzt er die baalitischen Götzendiener mit den Katholiken gleich. Verdeutlicht wird diese Interpretation, wenn die Juden „Kumb heyliger geyst herre Gott" singen, die Baaliten hingegen ihre Lieder auf die Weisen von – typisch katholischen – Fronleichnams- und Mariengesängen vortragen, wie dies in dem oben erwähnten Spiel von Sixt Birck der Fall ist.[21]

Die Antitypik der alttestamentarischen Gestalten bis zu Identifikation zu steigern, schien der neuen, mit Opitz eingetretenen Dramenbehandlung offensichtlich zu naiv. Für die veränderte Dramenauffassung waren Verisimilitudo und Mimesis wichtig, der Exempelcharakter musste sich dem einfügen. Insgesamt lässt sich für Spiele des 17. Jahrhunderts beobachten, dass Juden wieder in ihrer Besonderheit in Erscheinung treten, wobei sich die Darstellung ihrer Alterität historischem Wissen oder zeitgenössischen Erfahrungen verdanken kann.

In Georg Rollenhagens *Tobias/ Eine schöne/ tröstliche Comoedia oder Spiel vom heiligen Ehestand* findet sich eine reizende Szene: Bräutigam und Braut werden von ihren ehemaligen Gespielen mit Liedern um Nüsse und um einen Ball gebeten.[22] Es handelt sich um deutsches Brauchtum.[23] Rollenhagen, der darauf verweist, „*das mans für Alters also gehalten*", nahm offenbar die ethnische Differenz nicht wahr.

Im 17. Jahrhundert war man damit nicht mehr zufrieden. Zwar ist auch in die Tobias-Komödie des Rostocker Kantors Daniel Friderici noch deutsches Hochzeitsbrauchtum eingefügt, Tobias hält seinen Hut über Sara, seine Braut, sie gibt ihm ihren Kranz[24], aber das wird ergänzt: Charitas und Benigna halten eine Decke über die Brautleute, weil Gott Israels Hüter ist und weil gilt: eine Decke, ein Sinn. Braut und Bräutigam trinken ein Glas Wein und werfen das Glas zu Boden.[25] Die Katenen am Rande des Schauspieltextes sprechen von guten alten

---

[21] Birck, *Ein herliche Tragedi* (wie Anm. 16), Bl. K2r. Luthers vierstrophige Bearbeitung des alten Liedes über die Antiphon „Veni Sancte Spiritus", Wackernagel, *Das deutsche Kirchenlied* (wie Anm. 17), Bd. 3, Nr. 19; EdK Ea11. Die Baaliten singen auf die Melodien von „Pange lingua" und „Magnificat".

[22] Georg Rollenhagen, *Tobias/ Eine schöne/ tröstliche Comoedia oder Spiel vom heiligen Ehestand*, Magdeburg, 1576, IV,1.

[23] Paul Sartori, *Sitte und Brauch*, Bd. 1, Leipzig, 1910, S. 86; Bd. 3 (1914), S. 136, 162.

[24] Daniel Friderici, *Tobias Das ist Eine fröhliche/ lustige und sehr anmutige Newe Comoedia, Von dem alten und jungen Tobia, Nach aller Müglichkeit auff jegenwertige [sic] Zeit und dero betrübten Leuffte gerichtet. Den Betrübten und Elenden zum Troste/ den Bedrengten und Nothleidenden zur Gedult/ Männiglichen aber ins gemeine Zu besonderer Lust/ Lehr/ Unterricht und Vermahnung/ Zugerichtet beschrieben/ und agiret*, Rostock, 1637, III,9, S. 172.

[25] Ebd. S. 173 f.

Bräuchen, sagen aber nicht, dass es sich dabei um jiddische Riten handelt, nämlich um die Hochzeits-Chuppa und das Zerbrechen eines Glases. Die Kenntnisse jüdischer Kultur gehen freilich nicht so weit, dass der Autor an dieser Stelle in den liederreichen Ablauf der Hochzeit noch einen passenden Gesang hätte einbauen können. Sigmund von Birken schließlich, der zum letzten Buch des Romans *Aramena* von Anton Ulrich zu Braunschweig-Lüneburg ein Schäferspiel um den Patriarchen Jacob beisteuerte, beschränkt sich bei der Hochzeit Jakobs ganz auf jüdische Bräuche, die Chuppa und das rituelle Weinglas, und lässt die anachronistischen deutschen ganz weg.[26] Der Nebentext gibt an: „wird von den Chören ferner gespielet und gesungen". Leider erfahren wir nicht, was musiziert wird.

Aus Gründen der Wahrscheinlichkeit kommt der dramatischen Sprache hohe Bedeutung zur Charakterisierung der Juden zu. Christian Weise schreibt darüber in seiner Vorrede zu *Lust und Nutz der Spielenden Jugend*:

> Soll das Sprüchwort wahr bleiben: *Comoedia est vitae humanae speculum*, so muß die Rede gewißlich dem Menschlichen Leben ähnlich seyn. Ein *Cavallier*, ein fürnehmes Frauenzimmer/ ein liederlicher Kerl/ ein gemeiner Mann/ ein Bauer/ ein Jude muß den *accent* führen/ wie er im gemeinen Leben angetroffen wird.[27]

Mithin kann das Mauscheln auch einfach ein Sprachcharakteristikum sein. In diesem Sinne lässt Tobias Kober 1607 in einem Spiel verschiedene Dialektsprecher auftreten: Ein Fuhrmann spricht schlesisch, Mauschel der Jude mauschelt, ein Adeliger radebrecht in einer Art Niederländisch.[28] Der Jude wird dabei nicht mehr karikiert als die anderen Figuren. Man sollte vorsichtig sein, die Darstellung des „typisch Jüdischen" als Antisemitismus einzuordnen.

Interessant ist freilich, dass Christian Weise Juden des Alten Testaments in einem seiner Bibelspiele mit Zügen ausstattet, die er dem Stereotyp zeitgenössischer Juden entnommen hat. In dieser Hinsicht war man im 16. Jahrhundert vorsichtiger. Weises Drama *Nebucadnezar* 1684 enthält eine Szene, in der vier Juden ihrer Todesangst mit einem Lied Ausdruck verleihen. Es handelt sich um eine fiktionale Zutat zur biblischen Vorlage.

> Ey, ey, ey, ey
> Wie sind wir auf die Neige kommen
> Die Cron ist längsten weggenommen

---

[26] Anton Ulrich von Braunschweig-Lüneburg, *Mesopotamische Schäferei/ Oder Die Durchleuchtige Syrerin Aramena. Der fünfte und lezte Theil: Der Unbekanten Freundschaft gewidmet*, Nürnberg, 1673, Tl. V, S. 474: „Indem der Oberpriester mit beiden verlobten unter dem zelthimmel stehet/ sie mit dem handgelübde zusammentrauet/ einen Becher mit wein segnet und ihnen auszutrinken reichet/ und Rahel dem Jacob den ring anstecket/ wird von den Chören ferner gespielet und gesungen".

[27] Christian Weise, *Lust und Nutz der Spielenden Jugend*, Dresden, Leipzig, 1690, Bl)()(r.

[28] Tobias Kober, *Idea militis vere Christiani*, Liegnitz, o.J. [1607].

Nun raset Mord und Tyranney
Ey, ey, ey, ey.[29]

Das Lied drückt die Bedrängnis der Juden aus, ist aber mit seinem typisch jüdischen Klageruf auch satirisch. Beides wird durch die Komposition Johann Kriegers unterstützt. Sie setzt musikalisch um, was einer der Ängstlichen zu Beginn sagt: „Ich will nach singen wo nur iemand anfangen will." So lässt Krieger den Alt, die beiden Tenöre und den Bass mit ihrem „Ey ey ey ey" hintereinander in schnellen Notenwerten auf dem gleichen Ton einfallen. Das kunstlose „Fugato", ein gleichsam stotternder Anfang, könnte, je nach Ausführung, auch lächerlich wirken.[30]

Dieses „Juden-Lied" wird von Weises ehemaligem Schüler Gottfried Hoffmann in einem 1697 in Lauban aufgeführten Spiel von *Esther* kontrafiziert. *„Sie fangen an zu singen und gebrauchen dabey allerhand Jüdische Ceremonien"*.

Ey, ey, ey, ey
So müssen wir nun plötzlich sterben
Und all auf einen Tag verderben
Wir hören schon das Mord=Geschrey
Ey, ey, ey, ey.[31]

Wieder erscheint die Klage im Gewand des judentypischen Wehgeschreis. Nach dem Lied aber treten 24 Judenknaben auf, die ihren Tod und den Tod der Eltern bei dem kommenden Pogrom vor Augen sehen. Ihre klagenden Verse sind rührend und ergreifend. Das letzte Kind schließlich tröstet die anderen:

Ich hör es soll sehr schön bey Gott im Himmel sein
Und also bild ich mir den Todt nicht schmerzlich ein
Es kann der schöne Todt mein Ende sanffte machen
Drümb will ich kleines Kind der Feinde Trotz verlachen.[32]

Angesichts dieser Verse wird im Rückblick auf das Judenlied eine rein satirische Interpretation fraglich. Der Text der Kinderverse ist von Mitgefühl mit den verfolgten Juden bestimmt.

Genaue Untersuchung mit historischem Fingerspitzengefühl ist nötig, bevor man das Verdikt „Antisemitismus" fällt. Ein besonders heikler Fall liegt mit

---

[29] *Der gedemüthigte und wiederum erhöhte Nebucadnezar in Assyrien*, in: ders., *Sämtliche Werke*, hg. von John D. Lindberg und Hans-Gert Roloff, Bd. 6, Berlin, 1988 (Ausgaben dt. Literatur des 15. bis 18. Jh.), II,1, S. 67.

[30] Johann Krieger, *Neue musicalische Ergetzligkeit/ Das ist: Unterschiedene Erfindungen Welche Herr Christian Weise/ in Zittau Von Geistlichen Andachten Politischen Tugend=Liedern Und Theatralischen Sachen bishero gesetzet hat; In die Music gebracht Und der Tugend Liebenden Jugend vornehmlich recommendiret* [Stimmhefte], Frankfurt am Main, Leipzig, 1684, Reprint Hildesheim u.a., 1999, S. 54. Die Singstimmen werden von dem Basso continuo begleitet, der als Erster einsetzt.

[31] *Königin Esther* [1697], II,12. [Christian Weise Bibliothek Zittau: Mscr. B 51/3].

[32] Ende der Handschrift, Zugabe von 4 Blättern: „Das sind die Verse welche die 24 JudenKnaben Act. II Sc. XII nach dem Beschluß des liedes recitiren".

dem Luzerner Osterspiel vor. Für die Aufführungen 1583 und 1597 dieser traditionsreichen mehrtägigen Großveranstaltung haben sich die Judenlieder auf Holztafeln erhalten. Die Texte stammen von Renward Cysat, die fast sämtlich einstimmigen Kompositionen von Fridolin Jung, Priester und Organist an der Luzerner Hofkirche.

In den Passionsspielen der hessischen Gruppe war das Singen dem Belieben der Juden-Darsteller überlassen. In einigen Spielen süddeutscher Provenienz jedoch kommen durchaus ausgeschriebene ‚Cantica hebraica' vor. Hier ist v.a. das Künzelsauer Fronleichnamspiel zu nennen. In ihm äußert Synagoga im Streit mit Ecclesia ihre feindseligen Positionen, wobei an einer Stelle gesungen wird:

> Numquam natura fregit sua jura
> Ut virgo parieret et deus homo fieret.
> Kados rados kadenay kados os mical
> Ruscha buscha hu Rochim lochim israhel
> […].[33]

Eine Melodie ist nicht überliefert. Das ganze Spiel setzt die Juden in ein böses Licht, dieser Gesang macht davon keine Ausnahme, zumal er ja mit einer (in der Logik des Spiels verblendeten) Leugnung der Jungfrauengeburt beginnt. Das pseudohebräische Kauderwelsch mag ebenfalls abstoßend gewirkt haben.[34]

Nirgendwo gibt es so viele und so eigentümliche Judengesänge wie im Luzerner Osterspiel.[35] Der Sprechtext des Luzerner Osterspiels zeigt auffallenderweise keine antijüdischen Elemente und unterscheidet sich hierin grundlegend von der hessischen Passionsspielgruppe, aber auch von dem Donaueschinger Spiel, mit dem er ansonsten verwandt ist. Die Juden in den Szenen des Alten und des Neuen Testaments sind im Sinne der Bibel dargestellt. Sie werden weder veralbert noch verteufelt, sie sprechen nicht gemein und ausfällig, sind keine Wucherer oder verstockte Christusleugner und haben keine jiddischen Namen. Der Text schiebt ihnen weder Sadismus noch Geldgier in die Schuhe. Kurz, sie sind keine Zerrbilder aus dem spätmittelalterlichen Ghetto, sondern

---

33 *Das Künzelsauer Fronleichnamspiel* (wie Anm. 9), nach V. 4455.

34 Die im Ungeist nationalsozialistischer Rassenideologie geschriebene Untersuchung von Hans Carl Holdschmidt, *Der Jude auf dem Theater des deutschen Mittelalters*, Emsdetten, 1935 (Die Schaubühne 12) sammelt solche Stellen und verweist auch auf den Streit von Ecclesia und Synagoga in Hans Folz, *Ein Vasnachtspil, die alt und neu Ee, die Sinagog, von Uberwindung der Juden in ir Talmut*, in: Adelbert von Keller, *Fastnachtspiele aus dem 15. Jahrhundert*, 1. Tl., Stuttgart, 1853 (BLV 28), Nr. 1, bes. das Unsinnslied S. 7. Weitere Beispiele bei Holdschmidt S. 125-131. Text und Noten zu einem Judengesang in einem Osterspiel aus Bozen, beginnend mit „Cados" bei Rainer Gstrein, „Anmerkungen zu den Gesängen der Osterspiele des Sterzinger „Debs"-Codex.", in: *Osterspiele. Texte und Musik. Akten des 2. Symposions der Sterzinger Osterspiele*, Innsbruck, 1994 (Schlern-Schriften 293), S. 91-98.

35 Zur genauen Darstellung von Text und Melodie vgl. Irmgard Scheitler, *Schauspielmusik. Ästhetik und Funktion im Drama der Frühen Neuzeit*, Bd. 1, Materialteil, Tutzing, 2013 (Würzburger Beiträge zur Musikforschung 2.1), S. 974-988.

historische Figuren. Das Spiel enthält sich nicht nur der Verzeichnung, sondern auch der Schuldzuweisung.

Einzig die Judengesänge können in ihrer Unsinnspoesie und Sprachmischung als negativ konnotiert betrachtet werden. Die Texte der Cantica sind z.T. sinnvoll, zum größeren Teil aber aus Fragmenten und Wörtern in verschiedensten Sprachen, aus Kinderreimen und sinnlosen Silben arrangiert. Cysat, der auf sie bes. stolz gewesen zu sein scheint, nennt sie „aus Chaldäisch, Hebräisch, Arabisch, Griechisch, Türkisch, Latynisch, Tütsch, Italianisch, Französisch, Churwelsch oder Rhätisch, Rotwelsch, Hispanisch, Ziginerisch, Unbekannt, Egiptisch, Liffanerisch, Syrisch, Sclavonisch" zusammengesetzt.[36] Mit diesem Makkaronisch sollte offensichtlich die Fremdheit eines Volkes konstruiert werden, das die Luzerner freilich fast nicht kannten; jedenfalls wohnten kaum Juden in ihrer Stadt.[37]

Von besonderem Interesse ist die Art der Vertonung. Die Melodien wurzeln in zeitgenössischer mitteleuropäischer Musik; eine Verbindung zu Synagogalgesängen ist nicht herzustellen. Einige der stark verfremdeten, unsinnigen Texte sind mit besonders einfachen Melodien verbunden. Diese haben einen kleinen Ambitus von meist nur sechs Tönen, bauen auf dem Dreiklang auf, sind repetitiv und verwenden bevorzugt einen dur-artigen Modus auf dem Grundton *c*, was ungewöhnlich ist. Ihr Klangschema ist mit Kindlichkeit verbunden; eine melodische Karikierung kann aber nirgends festgestellt werden. Andere Judenlieder hingegen sind mit liturgischen Gesängen identisch oder von ihnen abgeleitet. Einige Male singen die Juden fromme Lieder mit ganz sinnvollem Text („Moses ist ein trüwer Knecht"), dann wieder singen sie sogar mit den Aposteln gemeinsam. Bei anderen Gelegenheiten ist ihre Rolle jedoch negativ konnotiert. Festzuhalten ist auf jeden Fall, dass in den Gesängen die Andersartigkeit des jüdischen Volkes deutlich wird. In welchem Umfang die Lieder lächerlich wirkten, in welchem Ausmaß sie die Juden diskreditierten, muss dahin gestellt bleiben. Immerhin ist zu bedenken, dass in einer ganz und gar nicht lächerlichen Szene, beim pfingstlichen Sprachenwunder, Petrus „Chaldäisch" spricht, was ebenso klingt wie die Juden-Cantica; die anderen Apostel hingegen sollen in elf weiteren Sprachen sprechen, darunter viele der oben als Bestandteile der Judenlieder aufgeführten.[38]

Würdigt man die von den spätmittelalterlichen Spielen stark abstechende neutrale, ja freundliche Darstellung der Juden (Jesu Peiniger sind die Römer), die in keiner Weise verzerrende Vertonung der Gesänge und schließlich das „Chaldäisch" des Petrus, so muss die Judendarstellung in Luzern jedenfalls als

---

[36] Renward Brandstetter, „Musik und Gesang bei den Luzerner Osterspielen", in: *Der Geschichtsfreund* 40 (1885) S. 145-168, hier S. 148 f.

[37] Vgl. Veronika Duncker, *Antijudaismus, antireformatorische Polemik und Zeitkritik im Luzerner Antichristspiel des Zacharias Bletz*, Diss., Frankfurt am Main, 1994, S. 48 f.

[38] *Das Luzerner Osterspiel*, gestützt auf die Vorarbeiten von M. Blakemore Evans, hg. von Heinz Wyss, Bd. 3, Bern, 1967, S. 136 nach V. 43.

sehr moderat bezeichnet werden. Das stärkste Argument gegen eine antisemitische Interpretation der Luzerner Judenlieder liefert eine Monographie aus der nationalsozialistischen Zeit, die dem Spiel als solchem die „wahrhaft genrehafte Charakterisierung“ abspricht und die Lieder als „nicht beispielhaft“ und als „stark degenerierte Form“ der Judendarstellung bezeichnet[39]; will heißen, das Luzerner Osterspiel entsprach nicht den rassistischen Maximen des Verfassers.

Vermutlich hatte der Luzerner Apotheker, Großrat und Stadtschreiber Renward Cysat keine Kenntnisse in semitischen Sprachen und folgte beim Dichten der Cantica dem Hörensagen und seiner Phantasie.[40] Demgegenüber singen einige Juden in protestantischen Spielen tatsächlich hebräischsprachige Lieder und kommen insofern der Wahrscheinlichkeitsforderung konsequent nach.

Der Humanismus hatte die Hebräisch-Studien belebt und schon 1498 lehrte Johannes Reuchlin an der Universität Heidelberg Hebräisch. Aber erst die Reformation machte die Sprache des Alten Testaments zum festen Bestandteil der Theologenausbildung. Nachdem die protestantischen Lateinschulen als Vorbereitungsinstitute entweder für ein Jura- oder ein Theologiestudium angesehen wurden, unterrichtete man auch an ihnen Hebräisch. Im 17. Jahrhundert schließlich bezog das Interesse am Jüdischen auch den Talmud mit ein. „Die Zeit des 17. Jahrhunderts sowie des frühen 18. Jahrhunderts kann man geradezu als eine Blütezeit der rabbinischen Studien bezeichnen.“[41] Diese Talmudstudien mögen die Voraussetzung für so manche überraschenden Kenntnisse über jüdische Lebensart gewesen sein; die Pflege der hebräischen Sprache im Gymnasium aber war Bedingung für das erstaunliche Faktum, dass in protestantischen Schulspielen hebräische Lieder und Gesänge vorkommen.

Schon 1595 ließ Johannes Cuno als Schulrektor in Calbe in einem Weihnachtsspiel hebräisch singen.[42] Als Streben nach historischer Wahrscheinlichkeit kann dies freilich nicht interpretiert werden. Schließlich singen die Hirten vorwiegend thüringisch: „Enn Keinid geburn zu Bethelheim“, „Von Himmel kahm der Engel schor“ und andere Kirchenlieder.[43] Vielmehr wollte der Rektor

---

39 Holdschmidt, *Der Jude auf dem Theater* (wie Anm. 34), S. 123, Anm. 85 und 86.

40 Vergleichbar sind die „hebräischen“ Schriftzeichen auf mittelalterlichen Gemälden, die etwa einen Mantelsaum der Maria zieren. Es handelt sich stets um Phantasie-Hebräisch.

41 Hartmut Bobzin, „Der Unterricht des Hebräischen, Arabischen und anderer semitischer Sprachen sowie des Persischen und Türkischen in Europa (bis zum Ende des 18. Jahrhunderts). 2. Hebräisch“, in: *History of the Language Sciences*, hg. von Sylvain Auroux, E. F. K. Koerner, Hans-Josef Niederehe und Kees Versteegh, Bd. 1, Berlin, New York, 2000, S. 729–732, hier S. 730.

42 Johannes Cuno, *Ein schön Christlich Action von der Geburt [...] unsers Herrn*, Magdeburg, 1595.

43 Akt II, Bl. D3vf. „Puer natus“ / „Ein Kind geborn zu Bethlehem“, in: Wackernagel, *Das deutsche Kirchenlied* (wie Anm. 17), Bd. 1, Nr. 315, EdK Eb43; Luthers Lied „Vom Himmel kam der Engel Schar“, ebd., Bd. 3, Nr. 49 hier kombiniert mit Luthers „Vom Himmel hoch da komm ich her“, Nr. 39; gemeinsame Melodie ist EdK Ei1.

den staunenden Eltern im Publikum die Sprachkenntnisse ihrer Kinder demonstrieren – und nicht zuletzt sein eigenes Wissen. Daher tragen Maria und Joseph das bekannte Wiegenlied „Joseph, lieber Joseph mein" deutsch, lateinisch und hebräisch vor[44], singen die Weisen aus dem Morgenland „Du bist das heil und seliglich [selig Licht] | für uns heiden" zunächst im deutschen Original, fahren dann aber lateinisch, griechisch und hebräisch fort.[45] Im V. Akt schließlich stellen die Priester kabbalistische, hebräische Rechnungen über das Datum von Jesu Geburt und Tod an, obgleich die Stoffvorlage, die Darstellung Jesu im Tempel, dazu keinerlei Anlass bietet.

Noch stärker tritt die Begeisterung für Gesang auf Hebräisch bei Joachim Lesebergs Spiel *Jesus duodecennis* (1610) zutage.[46] Dargestellt wird die Begegnung des zwölfjährigen Jesus mit den Priestern und Schriftgelehrten im Tempel zu Jerusalem. Die Perikope hätte zu Bemerkungen über die „Verstocktheit" der Juden Anlass geben können.[47] Stattdessen demonstriert der Canonicus Leseberg sein exegetisches Wissen. Zu Beginn des III. Aktes blasen die Priester die Tuba, die zum Tempel ruft, eine Anspielung auf das Shofar-Blasen der Juden. Nachfolgend wird auf die hebräischen Worte von Ps 95, 1-3 gesungen. Rabbi Arifei übersetzt die Stelle in deutsche Verse. Die nächste Szene III,2 bringt noch einmal einen Gesang der Priester. Wie aus der deutschsprachigen Replik des Rabbi Ananus hervorgeht, handelt es sich um Deut 6, 4-5, das berühmte „Schma Jisrael", „Höre Israel". Die Kompositionen der Priestergesänge, zweistimmige Kanones, sind in Noten beigefügt. Die Form sollte möglicherweise eine gewisse Strenge und Archaik vermitteln. Es handelt sich aber nicht um hebräische Melodien, sondern lediglich um Musik auf einen hebräischen Text.[48] Vermutlich hatte der in Wunstorf bei Hannover lebende Autor gar keine Gelegenheit, authentische jüdische Musik kennenzulernen.

Keineswegs überall im deutschsprachigen Raum gehörten Juden zum alltäglichen Leben. In Breslau etwa gab es nach der Vertreibung 1453 nur mehr zu Messezeiten viele Juden in der Stadt. Sie kamen mehrheitlich aus Polen. Immerhin durften sie seit 1657 auch von Privatleuten beherbergt werden, so dass der Kontakt zwischen Christen und Juden in diesen Wochen durchaus intensiv sein konnte. Ansonsten wohnten im 17. Jahrhundert nur in städtischen Außenbezirken etliche Juden.[49]

---

44 Akt I Bl. B8r, EdK Ee22.

45 Akt IV Bl. F7v, Strophe IV von Luthers „Mit Fried und Freud ich fahr dahin", Wackernagel, *Das deutsche Kirchenlied* (wie Anm. 17), Bd. 3, Nr. 25, EdK Ec13.

46 Joachim Leseberg, *Jesus duodecennis. Jesus zwölff Jahre alt. Das ist: Eine Geistliche/ Christliche/ und nützliche Comoedia oder Spiel/ Aus der schönen lieblichen und Biblischen Historia des zwölffJährigen lieben Jesuleins/ Lucä am andern genommen*, Helmstadt, 1610.

47 Immerhin stellt Jesus die Juden wegen des täglichen Gebets wider alle Gojim zur Rede.

48 Freundliche Auskunft von Prof. Edwin Seroussi, Department of Musicology, Hebrew University of Jerusalem.

49 Vgl. Bernhard Brilling, Geschichte der Juden in Breslau von 1545-1702, Stuttgart, 1960, S. 24 f.; 70-72.

Man weiß, dass der Breslauer Stadtrat alles andere als judenfreundlich gesinnt war. Er hätte die Hebräer lieber vollständig und für alle Zeiten vertrieben, weil sie den christlichen Händlern scharfe Konkurrenz machten. Nur die Intervention des Kaisers schob hier einen Riegel vor.[50] Diese Reibereien oder sogar Animositäten hinderten die Intellektuellen aber offensichtlich nicht daran, Interesse an der jüdischen Kultur zu nehmen und deren Gesang ganz selbstverständlich unter die wichtigen Musikleistungen zu rechnen. Ausgerechnet der „Kauffmannschafft" als erwartetem Sponsor widmet Rektor Georg Wende einen theatralisch-musikalischen Fest-Actus, zu dem das Magdalenengymnasium 1678 aus Anlass der Geburt des kaiserlichen Thronfolgers einlud.[51] Man präsentierte konzertweise verschiedene Formen des Musizierens zu verschiedenen Zeiten und bei verschiedenen sozialen Gruppen. An 9. Stelle heißt es: „Ein Jude (Christian Lachman) singt auß dem Buch Berochos das Lied Ki Eschmeroh in seinem eignen Thon; Läst darauff eine künstliche Harffe rühren."[52] Der hebräische Gesang zum Mittagsmahl am Sabbath wurde als so interessant empfunden, dass er in die Serie aufgenommen wurde. Woher der Sänger das mehrstrophige Refrainlied kannte, ist fraglich. Vielleicht war er ein konvertierter Jude. Der Name könnte es nahelegen.

Das „historische Konzert" von 1678 ist von besonderer Signifikanz für die Rezeption der zeitgenössischen jüdischen Kultur. Philologische Bedeutung kommt einem anderen Actus zu, der 1656 am gleichen Gymnasium abgehalten wurde. Diese Vorstellung ist wegen ihrer Reichhaltigkeit und Charakteristik erwähnenswert. Unter dem Titel *Musica metrica simul et harmonica* wurde die Welt- und Kunstgeschichte in musikalischer Form präsentiert.[53] Da man bei der Erschaffung der Welt begann, wurden die Nummern 1-3 hebräisch gesungen, wobei sich schon beim 3. Stück eine „rauhe Music/ ohne Stimmen/ mit Pfeiffen und Geigen", also reine Instrumentalmusik, anschließt; die Instrumente sollten

---

50 Ebd. S. 56-67.

51 *Die Edle Music Auff den 9. Augusti dieses 1678. Christ=Jahres [...] Eine erfreuliche Zusammenkunfft/ in welcher Unterschiedene Personen auß allerhand Ständen ihre Musicalische/ nach ihrer Art abgefaste/ Stücke [...] vorstellen sollen/ Dem Durchlauchtigsten Erb=Printzen zu Ehren unterthänigst außzuschreiben und [...] der hierüber hertzlich erfreuten Sämbtl. Löbl. Kauffmannschafft in Breßlau dienstwillist zueignen/ durch Georg Wenden*, Breslau, 1678. In: *Das Breslauer Schultheater im 17. und 18. Jahrhundert. Einladungsschriften zu den Schulactus und Szenare zu den Aufführungen förmlicher Comödien an den protestantischen Gymnasien*, hg. von Konrad Gajek, Tübingen, 1994, S. 343-346.

52 Berachot (bzw. aschkenasisch Berochos): Traktat im Babylonischen Talmud, Lobsprüche, Segenswünsche enthaltend. Aschkenasisch, wie nicht weiter verwunderlich, ist auch die Aussprache „Ki Eschmeroh". Freundlicher Hinweis von Herrn Dr. Nathanael Riemer. Ein hebräisches Tischgebet wird in Jakob Funckelins 1562 in Biel aufgeführtem Auferstehungs- und Himmelfahrtsspiel [ZB Zürich: Ms. C 79a] gesprochen: Vor v. 895 „Caiaphas bettet über tisch und sagt: Báruch átta Adonái Elohénu malech haólam/ | hásan eß haólam kullu betúfo/ behénn/ | bechǽsed/ vberáchmim/ Hu nósen lǽchem | lekóll básar/ ki leólam chádso." Es handelt sich um den Beginn des jüdischen Tischgebets, „Gepriesen bist du, Herr, unser Gott, König der Welt". Freundlicher Hinweis von Prof. Dr. Max Schiendorfer.

53 *Das Breslauer Schultheater* (wie Anm. 51), S. 315-322, hier S. 319 f.

die urtümliche, von Jubal erfundene Musik präsentieren. Auch die folgenden Nummern sind getragen von dem Bemühen, die Instrumentalklänge des Alten Testaments nachzustellen, wozu man nicht nur Geigen, Harfen, Theorbe und Posaunen einsetzte, sondern auch auf Veraltetes wie Krummhörner und Cymbal zurückgriff und die „Music der Gottseligen Israeliten" in responsorischer Art vortragen ließ, „der sogenanten Meister=SingersKunst nicht ungleich". All das mag heute verschroben erscheinen, es zeigt jedoch, dass man Judentum und Altes Testament als Teil der eigenen Zivilisationsgeschichte betrachtete, lebhaftes Interesse daran nahm und sich deshalb in Rekonstruktionen versuchte.[54]

Wenn oben vom 17. Jahrhundert als einer Blütezeit der rabbinischen Studien die Rede war, so lassen sich die Spuren unschwer in den Schauspielen nachweisen. Von erstaunlich guter Kenntnis jüdischer Terminologie zeugt Johann Christian Hallmanns 1669 am Breslauer Elisabeth-Gymnasium aufgeführtes Trauerspiel *Mariamne*.[55] Thema ist das grausame Wüten des Königs Herodes I. gegen seine eigene Familie und seine Frau Mariamne. Während Hallmann die Figur der Mariamne nach dem Schema der christlichen Märtyrerin darstellt, zeichnet er die Priester bewusst als Juden, indem er ihnen rabbinische Terminologie in den Mund legt. Als sie Mariamne auf den Tod vorbereiten (parallel zum geistlichen Bestand für Delinquenten), sprechen sie ihr folgendermaßen Trost zu:

> Glaubt/ Fürstin/ glaubet fest/ an rauhen Todes Klippen
> Zerscheitert kein Zaddick/ den selber Adonay
> Gezeichnet in die Hand![56]
> [ ]
> Gott lasset nicht vergehn seyn außerwehlt Geschlecht/
> Das seine Thorah ehrt![57]

Einzig die Priester bedienen sich dieser Fachtermini, die anderen Figuren sprechen gewöhnliches Deutsch. Dies ist aber nicht etwa pejorativ zu werten. Innerhalb der Logik des Spiels gehört den Priestern durchaus Sympathie; auch trösten sie Mariamne mit einem Bibelwort, das zu den Kernsprüchen des protestantischen Christentums gehört: „Sihe/ in die Hende hab ich dich gezeichnet", Jes 49, 16. In typisch jüdischer Art umschreiben die Priester den Gottesnamen mit „Adonay". Mariamne nennen sie Zaddick. Der Ausdruck bezeichnet einen Rechtschaffenen, Gesetzestreuen und war zu Hallmanns Zeit besonders

---

54 Als besonders bemerkenswert sei auf Nr. 9 verwiesen. Dort wird die jüdische Trauermusik vorgeführt; „allerhand alte/ und ungewöhnliche düstere Instrument" sollen die Antiquitas hörbar machen, den geistlichen Charakter aber gewinnt diese Musik, indem Jacobus Gallus berühmte Motette „Ecce quomodo moritur justus" „zu Sinn steige". Ebd. S. 319.

55 Mariamne Trauer=Spiel, Breslau, 1670, in: ders., Sämtliche Werke, hg. von Gerhard Spellerberg, Berlin, 1974, S. 195-378.

56 Ebd., S. 329.

57 Ebd., S. 333.

im chassidischen Judentum sehr verbreitet, wohl auch bei eben jenen polnischen Händlern, die zu Messezeiten nach Breslau strömten.

Aufschlussreich ist auch der Kommentar des II. Priesters nach Mariamnes Tod.

> Sie ist ja nicht vertorben;
> Sie ist als ein Zaddick/ nicht als Raschah[58] gestorben:
> Hier ist kein Jsop noth/ der jhre Glieder wasch';
> Jhr Tohora[59] bedarff hier keiner warmen Asch'/
> Noch umbgesprützten Blut's von einer rothen Kuhe[60]:
> Sie speißt bey Abrah'ms Tisch' in Zucker-süsser Ruhe/
> Und lacht Eur Seufftzen auß in der gewölckten Höh![61]

Die Fülle der Anspielungen auf jüdisches Zeremoniell zeigt einen in dieser Hinsicht erstaunlich gebildeten Autor. Es ist zu vermuten, dass es sich um angelesenes Wissen handelt. Offensichtlich ging von den Fachtermini der Juden ein erhebliches Maß an Faszination aus. Hebräische Ausdrücke stellen gleichzeitig die Gelehrsamkeit des Autors unter Beweis. Nicht nur die Rede, auch der Gesangstext ließ sich damit verzieren. Mit dem Faszinosum talmudischer Terminologie operiert auch Nikolaus Graf Zinzendorf in seiner dramatisch angelegten Kantate „Ich gebe aus Satanas Schule".[62] Sie schließt folgendermaßen:

> So viele mizves thun,
> als die brismile
> und Koschere achile
> am Schabbas ruhn,
> die jomim thovim ehr'n
> meah berochos mehrn,
> sich lassen malkus schlagen
> und seine tephille
> thun in der khille,
> die sünd mit tainis büssen
> und zizis küssen,
> die Thorah lieben,
> gemilus chesed üben,
> biphriga osek seyn die Tschuve, Tphille, Z'doke,
> die nidde, chull', hadloke,
> die ikkorim gläuben,
> beym Iichuel bleiben.

---

58 Gesetzesbrecher.

59 Rituelle Leichenwaschung.

60 Anspielung auf Num 19, 1-13. Die „rote Kuh" und der mit ihr zusammenhängende rätselhafte Entsühnungsritus war Gegenstand intensiver Diskussionen unter den Rabbinen. Vgl. Johann Heinrich Zedler, *Großes und vollständiges Universallexicon aller Wissenschaften und Künste*, Halle, Leipzig, 1732 ff., Bd. 15, Sp. 2092-2103, wo die Diskussion (unter Berücksichtigung von Hebr 9,13) zusammengefasst ist. Für seine freundliche Hilfe danke ich Herrn Dr. Nathanael Riemer, Berlin.

61 Hallmann, *Sämtliche Werke* (wie Anm. 55), S. 335.

62 2. Zugabe zum Herrnhuter Gesangbuch, 1743, Nr. 2260.

Sind das nicht lauter sachen,
die einen Juden machen?

Schluß-Chor.

Das volk Jisrôel wird nicht vergehn, sondern gewiß den Tholah sehn, und die chabburah beziddo die wirds noch machen weich und froh. Hallelujah!

Der Gründer der Herrnhuter Brüdergemeine war von der Hoffnung geleitet, die Herzen der Juden zu gewinnen, indem er gleichsam ihre Sprache spricht; desgleichen hoffte er, eine „judenchristliche Gemeinde" innerhalb der Unität errichten zu können.[63] Der Text ist im Rahmen dieser Bemühungen zu lesen. In Anbetracht der Theaterfeindlichkeit der Pietisten kommt Kantatenaufführungen im Gemeindeleben eine besondere Bedeutung zu. Sie sind spätestens seit 1739 nachweisbar.[64] Auf den heutigen Leser wirkt der Text befremdlich und ist doch alles andere als antisemitisch. Um ihn richtig beurteilen zu können, müsste freilich seine nicht überlieferte Musik vorliegen.

Erst die Einordnung in die Zeit und der Vergleich ermöglichen es, der komplexen Medialität von Liedern und Gesängen gerecht zu werden. Die Judenfreundlichkeit der bisher betrachteten Beispiele wird deutlich, stellt man ihnen etwa einen weihnachtlichen Schulactus aus dem Jahr 1718 gegenüber. In ihm hat die Erfindungsgabe des Autors die Szene an der Krippe um folgenden Besuch erweitert:

Zwey fleischlich gesinnte Philosophi, mit welchen sich endlich eben so viel Juden vereinbaren/ treiben mit dem schlechten Auffzuge des vorgegebenen Messiae ihr Gespötte/ so daß es ihnen endlich Ratio selber verweisen muß/ biß Zelus eintritt/ und die boßhaffte reilleurs mit großer Hefftigkeit fort treibet. Nach diesem wird folgendes musiciret: Verdammte Läster=Brut![65]

Das 18. Jahrhundert ist nicht nur die Epoche Lessings, sondern bringt auch 1725 Johann Philipp Praetorius' und Reinhard Keisers Oper *Der Hamburger Jahr=Marckt* auf die Bühne der Hansestadt. In diesem „volkstümlichen" Stück, das ein großer Erfolg wurde, singt Schmuel:

Will das Schachern Vortheil bringen/
Kan der Mauschel lustig springen/
Pschite! Ja! es bleibet wahr.
Wann die andere Künste liegen/

---

[63] Vgl. Dietrich Meyer, *Zinzendorf und die Herrnhuter Brüdergemeine 1700-2000*, Göttingen, 2000, S. 78.

[64] Anja Wehrend, *Musikanschauung, Musikpraxis, Kantatenkompositionen in der Herrnhuter Brüdergemeine; ihre musikalische und theologische Bedeutung für das Gemeinleben von 1727 bis 1760*, Frankfurt am Main u.a., 1995, S. 29.

[65] Johann Christoph Wentzel: *Der unerkandte Jesus in Christlicher Vorbereitung auf das Heilige Weynacht=Fest/ von der studirenden Jugend in Zittau den 21. Decembr. 1718 in einem kurtzen Dramate vorgestellet*, Bautzen, 1719, Bl. A6r.

So bezahlet das Betriegen
Unsre Mühe dennoch baar.[66]

In Schmuel feiert der Mauschel- und Schacherjude des spätmittelalterlichen Passionsspiels fröhliche Auferstehung.

[66] Johann Philipp Praetorius, *Der Hamburger Jahr=Marckt/ Oder der Glückliche Betrug. In einem schertzhafften Sing-Spiele Auf dem Hamburgischen Schau-Platze Vorgestellet, Jm Jahr 1725* [Musik: Reinhard Keiser]. Schmuls 2. Aria in III,9.

Jörg Marquardt

Grimmelshausens *Vogel-Nest II* – ein philosemitischer Roman?[1]

In seiner Studie über die Geschichte des Sabbatianismus weist Gershom Scholem darauf hin, dass der zweite Teil von Hans Jacob Christoffel von Grimmelshausens Roman *Das wunderbarliche Vogel-Nest* (1675) die „erste[] belletristische[] Darstellung" der sabbatianischen Bewegung enthalte – und dies bereits einhundertvierzig Jahre vor dem ersten hebräischen Roman über dieses Thema.[2] Von der mystischen Häresie des Sabbatai Zwi und der auf ihn sich berufenden messianischen Bewegung in den Gemeinden der Diaspora ging offensichtlich eine solche Strahlkraft aus, dass auch nichtjüdische Autoren sich veranlasst sahen, darauf Bezug zu nehmen. Bemerkenswerterweise fällt Scholem kein Urteil über die Art und Weise, wie im *Vogel-Nest II* die sabbatianische Bewegung zum Thema gemacht wird. Er konstatiert zwar, dass Grimmelshausen in seinem Roman „die zeitgenössische messianische Erweckung mit einer christlichen Legende"[3] verbunden habe und referiert darüber hinaus den Handlungsverlauf der Kapitel XII bis XX[4], die aufgrund ihrer formalen Geschlossenheit als eigenständige „jüdische Novelle"[5] bezeichnet worden sind. Von einer dezidiert antisemitischen Diktion bzw. Repräsentationsform, von stereotyp gekennzeichneten jüdischen Figuren ist hier allerdings nicht die Rede. Warum versäumt es ein Religionshistoriker wie Scholem, dessen Blick nicht zuletzt unter dem Eindruck der Shoa für die historischen Verlaufsformen antisemitischer Rede und Agitation geschärft ist, Grimmelshausens Verharren in zeittypischen antijüdischen Vorurteilen zu erwähnen, wie es die Grimmelshausen-Forschung in den letzten Jahrzehnten oft getan hat? – Höchstwahrscheinlich deshalb, weil es Scholems Lesart des Sabbatianismus als einem transgressiven, das jüdische Selbstverständnis fundamental verändernden, aber zugleich auch über den jüdischen Denkhorizont ausgreifenden Phänomen zuwiderliefe. Grimmelshausens Hinwendung zum Judentum erscheint vor diesem Hintergrund als kein zufälliges

---

1 Der Aufsatz ist eine überarbeitete und erweiterte Fassung meines Beitrags „Unsichtbares Begehren. Zur Darstellung des Judentums in Grimmelshausens ‚Vogel-Nest II'", in: *Morgen-Glantz* 22 (2012), S. 77-90.

2 Vgl. Gershom Scholem, *Sabbatai Zwi. Der mystische Messias*, Frankfurt am Main, 1992. S. 842. Der Text der deutschen Übersetzung geht sowohl auf die hebräische Originalausgabe von 1957 als auch auf die von Scholem erweiterte und überarbeitete englischsprachige Fassung von 1973 zurück. Als ersten hebräischen Roman identifiziert Scholem a.a.O. die von einem anonymen galizischen Autor der Aufklärungszeit als Chronik dargebotene und 1814 veröffentlichte *Geschichte der Träume: Das Ende der Wunder*.

3 Ebd.

4 Die Kapiteleinteilung folgt der Ausgabe des Klassiker Verlages.

5 Fritz Aronstein, „Eine jüdische Novelle von Grimmelshausen", in: *Zeitschrift für die Geschichte der Juden in Deutschland* 5 (1934), S. 237-241.

Ereignis. Vielmehr ist hier ein christlicher Autor einer Faszination erlegen; nicht irgendein Autor, sondern gemäß Scholem der „berühmteste damalige Schriftsteller".[6] Zweifellos wird Scholem die problematische Darstellung der jüdischen Gemeinde von Amsterdam im *Vogel-Nest II* nicht entgangen sein.[7] Dennoch treten bei ihm die als Antisemitismus entzifferbaren Motive hinter das außerordentliche Faktum einer bis in die deutschsprachige Literatur hineinwirkenden jüdischen Bewegung zurück: Dass ein nichtjüdischer Autor weniger als zehn Jahre nach der Apostasie von Sabbatai Zwi die sabbatianische Bewegung zum Ausgangspunkt einer Erzählung über das falsche Spiel mit messianischen Erwartungen wählt, welche innerhalb des Romans schon allein aufgrund ihres beträchtlichen Umfangs herausragt, ist für Scholem offensichtlich höher zu bewerten als das im Detail prekäre, zumeist stereotype Judenbild und die teilweise drastische, das Judentum und den ihm zugeschriebenen Aberglauben schmähende Figurenrede im *Vogel-Nest II.* Mit anderen Worten: In der Erzählung artikuliert sich eine (erotisch kodierte) Faszination, die jedoch nur indirekt sichtbar wird. Die jüdische Frau erweist sich, wie im Folgenden zu zeigen ist, als ein Phantasma, in dem Bemächtigungs- und Entgrenzungsvorstellungen einander durchdringen und dabei ein philosemitisches Begehren entfalten.

Die Forschungsdebatte über eine solche nichtjüdische ‚Rede über Juden' entzündet sich immer wieder an der Frage, ob es sich dabei um ein reines Vereinnahmungsgeschehen handelt oder gerade nicht; ob ein tatsächlicher oder nur ein vermeintlicher literarischer Antisemitismus zu konstatieren ist. Die vorwiegend biographischen, sozial- und motivgeschichtlichen Untersuchungen laufen zumeist darauf hinaus, den Autor Grimmelshausen durch den Text hindurch zum Vorschein zu bringen, seine ‚persönliche' Haltung gegenüber den Juden herauszupräparieren, ihm religiös motivierte Animosität und zeittypisches Ressentiment anzulasten oder ihn von diesem Vorwurf freizusprechen.[8] Seine Romane

---

[6] Scholem, *Sabbatai Zwi* (wie Anm. 2), S. 842.

[7] Denkbar wäre auch, dass Scholem seine Kenntnisse über das *Vogel-Nest II* von Fritz Aronstein, auf den er auch verweist, ungeprüft übernommen hat. Aronstein gebraucht einen fast identischen Superlativ für Grimmelshausen: Er nennt ihn den „größte[n] deutsche[n] Romanschriftsteller der Zeit" (wie Anm. 5, S. 237); Scholems Epitheton vermeidet bezeichnenderweise jede sprachliche oder nationale Eingrenzung, was möglicherweise auf einen Lapsus bei der Paraphrasierung hindeutet.

[8] Für einen Abbau von Vorurteilen bei Grimmelshausen argumentieren maßgeblich Dieter Breuer, Anita Maria Sprenger und Peter Heßelmann: Dieter Breuer, „Antisemitismus und Toleranz in der frühen Neuzeit. Grimmelshausen Darstellung der Vorurteile gegenüber den Juden", in: *Simpliciana. Schriften der Grimmelshausen-Gesellschaft* (1987), S. 27-47; Anita Maria Sprenger, „Judentum – Christentum. Die Kontroverse um Grimmelshausens Judenbild am Beispiel der Jüdin Esther", in: *Simpliciana. Schriften der Grimmelshausen-Gesellschaft* (1992), S. 35-57; Peter Heßelmann, „Zum Judenbild bei Grimmelshausen. Christian Gersons ‚Der Jüden Thalmud' (1607), Michael Buchenröders ‚Eilende Messias Juden-Post' (1666) und ‚Das wunderbarliche Vogel-Nest II'" (1675), in: *Simpliciana. Schriften der Grimmelshausen-Gesellschaft* (2006), S. 115–134. Einwände gegen die Toleranz-These erhebt Florian Krobb, *Die schöne Jüdin. Jüdische Frauengestalten in der deutschsprachigen Erzählliteratur vom 17. Jahrhundert bis zum Ersten Weltkrieg*, Tübingen, 1993; ders., „Verführung und Bekehrung.

und anderen Schriften werden sowohl von der Anklage wie von der Verteidigung als Belege in einem komplizierten Indizienprozess herangezogen. Ob die Hinwendung zum Judentum bei Grimmelshausen womöglich den Abbau von Vorurteilen betreibt oder letztlich althergebrachte religiöse und gesellschaftliche Ressentiments bestätigt, gibt insbesondere das *Vogel-Nest II* zu bedenken, der letzte Roman des Simplicianischen Zyklus und zugleich das letzte von Grimmelshausen in Druck gegebene Werk mit dem vollständigen Titel: *Deß Wunderbarlichen / Vogelnests Zweiter theil / An tag geben von / Aceeeffghhiillmmnnoorr / ssstuu.* [1675].[9]

Die grundsätzlichen wissenschaftlichen Bedenken gegenüber dem Philosemitismus als Phänomen, der hartnäckige Verdacht, dass womöglich „unehrenhafte[...] Motive" bei den beteiligten Akteuren zugrunde liegen und letztlich nur eine Perpetuierung antisemitischer Vorurteile und Diktionen stattfinde – wenngleich unter veränderten Vorzeichen –, diese im Einzelnen gut begründeten Vorbehalte gehören zum sachlichen Bestand der Grimmelshausen-Forschung. Allerdings macht Wolfram Kinzig darauf aufmerksam, dass die „Bewunderung für das Judentum und der Antrieb, Jüdinnen und Juden zu helfen, [...] sich in sehr komplexer Weise mit egoistischen Beweggründen vermischen [können]. Geschichtsschreibung kann nur sehr selten Aussagen über die psychische Struktur der geschichtlich handelnden Personen machen."[10] Betrachtet man die philosemitische Rede statt dessen als einen literarischen Diskurs, der das phantasmatische Objekt der Begierde nicht bloß beschreiben, sondern auch affizieren, d.h. durch die Liebesrede gefügig machen und zur Gegenrede bewegen will, eröffnet sich die Möglichkeit, aus dem Schema der Kontravalenz (Antisemitismus – ja oder nein?) herauszutreten. Die Transgression auf das Feld des Judentums einerseits und dessen hypostasierte Exklusivität andererseits bilden die dynamischen Pole des philosemitischen Diskurses. Im Wissen um diese inhärente Ambivalenz sollten eine allzu pauschale ‚Hermeneutik des Verdachts', die den Philosemitismus sowohl begrifflich als auch sachlich verwirft, und eine ebenso pauschale ‚Hermeneutik des Vertrauens' vermieden[11] und durch eine Herangehensweise ersetzt werden, die das Changieren zwischen positiv und negativ konnotierten Judenbildern, zwischen Zuneigung und Unterwerfung als strukturales Merkmal begreift und untersucht. Dadurch liegt das

---

Zur Esther-Episode in Grimmelshausens ‚Das wunderbarliche Vogelnest'", in: *Simpliciana. Schriften der Grimmelshausen-Gesellschaft* (1990), S. 527-545.

9 Ich zitiere im Folgenden im Fließtext nach der Ausgabe des Klassiker Verlags: Hans Jacob Christoffel von Grimmelshausen, *Das wunderbarliche Vogel-Nest. Zweiter Teil*, in: ders., *Werke I, 2*, hg. von Dieter Breuer, Frankfurt am Main, 1992. S. 449-650.

10 Wolfram Kinzig, „Philosemitismus – was ist das? Eine kritische Begriffsanalyse", in: *Geliebter Feind, gehasster Freund. Antisemitismus und Philosemitismus in Geschichte und Gegenwart. Festschrift zum 65. Geburtstag von Julius H. Schoeps*, hg. von Irene A. Diekmann und Elke-Vera Kotowski, Berlin, 2009. S. 25-60, hier S. 43.

11 Vgl. ebd., S. 43 f.

Hauptaugenmerk der Analyse weniger auf den einzelnen Repräsentationsmodellen des Judentums als auf der Art und Weise, wie die Hinwendung zum Judentum begründet und formal eingelöst wird.

Die deutsch-jüdische Literaturwissenschaft hat vielfach versucht, dem *Vogel-Nest II* mit klassifikatorischen Mitteln beizukommen, indem sie die Figuren und Motive herauslöst, miteinander vergleicht und auf ihren anti- oder prosemitischen Gehalt abklopft. Das liegt freilich in der wissenschaftlichen Konzentration auf den Autor als verbürgende Instanz. Versteht man jedoch unter Philosemitismus einen spezifischen literarischen Diskurs, lässt sich die gewohnte Rückbindung des *Vogel-Nest*-Romans an eine (verantwortlich zeichnende) Autoreninstanz, wenn nicht suspendieren, so doch ein Stück weit lockern. Den Roman auf seine philosemitische Verfasstheit hin zu untersuchen, das bedeutet, ein verborgenes, nur verschoben aufscheinendes Movens der Narration aufzudecken – das unsichtbare Begehren des Textes selbst. Das Augenmerk liegt nun nicht mehr auf der mutmaßlichen Toleranz oder Intoleranz des Verfassers, sondern auf der philosemitischen Struktur des Textes. Dessen Hauptmerkmal ist ein zweckgerichtetes Interesse am Judentum, das sich in der Produktion eines gemeinsamen Vorstellungsraums jüdischer und christlicher Lebenswelt realisiert: Durch die ideelle Annäherung unter chiliastischen Vorzeichen instrumentalisiert der Text die Alterität des Judentums, um die eigene christliche Position zu fundieren. Der Philosemitismus im *Vogel-Nest II* bleibt zudem aufs engste mit der Erzählproblematik des gesamten Simplicianischen Zyklus verbunden; wie Dieter Breuer aufgezeigt hat, handelt es sich bei diesen Romanen um „Experiment[e] satirischen Erzählens in der Ich-Form“, bei dem der „Perspektivismus menschlicher Urteile, auch der des Satirikers, und die Frage nach einem Ausweg aus dem Dilemma relativer Wahrheit“ zur Disposition stehen.[12]

Der zeitdiagnostische, schon im *Seltzamen Springinsfeldt* (1670) erhobene Befund, „wie grob der unwissenden wahn betruege“[13], bildet ebenfalls den thematischen Kontrapunkt der *Vogel-Nest*-Romane. Im ersten Teil erlangt der Protagonist und zugleich rückblickende Erzähler mit dem Namen Michael Rechulin von Sehmsdorff – ein Anagramm des Verfassernamens – ein unsichtbar machendes Vogelnest. So gerüstet, durchläuft der unbeobachtete Beobachter eine Reihe von Episoden, die ihm (und dem Leser) die Täuschungsabsichten der Menschen in einer von der Gier nach Macht und Besitztümern gekennzeichneten Welt enthüllen. Schein und Sein treten so weit auseinander, dass der Anspruch auf gesicherte Erkenntnis mehr und mehr verloren geht. Das Bewusstsein dieses Entzugs erfährt im zweiten Teil eine thematische wie formale Fortsetzung. An herausgehobener Stelle avanciert dabei das Judentum zu einem hochgradig ambivalenten Verhandlungsobjekt, das gleichermaßen Furcht und

---

[12] Dieter Breuer im Kommentar zu *Das wunderbarliche Vogel-Nest I*, in: Grimmelshausen, *Werke I, 2* hg. von Dieter Breuer, Frankfurt am Main, 1992, S. 875.

[13] Hans Jacob Christoffel von Grimmelshausen, *Springinsfeld,* in: ders., *Werke I, 2*, hg. von Dieter Breuer, Frankfurt am Main, 1992, S. 153-295, hier S. 293.

Faszination hervorruft. Der Kontakt mit der jüdischen Sphäre wird von der christlichen Warte aus als krisenhaft konzeptionalisiert und mit einer Sondierung des Eigenen gegenüber dem diabolisch lockenden Anderen beantwortet.

Aufgrund der engen Verknüpfung der *Vogel-Nest*-Romane ist es angebracht, kurz auf zentrale Aspekte und Motive des ersten Teils hinzuweisen.[14] Was die Hauptfigur und damit auch die Erzählung antreibt, ist ein zweifaches Begehren: einerseits das Begehren nach materiellen Gütern, insbesondere die Befriedigung leiblicher Genüsse; andererseits das Begehren nach immateriellen Gütern, nämlich die Neugier zu erfahren, was Menschen voreinander verbergen. Mit Hilfe des Vogelnests verschafft sich der Hellebardier Michael unbemerkt Zugang zur Intimsphäre anderer Leute und beobachtet ungestört ihr heimliches Treiben. Vor seinen Augen und denen des Lesers entfaltet sich ein Panorama der arglistigen Täuschungen und Maskeraden, mit denen die Menschen einander auszuspielen versuchen. „Gibt mich dannoch nicht Wunder“, kommentiert er rückblickend, „Daß der alte *Simplicissimus* in alle Kupfferstueck so sich in seiner Lebens-Beschreibung befinden / gesetzt hat: Der Wahn betreugt!“[15] Die Welt, durch das Vogelnest angeschaut, erweist sich als ein zutiefst sündhafter Ort, und zwar auf allen gesellschaftlichen Ebenen. Im Fortgang der Handlung muss der unsichtbare Wanderer erkennen, dass die Weltverfallenheit der Menschen von einer Trübung der Urteilskraft durch die Affekte herrührt.[16] Indem somit die moralische Verfehlung als ein Beobachtungsproblem zutage tritt, lenkt der Text die Aufmerksamkeit von der Beobachtung auf den unsichtbaren Beobachter. Dieser überschreitet seine Beobachterrolle immer wieder durch eingreifendes Handeln, wodurch der Episodencharakter der Erzählung durchbrochen wird. Allmählich gelangt Michael zu der Erkenntnis, dass sein Verhalten keineswegs unschuldig, sondern ebenso in die Sündhaftigkeit der Welt verstrickt ist: Als unsichtbarer Lenker beansprucht er gleichsam eine göttliche Rolle[17] und rückt unversehens an die Funktionsstelle des Teufels.[18] Das Bewusstsein der „groeste[n] Abgoetterey von der Welt“[19], der Verlass auf ein magisches Objekt anstatt auf Gottes Hilfe, bildet schließlich den Auftakt zur inneren Umkehr und zur Absage an das alte Leben – er zerreißt das Vogelnest. Anders als bei Simplicius folgt auf die Bekehrung kein Rückzug in eremitische Abgeschiedenheit. Vielmehr wird die Bewährung des Protagonisten innerhalb der Gemeinschaft angeordnet, wo er begangenes Unrecht wiedergutzumachen und das Versprechen einzulösen hat, fortan ein gottgefälliges Leben zu führen.

---

14 Hans Jacob Christoffel von Grimmelshausen, *Das wunderbarliche Vogel-Nest. Erster Teil*, in: ders., *Werke I, 2*, hg. von Dieter Breuer, Frankfurt am Main, 1992, S. 297-447.

15 Ebd., S. 373.

16 Zur Bedeutung von Affekten im Kontext der *Vogel-Nest*-Romane siehe: Rüdiger Zymner, „Gefühle in Grimmelshausens Vogelnest“, in: *Simpliciana. Schriften der Grimmelshausen-Gesellschaft* (2006), S. 43-56.

17 Die Rolle des Usurpators ist bereits im Vornamen angelegt: ‚Michael‘ entstammt dem Hebräischen מיכאל und bedeutet „Wer ist wie Gott?“

18 Dieser Hybris macht sich auch der Protagonist im *Vogel-Nest II* schuldig.

19 Grimmelshausen, *Das wunderbarliche Vogel-Nest.* Erster Teil (wie Anm. 14), S. 441.

Wie die Erzählung das Erkennen der eigenen Verfehlung einleitet und inszeniert, umreißt indessen noch einmal die Grundproblematik des Simplicianischen Zyklus: der Perspektivismus der Wahrnehmung und die damit einhergehende Verunsicherung menschlicher Urteile. Die Ironie des Romans besteht gerade darin, dass das alles enthüllende Vogelnest den Beobachter vor sich selbst und so vor dem eigenen moralischen Urteil verbirgt. Unverkennbar ist hier die Bezugnahme auf die Verse wider den Richtgeist in der Bergpredigt (Mt 7, 3): „Was siehst du aber den Splitter in deines Bruders Auge, und wirst nicht gewahr des Balkens in deinem Auge?" Die Bedingungen und Konsequenzen seines Treibens werden dem Hellebardier erst in dem Moment bewusst, in dem er die eigene Verfehlung an einer anderen Figur wiedererkennt, und zwar an einer „Baurendirn", deren Avancen vom „Baurskerl" mit den Worten zurückgewiesen werden:

> [...] du leichtfertiger Schleppsack siehet es denn GOtt nicht? GOtt siehets und wird dadurch erzuernt; die Engel sehens und werden dadurch betruebet; der Teufel siehets und wirds am letzten Gericht anklagen; Wann es aber nur Menschen sehen / so waere es nur umb die zeitliche Schand zu thun / welche du mehr scheuest als die ewige Verdammnis![20]

Diese Replik tadelt nicht nur die spezifische Verfehlung des Bauernmädchens, sondern auch die allgemeine Gottvergessenheit der im *Vogel-Nest* beschriebenen Menschen. Mit wenigen Ausnahmen verhalten sie sich so, als wäre Gott abwesend.[21] Der Vogelnestträger muss erkennen, dass die an das Mädchen adressierte Kritik auch ihn mit einschließt. Damit vollzieht der Roman eine inhaltliche wie formale Wendung: Zum einen wird durch die Erkenntnis der eigenen Schuld und ‚Blindheit' die Konversion als Übergang von der Fremd- zur Selbstwahrnehmung eingeleitet; zum anderen geht aus der Zerknirschung der Erzähler hervor, der nun imstande ist, seine Geschichte im Rückblick als Lehrstück aufzubereiten. Die Leser der Erzählung nehmen ihrerseits die Position von unsichtbaren Beobachtern ein, denen im Fortgang der Handlung implizit nahegelegt wird, die Umkehr des Protagonisten nachzuvollziehen. Im Perspektivenspiel des *Vogel-Nests* setzt die Erzählung die Rede des Bauernjungen insofern performativ um, als sie am Beispiel eines einzelnen Menschen prinzipiell alle Menschen (die Leser) anzusprechen und zur Umkehr zu bewegen sucht. Michael und mit ihm die Leser müssen erkennen, dass Gott trotz seiner Unsichtbarkeit allgegenwärtig und somit allwissend ist. Das Vogelnest verbirgt den Hellebardier zwar vor der irdischen Gerichtsbarkeit, nicht aber vor dem Urteil des himmlischen Richters. Gott allein bleibt es vorbehalten, in das Leben anderer korrigierend einzugreifen. Gegen die Hybris, an Gottes Stelle zu agieren, entfaltet das *Vogel-Nest* eine andere, legitime Form der Einflussnahme auf den fehlgeleiteten Menschen. Sie besteht darin, ihm seine Verfehlung über den

---

20 Ebd., S. 410.

21 Vgl. Volker Meid, *Die deutsche Literatur im Zeitalter des Barock. Vom Späthumanismus zur Frühaufklärung*, München, 2009, S. 625 f.

Umweg anderer Figuren vorzuspiegeln, so dass er sich darin wiedererkennt und sein Tun überdenkt, bevor er vor Gott zur Rechenschaft gezogen wird. Die Erzählung ist ein Medium, das die menschliche Urteilskraft schärfen und als moralische Richtschnur dienen soll.[22]

Das Vogelnest erweist sich hingegen als ein höchst unzuverlässiges Medium: Einerseits erlaubt es, hinter die Maskerade der irdischen Welt zu blicken. Andererseits hindert es seinen Träger daran, die eigene Weltverfallenheit zu erkennen. In dem Moment, in dem der Mensch vor der Welt unsichtbar wird, d.h. den Geboten der christlichen Tugendlehre sich entzieht, wird er für den Teufel sichtbar – und gerät damit in den so verführerischen wie trügerischen Einflussbereich des Diabolischen.[23] Die Rede des Bauernjungen hingegen hat auf der narrativen Ebene die Funktion eines moralischen Spiegels, der dem Unsichtbaren ein ungeschöntes Bild seiner selbst und seiner Sündhaftigkeit zurückwirft.

Der zweite Teil des *Wunderbarlichen Vogel Nests* ist ein eigenständiger Roman, der das magische Objekt zwar weiterhin im Titel führt, tatsächlich aber nur noch mit dessen über die Zerstörung hinaus andauernden Wirkmacht operiert. Der Themenkomplex fehlgeleiteter, materieller wie sexueller Begierden und diabolischer Verblendung wird nun in der Konfrontation mit dem Judentum erneut zur Geltung gebracht. Der Protagonist ist diesmal ein namensloser[24] württembergischer Kaufmann, der nach Einschätzung von Dieter Breuer als hässlichste Figur Grimmelshausens gelten kann.[25] Schon im *Springinsfeld* war er als ein nach irdischen Gütern strebender Mann in Erscheinung getreten, der „vil Gold und Silber von Gelt und Kleinodien"[26] an die „Leyrerin" verloren hatte und rückblickend berichtet, wie er seinen Schatz wiederzugewinnen versucht. Aus den Händen eines Zauberers erhält er die Überreste des Vogelnests und nutzt sie rücksichtslos zum eigenen Vorteil. Schon das Eingangskapitel („Würckung deß Gelts / beydes wann man dessen viel besitzt und verlustigt wird"[27]) benennt die Gier nach Reichtum als Triebfeder der Figur und lässt keinen Zweifel daran, dass sich der Teufel des Geldes bedient, um die Menschen an vergängliche Besitztümer zu binden und um ihr Seelenheil zu bringen. Das Geld treibt den Kaufmann zuerst in die Hände des Zauberers, dann in das Haus eines reichen Amsterdamer Juden und schließlich sogar in den Krieg.

---

22 Zur didaktischen Anlage des Simplicianischen Zyklus siehe: Peter Heßelmann, *Gaukelpredigt. Simplicianische Poetologie und Didaxe. Zu allegorischen und emblematischen Strukturen in Grimmelshausens Zehn-Bücher-Zyklus*, Frankfurt am Main u.a., 1988.

23 Für diese Deutung danke ich Philipp Theisohn.

24 Die Namenlosigkeit ist kennzeichnend für die meisten jüdischen Figuren bei Grimmelshausen. Vgl. dazu Hans Otto Horch, „Die Neugier des Satirikers. Zum Judenbild des Hans Jacob Christoffel von Grimmelshausen", in: *Von Enoch bis Kafka. Festschrift für Karl E. Grözinger zum 60. Geburtstag*, hg. von Manfred Voigts, Wiesbaden, 2002, S. 345-361, hier S. 346.

25 Vgl. Dieter Breuer, *Grimmelshausen-Handbuch*, München, 1999, S. 113.

26 Grimmelshausen, *Springinsfeld* (wie Anm. 13), S. 278 f.

27 Grimmelshausen, *Das wunderbarliche Vogel-Nest. Zweiter Teil* (wie Anm. 9), S. 463-469.

In der Erzählung vom falschen Messias, die auch als separate „jüdische Novelle“[28] unter dem Titel *Der Messias von Amsterdam* (1893) publiziert wurde[29], zeigt sich die Weltverfallenheit des Kaufmanns jedoch vor allem in dessen sexueller Begierde. Die Auseinandersetzung mit dem Eros wird zum beherrschenden Thema des Mittelteils und kennzeichnet einen philosemitischen Diskurs, der sich als Artikulation eines spezifischen Begehrens zu erkennen gibt. Waren es anfangs rein ökonomische Interessen, die den Kaufmann in das Haus des Juden Eliezer lockten, so schlägt beim Anblick von dessen Tochter Esther das Gewinnstreben sofort in die Gier nach erotischem Kapital um. Weder religiöse Verbote noch soziale Hindernisse, ob christlicher- oder jüdischerseits, können sein Begehren nach der schönen Frau[30] unwirksam machen. Daher ersinnt er einen perfiden Plan: Nach einigen Unterweisungen in jüdische Lehren, Gebräuche und hebräische Schriftzeichen seitens des getauften Juden Eraßmus fingiert der Kaufmann verschiedene Zeichen, die unter den Amsterdamer Juden den Glauben an eine unmittelbar bevorstehende Ankunft des Messias hervorrufen. Eines nachts erscheint er dem Elizier in Gestalt des Engels Uriel, um sich später der Tochter zu nähern, die in ihm den Propheten Elias zu erblicken vermeint und sich ihm hingibt. Die durch Esthers Schwangerschaft in ihrer Heilserwartung bestärkten Juden sind zunächst enttäuscht, als die junge Frau anstatt des Messias ein Mädchen zur Welt bringt, kommen aber darin überein, dass der Leib des Kindes nur scheinbar weiblichen Geschlechts sein müsse, um es bis zum Beginn des Erlösungsgeschehen vor den Christen zu schützen. Im Bewusstsein der eigenen Verfehlung entführt der Kaufmann mithilfe der Vogelnestüberreste und einer türöffnenden Wurzel zunächst das Kind aus dem Haus Eliezers, um schließlich dessen Mutter zur Flucht zu verhelfen. Nach der Konversion zum Christentum wird Esther mit dem Konvertiten Eraßmus verheiratet, der ihr seit langem heimlich in Liebe zugetan ist. Da Esther zuvor schon die Konversion beabsichtigte, ist das Vergehen des Kaufmanns in zweifacher Hinsicht problematisch: Erstens hat er den Versuchungen des Fleisches nachgegeben, wohl wissend, dass es sich beim Objekt der Begierde um eine Jüdin handelt; zweitens hat er durch seine Betrügereien dafür gesorgt, dass die Judengemeinde Amsterdams in ihrem Messiasglauben nur noch weiter bestärkt worden und der Übertritt zum Christentum in weite Ferne gerückt ist.

In der Esther-Episode werden drei Themenkomplexe zusammengeführt: 1. die Geldgier als Erstursache aller weiteren Verfehlungen, 2. die sündhafte sexuelle Begierde, die zum Betrug anstiftet und schließlich ins Leere geht, und 3. der religiöse Wunderglaube, den sich der Kaufmann zunutze macht, um die Juden hinters Licht zu führen, dem er aber auch selbst erliegt, als er – um sein

---

[28] Fritz Aronstein, „Eine jüdische Novelle von Grimmelshausen“ (wie Anm. 5), S. 237-241.

[29] Hans Jakob Christoffel von Grimmelshausen, *Der Messias von Amsterdam. Aus den Simplicianischen Schriften*, bearb. von einem Niederdeutschen, Dresden, 1893.

[30] Zum Topos der ‚schönen Jüdin‘ siehe: Florian Krobb, *Die schöne Jüdin* (wie Anm. 8).

Liebesobjekt gebracht – in „wuetende *Melanchol*ey" und „aeusserste[...] Verzweifelung"[31] verfällt. Schon in der „Vorrede an den geneigten Leser" lässt der Simplicianische Erzähler keinen Zweifel daran, dass der Aberglaube in die „Ewige Verdammnus" führt, und warnt „vor der Kund- und Gemeinschafft mit dem boesen Geist".[32]

Wenn man die „jüdische Novelle" auf ihre Begehrensstruktur hin untersucht, zeigt sich ein zweifaches Begehren: zum einen das evidente Begehren des *Kaufmanns* nach der jüdischen Frau; zum anderen das untergründige Begehren der Erzählung nach dem Judentum – die philosemitische Grundierung. Der Text ist einerseits das Dokument einer Faszination, die sich an dem Bild der jüdischen Frau entzündet. Andererseits geht vom Judentum offenkundig auch eine bedrohliche Wirkung aus, weil es den Alleingültigkeitsanspruch der christlichen Heilslehre infrage stellt – schließlich behandeln die Kapitel in ihrem Kreisen um die Ankunft des Messias das eschatologische Differenzial. Der Philosemitismus stellt nun eine Strategie dar, mit diesem prekären Objekt umzugehen. Durch die Produktion eines gemeinsamen Vorstellungsraums wird die Annäherung an das Judentum möglich, ohne Gefahr zu laufen, ihm zu verfallen und darüber das ‚Eigene', das christliche Proprium, zu verlieren. Zwischen dem Begehren und dem Objekt der Begierde schiebt sich eine vermittelnde Instanz. Die Simplicianische Satire ist dieses Medium, wie im Folgenden gezeigt werden soll.

Als sich der Kaufmann anschickt, den Eliezer zu bestehlen, wähnt er sich fälschlicherweise in dem Glauben, der Diebstahl an einem Juden sei moralisch insofern gerechtfertigt, als dieser außerhalb der christlichen Ordnung stehe – eine Auffassung, die bereits im ersten Teil des *Vogel-Nests* vorkommt und dort zurückgewiesen wird. Die Versündigung an einem Juden impliziert im moralischen Urteil jedoch nicht dessen Unschuld. Vielmehr offenbart der Fortgang der Erzählung, dass man die Juden *trotz* ihrer Verwerflichkeit nicht betrügen und bestehlen dürfe.[33] Darin zeigt sich die doppelte Satire, die gleichermaßen Invektiven gegen den Kaufmann und die Juden richtet. Weder handelt der Betrüger richtig, weil seine Opfer moralisch verwerflich leben, noch wird der Glaube der Juden gerechtfertigt, weil sie einem Betrüger zum Opfer fallen. Obwohl der Erzähler sein pseudo-messianisches Täuschungsmanöver im Nachhinein als sündhaft brandmarkt, trifft die auktoriale Satire auch die betrogenen Opfer und deren angeblichen Aberglauben, der den Betrug überhaupt erst ermöglicht hat.[34] So gesehen, erfährt die Kritik an den Juden keine Brechung oder Revision auf der Ebene der Narration. Wie kann man aber vor diesem Hintergrund von einer philosemitischen Verfasstheit des Romans sprechen? Worin

---

[31] Grimmelshausen, *Das wunderbarliche Vogel-Nest. Zweiter Teil* (wie Anm. 9), S. 603.
[32] Ebd., S. 457.
[33] Vgl. Rainer Hillenbrand, *Simplicianisches Erzählen in Grimmelshausens ‚Wunderbarlichem Vogel-Nest'. Ein poetologischer Kommentar*, Frankfurt am Main, 2011, S. 150 f.
[34] Vgl. ebd., S. 151.

besteht nun der gemeinsame Vorstellungsraum, dem Juden und Christen zugerechnet werden?

Die Juden im *Wunderbarlichen Vogel-Nest* werden mit den gleichen satirischen Mitteln angegangen wie die Bettler, Bauern, Soldaten, Kaufleute oder Adlige, wie Holländer, Franzosen oder Deutsche, die durch die Zuschreibung stereotyper Eigenschaften Anlass zur Stände- und Nationalsatire liefern.[35] Auf diese Weise unterstellt Grimmelshausens Satire Juden wie Christen derselben moralischen Gerichtsbarkeit – freilich einer christlichen. Diese Inklusion im Zeichen einer allgemeinen, diabolisch begründeten Sündhaftigkeit fußt auf der religiösen Zurückweisung des Judentums wegen dessen ‚unvernünftiger' Verleugnung Christi, zu welcher der Teufel den Helden verführen wolle.[36] Eine „Achtung des jüdischen Glaubens als eine dem Christentum gleichwertige Glaubensform" ist hier nur schwerlich auszumachen.[37]

Die erste Begegnung des Kaufmanns mit Esther lässt die Ambivalenz seines Begehrens deutlich werden – eine Ambivalenz, die durch die Spaltung von Ich-Erzähler und handelnder Figur eher verstärkt als aufgelöst wird:

> Jch stund gantz entzuckt / oder in Warheit besser zu sagen / gantz vernarrt da / und konte mich an dieser uebermaessigen Schoenheit weder satt sehen / noch mich genugsam darueber verwundern! nichts Juedisches konte ich an ihr abnehmen / als etwas gar wenigs an ihrer wolformirten Nase / welches ihr aber in meinen Augen mehr vor eine treffliche Zierd taugte / als daß es vor die *Signatur* einer Juedischen *Physiognomie* gehalten haette werden sollen;[38]

Die äußere Beschreibung der Esther, das Fehlen ‚typisch jüdischer' Merkmale, impliziert bereits ihre Bekehrbarkeit zum Christentum.[39] Wenn der Erzähler zugibt, es habe ihm damals nichts ausgemacht, dass seine „Geliebte eine Juedin war", dann ist dies kein Ausdruck von Toleranz, sondern Selbstkritik, wie die folgende Passage verdeutlicht:

> Zwar / daß meine Geliebte eine Juedin war / gab mir die geringste Anfechtung und Bekuemmernus; dann einem solchen Gewissen / das sich einmal entbloedet / durch deß Teufels Huelff wieder zu seinem verlornen Gelt zu gelangen / gilts auch gleich / ob die Viehische Begierden an einem getauften oder ungetaufften stueck Fleisch vollbracht werden;[40]

---

35 Vgl. ebd.

36 So heißt es in Kap. XII: „haette ich damahl meine Vernunfft noch frisch und gesund gehabt / so haette ich auch leicht gedencken koennen / und schliessen sollen / daß die Liebe / die ich gegen der Juedin hegte / auch sonst von niemand / als vom Teufel her ihren Ursprung haben koente / umb mich dardurch umb mein Christenthumb / und also umb die ewige Seeligkeit zu bringen" Grimmelshausen, *Das Vogel-Nest. Zweiter Teil* (wie Anm. 9), S. 545.

37 Anita Maria Sprenger, „Judentum – Christentum" (wie Anm. 8), S. 36.

38 Grimmelshausen, *Das Vogel-Nest. Zweiter Teil* (wie Anm. 9), S. 540.

39 Vgl. Rainer Hillenbrand, *Simplicianisches Erzählen* (wie Anm. 33), S. 147.

40 Grimmelshausen, *Das Vogel-Nest. Zweiter Teil* (wie Anm. 9), S. 543.

Unter Aufbietung der einschlägigen Symptome des Melancholikers steigert sich der Kaufmann zusehends in einen hoffnungslosen Zustand närrischer Verliebtheit hinein. Das „gröste Hertzenleyd“[41] bereiten ihm gewisse Eigenschaften der Juden, die seinem Ziel im Weg stehen. Zwar enthalten die aufgezählten Stereotype gelegentlich auch positive Einschätzungen, so etwa dass „die Juden ihre Weibs-Bilder vorm Fall zu bewahren gewohnt seyn / und zwar sonderlich die Jungferschafften“.[42] Insgesamt aber überwiegen negative Charakterisierungen, die den Juden kollektiven Christenhass und Machtstreben unterstellen:

> [Es war mir] ein scharffer Dorn in Augen / daß die Juden / so wol Weibs- als Manns-Bilder uns Christen gleichsam von Natur hassen / und sie gegen ihnen / dem Samen Abrahams / der sich noch Gottes außerwehltes Volck zu seyn einbildet / und dermaleins unter ihrem kuenfftigen Messia die gantze Welt zu beherrschen hofft [...].[43]

Im Kontext der Erzählung werden diese Auffassungen nicht etwa auktorial infrage gestellt und ironisiert, sondern als allgemein bekannte Tatsachen dahingestellt, um die schier unüberwindliche Schwierigkeit einer erotischen Annäherung zwischen einem Christen und einer Jüdin zu betonen. So erscheint dem Ich-Erzähler der Kontakt mit dem Judentum rückblickend nicht nur bedenklich, sondern bereits diabolisch vermittelt:

> Jch glaube / daß der leidige Sathan die jenige Leute / so sich schon auß einer Suend in die ander zu weltzen gewohnet / mit den allergroessesten Anfechtungen zu versuchen / viel mehrern Gewalt habe / auch unverschaemter dieselbige anfalle / als bey den jenigen / die sich nach aeusserstem Fleisses vor den Lastern gehuetet / dann siehe / ohne Zweiffel / auß dieses Ertz-Feinds Eingeben / kriegte ich die Gedancken / daß ich zu mir selber sagte: Wie waer ihm / wann du dich beschneiden liessest? Massen solches zu Amsterdam nichts neues ist; So bald empfand ich aber diesen Gedancken nicht / daß ich nicht auch eben so bald seine greuliche Abscheulichkeit gesehen haette; Nein / sagte ich / dieser Einfall und Vorschlag ist vom Teufel / du solst tausendmal lieber sterben / als Christum deinen Heyland verlaeugnen;[44]

Bezeichnenderweise wird die Beschneidungsabsicht nicht erst im Nachhinein vom bekehrten Erzähler, sondern schon in der konkreten Situation als „greuliche Abscheulichkeit“ verworfen. Allerdings gelangt der liebestolle Kaufmann erst viel später zu der umfassenden Einsicht, dass bereits die Liebe zur Jüdin teuflischen Ursprungs gewesen sei. Die augenfällige Trennung von Ich-Erzähler und handelnder Figur ist für die gesamte perspektivische Anlage des Simplicianischen Projekts von besonderer Bedeutung. Schließlich spricht und erzählt der Kaufmann bereits von der Position des Bekehrten über sein vormals sündhaftes Leben. Anders als der Hellebardier ist er nicht von sich aus zur Einsicht

---

41 Ebd.
42 Ebd.
43 Ebd.
44 Ebd., S. 544 f.

in die Sündhaftigkeit seines Tuns vorgedrungen. Seine Verblendung und seine sündhafte Verstrickung haben ein solches Ausmaß angenommen, dass es eines aufrüttelnden Erlebnisses bedarf, um die Umkehr schockartig zu provozieren: Erst die Erfahrung von Todesnot im Krieg bewirkt „ein hertzliche Reu / und innigliches Seufftzen zu der Grundlosen Barmhertzigkeit deß Allerhoechsten", woraufhin der Kaufmann den Vorsatz eines christlichen Lebens „zu Gottes Ehren / und anderer Menschen Aufferbauung"[45] fasst.

In der Forschung wurde verschiedentlich der Versuch unternommen, die jüdischen Stereotype in den oben aufgeführten Passagen durch den Hinweis zu relativieren, dass das darin zum Ausdruck kommende Ressentiment nicht ungebrochen bleibe, sondern gerade die moralisch verwerfliche Gesinnung des Ich-Erzählers offenlege.[46] Solch wohlmeinende Lektüren dienen häufig der ‚Ehrenrettung' Grimmelshausens: Was an negativen Einschätzungen gegenüber jüdischer Sitte, Religion und Eigentümlichkeit zur Sprache kommt, kann so vom Autor entkoppelt und der Verstocktheit einer von vornherein diskreditierten Figur zugeschrieben werden. Im Fall der *Vogel-Nest*-Romane führt jedoch die Vermeidung einer trennscharfen Unterscheidung zwischen agierender Figur und rückblickendem Erzähler zur Unterstellung eines umfassenden Werterelativismus innerhalb des Simplicianischen Erzählkosmos.

Die Problematik der Perspektivgebundenheit der Narration, die zum literaturwissenschaftlichen Bestand der Grimmelshausen-Forschung gehört, lässt sich aber nicht dadurch auflösen, dass man den Erzähler und dessen Werturteile vollständig von der vollzogenen Konversion her begreift. Untergründig artikuliert sich in der Rede des Kaufmanns ein Begehren, das ihm selbst unsichtbar bleibt und nur verschoben auf der Oberfläche der Erzählung aufscheint. Die äußere Beschreibung der Esther ist damit nicht bloß ein Indiz für ihre grundsätzliche Bekehrbarkeit. Vielmehr enthält das ästhetische Urteil auf der Ebene des Discours einen Hinweis darauf, dass Esther bereits Konversionsabsichten hegt, wohingegen der Kaufmann nichts von der den Übertritt zum Christentum implizierenden Liebe zwischen Eraßmus und Esther ahnt. Was bedeutet das für die Erzählung? – Beruht das Begehren des Kaufmanns auf einer beobachteten Ähnlichkeit, die durch die vorbereitete Konversion bestimmt ist, dann begehrt er in der Jüdin bereits die Christin. So gesehen, liegt die philosemitische Strategie eben darin, dem Begehren nach dem Judentum von einer zweifach gesicherten Warte aus stattzugeben. Zum einen wird die heilsgeschichtlich motivierte Anstößigkeit des Begehrens dadurch legitimiert, dass das Judentum auf ein dahinterliegendes Christentum hin perspektiviert wird. Zum anderen ist die gefährliche Verführbarkeit durch den vermittelnden Akt der Erzählinstanz gebannt; das Judentum ist nur mehr erinnertes Judentum, die Gefahr des Abfalls

---

45 Ebd., S. 623.

46 So z.B. bei Hans Otto Horch, „Die Neugier des Satirikers" (wie Anm. 24) und Peter Heßelmann, „Zum Judenbild bei Grimmelshausen" (wie Anm. 8).

rückt in die Vergangenheit. Es gibt keinen unmittelbaren Kontakt zwischen jüdischer und christlicher Sphäre, weil ein moralisch geläuterter Erzähler dazwischentritt, der die Krise der Begegnung von einem jenseitigen Standpunkt her zur Sprache bringt. Die Bekehrung hat den Kaufmann in den Rang eines Erzählers erhoben, der über sein Leben reflektieren kann und somit eine Perspektive außerhalb des ‚Bannkreises' eines diabolisch konnotierten Judentums einnimmt. Vermittels der Zwischenschaltung von Erzählinstanzen vollzieht die Simplicianische Moral-Satire eine Annäherung an das Judentum, die direkt nicht möglich wäre.

Das *Wunderbarliche Vogel-Nest II* hat sich in mehrfacher Hinsicht als eine Medien-Geschichte erwiesen. Allerdings bleiben sowohl die Satire als auch das Vogelnest als Strategien der Annäherung auf eine Weise prekär, die die interpretatorische Behauptung eines in der Perspektivgebundenheit begründeten Werterelativismus fraglich erscheinen lässt. Der Philosemitismus kann das Wissen um die vom Judentum ausgehende Gefährdung des Alleingültigkeitsanspruchs der christlichen Heilslehre nur einhegen, nicht aber verschwinden machen.

HAIM MAHLEV

Daß ein Pietist ein guter Cabbalist und Judæus mysticus sey Pietismus und Philosemitismus bei Christian Friedrich Bücher

Die Einschätzung, dass mit dem Pietismus die eigentliche organisierte Judenmission in Deutschland beginnt, ist heute weitgehend akzeptiert. Die Wende während der zweiten Hälfte des 17. Jahrhunderts im Verhältnis zu den Juden und zum Judentum, die durch christliche Hebraisten, Forscher hebräischer und christlicher Kabbala und philologische Bemühungen, ein Verfahren der Wissensüberlieferung vom alten Judentum zu späteren Quellen einzurichten, akzentuiert wurde, verband sich mit eschatologischen Ansichten im Hinblick auf die bevorstehende Jahrhundertwende und mündete in ein Missionsprogramm, dem eine wesentliche Rolle in der Gestaltung des Pietismus zuteil wurde.[1]

Unter den zahlreichen, durch die Verbreitung der Judenmission entstandenen Auseinandersetzungen scheinen mir zwei wesentliche Aspekte die Diskussion zu lenken und den polemischen, apologetischen wie auch anti-apologetischen Diskurs zu beeinflussen. Der erste davon betrifft den *Mechanismus* der Bekehrung. Auch wenn die Judenmission in tatsächlicher Bekehrung eines Juden oder einer Gruppe von Juden erfolgte, wurden die Konvertiten in vielen Fällen mit Argwohn belegt. Häufig wurde der Grund der Bekehrung aufgrund der Unterstellung bezweifelt, der Glaubenswechsel zum Christentum sei nicht immer aus religiöser Überzeugung geschehen.[2] Integrierte Konvertiten müssten mehrmals der christlichen Gemeinde ihre Ergebenheit erweisen, was in der Gelehrtenkultur zu einem großen Anwachsen anti-jüdischer Konversionsliteratur beigetragen hatte.[3] Der Zweifel am tatsächlichen Grund des Übertritts führte ebenso zur

---

1 Vgl. Johannes Graf, Judaeus conversus: Christlich-jüdische Konvertitenautobiographien des 18. Jahrhunderts, Frankfurt am Main, 1997, S. 23 ff.

2 Vgl. ebd., S. 34. Ein charakteristischer Bericht findet sich bei Johann Heinrich Callenberg: „Es ist doch kein Wunder, daß ein Jude nur dem Schein nach ein gläubiger Christ wird, weil er gemäß der weitverbreiteten Mode mit Leichtigkeit ein Mensch [...] sein kann, der nur dem Schein nach ein gläubiger Christ ist, wie das bei so vielen Tausenden der Fall ist". Zitiert nach Asriel Schochat, Der Ursprung der jüdischen Aufklärung in Deutschland, Frankfurt am Main, 2000, S. 310 f.

3 Beispiele dafür lassen sich vor, wie auch während der organisierten Judenmission finden: Zwei typische Fälle wären Julius Conrad Otto (geb. Naphtali Margolith) mit seinem Gali Razia vom 1605, das mit einer anderen, in Heredias Epistola de Secretis erwähnten Schrift nicht zu verwechseln ist, sowie Samuel Friedrich Brenz, dessen Jüdischer Abgestreifter Schlangenbalg 1681 von Johann Wülfer heftig kritisiert wurde.

Verschärfung der Anforderungen zur Bekehrung und änderte somit allmählich den Mechanismus der Judenmission.[4]

Der zweite Aspekt ist etwas komplizierter und behandelt die zumindest rhetorische, oft aber tatsächliche Toleranz gegenüber dem Judentum. Die Ansicht, die Juden durch Affirmation der Prinzipien des Christentums in den für die Juden verbindlichen Schriften konvertieren zu können, lag seit der ersten Hälfte des 17. Jahrhunderts der Beschäftigung mit hebräischen Texten zugrunde. Diese Beschäftigung ist von der dogmatischen Lesung und Exegese religiöser Schriften unter zwei Aspekten zu unterscheiden. Erhielte sie ein proklamiertes missionarisches Ziel, würde sie ihre Funktion als Bekräftigung der Prinzipien des Christentums überschreiten. Wenn kein missionarisches Ziel geäußert wurde, widmete sich die Beschäftigung mit solchen Texten einer breiteren historischen oder philosophischen Perspektive, wie der Frage über den Ursprung des Wissens und dessen Überlieferung. Nicht nur Übersetzungsprojekte alter hebräischer Schriften wie bei Johannes Buxtorf, Johannes Rittangel, Johann Christoph Wagenseil u. a., sondern auch die Auseinandersetzung mit der sowohl hebräischen als auch christlichen Kabbala wurden ständig mit dem Vorwurf konfrontiert, dass sie eine gefährliche Zuneigung zum Judentum darstellen und im Wesen ein antichristliches Programm vorantreiben.[5] Seitens der Polemik wurde argumentiert, dass diese Affinität zum Judentum fehlschlagen und zum Hinterfragen des Christentums führen könnte, was eventuell eine Bekehrung zum Judentum zur Folge haben könnte.

Bekehrungen vom Christentum zum Judentum waren während der zweiten Hälfte des 17. Jahrhunderts bestimmt nicht häufig, wohl aber bedeutend genug, um die lutherische Orthodoxie zu beunruhigen.[6] Ein Beispiel bietet der Fall Johann Peter Späth – ein gebürtiger Christ, der mehrmals konvertierte, bis er schließlich zum Judentum übertrat.[7] In Zusammenhang mit der Judenmission ist Späths Fall interessant, weil er eine wichtige Position in der pietistischen Gesellschaft vor seinem Übertritt verkörperte und nach seiner Bekehrung in

---

[4] Graf, Judaeus (wie Anm. 1), S. 34 ff. Diese historische Tatsache scheint auch mit der ambivalenten, laut Martin Friedrich ‚zwischen Abwehr und Bekehrung' schwankenden Stellung der evangelischen Theologie zum Judentum im 17. Jahrhundert übereinzustimmen. Siehe Martin Friedrich, Zwischen Abwehr und Bekehrung: Die Stellung der deutschen evangelischen Theologie zum Judentum im 17. Jahrhundert, Tübingen, 1988.

[5] Dieses Thema lässt sich in allen wichtigen Kontroversen zur christlichen Kabbala, wie z. B. zwischen Johannes Reuchlin und Johannes Pfefferkorn oder zwischen Johannes Rittangel und Jonas von Schlichting, finden.

[6] 1699 schreibt Johann Georg Wachter, es wäre nutzlos, mit den Juden über ihr Gesetz zu streiten, „da wir so wenig Jüden zu unserm Gottesdienst bekehren / und im Gegentheil so viel zu der Jüdischen Superstition umkehren". Johann Georg Wachter, Der Spinozismus im Jüdenthumb, hg. von Winfried Schröder, Stuttgart-Bad Cannstatt, 1994, S. 193.

[7] Zu Johann Peter Späth siehe Haim Mahlev, „‚Der Schöpffer aller Dinge hat einmahl die gebenedeyte Weißheit in Jacob wohnen heissen, [...] und so thut Er keinen Heyden': Johann Peter Späths Auseinandersetzung mit der Kabbala", in: Morgen-Glantz 20 (2010), S. 205-225, und die dort angegebenen Quellenhinweise.

Kontakt mit der christlichen Gesellschaft blieb. Seine Kritik am Pietismus entspricht in vielerlei Hinsicht der der lutherischen Orthodoxie, wobei sein Übertritt zum Judentum die von den Pietisten streng abgelehnte Gefahr verdeutlicht, dass die positive Haltung zum Judentum zu unerwünschten Folgen beitragen könne.

Der Vorwurf der Annäherung an das Judentum durch Beschäftigung mit hebräischen Materialien scheint – mindestens in anachronistischem Rückblick – die Frage aufzuwerfen, ob es sich dabei nicht um einen Philosemitismusvorwurf handelt.[8] Soweit ich sehe, soll hier zwischen zwei möglichen Anwendungen des Begriffs ‚Philosemitismus' unterschieden werden. Angesichts antisemitischer Formulierungen enthält ein Philosemitismusvorwurf eine streng negative Konnotation, indem er polemisch als ‚gegenchristlich' verwendet wird. Eine solche Betrachtungsweise lässt sich z. B. in der Anklage von ‚Judaizieren', die gegen prominente Figuren wie Franciscus Mercurius van Helmont in der Tat eingebracht wurde, anwenden.[9] Hinsichtlich aber einer an sich nicht polemischen Beschäftigung mit hebräischen Materialien im Rahmen einer *dogmatischen* Lehre scheint solch eine Anwendung des Vorwurfs seltener zu sein. Hier entsteht eine andere Konnotation, die den Philosemitismus nicht als Gegenbild zum Antisemitismus auffasst. Der Vorwurf wäre in diesem Fall eher *implizierter*, indem er die Kritik auf die Beschäftigung selbst richtet. In diesem Fall tritt die antisemitische Dimension der Polemik in den Hintergrund, während die Auseinandersetzung sich auf die christliche intrareligiöse Ebene bezieht: statt Judaizieren, Schwärmerei. Hier wird der Begriff ‚Philosemitismus' analog zu ‚Philhellenismus' gebildet, der in der Tat im Zusammenhang mit der christlichen Zuneigung zu den Juden mehrmals auftaucht.[10] Wenn solch ein Vorwurf in manchen Fällen als implizierter Philosemitismus gelten könnte, stellt sich die Frage, ob diese Art von Kontroverse während der deutschen Frühaufklärung nicht auf einen literarischen Diskurs von Philosemitismus hindeutet.

In den folgenden Seiten soll die Untersuchung durchgeführt werden, diesen Diskurs durch einen Beispielfall zu rekonstruieren. Es handelt sich um einen Brief von Johann Peter Späth an Johanna Eleonora Petersen, der 1699 samt einer heftigen Kritik des Herausgebers am Pietismus veröffentlicht wurde. Vor allem soll der Frage nachgegangen werden, inwiefern Büchers Angriff als eine

---

[8] Zur Entwicklung des Begriffs ‚Philosemitismus' siehe Wolfram Kinzig, „Philosemitismus. Teil I: Zur Geschichte des Begriffs", in: Zeitschrift für Kirchengeschichte, 105/2 (1994), S. 202-228; Ders.: „Philosemitismus. Teil II: Zur historiographischen Verwendung des Begriffs", in: Zeitschrift für Kirchengeschichte 105/3 (1994), S. 361-383. Eine breitere Übersicht findet sich im Band Philosemitism in History, hg. von Jonathan Karp und Adam Sutcliffe, New York, 2011.

[9] Siehe Alison Coudert, „Judaizing in the Seventeenth Century: Francis Mercury van Helmont and Johann Peter Späth (Moses Germanus)", in: Secret Conversions to Judaism in Early Modern Europe, hg. von Martin Mulsow und Richard H. Popkin, Leiden, 2004, S. 71-121; Ders., The Impact of the Kabbalah in the Seventeenth Century: The Life and Thought of Francis Mercury van Helmont, Leiden, 1998, Kap. 3.

[10] Vgl. Kinzig, Philosemitismus I. (wie Anm. 8), S. 211 f.

Art implizierter Philosemitismus zu betrachten ist. Diese Kritik wird dann im zweiten Teil des Aufsatzes mit den Erwiderungen Johann Wilhelm Petersens, Jakob Philipp Speners und Balthasar Köpkes konfrontiert.

1. Der Fall Späth: Send-Schreiben Eines gewesenen Pietisten

Das 1699 erschienene *Send=Schreiben Eines gewesenen Pietisten / Der sich selbst MOSEN GERMANUM nennet / und vor wenig Jahren Ein Jude worden*[11] enthält vielleicht den einzigen Brief Johann Peter Späths, der von der akademischen Welt größtenteils übersehen wurde, in dem er die pietistische Gemeinde und Lehre kritisiert.[12] Christian Friedrich Bücher veröffentlicht diesen nebst einem anderen, lateinisch geschriebenen, Brief von Späth an Johann Wilhelm Petersen im Rahmen eines polemischen Angriffs auf den Pietismus.[13]

Es ist nicht das erste Mal, dass sich Bücher, einer der Hauptkritiker des Pietismus in der Frühaufklärung, mit der pietistischen Lehre auseinandersetzt[14]: Sein *Rahtmannus Redivivus*, der erste in einer Reihe von Streitschriften gegen den schwärmerischen Charakter des Pietismus, wurde bereits 1697 von Konstantin Schütz und 1698 von Balthasar Köpke widerlegt.[15] Beachtung fanden auch seine darauffolgenden Schriften *Mysterium inquitatis in Fanaticismo Pietistico* (1697) und *Plato Mysticus in Pietista redivivus* (1699). Seine Kritik im *Send-Schreiben* ist im Wesentlichen eine prägnante Wiederholung seiner Argumente im *Plato Mysticus*, der, wie wir im Folgenden sehen werden, eine Antwort von Köpke erhielt.

---

[11] Send=Schreiben Eines gewesenen Pietisten/ Der sich selbst Mosen Germanum nennet/ und vor wenig Jahren Ein Jude worden/ Mit nöthigen Anmerckungen publiciret Von Friedrich Christian Büchern, Dantzig, 1699.

[12] Die mir bekannte ausführlichste Diskussion zu diesem Brief findet sich in Martin Mulsow, „Den ‚Heidnischen Sauerteig‘ mit dem ‚Israelitischen Süßteig‘ vermengt: Kabbala, Hellenisierungsthese und Pietismusstreit bei Abraham Hinckelmann und Johann Peter Späth", in: Scientia Poetica, 11 (2007), S. 1-50.

[13] Petersen mutmaßt, Bücher sei an den Erwiderungsbrief von Späth durch die jüdische Gemeinde in Berlin gekommen. Gegenüber dem zweiten, an ihn gerichteten Brief ist er ziemlich gleichgültig. Siehe Johann Wilhelm Petersen, Der Geist deß Wider Christs, Franckfurt am Mayn, 1699, S. 58, 77.

[14] Zu Büchers Lebenslauf siehe Johann Heinrich Zedler, Grosses vollständiges Universallexicon aller Wissenschaften und Künste, Bd. 4, Halle und Leipzig, 1773, S. 916 f. Hans-Joachim Schoeps würdigt Bücher mit der Bezeichnung „wütender Pietistenfresser“. Hans-Joachim Schoeps, Philosemitismus im Barock: Religions- und Geistesgeschichtliche Untersuchungen, Tübingen, 1952, S. 68, Fußnote 2.

[15] Vgl. Philipp Jakob Spener, Briefwechsel mit August Hermann Francke 1689-1704, hg. von Johannes Wallmann und Udo Sträter in Zusammenhang mit Veronika Albrecht-Birkner, Tübingen, 2006, S. 496 f., 552. Siehe auch Martin Gierl, Pietismus und Aufklärung. Theologische Polemik und die Kommunikationsreform der Wissenschaft am Ende des 17. Jahrhunderts, Göttingen, 1997, S. 399 f.

Der Büchersche Text im *Send-Schreiben* gliedert sich in zwei Teile – eine Einleitung und eine erörternde Diskussion zu Späths Brief. Die einleitende Diskussion, die gemäß ihrer rhetorischen Funktion eine allgemeine Einsicht zum Thema vermittelt, enthält den grundsätzlichen, im Laufe der Diskussion rekurrierten Vorwurf der verdächtigen Annäherung des Pietismus Speners an die ‚jüdische Philosophie'. Vor allem gesteht Bücher, es wurden ihm „die Augen mehr und mehr geöffnet / wenn ich in pietistischen Schrifften gelesen / daß man auch die Cabbalam der Jüden zu recommendiren angefangen [hatte]".[16] Mit Kabbala ist ein Wissen gemeint, das „zu Zeiten Mosis / Davids / Salomonis / und der Propheten in dem Volcke Gottes üblich gewesen"[17] war und das später an andere Religionen überliefert wurde. Es handelt sich also um die Darstellung der Kabbala als uraltes Wissen, *nicht* aber als Offenbarungswissen: Die von Bücher hervorgehobene *exegetische* Funktion der Kabbala unterscheidet sie vom Heiligen Text, insofern nur der letztere als Offenbarungswissen betrachtet werden soll.[18] Die Differenzierung zwischen der Bibel als göttlicher Offenbarung und exegetischer Mittel wie Kabbala, Philosophie und Philologie (über die Bücher eine höchst negative Meinung hat) liegt seiner Kritik zugrunde:

> Wenn aber auch die so überhäuffte Schrifften einem Lehrbegierigen Gemüthe keine Genüge thun könten / möchte ich wohl einen Theologum fragen / ob denn nicht die H. Schrifft an ihr selber ein Liecht sey / ihre eigene Terminos und Wörter in denen uns zur Erbauung nützlichen und nöthigen Lehren / von natürlichen Sachen [...] zu erklähren? Oder wo soll man denn sonst die Erklährung suchen? Vielleicht in den Rabbinischen Cabbala?[19]

Die Unterscheidung zwischen wörtlicher Auslegung der heiligen Schrift und exegetischen Mitteln entspricht bei Bücher den zwei üblichen hermeneutischen Schichten des *sensus literalis* und *sensus mysticus*. Vor allem vertritt Bücher die lutherische Ansicht, die den *sensus literalis* als zum Erhalt des Offenbarungswissens ausreichend betrachtet. Die zweite Schicht, der ‚mystischen Theologie', denunziert Bücher als überflüssig: Die Beschäftigung mit solchen Materialien verdirbt das durch den *sensus literalis* erworbene Wissen, indem sie dem Christentum fremde Elemente zur Erhaltung eines ‚verborgenen', in der Tat erdichteten Sinns verwendet. Der Vorwurf des „Recommendiren der jüdischen Philosophie" erklärt sich hier als Vorzeichen für die pietistische Verfremdung des Offenbarungswissens.

Die Briefe Johann Peter Späths nennt Bücher als Beispiel dafür, „was für Früchtlein aus Platonis Bienen Garthen der Pietismus herfür gebracht".[20] Von

---

16 Bücher, Send-Schreiben (wie Anm. 11), S. 2. Die Seiten in dieser Ausgabe sind nicht paginiert und werden daher folgerichtig mit dem Titelblatt als erste Seite gekennzeichnet.

17 Ebd.

18 Zu dieser Ansicht im Plato Mysticus vgl. Sicco Lehmann-Brauns, Weisheit in der Weltgeschichte. Philosophiegeschichte zwischen Barock und Aufklärung, Tübingen, 2004, S. 197.

19 Bücher, Send-Schreiben (wie Anm. 11), S. 2.

20 Ebd. Der ‚Bienen Garten' deutet auf den ursprünglichen, von Luther verwendeten Sinn der Schwärmerei hin. Siehe Winfried Schröder, „Schwärmerei", in: Historisches Wörterbuch der

Späth, der sich nach seiner Bekehrung zum Judentum Moses Germanus nannte, kennt Bücher nur die im Brief angegebenen biographischen Daten, noch konnte er mehr wissen, da er diesen nicht persönlich gekannt hatte: Die Kontroverse zwischen Späth und Johann Georg Wachter in den Jahren 1696-1697 erschien zwar im selben Jahr (1699) in *Der Spinozismus im Jüdenthumb*, doch erst nach dem *Send-Schreiben*.[21] Andere Quellen zu Späths Vita, wie Johann Wilhelm Petersens *Geist deß Wider-Christs* und Johann Jacob Schudts *Jüdische Merckwürdigkeiten*, kamen ebenso nach dem *Send-Schreiben* heraus. Den Brief an Franciscus Mercurius van Helmont scheint Bücher nicht zu kennen.[22] Seine praktisch nicht existierende Bekanntschaft mit der Person Späths verhindert aber keinesfalls sein Bestreben, Späth als wahrhaftigen Pietisten vorzustellen. Dies beweist der vorliegende Brief selbst, da Späth schreibt, er sei ein Protegé Speners gewesen.[23] Späths Aussagen über Breckling und Kuhlmann betrachtet Bücher als Vorwurf gegen „seine [eigenen] Freunde“[24], während er Späths Sitten und moralische Vorstellungen als die eines pietistischen ‚Heuchlers‘ bezeichnet.[25] In der Tat ähnelt Späth, so Bücher, den pietistischen ‚Lästerern‘ und ‚Verleumdern‘, die im Hamburger Revers um 1680 aus Hamburg vertrieben worden sind.[26] Er scheint nicht zu wissen, dass sich Späth zwischen seiner Zeit als Protestant und seiner Bekehrung zum Judentum dem Katholizismus wieder zuwandte.

Laut Bücher besteht kein Zweifel, dass Späth eine besondere Rolle in der pietistischen Gesellschaft gespielt hatte, bevor er zum Judentum konvertierte.[27] Dies an sich impliziert allerdings noch keine allgemeine Verurteilung des Pietismus, da Späth theoretisch als bedauerlicher Sonderfall betrachtet werden könnte. Bücher ist aber bestrebt, Späths Bekehrung als unausweichliche Folge seiner Beschäftigung mit kabbalistischen Materialen darzustellen: Späth der Pietist hat sein Wissen „aus des Dionysii Areopagitæ, Thomæ, Kempisii, J. Böhmens / Helmontii, und einiger Cabbalisten Schrifften gesogen“.[28] Seine enge Bekanntschaft mit Franciscus Mercurius van Helmont, von dem Bücher eine höchst negative Meinung zu haben scheint, führte dazu, dass Späth „fast alle

---

Philosophie, Bd. 8, Basel, 1971-2007, S. 1478 f. Zum Verhältnis zwischen Kabbala und Platonismus siehe unten.

21 Siehe den ersten Teil von Wachters Spinozismus im Jüdenthumb (wie Anm. 6).

22 Der Brief an van Helmont wurde transkribiert und ins Englische übersetzt in Coudert, „Judaizing“ (wie Anm. 9).

23 Bücher, Send-Schreiben (wie Anm. 11), S. 15.

24 Ebd.

25 Ebd., S. 17.

26 Ebd., S. 18. Zum ‚Hamburger Revers‘ siehe Theologische Realenziklopädie, Bd. 15, Berlin, 1993, S. 408 f.

27 Es scheint, dass der zweite im Send-Schreiben enthaltene Brief Späths, der in Vergleich mit dem Brief an Eleonora Petersen eine bedeutend mildere, apologetische Haltung einnimmt und von geringem Wert hinsichtlich Späths Kritik am Christentum ist, von Bücher hauptsächlich zur Beteuerung der Tatsache von Späths Zugehörigkeit zur pietistischen Gesellschaft herausgegeben wurde.

28 Bücher, Send-Schreiben (wie Anm. 11), S. 15.

seine Irrlehren [...] aus der Cabbala der Jüden gesogen"[29], was eine starke Verwirrung bei ihm auslöste und seine Bekehrung verursachte.

Späths Beschäftigung mit kabbalistischen Materialen beschreibt Bücher vor allem als Folge seiner Zugehörigkeit zur pietistischen Gesellschaft. In einer kurzen Zusammenfassung der Prinzipien des Pietismus, die zu Späths Bekehrung geführt haben sollen, nennt Bücher vier Hauptargumente, wobei das vierte auf die in der Einleitung schon angeführte „Recommendation der Theologiæ Mysticæ" zurückgeht.[30] Hier wird zwischen heidnischer Philosophie bzw. mystischer Theologie und Judentum unterschieden, wobei Bücher das letztere höher einzuschätzen scheint. Seiner Unterscheidung zwischen wörtlicher Auslegung und exegetischen Mitteln Rechnung tragend, betont er aber, dass weder der jüdischen noch der heidnischen Philosophie ein Platz im Christentum zukommen sollte[31]: Es ist ja genau das Bestreben, Elemente von der Kabbala in den Pietismus hinüberzutragen, das den Pietisten zum guten Kabbalist und *Judæus mysticus* macht.[32]

Sowohl die Argumente als auch die Argumentationsweise sind nicht allein im *Send-Schreiben* zu finden: Speners angebliche Befürwortung hebräischer Kabbala und heidnischer Philosophie spielt auch in dem von Bücher im selben Jahr veröffentlichen *Plato Mysticus in Pietista redivivus* eine zentrale Rolle.[33] Schon der erste Absatz des ersten Kapitels zeigt, dass Speners Lehre platonische Elemente wie auch Elemente aus der jüdischen Philosophie enthält, während die letztere als „ein Ottergezüchte des Pythagorischen Platonismi" bezeichnet wird.[34] Zwar räumt Bücher ein, Spener erörtre die heidnische Philosophie im Allgemeinen und nicht die platonische, sieht aber Speners Kritik am Aristotelismus als indirekten Beweis dafür, dass der Pietismus Platonismus befördere. Da Platon laut Bücher als Ursprung aller schwärmerischen Strömungen, mitsamt denen, die Zauberei – also praktische Magie – getrieben hatten, zurückzusetzen sei, mündet Speners Annahme des Platonismus in einen schwärmerischen Fanatismus.[35]

Die Argumentationsweise Büchers, den Platonismusvorwurf mit der Beschäftigung mit hebräischen Materialen zu verknüpfen, beginnt zwar mit der

---

29 Ebd., S. 16.

30 Ebd., S. 20.

31 Vgl. Ebd., S. 25: „[...] Sind das Christliche Reden / ey so finde ich fürwahr in der Jüden Cabbala viel höhere Gedancken / die so ungereimt nicht lauten / und mir solche Geheimnisse von denen Sephirot, Emanationibus und Ausflüssen der göttlichen Kräffte in der Ober=Welt [...] die ich in keinen Büchern N. T. gelesen habe mein Lebetage. "

32 Ebd., S. 25.

33 Christian Friedrich Bücher, Plato Mysticus in Pietista redivivus, Danzig, 1699.

34 Ebd., S. 2.

35 Vgl. ebd., S. 6: „Was mir aber am meisten ein Bedencken macht [...] ist furnehmlich die Enthusiasterey / und die darinnen verdeckte Zauber= und Wahrsager=Kunst / verborgene Dinge zu forschen / welche unter dem Schein einer Vergötterung durch Teufflische Entzückung und Gemeinschafft mit denen Geniis, welche Plato nicht nur von seinem Lehr=Meister dem Socrate, sondern auch von den Hierophanten in Ægypte[n] / sonderlich auch von denen Zoroastræis und Pythagoreis gelernet [...]." Spener wird auf Seite 5 als Fanatiker genannt.

antiken Philosophie, überspringt aber das Mittelalter zugunsten einer Vorstellung von der Renaissance als einer Epoche, während der platonische Ideen rezipiert wurden. Die Darstellung des Wissenstransfers reicht von den Zoroastern bis zu Pico della Mirandola und Marcilio Ficino, „welche Platonicam philosophiam und Magiam über die massen recommendiret und vertheidiget [haben]“.[36] Johannes Reuchlin wird eine Rolle in dem Bestreben zuteil, die platonische und zauberische Kabbala der Juden mit dem Christentum in Einklang zu bringen.[37] Bemerkenswert ist hier das Wiederauftauchen des Verbs ‚recommendieren‘, diesmal in bezug auf Pico und Ficino, das auf die schwärmerischen Wurzeln des pietistischen Platonismus hindeutet.

Diese Kritik knüpft an die des *Send-Schreibens* an, indem die Beschäftigung mit dem Platonismus der Affinität zur jüdischen Philosophie entspricht. Diese Affinität hat auch praktische Folgen: Bücher schließt sich zwei Hauptvorwürfen Späths an, derer erster argumentiert, die pietistische Gesellschaft sei von phantastischem Wahn getrieben. Bekannt (und in späteren Werken gegen das Ehepaar Petersen wiederkehrend) ist Späths Behauptung, Frau Petersen habe ihm und anderen anvertraut, dass sie ihren Sohn als Jungfer empfangen und geboren hätte:

> [A]llß eben Eu. Edl. nicht befreyet von solcher Wahnsucht sich der Welt in ihrem Buche bewiesen haben / ohne was sie andern und mir selbst in geheim vertrauet / daß sie ohne Mannes zuthun / diesen ihren Sohn der Verheissung gebohren / und so gut noch Jungfer sey / als ein Kind von sieben Jahren.[38]

Die ‚Wahnsucht‘ Eleonora Petersens ist allerdings kein Sonderfall; Beispiele wie Quirinus Kuhlmanns Ansicht, er sei der Juden König[39], oder Johann Kelpius’ Versuch, die Arche Gottes von Amerika nach Jerusalem zu holen[40], führen unvermeidlich zu dem Ergebnis, dass die pietistische Gesellschaft im mystischen Denken tief verwurzelt war. Natürlich ist sich Späth des Schwärmereivorwurfs, der auch gegen ihn mehrmals geäußert wurde, völlig bewusst. Deshalb versucht er eifrig, das Judentum von jeder Art mystischen Denkens fernzuhalten, indem er behauptet, dass –

---

36 Ebd., S. 9.

37 Ein großer Teil dieser Darstellung, samt einer Differenzierung zwischen Kabbala und praktischer Zauberei (also Magie), beruht auf Ehregott Daniel Colbergs Das Platonisch-Hermetische Christentum (1691), das von Bücher ausführlich erforscht worden ist. Vgl. Lehmann-Brauns, Weisheit (wie Anm. 18), S. 211-213. In Vergleich aber zu den umfangreichen Diskussionen über Kabbala und Magie bei Colberg scheint Büchers Wissen bedeutend geringer zu sein. Er verwendet den Terminus ‚Cabbala‘ hauptsächlich im entwürdigenden Sinne, ohne das kabbalistische Wissen klar abzuzeichnen.

38 Bücher, Send-Schreiben (wie Anm. 11), S. 10.

39 Zu Quirinus Kuhlmann siehe Wilhelm Schmidt-Biggemann, „Erlösung durch Philologie. Der poetische Messianismus Quirinus Kuhlmanns (1651-1689) “, in: Studien zur Literatur des 17. Jahrhunders, hg. von Hans Feger, Amsterdam, 1997, S. 243-284.

40 Zu Johann Kelpius, einer der wichtigsten Personen in der amerikanischen pietistischen Gemeinde, siehe Claus Bernet, Art. „Johann Kelpius“, in: Biographisch-Bibliographisches Kirchenlexikon, Bd. 4, Herzberg, 2004, S. 778-786.

> [die] Theologia Mystica ein Stück der Heydnischen sey / und weiß noch weiter / daß die gantze Heydnische Gelahrtheit / nichts / als nur ein Stücklein / ja ein Tröpfflein von dem Oceano Israel sey [...].[41]

Dieses Argument stimmt mit Büchers eigener Kritik überein. Begeistert wendet er sich an Späths Geständnis, diese Art von Phantasien sei auf die pietistische Beschäftigung mit kabbalistischen Materialen zurückzuführen. Die mystische, im Grunde genommen spiritualistische Auslegung des „Christus in uns", die mithilfe der platonischen Logostheorie zwischen dem inneren und äußeren Christus unterscheidet und auf eine innerliche Erlösung hinweist, hat Bücher schon im *Plato Mysticus* aufgegriffen und zu widerlegen versucht.[42] Seine dort eher allgemeine Kritik wird durch den Fall Späth konkret veranschaulicht: Der Wahn Eleonora Petersens, die Geburt ihres Sohnes auf die Geburt Jesus zu beziehen, bedeutet nicht nur, „daß wenn ein Gläubiger nun völlig in Christum versetzet worden / so könne Er von ihm selbst sagen / ich bin Christus"[43], sondern dass die geistliche Lesung der Pietisten unmittelbar in Lästern mündet. In solchen Fällen spielen „die Jüdische Cabbala, und der Schwermer Theologia mystica" eine besondere Rolle.[44]

Hätte Bücher die anderen Briefe Späths gekannt, so hätte er auch andere konkrete Beispiele zur Übernahme heidnischer Elemente in das christliche Dogma finden können.[45] Die Tatsache, dass Späths Kritik sich am Christentum *als ganzes* und nicht am Pietismus allein entzündet hat, schreibt Bücher einfach Späths Verwirrung zu. Doch das Knüpfen an Späths Kritik am Pietismus, ohne dessen Vorwürfe gegen das Christentum ernsthaft zu diskutieren, scheint die Büchersche Argumentation zu schwächen, hauptsächlich, weil bestimmte Vorwürfe – so der Zweifel an der göttlichen Person Jesus, der Authentizität der johanneischen Offenbarung und der Prinzipien des Christentums überhaupt – beanspruchen, Späths Kritik am Pietismus unvermeidlich als Teil seiner Gesamtauffassung des Christentums zu sehen. Mit seinem Versuch, einerseits Späths Kritik am Pietismus rückhaltlos zu akzeptieren, andererseits seine Beurteilung des Christentums als verwirrend und irrig abzulehnen, übernimmt sich Bücher. Er

---

[41] Bücher, Send-Schreiben (wie Anm. 11), S. 12-13. Zu Späths Einsicht der jüdischen Lehre als von heidnischen Elementen nicht betroffen vgl. Mulsow, Heidnischen Sauerteig (wie Anm. 12), S. 40 ff.; Mahlev, „Späth" (wie Anm. 7), S. 216 ff.

[42] Vgl. Lehmann-Brauns, Weisheit (wie Anm. 18), S. 212.

[43] Bücher, Send-Schreiben (wie Anm. 11), S. 22.

[44] Ebd., S. 25.

[45] Der Brief an van Helmont stellt z. B. die grundsätzlichen Prinzipien des Christentums – die ewige Geburt, die Menschwerdung und die Vergötterung Christi – als wesentlich platonisch und dem wahren Judentum fremd dar. Die platonische Auslegung der johanneischen Offenbarung zeigt laut Späth zweifellos, dass die christliche Religion von Anfang an auf heidnische Elemente beruhte. Die Hauptargumente in seiner Auseinandersetzung mit Wachter wollen zeigen, dass die christliche Gestalt Gottes höchst heidnisch ist. In vielen Fällen beruft sich Späth in seiner Argumentation auf christliche Gelehrte wie Edward Dickinson und Johannes Leusden.

schafft damit ein ambivalentes Verhältnis, weil er den Fall Späth als eine Verwirklichung eines tiefgreifenden Problems im Pietismus betrachtet: In der Tat bezweifelt er nicht, dass Späths Übertritt „durch die Pietistische Lehren veranlasset worden / mehr [als] von den Rabbinern […]".[46] Hier soll nicht übersehen werden, dass die Beschäftigung mit hebräischen Materialen, die laut Bücher den Weg vom Christentum zum Judentum ebnet, einen Teil einer breiteren eschatologischen Ansicht – der Hoffnung auf Erlösung vor dem jüngsten Gericht, in der dem Judentum eine zentrale Rolle zukommt – konstituiert.[47] Obwohl Bücher dieses Thema nicht diskutiert, weist die Tatsache, dass er sowohl das Spenerschen Prinzip der „Hoffnung besserer Zeiten" als auch die chiliastische Auslegung der Apokalypse erwähnt[48], darauf hin, dass es um ein rhetorisches Übersehen handelt. Man könnte folglich argumentieren, dass die Erwähnung der Affinität zum Judentum abgesehen von dem eschatologischen Rahmen die *messianische* Konnotation in der Tat *aufhebt*. Die Beschäftigung mit der jüdischen Kabbala zielt folglich nicht auf eine Bekehrung aller Juden hin, sondern auf eine mystische, im Grunde genommen ‚wahre' Auslegung der Heiligen Schrift.[49]

Was nach der Aufhebung des chiliastischen Elements bleibt, ist ein Verhältnis zum Judentum, das sich als *implizierten Philosemitismus* darstellen lässt – ein Philosemitismus, der zum gänzlichen ‚Judaizieren', also zur Bekehrung zum Judentum, führen könnte, nicht aber führen musste. Solche Art von Philosemitismus spielt in der Judenmission keine Rolle. Die Andeutung des Vorwurfs ist auf zwei Aspekte zurückzuführen: Erstens auf die Tatsache, dass das Affinitätsargument keine richtige antisemitische Dimension enthält, was es von anderen Formulierungen des ‚Philosemitismus' unterscheidet. Und zweitens auf die Einsicht, dass dieses Argument nicht an später etablierten Definitionen von ‚Philosemitismus' anknüpfen kann.[50] Wie dem auch sei, diese Art von Philosemitismus wäre für das Christentum höchst gefährlich, denn sie promulgiert

---

46 Bücher, Send-Schreiben (wie Anm. 11), 27.

47 Zur Eschatologie Speners siehe Heike Krauter-Dierolf, Die Eschatologie Philipp Jakob Speners, Tübingen, 2005. Ferner Martin Friedrich, Zwischen Abwehr und Bekehrung. Die Stellung der deutschen evangelischen Theologie zum Judentum im 17. Jahrhundert, Tübingen, 1988, S. 124-140. Im Zusammenhang mit dem Brief Späths an Eleonora Petersen ist vielleicht interessant zu bemerken, dass Spener seine erste Anspielung auf die „Hoffnung besserer Zeiten" in einem Brief an dieselbe Eleonora, damals von Merlau genannt, anbietet. Vgl. Krauter-Dierolf, ebd., S. 20 ff.

48 Bücher, Send-Schreiben (wie Anm. 11), S. 19.

49 Zur Diskussion über die Ansicht des Pietismus als innerliche Intensivierung der Frömmigkeit siehe Lehmann-Brauns, Weisheit (wie Anm. 18), S. 188 ff.; Johannes Wallmann, Der Pietismus, Göttingen, 1990, S. 45 ff.

50 Vgl. z. B. Schoeps Betrachtung der Bekehrung Späths als Endresultat seines ‚Philosemitismus': Hans-Joachim Schoeps, Philosemitismus im Barock (wie Anm. 14), S. 67-81. Büchers Diskussion scheint auch keiner von Schoeps formulierten Kategorie des Philosemitismus – christlich-missionarisch, biblisch-chiliastisch, utilitaristisch, liberal-humanitär und religiös – richtig zu entsprechen. In Bezug auf Schoeps Argumente im Fall Späth stellt sich die Frage, ob

eine überflüssige, zum Erhalt des Offenbarungswissens unnötige exegetische Schicht der Heiligen Schrift, die zu einem grundlegenden Zweifel an den christlichen Prinzipien führen kann – ein Zweifel, der jederzeit unerwartet ausbrechen und mit der Vernichtung des wahren Glaubens enden könnte. In Zusammenhang mit der Affinität zur ‚jüdischen Philosophie' kann dies nur folgendes bedeuten –

> [...] ob nicht mit der Zeit Juden und Pietisten gute Freunde und Brüder werden / und mit gesammter Hand zusammen setzen möchten [...] das Römische Babel auszurotten und ein gantz neues Königreich der Jüden auffzurichten.[51]

2. Schweigen als Apologie: Petersen, Spener, Köpke.

Büchers *Send-Schreiben* blieb nicht lange unbeantwortet. Noch im selben Jahr veröffentlichte Johann Wilhelm Petersen eine Erwiderung, in der er sowohl Späths als auch Büchers Vorwürfe zu widerlegen versuchte. Obwohl es mir nicht gelungen ist, Äußerungen von Jakob Philipp Spener bezüglich des *Send-Schreibens* zu finden, kann seine Vorrede zu Balthasar Köpkes *Sapientia Dei* (1700) als indirekte Antwort angesehen werden, denn es handelt sich in Köpkes Buch um eine systematische Widerlegung von Büchers *Plato Mysticus* – jene Schrift also, die die Grundlage für das *Send-Schreiben* schuf.[52] In der Betrachtung dieser sehr umfangreichen Antwort möchte ich mich hauptsächlich auf die Darstellung beschränken, wie die pietistische Apologetik sich vom implizierten Philosemitismusvorwurf abzuheben versucht.

Petersen, der seit seinem Übertritt als Superintendent in Lüneburg im Jahr 1688 wegen seines Chiliasmus in Mittelpunkt verschiedener Kontroversen stand, reagiert schnell auf Büchers Angriffe.[53] 1699 erscheint sein *Der Geist deß Wider-Christs*, der eine typische aggressive Verteidigung des Pietismus im Stil Petersens bietet. Sowohl Bücher als auch Späth werden als *Anti-Christen* bezeichnet. Der Unterschied zwischen den beiden besteht darin, dass Späth als Leugner der Grundprinzipien des Christentums, Bücher der ‚wahren' Gestalt Christi betrachtet wird.[54] Dies verlangt eine unterschiedliche, im Fall Späth eher

---

sein Versuch, einen Philosemitismusbegriff durch Proselytenliteratur zu rekonstruieren, die intra-religiöse Funktion des Philosemitismus nicht übersieht.

51 Bücher, Send-Schreiben (wie Anm. 11), S. 28.

52 Bücher selbst erwähnt Köpkes (damals noch nicht herausgekommene) Sapientia Dei in seinem Send-Schreiben. Siehe unten.

53 Zu Petersen im Kontext zu dessen Verhältnis zu den Juden siehe Stefan Luft, Leben und Schreiben für den Pietismus. Der Kampf des pietistischen Ehepaares Johanna Eleonora und Johann Wilhelm Petersen gegen die lutherische Orthodoxie, Herzberg, 1992, S. 289 ff.

54 Petersen, Wider-Christ (wie Anm. 13), S. 33: „[...] wie alle beyde [d. h., Späth und Bücher] nicht von Gott / sondern Anti-Christliche Geister seyn / da jener Christum vor uns / und dieser Christum in uns leugnet [...].“

rhetorische, bei Bücher dagegen eine systematisch-theologische Widerlegungsstrategie. Im Gegensatz zu Bücher hat Petersen Späth sehr gut gekannt, was ihm ermöglicht, einen ausführlichen Bericht seiner Vita zu geben.[55] Die Bekehrung zum Judentum betrachtet er allerdings sehr negativ: Besonders aufschlussreich erscheint seine Aussage, in der er die jüdische Synagoge als Sitzplatz „solche[r] Mörder [..] / die in ihren Vor-Eltern Jesum von Nazareth den Färsen des Lebens getödtet haben" darstellt.[56] Auf Büchers Behauptung, Späth sei ein Protegé Speners gewesen, erwidert Petersen, dass Späth Spener tatsächlich durch Gottlieb Spitzel kennengelernt habe, dessen Glaubenssohn er schon gewesen war.[57] Die Angriffe Späths auf Breckling, Loth Fischer und Horb betrachtet er als unverschämt[58], den Brief an Eleonora Petersen als ‚Lästerbrief', der zweifelsfrei zeigt, dass Späth seine Kritik am Christentum als Ganzes richtet. Die Versuche, Späths Person als unaufrichtig und unmoralisch zu missbilligen, werden mit der Behauptung bekräftigt, „daß nirgends eine Pietistische Gesellschaft sey / noch ja gewesen sey / die den Speeth für ein Mittglied angenommen / sondern die Feinde haben das Wort erdacht / denen es Speeth mit nachspricht / und nachlästert".[59]

Späths Aussage, die Offenbarung Johannes sei ein aus unterschiedlichen Quellen zusammengetragener, fragmentarischer Text, lehnt Petersen vehement ab: Es handele sich in dem Buch doch um die wahre Offenbarung Christi. Ausdrücklich vermeidet er Späths Darstellung, Christus tauche in der Offenbarung Johannes nicht auf. Auf die Behauptung, seine Frau habe erzählt, ihren Sohn als Jungfer geboren zu haben, legt Petersen besonderen Wert. Lächerlich wäre zu denken, dass seine Frau ihren Sohn ohne ihn gebären konnte, wie auch, dass beide sich dünkten, ihren Sohn als den Sohn der Verheißung zu betrachten.[60] Sie waren also keinesfalls von Phantasien geplagt. Dies alles war schlicht eine teuflische Lüge von Späth, da es Petersens Frau –

> ihr Lebenslang nicht in den Sinn gekommen / dergleichen zu gedencken / viel weniger zu sagen / am allerwenigsten einem solchen / dem meine Liebste und ich weder damahls / als wir ihn noch nicht gesehen / noch / da wir ihn gesehen / getrauet / sondern für ein Heuchler / und falschen Menschen gehalten haben.[61]

---

55 In der Tat handelt es sich um den einzigen Bericht über Späths Vita, der noch während seiner Lebzeiten verfasst wurde. Wachter stellt keine Beschreibung von Späths Leben dar, und Späths Gespräche mit einem Freund namens Klumpf, in denen er einige biographische Auskünfte vermittelt, kamen erst nach seinem Tod in Johann Jacob Schudts Jüdische[n] Merkwürdigkeiten heraus.

56 Petersen, Wider-Christ (wie Anm. 13), S. 34.

57 Ebd., 89. Vgl. auch Johann Jacob Schudt, Jüdische Merckwürdigkeiten, Frankfurt am Main, 1718, IV. Theil, S. 198; Mahlev, „Späth" (wie Anm. 7), S. 208.

58 Petersen, Wider-Christ (wie Anm. 13), S. 60.

59 Ebd., S. 90.

60 Ebd., S. 65.

61 Ebd., S. 66

Der restliche Text ist darauf ausgerichtet, Büchers Kritik am Pietismus zu widerlegen. Ein wichtiger Punkt betrifft die mystische Theologie: Petersen besteht darauf, dass diese keine Spur heidnischer Theologie enthält und bekräftigt ihre Anwendung als exegetisches Mittel.[62] Die mystische Theologie wird folglich nicht als im Wesen nach überflüssige exegetische Schicht, sondern als erforderlich zum Enthüllen des wahren Sinns des Offenbarungstexts betrachtet. Diese Erwiderung könnte möglicherweise als indirekte Antwort auf den Vorwurf gelten, die Beschäftigung mit mystischer Theologie führe zur Bekehrung zum Judentum, indem sie diese Beschäftigung als rein *christlich* darstellt. Im Vergleich aber mit der grundsätzlichen Antwort Petersens an Bücher scheint er sich im Falle Späth hauptsächlich mit dem Hinterfragen der Person zu befassen; Eine tatsächliche Auseinandersetzung mit Späths Vorwürfen ist im Text nicht zu finden. Gerade deshalb ist jedoch die völlig uncharakteristische Bemerkung über das Judentum wichtig, weil sie auf die Auflösung des implizierten Philosemitismusvorwurfs zu zielen scheint. Dies schließt an die Tatsache an, dass das Thema der Beschäftigung mit der Kabbala im *Geist deß Wider-Christs* nicht behandelt wird – ein Fehlen, das gewiss als absichtsvoll zu betrachten ist, da die Kabbala in Petersons *Geheimniß der Wiederbringung aller Dinge* von 1701 ausführlich diskutiert wird.[63]

Im Gegensatz zu Eleonora Petersen distanzierte sich Jakob Philipp Spener von Späth, als dieser begann, den Pietismus zu kritisieren. Dies geschah noch vor Späths Übertritt zum Judentum, in jener Zwischenzeit also, als er sich wieder dem Katholizismus zuwandte. Die Wurzeln von Späths Zweifeln am Christentum schreibt Spener interessanterweise seiner Bekanntschaft mit van Helmont zu.[64] Nach seiner Bekehrung zum Judentum vermeidet Spener Späths Versuche, Kontakt mit ihm aufzunehmen.[65]

---

62 Vgl. ebd., S. 76 f.

63 Vgl. Johann Wilhelm Petersen, ΜΥΣΤΗΡΙΟΝ ΑΠΟΚΑΤΑΣΕΩΣ ΠΑΝΤΩΝ, Das ist: Das Geheimniß der Wiederbringung aller Dinge, Pamphilia, 1701, Tome 1, S. 132-136.

64 Vgl. z. B. seinen Brief von 1682, in Philipp Jakob Spener, Consilia et Iudicia Theologica Latina, Francofurti ad Moenum, 1709, S. 429: „Demum imprimis postquam superiori autumno saepius Helmontio locutus esset, deprehensus est, animo esse circa res sacras irrequieto, ut non solum mihi ipse paulatim hunc magis renudaret, & ejusdem a domesticis mihi fieret indicium. Hac causa semel itermunque aliquot horas de eo argumento locuti sumus: Conquerebatur non solum, se, ubi ad nos transiisset, variis scandalis ita fuisse mox perculsum, ut transitus poeniteret, sed varios menti adhuc haesisse scrupulos de reformationis per B. Lutherum factae divinitate, cum semper crediderit, licet tot in Ecclesia fuissent abusus, non tamen ob illos secessum ab Ecclesia fuisse faciendum, omni alio malo longe periculosiorum". Drei Monate zuvor aber meint Spener, er habe „allzeit an ihn [=Späth] eine seele gefunden/ die es hertzlich meinet/ und ihr ein ernst ist/ Gott zu dienen". Ebd., S. 535.

65 Vgl. Jakob Philipp Spener, Theologische Bedenken, Halle, 1715, III. Theil, S. 962: „Im übrigen bleibe [ich] von ihm [=Späth] geschieden; Daher auch das pacquet an mich uneröffnet wieder zurück sende, auch kein folgendes niemals annehmen werde. Begehre aber von ihm, wo er davor hält, daβ ich ihm iemal einige liebe erzeiget, keine andere danckbarkeit, als diese, so lange er in dem stande stehet, meinen namen weder in munde noch in der feder zu führen" [4. Okt. 1697].

Seine umfangreiche, 85 Seiten umfassende Vorrede zu Köpkes *Sapientia Dei*[66] von 1699 – jenes Buch also, das laut Bücher zeigen sollte, dass „ein Pietist ein guter Cabbalist und Judæus mysticus sey"[67] – richtet sich hauptsächlich gegen Büchers Angriff in *Plato Mysticus*. Spener, der bekanntlich in intrareligiösen Kontroversen und Auseinandersetzungen sehr erfahren war, stellt hier eine dem Wesen nach apologetische Verteidigung des Pietismus dar, die vielmehr auf Abwehren der Bücherschen Kritik als auf einen polemischen Angriff auf Bücher zielt. Vor allem betrachtet er die Vorstellung Büchers als ‚unbegründet', ‚scheinbar' und wesentlich durch Syllogismen und Missverständnisse entstellt. Seine Apologie gliedert sich in vier Stufen: Zuerst leugnet er, dass er den Platonismus überhaupt kennt, geschweige denn, dass er Elemente davon übernehmen konnte. Er gesteht, weder Platon noch die Platoniker gelesen zu haben, wie auch, dass er *ex proffeso* die Neigung nie gehabt habe, „die Philosophia der alten mit sonderbarem fleiß durchzusuchen".[68] Sein Wissen über Platon verdankt er den älteren Kirchenvätern, durch deren Lob er Platon mehr als sein *æmulum* Aristoteles zu schätzen lernte.[69] Bemerkenswert ist seine Äußerung, er habe die *Kabbala denudata* studieren wollen, gab die Absicht jedoch auf, als er sah, dass die Hoffnung, durch die im Werk enthaltenen Schriften etwas über die Philosophie ‚der Hebreen' zu erfahren, sich nicht erfüllte.[70]

Diesem obgleich nicht ganz überzeugenden, im Lichte der Kontroverse ohnehin akzeptablen Argument schließt sich eine phänomenologische Ansicht an, die der zweiten Stufe von Speners Argumentation entspricht, nämlich, dass Ähnlichkeiten zwischen verschiedenen Denksystemen nicht unbedingt auf direkten Einfluss oder direktes Übernehmen hinweisen müssen. In seinen Worten:

> Wenn einige göttliche wahrheiten sich auch in der Heiden schrifften / also auch in den Mahometischen Alcoran oder Jüdischen Thalmud sich finden / wie sich dergleichen finden / muß solcher wegen dieser ihren ihre autorität und glauben nichts benehmen; [...] sondern es ist solches ein zeugnis entweder des noch in den hertzen der menschen übrigen gesetzes der natur [...] oder was glaubens sachen anlangt / die die vernunfft nicht erfinden können [...].[71]

---

66 Balthasar Köpke, Sapientia Dei in Mysterio Crucis Christi Abscondita, Halle, 1700.

67 Bücher, Send-Schreiben (wie Anm. 11), S. 25: „Es ist bereits eine Arbeit unter Handen / in welchem [sic] dem Präæposito zu Nauen Hr. Balthasar Köpken aus seiner eigenen Schrifft soll gezeiget werden / daß ein Pietist ein guter Cabbalist und Judæus mysticus sey".

68 Köpke, Sapientia Dei (wie Anm. 66), §5. Da Speners Vorrede nicht paginiert bleibt, werden die entsprechenden Abschnitte angegeben. Zu Speners ‚Unkenntnis' der platonischen Philosophie vgl. auch Lehmann-Brauns, Weisheit (wie Anm. 18), S. 195.

69 Köpke, Sapientia Dei (wie Anm. 66), §6. Hier scheint das Wort ‚æmulum' den Aristoteles nicht im Sinne eines Gegners, sondern eher eines ‚begierigen Strebers' des Platon zu beschreiben, wobei ‚begierig' auch negative Konnotationen implizieren kann.

70 Ebd.

71 Ebd., §9.

Es handelt sich um Offenbarungswissen, das zu Teilen durch natürliche Theologie erreicht werden könnte. Diese Argumentation entspricht etwa der lutherischen Ansicht der natürlichen Theologie als hinreichend zur Erkenntnis Gottes und seiner Attribute durch vernünftige Betrachtungen der empirischen Welt, die auch dem *consensus ex omnium gentium* zugrunde liegt.[72] Solche zerstreuten, durch das Licht der Vernunft erworbenen ‚Wahrheiten' deuten an sich nicht auf direkten Wissenstransfer hin. Das phänomenologische Argument wird zudem durch die von Spener zitierte Meinung Büchers, Plato habe die Schriften Moses studiert, unterstützt[73]: Wenn diese Vermutung richtig wäre, könnte Spener nicht vorgeworfen werden, dass seine Lehre mit Platon übereinzustimmen scheint, da Platon in der Aufstellung seiner Philosophie vom selben Offenbarungswissen Gebrauch machte.[74]

Speners Unkenntnis der platonischen Philosophie verneint also eine absichtliche Übernahme, während das phänomenologische Argument den Pietismus vor einem direkten Häresievorwurf schützt. Dies wird durch das dritte Argument ergänzt, das Büchers Einsicht von mystischer Theologie als weitgehend irrig darstellt. Hier beruft sich Spener auf die Überlegungen Köpkes, die seiner Meinung nach zweifellos zeigen, dass es sich bei der mystischen Theologie nicht um eine andere, von wahrer Offenbarung zu unterscheidende Theologie, sondern um eine *andere Art* der einen, wahren Theologie handelt.[75] Die mystische Theologie ist infolgedessen keine heidnische Theologie, sondern gehört zum Offenbarungswissen. Es gibt auch keine praktische Verwendung der mystischen Theologie, wie man bei den Enthusiasten vorzufinden meint – ein Beweis dafür, dass die Enthusiasten nicht im Besitz der wahren mystischen Theologie sind. Damit ist Büchers Vorwurf gegenüber dem Pietismus, dass er die Zauberei fördere, gänzlich abzulehnen. Im vierten und letzten Argument schließlich strebt Spener danach, den Pietismus von schwärmerischen Sekten – hauptsächlich vom Sozianismus – zu distanzieren.[76]

Im Gegensatz zu den zwei ersten Argumenten dienen die zwei letzten als konkrete Antwort auf Büchers Anklage zur Übernahme heidnischer Elemente in den Pietismus, die sowohl im *Plato Mysticus* als auch im *Send-Schreiben* den Vorwurf zur Affinität zum Judentum einschließt. Speners Reaktion ausschließlich *nur* auf die Häresieanklage, nicht auf den Affinitätsvorwurf, verdient eine

---

72 Zum ‚Consensus gentium' siehe M. Suhr, „Consensus omnium, consensus gentium", in: Historisches Wörterbuch der Philosophie, hg. von Joachim Ritter, Karlfried Gründer und Gottfried Gabriel, Bd. 1, Basel, 1971-2007, S. 1032.

73 Köpke, Sapientia Dei (wie Anm. 66), §9.

74 Diese Frage knüpft an ein weit komplizierteres Thema des Synkretismus an, mit dem sich Spener ausführlich auseinandersetzt. Siehe ebd., §26-§27.

75 Ebd., § 14: „So mercke nun I. insgemein / daß er [Köpke] die mysticam Theologiam nicht mit Hr. M. Büchern insgemein verwirfft / […] sondern ihr eine definition gibet [..] die insgemein der wahren Theologie zukommt / […] die mysticam vor nicht eine andere Theologie, sondern andre art zu tractiren / ausgebe".

76 Vgl. ebd., §40.

genauere Betrachtung. Um sie nachzuvollziehen, wäre hier eine kurze Betrachtung der Ansicht Köpkes zur mystischen Theologie nötig.

In seiner Darstellung bemüht sich Köpke, sowohl Platon als auch die mystische Theologie von der Verketzerung loszulösen. Der Titel des Buchs, *Sapientia Dei […]. Die wahre Theologia Mystica Oder Ascetica […] Entgegen gesetzt Der falschen aus der heydnischen Philosophia Platonis und seiner Nachfolger*, weist auf Denunziation der platonischen Philosophie in ihrer Ganzheit als ketzerisch hin. Die geschichtliche Konstruktion der Überlieferung des Offenbarungswissens zeichnet aber ein komplizierteres Bild. Zuerst meint Köpke, den Ursprung der wahren mystischen Theologie nicht bei Platon und dessen Schriften, sondern in der Heiligen Schrift, also bei den Aposteln und Propheten, zu finden. Mit mystischer Theologie ist hier die „heimliche verborgene Weisheit Gottes" gemeint.[77] Die Quelle der wahren Theologie führt Köpke auf die *erste* Offenbarung Gottes gegenüber Abraham zurück. Dieser war nämlich „in allen Künsten und aller Weisheit der Chaldäer geübt gewesen"[78], die von Köpke als die ältesten unter der Weisheiten betrachtet werden, und in seiner Darstellung als Quelle sowohl zur Philosophie, wohl aber auch zur Abgötterei stehen. Die doppelte Verwendung der Theologie, die eine positiv, die andere – wenn wir uns erlauben, ein Synonym für Abgötterei zu gebrauchen – atheistisch, zieht sich als Leitmotiv durch die gesamte Diskussion. So wird z. B. die Geschichte Josephs in Ägypten als das Wissen dessen um die geheime Weisheit Gottes, die ihm die Traumdeutung ermöglicht, interpretiert, wobei die Ägypter einerseits als Besitzer wahrer, alter mystischer Theologie, andererseits als abgöttisch betrachtet werden.[79]

Wichtig ist zu bemerken, dass die Weisheit Gottes, die im Grunde für die wahre mystische Theologie steht, nicht unbedingt schriftlich oder wörtlich vermittelt werden muss, sondern – der pietistischen Lehre folgend – auch auf ein innerliches Verfahren hinweist. Dadurch erklärt sich auch die Tatsache, dass die Chaldäer und Ägypter befähigt waren, diese Weisheit anzuerkennen. Doch mit Moses, der sowohl mit der Weisheit der Ägypter als auch mit der mystischen Theologie vertraut war, entsteht ein Überlieferungsverfahren, das mit der schriftlichen Vermittlung der göttlichen Weisheit an das jüdische Volk beginnt.[80] Auf diesem Wissen beruht die hebräische Lehre, derer Vermittler, die Propheten, von Köpke als erfahren in allen Künsten und Wissenschaften bezeichnet werden, und die Dichtung Assaphs und Davids, die als wahrhaftige Spiegelung des mystischen Wissens benannt wird. Während dieser Zeit befanden sich bestimmt auch ‚Propheten' innerhalb des Judentums, „die den Kälber-Dienst Jerobeams vertheidigten"[81] – aber auch andere Völker, wie die Griechen, die Aspekte von (wahrer) mystischer Theologie in ihrer Dichtung, Kunst und

---

77 Köpke, Sapientia Dei (wie Anm. 66), S. 1 f.
78 Ebd., S. 5.
79 Vgl. ebd., S. 10-15.
80 Ebd., S. 22.
81 Ebd., S. 28.

Philosophie bewahrten. Den griechischen Philosophen ist eine ausführliche Diskussion gewidmet; Ihre Lehre übernimmt Wissenselemente von den Phönikern und Ägyptern, was ihr zwar einen „Schein der Wahrheit" verleiht, doch ihren Wert in Frage stellt.[82] Eine zentrale Rolle spielt bei Köpke das paulinische Argument, die Griechen fielen wegen ihrer Verleugnung der Verheißung des Messias in Abgötterei.

In der langen Diskussion über die griechische Philosophie ist uns jene um Platon die entscheidende. „Plato aber / Pythagoras und Thales haben gesagt / Gott sey das älteste Wesen / denn er sey ungezeugt / die Welt das schönste / denn sie sey sein Werck".[83] Hier entsteht eine lange Apologie, die bestrebt ist, Platon von ketzerischen Strömungen zu distanzieren. Bereits dem angeführten Zitat lässt sich entnehmen, dass Platon den *einen* Gott als Urheber der Welt anerkannt und zwischen ihm und der Welt unterschieden hat. Platon sei den Juden in Ägypten begegnet und habe sogar Moses gelesen. Im Gegensatz zu dem Heiden Aristoteles hat er sich keinesfalls mit Zauberei beschäftigt. [84] Er soll daher gewissermaßen als Vermittler im Überlieferungsprozess des Wissens vom Judentum an andere Völker betrachtet werden – ein Überlieferungsverfahren im Übrigen, das durch das babylonische Exil einen großen Aufschwung erlebte. Köpkes Argument enthält hier einen wichtigen, in anderen Modellen zur geschichtlichen Darstellung der Entwicklung des Judentums – wie etwa Johann Franz Buddes Unterscheidung zwischen *cabbala vetus* und *cabbala recentior* oder die übliche Differenzierung zwischen ‚hebräischer Religion' und ‚Judentum'[85] – fehlenden Punkt, nämlich, dass die Zerstreuung des jüdischen Volks zu einer *Verbreitung* des echten Wissens durch dessen Vermittlung an andere Völker beigetragen hatte.[86] Mit der zweiten Offenbarung jedoch wurde das Christentum zum einzigen Träger der wahren Theologie. Philon wird als Vermittler zwischen der pythagoreischen-platonischen Philosophie und dem Christentum betrachtet[87], wobei späteren platonischen Sekten vorgeworfen wird, Platons Lehre mit dem Christentum in Einklang bringen zu wollen. Seiner Unterscheidung zwischen wahr und falsch Rechnung tragend, stellt Köpke die Entwicklung des Christentums – durch die Antike, das Mittelalter und schließlich den Streit um den Protestantismus – als fortlaufenden Kampf zwischen dem echten Christentum und den christlichen Platonikern dar.

Obwohl Köpke Platon mit dem Judentum auf indirekte Weise zu verbinden scheint, weist er ausdrücklich darauf hin, dass Platon und Pythagoras, obzwar klug, so doch abgöttisch gewesen waren. Die Beziehung zwischen Platon und

---

82 Ebd., S. 29.
83 Ebd., S. 45.
84 Ebd., S. 44.
85 Vgl. Haim Mahlev, „Der Spinozismus vor Spinoza. Johann Franz Buddes Erwiderung auf Johann Georg Wachters ‚Der Spinozismus im Jüdenthumb'", in: Scientia Poetica 15 (2011), S. 67-91, hier 85 f.
86 Köpke, Sapientia Dei (wie Anm. 66), S. 50.
87 Vgl. ebd., S. 60 f.

wahrer mystischer Theologie besteht also hauptsächlich durch Teile des wahren Offenbarungswissens, das Platon vermutlich vom Judentum übernommen hatte. Dies an sich hat besondere Folgen hinsichtlich der Rolle des Judentums sowohl als Bewahrer des echten Wissens wie auch als Quelle für das Christentum: Köpke erwähnt die Essener, bei denen Gott „die dazumal für der [sic] Welt verborgene Weisheit Christi bewahret"[88] – eine frühere Anspielung auf Jesus' Zugehörigkeit zu den Essenern, die bei Johann Georg Wachters *De primordiis Christianae Religionis* von 1703 als den „missing link" im Übergang vom Judentum zum Christentum dargestellt wurde.[89]

Hinsichtlich der Bücherschen Darstellung der Beschäftigung des Pietismus *sowohl* mit Kabbala *als auch* mit Magie als höchst schwärmerisch scheint Köpkes Erwiderung lückenhaft zu sein: Er behandelt ausführlich das Thema der Zauberei, äußert sich aber angesichts des Kabbalavorwurfs nicht. Dieses Schweigen ist auffällig, da dem Judentum eine wichtige Rolle in seiner Konstruktion der Überlieferung des wahren Offenbarungswissens zukommt. Noch leugnet er nicht, dass das Judentum die wahre mystische Theologie bis zur Erscheinung Christi – und auch danach, wie die Diskussion über Philon zeigt – bewahrt hatte. Dieses Übersehen könnte m. E. nicht einer Entsprechung zwischen mystischer Theologie und Kabbala zugeschrieben werden, obwohl Köpke die mystische Theologie auf Abraham zurückführte und somit auf das *Buch Jetzira* hätte hindeuten können.[90] Vielmehr scheint das Schweigen im ersten Kapitel des Buches ein Versuch zu sein, den implizierten Philosemitismusvorwurf abzuwehren, ohne sich damit tatsächlich zu konfrontieren. An sich besagt die *Sapientia Dei* keineswegs, dass „ein Pietist ein guter Cabbalist und Judæus mysticus sey", da sie die Kabbala nicht behandelt. Die Tatsache aber, dass Köpke eine Diskussion zur Kabbala in seiner Darstellung vermeidet, würde Bücher sicherlich als indirektes Geständnis des Philosemitismus verstehen.

In diesem Sinne sollte man auch die Erwiderung Speners verstehen, die eine selektive Lesung von Köpke enthält: Spener verzichtet nämlich auf den Unterschied zwischen falscher und wahrer mystischer Theologie zugunsten einer einheitlichen Gestalt dieser als eine andere Art Offenbarungswissen. Auch bei ihm fehlt aber eine Diskussion zur Kabbala. Die Tatsache, dass weder die Juden noch das Judentum in seiner langen Vorrede ernsthaft behandelt werden, möge

---

[88] Ebd., S. 52.

[89] Johann Georg Wachter, „De primordiis Christianae religionis (1703 / 1717) ", in: Ders., De Primordiis Christianae religionis; Elucidarius cabalisticus; Origines Juris naturalis; Dokumente, mit einer Einleitung hg. und kommentiert von Winfried Schröder, Stuttgart-Bad Cannstatt, 1995. Zur Rolle der Essener als „missing link" s. ebd., S. 13. Wachter war nicht der erste, der auf eine mögliche Verbindung zwischen den Essenern und Jesus hingewiesen hat: Thomas Burnet hatte schon 1692 vermutet, Jesus habe ursprünglich zu den Essenern zugehört. Siehe ders., Archæologiæ Philosophiæ: sive doctrina antiqua de rerum originibus libri duo, London, 1692, S. 69 f.

[90] Dieses wurde von Johann Rittangel ins Lateinische übersetzt und erschien 1642 in Amsterdam unter dem Titel Liber Iezirah, qui Abrahamo patriarchae adscribitur.

auf seine Absicht hindeuten, die Diskussion vom Affinitätsverdacht abzulenken. Doch auch hier, wie bei Köpke, ist das Schweigen desto auffälliger, als es einen erheblichen Teil von Büchers Argumentation absichtlich vermeidet. Nur einer Randbemerkung, die *Kabbala denudata* betreffend, lässt sich entnehmen, dass Spener eine Beschäftigung mit der Kabbala in der gleichen Weise ableugnet, wie er die Darstellung des Platonismus als Einflussquelle für den Pietismus zu widerlegen versucht. Im Vergleich mit der ausführlichen Diskussion scheint aber diese nur eine Andeutung einer nicht geäußerten Meinung zu sein.

Wäre Bücher für einen öffentlichen Philosemitismus-Diskurs eingetreten, hätte sich dieser jedoch aufgrund des Schweigens seiner pietistischen Kontrahenten nicht entwickeln können. Wenn es aber um einen *implizierten* Vorwurf geht, steht das Ignorieren als indirekte Antwort, vor allem wenn dieses Ignorieren durch die Tatsache, dass andere Themen ausführlich behandelt werden, hervorgehoben wird. Im Endeffekt reagieren Petersen, Spener und Köpke auf den Vorwurf in derselben Weise. Ihre verschiedenen Argumentationsweisen deuten dennoch darauf hin, dass es noch keine dogmatische, d. h. förmliche Erwiderung auf diesen Vorwurf gibt. Dies lässt sich aus Petersens Verhalten schließen, dass er auf das „Recommendieren der Kabbala“ nicht direkt reagiert, sondern versucht, dem durch seine bedenkliche Aussage auszuweichen. Köpke bemüht sich hingegen, die hebräische Religion ins Zentrum des Überlieferungsprozesses zu rücken und damit den Häresievorwurf zur Beschäftigung mit mystischer Theologie irrelevant zu machen. Seine Darstellung Platons als Vermittler hebräischen Wissens als auch der Geschichte als fortlaufenden Streit zweier Verwendungen des Offenbarungswissens mag zwar naiv sein, bietet aber eine Lösung sowohl für den Platonismus- als auch für den etwaigen ‚Philosemitismus‘-Vorwurf. Schließlich scheint Speners Ignorieren gezielt zu sein, um die Rolle der Juden im eschatologischen Schema nicht zu hinterfragen. Hinsichtlich eines implizierten Philosemitismusvorwurfs scheinen mir diese implizierten Erwiderungen einen literarischen Diskurs auszulösen, in dem dem Ungesagten mehr Gewicht als dem Geäußerten zukommt.

Dietmar Till

Die Psalmen als Modell poetischer Rede
Umrisse eines Diskurses, ca. 1650-1850

1. Jerusalem, von Athen aus gesehen[1]

Die problematische Frage nach den ästhetischen, also poetischen wie rhetorischen Qualitäten der Bibel hat bekanntlich Theologen und Literaturtheoretiker seit der Antike intensiv beschäftigt. In diesem Aufsatz sollen einige Stationen dieser Auseinandersetzung dargestellt werden. Zentral ist dabei die Frage nach dem Stil des Bibeltextes. Sie wurde entsprechend dem jeweils vorherrschenden Stilparadigma positiv oder negativ beantwortet. Im Folgenden beschränke ich mich bei der Rekonstruktion dieses Wertungsdiskurses auf den Modellfall der Psalmen. Sie sind für unsere Fragestellung besonders geeignet, weil sie seit der Antike als eine dezidiert *poetische* Gattung begriffen wurden. Die Frage nach den Stilqualitäten stellt sich hier in herausgehobener Weise. Die Debatte um den Bibelstil trägt dabei vor dem Hintergrund dominanter christlicher Glaubensinhalte fast immer apologetische Züge – anderes wäre innerhalb des christlichen Diskurses auch kaum möglich gewesen. Insofern ist an dieser Debatte auch weniger ihr legitimierendes Ziel interessant als die jeweils herangezogenen Argumente. An die Rekonstruktion dieser Diskurse wird sich die Frage anschließen, wie im Laufe des 18. Jahrhunderts diese Verteidigungsposition regelrecht kippt: Es bildet sich ein poetologisches Paradigma heraus, welches – unter Bezug auf denselben Argumenttyp – die Psalmen als vorbildhafte Modelle poetischer Rede auffasst.

Poesie hat im Alten Testament, so heißt es in Klaus Seybolds konziser Darstellung im Rahmen der theologischen Enzyklopädie *Religion in Geschichte*

---

1 Zur Thematik dieses Aufsatzes gibt es einige wichtige Forschungsbeiträge, denen ich zentrale Einsichten verdanke: Joachim Dyck, *Athen und Jerusalem. Die Tradition der argumentativen Verknüpfung von Bibel und Poesie im 17. und 18. Jahrhundert,* München, 1977; Rolf Lessenich, *Dichtungsgeschmack und althebräische Bibelpoesie im 18. Jahrhundert,* Köln/Graz, 1967; Grit Schorch, „Das Erhabene und die Dichtkunst der Hebräer. Transformationen eines ästhetischen Konzepts bei Lowth, Mendelssohn und Johann Gottfried Herder", in: *Hebräische Poesie und jüdischer Volksgeist. Die Wirkungsgeschichte von Herder im Judentum Mittel- und Osteuropas*, hg. von Christoph Schulte, Hildesheim/Zürich/New York, 2003, S. 67-92 (Haskala 28); Walter Pape, „‚Lies du eben so, mein Leser! wie ich geschrieben habe.' Mendelssohns Lyriktheorie und seine Übersetzung der Psalmen", in: *Zwischen Aufklärung und Romantik. Neue Perspektiven der Forschung. Festschrift für Roger Paulin*, hg. von Konrad Feilchenfeldt, Ursula Hudson u.a., Würzburg, 2006, S. 17-34. – Für unsere Frage unergiebig: Daniel Weidner, *Bibel und Literatur um 1800*, München, 2011 (Trajekte).

und Gegenwart, einen „beträchtlichen Anteil"[2]: Neben den 150 Texten im Buch der Psalmen, dem Psalter, finden sich poetische Texte auch in den *Sprüchen*, im Buch *Hiob*, dem *Hohen Lied* und den *Klageliedern*. Daneben sind „große Teile der prophetischen Lit[eratur] [...] versgebunden; auch in den erzählenden Büchern begegnen poetische Überlieferungen".[3]

Seybold lässt die Geschichte der Erforschung alttestamentlicher Poesie mit Robert Lowths (1710-1787) *Praelectiones Academicae de Sacra Poesi Hebraeorum* beginnen. Die Anfang der 1750er Jahre an der Universität Oxford gehaltenen Vorlesungen wurden 1753 zuerst in lateinischer Sprache publiziert und 1787, im Todesjahr von Lowth, in einer wirkmächtigen englischen Übersetzung von George Gregory veröffentlicht. Im 19. Jahrhundert erschienen weitere Editionen, welche die Vorlesungen zu einem kanonischen Text der entstehenden Bibelwissenschaft machten. Eine kommentierte Edition des lateinischen Textes durch den Göttinger Theologen und Orientalisten Johann David Michaelis (1717-1791) in zwei Bänden, erschienen 1758-1762 (^{2}1769-1770), und eine deutschsprachige – allerdings stark gekürzte – Übersetzung durch Carl Benjamin Schmidt (1763-?) aus dem Jahre 1793 sicherten dem Text auch auf dem Kontinent die nötige Aufmerksamkeit.

Seybolds Einordnung der Lowth'schen Vorlesungen als entscheidende Scharnierstelle der Erforschung der Psalmen ist insofern zweifellos zutreffend, als Lowth mit der Entdeckung des sogenannten *Parallelismus membrorum* (Parallelismus der Glieder) erstmals ein fundamentales Kompositionsgesetz der Psalmendichtung beschrieben hat, das in seinen wesentlichen Bestandteilen noch heute gültig ist.[4] Die Forschung konnte an diese Beobachtungen anschließen: Man hat detailliert die Komposition einzelner Psalmen wie des gesamten Psalter beschrieben und dabei präzise die zyklische Struktur herausgearbeitet. Daneben ist auch verstärkt die Laut- und Reimgestaltung, sind die unterschiedlichen Assonanzen, die Alliterationen und andere Klangformen analysiert worden.[5]

Die alttestamentliche Forschung seit dem 19. Jahrhundert versuchte vorrangig die poetische Eigengesetzlichkeit der alttestamentlichen Poesie herauszuarbeiten. Ich dagegen möchte im Folgenden die Modelle, Begriffe und Diskurse skizzieren, mit denen man *vor* der Mitte des 18. Jahrhunderts die Psalmen be-

---

2 Klaus Seybold, Art. „Poesie (I.1. Altes Testament)", in: *Religion in Geschichte und Gegenwart. Handwörterbuch für Theologie und Religionswissenschaft (RGG)*, hg. von Hans Dieter Betz, 4. Aufl., Bd. 6, Tübingen, 2003, Sp. 1416-1418, hier Sp. 1416.

3 Ebd.; vgl. auch Friedhelm Hartenstein, „Psalmen/Psalter (I. Begriff und Umfang der Psalmen/des Psalters, II. Altes Testament)", in: Ebd. Sp. 1761-1769. Vgl. auch Hermann Gunkel, *Einleitung in die Psalmen. Die Gattungen der religiösen Lyrik Israels. Zu Ende geführt von Joachim Begrich*, Göttingen,^{2}1966, S. 10.

4 Vgl. James L. Kugel, *The Idea of Biblical Poetry. Parallelism and its History*, New Haven/London, 1981.

5 Seybold, „Poesie" (wie Anm. 2), Sp. 1417.

schrieben hat. Damit verbunden ist die Korrektur der These von der ‚Säkularisierung der Bibel' als ‚Literarisierung der Schrift'. In der germanistischen Literaturwissenschaft wurde sie etwa von Dieter Gutzen vertreten, der in seiner einflussreichen Bonner Dissertation *Poesie der Bibel* von 1972 postuliert, dass

> im 18. Jahrhundert die Bibel als ein Werk der schönen Literatur entdeckt wird. Das Buch, das als Heilige Schrift das Wort Gottes enthält und von dem man glaubt, es sei vom Heiligen Geist inspiriert, tritt aus dem sakralen Bereich, dem allein es dahin angehört hat, heraus und wird in dem weltlichen ein Buch wie jedes andere auch.[6]

Zutreffend ist, dass es den Begriff der ‚Literatur' in der heutigen Bedeutung von ‚schöner Literatur' erst nach der Mitte des 18. Jahrhunderts gibt. Klaus Weimar hat dies im entsprechenden Artikel des *Reallexikons der deutschen Literaturwissenschaft* eingehend dargestellt.[7] Die sich an diese Beobachtung anschließenden Aussagen Gutzens allerdings, die auf der Grundlage eines viel zu einfachen Säkularisierungsmodells operieren, sind in ihrer Verkürzung und Holzschnittartigkeit kaum zutreffend. Denn wenn man von der ‚Literarisierung' der Bibel im 18. Jahrhunderts spricht, dann fokussiert dies zwar die Herausbildung eines modernen Literaturbegriffs, die unter dem Begriff ‚Poesie' verhandelten Diskussionen seit der Antike werden dabei jedoch ausgeblendet. Rolf Lessenich stellt in seiner anglistischen Studie über *Dichtungsgeschmack und althebräische Bibelpoesie im 18. Jahrhundert* (1967) die These auf, dass die Bibelpoesie wegen ihres ‚Primitivismus' von Vertretern des ‚Klassizismus' wenig geschätzt worden sei.[8] Auch diese Ansicht ist kaum zutreffend: Wie im Verlauf diese Aufsatzes gezeigt wird, kann im Gegenteil das Argument eines kulturhistorischen ‚Primitivismus' zur Legitimation der ästhetischen Qualität und eigengesetzlichen Poetik der Bibel dienen.

Schon in der Antike wird die Bibel mit Kategorien der pagan-säkularen Grammatik und Rhetorik analysiert und interpretiert – nicht zuletzt aufgrund der eminenten Wirkung der Rhetorik als Bildungsmacht standen andere Kategorien auch nicht zur Verfügung. Aus diesem interpretatorischen Zugriff entsteht ein latentes Konfliktpotential, auf das noch einzugehen sein wird. Die Frage nach der ‚Poesie der Bibel' jedoch ist damit keine spezifisch neuzeitliche, die mit der (ohnehin problematischen[9]) Kategorie der Säkularisierung zu erklären wäre. Methodisch bietet sich ein diskursanalytischer Ansatz an, der das Problem der Bibelpoesie als Ergebnis eines spezifischen interpretatorischen Zugriffs erklärt und den Charakter der kulturellen Konstruktion herausstellt. David

---

6 Dieter Gutzen, *Poesie der Bibel. Beobachtungen zu ihrer Entdeckung und ihrer Interpretation im 18. Jahrhundert*, Diss. Bonn, 1972, S. 23.

7 Klaus Weimar, Art. „Literatur", in: *Reallexikon der deutschen Literaturwissenschaft*, hg. von Harald Fricke [u.a.], Bd. 2, Berlin/New York, 2000, S. 443-448.

8 Lessenich, *Dichtungsgeschmack* (wie Anm. 1), S. 5 ff.

9 Vgl. Sandra Pott, *Medizin, Medizinethik und schöne Literatur. Studien zu Säkularisierungsvorgängen vom frühen 17. bis zum frühen 19. Jahrhundert*, Berlin/New York, 2002, S. 11-45 (Säkularisierung in den Wissenschaften seit der frühen Neuzeit 1).

Norton spricht in seiner großen Darstellung *A History of the Bible as Literature* (1993) in diesem Sinne von einem „clash of cultures"[10] zwischen dem paganen Athen und dem christlichen Jerusalem.[11]

Seit der Antike bestimmte die heidnische Rhetorik die Normen ästhetisch ‚guten' Prosastils – ausgehend von der Definition der Rhetorik als *ars bene dicendi*. Diesen Stilnormen konnte die Bibel nicht entsprechen, sodass daraus mit einer gewissen logischen Konsequenz zunächst ein Wertungsdiskurs entstand. Vor dieser Ausgangslage bildeten sich rasch eine Reihe von Strategien der ästhetischen ‚Rettung' der Bibel heraus. Interessant an diesem Diskurs ist, dass gerade die Bibelapologeten auf Argumente aus der klassischen Rhetorik zurückgriffen: Sie verwenden also Argumente derjenigen Wissenschaft, welche die Kritik am Bibelstil erst begründet. Daran lässt sich sehen, dass die rhetorischen Stilnormen sich als durchaus fungibel erwiesen. Die Theoretiker zeigen, dass der Text der Bibel voll von Tropen und Figuren ist, die mit Kategorien der Rhetorik beschrieben werden können, oder dass der *sermo humilis* der Bibel mit dem ursprünglich aus der klassischen Rhetorik stammenden Konzept der *accomodatio*, also der Anpassung des Stils an ein (möglichst großes) Publikum nach dem Prinzip des *aptum,* erklärt werden kann. Anti-klassizistische Stilnormen werden also rhetorisch erklärt. Der Kirchenvater Augustinus schließlich skizziert im vierten Buch von *De doctrina christiana* eine biblische Affekt-Rhetorik, die auf dem Prinzip der *eloquentia cordis*, also einer ‚Rhetorik des Herzens', basiert. Sie beruft sich zwar auf antik-pagane Vorbilder, insbesondere die rhetoriktheoretischen Schriften Ciceros, sprengt mit der Inthronisierung des Herzens als Überzeugungsmittel aber den Rahmen der *ars rhetorica* als einer lehr- und lernbaren Kunst.

2. Bibelpoesie als Poesie

Innerhalb eines solchen Deutungshorizonts, in dem Modelle der paganen Rhetorik dominieren, werden schon in der Antike die Psalmen analysiert und interpretiert. Das setzt sich in der Frühen Neuzeit fort, ja radikalisiert sich sogar in gewisser Weise. Seit dem 16. Jahrhundert wird die Rhetorik zu einer zentralen Bildungsmacht. Sie hat eine feste Verankerung in Schule und Universität: Für alle sprachästhetischen Disziplinen stellt die Rhetorik die umfassende Grundlagenwissenschaft dar. Ihre Kategorien und Schemata prägen Kategorien der Bibel-Interpretation und Hermeneutik in der Theologie. Insbesondere die seit der

---

[10] David Norton, *A History of the Bible as Literature*, 2 Vols., Cambridge, 1993, Vol. I, S. 21.

[11] Vgl. auch Dyck, *Athen und Jerusalem* (wie Anm. 1); Gerhard Kurz, „Athen und Jerusalem. Die Konkurrenz zweier Kulturmodelle im 18. Jahrhundert", in: *Ästhetische und religiöse Erfahrungen der Jahrhundertwenden. Bd. 1: um 1800*, hg. von Wolfgang Braungart, Gotthard Fuchs, Manfred Koch, Paderborn [u.a.], 1997, S. 83-96.

Reformation florierende Bibelphilologie operiert mit rhetorischen Kategorien, die zur Analyse und Beschreibung der Bibel herangezogen werden.[12]

Im Folgenden soll dieser Diskurs wenigstens ansatzweise rekonstruiert werden. Ich beziehe mich dabei zunächst überwiegend auf theologische Lehrwerke – Einleitungen in das Alte Testament, dogmatische Werke – die um 1700 entstanden sind. Diese Bücher sammeln einerseits die Diskussion seit der Antike und bilden andererseits den Ausgangspunkt für meine nachfolgende Argumentation. Autoren (katholischer wie protestantischer Konfession) und Titel sind etwa: Johann Gottlob Carpzov mit seiner *Introductio in libros canonicos bibliorum Veteris Testamenti Omnes* (3 Teile, zentral die Ausführungen zu den Psalmen im zweiten Band, Leipzig 1714-1721), Johann Christoph Wolfs *Bibliotheca Hebraea* (4 Bände, erschienen in Hamburg 1715-1733, davor Hamburg 1683; hier sind der zweite und vierte Band zentral). Näher eingehen möchte ich im weiteren Verlauf auf zwei (ganz unterschiedliche) Werke französischer Autoren: Augustin Calmets *Dissertations qui peuvent servir de prolégomenes à l'Ecriture Sainte* (Paris 1720) und Claude Fleurys: *Histoire ecclesiastique* in 20 Bänden (Paris 1691ff.); Claude Fleury nutzt die Dichtkunst der Hebräer sogar für eine literaturpolitische Invektive gegen die zeitgenössische Literatur. Diese vier Autoren stellen nur die Spitze eines Eisbergs dar. Die Fülle gelehrter Schriften zu diesem für die Theologie natürlich zentralen Thema ist bis heute nicht einmal in Ansätzen bekannt. Die nachfolgenden Ausführungen verstehen sich insofern auch als ein erster Schritt in weitgehend unbekanntes Land.

In den *Dissertations* des Benediktiners Augustin Calmet (1672-1757) findet sich wie selbstverständlich ein Kapitel über die Dichtkunst der Hebräer, das in Deutschland in Form lateinischer und deutscher Übersetzungen stark rezipiert wurde. Calmet liefert einen konzentrierten Überblick über die verschiedenen interpretatorischen Zugriffe auf die hebräische Poesie: Seine Ausführungen nehmen ihren Ausgang in der Frage, ob die hebräische Dichtung ein geregeltes Silben- und Versmaß aufweist – und damit die von der antiken Dichtung vorgegebenen Standards erfüllt. Calmet greift dazu auf den Historiker Flavius Josephus und die Kirchenväter Origenes, Eusebius und Hieronymus zurück, die allesamt topische Autoritäten in dieser Frage sind, deren Wahrheitsfähigkeit in dem autoritätsgestützten Argumentationssystem[13] der theologischen Hermeneutik nicht anzuzweifeln ist:

> Die ältesten und geschicktesten Scribenten, die wir brauchen können, sind Joseph, Origines, Eusebius, und der heilige Hieronymus, deren Namen und Ansehen die

[12] Zwei neuere Sammelbände versuchen sich in der Rekonstruktion dieser Diskurse: *Hermeneutica Sacra. Studien zur Auslegung der Heiligen Schrift im 16. und 17. Jahrhundert*, hg. von Torbjörn Johansson, Robert Kolb, Johann Anselm Steiger, Berlin/New York, 2010 (Historia Hermeneutica. Series Studia 9); *Hebraistik – Hermeneutik – Homiletik. Die „Philologia Sacra" im frühneuzeitlichen Bibelstudium*, hg. von Christoph Bultmann, Lutz Danneberg, Berlin/New York, 2011 (Historia Hermeneutica. Series Studia 10).

[13] Zu diesem Begriff vgl. Joachim Dyck, *Ticht-Kunst. Deutsche Barockpoetik und rhetorische Tradition*, 3. Aufl., Tübingen, 1991, S. 114 f. (Rhetorik-Forschungen 2).

> meisten von denen, die nach ihnen geschrieben, bewogen, ihre Meynungen anzunehmen. Diese haben geglaubet, daß die Lieder Moses in Versen geschrieben worden: Und Joseph trägt kein Bedenken [...] für gewiß auszugeben, daß sie in heroischen Versen verfasst seyn. Origines und Eusebius sind eben dieser Meynung.[14]

Weiter noch ging Hieronymus, führt Calmet fort, der die Psalmen mit dem Dichtungen Pindars und Horazens verglich. Er postulierte, so zitiert Augustin Calmet den Kirchenvater,

> Daß der Psalter aus jambischen, alcaischen und sapphischen Versen, dergleichen man in dem Pindarus und Horatius findet, bestehe; und daß die Lieder des fünften Buchs Moses, und des Propheten Esaisas, das Buch Hiob und die Bücher Salomons, in sechsfüßigen Versen geschrieben seyn.[15]

Calmet zitiert die Kirchenväter ausführlich, weil er deren Interpretation der Bibelpoesie im Horizont antiker Dichtung für völlig verfehlt hält. Er greift damit in eine aktuelle philologische Diskussion ein: Das Thema der Silben- und Vershaftigkeit der Bibelpoesie ist seit dem 16. Jahrhundert ein zentrales Thema philologischer Auseinandersetzungen. Der Groninger Theologe Franciscus Gomarus (1563-1641) vertritt in seiner Schrift *Davidis Lyra* von 1637 die These, dass die Verse der Bibelpoesie ein geregeltes Silbenmaß aufwiesen, genau wie die Dichtung der Griechen und Römer.[16] Im Buch Hiob, den Sprüchen Salamons und den Psalmen kann er diese Silbenmaße identifizieren. Der Theologe Louis Cappel (1585-1658) opponiert in seiner *Critica sacra* (1650) gegen diese Ansicht mit dem Argument, dass die Vokalzeichen im Text der Bibel von späteren Editoren, nicht aber von den Verfassern der einzelnen Texte stammten. Das Vokalzeichen selbst sei aber kein Vokal, weshalb Gomarus' Argumentation in sich zusammenfalle.[17]

Vergleichbare Debatten werden vom 16. Jahrhundert (beginnend mit Joseph Scaliger) über das 17. (Vossius und Richard Simon) und schließlich weiter bis weit ins 18. Jahrhundert immer wieder geführt. Sie sind bisher nur unzureichend erforscht und wären Thema für eine einschlägige Studie im Schnittpunkt von Philologiegeschichte und Theologie. Hervorzuheben ist aber, dass diese Dispute genau in dem Moment deutlich an Schärfe verlieren, in dem das rhetorische Paradigma an Einfluss verliert und zugleich die Kenntnisse der hebräischen Sprache sich verbessern.

---

[14] Augustin Calmet, *Biblische Untersuchungen, oder Abhandlungen verschiedener wichtigen Stücke, die zum Verstande der heil. Schrift dienen*, Bd. 2, Bremen, 1738, S. 106 f.

[15] Ebd. Augustin Calmet zitiert die Praefatio zur *Chronik* des Eusebius (vgl. *Chronicon des Eusebius von Caesarea*, hg. von Rudolf Helm, 3. Aufl., Berlin, 1984).

[16] Franciscus Gomarus, *Davidis Lyra, seu nova Hebraea S. Scripturae ars poetica, Canonibus suis descripta, Et exemplix sacris, & Pindari ac Sophoclis parallelis, demonstrata*: [...], Leiden, 1637.

[17] Mir war nur folgende Ausgabe zugänglich: Ludovicus Cappellus, *Critica Sacra, Sive De Variis Quae In Sacris Veteris Testamenti Libris Occurrunt Lectionibus*, 3 Bde., Halle, 1775-1786.

Insgesamt lassen sich – wenigstens vorläufig – drei Standpunkte ausmachen, die der Theologe Wilhelm Martin Leberecht de Wette (1780-1849) 1811 in seinem *Commentar über die Psalmen* bündig zusammenfasst. De Wette merkt zugleich an, dass das Thema „jetzt aber" ein „ziemlich übersehener […] Gegenstand" sei und setzt somit bewusst eine Markierung, die auf die Anachronizität der Diskussion hinweist.[18] Die drei Positionen sind: Einerseits die Auffassung, dass die hebräische Poesie Silben- und Versmaße in Analogie zu griechischer und lateinischer Dichtung – und im 18. Jahrhundert dann immer mehr auch in Analogie zur arabischen oder syrischen Dichtung – aufweise; andererseits die Gegenthese, die hebräische Poesie sei „unrhythmisch, ohne Metrum und Sylbenzahl."[19] Schließlich führt er eine dritte, vermittelnde Meinung an, nach der die hebräische Poesie zwar Versmaße aufweist, das Wissen darüber für uns historisch aber nicht mehr zugänglich, sondern verloren ist: Es ist die Idee einer unüberbrückbaren hermeneutischen Differenz als Produkt des Historismus. Das Postulat der Vershaftigkeit und Metrizität wird – das ist der eigentlich interessante Punkt – *ästhetisch* begründet: Ohne Metrum könne es keine Poesie geben, da Poesie stets ‚gebundene Rede' sei: Noch zu Beginn des 19. Jahrhunderts gilt also die frühneuzeitliche Bestimmung der Poesie als ‚gebundener Rede' (*oratio ligata*) unverändert fort. De Wette bezieht sich ex negativo ausgerechnet auf Goethe:

> *Göthe* hat gerade für die erhabene Poesie das Versmaaß verschmäht (vgl. Mignon Todtenfeyer in Wilhelm Meisters Lehrjahren), und dadurch nur einen erhabneren Schwung erreicht. Ein allgemeiner ästhetischer Grund läßt sich schwerlich für die Nothwendigkeit des Versmaaßes auffinden, und die Analogie der griechischen und späteren Poesien kann man nicht auf die so ganz eigentümliche, durch Alter und Charakter so sehr ausgezeichnete hebräische Poesie anwenden.[20]

Zusammenfassend lässt sich also sagen: Das rhetorische Paradigma – eben jenes der *oratio ligata*, das zu einer dichtungstheoretischen Universalie erklärt wird – determiniert den Interpretationshorizont selbst dort, wo das sprachliche Material dies nicht erzwingt. Aus der Rhetorik werden alle ästhetischen Wertmaßstäbe abgeleitet. Fehlt die metrische Bindung, dann führt dies innerhalb dieses geschlossenen Systems zur ästhetischen Abwertung. In Johann Christoph Gottscheds *Critischer Dichtkunst* (hier die vierte Auflage von 1751) heißt es im literarhistorischen Kapitel „Vom Ursprunge und Wachsthume der Poesie":

> So mühsam sich einige Gelehrte, mit dem *Hieronymus*, haben angelegen seyn lassen, in diesen alten hebräischen Liedern [gemeint sind u.a. die Psalmen; D.T.] ein gewisses Sylbenmaaß zu finden: so leicht wird doch ein jeder Unparteyischer sehen, daß alle ihre Arbeit vergebens gewesen. Sie haben es mehr hinein gezwungen, als darinnen gefunden: und es ist weder wahrscheinlich noch nöthig, daß die

---

18 Wilhelm Martin Leberecht de Wette, *Commentar über die Psalmen*, 2. Aufl., Heidelberg, 1823, S 46. Die Erstausgabe war mir nicht zugänglich.

19 De Wette, *Commentar* (wie Anm. 18), S. 52.

20 Ebd., S. 55.

> Poesie der ältesten Nationen eben die Zierde und Vollkommenheit gehabt haben muß, als sie nachmals bey den Griechen und Römern erlanget.[21]

3. Bibelpoesie, Affekt, Ausdrucksästhetik

Der hebräischen Poesie fehlt Gottsched zufolge ‚Zierde' und ‚Vollkommenheit'. Erst die Griechen und Römer haben diese Stiltugenden in ihren Schriften erlangt. Gottsched bezieht sich damit zu Beginn des 18. Jahrhunderts auf zentrale Konzepte einer von der Rhetorik her gedachten Poetik. Grundlage dieser Aussage ist zudem ein progressives Modell von Literaturgeschichte, wie es anschaulich in der biologischen Metapher vom ‚Wachstum' gefasst wird. Literaturgeschichte wird als stetiges Voranschreiten verstanden, das in der Vollkommenheit ihr ästhetisches Telos findet: Die Bibel als ‚archaischer' Text konnte innerhalb dieses Aufstiegsmodells nie zu einem vorbildlichen Text werden. Gottsched schreibt zu dieser Ästhetik der Verbesserung:

> Die Zeit bessert alles aus; die lange Uebung in einer Kunst bringt sie endlich zu größerer Vollkommenheit: nur findet sich der Ausputz oft sehr spät, wenn gleich die Sache längst erfunden gewesen.[22]

Dennoch ist auch bei Gottsched – allem ‚Klassizismus', den man der *Critischen Dichtkunst* nachgesagt hat, zum Trotz – die Abwertung der ‚hebräischen Lieder' nicht vollkommen. Ursächlich hierfür sind vermutlich Glaubensgründe, die eine vollständige Abwertung der Bibel nicht zugelassen hätten. Der Leipziger Rhetorikprofessor steckt also in einem Begründungsdilemma, das nur durch Verweis auf alternative Dichtungsnormen aufgelöst werden kann – allerdings mit der Folge, dass das System als solches instabil wird. Bei Gottsched dient der Bezug auf die ‚Einfalt' der ästhetischen Rettung der Psalmen: Über die frühesten Liederdichter schreibt er: „Alle Dinge sind anfänglich rauh und grob, oder doch voller Einfalt".[23]

Es gibt also eine gewisse ‚ursprüngliche' Qualität der ‚Einfalt'. Gottsched greift an dieser Stelle auf einen ästhetischen wie ethischen Leitbegriff zurück, der im 18. Jahrhundert zentral werden sollte. Bereits in Calmets theologischer Abhandlung über die hebräische Dichtkunst findet sich allerdings (weitaus früher) ein ähnliches Argument, dessen Frontstellung zum rhetorischen Dichtungsparadigma durch den expliziten Vergleich mit der Poesie der griechisch-römischen Antike indes wesentlich expliziter ausfällt:

---

[21] Johann Christoph Gottsched, *Versuch einer Critischen Dichtkunst*, 4. Aufl., Leipzig, 1751, S. 70.

[22] Ebd., S. 69 f.

[23] Ebd., S. 69.

> Diese Dichtkunst [der Hebräer; D.T.] ist einfältiger, natürlicher, ansehnlicher, und dem großen Gotte anständiger, als eine Dichtkunst, die unter gewisse Gebothe und Regeln gebracht ist, die schwerlich die Meynungen des Geistes Gottes auf eine natürliche Art würde vortragen können, ohne dem hohen Sinne und den großen Gedanken etwas zu vergeben.[24]

Wenige Seiten später werden zwei grundsätzlich zu unterscheidende Typen von Poesie einander gegenübergestellt:

> Man unterscheidet zwo Arten der Dichtkunst; die natürliche und die künstliche. Die natürliche Dichtkunst ist so alt, als die Menschen sind. Die Vernunft und Stille des Gemüths reden auf eine ungekünstelte Weise und ohne Umschweife; aber der Affect drücket sich stark und lebhaft aus. Feurige Redensarten, Figuren der Rede, erhabene Gedanken, die mit der Größe und Beschaffenheit der Sache übereinkommen, machen das aus, was ich die natürliche Dichtkunst nenne. Daraus ist die regelmäßige und künstliche Dichtkunst entstanden. Diese malet die Begierden und Affecten auf eine heftige und lebhafte Art ab; und darinnen kömmt sie mit der natürlichen Dichtkunst überein. Allein sie stellt sie auch mit auserlesenen, ausgesuchten, und nach einem gewissen Maaße, oder nach einem gewissen Sylbenfalle geordneten Wörtern vor. Dieses unterscheidet sie von der natürlichen Dichtkunst. Man kann sagen, daß die regelmäßige Dichtkunst, eine Kunst sey, die Gemüthsbewegungen mit Kunst und Fleiß vorzustellen; und daß die natürliche Dichtkunst sie ohne Kunst und Nachdenken ausdrücke.[25]

Eine solche Opposition von ‚Naturpoesie' und ‚Kunstpoesie' – sie wurde erst Jahrzehnte später bei Johann Gottfried Herder terminologisch – konnte sich zwar auf die Herleitung der Beredsamkeit aus erfolgreicher Praxis (bei Cicero und Quintilian) berufen[26], allerdings mit der deutlichen Umwertung, dass das, was bei den Römern als Progression dargestellt wurde, umgedeutet wird: Denn die Dichtungen der Hebräer, so Calmet weiter, „ahmeten der Natur nach" und „drücketen ihre Bewegungen und Empfindungen ohne Fleiß und Kunst aus." Es ist also eine kunstlose Poesie, aus deren Kunstlosigkeit gerade die besondere affektive und damit zugleich ästhetische Qualität abgeleitet wird: Die Hebräer „redeten und schrieben desto lebhafter und nachdrücklicher, je weniger ihre Gedanken durch Fleiß und Nachdenken in ihrem Laufe gehemmet wurden".[27] Hier liegt eine komplette Inversion des progressiven Modells literarhistorischer ‚Verbesserung' vor.

Das Verhältnis von Reflexion und Affekt war im Bereich der Epicediendichtung seit der Frühaufklärung problematisch geworden. Es erschien den Zeitgenossen unaufrichtig und deshalb moralisch wie ästhetisch problematisch, den starken Affekt der Trauer in einem auf Bestellung verfassten Gelegenheitsge-

---

24 Calmet, *Biblische Untersuchungen* (wie Anm.14), S. 111.
25 Ebd., S. 130.
26 Vgl. etwa Cicero, *De oratore I*, 109.
27 Calmet, *Biblische Untersuchungen* (wie Anm. 14), S. 133.

dicht bloß *nachzuahmen*, ohne ihn selbst auch zu fühlen. Hinter dieser produktionsästhetischen Problematik steht das Epochenproblem der ,Authentizität'.[28] Gegen bloße Rollenlyrik propagiert Calmet – und zwar 1708! – am Beispiel der Psalmen Davids eine Ästhetik der Expression, die sich aus der unmittelbaren und authentischen Schreibsituation (oder jedenfalls deren Fiktion) herleitet – es ist eine biblische ,Erlebnislyrik':

> David hat ein Theil seiner Psalmen mitten in der größesten Gefahr, in der größesten Verwirrung, und in solchen Umständen gemacht, worinnen es ihm würde schwer gefallen seyn, die Achtsamkeit zu erhalten, die da seyn muß, wenn man die Regeln der künstlichen Dichtkunst beobachten will.[29]

Die Opposition von natürlicher vs. künstlicher Dichtkunst wird schließlich hierarchisiert, insofern die (im System rhetorischer Poetik eigentlich inferiore) ,natürliche' Dichtkunst durch die Inspiration aufgewertet und damit zur ,eigentlichen' Poesie erklärt wird. Denn die meisten der Psalmen, so Calmet, „sind in der Geschwindigkeit gemacht, und in einer göttlichen und übernatürlichen Entzückung ausgesprochen und geschrieben worden".[30] Die „göttliche Eingebung oder Entzückung" gestatte „keine Zeit, auf die Regeln der Kunst zu denken".[31] Damit ist ein produktionsästhetisches Problem benannt, das um die Jahrhundertmitte schließlich virulent wird, das prekäre Verhältnis von Affekt und Ausdruck. Seit dem 20. Jahrhundert verwendet die Ästhetikgeschichtsschreibung zur Charakterisierung jenes Ablösungsverhältnisses den Begriff der ,Ausdrucksästhetik'.[32] Am Beispiel der Psalmen schreibt Calmet – mehr als ein halbes Jahrhundert vor dem Sturm und Drang – eine inspirierte Ausdrucksästhetik.

Das Gegensatzpaar von *mimesis* des Affekts vs. *expressio* des Affekts findet sich in ganz ähnlicher Semantik wenige Jahrzehnte später in der Kontroverse zwischen Charles Batteux und seinem deutschen Übersetzer Johann Adolf Schlegel. Batteux hatte in seinen Werk *Les beaux-arts réduits à un même principe* (1746) die Künste auf den Grundsatz der Nachahmung verpflichtet (übrigens auch die Psalmen, die Batteux als Dichtkunst der Hebräer integral behandelt). Schlegel hatte im Anhang zu seiner Batteux-Übersetzung 1751 gegen diesen Nachahmungsgrundsatz eine gegensätzliche Position bezogen:

---

28 Vgl. Anne Ulrich, Art. „Authentizität", in: *Historisches Wörterbuch der Rhetorik*, hg. von Gert Ueding, Bd. 10, Berlin/Boston, 2012, S. 79-91.

29 Calmet, *Biblische Untersuchungen* (wie Anm. 14), S. 136.

30 Ebd.

31 Ebd.

32 Vgl. Dietmar Till, „Ausdruck – rhetorisch/ästhetisch. Zur Etablierung einer Ausdrucksästhetik zwischen Aufklärung und Sturm und Drang", in: *Figuren des Ausdrucks*, hg. von Erik Porath, Tobias Robert Klein, München, 2012, S. 49-68; Karl S. Guthke, „Die Entdeckung des Ichs in der Lyrik. Von der Nachahmung zum Ausdruck der Affekte", in: *Tradition, Norm, Innovation. Soziales und literarisches Traditionsverhalten in der Frühzeit der deutschen Aufklärung*, hg. von Wilfried Barner, München, 1989, S. 93-121 (Schriften des Historischen Kollegs. Kolloquien 15).

> So viel Arbeit kostet es dem Herrn *Charles Batteux*, die Ode daraus [dem Grundsatz der Nachahmung; D.T.], als aus ihrem einzigen Grundsatze herzuleiten. Er sieht sich genöthiget, es zu läugnen, daß die Oden oft die Ausdrücke der wirklichen Empfindungen unsers Herzens sind; er macht sie zu einer Reihe nachgemachter Empfindungen; und das er es gleichwohl sich selbst nicht verbergen kann, daß viele treffliche Odendichter ihre eignen Empfindungen in ihren Gesängen ausgedrückt haben, so hält er dieß für einen zufälligen Vortheil, der den Poeten, so zu sagen, zu dem Nachahmer seiner selbst macht.[33]

Gedichte sind für Schlegel „Ausdruck nicht nachgemachter, sondern wirklicher, Empfindungen".[34] Er nennt sie eine „Sprache des Herzens", die dem Poeten diene, „seine Empfindungen aus[zu]drücken".[35] Hier wird also die *mimesis* des Affekts – rhetorisch gesprochen: die Simulation von Emotionen – überführt in eine Ausdrucksästhetik.

Der Opposition von Nachahmung vs. Ausdruck bei Batteux-Schlegel entspricht genau der Opposition von künstlicher vs. natürlicher Poesie, wie sie gut 40 Jahre zuvor Calmet postuliert hatte: Die Psalmen sind das Modell der Ode als affekt-generierter Form ‚natürlicher' Ausdrucks-Poesie – und damit zugleich, denkt man an die Herausbildung der triadischen Gattungslehre seit dem 19. Jahrhundert – von Lyrik überhaupt.

Dass damit zugleich die Verabschiedung des rhetorischen Dichtungsparadigmas verbunden ist, zeigen Johann Andreas Cramers (1723-1788) *Poetische Übersetzungen der Psalmen mit Abhandlungen über dieselben* (in vier Bänden, Leipzig 1755-1764). Cramer, der Mitherausgeber der *Bremer Beiträge* und Mitstreiter Klopstocks u.a. bei der Herausgabe der moralischen Wochenschrift *Der Nordische Aufseher* (1758-1760) war, diskutiert in seiner Abhandlung *Von dem Wesen der biblischen Poesie* die gängigen Poesiedefinitionen seiner Zeit. Deren Wesen bestünde nicht in der ‚Erdichtung' (so habe Gottsched postuliert) und auch nicht in der Nachahmung (so Batteux). Letzteres konnte Cramer durch Bezug auf ein bekanntes Argument seines Freundes Schlegel widerlegen: Oden seien tatsächlich „oft Ausdrücke der wirklichen Empfindungen unsers Herzens".[36] Batteux' Nachahmungsgrundsatz erweise sich also als falsch. Legitimiert wird diese Aussage über das Wesen der Poesie durch Bezug auf die Poetik der Psalmen: „Die Empfindungen in den Gedichten Mosis, Deborä, und Davids

---

33 Johann Adolf Schlegel, „Anhang einiger Abhandlungen", in: ders., *Charles Batteux. Einschränkung der schönen Künste auf einen einzigen Grundsatz, aus dem Französischen übersetzt, und mit einem Anhange einiger eigenen Abhandlungen versehen*, Bd. 2, Leipzig, 1751, S. 288.

34 Batteux/Schlegel, *Einschränkung der schönen Künste*, Bd. 1 (wie Anm. 33), S. 368.

35 Ebd., S. 291; vgl. auch Ursula Geitner, *Die Sprache der Verstellung. Studien zum rhetorischen und anthropologischen Wissen im 18. Jahrhundert, Tübingen, 1992; und Eberhard Ostermann, Die Authentizität des Ästhetischen. Studien zur ästhetischen Transformation des Rhetorischen*, München, 1999.

36 Johann Andreas Cramer, „Von dem Wesen der biblischen Poesie", in: ders., *Poetische Übersetzung der Psalmen mit Abhandlungen über dieselben*, Erster Theil, Leipzig, 1755, S. 257-290, hier S. 260.

waren nicht erdichtete und nachgeahmte, sondern wahre wirkliche Empfindungen".[37] Und dieser Verweis wiederum wird wirkungsästhetisch gegründet, weil der „Ausdrucke möglicher und wahrscheinlicher Empfindungen" mehr „auf der Oberfläche des Herzens" bleibe und nicht „so tief in dasselbe" eindringe „als der Ausdruck wirklicher Empfindungen".[38]

Damit ist die „Begeisterung" – worunter Cramer im Falle des Psalmen tatsächlich eine Form von Inspiration meint[39] – das Wesen der Poesie überhaupt: „Glücklicher kann man die Poesie nicht nennen, als wenn man sie die Sprache der Leidenschaften nennt".[40]

4. Kulturanthropologie, Geographie, ‚Einfühlung'

Die Erhebung der Psalmen zum Modell für Poesie schlechthin wirft automatisch die Frage auf, worin ihr besonderer ästhetischer Vorzug bestehe. Cramer hatte zwar das Inspirationspostulat (noch) vertreten, allerdings in einer abgeschwächten Form, mit der Gott „eine unmittelbare Aufsicht geführt", „die Erfindung aber, die Ordnung, die Wahl und den Ausdruck der Gedanken" – also die drei textbezogenen *officia oratoris* der Rhetorik – „den Dichtern überlassen" habe.[41]

Interessant ist nun, dass für den stilistischen Vorzug der Psalmen nicht durch den Bezug auf kanonische Muster (also intertextuell-autoritativ) argumentiert wird, sondern kulturanthropologisch und geographisch (also empirisch). Das ist entscheidend, denn auf diese Weise wird eine kulturelle und nicht wieder einholbare Differenz zwischen der natürlichen ‚Bibelpoesie' und der gelehrten ‚Kunstpoesie' hergestellt.

Dies zeigt sich herausgehoben im Falle der Metapher, die von Cramer traditionell durch die Formel von der ‚Entlehnung' bestimmt wird. Entscheidend ist dabei, um einen Begriff Harald Weinrichs zu verwenden, der Bildspender[42]: Cramer bemerkt, dass in den Psalmen „sehr viele Metaphern" zu finden sind, „die von natürlichen Dingen entlehnt sind, und für die Ebräer viel Deutlichkeit

---

[37] Ebd., S. 262.

[38] Ebd., S. 267, vgl. auch S. 273.

[39] Vgl. Johann Andreas Cramer, „Von der göttlichen Eingebung der Psalmen", in: ders., *Poetische Übersetzung der Psalmen mit Abhandlungen über dieselben,* Erster Theil, Leipzig, 1755, S. 233-253, hier S. 236: „Allein man darf über die vorzügliche Würde dieser heiligen Gedichte nicht erstaunen, wenn man erwägt, daß ihre Verfasser die göttliche Begeisterung wirklich hatten, welche die Pindare und Alcäen der Heiden nur vorgaben."

[40] Cramer, „Von dem Wesen" (wie Anm. 36), S. 262.

[41] Cramer, „Von der göttlichen Eingebung" (wie Anm. 39), S. 237.

[42] Vgl. Harald Weinrich, „Semantik der kühnen Metapher", in: *Deutsche Vierteljahrsschrift für Literaturwissenschaft und Geistesgeschichte* 37 (1963), S. 325-344.

und Glanz hatten, weil sie mit dieser Quelle sehr bekannt waren".[43] Die Bilder werden also nicht aus einem in Texten gespeicherten Bilder-Raum der Literaturgeschichte entlehnt, sondern sind der unmittelbaren Natur-Umgebung der Dichter entnommen – was unmittelbar die Frage nach der Möglichkeit des Verstehens aufwirft:

> Und doch können wir die Schönheit und Anmuth derselben nicht so sehr empfinden, als die Ebräer sie empfinden konnten, und die Morgenländer sie noch empfinden können. Denn das Licht ist im Oriente, so zu sagen, mehr Licht, und die Finsterniß mehr finster als bey uns, weil sie gemeiniglich am Tage sowohl als des Nachts einen reinern und hellern Himmel haben, als wir.[44]

Psalm 119 – „Tiefe auf Tiefe [...] rauschet dem Brausen deiner Fluten entgegen; alle deine Wasserwogen haben mich überströmet" – kommentiert Cramer, ganz auf David als den empfindenden und schreibenden Ausdrucks-Dichter bezogen:

> Das Verlangen, das David nach Gott und seiner Hülfe empfindet, wird mit dem Durste in einem dürren und trockenen Lande, wo kein Wasser ist, verglichen. Ein heftiger Durst ist zwar überall sehr empfindlich, und ein frisches, reines Wasser überall denen, die ihn leiden, sehr angenehm; wer sich aber nicht an die unerträgliche Hitze in Palästina und besonders in Arabien, wo der Sand eine Wärme annimmt, die kaum auszuhalten ist, an den Mangel oder die Seltenheit der Quellen in diesen Gegenden, wo die ganze Natur verschmachtet, und aus den bekannten Ursachen entspringenden überaus heftigen und verzehrenden Durst *erinnert*, der wird den heiligen Dichter nur halb verstehen [...].[45]

Notwendig zum Verständnis der Psalmen sind damit Vorkenntnisse, durch die der Leser fehlende empirische Kenntnisse ausgleicht. Man muss also, sagt Cramer, „um die Schönheiten in der verblümten Schreibart der Psalmen ganz zu fühlen, der natürlichen Geschichte des jüdischen Landes und dessen, was die Natur daselbst Vorzügliches oder Unterscheidendes vor unsern Ländern hat, nicht unkundig seyn".[46] Anders gesprochen braucht es eine Art Hermeneutik der Projektion, mit der sich der Leser in die Welt des Alten Testaments transportiert: Denn „wenn wir uns nicht in ihre Zeiten versetzen", dann können wir „deren Schönheit [...] unmöglich ganz empfinden".[47]

Johann Gottfried Herder fordert im zweiten Teil von *Vom Geist der ebräischen Poesie* (1782/83) einen gleichsam durch philologische und theologische

---

43 Johann Andreas Cramer, „Vom den Vorzügen der Schreibart in den Psalmen", in: ders., *Poetische Übersetzung der Psalmen mit Abhandlungen über dieselben*, Vierter Theil, Leipzig, 1764, S. 291-336, hier S. 304.

44 Ebd.

45 Ebd., S. 305.

46 Ebd., S. 306.

47 Ebd.

Kommentare nicht verstellten, unmittelbaren Blick auf die Psalmen als „lyrische Poesie der Ebräer".[48] Herder wendet sich gegen eine aktualisierende Lektüre, wie sie in religiösen Kontexten bis heute üblich ist und bereits im 18. Jahrhundert Gegenstand einer Vielzahl von theologischen Kommentaren war. Es geht Herder nicht um Applikation der Psalmen, sondern – ganz ähnlich wie Cramer – um eine auf Unmittelbarkeit und Empfindung zielende Lektüre. Die Psalmen sollen nicht ‚für etwas' (etwa eine Heilsbotschaft oder moralische Maxime) stehen, sollen also nicht uneigentlich verstanden werden, sondern in ihrer Historizität und Textualität ernstgenommen werden: Denn „hier aber wollen wir die Urzeit sehen und in ihr das Herz, den Verstand Davids und seiner Dichter".[49]

Im 19. Jahrhundert gelangt eine solche Form geradezu empathischer Lektüre auch in die Psalmenkommentare der Theologie. Der Berliner Theologe de Wette, der u.a. bei Herder studiert hatte, fasst in seinem bereits zitierten *Commentar über die Psalmen* (1811, hier nach der 2. Aufl. 1823) zusammen:

> Ehe wir zur Auslegung der Psalmen übergehen, wollen wir unsern Lesern Rechenschaft geben von den hermeneutischen Grundsätzen, die uns bey der historischen Auslegung der Psalmen leiten sollen. Rühmlich ist das Bestreben der neueren Exegeten, die Psalmen mit Hülfe der Geschichte auf die Situation des Verfassers, in der sie veranlaßt und gedichtet wurden, zu beziehen, und durch diese Beziehung zu erläutern. In der That kein Gefühl ist richtig und vollständig aufgefaßt, ohne den, der es ausspricht, in seiner besondern Eigenthümlichkeit, und in seinen Verhältnissen zu den Gegenständen, welche das Gefühl veranlassen, zu kennen: nur durch diese Kenntniß wird man in Stand gesetzt, die gegebenen Gefühle nachzufühlen, und sich ganz in die Seele des Dichters zu versetzen.[50]

5. Die Psalmen als orientalische/asiatische Poesie

Am Ende des 18. Jahrhunderts entstehen in Europa neue Disziplinen wie Orientalistik und Arabistik.[51] Sie definieren das ‚Morgenland' im Gegensatz zum

---

[48] Johann Gottfried Herder, „Vom Geist der Ebräischen Poesie", in: ders., *Schriften zum Alten Testament*, hg. von Rudolf Smend, Frankfurt am Main, 1993, S. 661-1308, hier S. 1189. – Vgl. zu Herders Werk über die hebräische Poesie auch: *Urpoesie und Morgenland. Johann Gottfried Herders ‚Vom Geist der Ebräischen Poesie'*, hg. von Kai Bremer und Daniel Weidner, Berlin, 2008.

[49] Ebd., S. 1193.

[50] De Wette, *Commentar* (wie Anm. 18), S. 91 f.

[51] Nicht zu verwechseln mit der Orientalistik im Sinne von Professoren für Hebräisch, die es in der Frühen Neuzeit an vielen Universitäten gab. Hier geht es dagegen tatsächlich um die moderne ‚Orientwissenschaft'. Die Einrichtung einer *École spéciale des langues orientales* 1795 in Paris ist eine wichtige Wegmarke. An dieser École unterrichtete Silvestre de Sacy (1758-1838), der bedeutende Lehrbücher (etwa die *Principes de Grammaire générale, mis à la portée des enfans, et propres à servir d'introduction à l'étude de toutes les langues*, 8. Aufl., Paris, 1799, 1852) verfasste. Vgl. mit Blick auf Deutschland die umfassende Monografie von

Abendland und schaffen mit dem Orient eine neue konzeptuelle Einheit, die auch für die zeitgenössische Literaturtheorie wichtig ist.

Der englische Indologe und Sanskrit-Forscher William Jones (1746-1794) rechnet die hebräische Poesie in seinen *Poeseos Asiaticae libri sex*[52] ohne weitere Differenzierung zur asiatischen Dichtung, die im Übrigen die Araber, Perser, Inder und Türken umfasse, die für Jones allesamt ‚Mohammedaner' darstellten.[53] Der Jenaer Orientalist Johann Gottlieb Eichhorn brachte 1777 eine Ausgabe der Schrift heraus, deren wesentliche Aussagen sich auch in verstreut publizierten englischsprachigen Aufsätzen finden. Und in der deutschen Lowth-Übersetzung von Schmidt, 1793 in Danzig erschienen, werden die *Praelectiones* durch Anmerkungen aus Herders *Vom Geist der ebräischen Poesie* und Jones' *De poesi Asiatica* ergänzt.[54]

Ähnlich wie Cramer lehnt Jones die Vorstellung ab, das Wesen der Poesie bestehe in der Imitation und setzt stattdessen auf eine Ausdrucksästhetik – Poesie als Expression von Affekten: „but what did David or Salomon imitate in their divine poems? A man, who is really joyful or afflicted, cannot be said to imitate joy or affliction".[55] Auch hier heißt es ganz ähnlich: „we may define original and native poetry to be the language of the violent passions".[56]

Jones' Poetik der asiatischen Literatur beschränkt sich keineswegs auf die oben genannten Völker, sondern inkorporiert als Vergleichsmaßstab auch die Dichter der Griechen und Römer, gleichsam als eine Art Archaismus.[57] Das bietet ihm auch einen neuen Zugang zum immer noch virulenten Problem der hebräischen Metrik, deren Vorhandensein nun mit Blick aufs Arabische und Persische und durch die innere Verwandtschaft der semitischen Sprachen begründet wird.[58] Der Lowth-Übersetzer Schmidt merkt hierzu an, Jones habe „durch die Hülfe einer richtigen Analogie zwischen Persern, Arabern und Israeliten für die biblische Poesie vorteilhaft gewirkt".[59]

Die Poetik der arabischen Dichtung, die Jones favorisiert und die er am ausführlichsten abhandelt, arbeitet auf derselben ‚empirischen' Grundlage wie die

---

Suzanne L. Marchand, *German Orientalism in the Age of Empire: Religion, Race, and Scholarship*, New York/Oxford, 2009.

52 William Jones, *Poeseos Asiaticae Commentariorum Libri Sex Cum Appendice*, Leipzig, 1777.

53 Ders., „Essay I. On the poetry of the Eastern nations", in: ders., *Poems consisting chiefly of translations from the Asiatick* [!] *languages. To which are added two essays* [...]. Oxford, 1772, S. 173-199, hier S. 174.

54 Carl Benjamin Schmidt, *Auszug aus D. Robert Lowth's [...] Vorlesungen über die heilige Dichtkunst der Hebräer mit Johann Gottfried Herders und Jones's Grundsätzen verbunden*, Danzig, 1793.

55 William Jones, „Essay II. On the arts, commonly called imitative", in: ders., *Poems consisting chiefly of translations from the Asiatick* [!] *languages. To which are added two essays* [...]. Oxford, 1772, S. 201-217, hier S. 211.

56 Ebd., S. 210.

57 Vgl. etwa Jones, *Poeseos Asiaticae Commentarius* (wie Anm. 52), S. 309 ff. zur Funeraldichtung.

58 De Wette, *Commentar* (wie Anm. 18), S. 55 u. S. 49.

59 Schmidt, *Auszug* (wie Anm. 54), S. 4 (Einleitung).

von Cramer skizzierte Poetik der Psalmen. Auch die arabische Poesie entnimmt ihre Bilder unmittelbar aus der natürlichen Umgebung, was die Differenz zur europäischen Poesie, der Gegenwart des 18. Jahrhunderts, markiert: Denn

> an allegory is only a string of metaphors, a metaphor is a short simile, and the finest similes are drawn from natural objects. It is true that many of the Eastern figures are common to other nations, but some of them receive a propriety from the manners of the Arabians.[60]

Dafür liefert er folgendes Beispiel:

> It is very usual in all countries to make frequent allusions to the brightness of the celestial luminaries, which give their light to all; but the metaphors taken from them have an additional beauty, if we consider them as made by a nation, who pass most oft their nights in the open air, or in tents, and consequently see the moon and stars in their greatest splendour.[61]

Für Jones wird der ‚orientalische Stil' geradezu durch diese spezifische Metaphorizität geprägt, die ihre Bilder direkt der umliegenden Natur entnimmt: Dieser Stil sei „full of metaphors taken from the sun and the moon."[62]

Aus der Verankerung der Poesie in den naturräumlichen Gegebenheiten leitet sich ab, dass jede Nation „a set of images, and expressions, peculiar to itself, which arise from the difference of its climate, manners, and history" habe.[63] Daraus leitet sich wiederum am Ende des Vortrags „On the Poetry of the Eastern Nations" auch eine Kritik an der europäischen Tradition und ihren Topiken ab, deren ästhetische Erschöpfung von Jones diagnostiziert wird: „yet I cannot but think that our European poetry has subsisted too long on the perpetual repetition of the same images, and incessant allusions to the same fables".[64]

---

60 Jones, „Essay I" (wie Anm. 53), S. 177.
61 Ebd., S. 178.
62 Ebd., S. 188.
63 Ebd.
64 Ebd., S. 198.

II.

Philosemitismus und Aufklärung

Christian Kohlross

Gibt es einen Fortschritt in der Moralentwicklung? Eine Antwort mit Lessings *Erziehung des Menschengeschlechts*

Vorbemerkung:

Es gibt zwei, im Grunde gleichberechtigte, Methoden der Interpretation: Die eine verfährt so nah wie möglich am Text, ihr Ideal ist die immanente Interpretation; sie zielt darauf ab, das Gesagte zu paraphrasieren, noch einmal zu sagen, was gesagt wurde, nur in anderen Worten. Die andere, entgegengesetzte, Methode ist spekulativer Art; sie zieht Schlüsse aus dem, was ein Text sagt, um explizit zu machen, was sonst implizit, ja vielleicht überhaupt ungesagt bliebe. Das Folgende bedient sich des zuletzt genannten Verfahrens.

1.

Lessings Schrift *Die Erziehung des Menschengeschlechts* stellt seinen etwa in den *Juden* oder im *Nathan* demonstrierten Philosemitismus auf eine harte Probe. Denn in der *Erziehung des Menschengeschlechts* konfrontiert Lessing seine Leser mit einer heute überkommen anmutenden Idee, der des moralisch-kulturellen Fortschritts. Für Lessing steht es außer Frage, dass im Hinblick auf eine geistig-moralische Entwicklung des Menschengeschlechts die Christen Moses und seinem Volk der Hebräer überlegen sind. Relativiert wird diese behauptete Überlegenheit der Christen lediglich durch die Tatsache, dass Lessing keinen Hehl daraus macht, dass er selbst sich nicht nur den Juden, sondern auch den Christen durch die Fähigkeit überlegen fühlt, die heiligen Bücher der drei großen monotheistischen Religionen als drei Exemplifikationen ein und derselben Wahrheit lesen zu können.[1]

Möchte man der Frage, wie es um Lessings Philosemitismus denn nun eigentlich bestellt ist, nachgehen, dann, und eben darauf soll das Folgende die Probe aufs Exempel sein, macht es Sinn, Lessings *Die Erziehung des Menschengeschlechts* auf genau die Weise zu lesen, in der Lessing die Bibel gelesen hat, nämlich als ein Medium der indirekten Kommunikation, als eine Metapher

---

1 Dass Lessing mit dem Offenbarungsglauben gebrochen hat, ist schon die These Friedrich Loofs, in ders., *Lessings Stellung zum Christentum*, Halle a.d.S., 1910.

der Vernunft, die die Aufforderung enthält, das metaphorisch Gesagte ins Buchstäbliche zu übersetzen.[2] Denn erst dann, so scheint es, kann man mit Lessing eine Antwort darauf geben, ob es moralisch-kulturellen Fortschritt wirklich gibt, ob er mehr als nur die illusorische Hoffnung früherer Zeiten ist und warum, wenn es ihn gibt, diesen Fortschritt in der Moralentwicklung, er nicht ohne das Judentum möglich ist.

Beginnen wir mit dem Problem, das mit der Idee eines moralisch-kulturellen Fortschritts der Menschheit verbunden ist. Es wird augenscheinlich, sobald man ein Verständnis dafür entwickelt, dass Werte intrinsische Eigenschaften oder Elemente von Repräsentationssystemen – wie Sprachen, Erzählungen, Religionen – sind. Intrinsisch heißt hier, dass es unmöglich ist, Bewertungen und Wünsche von solchen Repräsentationssystemen zu isolieren, ohne die Repräsentationssysteme als solche zu zerstören. Man kann Wünsche und Werte nicht vom Medium der Sprache abstrahieren und ihre Verstehbarkeit aufrechterhalten – oder: Ohne Sollen verliert jedes Sein seine Bedeutung.

Wenn das wahr ist, dann hat das nicht unbeträchtliche Konsequenzen, zunächst die, dass sich Überzeugungs- und Wertsysteme nicht miteinander vergleichen lassen. Denn ein solcher Vergleich könnte nur in einem vorausgesetzten und im Voraus anerkannten (also nicht schon selbst in Frage gestellten) System aus Überzeugungen durchgeführt werden. Und weil das so ist, wir im Grunde, will sagen: hinreichend begründet gar nicht vergleichen können, gibt es keinen absoluten oder auch nur irgendwie überlegenen moralischen Standpunkt, den einzunehmen es uns ermöglichen würde, über verschiedene Wert-, Glaubens- oder Repräsentationssysteme zu urteilen. Und weil das so ist oder zu sein scheint, glauben nur wenige heute noch über Gründe zu verfügen, die es ermöglichen, das zu rechtfertigen, was Lessing in der *Erziehung des Menschengeschlechts* am Beispiel des Verhältnisses von Judentum und Christentum rechtfertigen möchte, dass es ihn nämlich tatsächlich gibt, den moralisch-kulturellen Fortschritt in der Entwicklung des Menschengeschlechts.

Jeder Leser, jede Leserin, sagen wir von Philosophen wie etwa Richard Rorty, Donald Davidson, Hilary Putnam ist mehr oder weniger mit dem Problem vertraut, das daraus folgt: Unsere alltägliche Erfahrung, dass wir entweder nie oder nur sehr selten in der Lage sind, andere durch den zwanglosen Zwang des besseren Arguments zu überzeugen bedeutet etwas, vor allem dies, dass die Vernunft, auf die wir uns dabei berufen, nichts anderes ist als eine Eigenschaft bestimmter, nämlich der von uns bevorzugten Großerzählungen oder Überzeugungssysteme. Weshalb wir wenig Grund zu der Hoffnung haben, dass wir mit ihrer Hilfe jemals in der Lage sein werden, z.B. sogenannte rationale Nazis, Nazis, die strikt rational argumentieren, zu überzeugen. Rationalität kann eine

---

[2] Eine solche Lesart nahe legt auch Daniel Cyranka, ders., „Natürlich – positiv – vernünftig. Der Religionsbegriff in Lessings Erziehungsschrift", in: *Aufklärung. Stationen – Konflikte – Prozesse. Festgabe für Jörn Garber zum 65. Geburtstag*, hg. von Ulrich Kronauer und Wilhelm Kühlmann, Eutin, 2007, 39–61.

Eigenschaft sein, die ihrem Überzeugungssystem ebenso zu eigen ist wie unserem, mit anderen Worten: Auch ein rationaler Nazi ist immer noch ein Nazi – und Rationalität kein zuverlässiges Mittel, um Überzeugungssysteme ineinander zu transformieren.

Nun gibt es bekanntlich Überzeugungs- und sogar Rechtssysteme, die die Verhängung der Todesstrafe vorsehen, in manchen Ländern, und es sind nicht wenige, sogar für den Fall nachgewiesener Homosexualität. Die Frage, die sich, wann immer man mit derartigen Auffassungen des Moralischen konfrontiert ist, stellt, lautet nun: Haben (ich sage:) wir gegenüber einer solchen Auffassung zu Recht ein (wohl kaum zu leugnendes) Gefühl der moralischen Überlegenheit? Denn anders als für Lessing und zu Lessings Zeiten geht heute ein solches Gefühl moralischer Überlegenheit bei den meisten, die über die Bedingungen von Werturteilen nachdenken, mit dem beunruhigenden Eindruck einher, dass die letzten Gründe für dieses Gefühl und damit für unsere humanitären Überzeugungen keineswegs verbindlich sind und von jedermann geteilt werden müssen – es könnte ja alles nur eine Sache der Perspektive sein. Gegen alle Formen des Barbarischen kämpfen, das kann man freilich immer noch, nur eben nicht mehr mit dem beruhigenden Gefühl, das zureichende Gründe vermitteln. Was immer sie begründen sollen, läuft, heißt das, immerzu Gefahr, sich als individuell und kulturell kontingenter Wunsch zu entpuppen.

Ein solcher Relativismus ist eine (den meisten eher unangenehme) Konsequenz, mit der nicht nur die Leser Rortys, Putnams, Davidsons, sondern nahezu jeder jeden Tag, nämlich durch die mediale Beobachtung politischer Entscheidungen konfrontiert ist. Spätestens hier werden sich die meisten dann des Umstands bewusst, dass sie zwar starke Affekte, sagen wir gegenüber den Anhängern der Todesstrafe haben, aber keine ausreichenden Argumente, um diese Affekte und ihr damit verbundenes Gefühl der Überlegenheit zu rechtfertigen. Und es fragt sich: Gibt es eine Möglichkeit, diesem Dilemma zu entkommen? Können wir der Gefahr des ethischen Relativismus begegnen, genauer: Können wir ihr mit Lessings Schrift über *Die Erziehung des Menschengeschlechts* begegnen?

Meine Antwort wird sein: Vielleicht – vielleicht gibt es eine solche Möglichkeit.

Doch unter welchen Umständen gibt es sie?

Und was hat Lessings Philosemitismus damit zu tun?

2.

Lessing entwickelt in seiner heute erfrischend unzeitgemäßen *Erziehung des Menschengeschlechts* nicht nur eine Geschichtsphilosophie, sondern erzählt auch eine Geschichte der menschlichen Psyche, eine Erzählung der mentalen und moralischen Entwicklung der Menschheit. Und das ist etwas, das vermutlich kaum jemand zu Beginn des einundzwanzigsten Jahrhunderts noch zu erzählen wagen würde.

Lessing beginnt seine Erzählung dabei mit einem berühmten Vergleich: „Was die Erziehung bei dem einzeln Menschen ist, ist die Offenbarung bei dem ganzen Menschengeschlechte."[3] Diese Gleichsetzung, die Religion und Erziehung als Mittel zur Veredelung der moralisch-intellektuellen Fähigkeiten des Menschen nimmt, stellt zugleich eine entschiedene Zurückweisung eines jeden Relativismus dar. Denn sobald man es mit Erziehung oder gar Pädagogik zu tun hat, kann man sich kaum noch des Eindrucks erwehren, dass, was geschieht – oder geschehen soll, Fortschritt ist.

Um konkret zu werden: Wenn ich eine Auseinandersetzung mit meinem dreijährigen Sohn habe, etwa darüber, was er tun oder doch besser lassen sollte, dann denke ich nicht einfach, was uns unterscheidet seien verschiedene Perspektiven oder Interpretationen; ich habe den sicheren Eindruck, dass meine Perspektive, meine Interpretation der Situation, mein Urteil seiner Perspektive, seiner Interpretation, seinem Urteil überlegen ist. Lessing lädt seine Leser nun dazu ein, eine solch nicht-relativistische, fortschrittsgläubige Sichtweise, wie ich sie gegenüber meinem Sohn annehme, gegenüber vergangenen Kulturen – wie etwa derjenigen der Ägypter, vor allem aber auch derjenigen der Hebräer anzunehmen. Was so deutlich wird, ist nicht nur, wie sehr die Geschichte der Menschheit eine Geschichte des moralischen Fortschritts ist, sondern auch, wie sehr Religion ein Instrument dieses Fortschritts sein kann. Wenn aber Religion ein Instrument, also ein Mittel der Moralentwicklung der Menschheit sein sollte, kann sie nicht schon das Ziel einer solchen Entwicklung sein. Religion, heißt das, die religiöse Perspektive auf die Welt ist für Lessing daher nur eine vorläufige. Was aber kommt danach? Eine philosophische Reflexion auf das Sein im Ganzen, wie Hegel behaupten wird, oder etwas ganz Anderes? Wie auch immer man darauf antwortet – und Lessing antwortet, wie sich gleich zeigen wird, sehr dezidiert auf diese Frage, die kaum verborgene und mit einem solchen Denken einhergehende Behauptung ist dabei, dass es Kriterien geben muss, die es dem Erzähler dieser Entwicklungsgeschichte, an deren Anfang eben der Auszug der Hebräer aus Ägypten steht, erlauben, zwischen geringeren und höheren, adäquateren und weniger adäquaten Arten zu unterscheiden, in denen das menschliche Bewusstsein sich die Welt seines Handelns vorstellt. Denn ohne eine solche Unterscheidung könnte eben von Entwicklung, erst recht von Fortschritt keine Rede sein.

Da diese Kriterien für die Rechtfertigung der Behauptung eines epistemischen und moralischen Fortschritts entscheidend sind, empfiehlt es sich, sie etwas eingehender zu erörtern.

---

3 Lessing, *Die Erziehung des Menschengeschlechts*, in: ders., *Werke*, Bd. VIII, „Theologiekritische Schriften III, Philosophische Schriften", hg. u. bearb. v. Helmut Goebel, München, 1979, S.489-510, hier S. 490 (§ 1).

Das erste Kriterium (Lessing diskutiert es in den Paragraphen 6-19) ist die Ablösung des Polytheismus der Ägypter durch den Monotheismus der Hebräer. Und die bedeutet für Lessing keineswegs nur Veränderung, Wandel, sondern stellt in seinen Augen durchaus so etwas wie Fortschritt dar, und zwar aus drei Gründen: Der erste dieser Gründe besteht darin, dass der Monotheismus es der Religion ermöglicht, als ein Mittel und Medium der Erziehung des Menschengeschlechts gebraucht zu werden. Denn er konzentriert die Macht der vielen Götter in einem einzigen Gott und erlaubt dadurch die Übertragung der Eigenschaften der mächtigsten Persönlichkeit (fast) einer jeden Kindheit in den Raum der religiösen Erfahrung des Erwachsenen. Der so machtvolle und in den Augen des Kindes nahezu allmächtige Vater wird zum Vater der Menschheit, zum Gottvater.[4] Keine Frage, diese Übertragung stärkt die Überzeugungskraft der Religion. Doch ist religiöse Erfahrung für Lessing eine auf lange Sicht zu überwindende Form der Erfahrung.[5]

Doch warum, mag an sich fragen, sollte die Erfahrung einer entpersonalisierten transzendentalen Einheit überhaupt einen Fortschritt darstellen? Einfach deshalb, weil es dadurch möglich wird, einen Beobachter zu denken, der in der Lage ist, alles aus einer einzigen Perspektive zu beobachten.

Monotheistisches Denken heißt das, versetzt in die Lage, etwas zu denken, was unter polytheistischen, also polyzentrischen Bedingungen nicht gedacht werden kann, nämlich die Vereinigung aller möglichen Perspektiven in einer einzigen Perspektive. Und ja, wenn die Totalität des Erkennens ein epistemisches Ziel ist, dann stellt der von den Hebräern entwickelte mosaische Monotheismus in einer polytheistischen Welt durchaus einen Fortschritt dar.

Das zweite Kriterium ist nicht ganz so einfach zu verstehen. Es empfiehlt sich daher, es von seinem religiösen Kontext zu abstrahieren. So kann deutlicher werden, inwiefern es sich als ein Kriterium des epistemisch-moralischen Fortschritts eignet. Den Anfang dieser Abstraktion macht eine einfache Frage: Was eigentlich bedeutet jene Unsterblichkeit der Seele, von der Lessing sagt, das Christentum habe durch die Einsicht in ihre Natur das Judentum hinter sich zurückgelassen?[6]

Unsterblichkeit bedeutet zunächst nichts anderes als Ewigkeit, die Überwindung aller zeitlichen Beschränkung. Doch muss es ein Etwas geben, das derart von aller zeitlichen Beschränkung befreit – ewig ist. Lessing nennt es der religiösen Tradition entsprechend Seele. Aber was genau besagt diese Metapher? Zunächst und vor allem eines, nämlich: Möglichkeit der Erfahrung, genauer: Möglichkeit innerer Erfahrung.

Die Möglichkeit zu innerer Erfahrungen ist gemeinhin an Körperlichkeit und Lebendigkeit gebunden; nur lebende Körper sind in der Lage, Erfahrungen zu

---

4 Das ist bekanntlich die These Freuds in ders., *Die Zukunft einer Illusion*, in: ders., *Studienausgabe*, Band IX, hg. von Alexander Mitscherlich, Angela Richards und James Strachey, Frankfurt am Main, 1974, S. 135-189.

5 Vgl. Lessing, *Die Erziehung des Menschengeschlechts* (wie Anm 3), § 14.

6 Vgl. Ebd., § 54 ff.

machen. Die Metapher der ewigen Seele löst nun das eine vom anderen – die Möglichkeit, Erfahrungen zu machen, von der Gegebenheit eines lebenden, der Zeitlichkeit ausgesetzten Körpers. Und indem sie das tut, das ist das Entscheidende, erzeugt die Metapher einen neuen Raum überzeitlicher Erfahrung. Bereits das Judentum, so Lessing, hält einige probatorische Exerzitien zum Eintritt in diesen neuen Raum geistiger Erfahrung bereit – etwa die göttliche Drohung, die Sünden der Väter über ihre Kinder hinaus bis in die dritte und vierte Generation der Nachkommen zu verfolgen.[7] Aber bis zu Jesus Christus, so Lessing, war niemand sich der Bedeutung dieser Erfahrung bewusst. Erst der historische Jesus Christus und natürlich die biblische Überlieferungsgeschichte seines Wirkens war in der Lage, das menschliche Bewusstsein auf eine neue, bis dahin unerreichte Ebene zu erheben. Und eben dazu war der Gedanke der Ewigkeit der inneren Erfahrbarkeit ein Mittel oder eben eine Leiter, die wegwerfen konnte, wer diese Ebene des Bewusstseins erreicht hatte und sich die mit ihr verbundene überzeitliche, aber auch `überkörperliche´ oder schlicht metaphysische Perspektive zu eigen gemacht hatte.

Doch wessen genau wird ein derart erhobenes, ja erhabenes Bewusstsein da gewahr?

Zunächst und vor allem einmal des Umstands, dass das Leben Wirkungen haben kann, die über den Tod hinausreichen, und das sind nach traditionell religiösem Verständnis solche, die am Tag des Jüngsten Gerichts als Verfehlung oder Verdienst zu Buche schlagen. Und auch heutzutage, in Zeiten der Globalisierung ist das eine wohl vertraute Perspektive. Jeder weiß heutzutage, dass, was hier und jetzt geschieht, zeitlich oder räumlich weitreichende Effekte haben kann. Und so mag Lessings Jesus Christus heute als ein früher Globalisierer erscheinen, der eine stetig wachsende Anhängerschaft gelehrt hat, individuelles Leben in ein globales Narrativ einzuschreiben. Ihm gelingt damit etwas, das in Lessings Augen dem Judentum nie wirklich gelungen ist, nämlich die Ausrichtung auf ein weltumfassendes Narrativ. Das Judentum bleibt für Lessing die Religion eines auserwählten Volkes, der der Schritt zur Globalität versagt bleibt. Das aber heißt, das Judentum erfährt seine Vollendung im Christentum – jedenfalls für Lessing und jedenfalls insofern, als man in Rechnung stellt, dass auch das Christentum nur ein vorläufiges Ende der Menschheitsentwicklung darstellt.

Doch bei einer solch historisierenden Erklärung kann es nicht bewenden lassen, wer Lessings *Erziehung des Menschengeschlechts* als einen allegorischen Text liest. Denn einer solchen Lesart wird die Metapher des ewigen Seelenlebens im Kontext der Konfrontation von Christentum und Judentum zu einem Gedanken, der einen Anspruch auf Wahrheit auch jenseits seines zeitlichen Kontexts geltend macht. Er besagt, etwa da, wo Lessing wie am Ende des Textes die Idee der Wiedergeburt wörtlicher nimmt als selbst das Neue Testament und über die eigene Wiedergeburt spekuliert (vgl. § 93 ff.), dass unsterbliche,

---

[7] Vgl. Ebd., § 44.

in einem fort wiedergeborene Seelen buchstäblich überall sind und die Möglichkeit innerer Erfahrbarkeit allgegenwärtig ist. Die ultimative Konsequenz des Gedankens einer unsterblichen Seele ist ihre Omnipräsenz – die Omnipräsenz innerer Erfahrbarkeit. Ein solches Denken aber zwingt zur Aneignung einer neuen Perspektive, der nicht mehr der Blick von außen, sondern das Erschließen von innen das Maß vorgibt.

Das Ergebnis eines solchen Denkens mag, zugegeben, auf den ersten Blick anmuten wie eine elaborierte Art des Animismus oder eine etwas raffiniertere Version eines Panpsychismus wie er bei Kleinkindern zu finden ist. Doch gerade von Kleinkindern kann man lernen, dass die Omnipräsenz innerer Erfahrbarkeit, die Allgegenwärtigkeit der Möglichkeit, Objekte von innen, in ihrem vorgestellten Erleben zu erschließen weitaus ernster zu nehmen ist als sie für gewöhnlich genommen wird. Natürlich macht es für Erwachsene in der Regel wenig Sinn, Empathie mit einem Flugzeug oder einem Zug, also mit Dingen zu haben, von denen Kinder bis zu einem gewissen Alter glauben, sie verfügten über ein Innenleben. Doch was buchstäblich falsch ist, kann im metaphorischen Gebrauch durchaus Sinn machen, etwa dann, wenn man Objekte wie eine Photographie, einen Ring, eine Landschaft, ein Kunstwerk als Ausdruck inneren Erlebens nimmt. Es gilt dann inneres Erleben anhand solcher Objekte zu erschließen, auch wenn das nicht heißt, ihnen ein inneres Erleben, gar eines, das man nacherleben und in das man sich einfühlen kann, zuzusprechen. Objekte zu verstehen, heißt erleben zu können, was sie ausdrücken, aber dieses Erschließen ihrer Bedeutung ist kein Einfühlen in einen anderen Seelenzustand, sondern ein vorstellendes Erleben des eigenen Seelenzustands der an diese Objekte, an ihren Gebrauch, an ihre Erscheinungsweise gebunden ist oder durch sie hervorgerufen wird. Das verleitet dann dazu, was man sich buchstäblich versagt, im metaphorischen Raum des Ästhetischen zu erlauben, dies nämlich, Objekte als Subjekte zu nehmen, ihnen einen Charakter, eine Aura, etwas Personenhaftes zuzusprechen.

Diese Anthropomorphisierung hat selbst dann noch, wenn man sie nur als Projektion, als Produkt der menschlichen Einbildungskraft begreifen möchte, die Konsequenz, dass Dinge dem Menschen meist mehr als nur seelenlose Objekte sind, es daher sehr viel mehr Beseeltes gibt, als die meisten Menschen wahrhaben wollen.

Das aber ist eine ästhetische, genauer: aisthetische, Wahrnehmungen als Gründe der Bedeutungszuschreibung anerkennende Weise des Erkennens, deren Prämisse lautet: Der Blick von innen macht überall Sinn; die Welt ist ein expressiver Ort.

Das war, Lessing ist sich dessen ganz und gar bewusst, von Beginn an auch die christliche Sicht der Dinge. Jesus lehrt seine Anhängerschaft die ästhetische Erfahrung, Leben, das eigene Leben als parabolisches Geschehen zu verstehen, als ein Geschehen, das seinen buchstäblichen Sinn erst im Horizont des ewigen

Lebens erhält, im Horizont einer das einzelne Leben transzendierenden Erzählung also. Doch weshalb sollte hierin ein Fortschritt bestehen? Und gegenüber wem sollte er sich als ein Fortschritt ausweisen können?

Auf beide Fragen gibt Lessing ein und dieselbe Antwort: Es ist das Judentum, vor dessen Hintergrund die christliche Lehre von der Omnipräsenz des Expressiven als Fortschritt erscheint. Darin mag man, wenn schon nicht eine Denunziation, so doch eine Abwertung des jüdischen Denkens sehen. Allerdings, auch das Christentum, wiewohl es der Einsicht in die ästhetisch-expressive Dimension des Daseins so nahe und jedenfalls umso vieles näher kommt als das Judentum – auch das Christentum vermag ihr nicht wirklich gerecht zu werden.[8] Denn auch das im Vergleich zu Judentum und Islam so darstellungsfreundliche Christentum unterschätzt die Abhängigkeit der Wahrheit, auch der geoffenbarten Wahrheit von ihrer Repräsentation. Wahrheit und Offenbarung, heißt das, bedürfen der Repräsentation; Wahrheit ist eine Eigenschaft, wenn schon nicht allein von Sätzen, so doch von Repräsentationen.

Wer das, wie Lessing, verstanden hat, der wird Repräsentation, Darstellung, Performativität nicht ab-, sondern aufwerten. Er wird mit Lessing die Konsequenzen daraus ziehen, dass es nie genügt, Wahrheit in wahren Sätzen zu sagen, weil ihre indirekte Kommunikation weitaus effektiver ist als eine Kommunikation der Aufrichtigkeit und Authentizität. Lessing, der Dramatiker Lessing, hat daher sehr genau verstanden, dass Kunst, Literatur und natürlich auch biblisch-parabolische Formen des Erzählens sehr viel geeigneter sind, um Moral – den begründenden Umgang mit Handlungsentscheidungen – zu lehren als etwa ein Moralkodex. Wer immer sich daher um moralisch-epistemischen Fortschritt bemüht, ist gut und in den Augen all derer, die wie Lessing auf indirekte Kommunikation setzen, besser beraten, verheißungsvolle Narrative zu erfinden als eine transzendentale Instanz ausfindig zu machen, aus der sich Gründe für die allgemeine Anerkennung eines bestimmten Verhaltens ableiten lassen. Literatur statt Moralphilosophie, so lautet von nun an das Programm. Und verheißungsvolle moralische, zur Handlungsorientierung dienliche Narrative zu erfinden ist genau das, was nun immer mehr zur Aufgabe der Literatur wird, was nur eben bis Mitte des 18 Jahrhunderts eine vornehmliche Aufgabe der Religion war. Lessing wie andere, die ihm bald folgen, Schiller vor allem, werden dann die Schaubühne als moralische Anstalt betrachten und sie als solche inszenieren.

Nun muss man in der ästhetisch-poetischen Okkupation des Moralischen nicht unbedingt einen Fortschritt sehen. Denn, ob es sich um Fortschritt handelt, hängt ja von dem Narrativ, dem Kontext ab, innerhalb dessen er sich ereignet – oder eben nicht ereignet. Innerhalb des von Lessing entfalteten psycho- und religionshistorischen Narrativs jedoch ist die durch das Christentum, wenn auch absichtslos betriebene Öffnung des Moralischen zum Aisthetisch-Ästhetischen

---

[8] Lessing nennt deshalb auch das Neue Testament nur ein „Elementarbuch", das zwar (nach dem Alten Testament) ein „zweite[s] beßre[s]", dabei aber doch immer noch ein noch zu verbesserndes ist. Lessing, *Die Erziehung des Menschengeschlechts* (wie Anm 3), § 64.

– zu Performanz und Darstellung, zum Theatralischen – ein Fortschritt gegenüber dem Judentum. Denn die damit einhergehende Fokussierung der Aufmerksamkeit auf die Perspektive eines ewigen omnipräsenten Erlebens humanisiert das Verständnis der Moral. Gefühl und Mitgefühl erhalten nun eine nie gekannte Aufmerksamkeit – Gefühl und Mitgefühl, nicht Offenbarung und auch nicht Vernunft und Verstand. Jesus Christus, der Mensch gewordene, der Empathie fähige Halbgott Jesus Christus symbolisiert diesen Fortschritt in der Moralentwicklung – nicht zuletzt dadurch, dass seine Auferstehung als ein unmissverständlicher Hinweis darauf verstanden wird, was nun das Maß aller Dinge ist: das Fortleben der Seele, die ewige Möglichkeit des Erlebens. Diese Humanisierung des Moralischen wie des Göttlichen sowie die damit einhergehende Aufweichung des Monotheismus durch die Vorstellung der Dreifaltigkeit ist es, die Lessing dem Christentum als Fortschritt zuerkennen möchte. Denn der Vielheit von Perspektiven eine entscheidende Rolle beim Zustandekommen eines moralischen Urteils zukommen zu lassen ist ein Unterschied, der einen Unterschied macht in der Entwicklung des moralischen Bewusstseins.

Wenn wir den Eindruck haben, in unserem moralischen Urteil den Befürwortern der Todesstrafe für Homosexuelle überlegen zu sein, so deshalb, weil unser Urteil eine größere Verschiedenheit des Erlebens anerkennt, mit anderen Worten, weil es weniger Formen des Erlebens ausschließen muss als die Befürworter der Todesstrafe, deren Urteil ungeschehen zu machen sucht, was in der Welt wieder und wieder geschieht. Und tatsächlich ist die Fähigkeit, das Anderssein anderer Menschen, sagen wir von Homosexuellen, Juden, Farbigen, anzuerkennen, ein Grund für unser Gefühl moralischer Überlegenheit gegenüber all denen, die eine andere als die eigene Weise des Erlebens ablehnen. Je weniger Erfahrungen, Erlebnisweisen – Arten des In-der-Welt-Seins wir ausschließen müssen, desto ausgebildeter erscheint uns die Fähigkeit des moralischen Urteils.

Leider gibt es ein Problem mit diesem humanistischen Narrativ: Auch Nazis verfügen über Erlebnisse und machen Erfahrungen. Und zwar solche, die wir nicht als zureichende Begründung moralischer Urteile anerkennen wollen, also solche, die wiederum wir ablehnen. Das Prinzip der größtmöglichen Toleranz gegenüber anderen und ihren andersartigen Erfahrungen kann schon deshalb kein Maßstab der Moralentwicklung sein. Ganz zu schweigen davon, dass das Prinzip der größtmöglichen Toleranz oder (christlich) grenzenloser Nächstenliebe kaum hilfreich ist, wenn es darum geht, Entscheidungen zwischen Handlungsalternativen zu treffen; denn Entscheidungen beruhen auf Unterscheidungen. Das christliche Prinzip der Toleranz ist also, wie es scheint, ebenso wenig wie die jüdische Selbstverpflichtung auf die strenge Einhaltung kodifizierter

Normen eine vielversprechende, verheißungsvolle Strategie. Wer auf Normierung setzt, produziert Abweichungen – Werteverfall; wer ganz auf Toleranz setzt, muss Intoleranz tolerieren.[9]

Doch ist das Ergebnis des Lessingschen Narrativs vom moralischen Fortschritt der Menschheit gar kein so vernichtendes. Es lädt uns nur dazu ein, unsere Hoffnung endlich fahren zu lassen, dass ein Fortschritt der Moralentwicklung entweder durch die Anerkennung eines begrenztes Sets hinreichend begründeter Prinzipien oder durch das Prinzip totaler Empathie und Toleranz zu erreichen ist. Denn eine Moral ist weder ein Kalkül zur Gewinnung der einzig richtigen Handlungsentscheidung noch ist sie ein Weg, um die Welt von unzähligen Standpunkten unzähliger Individuen zu erfahren .

Sie ist beides! Das aber heißt, dass Moral ein Problem, vielfach ein unlösbares Problem verkörpert, das eben darin besteht, aus zahllosen, einander widerstreitenden Wünschen auf ein Zu-Wünschendes zu schließen, und zwar mit Verbindlichkeit.

Und deshalb – wer hätte vom Autor der *Juden* oder des *Nathans* auch anderes erwartet? – ist Moral nichts, was in der Religion oder einer eigens für diese Moral erfundenen Disziplin, der philosophischen Ethik, sondern in der Kunst, für Lessing vor allem der des Theaters ihren Ort hat. Literatur, das suggeriert das spekulative Ende der *Erziehung des Menschengeschlechts,* verfügt über die Fähigkeit, moralischen Problemen eine angemessene Form zu verleihen – nämlich die des Paradoxes.[10]

3.

Sind wir, mag man fragen, dadurch nun in der Lage, der heute (im Westen) so allgegenwärtigen Gefahr des moralischen Relativismus zu begegnen?

Das kommt darauf an. Wenn die dem christlichen Toleranzprinzip eigene Intuition, dass die Ausweitung der Fähigkeit divergierende Standpunkte und Werturteile anzuerkennen ein Kriterium des moralischen Fortschritts ist, dann manifestiert sich in der Fähigkeit von Kunst und Literatur, einander ausschließende Perspektiven aufeinander zu beziehen und doch als solche bestehen zu lassen durchaus ein Fortschritt in der Moralentwicklung – auch dann, wenn damit kein verbindlicher Schluss auf Handlungsanweisungen mehr verbunden ist.

---

9 Zu den daraus sich ergebenden Aporien in Lessings Toleranzbegriff vgl. immer noch: Harald Schulze, *Lessings Toleranzbegriff*, Göttingen, 1969; sowie in Bezug auf Tragfähigkeit und Reichweite des Konzepts deutlich kritischer: Karl S. Guthke, *Lessings Horizonte. Grenzen und Grenzlosigkeit der Toleranz*, Göttingen, 2003.

10 Das ist keine Interpretation des von Lessing am Ende seines Textes buchstäblich Gesagten, sondern eine Schlussfolgerung, die sich ergibt, wenn man die Haltung, in der das Ende des Textes verfasst ist, ernst nimmt. Gleichwohl ist es auch eine Deutung, die sich ergibt, wenn man *Die Erziehung des Menschengeschlechts* in den Kontext von Lessings Dramaturgie und Religionsphilosophie stellt, wie etwa: Joachim Desch, *Lessings Dramaturgie und Religionsphilosophie in ihrem Zusammenhang betrachtet*, Marburg, 1971.

Dass dieser Fortschritt dann nur innerhalb eines bestimmten, etwa christlich humanistischen Narrativs ein Fortschritt genannt werden kann, ist dann allerdings ein Missverständnis, ebenso wie die Überzeugung, dass sich auf dem Gebiete des Moralischen Fortschrittgläubige (wie Lessing) und Fortschrittsskeptiker (wie die meisten der gegenwärtigen Moralphilosophen) wie Anhänger einander unübersetzbarer Narrative gegenüberstehen. Denn es ist kein Narrativ, es ist der Begriff des Moralischen, der hier das Kriterium des Fortschritts abgibt. Anders als die Formen des Gebotes oder des Rechts suggerieren, hat dieser Begriff sein Telos nicht in der Einheit und Bestimmtheit des moralischen Urteils, sondern in der Gestalt eines Problems. Dieses Problem ist durch die Frage bestimmt, ob und wie, sei es im Allgemeinen, sei es im Einzelfall, die Vielheit der Wünsche und die Singularität des Zu-Wünschenden aufeinander zu beziehen sind – eine Frage, deren Antwort eben häufig genug (und vielleicht überhaupt zuletzt immer nur) ein Paradoxon ist. Nicht ein bestimmtes und in seiner Bestimmtheit kontingentes moralisches Narrativ gelangt daher in Lessings Erzählung vom Fortschritt des moralischen Bewusstseins zum Ausdruck, sondern das Problem, das der Begriff des Moralischen selbst darstellt.

STEFAN KNÖDLER

Mendelssohns Tod. Zur Krise des Philosemitismus im Ausgang der Aufklärung

Kurz nach Moses Mendelssohns Tod am 4. Januar 1786 erscheint in der Zeitschrift *Ha-Meassef* der „Klageschrei über den Tod von Rabbi Mosche b. Menachem aus Dessau" von Naphtali Herz Wesel (Hartwig Wessely), einem der Freunde und Mitstreiter Mendelssohns. Darin heißt es:

> Vieles hast Du hier getan, Mosche! Genug!
> Doch „einen Klageschrei hört man"; man fragt: Wo bist Du?;
> Das Heulen derer, die die Weisheit lieben; das Beileid Deines Stammes.
> Denn viele wurden durch Deine Leckerbissen gesättigt.
> [...]
> Aus einem goldenen Kelch hast Du sie getränkt.
> Daher bist Du eine Pracht für Dein Volk geworden.
> Vor Deinem Schreibgerät fürchteten sich die, welche sich gegen Dich erhoben haben.
> Daß Jakob nicht gering ist, das hast Du ihnen gezeigt.
> Die Seele des Menschen hast Du mit Ehre bekleidet;
> die Verächter ihres Wesens hast Du zerbrochen
> und den Weg der Unsterblichkeit hast Du verewigt.[1]

Naphtali Herz Wesels lyrischer Nachruf formuliert stellvertretend für das jüdische Volk die Trauer um Mendelssohn und würdigt dessen Verdienste; gleichzeitig macht er deutlich, wie groß der Verlust ist. In Simon Höchheimers „Empfindungen über Moses Mendelsohns Tod" wird das Hinscheiden des verehrten Philosophen zu einer existenziellen Katastrophe, die das jüdische Volk heimsucht, zu einer „Plage" Gottes, „uns zu verderben"[2], und zu einem „Uebel".[3] Die Lage der Juden schildert Höchheimer denn auch entsprechend verzweifelt:

> Moses, der Hirt Israels, ist zu Gott gewallet, ließ sein Volk, die hirtenlose Schafe, herumirrend, bedrängt, und verlassen auf Erden. –

---

[1] Naphtali Herz Wesel, „Klageschrei über den Tod von Rabbi Mosche b. Menachem aus Dessau", in: *Ha-Meassef* 3 (1786), Monat Adar (März), S. 82-85 (zitiert nach: Moses Mendelssohn, *Dokumente I: Entlegene zeitgenössische Texte zu Moses Mendelssohns Leben und Wirken*, bearb. von Michael Albrecht, Stuttgart-Bad Cannstatt, 1995 (Gesammelte Schriften, Jubiläumsausgabe, Bd. 22), S. 311-314, hier S. 312 f.; „einen Klageschrei hört man": vgl. Jeremia 9, 18.

[2] Simon Höchheimer, „Empfindungen über Moses Mendelsohns Tod", in: ders., *Ueber Moses Mendelssohn*, Wien/Leipzig, 1786, hebräisch und deutsch, S. 77-99, hier S. 83. Vgl. auch Karl-Heinz Grossmann, *Würzburgs Mendelssohn. Leben und Wirken des jüdischen Aufklärers Simon Höchheimer (1744 – 1828)*, Würzburg, 2011, S. 152-164.

[3] Simon Höchheimer, „Empfindungen über Moses Mendelsohns Tod" (wie Anm. 2), S. 89.

> Erwäget und betrachtet diesen Schlag – ein unvergänglicher Streich ist uns geschlagen – eine unheilbare Wunde dem ganzen Hause Israel! –
> O Samen Israels! dein Held ist dahin – dein Führer, dein Verteidiger, dein Beschüzer ist nicht mehr.
> Ach jüdische Nation! die Krone deines Hauptes ist abgefallen, – Majestät, Würde, und Glanz ist von dir abgewichen.[4]

Eine historische Epoche scheint mit Mendelssohns Tod zu Ende gegangen sein – „wir haben keinen, der Moses gleichet“[5], schreibt Höchheimer. Wie es weitergehen könnte und ob überhaupt, darüber verliert er kein Wort. Selbst wenn man es Mendelssohn nachtun würde, könne man doch nicht so werden *wie* er, sondern nur – im Jenseits – *zu* ihm kommen[6]; seine Einzigartigkeit bleibt in jedem Fall bestehen. Mendelssohn hinterlässt ein Vakuum, das vorerst nicht gefüllt werden kann, da ein intellektuell wie charismatisch vergleichbarer Nachfolger nirgends in Sicht ist. Für Juden wie Nichtjuden ist er zu *der* jüdischen Identifikationsfigur geworden, er ist der „archetypische deutsche Jude“, wie Alexander Altmann ihn nennt.[7]

Auf christlicher bzw. nicht-jüdischer Seite gibt Mendelssohns Tod Anlass zu einer großen Menge von Nachrufen unterschiedlicher Art. Gleichzeitig löst sein Tod auf nicht-jüdischer Seite eine merkwürdige Welle philosemitischer Aktionen aus. Das *Journal von und für Deutschland* berichtet beispielsweise im März 1786 erstens von einer „vornehmen christlichen Gesellschaft“ in Rinteln, die sich bei der Familie Mendelssohn nach ihren „Vermögensumständen“ erkundigt habe, um, falls nötig, zu helfen, was aber nicht nötig gewesen und abgeschlagen worden sei; zweitens von den Sammlungen für ein Denkmal für die vier Philosophen Leibniz, Lambert, Sulzer und Mendelssohn, das nun, nach Mendelssohns Tod, finanziert werden konnte, mit den ursprünglich vorgesehenen drei Philosophen davor jedoch nicht.[8] Karl Philipp Conz verspricht auf dem Schmutztitel seines *Moses Mendelssohn, der Weise und der Mensch. Ein lyrisch-didaktisches Gedicht in vier Gesängen*[9]: „Der [...] Ueberschuß über Papier- und Druckkosten [ist] für arme Judenfamilien bestimmt“.

In den Nachrufen auf Mendelssohn, die vor allem in den aufgeklärten Zeitschriften zahlreich sind, zeigt sich ein anderes Bild als in denen seiner jüdischen

---

4 Ebd., S. 83/85.

5 Ebd., S. 89.

6 Ebd., S. 95.

7 Vgl. Alexander Altmann, „Moses Mendelssohn as the Archetypal German Jew“, in: *The Jewish Response to German Culture from the Enlightenment to the Second World War*, hg. von Jehuda Reinharz und Walter Schatzberg, Hanover/London, 1985, S. 17-31.

8 „Von dem rühmlichen Andenken Mendelssohns“, in: *Journal von und für Deutschland* 3 (1786), 6. Stück, S. 572. Vgl. auch Cem Sengül, „Das unsichtbare Denkmal. Moses Mendelssohn und das Monument der Weltweisen“, in: *Moses Mendelssohn*, hg. von Heinz Ludwig Arnold und Cord-Friedrich Berghahn, Göttingen, 2011, S. 159-168 (Text + Kritik, Sonderband).

9 Karl Philipp Conz, *Moses Mendelssohn, der Weise und der Mensch. Ein lyrisch-didaktisches Gedicht in vier Gesängen*, Stuttgart, 1787.

Mitstreiter. Johann Erich Biester führt in seinem Nachruf „Zum Andenken Moses Mendelssohns", der März 1786 in der *Berlinischen Monatsschrift* erscheint, fünf Punkte auf, die die Nation dem Verstorbenen verdanke. Als Erstes sei das „sein vorzüglicher deutscher Stil in philosophischen Sachen", zweitens die gemeinsam mit Lessing betriebene Etablierung einer „freimüthigen unpartheiischen Kritik" (nämlich der Literatur), drittens eine „theoretische Kritik" („Lehre von den Empfindungen und den schönen Wissenschaften"); viertens verdanke die deutsche Nation Mendelssohn „einen großen Theil ihrer moralischen und intellektuellen Bildung" und schließlich habe er fünftens gezeigt, dass „auch eine Jude, auch ein Unchrist, [...] ein guter Mensch" sein könne.[10] Von Biester wie von anderen Aufklärern wird Mendelssohn ganz selbstverständlich als einer der ihren in Anspruch genommen, wofür hier seine Leistungen auf den Gebieten der Sprache, Kritik, Philosophie und Bildung genannt werden. Mendelssohns Judentum – das ihn von einem Großteil der Aufklärer abgrenzt – sowie seine Verdienste um die Emanzipationsbemühungen seines Volkes stellt Biester in den Kontext des aufklärerischen Kampfes gegen „Sektengeist" und „Intoleranz"[11] und versteht diesen Aspekt von Mendelssohns Tätigkeit damit im moralischen bzw. philosophischen Sinn, nicht im religiösen.

Ein eigenes Subgenre innerhalb der nicht-jüdischen Texte nach Mendelssohns Tod bilden die lyrischen Nachrufe, weil sie, anders als die Prosanachrufe, weniger rhetorischen Konventionen unterworfen und damit zwar weniger konkret, dafür aber dichter, anspielungsreicher und vielschichtiger sind. Nicht alle der Gedichte, die nachfolgend untersucht werden sollen, sind dabei explizit Gedichte auf Mendelssohns Tod, Karl Philipp Conz etwa hat sein „lyrisch-didaktisches Gedicht" schon früher zu schreiben begonnen und den Tod Mendelssohns dann noch vor Drucklegung eingearbeitet. In anderen Gedichten nach 1786 kommt Mendelssohn lediglich am Rande, aber trotzdem in charakteristischer Weise vor, wie etwa in Johann Heinrich Voß' Idylle *Luise*. Die Anrede Mendelssohns in diesen Gedichten kann eine Antwort nicht erwarten. Als Liebesrede muss sie ohne Reaktion des Angeredeten bleiben, nur als Statement kann sie Wirkung erhoffen. Mendelssohns Vereinnahmung geschieht auf der sicheren Seite; er erfüllt seine Funktion dabei lediglich als Objekt der Projektionen des Sprechers. Indem Mendelssohn herausgehoben wird aus der Masse der Juden, unterstreicht die Betonung seiner Singularität gleichzeitig die Minderwertigkeit der anderen.

Es ist nicht nur die Vielzahl der Texte, die zeigt, wie groß die Wertschätzung für Mendelssohn war. Man kann das Ausmaß der Verehrung an einem einzigen Text veranschaulichen: Karl Wilhelm Ramlers *Sulamith und Eusebia, eine Trauerkantate auf den Tod Moses Mendelssohns*, am 23. Mai 1786 auf einer der zahlreichen Trauerfeiern mit Musik von Mendelssohns Neffen Bernhard

---

10 Johann Erich Biester, „Zum Andenken Mendelssohns", in: *Berlinische Monatsschrift* 4 (1786), St. 3 (März), S. 204-216, hier S. 212-216.

11 Ebd., S. 216.

Wessely aufgeführt[12] und im Juni in der *Berlinischen Monatsschrift* gedruckt. Schon der Umstand, dass der Verfasser der berühmten *Geistlichen Kantaten* (1768) einen Text schreibt auf einen verstorbenen jüdischen Aufklärer, ist bemerkenswert. Ramler stellt damit seine *Trauerkantate* in die Reihe der eigenen Kantaten, etwa der berühmten Christuskantaten, vor allem aber wählt er mit dem toten Mendelssohn einen Gegenstand, der in der der Kirche und Königen und Kaisern vorbehaltenen Gattung der Kantate ein Novum darstellt: In der Sammlung von Ramlers *Poetischen Werken* von 1801 steht sie als *eine Cantate auf den Tod des Weltweisen Mendelssohn* zwischen den Kantaten *Die Krönung [...], dem Könige Friedrich Wilhelm II. bey der Jahresfeyer des preussischen Krönungstages gewidmet* und *Dankofper für den Landesvater, eine Davidische Cantate dem Könige Friedrich Wilhelm II. gewidmet.*[13] Auch formal ist Ramlers *Trauerkantate* ungewöhnlich: Die in seinen Kantaten sonst obligatorischen Chöre fehlen, Strophen gibt es kaum; wahrscheinlich wurden die weitgehend unstrukturierten Madrigalverse als ein ‚Melodram', als Récitatif obligé komponiert. Mehr lässt sich über die musikalische Umsetzung des Textes nicht sagen, da die Angaben zur Komposition (Rezitativ, Arie, Choral, Solo etc.), die etwa Ramlers *Geistliche Kantaten* im Druck haben, fehlen, und da sich die Musik von Wessely nicht erhalten hat.[14]

Die Texte, die nachfolgend untersucht werden sollen, sind philosemitisch, auch wenn dieser Begriff nicht unumstritten ist und in der Zeit, um die es hier geht, noch gar nicht existiert.[15] Nach Wolfram Kinzigs Definition zeigt ein Philosemit „ein Interesse am Judentum in Verbindung mit einem intellektuellen und/oder praktischen Eintreten für das Judentum".[16] Ein wohlmeinendes Gedicht auf Moses Mendelssohn zu schreiben ist ein solches „intellektuelles Eintreten für das Judentum", auch wenn das im Einzelfall durchaus problematisch sein kann. Es wird sich herausstellen, dass sich die Texte ihrer philosemitischen Tendenz nach in zwei Gruppen einteilen lassen: Erstens in solche, die von einem christlich fundierten Philosemitismus geprägt sind und sich heimlich (oder

---

12 Bei einer weiteren Aufführung ein Jahr später, am 9. Mai 1787 in Königsberg, ist auch Immanuel Kant anwesend; vgl. Alexander Altmann, *Moses Mendelssohn. A Biographical Study*, London, 1973, S. 754.

13 Vgl. Karl Wilhelm Ramler, *Sulamith und Eusebia, eine Cantate auf den Tod des Weltweisen Mendelssohn*, in: *Poëtische Werke*, 2 Bde., Berlin, 1800/01, Bd. 2: *Vermischte Gedichte* (1801), S. 35-42.

14 Frau Prof. Dr. Irmgard Scheitler (Würzburg) sei für diese Informationen und das Gespräch über Ramlers Kantate herzlich gedankt.

15 Vgl. Wolfram Kinzig, „Philosemitismus. Teil I: Zur Geschichte des Begriffs", in: *Zeitschrift für Kirchengeschichte* 105 (1994), S. 202-228; ders., „Philosemitismus. Teil II: Zur historiographischen Verwendung des Begriffs", in: ebd., 361-383; Friedrich Niewöhner, Art. „Philosemitismus", in: *Evangelisches Kirchenlexikon*, hg. von Erwin Fahlbusch, Bd. 3: L-R, Göttingen, 1992, S. 1191-1194; Wolfram Kinzig, „Philosemitismus – was ist das? Eine kritische Begriffsanaylse", in: *Geliebter Feind – gehasster Freund. Antisemitismus und Philosemitismus in Geschichte und Gegenwart. Festschrift zum 65. Geburtstag von Julius H. Schoeps*, hg. von Irene A. Diekmann und Elke-Vera Kotowski, Berlin, 2009, S. 25-60.

16 Wolfram Kinzig, *Philosemitismus – was ist das?* (wie Anm. 15), S. 37.

offen) immer die Bekehrung der Juden zum Christentum wünschen (und deren Philosemitismus daher zweifelhaft ist) und zweitens in solche, die von einem aufgeklärten Philosemitismus geprägt sind und die das Judentum nicht als eine andere, konkurrierende Religion sehen, sondern alle Religionen im Namen einer höheren Idee, nämlich der Aufklärung, zu vereinigen streben (auch deren Philosemitismus ist also zweifelhaft).

1.

Die auffälligste unter den Gemeinsamkeiten der Nachrufe auf Mendelssohn, den christlich-philosemitischen wie den aufklärerisch-philosemitischen, ist die Vereinung von Elementen der griechischen Antike einerseits und des Alten Testaments andererseits auf seine Person. Karl Wilhelm Ramler – ein enger Freund Mendelssohns – stellt diese Verbindung von Antike und Altem Testament in seiner *Trauerkantate* bereits mit den beiden titelgebenden Frauen, deren Gespräch den Text ausmacht, her. Sulamith, „die Friedfertige", ist eine Figur aus dem Hohen Lied Salomos, und Eusebia, „die Fromme" – als historische Vorbilder kommen die zweite Frau Konstantins II. und eine Heilige aus dem 8. Jahrhundert in Frage –, vereint griechisch-antike und christliche Elemente auf sich, was in den meisten dieser Texte als *eine* Traditionslinie und als Gegensatz zur jüdischen Tradition gedacht wird. Auch sprachlich changieren die Texte zwischen antikem, meist pindarisch geprägtem Hymnenton und Psalmenduktus – Ramlers *Trauerkantate* endet sogar mit einer Mendelssohn in den Mund gelegten Passage aus dessen Übertragung des Psalms XXIII[17]; in Conz' „lyrisch-didaktischem Gedicht", dem längsten dieser Texte, wechseln strenge Odenstrophen und freie, fast ununterscheidbar in biblisch-pindarischem Ton verfasste Passagen.

Die Antikisierung Mendelssohns erfolgt in diesen Texten durch seine Gleichsetzung mit Sokrates. Die „Verwandlung eines deutschen Juden in einen griechischen Philosophen"[18] hat, wie Dominique Bourel in seiner Biographie Mendelssohns hervorhebt, schon zu dessen Lebzeiten stattgefunden. Hauptgrund dafür ist ein einziger Text Mendelssohns, der *Phädon* von 1767, sein berühmtestes Werk, das selbst wiederum eine Verbindung mehrerer Traditionen ist: Ein von einem Juden verfasster sokratischer Dialog, der teils Übersetzung der antiken Vorlage, teils eine Melange aus eigenen Ideen und denen Wolffs, Spaldings, Abbts, Reimarus' und anderer ist. Bei Ramler findet sich die Verbindung von Mendelssohn und Sokrates so verschlüsselt, dass der Bezug auf

17 Karl Wilhelm Ramler, *Sulamith und Eusebia*, S. 42.

18 Dominique Bourel, *Moses Mendelssohn. Begründer des modernen Judentums*, aus dem Französischen von Horst Brühmann, Zürich, 2007, S. 24.

den griechischen Philosophen sicherheitshalber in einer Fußnote erklärt wird.[19] Aber auch ohne diese Fußnote wäre dem gebildeten Leser seiner Zeit der Verweis auf Sokrates wohl ohne Weiteres deutlich geworden, denn der Typus des „Weltweisen" ist in Wort und Bild historisch eindeutig durch die Rezeption des griechischen Philosophen geprägt.

> *Sulamith.*
> Mein Volk! wer soll nun dein Orakel seyn?
> Wer soll dich seine Weisheit lehren?
> Dein bester Lehrer ist nicht mehr.
>
> *Eusebia.*
> O Stadt! wer soll dein Tugendmuster seyn?
> Wer euer Freund, ihr *wahren* Weisen?
> Ach! euer Liebling ist nicht mehr.
>
> *Sulamith und Eusebia.*
> Weisheit, Tugend, Menschenliebe
> Klagen alle:
> Mendelssohn, du bist nicht mehr.[20]

Der Bezug von Mendelssohn zu Sokrates kann auf verschiedene Arten hergestellt werden. Bei Conz erscheint er etwa als Taufpate und Schutzgeist (und als Platon, was in diesem Fall dasselbe meint), der Geburt und Leben des Philosophen beschirmt:

> Als ihn die Mutter gebahr,
> Küßten sich über seiner Wiege
> Die Grazien und die Weisheit und die Menschlichkeit
> Schwesterlich:
> Und ihres Honigseims
> Nahm die Weisheit
> Mit zärtlichen Fingern
> Und strich ihn
> Unter segnendem Blick
> Auf des Säuglings Lippen;
> Und – *Plato* ward sein Genius.[21]

Meistens – und auch dies ist natürlich durch den *Phädon* schon angelegt – wird das Verhältnis durch die sofortige (Wieder-)Vereinigung der beiden Philosophen in der Unsterblichkeit anschaulich gemacht. Bei Ramler heißt es in der Anrede Mendelssohns durch Eusebia:

---

19 Dies allerdings nur im Erstdruck: Karl Wilhelm Ramler, „Sulamith und Eusebia, eine Trauerkantate auf den Tod Moses Mendelsohns", in: *Berlinische Monatsschrift* 1786, Stück 6 (Juni), S. 482-489, hier S. 487; vgl. den Abdruck in den *Poetischen Werken*, Bd. 2, S. 487, V. 111-114.

20 Ebd., S. 485 f.

21 Karl Philipp Conz, *Mendelssohn* (wie Anm. 9), S. 8 f.

Und nun geneuß mit deinem Freunde
Der seligen Unsterblichkeit,
Die du mit ihm zugleich die Welt gelehret![22]

In diesem „zugleich“ wird die Zeitlosigkeit der Ewigkeit auf die Erde übertragen, fallen der historische und der ‚neue‘ Sokrates in eins. Auch die Vorstellung von den die Zeit überbrückenden bzw. aufhebenden „Freunden“ Sokrates und Mendelssohn findet sich öfters, so etwa in dem Nachruf von Karl Philipp Moritz, in dem Mendelssohn als „Sokrates seines Zeitalters“ erscheint und dieser wiederum als „gleichsam ein *hinterlassener Freund* von ihm [...], dem er in seinem *Phädon* das würdigste Denkmal stiftete“.[23]

Meistens wird die antike Gestalt des Sokrates noch um eine, allerdings blassere, alttestamentarische ergänzt. In Ramlers *Trauerkantate* ordnet Sulamith Mendelssohn – ebenfalls als „Freund“ – die „Lehrer“ des Alten Testaments zu:

Nun unterhalte dich mit deinem David;
Errichte mit dem Busenfreunde Jonathans
Den engsten Freundschaftsbund.[24]

In einer etwas abgewandelten Form gibt es diese Konstellation – Mendelssohn umgeben von einer griechischen und einer alttestamentarischen Gestalt – in einem in den *Ephemeriden der Litteratur und des Theaters* erschienenen Gedicht eines unbekannten Verfassers mit dem Titel „Bei Gelegenheit von Mendelssohns Tod“:

Als Mendelssohn in Himmel kam,
Und ihn der Vater Abraham
Entzückt in seine Arme nahm
Sah Socrates den neuen Engel blitzen.

Er kam und gab ihm seinen Kuß,
Und sprach: Mein Vater, auch ich muß
An meines Bruders Seite sitzen.[25]

Die Essenz dieser Verbindung findet sich noch einmal verknappt in der ebenfalls von Ramler stammenden Inschrift auf der Büste Mendelssohns in der jüdischen Freischule Berlin: „Moses Mendelssohn weise wie Sokrates, dem Glauben seiner Väter treu, wie er die Unsterblichkeit lehrend, und sich unsterblich machend, wie er.“[26]

---

[22] Karl Wilhelm Ramler, *Sulamith und Eusebia*, S. 41. Bei dem hier zuletzt zitierten Vers wird im Erstdruck (vgl. Anm 19) mit einer Fußnote auf den *Phädon* verwiesen.

[23] Karl Philipp Moritz, *Ueber Moses Mendelssohn*, zit. nach: Moses Mendelssohn, *Dokumente I* (wie Anm. 1), S. 35-46, hier S. 41.

[24] Karl Wilhelm Ramler, *Sulamith und Eusebia*, S. 41.

[25] [Anon.,] „Bei Gelegenheit von Mendelssohns Tod“, in: *Ephemeriden der Litteratur und des Theaters*, Bd. 2, St. 6, 11. Februar 1786, S. 95.

[26] Zit. nach: Beate Berwin, *Moses Mendelssohn im Urteil seiner Zeitgenossen*, Berlin, 1919, S. 79 (Kant Studien, Ergänzungshefte im Auftrag der Kant-Gesellschaft, Nr. 49).

2.

Die heute kaum noch nachvollziehbare Überhöhung, die Mendelssohn auf eine Stufe mit Sokrates, David oder Abraham stellt, zeigt, wie ungeheuer populär er zu seiner Zeit war. Dass diese Überhöhung problematisch ist, macht etwa eine Passage aus der ersten Idylle von Johann Heinrich Voß' *Luise* deutlich, die den Anerkennungs- bzw. Machtbereich des neu in der Unsterblichkeit angekommenen Weltweisen noch weiter entwirft:

> O Himmelswonne! wir freun uns,
> Alle, die Gutes getan nach Kraft und redlicher Einsicht,
> Und die zu hörerer Kraft vorleuchteten: freun uns mit Petrus,
> Moses, Konfuz und Homer, dem liebenden, und Zoroaster,
> Und, der für Wahrheit starb, mit Sokrates, auch mit dem edeln
> Mendelssohn! Der hätte den Göttlichen nimmer gekreuzigt![27]

Der letzte Halbvers zeigt die Grenze des christlichen Philosemitismus, der in diesem und anderen Gedichten zum Ausdruck kommt, und die Macht des Vorurteils auch im Überschwang. Nicht weil er jüdisch ist wird Mendelssohn unsterblich, sondern trotz seines Judentums. *Entweder* steht er als Weltweiser ausschließlich in der antik-christlichen und nicht mehr in der jüdischen Tradition; dass sein Engagement, bei Voß das „Gute", das er getan hat, vor allem dem jüdischen Volk zugutekam, wird verschwiegen ebenso wie sein jüdischen Fragen gewidmetes Werk – die Überhöhung Mendelssohns findet fast ausschließlich auf der Basis des *Phädon* statt. *Oder*: Wenn Mendelssohn in einer Reihe mit Petrus, Konfuzius, Homer, Zoroaster und Sokrates als Vertreter der Juden steht, so wird darüber hinweggetäuscht, dass keinesfalls alle Juden derart gebildet und „weise" wie Mendelssohn sind, sondern ungebildet in ärmlichen und elenden Verhältnissen leben. Die lebensweltliche Wirklichkeit der *vielen* Juden wird zugunsten des auf *einen* Juden gerichteten philosemitischen Impulses ausgeblendet; der Philosemitismus hängt sogar ausschließlich an der Person Mendelssohns.

Dabei ist die Gestalt Mendelssohns bei den meisten Christen dieser Zeit untrennbar mit seiner Auseinandersetzung mit Johann Caspar Lavater verbunden, der Mendelssohn in der gedruckten Widmung zu seiner 1769 erschienenen Übersetzung von Charles Bonnets *Philosophischer Untersuchung der Beweise für das Christenthum* aufgefordert hatte, Bonnets Argumentation zu widerlegen oder das „zu thun, was Klugheit, Wahrheitsliebe, Redlichkeit Sie thun heissen; was *Socrates* gethan hätte, wenn er diese Schrift gelesen, und unwiderleglich gefunden hätte"[28] – sich also taufen zu lassen. Mendelssohn hat mit einem

---

[27] Johann Heinrich Voß, *Luise. Ein ländliches Gedicht in drei Idyllen* (1795), in: *Ausgewählte Werke*, hg. von Adrian Hummel, Göttingen, 1996, S. 36-93, hier S. 48, V. 342-347.

[28] Zit. nach: Moses Mendelssohn, *Ausgewählte Werke. Studienausgabe*, Bd. 2: *Schriften zu Aufklärung und Judentum 1770-1786*, hg. und eingeleitet von Christoph Schulte, Andreas Kennecke und Grazyna Jurewitz, Darmstadt, 2009, S. 10.

Schreiben an den Herrn Diaconus Lavater zu Zürich auf Lavaters anmaßende Aufforderung reagiert, die dieser dann auch auf das Drängen von Freunden, Publizisten und nicht zuletzt Bonnets selbst hin schließlich zurückgenommen hat. Dennoch hat sich die Idee, dass Mendelssohn zu einem Christen nur noch die Taufe fehle, als haltbar erwiesen, so etwa in Christian Friedrich Daniel Schubarts Gedicht „Mendelssohn", gedruckt im zweiten, seine weltlichen Gedichte enthaltenden Band der *Sämtlichen Gedichte* von 1786. Auch hier kommt Mendelssohn nach seinem Tod ins Jenseits, wo ihm ein Engel die Qualen der in der Hölle Leidenden zeigt. Danach spricht Jesus selbst ihn als einen an, der zwar „aus dem Volke, dessen/ Haß ans Kreuz mich schlug" stamme, aber ihn, Jesus, „nie gekannt, doch nie gelästert" habe. Deshalb weiht Jesus Mendelssohn, der doch „Wahrheit", „Schönheit" und „ew'ges Heil und Leben" suche, „zum Lehrer/ der Toden deines Volkes, die mich einst/ Im Erdenthal verkannten, mich verspotteten,/ Der für sie blutete". Das Gedicht endet mit Mendelssohns Bekehrung:

> Ihr Erdendichter mit der Harfe, drinn
> Der Holzwurm nistert; o das singt ihr nicht: –
> Ihr Engel all', mit Goldbespannten Harfen,
> Mit Lichtbeströmten Lippen; o das singt ihr nicht,
> Was Mendels grose Seele da empfand,
> Als sie zu Jesus Christus Füssen lag,
> Und seine tiefe Schaam, sein Thränenstrom
> Die ganze Strafe der Verläugnung war.[29]

Schubarts proselytisches Gedicht, in dem der bekehrte Mendelssohn zum christlichen Missionar des jüdischen Volkes wird, überschreitet die Grenze des Philosemitismus eindeutig. Lavaters Forderung, Mendelssohn solle sich zum Christentum bekehren, wird hier überboten, indem dieser nun auch sein Volk noch zu Christen machen soll; Schubarts pathetisch-großartig ausgreifende Strophen unterstreichen die Ungeheuerlichkeit des Vorgangs noch. In anderen Gedichten geht die Vereinnahmung des Jüdischen durch das Christentum subtiler vor sich, wie in dem eines mit „L." zeichnenden Verfassers der *Königlich-privilegirten Berlinischen Zeitung von Staats- und gelehrten Sachen* vom 16. Februar 1786:

> *Mendelssohns Andenken geweiht*
>
> Er dessen Blick sich so oft im Licht der Gottheit verlohr,
> Stieg schnell von der obersten Stufe der Menschheit zur Vorsicht empor!
> Jetzt blickt er aus hellerem Licht auf seines Volkes Trauer herab,
> Und Thränen der Christen bezeichnen sein Grab.[30]

---

[29] Christian Friedrich Daniel Schubart, „Mendelssohn", in: *Christian Friedrich Daniel Schubarts sämtliche Gedichte*, Bd. 2, Stuttgart, 1786, S. 410-413, hier S. 412 f.

[30] [L.,] „Mendelssohns Andenken geweiht", in: *Königlich-privilegirte Berlinische Zeitung von Staats- und gelehrten Sachen*, St. 20, 16. Februar 1786, o.P.

Auch hier wird Mendelssohn im Himmel, über der „Menschheit", nahe der „Gottheit" vorgestellt, von wo aus er, vom Hellen ins Dunkle blickend, die Trauer des jüdischen Volkes sieht; die Tränen auf seinem Grab aber stammen von Christen. Ein Bild, das den Anspruch der Christen auf die Trauerhoheit nach Mendelssohns Tod unterstreicht und die Trauer der Juden zwar unter Mendelssohns Schutz stellt, aber dennoch marginalisiert.

Insgesamt lässt sich im Umgang mit der Frage nach Mendelssohns Unsterblichkeit ein deutlicher Unterschied zwischen den jüdischen und den christlichen Nachrufen feststellen. Obwohl sich viele der Eigenheiten der christlichen Nachrufe durch die literarische Tradition erklären lassen, in der die Anrede von Verstorbenen oder Totengespräche[31] ja nichts Seltenes sind – Formen, die gerade in der zweiten Häfte des 18. Jahrhunderts eine neue Blüte erleben, wie überhaupt die Debatte um die Frage der Unsterblichkeit –, fällt auf, dass die christlichen Nachrufe im Widerspruch zu Mendelssohns Lehre stehen, der doch in seinem *Phädon* und etwa in der *Abhandlung von der Unkörperlichkeit der menschlichen Seele* gerade bewiesen zu haben glaubte, dass die Seele zwar unendlich perfektibel, aber dabei unkörperlich sei: Der unsterbliche Mendelssohn kann also eigentlich weder sprechen, sehen, noch auf die Knie fallen. Die christlichen Nachrufe ignorieren jedoch nicht nur, wie hier, Mendelssohns Lehre, sondern auch sein Judentum. Zwar werden in den allgemeinsten Worten seine Verdienste erwähnt, worin sie aber genau bestehen (und was Mendelssohns Antrieb dabei gewesen sein könnte) erfährt man nicht; ebenso wenig erfährt man, dass fast die Hälfte von Mendelssohns Werk sich jüdischen Themen und Gegenständen widmet und dass Mendelssohn selbst streng an den Gesetzen des Judentums festgehalten hat.

Mendelssohns Überhöhung hebt ihn aus seinem jüdischen Umfeld heraus und integriert ihn ganz in die antik-christliche Bildungstradition. In der Tatsache, dass Mendelssohn unter den unsterblichen Weltweisen einen festen Platz einnimmt, kann unter diesen Bedingungen auch eine Abwehrhaltung gesehen werden. Durch die Art und Weise, in der Mendelssohn idealisiert wird, bleiben die realen Probleme, mit deren Lösung Mendelssohn sich beschäftigte, wie die Bildung und gesellschaftliche Besserstellung der Juden, vage. Die Transzendentalisierung Mendelssohns ist eine Verklärung seines philosophischen, von antiken Mustern geprägten Werks, gleichzeitig eine Verdrängung seiner jüdischen Schriften. Dahinter steht eine Vereinnahmung, die Mendelssohn selbst durchschaut hat, wenn er anlässlich der Aufforderung von Lavater, sich doch endlich taufen zu lassen, notiert, das Christentum unterscheide sich vom Judentum wohl dadurch, dass letzterem „der Bekehrungsgeist [...] den Grundsätzen"

---

[31] Vgl. [B.,] „Hume, Spinoza und Mendelssohn. Drey Manen", in: *Neue Litteratur und Völkerkunde* 1 (1787), Bd. 2, S. 526-528.

nach „zuwider" sei, denn es gebe darin nicht die Pflicht, „andere [...] zu bekehren."[32]

3.

Den christlich-philosemitischen Texten zu Mendelssohns Tod ist abzulesen, wie fragil der Philosemitismus in der Mitte der 1780er Jahre ist und wie schnell er droht, wieder in alte Denkmuster zurückzufallen. Den Nachrufen auf Mendelssohn von seiten der Aufklärung liegt ein weitaus unproblematischerer Philosemitismus zugrunde. Zu diesen gehört neben Ramlers *Trauerkantate* das „lyrisch-didaktische Gedicht" von Karl Philipp Conz. Der Text ist pathetisch und schwärmerisch, an vielen Stellen dunkel, uneinheitlich, voller sprachlicher und stilistischer Unebenheiten und dafür auch schon von den Zeitgenossen gescholten worden.[33] Die vier Gesänge des Gedichts widmen sich verschiedenen Aspekten von Mendelssohns Werk: der erste der Unsterblichkeit der Seele, der zweite der Vollkommenheit bzw. der Schönheit, der dritte der Wahrheit bzw. dem Beweis der Existenz Gottes und der vierte dem Menschen Mendelssohn, wobei auch dessen Schriften zum Judentum zwar etwas kurz, aber – und das unterscheidet Conz von den explizit christlichen Nachrufern – mit Respekt und ohne Überheblichkeit gewürdigt werden. Dabei vergisst Conz nicht, auf den Gegensatz zwischen Mendelssohns Aufrufen zur Toleranz und den Grausamkeiten der Christen in ihrer Geschichte hinzuweisen.[34] Am Ende spricht auch er Mendelssohn im Jenseits an, wo er ihn an der Seite Lessings sieht, der ihm ja tatsächlich näher steht als etwa Sokrates:

> Wohl überwunden sind sie, die Dornen, du
> Pflückst sonder Dornen Rosen mit Leßing dort,
> Und unvergänglichen süßen Odem
> Athmen die Blumen der Himmelsweisheit.
>
> Und die ihr dort die Fahne des Streites noch
> An seinem Grabe schwinget – mit Lessings Geist
> Vereint, blickt *Moses* Geist herab und
> Lächelt, und lächelnd gebeut er Frieden!
>
> Und du, die ihn gebohren, Germania!
> Sey stolz, daß du die Mutter des Weisen warst;

---

32 Moses Mendelssohn, „Was ihn zu diesem Schritte bewogen?", in: *Ausgewählte Werke,* Bd. 2 (wie Anm. 28) S. 47 f., hier S. 47.

33 Vgl. die anonymen Rezensionen in der *Allgemeinen Literatur-Zeitung*, Nr. 290, 4. Dezember 1787, Sp. 595-597 sowie in der *Allgemeinen deutschen Bibliothek* 1788, Bd. 81, St. 1, S. 119-123. Vgl. auch Leopold Hirschberg, „Der poetisch verherrlichte Moses Mendelssohn. Eine Ausgrabung vom Jahr 1787", in: *Ost und West* 7 (1907), Heft 8/9 (August), Sp. 549-554.

34 Vgl. Karl Philipp Conz, *Mendelssohn* (wie Anm. 9), S. 79 f.

Du wirst ihn ewig ehren, denn du
Ehrest dich selber in deinen Söhnen.

Die Strophen formulieren die Utopie eines Religionsfriedens im Namen der höchsten Autoritäten der deutschen Aufklärung, Lessings und Mendelssohns. Dabei ist es charakteristisch für die Rezeption Mendelssohns, dass er für „Germania" beansprucht wird, denn auch andere Gedichte verweisen auf die übergeordnete Instanz der Nation, deren Andenken eine weltliche Unsterblichkeit sichern soll. Heinrich Nudows „Empfindungen bei dem Tode Moses Mendelssohns im Jenner 1786" etwa enden mit folgenden Versen:

Mensch, Weiser, Israelit, – dem wenge gleichen!
Noch nach Jahrhunderten ehre jede Nation,
In mancher seltnen Frucht der Deutschen Weisheit Saamen,
Nennt mit Entzückung jene Nahmen:
Wolf, Leibniz, Mendelsohn![35]

Hübsch ist die Parallelführung der beiden kursivierten (im Original gesperrten) Stellen, die in Silbenzahl und Bedeutung der Wörter klimaktisch angeordnet sind, sodass der „Israelit" hier den „Menschen" und „Weisen" erst vollständig macht und mit Mendelssohn, der als Übertreffer von Wolf und Leibniz erscheint, zusammenfällt. Mit der „Nation" wird, wie bei Conz, die Institution angerufen, die durch Bildung und Gesetzgebung die Utopie einer Gesellschaft, in der die Juden gleichberechtigt neben Christen stehen, verwirklichen kann und soll. Mendelssohn selbst allerdings hat in seiner Schrift *Jerusalem oder über religiöse Macht und Judentum* die Trennung von Staat und Religion bei der Durchsetzung dieses Ziels gefordert. Für ihn ist es keine Frage, dass den Juden weiterhin erlaubt sein muss, die Zeremonialgesetze zu befolgen, auch wenn sie sich damit von anderen absondern; ein Verzicht ist für ihn undenkbar, beruhen sie doch auf göttlicher Offenbarung:

> Betrachtet uns, wo nicht als Brüder und Mitbürger, doch wenigstens als Mitmenschen und Miteinwohner des Landes. Zeiget uns Wege und gebet uns ein Mittel an die Hand, wie wir bessere Miteinwohner werden können, und lasset uns die Rechte der Menschheit mit genießen. Von dem Gesetze können wir mit gutem Gewissen nicht weichen, und was nützen Euch Mitbürger ohne Gewissen?[36]

Der bedeutendste Schritt auf dem Weg zur Emanzipation der Juden in Mendelssohns Sinn ist Christian Wilhelm Dohms Schrift *Über die bürgerliche Verbesserung der Juden* von 1781[37], in der die konsequente Anwendung der Ideen der

---

[35] Heinrich Nudow, „Empfindungen bei dem Tode Moses Mendelssohns im Jenner 1786", in: ders., *Dichterische Launen*, St. Petersburg, 1789, S. 83-85.

[36] Moses Mendelssohn, *Jerusalem oder über religiöse Macht und Judentum*, in: ders., *Ausgewählte Werke*, Bd. 2 (wie Anm. 28), S. 129-206, hier S. 203. Vgl. Klaus L. Berghahn, *Grenzen der Toleranz. Juden und Christen im Zeitalter der Aufklärung*, Köln u. a., 2000, S. 150-182.

[37] Christian Wilhelm Dohm, *Über die bürgerliche Verbesserung der Juden*, 2 Bde., Berlin und Stettin, 1781/83; vgl. Horst Müller, „Aufkärung, Judenemanzipation und Staat. Ursprung und

Aufklärung auf die Juden, und zwar unabhängig von deren religiöser Praxis, gefordert wird.[38] Durch die Vermittlung von Mirabeau und anderen wird das Buch ein wichtiges Vorbild für die 1791 in Frankreich verwirklichte Gleichstellung der Juden.[39]

Mendelssohns Tod stürzt den Philosemitismus jedoch in eine Krise, weil fast alle jüdischen wie philosemitischen Hoffnungen auf ihm allein ruhten, fast alle philosemitischen Aktivitäten von seinem Umkreis ausgingen. Sowohl die jüdischen als auch die christlichen Nachrufe fragen kaum, wie es denn weitergehen könnte, die jüdischen verharren bei der Würdigung von Mendelssohns Leistungen, die christlichen heben ihn in ein Jenseits, in dem es keine Probleme zu geben scheint. Auch die Utopie, die etwa Conz entwirft, wird ins Paradies verlegt und erscheint für die Erde nur als Möglichkeit in einer nicht weiter bestimmten Zukunft. Andere sehen die Gefahr eines Rückschritts hinter die Errungenschaften der Aufklärung und Mendelssohns und rufen zur Nachfolge auf, wie ein schlicht „Moses Mendelssohn" überschriebenes Gedicht eines mit „-s" zeichnenden Verfasser, das im zweiten Heft des *Journals aller Journale* von 1786 steht:

> Streckt nicht schon keck ihr dickes Haupt aus Hölen
> Die Dummheit wieder vor, entschlossen aufzubaun?
> Manch Werk voll Geist und Leben zu entseelen,
> Den Pfad der Wahrheit zu verhaun?
>
> Ihr Edlen Deutschlands, sammlet Euch in Kreisen
> Um ihre Urnen [Lessings und Mendelssohns, S.K.], schwört den heilgen Schwur,
> Vereint zu gehn den Heldengang der Weisen;
> Schön glänzt die vorgetretne Spur.[40]

Konkret wird indes keines dieser Gedichte, zu mächtig ist noch die Figur Mendelssohns, zu groß die lähmende Trauer. Dass nach Ablauf der Trauerzeit es zunächst doch nicht zu den befürchteten Rückschritten in unaufgeklärte Zeiten kommt, ist den Mitstreitern Mendelssohns zu verdanken. Am 9. Januar 1791, also fünf Jahre nach Mendelssohns Tod, hält David Friedländer vor der „Gesellschaft zur Beförderung des Edeln und Schönen" in Berlin eine *Vorlesung bey der erneuerten Todesfeyer Mendelssohns*, die im März desselben Jahres in

---

Wirkung von Dohms Schrift über die bürgerliche Verbesserung der Juden", in: *Deutsche Aufklärung und Judenemanzipation. Internationales Symposium anläßlich der 250. Geburtstage Lessings und Mendelssohns*, hg. von Walter Grab, Tel Aviv, 1980, S. 119-149 (Jahrbuch des Instituts für deutsche Geschichte, Beiheft 3); Berghahn, *Grenzen der Toleranz* (wie Anm. 36), S. 127-149; Robert Liberles, „On the Boundaries between hostility and support: The Case of Christian Dohm", in: *Geliebter Feind – gehasster Freund* (wie Anm. 15), S. 247-257.

38 Christian Wilhelm Dohm, *Über die bürgerliche Verbesserung* (wie Anm. 37), S. 174-177.

39 Vgl. den kurzen Abriss der Entwicklung in Frankreich und Deutschland bei: Albert Bruer, „Aufklärung im Spannungsfeld von Philosemitismus und Antisemitismus", in: *Geliebter Feind – gehasster Freund* (wie Anm. 15), S. 259-279.

40 [-s,] „Moses Mendelssohn", in: *Journal aller Journale* 2 (1786), S. 195.

der *Deutschen Monatsschrift* veröffentlicht wird.[41] Friedländer würdigt noch einmal ausführlich Mendelssohns Verdienste und die Wirkung, die dessen „exemplarisches Leben *auf die gerechtere Würdigung seiner Glaubensgenossen bey andern Religionsverwandten* gehabt" habe[42], aber er schließt mit einem leidenschaftlichen Plädoyer:

> [L]aßt uns suchen, je vollkommener und vollkommener zu werden, daß wir nicht auf der Stufe stehen bleiben, bis zu welcher wir durch ihn geführt worden. Stillstand wäre hier Rückgang. Mit einem Wort, laßt uns dahin streben, daß der Nahme *Jude* nicht allein geachtet *bleibe*, sondern auch geachtet zu werden *verdiene*. –[43]

Tatsächlich führt praktisches Handeln auf jüdischer Seite, unter anderem auch das von Friedländer, dazu, dass die Emanzipation der Juden auch auf der Seite des preußischen Staates und von Männern wie von Stein oder Wilhelm von Humboldt aktiv betrieben wird. Mendelssohns Traum von einer Gleichberechtigung erfüllt sich in dem sogenannten Hardenbergschen Toleranzedikt vom 11. März 1812 mit nur wenigen Einschränkungen. Auf längere Sicht freilich behielt der mit „-s" zeichnende Verfasser Recht mit seiner Befürchtung, die „Dummheit" werde „ihr dickes Haupt aus Hölen" wieder strecken.

---

41 David Friedländer, *Vorlesung bey der erneuerten Todesfeyer Mendelssohns*, in: *Deutsche Monatsschrift* 1791, Bd. 1, März, S. 217-229.

42 Ebd., S. 219 f.

43 Ebd., S. 229.

Cornelia Ortlieb

Gedanken Verschiedener
Jacobi, Mendelssohn und die fatale Liebe zur Philosophie

Eine ganz eigene Evidenz erhält der umstrittene Begriff des Philosemitismus dort, wo er mit Betonung der ersten Silbe zur Bezeichnung einer überschießenden Aneignung im Übergriff einer vereinnahmenden Liebe gebraucht wird. Diese kann sich an augenscheinlich harmlosen Beispielen wie der irritierenden Begeisterung deutscher Musikfreunde für die vermeintlich echt jüdische Klezmermusik zeigen[1], aber auch der ungleich folgenreicheren Identifikation mit den ‚Opfern', zumal der nationalsozialistischen Vernichtungspolitik, zugrunde liegen.[2] Wie andernorts, so wäre auch hier sachlich korrekt eher von einem Philojudaismus zu sprechen, denn der kollektive Affekt meint selbstredend nicht das ‚Semitische', womöglich in seiner jeweiligen Vielfalt, sondern ein historisch und geographisch unbestimmtes Judentum, das zur Irritation kritischer Betrachter zunehmend verklärende folkloristische Züge erhält.[3] Es bedarf keiner weiteren Erläuterung, dass bereits die unausgewiesene Verallgemeinerung, die diese erdrückende Liebe konstituiert, wie jede Entdifferenzierung der Bildung von antisemitischen oder vielmehr antijüdischen Stereotypen und Vorurteilen zuarbeitet.[4] Eine programmatisch verallgemeinernde Rede von ‚den Juden' und noch deren isolierende Beschreibung als ‚Volk' oder ‚Rasse' kann dennoch, wie die erste Phase der aufklärerischen Emanzipationsbewegung zeigt, politisch ratsam und erfolgreich sein.

Zur Proklamation jüdischer Gleichberechtigung im 18. Jahrhundert wird in deutschen Ländern jedoch stets der besondere Fall des observanten Juden und europaweit gerühmten Philosophen Moses Mendelssohn zitiert, ein überaus geeignetes Objekt des Begehrens für einen „idealistischen Philosemitismus".[5]

---

1 Albert Lichtblau, „Unter Philosemitismusverdacht: Der Klezmerboom – Für nichtjüdische Musizierende erlaubt?", in: *Geliebter Feind – Gehasster Freund. Antisemitismus und Philosemitismus in Geschichte und Gegenwart,* hg. von Irene A. Diekmann und Elke-Vera Kotowski, Berlin, 2009, S. 623-651.

2 Ulrike Jureit, Christian Schneider, *Gefühlte Opfer. Illusionen der Vergangenheitsbewältigung*, Stuttgart, 2010.

3 Vgl. beispielsweise zur Stetl-Sentimentalität und Aufbereitung alter ‚volkstümlicher' Klischees in der Souvenir-Industrie Ruth Ellen Gruber, „Kitsch-Juden. Erinnerungsbilder im Angebot – ein Marktbericht nach dem Holocaust", in: *Gerüchte über die Juden. Antisemitismus, Philosemitismus und aktuelle Verschwörungstheorien,* hg. von Hanno Loewy, Essen, 2005, S. 287-299.

4 Vgl. zur Differenzierung die Beiträge in: *Geliebter Feind – Gehasster Freund* (wie Anm. 1), sowie den Anhang: „Neuere Typologien von Philosemitismus", ebd., S. 679-680.

5 Dieser stellt einen von mehreren Typen dar, die Kramer in Anlehnung an die Kategorien Aristoteles' formuliert hat, und meint ein Eintreten für die Rechte der Juden, das sich in diesem Fall mit dem benachbarten Philosemitismus aus Freundschaft oder Vergnügen verbindet, vgl.

Diese Figur des Ausnahmejuden ist spätestens mit Blick auf die Vernichtung der europäischen Juden im 20. Jahrhundert als sentimentales und im Kern oft antisemitisches Klischee entlarvt worden; entsprechend war auch Mendelssohn zeitlebens etlichen mehr oder weniger offen antisemitischen Schikanen ausgesetzt[6] und noch die topische Betonung seiner körperlichen Hinfälligkeit verlängert diese Stereotypenbildung bis heute.[7] In der Figur Mendelssohn verschränken und vermischen sich bereits in zeitgenössischen Texten ambivalente Wünsche und Projektionen, die der Jahrhundertstreit um Spinozas Philosophie auch Unbeteiligten vor Augen geführt hat. Sein Kontrahent, der streitbare Kaufmann, Philosoph und Schriftsteller Friedrich Heinrich Jacobi, wird nicht nur von Zeitgenossen für Krankheit und Tod Mendelssohns verantwortlich gemacht, doch der naheliegende Verdacht einer antisemitischen Grundierung des Streits lässt sich mit Blick auf dessen Vorgeschichte modifizieren. Denn bis an die Grenze der Fälschung reicht Jacobis jahrzehntelanges Bemühen um eine Annäherung an den großen jüdischen Philosophen, den er mit den Mitteln der philosemitischen Liebesrede umwirbt und schließlich in einer teils fingierten öffentlichen Debatte endgültig zu vereinnahmen sucht.

Die allzu bekannte Geschichte der Auseinandersetzung Jacobis mit Mendelssohn kann so geradezu als Musterbeispiel für die Ambivalenz philosemitischer Beziehungen gelten. Jacobi hat Mendelssohn, anders als die letzte Phase ihrer philosophischen Gegnerschaft vermuten lässt, nicht nur herausgefordert und bekämpft, sondern mit allen ihm verfügbaren Mitteln umworben, bedrängt und vereinnahmt, in einer Art fatalen Liebesbeziehung, in deren Zentrum nicht zwei Personen stehen sollten, sondern die Liebe zur Wahrheit, die Philosophie. Es wäre jedoch historisch unrichtig, an die Stelle der bekannten Erzählung eines ungleichen Zweikampfs mit tödlichem Ausgang nun die einer unglücklichen

---

Steven Philip Kramer, „Recovering the Philo-Semitic Past“, in: *Occassional Papers on Jewish Civilization, Jewish Thought and Philosophy,* Washington D.C., 2007, S. 22-24.

6 So erhielt er beispielsweise das königliche Privileg als „außerordentlicher Schutzjude“ erst 1763, zwanzig Jahre nach seiner Ankunft in Berlin; das damit verbundene Aufenthaltsrecht schloss jedoch seine Familie nicht ein. Noch 1769, längst europaweit bekannt und gerühmt, musste er sich von Johann Caspar Lavater in eine ungute öffentliche Auseinandersetzung über den christlichen Glauben nötigen lassen, den er öffentlich widerlegen oder durch Konversion bestätigen sollte. Auch Lavaters Drängen entsprang womöglich einem philosemitischen Motiv: Als Verehrer des Philosophen Mendelssohn habe er diesen „wohlmeinend“ zur fälligen Klärung dieser Grundfrage auffordern wollen, so Michael Albrecht, „Einleitung“, in: *Moses Mendelssohn: Jerusalem oder über religiöse Macht und Judentum*, Hamburg, 2005, S. XII-LXIV, hier S. XVII.

7 Auch neuere Darstellungen wiederholen die alte Erzählung von der „Verkühlung“ auf dem Weg zur Poststelle, die den ohnehin geschwächten Mendelssohn getötet habe, einem indirekt gewaltsamen Tod, für den Friedrich Heinrich Jacobi weniger als sein philosophischer Kontrahent, sondern als eifernder Christ und gnadenloser Zweikampfgegner verantwortlich gewesen sein soll: „Einige sahen Mendelssohns Tod als ein symbolisches Ereignis: Die Aufklärung war gemordet worden, und an Jacobis Händen klebte Blut“. Frederick Beiser, „Die Grenzen der Aufklärung“, in: *Eine neue Geschichte der deutschen Literatur,* hg. von David Wellbury, Judith Ryan u.a., Berlin, 2007, S. 534-541, hier S. 537 f.

Zweierbeziehung im Zeichen fehlgehender Liebesmühen zu setzen. Denn zumindest in der wenig beachteten Episode, die ich im Folgenden beleuchten will, sind einige Helfer- und Mittlerfiguren involviert, deren Handlungen und Motive ähnlich mehrdeutig und letztlich ebenso uneinsichtig bleiben wie die des Protagonisten. Offenbar hat eine bestimmte Struktur der deutschen Aufklärung erst ermöglicht, was sich als deren dunkle Rückseite ausmachen lässt: die öffentliche Verhandlung philosophischer Positionen, bei der jeder mitreden kann – und muss.

1. Sehnsucht, Verzweiflung, Liebe zur Wahrheit: Jacobis *Phädon* und die Kunst der Revisionen

Nicht nur bei Jacobi hat diese permanente öffentliche Einrede zu einer unübersehbaren Flut von Papieren geführt. In riesigen Briefwechseln ohne Anfang und Ende wird im Netzwerk europäischer Aufklärung nicht privat kommuniziert, sondern halb öffentlich diskutiert und mit der Medienrevolution des späten 18. Jahrhunderts zugleich massenhaft zum Druck befördert, was seinem Status nach als eingerückte Erklärung, Sendschreiben oder unredigiert veröffentlichter Brief eigentlich noch unterhalb der Schwelle publikationsfähiger Texte liegt. Zugleich ist gerade für Jacobis Veröffentlichungen entscheidend, dass sie allesamt dem Prinzip der „Revision" gehorchen: Mit Christoph Martin Wieland zusammen hat Jacobi diese 1772 für die Gründung des Deutschen Merkur einerseits als eine neue Textsorte erfunden, in der „unrichtige Urtheile" in einer Art Rezension zweiten Grades – der Rezension von Rezensionen – korrigiert werden sollten.[8] Nicht zufällig adaptiert der Begriff einen bedeutsamen Terminus der zeitgenössischen Rechtspraxis: Die von kaiserlichen ‚Revisoren' überprüfte Veranlassung zur Änderung beanstandeter Gerichtsakten stellt den letztinstanzlichen Schritt einer Ahndung von Ehrverletzungen dar, ein minutiös geregeltes juristisches Verfahren der „Revisions-Gerichtsbarkeit", dessen Erläuterung in

[8] Das Programm dieser Revisionen wird im Briefwechsel zwischen Wieland und Jacobi entworfen; seine vorläufig letztgültige Formulierung eröffnet als Teil der Vorrede den ersten Band des *Merkur.* Mit der Begründung, die „gelehrte Republik in Deutschland" habe „seit einiger Zeit die Gestalt einer im Taumel entstandenen Demokratie gewonnen, worinn ein jeder, den der Kitzel sticht, oder der sonst nichts zu tun weiß, sich zum Redner aufwirft", kündigt Wieland hier „eine Art von litterarischem Revsions=gericht" an, „worinn über die Beurtheilungen geurtheilet und was von andern gelehrten Richtern entweder versehen oder gesündigt worden, vergütet oder gerügt würde." [Christoph Martin Wieland,] „Vorrede des Herausgebers", in: *Der deutsche Merkur* 1 (1773), 1. Bd., 1. Stück, S. VIII. Vgl. zur Eigenart des *Deutschen Merkur* die Beiträge des Bandes: *Der ‚Teutsche Merkur' – die erste deutsche Kulturzeitschrift*, hg. von Andrea Heinz, Heidelberg, 2003; zu Wielands Absichten besonders Hans-Peter Nowitzki, „Der ‚unglückliche Cosmopolit' und sein ‚National-Journal'. Wielands Merkur-Konzeption", in: ebd., S. 68-107.

Zedlers Universallexikon mit fünfzig Lemmata in dreizehn Spalten unverhältnismäßig viel Raum einnimmt.[9] Andererseits wird das permanente Umschreiben und Überschreiben bei Jacobi zum Prinzip der unendlichen Textvermehrung: Nicht stabile Autor-Werk-Einheiten sind das Ergebnis dieses Vorgangs, denn das Geschriebene ist nicht gemacht, um unveränderlich stehen zu bleiben, sondern das beginn- und endlose, prozessuale Schreiben rückt selbst ins Zentrum einer unabschließbaren Arbeit an Kritik und Kommentar. Diese Praktiken revidierenden Schreibens konnten aber auch, wie ich im Folgenden zeigen möchte, genutzt werden, um eine Gegnerschaft zu Mendelssohn zu konstruieren oder zu fingieren, die mehr oder weniger bewusst revidiert, was ehemals die Geschichte einer bewundernden Annäherung war. Die Rekonstruktion dieser Geschichte ermöglicht auch einen Blick auf die Ambivalenz philosemitischer Vereinnahmung unter dem idealistischen Vorzeichen einer wahren Liebe zur Philosophie.

Seine Entdeckung der Philosophie Moses Mendelssohns hat Jacobi mehrfach geschildert und dabei mehr oder weniger explizit revidiert. In einem berühmten Brief an einen seiner adligen Freunde, den Grafen Franz von Fürstenberg, rekapituliert der 28jährige Kaufmann und Schriftsteller 1771 seinen Werdegang als autodidaktischer Philosoph: „Noch zwei Worte habe ich über den Articul Philosophie zu sagen. Diese Wißenschaft habe ich seit 12 Jahren mit einer Hartnäckigkeit und einem Fleiße getrieben, wozu wenige studierende den Trieb und die Muße haben; es möchte mir also wohl auf allen Fall erlaubt seyn, den dictarischen Ausspruch zu thun dass diese Wißenschaft durchaus nicht synthetisch, sondern analytisch behandelt werden müße.“[10] Die Gründe für diese Meinung, so Jacobi weiter, ließen sich einer besonderen Schrift entnehmen: „Es ist dieses eine dissertation von H[errn] Kant über die Evidenz der metaphisischen Lehre, welche der Mendelssohnischen angehängt worden, und, nach dem Urtheile verschiedner Kenner, mehr als diese den Preis davon zu tragen verdient hätte.“[11]

Die weitreichende Frage nach Gewissheit und Evidenz hatte die Preußische Akademie der Wissenschaften im Jahr 1761 gestellt. Ausgewählt wurde das Thema von der *Classe de philosophie spéculative*, geleitet von Johann Georg

[9] Die Minimaldefinition listet unter dem Stichwort „Revision“ die „Revidierung, Übersehung, Nachsehung, Durchgehung, und zwar ins besondere derer Acten“; die Gewährung dieses Rechtsmittels führt letztlich zu einem physischen Eingriff in das Geschriebene: „Es besteht aber diese Revision eigentlich darinnen, daß man wegen einer gravirenden und beschwerenden Sentenz die Acten aus angeführten Ursachen nochmals zu revidiren und hernach die vorige Sentenz zu ändern bittet.“ Art. „Revision“, in: *Johann Heinrich Zedlers Grosses Vollständiges Universal-Lexikon*, Bd. 31, Graz, 1961 [1742], Sp. 938., vgl. dazu ausführlich Cornelia Ortlieb, *Friedrich Heinrich Jacobi und die Philosophie als Schreibart*, München, 2010, S. 51-94.

[10] Friedrich Heinrich Jacobi an Franz von Fürstenberg, 17.7.1771, in: Friedrich Heinrich Jacobi, *Briefwechsel. Gesamtausgabe*, hg. von Michael Brüggen, Siegfried Sudhof u.a., 8 Bde, Stuttgart-Bad Cannstatt, 1998 ff., Bd. I,1: *Briefwechsel 1762-1775*, S. 121 (im Folgenden zitiert mit der Sigle JBW).

[11] Ebd.

Sulzer, der als Wolffianer möglicherweise hoffte, mit der solchermaßen eröffneten Debatte die Kritik an Christian Wolffs Konzept der Logik einzudämmen und zu kanalisieren. Die Akademie formuliert als Preisaufgabe aber nichts weniger als die erkenntnistheoretische Grundfrage des Jahrhunderts: „Man will wissen: ob die Metaphysischen Wahrheiten überhaupt, und besonders die ersten Grundsätze der Theologiae naturalis und der Moral, eben der deutlichen Beweise fähig sind als die geometrischen Wahrheiten, und welches, wenn sie besagter Beweise nicht fähig sind, die eigentliche Natur ihrer Gewißheit ist, zu was vor einem Grade man gemeldete Gewißheit bringen kann, und ob dieser Grad zur völligen Überzeugung zureichend ist?“[12]

Eben diesen Komplex säkularisierter theologisch-philosophischer Entwürfe von Gewissheit und Evidenz umkreisen Jacobis Arbeiten in Literatur, Philosophie und Publizistik und entsprechend hat er in einer Revision des zitierten Briefes seine erste Begegnung mit den beiden Preisschriften sehr viel emphatischer geschildert als ehemals, eingebettet in seinen Dialog *David Hume über den Glauben oder Idealismus und Realismus* von 1785, der eine Bestandsaufnahme der Polaritiät zeitgenössischer Philosophie-Auffassungen mit deren historischer Herleitung verbindet. Als Grundkonstellation der abendländischen Philosophiegeschichte soll das Begriffspaar des Untertitels zugleich zur plastischen Darstellung philosophischer Debatten im agonalen Zwiegespräch taugen; nicht zufällig sind es, auf dem Höhepunkt des Spinoza-Streits, Kant und Mendelssohn, die hier als Antipoden konstruiert werden.[13]

Jacobis einzige längere autobiographische Erzählung, die in den dargebotenen Daten und Ansichten exakt mit den bislang ausgewerteten biographischen Quellen übereinstimmt, bildet den mittleren Teil des Textes. In einem kaum durch Nachfragen unterbrochenen Monolog entfaltet die Rede den philosophischen Werdegang des Protagonisten als Lektürebiographie, im Stil dem vormals protestantisch-pietistischen Modus des Bekenntnisses angepasst. Jacobi schildert sich hier als ein von frühester Kindheit an um die jenseitigen Dinge besorgter Knabe und Jugendlicher, dem man als „Dummheit Leichtsinn Hartnäckigkeit und Bosheit“ ausgelegt habe, was richtigerweise bis zum Datum der Erzählung „philosophische Idiosynkrasie“ genannt werden müsse: „So lange ich mich besinne, hat mir das angeklebt, dass ich mit keinem Begriffe mich behelfen konnte, dessen äußerer oder innerer Gegenstand mir nicht anschaulich

---

[12] Immanuel Kant, *Sämtliche Schriften.* Akademie-Ausgabe, Bd. II, 2. Aufl., Berlin/Leipzig, 1922, S. 493.

[13] Friedrich Heinrich Jacobi, „David Hume über den Glauben oder Idealismus und Realismus“, in: ders., *Werke,* hg. von Friedrich Roth und Friedrich Koeppen, 6 Bde, Bd. 2, S. 3-288. Seit 2004 liegt eine kommentierte Ausgabe als Teil der noch unabgeschlossenen historisch-kritischen Ausgabe der Werke und Briefe vor, vgl. Friedrich Heinrich Jacobi, *Werke. Gesamtausgabe*, hg. von Klaus Hammacher und Walter Jaeschke, Bd. 2,1: „Schriften zum transzendentalen Idealismus“, hg. von Walter Jaeschke und Irmgard-Maria Piske, Hamburg, 2004. Ich zitiere im Folgenden diesen Text und andere Schriften Jacobis in der Regel nach der ersten Werkausgabe mit der Sigle WW, die kritische Ausgabe erhält die Sigle JWA.

wurde durch Empfindung oder durch Gefühl. [...] Jede Demonstration, die mir nicht, Satz für Satz, auf diese Weise wahr gemacht werden konnte; jede Erklärung, die sich mit keinem Gegenstande intuitiv vergleichen ließ, die nicht genetisch war: dafür war ich blind und verstockt."[14]

Unschwer lässt diese Selbstbeschreibung Kants Postulat der Untrennbarkeit von Anschauung und Begriff erkennen und entsprechend schildert der Erzähler wenig später das aus Jacobis Brief bekannte initiale Erlebnis seiner Lektüre der beiden Evidenz-Preisschriften.[15] Unmittelbar nach der Rückkehr von seiner Zwangsverschickung nach Genf soll die schicksalhafte Begegnung des 18jährigen mit der zeitgenössischen Erkenntnistheorie stattgefunden haben: „Meine Zurückkunft nach Deutschland traf gerade in die Zeit der Aufgaben der Berliner Akademie über die Evidenz in metaphysischen Wissenschaften. Keine Frage hätte meine Aufmerksamkeit in einem höheren Grade reitzen können. Ich erwartete mit Sehnsucht die Herausgabe der Abhandlungen."[16] Das gespannte Interesse, das nicht zuletzt dem Ausgang des philosophischen Zweikampfs zwischen Mendelssohn und Kant gilt, schlägt jedoch um in Enttäuschung: „Die gekrönte Schrift erfüllte die Erwartungen nicht, die der Name des damals schon sehr berühmten Verfassers in mir erregt hatte."[17] Entsprechend wird Jacobi in zahlreichen Texten und Anmerkungen seine intensive Auseinandersetzung mit der Kantischen Philosophie demonstrieren, als „der einzig[e] Antikantianer meiner Art" und „selbst Kantianer", womit nach der Logik seines *David Hume* automatisch die Gegenposition zu Mendelssohn bezogen wäre.[18]

Dieser retrospektiven Überschreibung lässt sich allerdings eine Fülle von Briefen aus den späten 1760er Jahren entgegenhalten, in denen Jacobi als angehender Philosoph und Schriftsteller in immer neuen Anläufen Mendelssohn werbend umkreist und versucht, zumindest indirekt eine Zusammenarbeit zu initiieren.[19] 1767 erscheint Mendelssohns *Phädon oder über die Unsterblichkeit*

---

14 Jacobi, „David Hume über den Glauben", in: ders., WW II (wie Anm. 13), S. 178.

15 Als doppeltes Initiationserlebnis hat bereits Klaus Hammacher Jacobis Lektüre der beiden Preisschriften beschrieben, vgl. ders., *Kritik und Leben II. Die Philosophie Friedrich Heinrich Jacobis,* München, 1969, S. 10-19.

16 Jacobi, „David Hume über den Glauben", in: ders., WW II (wie Anm. 13), S. 184.

17 Ebd.

18 Jacobi reagiert mit dieser Formulierung auf Hegels Versuch, den ‚Subjektivismus' Kants, Fichtes und Jacobis gleichzusetzen, vgl. Jacobi, „Drei Briefe an Koeppen. Erster Brief", in: ders., JWA 2,1 (wie Anm. 13), S. 350. Seine Kritik der Transzendentalphilosophie ist minutiös dokumentiert in zwei Bänden der neuen Werkausgabe, vgl. JWA 2,1 und 2,2 (wie Anm. 13).

19 Ähnlich charakterisiert auch Kurt Christ dieses Verhältnis, dessen Erhellung er allerdings im Rahmen einer minutiösen historischen Rekonstruktion in psychologischen Erklärungsansätzen sucht: Auf der einen Seite stehe Jacobi als „homme de lettres", „Autodidakt" und „Beamter", auf der anderen „der leidenschaftliche Verfechter der richtungsweisenden Berliner Aufklärung, Moses Mendelssohn, ein Mann von traditioneller Leibniz-Wolffscher Prägung, hochgeschätzt und verehrt auch von Jacobi, der sich mehrmals erfolglos und über Umwege zu Mendelssohn ins Verhältnis zu setzen versucht hat". Kurt Christ, *Jacobi und Mendelssohn. Eine Analyse des Spinozastreits,* Würzburg, 1988, S. 17.

der Seele, ein Text, der schon im Titel die klassische Grundfrage der philosophischen Konzeption von Gewissheit und Sicherheit und deren theologische Aneignung aufruft. Wie bereits die Preisfrage der Preußischen Akademie anzeigt, sind abseits der akademischen Debatte um die Differenz von mathematischer und philosophischer Methode mit der Frage nach Evidenz beunruhigende Veränderungen in einem Glaubens- und Orientierungssystem angesprochen, das, tief in der Lebenswelt verankert, zwar eine oberflächliche Säkularisierung erfahren hatte, aber längst nicht widerlegt worden war. In den breitenwirksameren philosophischen Schriften des 18. Jahrhunderts wird daher das kaum aus dem Überlieferungskontext gelöste Thema des Glaubens, der Hoffnung auf ein Weiterleben nach dem Tod und entsprechend die Überzeugung von einer Unsterblichkeit der Seele und ihrer möglichen Errettung verhandelt; die oft lehrbuchartig ausgebreiteten Konsequenzen, die sich für das diesseitige Leben und die Bewährung der Tugend ergeben, sind nach wie vor überstrahlt von dem, was einmal schlicht und beruhigend Heilsgewissheit hieß. Oftmals ist schon den Titeln dieser Schriften abzulesen, dass sie noch um 1800 zwei Formen von Gewissheit gemeinsam verhandeln, die nach heutigem Verständnis in verschiedenen Lebensbereichen und Diskursen ganz unterschiedlich konturiert sind, auch wenn dies nicht immer so bündig geschieht wie in der Überschrift zu Christoph Rudolf Christianis Abhandlung *Die Gewissheit unserer ewigen Fortdauer*.[20]

Innerhalb des weiten Felds erkenntnistheoretischer, religionsphilosophischer, theologischer und popularaufklärerischer Texte zu diesem komplexen Thema nimmt Mendelssohns *Phädon* eine besondere Stellung ein: Als Übersetzung des gleichnamigen Platon-Dialogs eingeführt, entwickelt das dreiteilige Gespräch eine neue Form der rationalen Psychologie, die Mendelssohn als ‚deutschen Sokrates' europaweit berühmt machen sollte.[21] Auf das Erscheinen des Buches reagiert Jacobi sofort mit Begeisterung, wie eine Serie von Briefen an den Amsterdamer Verleger und Buchhändler Marc-Michel Rey bezeugt. Von diesem bezog Jacobi nicht nur große Bestände seiner rasch anwachsenden umfangreichen Privatbibliothek, sondern auch, wiederum bald nach seiner Rückkehr aus Genf, die unterdessen verfemten und verbotenen Schriften Jean-Jacques Rousseaus und Informationen über dessen wechselhaftes Schicksal in Verfolgung und Exil. In einem Brief von 1768 beklagt Jacobi zunächst das Un-

---

[20] Christoph Johann Rudolf Christiani, *Die Gewissheit unserer ewigen Fortdauer. Ein Beytrag zur Besiegung des Zweifels; mit besonderer Rücksicht auf Eltern, die über den frühen Tod ihrer Lieblinge trauern*, Kopenhagen/Leipzig, 1809.

[21] Vgl. zur Entstehung und Wirkung des bald in zehn Sprachen übersetzten meistgelesenen Buchs der deutschen Aufklärung Dominique Bourel, *Moses Mendelssohn. Begründer des modernen Judentums,* dt. von Horst Brühmann, Zürich, 2007 [2004], S. 225-278. Zum Stellenwert der Übersetzung als Adaption kulturkritischen Schreibens vgl. auch Cord-Friedrich Berghahn, „Mendelssohn übersetzt Rousseau und erklärt ihn Lessing. Strategien kulturkritischen Schreibens in der europäischen Aufklärung", in: *Text + Kritik. Sonderband: Moses Mendelssohn*, hg. von Heinz Ludwig Arnold und Cord-Friedrich Berghahn, München, 2011, S. 26-44.

wissen der Deutschen über die großen Autoren in ihrer Sprache: „Nous ne savons pas notre propre langue, nous n'avons jamais entendu parler de Klopstock, de Uz, de Gesner, de Gleim, de Wieland, de Moses &cet &cet"; Mendelssohn steht hier, wie selbstverständlich, in unmittelbarer Nähe zu Wieland und Gleim in der Reihe der großen Verkannten.[22] Im Anschluss an diese Reihung weist Jacobi den Verleger erstmals nachdrücklich auf das neue „Hauptwerk" des berühmten Mannes hin: „N'avez vous pas entendu parler du chefdoeuvre de notre fameux Moses MendelSohn? Il roule sur l'immortalité de l'ame; cest l'effort de l'esprit humain. On en a fait 3 editions sous l'espace d'un an: il me semble que cest beaucoup pour un livre profond."[23] Das Buch mit einem mehrdeutigen Adjektiv „profond" – tief(sinnig) – zu nennen, ist in der üblichen Redeweise des 18. Jahrhunderts mit ihrer topischen Entgegensetzung des bloß Scharfsinnigen und des wahrhaft Tiefsinnigen eine besondere Auszeichnung. Jacobis Hochschätzung des Autors mag sich dabei auch dessen früher Rousseau-Übersetzung verdanken; Mendelssohn hatte schon 1755 den *Discours sur l'origine et les fondements de l'inégalité parmi les hommes* ins Deutsche übertragen und damit entscheidend zur Verbreitung des Gedankenguts der französischen Aufklärung beigetragen.[24] In einer Art indirekten Wiederholung dieser Struktur aneignenden Übersetzens, wie sie Mendelssohn eindrucksvoll und wirkungsmächtig an Rousseaus und Platons Schriften vorgeführt hatte, empfiehlt Jacobi dann nur einen Monat nach dem zitierten Brief dem Verleger dringlich, den *Phädon* ins Französische übersetzen zu lassen.[25]

Als Übersetzer mag sich Jacobi selbst zuerst explizit nicht anbieten, trotz einiger Erfahrung mit der Übertragung französischer Texte und einer ohnehin in weiten Teilen auf Französisch geführten Korrespondenz, aus Furcht, wie er schreibt, mit seinem unreinen Französisch und seinen deutschen Schreibgewohnheiten oft in „barbarische Konstellationen zu verfallen" und „das Werk eines großen Mannes zu entstellen, was mich zur Verzweiflung treiben würde".[26] Doch als der Verleger eine andere französische Rohübersetzung aus unbekannter Hand erhält, begutachtet Jacobi auf seine Bitte hin das Manuskript,

---

22 „Wir kennen unsere eigene Sprache nicht, wir haben niemals von Klopstock, von Uz, von Gesner, von Gleim, von Wieland, von Moses etc.etc. reden gehört." Jacobi an Marc-Michel Rey, 21.10.1768, in: ders., JBW I,1 (wie Anm. 10), S. 62.

23 „Haben Sie nicht vom Hauptwerk unseres berühmten Moses Mendelssohn reden hören? Es handelt von der Unsterblichkeit der Seele; das ist die Herausforderung des menschlichen Geistes. Man hat in weniger als einem Jahr schon drei Ausgaben gemacht: mir scheint, das ist viel für ein tiefsinniges Buch", ebd.

24 Vgl. Jean-Jacques Rousseau, *Abhandlung von dem Ursprung der Ungleichheit unter den Menschen*, dt. von Moses Mendelssohn, neu hg. m. e. Einführung und Erläuterungen von Ursula Goldenbaum, Weimar, 2000.

25 Jacobi an Rey, 25.11.1768, in: ders., JBW I,1 (wie Anm. 10), S. 67.

26 „Quant à moi je ne saurois m'y engager; [...] puisque je n'ecris pas assez purement le francois. comme je me suis uniquement exercé a bien ecrire l'allemand, je ne manquerois pas de tomber souvant dans des constructions barbares, et je defigurerai l'ouvrage d'un grand homme, dont je serois au desespoir." Dies ist nur einer von drei nummerierten und ausgeführten Gründen, die alle das Thema seines sprachlichen Ungenügens variieren, vgl. ebd.

fällt ein vernichtendes Urteil und schreibt im selben Brief an Rey: „Da ich unglücklicherweise vor ungefähr sechs Wochen an Moses geschrieben habe, dass ich für eine Übersetzung seines Buches sorge, muss ich nun mein Wort halten, so dass ich entschlossen bin, selbst die Übersetzung zu unternehmen, so schwer mir diese Arbeit auch fällt.“[27] Dieses Angebot wiederholt Jacobi noch einmal, da Rey offenbar mit keinem Wort darauf eingegangen ist, und er verleiht seiner Anfrage besonderen Nachdruck, indem er anführt, er habe „Neuigkeiten“ oder „Nachrichten“ („nouvelles“) von „*Mendelssohn*, der gerne die Mühe auf sich nimmt, die französische Übersetzung des Phaedon durchzusehen“, wenn er selbst, Jacobi, die Mühe auf sich nehme, sie anzufertigen.[28] Die Korrespondenz über den französischen *Phaedon* erstreckt sich über ein Dreivierteljahr, von Oktober 1768 bis Juli 1769 – um plötzlich im Nichts zu enden. Noch im Juli versichert Jacobi mehrfach, die Übersetzung anfertigen zu wollen, über seine anderen Arbeiten, so schreibt er dann im Oktober 1769, hätten sich mehrere französische Mitglieder der Berliner Akademie sehr freundlich geäußert und dies, versichert er, „gibt mir neuen Mut den Phaedon zu unternehmen“.[29] Nach diesem Brief vom 20. Oktober 1769, ziemlich genau ein Jahr nach der Aufnahme der Bemühungen, ist nie wieder die Rede von dieser Übersetzung – und damit hängt womöglich auch zusammen, dass kein Dokument außer den zitierten Briefen eine solche Verabredung zwischen Mendelssohn und Jacobi belegen kann.

2. Sokratische Liebe und der Bund der Philosophen

Sicher hat Kurt Christ recht, wenn er schreibt, Jacobi habe sich mit dem *Phaedon* „gleichsam persönlich von Mendelssohn angesprochen [gefühlt]“ und auch seine Begründung dürfte zutreffen, dass Jacobi „in besonderer Weise affektiv für diese Thematik disponiert war“.[30] Nicht nur die bereits zitierte Stelle aus der autobiographischen Erzählung des Dialogs *David Hume über den Glauben* zeigt, dass ihn ausgerechnet dieses christliche Dogma in tiefste Verzweiflung gestürzt hat – auch dies eines der Rätsel, die sich mit Blick auf die Schriften nicht lösen lassen. Die bewundernde Aneignung des *Phädon* gilt aber sicher

---

27 „Comme jai ecrit malheureusement a Moses, il y a 6 semeines en viron, que je soignois une traduction de son livre, il faudra bien que je degage ma parole, ainsi que je suis resolu d'entreprendre moi même la traduction, quelque pénible que me soit cet ouvrage.“ Jacobi an Rey, 14.7.1769, in: ders., JBW I,1 (wie Anm. 10), S. 76.

28 „Mendelssohn, qui se charge volontiers de revoir la traduction françoise du Phaedon, si moî même je me charge de la faire.“ Jacobi an Rey, 28.7.1769, ebd., S. 77.

29 Jacobi an Rey, 20.10.1769, ebd, S. 88.

30 Christ, *Jacobi und Mendelssohn* (wie Anm. 19), S. 29. Christ weist ebenfalls schon auf das plötzliche Ende der Verhandlungen hin: „[D]as Thema war gleichsam von einem zum anderen Brief endgültig, aus welchen Gründen auch immer, ausdiskutiert. Diese Gründe zu erschließen, wäre sicher von großer Bedeutung“, ebd.

nicht der christlichen Überformung des Themas in der Geschichte seiner Bearbeitung, sondern der epistemologischen Frage, die Mendelssohn und Kant bereits in ihren Preisschriften diskutiert hatten, der Frage also nach einer Methode, mit der in diesen Bereichen philosophischen Denkens Gewissheit und Sicherheit zu erreichen wären.

Und ein weiteres kommt hinzu: Mit der versuchten Adaption von Mendelssohns *Phädon* als Übersetzung und in Übersetzung wiederholt der enthusiastische junge Philosoph dessen eigene kongeniale Aneignung des Platon-Textes. Denn nicht erst Jacobi, sondern schon Mendelssohn stellt seine erweiterte Übertragung des Platon-Texts ins Zeichen der Bewunderung, ja der Liebe. Gewidmet sind die drei philosophischen Gespräche seinem zu früh gestorbenen Freund Thomas Abbt und die empfindsame Emphase ihrer Vorrede bedient sich eines Vokabulars, das ebenso gut von Jacobi stammen könnte: „Ich hatte das Glück, über einige der wichtigsten Punkte meines Freundes Einstimmung zu erhalten, ob ich ihm gleich nicht in allem Genüge leisten konnte. Mit der Offenherzigkeit eines wahren Freundes, goß er die geheimsten Empfindungen seiner Seele, sein ganzes Herz in meinen Busen aus. Seine philosophischen Betrachtungen erhielten durch die sanften Empfindungen des guten Herzens einen eignen Schwung, wodurch sie die Liebe zur Wahrheit in der kältesten Brust würden entzündet haben, und seine Zweifel selbst unterließen niemals neue Aussichten zu entdecken, und die Wahrheit in ein helleres Licht zu setzen.“[31]

Die Liebe zum Freund und die Liebe zur Wahrheit gehören demnach schon in dieser Vorrede untrennbar zusammen und entsprechend „kamen“ auch zu Sokrates, der Einleitung zufolge, „die angesehensten und gelehrtesten Männer von allen Gegenden [...], um seines freundschaftlichen Umgangs und Unterrichts zu genießen“.[32] In einem idealen Raum der deutschen Aufklärungsphilosophie treffen sich somit nicht nur Mendelssohn und sein zu früh verstorbener Freund Abbt, sondern auch Sokrates und dessen Freunde, und auch hier gilt die eigentliche Liebe der Wahrheit, der Philosophie. Dass auch diese Liebe bei Mendelssohn eine Form der Aneignung und des Überschreibens ist, wie dann bei seinem Bewunderer Jacobi, zeigt sich in den auktorialen Passagen der Vorrede, genau dort also, wo Mendelssohn begründet, warum sein *Phaedon* nur in Teilen eine Übersetzung heißen kann: „Das Gespräch des griechischen Schriftstellers, das den Namen *Phädon* führet, hat eine Menge ungemeiner Schönheiten, die, zum Besten der Lehre von der Unsterblichkeit, genutzt zu werden verdieneten. Ich habe mir die Einkleidung, Anordnung, und Beredsamkeit desselben zu Nutze gemacht, und nur die metaphysischen Beweisthümer nach dem Geschmacke unserer Zeiten einzurichten gesucht. [...] In der Folge sahe ich mich genöthiget, den Plato völlig zu verlassen. Seine Beweise für die Immaterialität der Seele scheinen, uns wenigstens, so seichte und grillenhaft, daß sie

[31] Moses Mendelssohn, *Phaedon oder Über die Unsterblichkeit der Seele, in drey Gesprächen.* Vermehrte und verbesserte Auflage, Frankfurt/Leipzig 1768, unpaginiert [S. 3].

[32] Ebd., S. 15.

kaum eine ernsthafte Widerlegung verdienen.“[33] Im dritten Gespräch schließlich, „mußte ich völlig zu den Neuern meine Zuflucht nehmen, und meinen Sokrates fast wie einen Weltweisen aus dem achtzehnten Jahrhunderte sprechen lassen. Ich wollte lieber einen Anachronismus begehen, als Gründe auslassen, die zur Ueberzeugung etwas beytragen können. Auf solche Weise ist folgendes Mittelding zwischen einer Uebersetzung und eigenen Ausarbeitung entstanden.“[34] Einem aufgeklärten Publikum wären demnach veraltete Argumente nicht zuzumuten, doch der Wettstreit zwischen den Antiken und den Modernen, der dieser Passage im Rücken liegt, begründet hier zugleich ein eigenwilliges Konzept der modifizierenden Aneignung: Nicht klassizistische Bewunderung für die Schönheit des antiken Textes beansprucht Mendelssohns Adaption, sondern die Aktualisierung philosophischer Grundfragen in einer Debatte unter Liebenden. Mit diesem „Mittelding“ ist also ein Text entstanden, den Jacobi seinerseits gern übersetzt und womöglich im selben Sinn „ausgearbeitet“ hätte, als Mitglied jener Gemeinschaft einander freundschaftlich liebender Philosophen.

3. Freundschaft, Kritik und die Wendung philosemitischer Werbung

Wenn es offensichtlich keinen direkten Austausch von Briefen zwischen Jacobi und Mendelssohn in den 60er und 70er Jahren gab[35], so ist doch umso bemerkenswerter, dass Jacobi dem Philosophen in einem weiteren Werbungsversuch ein Exemplar der ersten Werkausgabe seiner Texte geschickt hat, mit der Widmung: „Dem Ehrwürdigen Mendelssohn, von deßselben vieljährigem dankbaren Schüler, dem Verfasser. Pempelfort, den 23. Oktober 1781“.[36] Auch diese Widmung könnte man als philosemitische ‚Liebesrede‘ auffassen, die versucht, sich den Juden gefügig zu machen und zu einer Liebes-Antwort zu zwingen.[37] Sie ist aber auch Teil dessen, was als Publikationsstrategie der deutschen Aufklärung unhintergehbar ist: die Verbindung von Bruderliebe und Kritik in Bündnissen unter Gleichgesinnten, die im Ernstfall des scharfen öffentlichen Disputs fraglos füreinander einstehen.

Bemerkenswert an der Widmung ist nämlich ihr Zeitpunkt: Im selben Jahr 1781 erscheint auch Christian Konrad Wilhelm von Dohms Schrift *Über die bürgerliche Verbesserung der Juden*, nicht zuletzt als Produkt der Freundschaft

---

33 Ebd., S. 6 f.

34 Ebd., S. 7.

35 Christ, *Jacobi und Mendelssohn* (wie Anm. 19), S. 41.

36 Geiger, *Zeitschrift für die Geschichte der Juden in Deutschland* 1881, S. 304, hier zit. n. Klaus Hammacher, *Jacobi und das Judentum* – Diskussionsbeitrag zu: Hartmut Traub: J. G. Fichte, der König der Juden spekulativer Vernunft – Überlegungen zum spekulativen Anti-Judaismus, in: Hartmut Traub (Hg.): Fichte und seine Zeit, Amsterdam / New York, 2003, S. 195-209, hier S. 201.

37 Vgl. zu dieser zentralen Figur die Einleitung zu diesem Band.

mit Moses Mendelssohn. Jacobi und Dohm sind wiederum ebenfalls verbündet und befreundet; Dohm ermöglicht Jacobi, im *Deutschen Museum* zu veröffentlichen, und bittet ihn explizit um Kritik an seiner so genannten „Judenschrift“.[38] Umgekehrt hatte er bereits Monate zuvor emphatisch Jacobis gegen Wieland gerichteten Text im Deutschen Museum gelobt: „Ihre Ideen sind hell, groß und einen neuen Gang der eigenen veranlassend, und Ihre Manier, Ihre Freimüthigkeit ist herrlich!“[39] Nur einen Monat später übersendet Jacobi dann sein Buch an Mendelssohn, womöglich ermutigt durch diesen Zuspruch des Freundes eines Freundes, der ihm unterdessen auch über die Lessing-Seite vermeintlich näher gerückt sein konnte. Diesem hatte Jacobi im Sommer 1780 einige seiner Schriften mit der Bitte um Lektüre und Kritik geschickt und die Möglichkeit eines Treffens eruiert, womöglich ermutigt durch Lessings freundliche Worte zu seinem *Woldemar*-Roman im Jahr zuvor.[40] Am Ende des Jahres 1781 muss Jacobi sich fast am Ziel seiner Bemühungen um ein Netz solcher freundschaftlicher Verbindlichkeiten geglaubt haben, das endlich auch Mendelssohn einschließen konnte, umso mehr, als ihm Dohm in einem ausführlichen Brief seine durchaus heiklen politischen „Gesinnungen“ mitteilt, einschließlich des sachlichen Befundes, seine „Grundsätze in Absicht der Juden“ seien „denen in unseren Landen ausgeübten offenbar entgegen“, doch „das Gemälde der Schinderey dieser Nation ist von unserm Original (aus unserem Juden-Reglement) copirt“.[41] In der Form typischer wechselseitiger Versicherung und Vergewisserung eröffnet Dohm dieses lange Bekenntnis mit einem Dank für Jacobis Warnung vor dem „berlinischen Geist“, die er als „Beweis Ihres Vertrauens und Ihrer Freundschaft“ liest – wiederum eine unabdingbare Voraussetzung für den wechselseitigen Schutz in den Bündnissen der Freunde und Kritiker.[42] Performativ hergestellt ist eben dieser Bund spätestens durch die ersten beiden Zeilen, in denen Dohm dem „[t]heuerste[n], edle[n] Freund“ herzlich für alles dankt, was dieser über seine Schrift ihm sagen wolle, denn: „Ein Beifall wie der Ihrige ist mir der reitzendste Lohn“.[43] Und zum Ende des Briefs kann Dohm sogar noch den fernen Dritten in den Bund holen: „Mendelssohn ist sehr mit ihrem Briefe zufrieden, nur wünscht er etwas mehr Einfachheit des Styls. Sie hätten, meynt er, zu

---

38 C.K.W. Dohm an Jacobi, 18.12.1781, in: JBW 1,2 (wie Anm. 10), S. 391.

39 C.K.W. Dohm an Jacobi, 20.9.1781, ebd., S. 344.

40 Auch die Übersendung seiner *Merkur*-Arbeiten ist begleitet von einer Versicherung seiner „Fülle der Liebe, die sich endlich gehen läßt und gehen laßen muß“, Jacobi an Gotthold Ephraim Lessing, 1.6.1780, JBW 1,2 (wie Anm. 10), S. 142. Womöglich auch als Antwort auf die Zusendung der ersten *Woldemar*-Fassung hatte ihm Lessing sein freundliches Wohlwollen übermittelt: „Der Verfasser des Nathan möchte dem Verfasser des Woldemar die unterrichtende und gefühlvolle Stunde, die ihm dieser gemacht hat, gern vergelten“, Lessing an Jacobi, 18.5.1779, in: JBW I,2 (wie Anm. 10), S. 96.

41 C.K.W. Dohm an Jacobi, 18.12.1781, ebd., S. 391.

42 Ebd.

43 Ebd.

sehr nach glänzendem Ausdruck, Antithesen und besonders zum Schluß einer Gedankenreihe nach Pointen gestrebt.“[44]

Doch dieses Kompliment hat leider die Struktur eines klassischen *double bind*: Jacobis Philosophie ist von seiner Schreibart nicht zu trennen und daher mag genau hier der Umschlagpunkt fehlgehender Liebesrede zu finden sein. Jedenfalls wird Jacobi im Nachhinein seine Gegnerschaft zu Mendelssohn, die philologisch haltbar erst ab 1785 belegt werden kann und auch dann noch im Streit über das Spinoza-Buch eigentlich ein Streit zweier Liebender um ein gemeinsames Liebesobjekt ist, nämlich ein Streit zweier Spinozisten um das richtige Verständnis des Spinozismus, entsprechend in eine unbestimmte Vorzeit zurückverlegen und in einer Art philosemitischem Exzess eine verwirrende Folge von Texten veröffentlichen, die paradoxerweise Annäherung und Vereinnahmung bewirken sollen, wo sie Distanzierung und Gegnerschaft behaupten.

Es ist demnach ein Scheingefecht, das Jacobi im *Deutschen Museum* gegen Mendelssohn führt, mit Billigung und unter der heimlichen Regie von Dohm, der als Mittler eine ähnlich undurchsichtige Position einnimmt wie später Elise Reimarus in ihrer Rolle als Botin, die als beider Freundin die Spinoza-Briefe zwischen Jacobi und Mendelssohn befördert, freilich mit eigenen Kommentaren, Ergänzungen und Auslassungen. Ohne den Blick auf die umfangreichen Briefwechsel lassen sich diese Vorgänge im Zeitalter des anonymen Publizierens nicht erhellen und sie sind auch den Zeitgenossen sicher größtenteils verborgen geblieben. Einen fiktiven Anfangspunkt der nun zu betrachtenden Intrige könnte man in Wielands Schrift *Über das göttliche Recht der Obrigkeit* sehen, also wiederum in dem Produkt einer Freundschaft, denn Jacobi und Wieland sind als gemeinsame Herausgeber des *Deutschen Merkur* noch immer Freunde, die sich in zahlreichen Briefen ihre wechselseitige brüderliche Liebe versichern.[45] Dieser Text bewirkt allerdings den Bruch; Wieland vertritt eine quasi absolutistische Position, Jacobi formuliert eine republikanische Gegenrede in eben jenem Text, mit dem er in Dohms *Deutschem Museum* erstmals reüssiert. Seinem Aufsatz über die Willkürherrschaft der Obrigkeiten, der staatlichen wie der kirchlichen, hat Jacobi den lockenden Titel *Etwas, das Lessing gesagt hat* gegeben; er ist formal eine Rezension von Johannes von Müllers Schrift *Über die Reisen der Päpste* und hat die selben Schwierigkeiten, die Selbst-Zensur der deutschen Verleger zu passieren. Schon bald nach dem Druck erscheinen dann im *Deutschen Museum* anonym zwei gewichtige Erwiderungen – oder ‚Revisionen‘ – unter dem Titel *Gedanken Verschiedener bey Gelegenheiten einer merkwürdigen Schrift* und *Erinnerungen gegen die […] eingerückten Gedanken über eine merkwürdige Schrift*, die Jacobi auch in seine Werkausgabe aufgenommen hat.

---

44 Ebd., S. 392.

45 Christoph Martin Wieland, „Ueber das göttliche Recht der Obrigkeit oder: Ueber den Lehrsatz: ‚Daß die höchste Gewalt in einem Staat durch das Volk geschaffen sey‘“, in: *Der Deutsche Merkur* 5 (1777), Bd. 4, S. 119-145.

In einer neuen Einleitung zum Wiederabdruck der drei Texte, die den sprechenden Titel *Vorerinnerung* trägt, schreibt Jacobi, mehr als dreißig Jahre nach dem Erstdruck: „Dass Mendelssohn der Gegner war, gegen welchen die *Erinnerungen* gerichtet sind, habe ich schon anderswo bemerkt“[46] und diese auffällige Verkehrung des grammatischen Tempus entlarvt den Satz als späte Revision: Mendelssohn ist unterdessen der Gegner geworden, gegen den schon damals die *Erinnerungen* gerichtet waren.

Umgekehrt ist es in jeder Hinsicht naheliegend, dass die Rezension mit dem Lessing-Zitat „gegen Mendelssohn gerichtet“ ist, im Sinn einer werbenden Adressierung: Mendelssohn soll sich ein weiteres Mal angesprochen fühlen, um wiederum zu einer philosophischen Grundfrage Stellung zu nehmen, denn Jacobi verhandelt mit einigem Pathos das Problem politischer und moralischer Freiheit. Auch hier kommt die philosophische Liebesrede indirekt zum Einsatz, wenn Jacobi apodiktisch versichert: „Wo ein hoher Grad von politischer Freyheit in der That, und nicht allein dem Scheine nach, vorhanden ist, da muß von der moralischen Freyheit nicht weniger ein hoher Grad vorhanden seyn. Beyde sind in der vernünftigen Natur des Menschen einzig und allein gegründet, und ihre Kraft und Folge ist daher: den Menschen immer menschlicher zu machen, immer fähiger, sich selber zu regieren, seine Leidenschaften zu beherrschen, glücklich zu seyn, und ohne Furcht.“[47] Dies in Berlin veröffentlicht, im direkten Umfeld dessen, der zeitgleich mit einer bahnbrechenden Schrift für die Freiheit der Juden kämpft, spricht Mendelssohn an, soll ihn ansprechen.

Als Antwort erscheint jedoch zunächst anonym im *Deutschen Museum* die Erwiderung *Gedanken Verschiedener*, ein kryptischer Text, der zur besseren Einordnung im Kolumnentitel bündig *Ueber Etwas das Lessing gesagt hat* heißt. Dieser bietet eingangs zwei französische Briefe, die vom Status der Klöster handeln und von der Frage, ob man die Mönche in eine weltliche Gemeinschaft wieder eingliedern könne; ein ungenannter Sprecher formuliert dann eine Reihe von Einwänden gegen die zuvor gleichfalls anonym erschienene Schrift mit dem Aufmerksamkeit heischenden Lessing-Zitat im Titel, die vor allem deren unzureichende Argumentationsführung betreffen: Der Verfasser spreche, anders als die rezensierte Schrift, nicht mehr vom Papst, sondern lediglich von Fürst und Volk, ginge überhaupt über das, was bei Müller meisterhaft geschildert worden sei, sehr schnell hinweg und man zweifle, „ob er seine erste Idee nicht festhalten konte oder nicht festhalten wollte?“[48] Seine „Beweise für die Volksregierung“ seien „ziemlich übertrieben“[49], der Schriftsteller, „der nicht

---

46 Anonym [d.i. Friedrich Heinrich Jacobi,] *Etwas das Lessing gesagt hat. Ein Commentar zu den Reisen der Päpste nebst Betrachtungen von einem Dritten*, Berlin, 1782, S. 59, wieder abgedruckt in WW II (wie Anm. 13), S. 325-388.

47 Ebd., S. 60.

48 [Anonym,] „Gedanken Verschiedener bey Gelegenheit einer merkwürdigen Schrift“, in: *Deutsches Museum* 8 (1783), Bd. 1, S. 3-9, hier S. 8, wieder abgedruckt in WW II (wie Anm. 13), S. 389-399, hier S. 398.

49 Ebd.

blos unterhalten, sondern auch belehren wil“ suche dagegen „deutliche und reine Begriffe, und halte sich vest an denselben“.[50] Ansonsten, so die polemische rhetorische Frage des Schlusses: „Wozu alle Deklamazion, die zu nichts führen kan, zu nichts führen sol?“[51]

Der ungenannte Verfasser kritisiert also in erster Linie wiederum die Schreibart des Textes; auch für unbefangene Leser enthält der Text zudem einen eindeutigen Verweis auf Mendelssohn in der zunächst überraschenden These, vollkommen tugendhafte Charaktere könnten sich leichter unter einem Despoten (als in einer Demokratie) bilden: „Lessing hat in dieser Rücksicht sehr wohl gethan, seinen Nathan in die Türkei zu setzen. Sokrates selbst hat sich zu Athen gebildet, als sich die Regierungsform zur Thyranney neigte“ – hier ist Mendelssohn als Freund Lessings, Vorbild des Nathan und ‚deutscher Sokrates‘ gleich dreifach aufgerufen.[52]

Eine baldige Revision erfährt der Text freilich dadurch, dass bereits im folgenden Moment am selben Ort eine weitere Erwiderung veröffentlicht wird, die Gegenschrift zur Gegenschrift mit dem rückverweisenden Titel *Erinnerungen gegen die eingerückten Gedanken über eine merkwürdige Schrift*, die nun weiträumig erläutert, wie man sich das Verhältnis von weltlicher und kirchlicher Macht zu denken habe und den Einwänden der *Gedanken* dezidiert widerspricht. Minutiös weist der anonyme Kritiker mit durchaus scharfen Formulierungen nach, warum der Verfasser der *Gedanken* mit seiner Kritik des *Etwas* immer schon fehlgehen muss: „Von dem ersten Grossen Buchstaben, bis zu dem lezten Kleinen, dreht sich diese ganze Schrift um den Einen festen Punkt: Daß menschlicher Eigendünkel, mit der Gewalt verknüpft andere nach sich zu zwingen [...] überall nur Böses stiften könne, und von Anbeginn gestiftet habe. Die Einwürfe des Gegners treffen alle neben diesen Punkt, und beweisen folglich weiter nichts als Mißverstand“[53], wie die nummerierte Reihe ihrer Widerlegung demonstrieren soll. Diese gipfelt in der perfiden Pointe, dass noch die letzte freundliche Äußerung über Lessings Nathan ein solcher „Mißverstand“ gewesen sei: „Der Bemerkung, daß Lessing seinen Nathan in die Türkei versezte, hätte diese beigesellet werden können: Daß er ihn zum Juden machte. Wie der Gegner die Sache stellt, so müßte, wenigstens im größten Theile von Europa, die vollkommene Tugend sich am mehrsten bei den Juden finden, und in dem Betracht ihr Zustand zu beneiden sein. Wir wissen aber, leider! Nur von Einem Mendelssohn, und dieser blickt mit Wehmut und mit Schaudern auf die Fesseln seiner Brüder.“[54] Mit der Veröffentlichung dieser Sätze in der Zeitschrift Dohms, der seinerseits bei der Schilderung der Zustände in der Gemeinschaft der deutschen Juden die Nähe zu antisemitischen Klischees bewusst in

---

[50] Ebd., S. 9, WW II (wie Anm. 13), S. 399.

[51] Ebd., WW II (wie Anm. 13), S. 400.

[52] Ebd.

[53] [Anonym,] „Erinnerungen gegen die in den Januar des Museums eingerückten Gedanken über eine merkwürdige Schrift“, in: *Deutsches Museum* 8 (1783), Bd. 1, S. 97-105, hier S. 98.

[54] Ebd.

Kauf genommen hatte, soll der Nachsatz mit dem ambivalenten Argument des ‚Ausnahmejuden' offenbar auch die philosemitische Vereinnahmung Mendelssohns für den europaweit zu führenden Kampf gegen die Unterdrückung der Freiheit, zumal jener erst zu erringenden der Juden, befördern.

Die Verwendung des Klarnamens gehorcht jedoch zugleich einer bestimmten Strategie der offenen Verrätselung. Wie schon die Müller-Rezension im augenfälligen Verbergen ihres Verfassernamens zugleich relativ deutliche Hinweise auf den Autor anbot, so verstärkt der Anfang der *Erinnerungen* diese kryptische Form des Signierens durch ihr Ausstellen, denn gleich deren erster Satz lautet: „Der Verfasser des Etwas hat sich nicht genant, und ich fühle nicht den mindesten Beruf, denselben, wenn ich ihn erriethe, anderen zu entdeken. Der vom Herausgeber der französischen Briefe angegebene kann es schwerlich sein, denn dieser war, wie seine Freunde versichern, das ganze vergangene Jahr hindurch sehr krank"; freilich hätten auch „Widersprüche" zwischen „den Gedanken des Etwas und den Gedanken des Mannes [...], welchem dasselbe zugeschrieben", diesen gleichfalls ungenannten Herausgeber an seiner Hypothese zweifeln lassen.[55] Dieses Verwirrspiel insinuiert, das gelehrte Deutschland sei permanent mit jener Verfasserfrage beschäftigt – ein durchsichtiger Versuch, die behauptete erhöhte Aufmerksamkeit performativ herzustellen und eben die These zu lancieren, die vorgeblich verneint wird. Bei näherer Betrachtung der drei derartig polemisch aufeinander bezogenen Texte fällt das Insistieren aller drei anonymen Verfasser auf eben diesem Phänomen der anonymen Autorschaft auf: Mehr oder weniger dringlich fordern alle drei Texte gleichermaßen dazu auf, die anonymen „Gegner" zu identifizieren.[56]

Über die Verfasserschaft des ersten Textes wiederum kann in einem bestimmten Kreis befreundeter Autoren kein Zweifel bestehen, weil Jacobi in einer ganzen Reihe von Briefen an Johannes von Müller selbst, an Campe und Reich als potentielle Verleger, an die Fürstin Gallitzin und Reimarus quasi deutschlandweit sein Interesse an den *Reisen der Päpste* und die Arbeit an seinem Kommentar geschildert hat, einschließlich der aufwendigen (brieflichen) Vorbereitung des Drucks der Rezension.[57] Zumindest unter den genannten „Freunden" konnte somit kein Zweifel an der Verfasserschaft Jacobis bestehen, dessen Kontakt zu Lessing über das selbe Briefnetz auch weithin bekannt geworden sein dürfte. Metonymisch eingeführt als Lessing-Freund, Jude, Philosoph und schließlich explizit beim Namen genannt, ist zudem Mendelssohn als

55 Ebd., S. 97.

56 Vgl. dazu ausführlich Ortlieb, *Friedrich Heinrich Jacobi und die Philosophie als Schreibart* (wie Anm. 9), S. 275-292.

57 Die Serie beginnt mit einem Schreiben Gleims, in dem dieser Jacobi nach seiner Meinung über die *Reisen der Päpste* fragt und Jacobis anschließender Buchbestellung, vgl. Johann Wilhelm Ludwig Gleim an Jacobi, 1.5.1782, in: JBW I,3 (wie Anm. 10), S. 25 und Jacobi an Amalia von Gallitzin, 10.5.1782, ebd., S. 27.

„Gegner" hinreichend plausibel gemacht, wenn auch der Titel *Gedanken Verschiedener* explizit eine kollektive Autorschaft wiederum Ungenannter suggeriert.

Umso befremdlicher ist es, dass ein Blick auf das Geflecht der den Zeitgenossen verborgenen Briefe – einschließlich der sprechenden Lücken im Briefwechsel – zeigt, dass diese Gegnerschaft geschickt suggeriert oder vielmehr: absichtsvoll fingiert ist. Um die Reichweite dieses Verdachts zu erhellen, braucht es nur noch ein einziges Zitat: In den *Erinnerungen* heißt es in gewohnter Schärfe ohne Überleitung, es sei „unbegreiflich, wie der Gegner den Verfasser einer übertriebenen Begünstigung der Volksregierung schuldig finden [...] konte [...]. Es fehlte nichts, als daß er auch noch fragte: Ob denn aber Papstthum Demokratie sei?"[58] Diese Frage hat freilich der Verfasser der *Gedanken* nicht gestellt, wohl aber wird sie Jacobi in etlichen Briefen der Folgezeit als ein Mendelssohn-Zitat ausweisen oder vielmehr behaupten. Vor dieser Schlusswendung, in der die Intrige kulminiert und deren Wirkungsmächtigkeit bis heute anhält, möchte ich jedoch noch kurz die Serie der verräterischen Briefe beleuchten, in der ins Werk gesetzt wird, was dann als Mendelssohns Werk ausgegeben wird.

4. Gedanken, Meinungen, Beiträge: Formen prekärer Autorschaft und die Intrige gegen Mendelssohn

Wie der Briefwechsel belegt, hat Jacobi schon seine Rezension der *Reisen der Päpste* in enger Zusammenarbeit mit deren Verfasser und der Fürstin von Gallitzin verfasst: Abwechselnd schickt er beiden Briefpartnern Passagen seines Manuskripts und bittet um „Urtheile und Anmerkungen" in Gestalt von Randnotizen; reitende Boten sollen, da die Zeit dränge, den solchermaßen dem Prinzip der Revision unterworfenen Text hin und her befördern.[59] Bereits zur selben Zeit, nach einem halben Jahr, in dem nahezu alle Briefe der Publikation der noch titellosen „Schrift gegen die Tyranney"[60] gelten, an deren Fertigstellung die Fürstin Gallitzin zumindest passagenweise erheblichen Anteil gehabt hat, beschreibt Jacobi in einem Brief an diese Mitwisserin und Korrektorin bereits sein nächstes Projekt: „Einliegend ein Brief, den ich vor einigen Jahren von Fürstenberg erhielt. [...] Ich wollte Fürstenberg erlaubte mir diesen Brief mit den nöthigen retranchemens drucken zu laßen. Ich fügte eine Antwort von mir hinzu, u gäbe dem Ding ein Ansehen, als wenn die Bekanntmachung mir zum Poßen geschehe. [...] Beide Briefe erschienen auf französisch, u so, als wenn sie jemand von Leßing hätte [...]. Die Erscheinung dieser Briefe würde zu sehr nützlichen Erläuterungen Anlaß geben".[61]

---

58 [Anonym,] „Erinnerungen" (wie Anm. 53), S. 101.

59 Jacobi an Johannes von Müller, 4.10.1782, in: JBW I,3 (wie Anm. 10), S. 55.

60 Jacobi an Amalia Fürstin von Gallitzin, 1.10.1782, in: ebd., S. 53.

61 Jacobi an Amalia Fürstin von Gallitzin, 29.10.1782, in: ebd., S. 72.

Vorgeblich ihm zum Trotz („Possen") soll also die minutiös geplante Veröffentlichung der französischen Briefe nebst Kommentar erfolgen und mithin ist nicht nur Jacobi zweifelsfrei der Verfasser der anonymen Schrift *Etwas das Lessing gesagt hat*, sondern auch der Verfasser ihrer Widerlegung. Der Autor selbst lanciert also seinen und Fürstenbergs Brief, um sich selbst der Selbstwidersprüchlichkeit und nicht genügend präzisen Schreibweise zu beschuldigen, formuliert selbst die Kritikpunkte, die sich aus der Konfrontation beider Texte ergeben und bietet diese mit einigem Stolz dem Herausgeber Dohm an, dem er am Ende des Jahres 1782 schreibt: „Sie haben mich um Beiträge für das Museum gebeten, mein lieber Dohm, und sehen Sie, hier empfangen Sie einen schon mit umlaufender Post. Was aber alles übertrifft und Sie zu einer grenzenlosen Dankbarkeit verpflichtet, der Aufsatz, den ich Ihnen schicke, ist gegen meine eigene Person gerichtet. Dass ich auf diese Weise ein Verräther an mir selbst werde, bleibt unter uns."[62] Doch damit nicht genug: Auch die *Erinnerungen*, in denen bereits die Identität von erstem und drittem Verfasser suggeriert wurde, sind natürlich ein Produkt Jacobis.[63] Mehr noch: Dohm soll zumindest in der Titelgebung des zweiten Aufsatzes – der ersten ‚Revision' – als mitwissender Co-Autor fungieren: „Den Titel überlasse ich Ihrer Wahl. Wenn es immer möglich ist, machen Sie, daß es noch in den December kömmt. Ob dieses geschehen kann, oder ob es im Januar erst erscheinen wird, darüber erbitte ich mir so bald als möglich eine zuverlässige Antwort aus; denn ich schicke Ihnen alsdann sogleich für das folgende Stück eine directe oder indirecte Rettung meiner Wenigkeit."[64]

Demnach war es wohl Dohm, der dem noch namenlosen Text den diplomatischen Titel *Gedanken Verschiedener* gegeben hat, oder zumindest war er zu dieser Titelgebung autorisiert. Und er hat offenbar entscheidend dazu beigetragen, dass diese Verschleierung des Verfassers zum Instrument gegen Mendelssohn werden konnte: In einem Brief an Jacobi schildert Dohm, wie er diesem einen nicht erhaltenen Brief Jacobis gezeigt habe, der den Philosophen zu folgenden Äußerungen veranlasst habe: „Es machte ihn traurig, daß Ihnen sein Tadel empfindlich gewesen wäre. Er habe, wie ich es ausdrücklich forderte, sein Urtheil so gerade hin ohne alle Verzuckerung gesagt. [...] Er habe aber schlechterdings nichts sich hinzugedacht, und Ihre Erörterungen haben ihn wirklich jetzt überzeugt, daß er die Sache unrecht angesehen. Ihren Aufsatz für den Februar schicke ich heute an W[eygand] und gebe ihm dessen Einrückung

---

62 Jacobi an Dohm, 3.12.1782, in: ebd., S. 100.

63 Auch dies teilt Jacobi beispielsweise seiner Vertrauten, der Fürstin, sozusagen konspirativ mit: „Mit nächster Post bekommen Sie meine Erinnerungen gegen die im Januar des Museums befindlichen Gedanken über eine merkwürdige Schrift. Sie wißen, daß ich die Publizierung dieser Gedanken selbst befördert habe, welches aber niemand anders zu wißen braucht. Meine Gegenerinnerungen werden im Februar des Museums erscheinen [...]." Jacobi an Amalia von Gallitzin, 7.und 8.2.1783, ebd., S. 122.

64 Jacobi an Dohm, 3.12.1782, ebd., S. 100.

auf."[65] Nicht nur der abrupte Übergang von Mendelssohns Kritik zu Jacobis Text, sondern auch der Verweis auf diese Vorgeschichte des „Aufsatzes" lassen erkennen, wovon wohl ein erschlossener Brief Dohms gehandelt hat, zu dessen Inhalt die Herausgeber der Jacobi-Briefausgabe keinerlei Angaben machen: Er muss eine Bemerkung Mendelssohns weitergeleitet haben, die dieser über Jacobis *Etwas das Lessing gesagt hat* gemacht hatte, nachdem Dohm ihn ausdrücklich dazu aufgefordert hatte. Jacobis für den 16.12.1782 erschlossener Brief an Dohm mit der Inhaltsangabe: „Jacobi beklagt sich über das, was Moses Mendelssohn einer Schrift von ihm vorgeworfen hat", lässt sich also identifizieren als eben dieses Schreiben, in dem Jacobi sich offenbar getroffen zeigte und versuchte, die Einwände Mendelssohns zu entkräften.

Dohm, der Jacobi in einem Atem- bzw. Schriftzug das Bedauern Mendelssohns, die Rücknahme seines „Tadels" und die anstehende Publikation der Schrift mit nun eigentlich überflüssigen Wiederlegungen mitteilt, macht Jacobi im selben Brief noch ein seltenes Kompliment: „Die Bemerkungen Ihrer Briefe und des Aufsatzes gefallen mir sehr, und ich freue mich herzlich über diese Debatten"[66]; er hat also einen nicht unerheblichen Anteil an der weiteren Beförderung der Intrige, deren Ausmaß er womöglich nicht abschätzen konnte, aber erahnen musste. Denn von nun wird Jacobi in seinem weitläufigen Briefwechsel und in den veröffentlichten Schriften zum Spinoza-Streit wieder und wieder mit dieser angeblich philologisch überprüfbaren Gegnerschaft Mendelssohns argumentieren, so beispielsweise in der als Verteidigungsschrift deklarierten Polemik *Wider Mendelssohns Beschuldigungen betreffend die Briefe über die Lehre des Spinoza* von 1786, in der Jacobi behauptet: „Die Schrift *Etwas was Lessing gesagt hat*, hatte Herr Mendelssohn wenigstens gesehen, denn er hatte Bemerkungen darüber aufgesetzt; auch dem Verfasser Richtigkeit des Urtheils und selbst Tiefsinn beigemessen. Er hatte Antheil an den Gedanken Verschiedener über eine merkwürdige Schrift, und war mit meinen Erinnerungen dagegen zufrieden gewesen."[67] Eine Anmerkung präzisiert und verschleiert zugleich: „Diese Bemerkungen wurden mit Mendelssohns Genehmigung mir mitgetheilt. Ich verband mit seinen Einwürfen die eines anderen würdigen Mannes, und schickte den Aufsatz einem gemeinschaftlichen Freunde, der ihn, meinem Wunsche gemäß, mit Mendelssohns Bewilligung, dem Drucke übergab; unter dem von ihm gewählten Titel Gedanken Verschiedener über eine merkwürdige Schrift. (S. deutsches Museum, Januar 1783.) von den Worten an (S. 8.) ‚Auch geht unser Verfasser über alles dies sehr schnell hinweg' – gehört alles Mendelssohn bis ans Ende."[68]

---

[65] Dohm an Jacobi, 27.1.1783, ebd., S. 119.

[66] Ebd.

[67] Friedrich Heinrich Jacobi, *Wider Mendelssohns Beschuldigungen betreffend die Briefe über die Lehre des Spinoza*, Leipzig, 1786, S. 33, WW IV (wie Anm. 13), 1,2, S. 200.

[68] Ebd., Anm.

Diese Behauptung einer Co-Autorschaft von Mendelssohn und dem nicht namentlich genannten „Freund“ Dohm hat Jacobi bereits in einem Brief zwei Jahre zuvor formuliert. Dort heißt es unter anderem, „daß die Inhaber dieser Gedanken Dohm u. Mendelssohn waren. Ich selbst beförderte damahls sie zum Druck. In Mendelssohns Aufsatz standen würklich die Worte, die ich in meinen Gegenerinnerungen (Februar des Mus[eum] 83) blos supponierend anführte: ‚Ist denn Pabstthum Demokratie?‘“[69] Obgleich Jacobi mit den philologischen Mitteln von Zitat und Quellenangabe suggeriert, diese Version könne von interessierten Lesern jederzeit überprüft werden, kann, wie bereits erwähnt, kein Textzeugnis diese Version einer gemeinsamen Autorschaft oder gar eine Verfasserschaft Mendelssohns belegen. Im Gegenteil, die erhaltenen Briefe – und womöglich weitere einschlägige, deren Fehlen in einem ansonsten geschlossen erhaltenen Konvolut möglicherweise auch nicht nur dem Zufall geschuldet ist – belegen, wie gezeigt, wie viel Mühe Jacobi und seine Komplizen darauf verwenden, die anonymen Texte so zu lancieren, dass Mendelssohn als Gegner zugleich installiert und widerlegt ist.

Die bestenfalls mündlich weitergegebene kleine Bemerkung Mendelssohns über Papsttum und Demokratie in Dohms brieflichem Zitat und dessen Transformation durch Jacobi zum Anlass für die serielle anonyme Kritik und Gegen-Kritik zu nehmen, bleibt ein äußerst fragwürdiger Sachverhalt. Es mag dabei eine nicht zuletzt für die Struktur von Fälschungsvorgängen interessante Verschiebung sein, dass Jacobi Mendelssohns angebliche Kritik abwechselnd als „Bemerkung“, „Gedanke“, „Idee“ und „Aufsatz“ bezeichnet. Sein letztlich nicht ergründbares Bestreben danach, mit der öffentlich ausgetragenen Debatte um das richtige Verständnis der Schrift von Müllers die Aufmerksamkeit des Philosophen zu erzwingen, die dieser ihm offenbar schon früher verweigert hatte, ist mithin womöglich der fatalen Liebe zur Philosophie geschuldet oder einer unguten Form des Identifizierens, in der ein sich lebenslänglich als Außenseiter empfindender autodidaktisch gebildeter Kaufmann und Philosoph sein jüdisches Spiegelbild zur Anerkennung ihrer Übereinstimmung nötigen will. Nicht zufällig wären es demnach Ausführungen über Tyrannei, Freiheit und, nicht zuletzt, das Beispiel der Juden, die Jacobi gleichfalls nicht zufällig dem dafür prominentesten Mittelsmann übergeben hätte.

Trotz einer zeittypischen antisemitischen Unterströmung ist es daher eigentlich der philosemitische Übergriff der werbenden Liebesrede, der hier zu beobachten ist, ein Exzess des philosophischen und mithin im weitesten Sinne ‚idealistischen‘ Philosemitismus, gepaart mit der fatalen Kopplung von Liebe, Freundschaft und Kritik: Umworben zum Austausch unter Freunden und Liebenden darf Mendelssohn alles, nur nicht sich entziehen, schweigen oder an der

---

[69] Jacobi an Johann Georg Hamann, 18.10.1784, in: JBW I,3 (wie Anm. 10), S. 374. Jacobis abrupte Eröffnung dieser Passage hat formal geradezu Bekenntnischarakter: „Wenn Sie die Gedanken verschiedener über eine merkwürdige Schrift (Etwas das Leßing gesagt hat) im Januar des Museum 1783 gelesen haben; so dient hiermit zur Nachricht, daß die Inhaber dieser Gedanken Dohm u Mendelssohn waren.“ Ebd.

falschen Stelle widersprechen. Und wenn Jacobi schon – oder noch – 1780 nach seinem Besuch bei Lessing an Wilhelm Heinse schreibt, jener scheine Mendelssohn „für den hellsten Kopf, den vortreflichsten Philosophen und den besten Kunstrichter unseres Jahrhunderts zu halten“[70], so ist eben nicht ein Hinderungsgrund für dessen Aneignung und Einverleibung formuliert, sondern deren philosemitische Voraussetzung.

[70] Jacobi an Wilhelm Heinse, 20./23./24.10.1780, in: JBW I,2 (wie Anm. 10), S. 201 f.

III.

Der literarische Philosemitismus im politischen Diskurs des 19. Jahrhunderts

Gunnar Och

Mögten wir Teutsche euch darin gleichen Philosemitische Projektionen im nationalen Diskurs der Politischen Romantik – mit einem Quellenfund zu Heinrich von Kleist

Die Rede von einer Analogie oder Verwandtschaft zwischen Deutschen und Juden ist ein weit verbreiteter Topos in den politischen, kulturellen, wissenschaftlichen und pseudo-wissenschaftlichen Diskursen des 19. und 20. Jahrhunderts, wie uns einschlägige Untersuchungen von Thomas Köbner[1], Dietz Bering[2] oder Jörg Marquardt[3] bestätigen, die jüdische und deutsche Stimmen von Heinrich Heine bis Heiner Müller aufbieten und – blickt man auf den Ausgangspunkt ihrer Genealogien – alle kurz vor oder nach 1850 einsetzen. Tatsächlich gibt es aber wesentlich frühere Belege, und wenn nicht alles täuscht, muss der Ursprung des Topos in die napoleonische Zeit rückdatiert und in Texten der Politischen Romantik verortet werden, wo er in einem engen und zugleich irritierenden Zusammenhang mit Konzepten nationaler Selbstfindung steht und sich mit Namen wie Ernst Moritz Arndt, Adam Müller oder Achim von Arnim verbindet, die, um es vorsichtig auszudrücken, nicht gerade für judenfreundliche Positionen bekannt sind. Darf man also hier überhaupt von Philosemitismus sprechen, und ist nicht selbst die abgeschwächte Form meines Titels, der sich ja nur des Adjektivs „philosemitisch" bedient, eigentlich unpassend und missverständlich? Der Einwand wäre berechtigt, wenn es denn einen präzise gefassten Philosemitismus-Begriff gäbe sowie einen wissenschaftlichen Konsens über idealtypische Merkmale und vor allem Grenzen des Objektbereiches. Da dies aber offenkundig nicht der Fall ist und sogar die Dignität des Terminus noch immer in Frage steht[4], scheinen experimentelle und heuristische Formen der

[1] Thomas Köbner, „'Feindliche Brüder'. Stereotypen der Abgrenzung jüdischen und deutschen Wesens", in: *Jahrbuch Bibliographia Judaica* 1 (1985), S. 29-55.

[2] Dietz Bering, „Juden und die deutsche Sprache. Fundierung eines Forschungsprojekts", in: *Neue deutsche Sprachgeschichte. Mentalitäts-, kultur- und sozialgeschichtliche Zusammenhänge*, hg. von Dieter Cherubim, Karlheinz Jakob und Angelika Linke, Berlin, 2002, S. 269-291 (Studia Linguistica Germanica 64).

[3] Jörg Marquardt, „Germanophilie im deutschen Judentum im 19. Jahrhundert", in: *Europäische Geschichte Online (EGO)*, hg. vom Institut für Europäische Geschichte (IEG), Mainz, 2011. Abgerufen von: www.ieg-ego.eu/marquardtj-2011-de, am 18.03.2011.

[4] Für die wissenschaftliche (Weiter-)Verwendung des Begriffs optiert vor allem: Wolfgang Kinzig, „Philosemitismus. Zur Geschichte des Begriffs", in: *Zeitschrift für Kirchengeschichte* 105 (1994), S. 202-228 und 361-383; Einspruch und Skepsis artikulieren u.a. Moshe Zuckermann, „Aspekte des Philosemitismus", in: *Geliebter Feind – gehasster Freund: Antisemitismus und Philosemitismus in Geschichte und Gegenwart. Festschrift zum 55. Geburtstag von Julius H. Schoeps*, hg. von Irene A. Diekmann und Elke-Vera Kotowski, Berlin, 2009, S. 61-71 (Neue Bände zur Geistesgeschichte 7) sowie Lars Rensmann und Klaus Faber: „Philosemitismus und

Begriffsanwendung durchaus legitim und damit auch Gegenstände, die – wie der hier zu untersuchende Topos – einer fluktuierenden Rede von zutiefst ambivalentem Charakter angehören. Die Wahl des zweideutigen Phänomens ist freilich mehr als nur zu entschuldigen, denn sie lässt sich auch als Chance verstehen, rasche Fixierungen oder Reduktionen zu vermeiden und in Übereinstimmung mit der strikt philologischen Konzeption des Tagungsbandes die Rhetorik und Poetik der Texte in den Vordergrund zu spielen, die deren Eigenart überhaupt erst ausmacht und ästhetisch begründet.

Die Untersuchung ist in drei Kapitel gegliedert: Ich frage zunächst danach, unter welchen Vorzeichen und Bedingungen der auf Übereinstimmungen zielende Vergleich zwischen den Konstrukten von deutschem und jüdischem Wesen bzw. deutscher und jüdischer Nationalität sich im rhetorisch-diskursiven Feld der Politischen Romantik formiert und entfaltet. In einem weiteren Schritt soll dann am Beispiel einer Erzählung Achim von Arnims gezeigt werden, wie die Fiktion den Topos aufgreift und einer experimentellen Erprobung unterzieht, um zu einer ideologisch entlastenden Klärung und Stabilisierung der Identitäten zu gelangen, was freilich zu neuen Aporien führt und letztlich in einer nicht nur für den Autor, sondern den Diskurs insgesamt aufschlussreichen Weise misslingt. Das letzte Kapitel thematisiert ein poetisches Projekt, das hier nicht übergangen werden darf, obwohl kaum mehr als das Gerücht davon existiert. Gemeint ist Kleists Plan, die Zerstörung Jerusalems durch die Römer in einem Drama zu behandeln, das wie die *Hermannsschlacht* Züge eines politischen Lehrstückes hätte tragen sollen, wenn auch mit anderen Identifikationsfiguren für die von Napoleon unterdrückten Deutschen: nicht mehr Germanen, sondern eben Juden.

Um aber nicht zu pointiert und ganz voraussetzungslos zu beginnen, sei noch eine Vorbemerkung gestattet, die das Verhältnis der Politischen Romantik zu Juden und Judentum in ihren eigenen, der Selbstverständigung, Profilierung und Abgrenzung dienenden Begriffen zu erfassen versucht. Dass dabei auch neues Licht auf die längst noch nicht lückenlos dokumentierte Vorgeschichte des Philosemitismus-Begriffs fällt, dürfte ein willkommener Nebeneffekt sein.

1. Die Erfindung des ‚Judenfreundes' aus dem Geist der Gegenaufklärung

In seiner 1814 erschienenen Schrift *Blick aus der Zeit auf die Zeit* geht Ernst Moritz Arndt einmal mehr auf die Frage der Zuwanderung von Juden und ihrer Emanzipation ein, und seine Antwort ist, wie in früheren Schriften auch, eine strikt ablehnende, da er den „germanischen Stamm so sehr als möglich von

---

Antisemitismus: Reflexionen zu einem ungleichen Begriffspaar", in: ebd., S. 73-91 („‚Philosemitismus' als politik- und sozialwissenschaftliche Kategorie [ist] heute nicht mehr ungeprüft tauglich", S. 73).

fremdartigen Bestandtheilen rein [...] erhalten" wissen will.[5] Dass solche protorassistischen Vorstellungen bei manchen Zeitgenossen auf Widerspruch stoßen, weiß Arndt, es vermag ihn aber nicht zu irritieren. Schließlich komme die Kritik ja nur aus dem Lager der „Juden und Judengenossen" und sei auch im besten Fall – „von solchen Christen, die ein sogenanntes humanes Herz für die ganze Welt haben" – nichts anderes als reine Gefühlsduselei.[6]

„Juden und Judengenossen", die hier so prägnant gesetzte Formel einer auf Selbstidentifikation zielenden Abgrenzung, ist bekanntlich eine Wendung aus Luthers Bibelübersetzung, die bei der Volksaufzählung des Pfingstwunders in der Apostelgeschichte begegnet und hier die Funktion erfüllt, Juden qua Geburt von sog. Konversionsjuden zu unterscheiden.[7] Der Begriff des ‚Judengenossen' behält zunächst diese rein religiöse Bedeutung, doch schon in der Rechtssprache des 17. Jahrhunderts lassen sich Übertragungen auf Nicht-Juden nachweisen, wobei der Gebrauch zumeist ein abschätziger ist.[8] Der Judengenosse steht im Kontakt mit Juden, verhält sich ‚jüdisch', d.h. unchristlich und betrügerisch. Vergleichbares gilt für die Rede von den „beschnittenen und unbeschnittenen Juden", die, wieder in Anschluss an Luther[9], zunächst innerhalb des Judentums religiöse Differenzen markiert, dann aber disponibel wird und der Verunglimpfung christlicher Betrüger dienen kann, die sich in den Augen der Mitbürger ‚wie Juden' gebärden.[10] Eine genauere Untersuchung dieser begriffsgeschichtlichen Zusammenhänge steht noch aus, aber wenn ich das recht sehe, vollzieht sich eine erneute Umwertung und Umprägung der Termini in der zweiten Hälfte des 18. Jahrhunderts, einer Zeit also, die nach Reinhart Koselleck ja überhaupt eine fruchtbare Periode semantischer Innovationen gewesen ist.[11] Im Kontext

---

5 Ernst Moritz Arndt: *Blick aus der Zeit auf die Zeit*, Germanien [Frankfurt am Main], 1814, S. 188.

6 Arndt, *Blick* (wie Anm. 5), S. 180.

7 „Jüden und Jüdegenossen, Kreter und Araber, Wir hören Sie mit vnsern Zungen, die grossen Thaten Gottes reden." „Apostelg. 2, 11", in: *Dr. Martin Luther's Bibelübersetzung nach der letzten Original-Ausgabe*, kritisch bearbeitet von Heinrich Ernst Bindseil und Hermann Agathon Niemeyer, 7 Teile in 3 Bde., Halle, 1850-55, Bd. 3, Teil 6, S. 267.

8 Vgl. den Artikel ‚Judengenosse' in: *Deutsches Rechtswörterbuch*. Abgerufen von: drw-www.adw.uni-heidelberg.de/drw, am 20.03.2011.

9 „Denn das ist nicht ein Jüde, der auswendig ein Jüde ist, Auch ist das nicht eine Beschneitung, die auswendig im fleisch geschicht, Sondern das ist ein Jüde, der inwendig verborgen ist, vnd die Beschneitung des hertzen ist eine Beschneitung, die im Geist vnd nicht im Buchstaben geschicht [...]." „Röm. 2, 28 f.", in: *Luther's Bibelübersetzung* (wie Anm. 7), Bd. 3, Teil 7, S. 6.

10 Vgl. die Belege im Artikel ‚unbeschnitten', in: Jacob Grimm und Wilhelm Grimm, *Deutsches Wörterbuch*, hg. von der Deutschen Akademie der Wissenschaften zu Berlin. 16 in 32 Bde., Leipzig, 1854-1960, Bd. 24, Sp. 343.

11 „Für den deutschen Sprachraum läßt sich zeigen, daß seit rund 1770 eine Fülle neuer Bedeutungen alter Worte und Neuprägungen auftauchen, die mit dem Sprachhaushalt den gesamten politischen und sozialen Erfahrungsraum verändert und neue Erwartungshorizonte gesetzt haben." Reinhart Koselleck, „Begriffsgeschichte und Sozialgeschichte", in: ders., *Vergangene Zukunft. Zur Semantik geschichtlicher Zeiten*, 2. Aufl., Frankfurt am Main, 1992, S. 107-129, hier S. 112.

des Fragmentenstreites und in der Diskussion von Dohms Schrift *Über die Bürgerliche Verbesserung der Juden* wird der Aufklärungsdiskurs durch die beharrenden Kräfte als ein im jüdischen Interesse stehendes Projekt denunziert, und Wortführer wie Lessing oder Friedrich Nicolai gelten als gekaufte Parteigänger des Judentums, die mit „Juden und Judengenossen" gleichzusetzen seien.[12] Karl Wilhelm Grattenauer, einer der schärfsten Kritiker der Judenemanzipation, folgt dieser Tendenz, wenn er die Befürworter der Gleichstellung „Advocaten der Judenschaft"[13] nennt und ihnen den natürlich gleichfalls abschätzig gemeinten Titel „Judenfreunde"[14] verleiht. Damit ist schon hier, in der Zeit um 1800, ein Sprachgebrauch etabliert, der den semantischen Kodierungen im antisemitischen Diskurs des späten 19. Jahrhunderts entspricht. Denn auch im Umfeld der Agitatoren Treitschke, Marr und Dühring begegnen „Judenfreund" und „Judengenosse" als schmähende Vokabeln[15], und der in der Auseinandersetzung mit dem Liberalismus geborene Begriff des Philosemiten ist – nach den Befunden Friedrich Niewöhners[16] – zunächst ja auch nichts anderes als deren Synonym.

Kehren wir zu Ernst Moritz Arndts zeitdiagnostischer Schrift zurück, so zeigt sich jetzt, dass ihre gegen den angeblichen Philosemitismus der Zeitgenossen gerichtete Attitüde in der skizzierten Traditionslinie steht. Arndt inszeniert sich als Gegner der Judenfreunde, nicht als Judenfeind, was insofern entlastend wirkt, als es die Aggressivität der eigenen Argumentation mit dem repressiven Charakter des angeblich immer noch vorherrschenden Aufklärungsdiskurses erklärt und entschuldigt. Bei weiteren repräsentativen Vertretern der Politischen Romantik wie Arnim, Fichte oder Adam Müller verhält es sich nicht anders, auch ihre polemischen Einlassungen zu Juden und Judentum sind als rhetorisch kalkulierter Einspruch gegen die Emanzipationsbefürworter formuliert, wobei unterstellt wird, dass diese die öffentliche Meinung beherrschen und – aus welchen Gründen auch immer – die realen Gefahren jüdischer Infiltration durch

---

12 [Heinrich Ernst Teuthorn], *Briefe eines reisenden Juden über den gegenwärtigen Zustand des Religionswesens unter den Protestanten und Catholicken, und über die Auferstehung Jesu. Herausgegeben von einem Layen-Bruder*. 4., ganz umgearbeitete und vermehrte Auflage [o.O.] 1781, S. 259.

13 [Karl Wilhelm Friedrich Grattenauer], *Ueber die physische und moralische Verfassung der heutigen Juden. Stimme eines Kosmopoliten*, Germanien, 1791, S. 56.

14 [Karl Wilhelm Friedrich Grattenauer], *Wider die Juden. Ein Wort der Warnung an alle unsere christlichen Mitbürger*, 3. unveränderte Aufl., Berlin, 1803, S. 54.

15 „Die Juden agiren [...] natürlich nicht blos durch Leute von ihrer Race, sondern schieben andere vor, die sich von ihnen leiten lassen oder mit ihnen überhaupt gemeinschaftliche Sache machen. Die Judengenossen und Judenfreunde verfahren alsdann [...] so jüdisch als es nur möglich." Eugen Dühring, *Die Judenfrage als Racen-, Sitten- und Culturfrage mit einer weltgeschichtlichen Antwort*, 2. verb. Aufl., Karlsruhe/Leipzig, 1881, S. 20.

16 Friedrich Niewöhner, Art. „Philosemitismus", in: *Evangelisches Kirchenlexikon*, hg. von Erwin Fahlbusch, 3. neugefasste Aufl., Bd. 3, Göttingen, 1986-1997, Sp. 1191-1194, hier Sp. 1191.

„zuckersüße Worte von Toleranz und Menschenrechten" beschönigen oder verdrängen.[17]

2. Geliebter Feind – ‚Jüdisches' und ‚Deutsches' bei Adam Müller und Ernst Moritz Arndt

Es erscheint auf den ersten Blick wenig plausibel, dass Anti-Philosemiten wie die Politischen Romantiker zu philosemitischen Bekundungen gelangen, und doch verhält es sich so, wie zwar nicht eben viele, aber gleichwohl gewichtige Passagen aus zentralen Publikationen eines Adam Müller oder Ernst Moritz Arndt belegen. Bei Müller findet sich eine erste bedeutsame Stelle in den *Elementen der Staatskunst*, genauer gesagt in der *Elften Vorlesung*, die sich dem *Geist der mosaischen Gesetzgebung* widmet, eine für den gegenwartsbewussten Autor keineswegs belanglose Abschweifung historischer Natur, geht es doch um einen Fall nationaler Selbstfindung, der für das zerrissene und von Napoleon unterjochte Deutschland von paradigmatischer Bedeutung ist. Der aktuelle Bezug gibt sich schon im appellativen Gestus der Einlassung zu erkennen, die sich direkt an die deutschen Leser bzw. Zuhörer wendet, denn vor ihrer Drucklegung wurden die *Elemente* ja tatsächlich in der Form des öffentlichen Vortrages einem Dresdener Publikum vermittelt: „Denken Sie sich die Aufgabe, welche Moses zu lösen hatte, in ihrem ganzen Umfange! Sie hat in den ietzigen Zeiten eine dreifache Wichtigkeit."[18] Der starken rhetorischen Forcierung entspricht die große Bewunderung, die Moses entgegengenbracht wird. Denn Müller sieht in der jüdisch-biblischen Figur einen „riesenhaften Helden der Freiheit", der „ein Volk von nahe an dritthalb Millionen Köpfen" nicht nur aus der Sklaverei geführt, sondern auch „gestählt", „bewaffnet" und „in eins geschmiedet" hat, damit es „um ein Jahrtausend hindurch zu dauern" vermag.[19] Alle seine Bemühungen hätten nur einem Ziel gegolten, der Herstellung und Erneuerung eines „lebendige[n] Nationalzusammenhang[es]", und auch seine Gesetzgebung sei diesem „höchste[n] Gut" verpflichtet gewesen, da deren Kernsätze in Form des Auserwähltheitsglaubens und der Gebote vom ewigen und einzigen Gott im Grunde nichts anderes darstellten als Klammern des Zusammenhaltes und Beschwörungsformeln nationaler „Einheit", gewaltig und ungeheuer in ihrem Pathos, wenn auch leider den Heutigen kaum mehr verständlich: „Wir, die wir entfernt durch Zeit und Raum von dem großen Helden stehen, [...] wir,

---

17 Johann Gottlieb Fichte, „Beitrag zur Berichtigung der Urteile des Publikums über die französischen Revolution", in: ders., *Schriften zur Revolution*, hg. von Bernard Willms, Köln/Opladen, 1967, S. 34-213, hier S. 114 (Klassiker der Politik Bd. 7).

18 Adam Müller, *Die Elemente der Staatskunst. Sechsunddreißig Vorlesungen*, Meersburg, [1936], S. 136.

19 Ebd.

deren Leben in tausend kleine Begriffe oder Götzendienste zersplittert ist, ringen nach Namen, um die Hoheit dieser Idee [der nationalen Sendung] zu fassen."[20]

Die Wertschätzung für Moses und den „mosaischen Gedanken" bedingt notwendigerweise auch die Wertschätzung für das Produkt der Mission in Gestalt des geeinten jüdischen Volkes, und das ist keine geringe Hypothek, bedenkt man, mit welch abfälligen Worten die Politische Romantik und speziell auch Müller den jüdischen Volkscharakter ansonsten zu verurteilen pflegen. Das ‚Jüdische' ist dabei geradezu die Negation des ‚Deutschen', das, um überhaupt erst konstruiert werden zu können, eines solch fremden und ganz anders gearteten Gegenspielers bedarf.[21] Was also gilt? Ist das Judentum Feindbild in einem binären oder eben doch Vorbild in einem analogen Diskurs? Müller kann oder will sich nicht entscheiden und bietet zur Lösung des Dilemmas eine historisch-vermittelnde Ableitung an, die auf dem rousseauistisch inspirierten Gedanken der Depravation beruht. Der „weltliche Verkehr mit den Nachbarn" habe das jüdische Volk im Verlauf der Jahrhunderte zu seinem Nachteil verändert, und aus einem „uralten gerechten und edlen Stolz" sei schließlich „ein widerwärtiger, unerträglicher Hochmuth" hervorgegangen, mit den verhängnisvollen, aber gerechten Folgen römischer Unterwerfung und eines vollständigen Verlustes der „Nationalexistenz".[22]

Mit dieser historischen Differenzierung endet allerdings noch nicht die Parallele zwischen Deutschtum und Judentum, ganz im Gegenteil. Als Müller in der vorletzten Vorlesung der *Elemente der Staatskunst* nochmals auf die Situation der Juden zur Zeit Christi zurückkommt, vergleicht er – nun fast schon einfühlend und liebevoll – das geschwächte jüdische Nationalbewusstein mit der aktuellen Depression der durch Napoleon gedemütigten Deutschen: „Die Juden waren in einer Lage und Stimmung, wie die Deutschen der neueren Zeit sie leicht begreifen: gerechter Glaube an eine große Bestimmung; viele Ideen, aber auch viele erstorbene Begriffe [...]. Darum wurden sie eine unvermeidliche Beute der Römer."[23] Die erneute Akzentverlagerung zeigt, wie widersprüchlich Müller argumentiert. Ohne stringente Erklärung oder Vermittlung lösen antisemitische und philosemitische Rede einander ab, und was bleibt, ist der Eindruck einer tiefen, zwischen Abscheu vor dem Judentum und dessen Bewunderung oszillierenden Ambivalenz.

---

[20] Ebd., S. 137.

[21] Vgl. in diesem Zusammenhang die eingehende Studie Marco Puschners, die den engen Konnex zwischen Nationalismus und Antisemitismus in der Politischen Romantik belegt und nach dem Prinzip einer ‚Inklusion durch Exklusion' als wechselseitig sich bedingende Phänomene deutet. Marco Puschner, Antisemitismus im Kontext der Politischen Romantik. Konstruktionen des ‚Deutschen' und des ‚Jüdischen' bei Arnim, Brentano und Saul Ascher, Tübingen, 2008 (Conditio Judaica 72).

[22] Müller, *Elemente* (wie Anm. 18), S. 141.

[23] Ebd., S. 419.

An anderer Stelle, in einer Rezension zu Fichtes *Reden an die deutsche Nation,* wird Müllers Schwanken sogar noch deutlicher, da ihm selbst die Ungeheuerlichkeit seiner Position aufgeht und es ihn danach drängt, die einander widerstrebenden Empfindungen in bekenntnishafter Form zu artikulieren. Die Rede gilt einmal mehr der Misere der Deutschen, die zu ihrer Schande sogar dem „kriegserfahrenen Nachbarn" „untertänig geworden" seien, sowie der Frage, wie der „Mangel an Einheitssinn", also fehlendes nationales Bewusstsein, wieder belebt und gestärkt werden könne.[24] Müller selbst kennt dafür nur ein Vorbild, dazu noch ein besonders prekäres, wie er mit Bedauern feststellen muss: „Es ist schlimm, daß uns die Geschichte kein anderes Beispiel für dieses Bleiben der Nationalität aufgestellt hat als gerade ein solches, zu dem wir mit Widerwillen hinübersehen und das seinem innersten Wesen nach mit der Deutschheit in Widerspruch steht, als das Judentum nämlich."[25]

Was Müller selbst als unauflösbares Rätsel erscheint, lässt sich mit den Implikationen und Aporien des von ihm vertretenen Nationalismus erklären. Wer Volkscharaktere abgrenzt, festschreibt und substantialisiert, gewinnt zwar beträchtliche Identifikationspotentiale im eigenen Kollektiv, muss aber zugleich auch gewärtigen, dass jedes Wiedererkennen im Fremden das Identitätskonstrukt massiv gefährden und zu schockartigen Erschütterungen des Selbstbildes führen kann. Das wiederum verlangt dann nach Kompensation und schlägt sich, da der Zirkel logisch nicht zu sprengen ist, in rhetorischen Inversionen nieder und der ebenso eigentümlichen wie irritierenden Form einer von Hass grundierten Liebesrede. An sich ist das ein abstrakter Mechanismus, der sich auch in anderen Konstellationen reproduziert. Im Falle des deutsch-jüdischen Binnenverhältnisses kommen freilich noch spezifische Aspekte hinzu, die neben historisch-kulturellen Komponenten vor allem eine religiöse Dimension besitzen. Denn gerade bei dem christlich denkenden Müller ist davon auszugehen, dass für ihn das Skandalon der sich überlagernden Identitäten schon mit den jüdischen Wurzeln des Christentums beginnt.

In den Schriften des ultranationalen Ernst Moritz Arndt ist die Xenophobie noch weit ungezügelter als im Werk Adam Müllers, und wie die Franzosen haben auch die Juden die Rolle des Erbfeindes zu spielen, da ihnen vorgeworfen wird, den Zusammenhalt des deutschen Volkes von innen heraus zu gefährden. Doch selbst diese Hassrede ist nicht ungebrochen und kann in der uns schon vertrauten Form der rhetorischen Inversion plötzlich in eine Liebesrede umschlagen, wie eine Passage aus dem viel beachteten Pamphlet *Der Rhein Teutschlands Strom, aber nicht Teutschlands Gränze* verdeutlicht. Arndt wendet sich wieder einmal den philanthropischen „Schwätzer[n]" zu, deren vaterlandslose Gesinnungen er mit starken Worten geißelt: „Verflucht aber sei die

24 Adam Müller, „Fichte's Reden an die deutsche Nation", in: ders., *Kritische ästhetische und philosophische Schriften*, Kritische Ausgabe, hg. von Walter Schröder und Werner Siebert, 2 Bde., Neuwied/Berlin, 1967, Bd. 2, S. 277-295, hier S. 280.

25 Ebd., S. 281.

Humanität und der Kosmopolitismus, womit ihr prahlet! jener allerweltliche Judensinn, den ihr uns preist als den höchsten Gipfel der menschlichen Bildung!"[26] „Allerweltlicher Judensinn" – diese diffamierende Prägung, die Aufklärung, Heimatlosigkeit und Judentum ebenso kurzschlüssig wie provokativ verknüpft, hat freilich keinen Bestand, da Arndt sofort sich selbst ins Wort fällt und die antisemitischen Implikationen mit einer direkt an die Juden adressierten Ehrenerklärung relativiert und entkräftet: „O verzeihet meinem Ungestüm, ihr Kinder Abrahams! ihr, obgleich über die Welt zerstreuet, seid durch hartnäckige Liebe und Verteidigung des Eurigen ein ehrwürdiges Volk. Mögten wir Teutsche euch darin gleichen! so werden unsere Kosmopoliten uns nicht zerstreuen."[27]

3. Scheiternder Philosemitismus – ein Erzählkonstrukt Achim von Arnims

Wir befinden uns in Tirol, der heroische Volksaufstand gegen die bayerisch-französische Fremdherrschaft liegt noch nicht lange zurück. Der namenlose Ich-Erzähler, ein aus Norddeutschland zugereister Tourist, trifft sich mit dem „ehrlichen Tyroler[]"[28] Sebastian, um in Liebesdingen zu vermitteln. Ihn, Sebastian, empört es, dass seine Schwägerin Therese sich mit dem vermögenden Schlossbesitzer und dilettierenden Maler Raphael Rabuni eingelassen hat, einem „verfluchte[n] Juden".[29] Der Erzähler verbittet sich dieses Vorurteil – „schimpf mir nicht auf den Juden, er ist mein alter Freund"[30] – und fordert Sebastian dazu auf, Raphael die Hand zu reichen, was dann auch geschieht. Es kommt zu einer rührenden Umarmung unter Tränen, die von ferne an das Schlusstableau in Lessings *Nathan* erinnert und voll und ganz das einzulösen scheint, was der Titel der Erzählung in Aussicht stellt: eine *Versöhnung in der Sommerfrische*.[31]

Doch die Szene trügt, denn sie steht in der Mitte, nicht am Ende der Handlung, und ihr geradezu programmatisch gefasster Gehalt philosemitischer Prägung wird durch den Gang der Ereignisse sowie den wertenden Charakter der

26 E.[rnst] M.[oritz] Arndt, *Der Rhein, Teutschlands Strom, aber nicht Teutschlands Gränze*, Leipzig, 1813, S. 81.

27 Ebd., S. 81.

28 Achim von Arnim, *Werke in sechs Bänden*, Bd. 3, Sämtliche Erzählungen 1802-1817, hg. von Renate Möhring, Frankfurt am Main, 1990, S. 541-609, hier S. 542.

29 Ebd., S. 572.

30 Ebd.

31 Auf die Forschungsliteratur zu dieser Erzählung kann hier nicht näher eingegangen werden. Die profiliertesten Deutungen finden sich bei Ethel Matala de Mazza, *Der verfaßte Körper. Zum Projekt einer organischen Gemeinschaft in der Politischen Romantik*, Freiburg im Breisgau, 1999, S. 389-403 und Puschner, *Antisemitismus* (wie Anm. 21), S. 320-337; beide Interpreten forcieren völlig zu Recht die antisemitischen Tendenzen des Textes, während in meiner Darstellung stärker auf die unterschwelligen Ambivalenzen gegenüber Juden und Judentum geachtet wird.

Erzählkommentare und Einschübe systematisch dementiert. Richtig bleibt: Rabuni ist ein alter Bekannter des Erzählers, mit ihm durch den ursprünglich gleichen Wohnort und gemeinsame literarische Neigungen verbunden. Als beide aber nach Jahren der Trennung auf dem Tiroler Schauplatz wieder zusammen treffen, ist ihre Entfremdung sofort evident und allein daran schon abzulesen, dass Rabuni sein Gegenüber nicht gleich erkennt und ihm wie einem „Feind"[32] mit gezogenem Säbel begegnet. Weitere Verwerfungen folgen, Verwerfungen, die Rabunis Hypochondrie zeigen, aber eben auch seine Unfähigkeit, sich tatsächlich in das deutsche Volksleben zu integrieren, obwohl all seine Bestrebungen diesem Ziel gelten: vom Tragen der altdeutschen Malertracht über den Schlossbesitz bis hin zum Werben um die Tiroler Braut und die Annäherung an das Christentum. Am Ende haben sich die Fronten dann vollständig geklärt: Therese entzieht sich der „fremdartigen Einwirkung" des Juden und kehrt „in ihre vaterländische Natur"[33] zurück, womit nichts anderes gemeint ist, als dass sie ihren Schwager heiratet. Rabuni wiederum fällt dem Racheakt eines jungen Dragoneroffiziers zum Opfer, was aus der Perspektive des Textes nur recht und billigt erscheint, hat er doch dessen Ehre durch eine grobe Beleidigung übel beschmutzt. Auch der Erzähler beklagt mit keinem Wort den Tod seines angeblichen Freundes, sein Bedauern gilt nur der eigenen Verblendung, die ihn die wahre, von Sebastian ja völlig zutreffend charakterisierte Natur des „verruchte[n] Jude[n]" verkennen ließ und zu Akten falscher Versöhnung führte. „Aber der Mensch", so seine Einsicht und sein Fazit, „soll nicht binden, was der Himmel zertrennt hat Juden und Christen."[34]

Wer die politischen Positionen Arnims kennt, wird von diesen antisemitischen Tönen wenig überrascht sein. Die Erzählung entfaltet nur in fiktionaler Gestalt, was ihr Autor schon diskursiv formuliert und im Rahmen der berühmt-berüchtigten Tischgesellschaft vorgetragen hatte, um gegen Hardenbergs Projekt der Judenemanzipation zu agitieren.[35] Dabei sind die Parallelen noch gar nicht erwähnt, die sich im *Gespräch über die Einbürgerung der Juden* finden, einem szenischen Dialog, der als Einschub die Narration unterbricht und doch auf diese bezogen bleibt, da Rabuni und der Erzähler als Gesprächspartner fungieren und beide just so argumentieren, wie es dem Profil ihrer Rollen entspricht. Der Erzähler, bis dahin noch immer unbelehrt, erweist sich als Philosemit, der für das Judentum eintritt und dessen „frühe Geschichte" als „Gipfel aller Europäischen Mythen" preist[36], während der seine eigenen Wurzeln verachtende Rabuni wiederum nur mit größter Skepsis vom verdorbenen Volkscharakter der Juden handelt und dringend davor warnt, ihnen „bürgerliche

[32] Arnim, *Werke*, (wie Anm. 28), S. 553.
[33] Ebd., S. 596.
[34] Ebd., S. 587.
[35] Vgl. Stefan Nienhaus, *Geschichte der deutschen Tischgesellschaft*, Tübingen, 2003.
[36] Ebd., S. 556.

Rechte“[37] zu gewähren. Denn nicht vorbehaltlose Emanzipation, sondern Christianisierung sei der einzig gangbare Weg zur Integration, auch wenn man dabei große Vorsicht walten lassen müsse, um opportunistische Konversionen und damit sog. „Gesellschaftschristen“[38] zu verhindern. So eigentümlich das alles klingen mag: Es ist bis in identische Formulierungen und Details des Missionsprogrammes hinein die Position, die Achim von Arnim vor der Tischgesellschaft vertritt[39], und die Behauptung, dass eine so geartete Figurenrede eine Bauchrede darstellt, scheint nicht allzu gewagt.

Der durch die Erzählkonstruktion vermittelte Eindruck ideologischer Stabilität und Konformität wird allerdings durch einige Textdetails erschüttert, die sich den simpeln Oppositionen ‚jüdisch versus deutsch‘ oder ‚jüdisch versus christlich‘ nicht ohne weiteres fügen wollen oder diese sogar unterlaufen. Am auffälligsten ist dabei gewiss die Identitätskrise des Erzählers, die, auch wenn sie am Ende erfolgreich gelöst wird, doch erstaunlich parallel zu der des Juden Rabuni verläuft. Der Erzähler ist einer, der seinen „Weg verloren“[40] hat, wie der charismatische Einsiedler befindet, und das mit gutem Grund, zeigt sich uns doch schon in den Eingangssätzen der Erzählung ein von „grauen formlosen Wolken“[41] getriebenes Ich, das wie Büchners Lenz durch das Gebirge irrt und unweigerlich an den Ewigen Juden erinnert, eine Mythe, die Arnims Werk auch sonst umkreist. Weitere Indizien einer Persönlichkeitskrise lassen sich darin sehen, dass der Erzähler die Tracht der Tiroler annimmt und ihre Mundart eifrig nachahmt, Bemühungen, die nichts Anderes darstellen als Akte der Assimilation, motiviert und bestimmt vom Misstrauen gegenüber dem eigenen Herkommen und der Sehnsucht nach neuer Heimat, ganz so, wie das bei Rabuni ja auch der Fall ist. Diese Verwechselbarkeit liegt natürlich nicht im Kalkül der Erzählung, da sie ja gerade um Unterschiede bemüht ist und diese am Ende auch wieder scharf markiert, wenn sie dem Scheitern Rabunis das Schicksal des Erzählers entgegenhält, der das Ziel der vollkommenen Integration in die Tiroler Volksgemeinschaft durch Konversion zum Katholizismus und Heirat einer Landestochter mühelos erreicht. Doch liest man gegen den Strich, so lässt sich gerade hier, angesichts der Totalität dieses Glücks, das hohe Maß der Identitätsgefährdung erahnen, das narrativ beschwichtigt werden muss.

Zu dem, was sich als Subversion und unfreiwillige Unterwanderung des binomischen Erzählkonzeptes beschreiben lässt, gehört nun auch eine Reflexion über das Verhältnis von Deutschen und Juden, die – nach schon vertrautem Muster – Nähe und Verwandtschaft beider Völker im Zeichen ähnlicher Leiden

---

37 Ebd., S. 560.

38 Ebd., S. 557.

39 Vgl. Gunnar Och, *Imago judaica. Juden und Judentum im Spiegel der deutschen Literatur*, Würzburg, 1995, S. 280-290.

40 Arnim, *Werke* (wie Anm. 28), S. 588.

41 Ebd., S. 541.

insinuiert. Rabuni klagt über die für Juden angeblich typische „Grille", sich beleidigt zu fühlen ohne tatsächlich beleidigt worden zu sein.[42] Der Erzähler tröstet ihn mit der Erklärung, ein ähnliches Phänomen bei Deutschen beobachtet zu haben, die sich „in der Fremde unter Franzosen verhöhnt"[43] glaubten, obgleich diese wohlwollend gewesen seien. Der Grund sei hier wie dort derselbe, ein nationales Minderwertigkeitsgefühl, das im Falle der Juden aus der faktischen, im Falle der Deutschen aus der befürchteten „Zerstreuung unter fremden Völkern"[44] resultiere.

Was für eine erstaunlich einfühlsame Annäherung! Die Passage ist aber auch ein verdecktes Selbstzitat, da Arnim sich an einen Brief anlehnt, mit dem er im realen Leben die Duellforderung des Juden Moritz Itzig zurückwies, ein für ihn traumatisches Ereignis, das seine schlimmsten Befürchtungen hinsichtlich einer ‚jüdischen Unterwanderung' der preußischen Gesellschaft plötzlich und unerwartet konkret Gestalt annehmen ließ.[45] Entsprechend aggressiv und judenfeindlich war seine Reaktion, doch findet sich in dem bewussten Brief eben auch jene eigentümliche Parallele zwischen Deutschen und Juden, die beiden Völkern eine Identitätsschwäche vergleichbaren Ausmaßes attestiert: „Es gab eine Zeit, wo man fürchten muste, die Deutschen mögten durch die Gewalt ungeheurer Ereignisse gleich Ihrem Volke zerstreut und unterdrückt werden und schon fand sich unter ihnen wie unter den Ihren eine Art hypochondrischer Besorglichkeit, besonders in der Fremde, als liessen ihnen die Leute ihre Unterdrückung fühlen."[46] Lässt sich nun diese philosemitische Rede gegen die antisemitische ausspielen? In der apologetisch orientierten Arnim-Philologie ist gelegentlich so verfahren worden.[47] Doch verzerrt das nicht nur die Proportionen, es verkennt auch, dass Philosemitismus und Antisemitismus bei Arnim gleich ursprünglich sind und gemeinsame Wurzeln haben.

4. Heinrich von Kleist und *Die Zerstörung Jerusalems*

Es ist eine Überlieferung aus dritter Hand. Friedrich von Üchtritz beruft sich auf Ludwig Robert, Rahel Varnhagens Bruder, der zu berichten wusste, „daß Heinrich von Kleist einmal zu ihm von der Belagerung und Zerstörung Jerusalems durch Titus als von dem Gegenstande eines Trauerspiels, womit er sich

---

42 Ebd., S. 566.
43 Ebd.
44 Ebd.
45 Vgl. Och, *Imago judaica* (wie Anm. 39), S. 288 f.
46 Der Brief ist in Arnims Abschrift durch die Akten der Tischgesellschaft überliefert. Stefan Nienhaus, *Geschichte der deutschen Tischgesellschaft. Textedition*, Masch., Jena, 2000, S. 269.
47 Vgl. Hildegard Baumgart, „Arnims ‚Judengeschichte': Eine biographische Rekonstruktion", in: *Arnim und die Berliner Romantik: Kunst, Literatur und Politik. Berliner Kolloquium der Internationalen Arnim-Gesellschaft*, hg. von Walter Pape, Tübingen, 2001, S. 71-94; bes. S. 86-89.

trage, gesprochen habe.“[48] Kleist-Forscher wie Rudolf Köpke[49] elektrisierte diese Nachricht, sie konnten aber in den nachgelasssenen Manuskripten des Dichters keine Bestätigung in Gestalt von Entwürfen oder gar schon fertigen szenischen Bearbeitungen finden. An dieser Forschungslage hat sich bis heute wenig geändert, immerhin wissen wir aber inzwischen, dass Kleist sich im Winter 1808/09 tatsächlich mit Judentum und jüdischer Geschichte befasst haben muss, da er in der Dresdner Bibliothek nicht nur das *Mosaische Recht* von Johann David Michaelis entlieh, sondern auch *Sämtliche Werke* des Flavius Josephus, unter Einschluss der sieben Bücher vom „Krieg der Juden mit den Römern“ und der fünf Büchern des Egisippus „von der Zerstörung der Stadt Jerusalem“.[50] Angesichts einer solch schmalen, ja dürftigen Quellenlage scheinen sich alle Spekulationen über die Substanz des Kleistschen Dramenprojektes von selbst zu verbieten. Doch sieht man näher und genauer zu, als das bislang geschehen ist, so lassen sich aus Ko- und Kontexten durchaus Anhaltspunkte gewinnen, die dazu beitragen können, Kleists Interesse am Stoff und vielleicht sogar die Tendenz seiner Bearbeitung zu konkretisieren.

Der erste Mosaikstein ist ein bekanntes Zitat aus einem Brief Kleists an seine Schwester Ulrike, der 1806 unter dem Eindruck der katastrophalen Niederlage Preußens bei Jena und Auerstedt geschrieben wurde. Kleist malt darin das Schreckbild eines von Napoleon dominierten, ausgeplünderten Europa und zieht die historische Parallele: „Wir sind die unterjochten Völker der Römer“.[51] Der Satz gilt als nucleus des Planes, mit der *Hermannsschlacht* eine politische Parabel zu entwerfen, in der Römer und Germanen als Platzhalter von Franzosen und Deutschen fungieren und der Sieg über Rom den erhofften Sieg über Napoleon vorwegnehmen soll. Doch die Rede von den „unterjochten Völker[n] der Römer“ ist so weit gefasst, dass sich mit ihr auch das Dramenprojekt über die *Zerstörung Jerusalems* vereinbaren ließe, der *Hermannsschlacht* vergleich-

---

48 *Heinrich von Kleists Lebensspuren. Dokumente und Berichte der Zeitgenossen*, hg. von Helmut Sembdner, München, 1969, Nr. 503 a, S. 347.

49 Vgl. ebd., Nr. 503 b und c, S. 348.

50 Vgl. die Auszüge aus dem Entleihbuch der Dresdner Bibliothek, in Sembdner, *Kleist* (wie Anm. 48), Nr. 306, S. 230. Die Josephus-Ausgabe ist über das dort genannte Erscheinungsjahr 1736 identifizierbar: *Des Fürtrefflichen Jüdischen Geschicht-Schreibers Flavii Josephi Sämmtliche Wercke, Als Zwantzig Bücher von den alten Jüdischen Geschichten, Eines von seinem Leben, Zwey von dem alten Herkommen der Juden wider Apionem Grammaticum / und Eines von dem Märtyrer Tode der Maccabäer, Nebst einem Uberbleibsel Der Rede Josephi an die Griechen [...] Hierzu kommen ferner Dessen Sieben Bücher von dem Krieg der Juden mit den Römern / und Egesippi Fünff Bücher von der Zerstörung der Stadt Jerusalem, [...] übersehen und neu übersetzet, Auch über dieses mit einer nöthigen Einleitung in die Wercke Josephi [...] Mit vielen Anmerckungen / wie auch accuraten Registern versehen und ausgefertiget von Johann Friderich Cotta / der Theologie und Orientalischen Sprachen Professorn auf der Königl. Groß-Britannischen Universität Göttingen*, Tübingen, 1736.

51 Brief vom 24.10.1806, in: Heinrich von Kleist, *Sämtliche Werke und Briefe*, hg. von Ilse-Marie Barth, Klaus Müller-Salget, Stefan Ormanns und Hinrich C. Seeba, 4 Bde., Frankfurt am Main, 1990, Bd. 4, S. 364.

bar in der politischen Tendenz, aber nicht aufmunternd, sondern düster-warnend im Ton und mit der für Zeitgenossen nicht geringen Zumutung, die aktuelle deutsche Misere in der jüdischen des Jahres 70 nach Christus gespiegelt zu sehen und sich selbst in der Rolle von Juden wiedererkennen zu müssen.

Wem diese Konstruktion noch zu gewagt erscheint, sei auf Kleists engen Freund und Wegbereiter Adam Müller verwiesen, der – wir erinnern uns – in seinen *Elementen der Staatskunst* genau in dem hier skizzierten Sinne den Untergang Jerusalems als historisches Exempel zur Warnung der Deutschen bemühte: „Die Juden waren in einer Lage und Stimmung, wie die Deutschen der neueren Zeit sie leicht begreifen: gerechter Glaube an eine große Bestimmung; viele Ideen, aber auch viele erstorbene Begriffe [...]. Darum wurden sie eine unvermeidliche Beute der Römer."[52] Ob die Übereinstimmung zwischen Müllers Äußerung und Kleists Dramenprojekt purer Zufall ist? Wohl kaum, da beide sich auch der Chronologie fügen und auf die Wintermonate 1808/09 zu datieren sind, jene Zeit also, als der Philosoph und der Dichter sich in Dresden aufhielten und getragen von ähnlichen patriotischen Überzeugungen gemeinsam an publizistischen Plänen arbeiteten. Gut möglich sogar, dass Müller das Stichwort gab und Kleist erst auf seine Anregung hin mit dem Studium der jüdischen Quellen begann.

Ein weiterer, indirekter Hinweis auf das *Jerusalem*-Drama lässt sich einer Kleistschen Notiz entnehmen, die Ernst Moritz Arndt gilt.[53] Ausgangspunkt ist ein raunendes Zitat aus Arndts Schrift *Geist der Zeit*, das angesichts der unerhörten Umwälzungen und Verwerfungen, die angeblich unmittelbar bevorstünden, den Zeitgenossen „sorgenlose Blindheit" vorhält.[54] Kleist distanziert sich nun keineswegs von diesem pathetischen Gestus, sondern wendet sich vielmehr gegen Arndts Kritiker, die zu Unrecht von „falsche[m] Entsetzen"[55] sprächen und für Besonnenheit plädierten. Was folgt, ist eine historische Anmerkung, in der Vertreter einer ähnlich fatalen Ignoranz in der antiken Welt benannt werden, „wie etwa ein Grieche, aus dem Zeitalter des Sülla; oder, aus jenem des Titus, ein Israelit."[56] Doch nur die zweite, die jüdische Parallele wird näher ausgeführt, indem Kleist dem bewussten Israeliten eine eigene, von Borniertheit strotzende Stimme verleiht:

> Was! Dieser mächtige Staat der Juden soll untergehen? Jerusalem, diese Stadt Gottes, von seinem leibhaftigen Cherubimen beschützt, sie sollte, mit Zinnen und Mauern, zu Asche versinken? Eulen und Adler sollten in den Trümmern dieses Salomonischen Tempels wohnen? Der Tod sollte die ganze Bevölkerung hinwegraffen, Weiber und Kinder in Fesseln hinweggeführt werden, und die Nachkom-

---

[52] Müller, *Elemente* (wie Anm. 18), S. 419.

[53] „<Zu Ernst Moritz Arndts ‚Geist der Zeit'>", in: Kleist, *Sämtliche Werke* (wie Anm. 51), Bd. 3, S. 493 f.; Datierung: „Frühjahr 1809", ebd., S. 1081.

[54] Ebd., S. 493.

[55] Ebd., S. 494.

[56] Ebd.

menschaft, in alle Länder der Welt zerstreut, durch Jahrtausende und wieder Jahrtausende, auf ewig elend, verworfen, wie dieser Ananias prophezeiht, das Leben der Sklaven führen?
Was![57]

In den mir bekannten Kommentaren zu Kleist-Editionen, und auch in der Ausgabe des Deutschen Klassiker Verlages, wird dieser Ananias als der Hohepriester Ananias ben Nedebaios identifiziert[58], was zwar zeitlich passen mag, aber ansonsten völlig ungereimt erscheint, da nicht überliefert ist, dass diese Figur je als Unheilsprophet hervorgetreten wäre. Es gibt freilich einen anderen Träger des Namens, der diese Rolle akkurat erfüllt, Jesus ben Ananias, ein Mann vom Lande, der im Jahre 62 nach Christus während des Laubhüttenfestes in Jerusalem auftrat und von da an, ohne dass man ihm Glauben schenkte, die baldige Zerstörung von Stadt und Tempel immer wieder heraufbeschwor. Flavius Josephus berichtet davon im sechsten Buch seiner *Geschichte des jüdischen Krieges.*[59] Wir wissen natürlich nicht, ob Kleist plante, Jesus Ananias als Protagonisten in sein Drama zu übernehmen, denkbar wäre das aber, da ihm die Figur

[57] Ebd.

[58] Heinrich von Kleist, *Werke und Briefe*, hg. von Siegfried Streller in Zusammenarbeit mit Peter Goldammer u.a., 4 Bde., Berlin/Weimar, 1978, Bd. 3, S. 716; Kleist, *Sämtliche Werke* (wie Anm. 51), Bd. 4, S. 1083.

[59] Ihres hohen Quellenwertes wegen sei hier die Episode nach der von Kleist entliehenen Tübinger Ausgabe von 1736 vollständig zitiert: „Jesus, AnaniSohn, ein ungelehrter Bauers=Mann, kame vier Jahre vorher, ehe die Kriegs=Flamme ausbrach, und da die Stadt annoch eines geruhigen Friedens und Uberflusses an allen Dingen genosse, auf das Gott zu Ehren gewidmete Laub=Hütten=Fest, an welchem jedermann seine Hütte aufzuschlagen pflegte, und fienge urplötzlich bey dem Tempel an auszurufen: „Eine Stimme von Aufgang der Sonnen, eine Stimme vom Niedergang, eine Stimme von den vier Winden, eine Stimme über Jerusalem und den Tempel, eine Stimme über die Ehe=Männer und Eh=Frauen, eine Stimme über das gantze Volck". Dieses Geschrey trieb Jesus bey Tage und Nacht, und lieffe alle Gassen der Stadt durch. Aber etliche fürnehmen Geschlechts, welche bey dem Volck in Ansehen stunden, und solche böse Zeitung mit grossem Unwillen vernahmen, liessen diesen Mann einziehen, und derb abprügeln. Allein er bate weder für sich, noch redete er etwas heimlich mit denen, so ihn schlugen, sondern beharrte auf seinen vorigen Worten, und wiederholte sie immer. Deßwegen geriethe die Jüdische Obrigkeit auf diese der Wahrheit selbsten gemässe Gedancken, es müßte dieser Mensch durch einen höhern und göttlichen Trieb dazu bewogen seyn, und führte ihn vor den römischen Land=Pfleger. Daselbst wurde er nun mit unmenschlichen Schlägen biß auf die blossen Beine zerfleischet: dannoch bate er weder um Gnade, noch vergosse er einige Thränen, sondern beflիesse sich nach Möglichkeit den Thon seiner Stimme auf eine recht wehmütige Art zu verändern, und schrie zu einem jeden Streich: Wehe, wehe, wehe dir, Jerusalem! Als ihn nun der Land=Pfleger Albinus fragte: wer und woher er wäre, und warum er solche Dinge redete? So gab er im geringsten keine Antwort darauf, und liesse nicht ab, den Jammer der unseeligen Stadt zu beklagen, biß ihn Albinus als einen tollen und unsinnigen Menschen wiederum frey und ledig sprache. Er gienge auch biß zu Anfang des Kriegs zu keinem Bürger, und man sahe ihn mit niemand etwas anders reden: sondern er ruffte täglich, als wann er auf ein Gebett dichtete, kläglich aus: Wehe, wehe dir Jerusalem! Und ob er gleich alle Tage Streiche bekame, so fluchte er doch niemand, und so ihm jemand zu essen gabe, danckte er niemand, sondern seine Rede und Antwort gegen jedermann war jetzt=bemeldte traurige Weissagung. Vornehmlich aber liesse er sich an den hohen Festtagen hören, und da er sein Geschrey sieben

Gelegenheit gegeben hätte, nicht nur Ernst Moritz Arndt, sondern auch sich selbst in die identifikationsträchtige Rolle des verkannten Propheten einzuschreiben und so die eigene Erfolglosigkeit als politischer Publizist und Mahner der Nation moralisch zu überhöhen.

Auf ein Faszinosum ganz anderer Art deuten die Untergangs- und Vernichtungsphantasien, die Kleists Israelit, indem er sie abwehren möchte, erst recht eigentlich entfaltet. Die Vorbilder hierzu finden sich wieder bei Flavius Josephus, dessen Schilderung der Eroberung Jerusalems keine Gräuel auslässt und der Leichenberge, Metzeleien und Blutströme ebenso gedenkt wie des Niederbrennens der Stadt, der Vertreibung ihrer Bevölkerung und der vollständigen Zerstörung ihrer Mauern. Hätte Kleist diese Bilder in ein Drama überführt, dann wäre ihnen bei der bekannten Fixierung des Autors auf Szenen exzessiver Gewalt gewiss auch ein Selbstwert zugekommen, jenseits jeder parabolischen oder politisch-didaktischen Funktion. Selbst die *Hermannsschlacht* endet ja nicht mit dem lichten und versöhnlichen Tableau einer befreiten Nation, sondern mit der finsterern Vision einer vollständigen Vernichtung der Römer und ihres „Raubnest[s]" Rom, von dessen Existenz nur das eine noch zeugen soll: „eine schwarze Fahne", die über „öden Trümmerhaufen weht".[60]

Was aber wäre wohl die Rolle von Juden und Judentum in einem so gearteten Drama gewesen? Unterstellen wir die schon skizzierte lehrstückhafte Konzeption, so würde ‚Jüdisches' mit ‚Deutschem' buchstäblich verschmelzen und das daraus erwachsene ‚Mischwesen' ein Objekt der Fürsorge und Bestrafung sein, das ebenso Liebe wie Hass verdiente. Damit hätten freilich auch die Kategorien des Philo- und Antisemitismus ausgedient, und zurück bliebe nur eine extrem projektive Form der Zuwendung, die auf einer als Kränkung empfundenen Schwäche nationaler Identität beruht.

Epilog

Als der preußische Oberst August Neidhart von Gneisenau 1811 einen peniblen „Plan zur Vorbereitung eines Volksaufstandes" gegen die französische Besatzung ausarbeitete, schlug er auch vor, die Kirche für die Mobilmachung zu nutzen. „Sämtliche Geistliche aller christlichen Confessionen" sollten in ihrer Pre-

gantzer Jahre und fünff Monate aneinander getrieben hatte, bekame er doch weder eine heischere Stimme, noch einen abgematteten Leib, biß er endlich zur Zeit der Belagerung die Erfüllung seiner leidigen Weissagung sich im Werck selbsten einstellen sahe, und damit stille schwieg. Dann als er einsmahls auf der Mauer herum gienge, und wiederum von heller Stimme ausrieffe: Wehe der Stadt, wehe auch mir, wurde er so fort mit einem Stein aus einem Geschoß getroffen, bliebe auf der Stelle todt, und gab, indem er dieselbe Weihsagungen noch im Munde führte, seinen Geist auf." Flavii Josephi, *Sämtliche Wercke* (wie Anm. 50), Zweyter Theil, S. 186.

[60] Kleist, *Sämtliche Werke* (wie Anm. 51), Bd. 2, S. 554.

digt „Frankreichs Unterjochungsplan mit schwarzen Farben schildern“ und dabei „an das jüdische Volk unter den Makkabäern erinnern, das gleicher Bedrückung widerstanden und dessen Beispiel uns anfeuern müsse, auf gleichen Widerstand zu denken.“[61] Man mag es Friedrich Wilhelm III. kaum zutrauen, es scheint aber so, als habe der preußische Monarch bei der Lektüre des Memorandums sofort erkannt, dass die hier in Anschlag gebrachte Analogie zwischen Deutschen und Juden den Arsenalen der Politischen Romantik entstammt, denn am Rand dieser Textstelle finden sich die von seiner Hand stammenden Worte: „Als Poesie gut“.[62]

---

61 G[eorg].H[einrich] Pertz, *Das Leben des Feldmarschalls Grafen Neithardt von Gneisenau*. 3 Bde., Berlin, 1864-1869, Bd. 2, S. 137.

62 Ebd. Die Glosse des Königs ist erst jüngst zum Buchtitel avanciert, allerdings mit einer stark verallgemeinernden Tendenz und ohne jeden Bezug zu der sie stimulierenden Makkabäer-Parallele. Vgl. Günter de Bruyn, *Als Poesie gut. Schicksale aus Berlins Kunstepoche 1786 bis 1807*, Frankfurt am Main, 2006, S. 11 f.

RALPH HÄFNER

Mosaismus, Caesarismus, Bonapartismus Ambivalenzen des Napoleon-Bildes bei Heine, Balzac und Nerval

1. Napoleon als Prophet: Heine und die Orient-Krise von 1840

In seinen Korrespondenzartikeln des Jahres 1840 berichtete Heinrich Heine über Umstände und Hintergründe der so genannten Orient-Krise. Der Artikel vom 3. Juni 1840 wurde damals unterdrückt und erschien dann erstmals 1854 in der Sammlung *Lutezia*. Darin äußerte sich Heine über die Zukunft der gesellschaftlichen Verfassungen wie folgt: „Die Worte Napoleons auf Sankt Helena, daß in baldiger Zukunft die Welt eine amerikanische Republik oder eine russische Universalmonarchie sein werde, sind eine sehr entmutigende Prophezeiung. Welche Aussicht! Günstigenfalls als Republikaner vor monotoner Langeweile sterben! Arme Enkel!"[1] Allein, die Möglichkeit, man werde „günstigenfalls" in den Genuss einer langweiligen republikanischen Verfassung kommen, war im Juni 1840, auf dem Höhepunkt der Orient-Krise, nicht die Gefahr, auf die Heine hindeuten wollte. Denn die Erfüllung von Napoleons düsterer „Prophezeiung" einer absolutistischen „Universal-monarchie" im europäisch-vorderasiatischen Raum unter der Führung des russischen Zaren schien sich umso mehr abzuzeichnen, als das politische Gleichgewicht der europäischen Mächte bereits in den Jahren zuvor nachhaltig gestört war. Stilistisch nimmt Heines Rede von Napoleons „Prophezeiung" ebenso präzise wie lakonisch ein um 1840 gängiges Napoleon-Bild auf. Wie ein Prophet des Alten Bundes sieht der Verbannte auf Sankt Helena mit hellem Blick in eine dunkel umschattete Zukunft

---

1 Heinrich Heine, „Lutetia, Korrespondenzartikel vom 3. Juni 1840", in: ders., *Sämtliche Schriften*, hg. von Klaus Briegleb, München/Wien, 1976, Bd. 5, S. 286. (Diese Ausgabe wird künftig mit der Sigle SSB unter Angabe von Band- und Seitenzahl zitiert.) – Vgl. grundsätzlich: Paul Holzhausen, *Heinrich Heine und Napoleon I.*, Frankfurt am Main, 1903; Jörg Traeger, „Napoleon, Trajan, Heine. Imperiale Staatsmalerei in Frankreich", in: *Das antike Rom in Europa. Die Kaiserzeit und ihre Nachwirkungen. Vortragsreihe der Universität Regensburg*, hg. von Hans Bungert, Regensburg, 1985, S. 141–206; Rolf Geißler, „Heines Napoleon als Herausforderung unseres Denkens", in: Heine-Jahrbuch 29 (1990), S. 92–110; Markus Winkler, „Heines Napoleon-Mythos", in: *Aufklärung und Skepsis*. Internationaler Heine-Kongreß 1997 zum 200. Geburtstag, hg. von Joseph A. Kruse, Bernd Witte und Karin Füllner, Stuttgart/Weimar, 1998, S. 379–394; Alain Ruiz, „Napoléon dans les *Tableaux de voyage* de Heinrich Heine. Un nouveau mythe du sauveur", in: *Heine voyageur*. Textes réunis et présentés par Alain Cozic, Françoise Knopper et Allain Ruiz, Toulouse, 1999, S. 203–234; Christoph auf der Horst, *Heinrich Heine und die Geschichte Frankreichs*, Stuttgart/Weimar, 2000; Jean-René Derré, *Littérature et politique dans l'Europe du XIXe siècle*, Lyon, 1986. – Für das – dem Tagungsthema Rechnung tragende – Phänomen des „Philosemitismus" verweise ich insbesondere auf David S. Katz, „The Phenomenon of Philo-Semitism", in: *Christianity and Judaism*, hg. von Diana Wood, Oxford u.a., 1992.

der politischen Verfasstheit der Gesellschaft. In seinem Korrespondenzartikel, der auch ein Meisterstück rhetorischer Argumentationskunst ist, widmete sich Heine zudem dem prekären Verhältnis zwischen Diplomatie und veröffentlichter Meinung, das einen unvoreingenommenen Blick auf die Ereignisse in Damaskus beinahe unmöglich machte – beinahe, denn Heines Strategie ist es, Absichten und Motive der *dramatis personae* auf der politischen Weltbühne unter dem Schleier offiziöser Verlautbarungen sichtbar zu machen.

Erinnern wir kurz an die Vorgänge in Damaskus und ihre unmittelbaren Ursachen. Infolge des griechischen Unabhängigkeitskrieges kam es seit dem Beginn der 1830er Jahre zu einer Neuordnung des Mächtegleichgewichts im Vorderen Orient. Muhammad Ali, seit 1805 Vizekönig (Pascha) des formell zum Osmanischen Reich gehörigen Ägypten, hatte 1831 Syrien und Palästina besetzt und seine Stellung in den okkupierten Gebieten, trotz der militärischen Intervention des russischen Zaren und des diplomatischen Widerstandes Großbritanniens, vorerst halten können. Im Jahr 1838 versuchten türkische Truppen, die Herrschaft über Syrien zurückzugewinnen, scheiterten jedoch 1839 an der Schlagkraft der ägyptischen Kräfte in der Schlacht bei Nisib. Um der imminenten Gefahr eines Zerfalls des Osmanischen Reichs zu begegnen, schloss sich Großbritannien mit den Mächten der ehemaligen Heiligen Allianz, Russland, Preußen und Österreich, zusammen. Nachdem Muhammad Ali im Juli 1840 ein von den Alliierten gestelltes Ultimatum ignoriert hatte, entschloss sich die Allianz zu einer militärischen Intervention, die unter anderem die Besetzung Beiruts und die Rückführung Syriens in das Osmanische Reich zur Folge hatte.

Frankreich spielte in diesem Konflikt eine Sonderrolle. Unter Ministerpräsident Adolphe Thiers hatte es die Sache Ägyptens unterstützt, war nun aber gezwungen, das geostrategisch wichtige Engagement in der Levante aufzugeben. Die Orient-Krise, die eine tiefgreifende Krise der europäischen Diplomatie nach sich zog, endete vorläufig mit dem im eigenen Lande als Schmach empfundenen Rückzug Frankreichs und der Entlassung Adolphe Thiers' durch Louis Philippe im Oktober 1840.[2]

Frankreichs Diplomatie war aber noch durch einen anderen Umstand in eine prekäre Lage gesetzt. Nachdem im Frühjahr 1840 in Damaskus ein Kapuzinerpater ermordet worden war, ließ Ibrahim Pascha, der älteste Sohn Mohammad Alis, mit Duldung der französischen Verbündeten das Judenviertel plündern und einige Juden mit gerichtlicher Deckung foltern. Heine, der in den Korrespondenzartikeln ausführlich über die Ereignisse berichtet hatte, schrieb am 7. Mai, der französische Konsul in Damaskus, Graf Ulysse de Ratti-Menton, habe behauptet, „daß die Juden zur Feier ihres Pascha-Festes des Blutes der Christen bedürften."[3] Der Vorwurf des Ritualmords verschärfte noch dadurch die Krise, dass Adolphe Thiers – offenbar aus opportunistischen Gründen – den französi-

---

[2] Vgl. Eugène de Guichen, *La Crise d'Orient de 1839 à 1841 et l'Europe*, Paris, 1921.
[3] Heine, *SSB* (wie Anm. 1) 5, S. 269.

schen Diplomaten bei offiziellen Anlässen gedeckt hatte. Heine bemerkte süffisant, Paris sei die „Werkstätte aller progressiven, aber auch aller retrograden Verbrüderungen" und wandte sogleich den allgemeinen Satz auf den speziellen Fall des vorgeblichen Ritualmordes an: „Der hiesige Minister der auswärtigen Angelegenheiten, Herr Thiers, der sich jüngst nicht bloß als Mann der Humanität, sondern sogar als Sohn der Revolution geltend zu machen suchte, offenbart bei Gelegenheit der Damaszener Vorgänge eine befremdliche Lauheit."[4] In dem damals nicht gedruckten Korrespondenzartikel vom 3. Juni wurde Heine noch deutlicher. Thiers habe offenbar „von Anfang an für den Grafen Ratti-Menton [...] Partei genommen"[5] und die von Parteiinteressen geleitete französische Presse entsprechend instruiert. „In seinen Morgenaudienzen versichert Herr Thiers mit der Miene der höchsten Überzeugung, es sei eine ausgemachte Sache, daß die Juden Christenblut am Paschafeste söffen, chacun à son goût [...]." Heine lenkt den Blick des Lesers auf die Perfidie der Argumentation Thiers', dieses „Sohns der Revolution", wenn er in indirekter Rede die Worte des Ministerpräsidenten resümiert: „da sähen wir einen traurigen Aberglauben, einen religiösen Fanatismus, der noch im Oriente herrschend sei, während die Juden des Okzidentes viel humaner und aufgeklärter geworden [...]."[6] Dass es sich nicht um einen ‚orientalischen' Aberglauben, sondern um eine von der französischen Diplomatie bewusst inszenierte Denunziation der Damaszener Juden handelte mit dem Ziel, die französischen geostrategischen Interessen in der Region zu verteidigen, hatte Heine jedoch bereits am 7. Mai unmissverständlich deutlich gemacht: Graf Ratti-Menton sei es gewesen, „welcher den okzidentalischen Aberglauben dem Orient einimpfte, und unter dem Pöbel von Damaskus eine Schrift austeilte, worin die Juden des Christenmords bezüchtigt werden."[7]

Die Komplexität der Ereignisse wurde noch dadurch gesteigert, dass Thiers, der in den zwanziger Jahren eine mehrbändige Geschichte der Französischen Revolution[8] vorgelegt hatte, seiner glücklosen Innenpolitik durch das Projekt einer Überführung der Gebeine Napoleons von Sankt Helena nach Paris ein Glanzlicht aufzusetzen versuchte. Heine sah in Thiers' Verhalten zugunsten der Bonapartisten vor allem taktische Erwägungen, um dem „angebornen Bonapartismus" der Franzosen zu schmeicheln und seine eigene verlorene „Popularität" zurückzugewinnen. Dieser – dynastisch gebundene – Bonapartismus[9] sei das Gegenteil des Republikanismus. Mit bemerkenswerter Weitsicht erkannte

[4] Ebd.

[5] Ebd., S. 283.

[6] Ebd.

[7] Heine, *SSB* (wie Anm. 1) 5, S. 268.

[8] Vgl. Adolphe Thiers, Felix Bodin, *Histoire de la Révolution Française*, 10 Bde., Paris, 1823–1827.

[9] Zum Begriff vgl. Volkmar Hansen, „Johannes der Täufer. Heines bedingter Bonapartismus", in: *Der späte Heine. Literatur – Politik – Religion*, hg. von Wilhelm Gössmann und Joseph A. Kruse, Hamburg, 1982, S. 69–96.

Abb. 1. Horace Vernet: Napoleon steigt aus dem Grab, 1840

Heine, dass sich Thiers – im Falle eines Sturzes des Hauses Orléans und damit des Bürgerkönigtums – eine politische Option jenseits der konstitutionellen Monarchie, aber auch jenseits des Republikanismus offenhalten wollte: „Die Franzosen, aller republikanischen Eigenschaften bar, sind ihrer Natur nach ganz bonapartistisch." „Und leichter wäre es in Frankreich ein Bonapartisten-Regiment als eine Republik wieder zu begründen."[10] Der Bonapartismus als dynastisch verbrämter Nationalismus – für diese politische Option suche Thiers den Pakt selbst mit jenem ultramontanen Teil des Klerus, der sich von den Bourbonen enttäuscht abgewendet habe.[11] Auf der anderen Seite seien auch die „Juden in Frankreich" in ihrer „französischen Nationalität" derart aufgegangen, dass sie im Falle der Damaszener Ereignisse beinahe nichts „zur Ehrenrettung ihrer verleumdeten Religion" unternommen hätten.[12] „Das Interesse, welches die hiesigen Juden an der Tragödie von Damaskus nahmen, reduziert sich auf sehr geringfügige Manifestationen."[13] Zusammen mit Heines Rede von Thiers' „Lauheit" ergibt sich also das Bild einer dem (innen-)politischen Kalkül in

[10] Heine, *SSB* (wie Anm. 1) 5, S. 272.
[11] Ebd., S. 270.
[12] Ebd., S. 274.
[13] Heine, *SSB* (wie Anm. 1) 5, S. 275.

Frankreich geschuldeten Bewertung der Vorgänge im Vorderen Orient durch Regierung, führende gesellschaftliche Kräfte und die von der Regierung gelenkte veröffentlichte Meinung.

In auffälligem Kontrast zur Stilisierung Napoleons zum weitsichtigen Propheten kritisierte Heine mit allem Sarkasmus und satirischen Witz diesen dynastisch gebundenen Bonapartismus, der nationalistische Ziele verfolge und im Grunde von dem preußischen Modell eines patriotischen Nationalismus nicht weit entfernt war. Ja, er verglich Chateaubriand mit Turnvater Jahn, da doch der Autor der *Mémoires d'outre-tombe* (1848) Napoleon erst zu verehren begonnen habe, „seit er tot ist"; im Zuge von Thiers' Projekt einer Überführung der Leiche Napoleons nach Paris schicke Chateaubriand sich an, dem toten Kaiser eine Leichenrede „mit dem ganzen Pomp seiner Begräbnisphantasie" zuzueignen (vgl. Abb. 1).[14]

Auf der anderen Seite distanzierte sich Heine ebenso entschieden von den jungen Republikanern in Frankreich, weil sie in Napoleon einseitig nur den Despoten zu erkennen vermochten und den transnationalen und insofern kosmopolitischen Charakter des Visionärs mit dem prophetischen Blick zugunsten eines nationalrepublikanisch verkürzten Gesellschaftsmodells ausblendeten. Der Dichter und liberale Politiker Alphonse de Lamartine[15], so Heine, stelle seine nationalrepublikanische Rhetorik in den Dienst politischen Kalküls, indem er über Napoleon vorderhand zwar „die Wahrheit" gesagt habe – Napoleon ein Diktator –, jedoch „im Interesse der Lüge". Heine rief aus: „Es ist wahr, es ist tausendmal wahr, daß Napoleon ein Feind der Freiheit war, ein Despot, gekrönte Selbstsucht, und daß seine Verherrlichung ein böses, gefährliches Beispiel. [...] Aber es ist nicht dieser liberticide Napoleon, nicht der Held des 18. Brumaire, nicht der Donnergott des Ehrgeizes, dem ihr die glänzendsten Leichenspiele und Denkmale widmen sollt! Nein; es ist der Mann, der das junge Frankreich dem alten Europa gegenüber repräsentierte, dessen Verherrlichung in Frage steht: in seiner Person siegte das französische Volk, in seiner Person ward es gedemütigt, in seiner Person ehrt und feiert es sich selber – und das fühlt jeder Franzose, und deshalb vergißt man alle Schattenseiten des Verstorbenen und huldigt ihm quand même".[16]

Im Jahr 1840 war die Ikonographie des „Helden des 18. Brumaire", der mit dem Staatsstreich vom 9. November 1799 die Revolution beendet hatte, in der Tat allgegenwärtig.[17] Heine hatte daher allen Grund, den Propheten von Sankt Helena gegenüber dem republikanischen Schreckbild Napoleons abzugrenzen. Der Bonapartismus – diesmal *nicht* als dynastisch gebundene Wiedergeburt des

---

[14] Ebd., S. 278.

[15] Vgl. grundsätzlich: Maurice Descotes, *La légende de Napoléon et les écrivains français du XIXe siècle*, Paris, 1967; siehe auch: Mario Hamlet-Metz, „Napoléon chez Lamartine: usurpateur et poète", in: *French Literature Series* 8 (1981), S. 43–52.

[16] Heine, *SSB* (wie Anm. 1) 5, S. 279 f.

[17] Vgl. das bekannte Gemälde von François Bouchot, „General Bonaparte im Rat der Fünfhundert", 1840, Musée du Trianon, Versailles.

Nationalismus, sondern als politische Form und Formel des „jungen Frankreich“ gegenüber dem „alten Europa“: In Heines Perspektive erfüllt das „junge Frankreich“ seit der großen Revolution die Funktion einer Vorhut der gesamteuropäischen demokratischen Bewegung sowohl jenseits der dynastischen Restauration als auch jenseits nationalrepublikanischer Isolation der Völker. Es ist diese Spielart des Bonapartismus, die Heine als eine Chiffre politischer Theorie von der Zeit des Saint-Simonismus an mit dem ihm eignenden Europagedanken über die Epoche des mit Karl Marx propagierten Internationalismus der 1840er Jahre bis in die Zeit der Moses-Stilisierung der *Geständnisse* mit Beharrlichkeit benutzt hat. Der Bonapartismus ist für Heine eine universelle Figur der Befreiung der Völker von der Obstruktion der ‚retrograden‘ Mächte des Ancien Régime.

Heines pointierter Bonapartismus blieb in Deutschland so lange unverstanden, als es keine dritte Kraft jenseits der dynastischen Restauration und der noch jungen nationalrepublikanischen Bewegung gab. Ludwig Börne schrieb im dreiunddreißigsten der *Briefe aus Paris*, datiert auf den 11. Februar 1831: „Was mich aber eine Welt weit von Heine trennt, ist seine Vergötterung Napoleons.“ Ganz im Tenor Lamartines fuhr Börne fort: „Einen Helden lieben, der nichts liebt als sich; einen herzlosen Schachspieler, der uns wie Holz gebraucht und uns wegwirft, wenn er die Partie gewonnen. Daß doch die wahnsinnigen Menschen immer am meisten liebten, was sie am meisten hätten verabscheuen sollen!“[18] Börnes politische Theorie gründete in der nationalrepublikanischen Kategorie eines ‚deutschen Patriotismus‘[19], der mit dem ‚internationalistischen Bonapartismus‘ Heines schlechthin unvereinbar war. Mit vorwurfsvollem Entsetzen zitierte Börne aus Heines *Französischen Zuständen* den Satz: „Ganz wörtlich sagt er: ‚Ich bin, bei Gott! kein Republikaner, ich weiß, wenn die Republikaner siegen, so schneiden sie mir die Kehle ab.‘“[20] Wo Börne in Napoleon die Gewalttätigkeit imperialistischen Machtstrebens brandmarkte, stilisierte Heine den Propheten von Sankt Helena zu einem Freiheitshelden, der – wie Moses das Volk Israel aus dem ägyptischen Diensthaus – die Völker aus der Knechtschaft in die Freiheit geführt habe. Börne ächtete den Herrscher als machtgierigen Monomanen; für Heine war er Repräsentant der Idee politischer Freiheit, die sich in großen Individuen im Laufe der Geschichte immer wieder dargestellt habe. Napoleon als Repräsentant der Freiheit trägt geradezu Züge eines Messianismus, den Heine in der Imagination seiner politischen Theorie mehrmals thematisiert hat. Bonapartismus und jüdischer Messianismus verbinden sich in dieser Imagination zu einer untrennbaren Einheit. In der auf den 18. Oktober 1832 datierten „Vorrede“ zu den *Französischen Zuständen* evozierte Heine die Gegenwart eines Retters, der im Laufe der Geschichte in stets erneuerter Gestalt immer wieder erschienen war. In einem berühmten Abschnitt hatte

[18] Ludwig Börne, *Briefe aus Paris*, hg. von Alfred Estermann, Frankfurt am Main, 1986, S. 154.
[19] Vgl. ebd., S. 708.
[20] Börne, *Briefe* (wie Anm. 18), S. 711.

er geschrieben: „Der verhüllte Mann der Zeit, der ebenso kühnen Herzens wie kundiger Zunge ist, und der das große Beschwörungswort weiß und es auch auszusprechen vermag, er steht vielleicht schon in Eurer Nähe. Vielleicht ist er in knechtischer Livree oder gar in Harlekinstracht vermummt, und Ihr ahnet nicht, daß es Euer Verderber ist, welcher Euch untertänig die Stiefel auszieht oder durch seine Schnurren Euer Zwerchfell erschüttert.“[21] Zur selben Zeit arbeitete Heine an seiner Schrift *De l'Allemagne*; ein Teil des deutschen Textes erschien 1835 unter dem Titel *Zur Geschichte der Religion und Philosophie in Deutschland* und enthielt das bekannte dreistufige Revolutionsmodell: Nach der durch Luther ausgelösten religiösen Revolution und der durch Lessing vollendeten intellektuellen Revolution stehe nurmehr die politische Revolution noch aus, die sich in der Erscheinung eines lange erwarteten „dritten Befreiers“ vollenden werde: „Ja, kommen wird auch der dritte Mann, der da vollbringt was Luther begonnen, was Lessing fortgesetzt, und dessen das deutsche Vaterland so sehr bedarf, – der dritte Befreier! – Ich sehe schon seine goldne Rüstung, die aus dem purpurnen Kaisermantel hervorstrahlt, ‚wie die Sonne aus dem Morgenrot!‘“[22] Luther, Lessing und der „dritte Befreier“ sind für Heine offenbar Wiedergänger derselben Idee der Freiheit, die, selbst unsterblich, sich in der Geschichte sukzessive realisiert hat. Heine hat mit der Figur des Wiedergängers immer wieder experimentiert. Wie ich an anderem Ort gezeigt habe, gehört insbesondere die Figur des Harlekin-Pulcinella – des Totschlägers mit der Pritsche, der seine Weltbühne vom üblen „Galgenpack“ befreit[23] – zu den früh gepflegten Rollenfiguren in Heines politischem Ideenkosmos.

2. Bonapartisten als Wiedergänger: Balzacs Messianismus

Nur wenige Monate vor der Niederschrift der „Vorrede“ zu den *Französischen Zuständen*, die in der französischen Fassung *De la France* im Juni 1833 bei

[21] Heine, *Französische* Zustände, Vorrede, SSB (wie Anm. 1) 3, S. 103 f.
[22] Heine, Zur Geschichte der Religion und Philosophie in Deutschland, SSB (wie Anm. 1) 3, S. 585.
[23] Vgl. Ralph Häfner, Die Weisheit des Silen. *Heinrich Heine und die Kritik des Lebens*, Berlin/New York, 2006, S. 469 ff. (spectrum Literaturwissenschaft. 7).

Abb. 2. Jean Antoine Gros: Napoleon im Jahr 1807 in der Schlacht bei Preußisch-Eylau, 1808

Renduel in Paris erscheinen wird, publiziert Honoré de Balzac[24] in der Zeitschrift *L'Artiste* eine kleine Erzählung, die später den Titel *Le Colonel Chabert* tragen wird.[25] Der Text atmet eine verzweiflungsvolle Melancholie, denn Chabert ist der Held einer längst vergangenen Zeit. Obwohl die offiziellen Darstellungen der Ära Napoleon übereinstimmend berichten, er sei in der Schlacht bei Preußisch-Eylau gefallen, als er im Heer Napoleons gegen die russischen und preußischen Truppen kämpfte (vgl. Abb. 2), taucht Chabert plötzlich, unerwartet und auch unerwünschterweise in Paris wieder auf, um seine ehrenvolle Rolle, die er einst in der Gesellschaft spielte, wieder aufzunehmen. Als der „dürre und magere" Held, in einen schweren Wintermantel gehüllt, in einer An-

[24] Vgl. grundsätzlich: Pierre Barbéris, *Balzac et le mal du siècle. Contribution à une physiologie du monde moderne*, Bd. 2, 1830-1833. *Un[e] expérience de l'absurde: de la prise de conscience à l'expression*, Paris, 1970 (Neudr., Genf, 2002); Gretchen R. Besser, *Balzac's Concept of Genius. The Theme of Superiority in the „Comédie humaine"*, Genf, 1969; René-Alexandre Courteix, *Balzac et la Révolution française. Aspects idéologiques et politiques*, Paris, 1997; Martine Gärtner, *Balzac et l'Allemagne*, Paris/Montréal, 1999; Michel Lichtlé: „Balzac et le Code civil", in: *L'Année balzacienne* 1999, S. 119–140.

[25] Zur komplizierten Editionsgeschichte vgl. Joachim Küpper, *Balzac und der Effet de réel*, Amsterdam, 1986, S. 93–192. Zum thematischen Kontext vgl. Brian Joseph Martin, *Napoleonic Friendship. Military Fraternity, Intimacy, & Sexuality in Nineteenth-Century France*, Durham, 2011, S. 186–199; Cathy Caruth, „The Claims of the Dead: History, Haunted Property, and the Law", in: *Law's Madness*, hg. von Austin Sarat, Lawrence Douglas, Martha Merrill Umphrey, Ann Arbor, 2003, S. 119–146.

waltskanzlei erscheint, um seine Identität feststellen zu lassen und in seine bürgerlichen Rechte wieder einzutreten, hält man ihn für eine Gestalt aus einem Wachsfigurenkabinett. Man belehrt ihn, dass der Colonel Chabert auf dem

Abb. 3. Rembrandt: Porträt eines alten Juden, 1654

Schlachtfeld bei Eylau geblieben und dass seine Frau inzwischen mit einem angesehenen Aristokraten verheiratet sei. Unbeweglich wie eine Wachsfigur, mit der Physiognomie eines Kadavers, so der Erzähler, gleicht er einem „Porträt Rembrandts, nur ohne Rahmen“.[26] Balzac mag eine Physiognomie wie Rembrandts ‚Porträt eines alten Juden‘ (1654, Hermitage, Sankt Petersburg, Abb. 3) im Sinn gehabt haben, der in der Montur seines Mantels in der Tat der malerischen Charakteristik des Erzählers gleicht und dessen wächsernes Antlitz mit der durch Clair-obscur-Effekte gesteigerten Zerrissenheit Balzacs Beschreibung des Colonel Chabert ziemlich nahe kommt. Mit dem Ausdruck einer „traurigen Demenz“ hatte ein „tiefer Schmerz“, Zeichen einer jahrelangen Misere, dieses Angesicht entstellt, „wie Wassertropfen auf die Länge einen schönen Marmor verunstalten“.[27] Der abenteuerliche Vorkämpfer Napoleons, der in seinem Verhalten, wie zum Beispiel mit der in den Mantel eingeschobenen rechten Hand, charakteristische Tics des Kaisers reproduziert, findet in der Gegenwart

[26] Honoré de Balzac, *Le Colonel Chabert*, hg. von Patrick Berthier, Paris, 1999, S. 61 (folio classique).
[27] Ebd., S. 61.

einer von der Geldaristokratie dominierten restaurativen Gesellschaft keinen Ort mehr: „Man hat mich unter den Toten begraben“, so ruft er einmal aus, „aber jetzt bin ich unter den Lebenden begraben, unter den Verwaltungsakten, unter den Tatsachen, unter der ganzen Gesellschaft, die mich wieder unter die Erde schicken will.“[28] Nachdem ihn seine Frau – eine Dame der hohen Gesellschaft, die von dem „moralischen Krebsgeschwür“ derselben zerfressen wird – verstoßen hat, kommt es zu einer Abschiedsszene, in der sie sich ihm heuchlerisch zu Füßen wirft und ihn zu umfassen versucht. Indem Chabert antwortet: „Ne me touchez pas“[29], verklärt er sich zur Figur des Messias („noli me tangere“, Joh. 20,17), dessen Wiederkunft in einer sich selbst genügenden Gesellschaft nicht mehr erwartet wird.

Abb. 4. Rembrandt: Noli me tangere, 1651

Auch für diese Szene dürfte Balzac an ein durch starke Hell-Dunkel-Kontraste geradezu grell überschattetes Gemälde Rembrandts gedacht haben (vgl. Abb. 4). Nur die Bedeutungsrichtung ist kontrafaktisch verkehrt. Anders als der Messias, der mit seiner unerwarteten Gegenwart der Geliebten Maria Magdalena

[28] Ebd., S. 74.
[29] Ebd., S. 153.

die frohe Botschaft des Heils übermittelt, wird Chabert von einem tiefen Lebensekel ergriffen. Der Bonapartismus ist tot. „Chabert verschwand in der Tat“.[30] Der „aristokratische Stolz“ des Bonapartisten Chabert, der nun wie ein Vagabund von der Gesellschaft geächtet wird[31], ist deplaciert in der Gegenwart sozialer Banalität. Angeklagt wegen Vagabundierens, erwidert Chabert dem Richter: „Sie können nicht wissen, wie sehr ich dieses äußerliche Leben, an dem die meisten Menschen hängen, verachte. Eine Krankheit hat mich plötzlich ergriffen: der Ekel vor der Menschheit. Wenn ich denke, daß sich Napoleon auf Sankt Helena befindet, so ist mir alles hienieden gleichgültig. [...] Der Luxus der Gefühle ist mehr wert als der Luxus der Kleider.“[32] Aus der Perspektive der saturierten Zeitgenossen Chaberts – des rehabilitierten Hochadels und der Geldaristokratie – hat sich der Bonapartismus dieses Typs nach 1815 überlebt; der Luxus der Gefühle ist der Gier nach materiellem Reichtum gewichen; die Epoche Napoleons mit ihren Freiheitshelden, in deren Antlitz der „aristokratische Stolz“ glühte, ist eine längst überwundene Episode der Geschichte einer korrupten Gesellschaft, deren Vergeblichkeit sich in der Leidensgeschichte Chaberts noch einmal darstellt: „Dem Findelhaus entsprungen, kehrt er wieder, um im Altershospiz zu enden, nachdem er in der Zwischenzeit Napoleon geholfen hatte, Ägypten und Europa zu erobern.“[33]
Dieser Schluß, mit dem die frühe Fassung von Balzacs Erzählung 1832 endet, wirft auch ein Licht auf Heines damals vom Saint-Simonismus beeindruckte Geschichtsphilosophie. Der „verhüllte Mann der Zeit“ ist ein Wiedergänger, der auf dem Antlitz jenen „aristokratischen Stolz“ trägt, in dem sich die Idee des Bonapartismus als eine – gleichsam Byron'sche – Figur der Freiheit und der Befreiung manifestiert. Ebenso wie Heine spielt Balzac mit der Figur des Messias, der in einer von materiellen Bedürfnissen dominierten Gesellschaft immerhin verkannt wird. *Le Colonel Chabert* ist in dieser Perspektive auch eine nüchterne – und ernüchternde – Analyse der sozialen Verhältnisse im zweiten Jahr der konstitutionellen Monarchie.[34]

Unmittelbar nach der Juli-Revolution und noch vor *Le Colonel Chabert*, in der Erzählung *La Peau de chagrin*, hatte Balzac das Motiv des Wiedergängers in signifikanter Weise variiert. Der jugendliche Held – auch er krankt an dem sozial geächteten Luxus der Gefühle – ist eine „wirkliche soziale Null“, „nutzlos für den Staat, der sich um ihn nicht kümmerte“, einen Staat, in dem menschliche Größe gegenüber dem Wert des Geldes und der blindwütigen Ehrsucht

30 Ebd., S. 154.
31 Vgl. ebd., S. 156.
32 Ebd., S. 160.
33 Ebd., S. 165.
34 Zur Verwurzelung des Plots in der Zeit unmittelbar nach der Juli-Revolution von 1830 vgl. Sandy Petrey, *In the Court of the Pear King*, Ithaca u.a., 2005, Kap. 2: „Realist Reality and Realist Duality“ (= S. 37 ff.).

Abb. 5. Gerrit Dou: Der Goldwäger, 1664

keinen Wert mehr besitzt.[35] Durch eine alte Frau zufällig vom Freitod in der Seine abgehalten („Mauvais temps pour se noyer“)[36], betritt er den Laden eines Antiquitätenhändlers. Je tiefer er in das „Chaos der Antiquitäten“ eintaucht, umso tiefer verliert er sich in ein Magazin von Menschheitserinnerungen, die in all ihrer Disparität keine Kohärenz, keinen Sinn, keine Bedeutung mehr erwecken. „Eine Vase aus Sèvres, auf die Madame Jacotot Napoleon gemalt hatte, fand sich neben einer Sphinx, die dem Pharao Sesostris gewidmet war. Der Anfang der Welt und die Ereignisse von gestern verbanden sich mit einer grotesken Einfalt.“[37] Als der Held die magische Eselshaut zu sehen begehrt, schickt er den Lehrling, der ihn bis dahin durch das sinnlose Labyrinth der Zivilisation begleitet hatte, um den Antiquitätenhändler zu holen. Sein Auftritt gleicht in den Augen des Helden einer magischen Erscheinung. Gleich wie der Bonapartist Chabert wird auch der Antiquitätenhändler als „dürr und mager“ („sec et

35 Honoré de Balzac, *La Peau de chagrin*, hg. von Samuel Silvestre de Sacy, Paris, 1974, S. 34 (folio classique).

36 Ebd., S. 33.

37 Ebd., S. 38.

maigre"), wie eine Erscheinung aus dem Jenseits, beschrieben. „Diese Art von Gespenst" mit den dennoch jugendlich funkelnden Augen repräsentiere, so der Erzähler in seiner präzisen Imagination, jenen aus der Malerei längst vertrauten Moses-Typ. Er lasse an den bekannten Goldwäger des Niederländers Gerrit Dou denken (Abb. 5), dessen Blick eine „tiefe Wissenschaft des Lebens" – einen Einblick in die Abgründe des Lebens und seiner Wirkmechanismen – zu erkennen gebe.[38] Damit ist die Serie bizarrer Gleichsetzungen noch nicht erschöpft. Der Antiquitätenhändler ist zugleich ein Bild Gottvaters und eine hämische Maske des Mephistopheles; dieser „uralte Genius" erweckt in dem Helden die Empfindung einer Macht, „die wir alle vor Napoleon oder in Gegenwart irgendeines großen und ruhmreichen Menschen von Genie verspürt haben."[39] Die Folge von Gleichsetzungen ist bemerkenswert. Der Antiquitätenhändler, in dessen Boutique sich die Erinnerungen aller Völker und Epochen – wenn auch chaotisch – resümieren, ist Moses, Gottvater, Mephistopheles, uralter Genius und Napoleon in einem. Wie kam Balzac zu einer derartigen Engführung? In

Abb. 6. Jean-Baptiste Mauzaisse: Napoleon als Urheber der Gesetze, 1833

[38] Ebd., S. 52.

[39] Balzac, *La Peau* (wie in Anm. 35), S. 53 f. – Vgl. Charles Dédéyan, „Le Faustisme romantique de Balzac", in: La Revue des Lettres Modernes 5 (1958), S. 329–398.

der Form halbbiblischer Typologie[40] war der Typus Napoleon, in dem sich der Antitypus Moses erfüllt, seit dem Anfang des Jahrhunderts in der zeitgenössischen Herrschaftsimagination gegenwärtig. Jérôme Champion de Cicé (1735–1810), Bischof von Aix-en-Provence, der als Großsiegelbewahrer Ludwigs XVI. an der Formulierung der Deklaration der Menschen- und Bürgerrechte 1789 maßgeblich mitgewirkt hatte, hatte anlässlich der Krönung Napoleons festgestellt: „Wie ein zweiter Moses ist Napoleon aus der Wüste Ägyptens gerufen worden." („Comme un autre Moïse, Napoléon a été appelé des déserts de l'Égypte."[41]) Der Satz ist seither in den Revolutionsgeschichten Frankreichs immer wieder zitiert worden. Wie sehr Balzac mit dem Verständnis seiner Zeitgenossen rechnen konnte, verdeutlicht die offizielle Ikonographie um 1830, in der Napoleon als göttlich inspirierter Gesetzgeber mit dem Gesetzgeber des jüdischen Volkes, Moses, überblendet worden ist. Jean-Baptiste Mauzaisse hatte in einem Gemälde von 1833 Napoleon auf einer Wolke gelagert und in dem Augenblick dargestellt, in dem er die Tafel des *Code civil* beschreibt. Der Gott der Zeit thront hinter ihm und schickt sich an, ihm den kaiserlichen Lorbeerkranz aufs Haupt zu legen (Abb. 6). Eine sichtbare Verheißung des gelobten Landes, bricht am fernen Horizont die Morgenröte hervor. Wie eine präzise Erinnerung des Gemäldes von Mauzaisse klingt es, wenn Heine 1834 über Napoleon schreibt: „Ich sehe schon seine goldne Rüstung, die aus dem purpurnen Kaisermantel hervorstrahlt, ‚wie die Sonne aus dem Morgenrot!'"[42] Auf dem Gemälde von Mauzaisse hat Napoleon in der Tat den Purpurmantel abgelegt und erscheint in seiner Uniform mit goldenen Epauletten und Applikationen. Bereits 1827 übrigens hatte Mauzaisse für den Louvre ein Gemälde verwandten Inhalts angefertigt. Es zeigt Moses an der Spitze einer ungebrochenen Folge von Königen und Gesetzgebern in der Erwartung der Gesetzestafel, die er aus der Hand der göttlichen Weisheit entgegennimmt.

3. Die politische Avantgarde: Mosaismus und Caesarismus

Heines und Balzacs Zeitgenossen waren sich der Ambiguität dieser offiziellen politischen Ikonographie durchaus bewusst. In Balzacs Roman *La Peau de chagrin* stellt ein Anhänger des Vordenkers der Konservativen, Pierre-Simon Ballanche, fest: „Moses, Sulla, Ludwig XI., Richelieu, Robespierre und Napoleon sind vielleicht nur ein und derselbe Mensch, der im Verlaufe der Zivilisationen immer wieder erscheint, wie ein Komet am Himmel."[43] Napoleon steht

---

40 Zum Begriff vgl. Friedrich Ohly, „Halbbiblische und außerbiblische Typologie" (zuerst 1976), in: ders., *Schriften zur mittelalterlichen Bedeutungsforschung*, Darmstadt, 1977, S. 361–400.

41 Vgl. Marchand du Breuil, *Journées mémorables de la Révolution française*, Bd. 5, Paris, 1826, Kap. „11 Frimaire an 13, couronnement de Napoléon Bonaparte empereur", S. 42 (eigene Paginierung).

42 Heine, *SSB* (wie Anm. 1) 3, S. 585.

43 Balzac, *La Peau* (wie in Anm. 35), S. 82 f.

hier in einem personalen Kontext, in dem sich durchaus zwiespältige Charaktereigenschaften wie Klugheit, Herrschsucht, Heuchelei und politisches Kalkül mischen. Persönliches absolutes Machtstreben und absolutes Eintreten für die Interessen des Staates oder Volkes gehen eine unentwirrbare Symbiose ein. Die Figur des Wiedergängers gewinnt in der typologischen Entsprechung Napoleon–Sulla eine im Blick auf den Caesarismus erweiterte Bedeutung der politischen Ikonographie. Als man 1810 auf der Place Vendôme die bis heute erhaltene Ehrensäule nach dem Vorbild der römischen Trajanssäule errichtete, krönte man sie mit dem von Antoine-Denis Chaudet (1763–1810) geschaffenen

Abb. 7. Antoine-Denis Chaudet: Napoleon (Vendôme-Säule)

Standbild Napoleons in der Gestalt eines römischen Herrschers (Abb. 7).[44] In der Rechten sein Schwert auf den Boden gestützt, hält er in der Linken die Weltkugel, die von der geflügelten Siegesgöttin geziert wird. Das Standbild wurde beim Sturz Napoleons 1814 demoliert. Bei Regierungsantritt des Bürgerkönigs Louis-Philippe 1830 war die Säule lediglich mit der Trikolore geschmückt; erst 1833 errichtete man im Beisein des Königs abermals ein Standbild Napoleons von der Hand des Bildhauers Charles Émile Seurre, diesmal allerdings in der bekannten, von Balzacs Colonel Chabert travestierten Pose des militärischen Oberbefehlshabers. Die wechselnde politische Ikonographie meint dabei keineswegs sich gegenseitig ausschließende Interpretationen des Napoleon-Bildes; sie macht vielmehr Transformationsprozesse sichtbar, durch die vielschichtige

---

[44] Zur wechselvollen Geschichte des Bildprogramms vgl. *Skulptur. Von der Antike bis zur Gegenwart*, hg. von Georges Duby und Jean-Luc Daval, Köln u.a., 1996, S. 860 f.

Aspekte des Herrscherbildes im Sinne geschichtstypologischer Entsprechungen gegenwärtig gehalten werden.

Im Ausgang von Ballanche hat sich diese Geschichtstypologie vor allem seit den 1840er Jahren im Kontext des jüdisch-christlichen Messianismus ausgewirkt. Die von Gérard de Nerval am 28. Juli 1844 in der Zeitschrift *L'Artiste* publizierte Abhandlung „Une lithographie mystique" entwickelt den Typus Napoleon im Kontext des geschichtsphilosophischen Konzepts einer umfassenden religiösen und moralischen Erneuerung (*régéneration*), wie es insbesondere mit dem Namen Joseph de Maistre (1753–1821) verknüpft ist. Nerval beschreibt die Lithographie wie folgt: „Dargestellt ist Napoleon unter dem Schleier und der Krone des Augurs; er führt seinen Zeigefinger über eine Weltkarte, auf der er neue Einteilungen vornimmt. Das Blatt enthält folgende Legende: ‚Fortgeschrittener in der göttlichen Wahrheit, mächtiger, sie zu verwirklichen, vollendet er, was er begonnen hat.'"[45] Nerval beruft sich auf den polnisch-litauischen Schwärmer André Towiansky[46], der sich längere Zeit in Paris aufgehalten und das Evangelium eines neuen Messias gepredigt hatte. Towiansky gehörte zum Kreis der polnischen Emigranten um den heute noch bekannteren Schriftsteller und Politiker Adam Mickiewicz. Towianskys Lehre hatte nach Nerval die Verheißung einer umfassenden Umwandlung der sittlichen und sozialen Normen zum Kern: Dann, so referierte Nerval die von Towiansky übernommene Zukunftsvision Joseph de Maistres, werde die Frivolität des 18. Jahrhunderts, das noch immer fortdauere, endlich überwunden sein; „dann werden die Meinungen, die uns heute wenig gegründet oder unsinnig erscheinen, Axiome sein, an denen zu zweifeln nicht verstattet sein wird, und man wird von unserer gegenwärtigen Dummheit sprechen, wie wir von dem Aberglauben des Mittelalters sprechen."[47] Napoleon ist für Towiansky eines jener „Genies", die als gute Könige zu Wohltätern der Menschheit geworden sind. Nerval fasst zusammen: „Nach André Towiansky werde Napoleon das sichtbare Wort Gottes sein; aber, obwohl er am Ende von dunklen Mächten verstoßen sein würde, sei er doch bereit, unter einer anderen Gestalt wiederzukehren, das unterbrochene Werk zu vollenden."[48] Dieser vom Swedenborgianismus des Zeitalters tingierte Messianismus, den Nerval übrigens mit angerührt-distanziertem Amusement präsentiert, bringt eine sehr komplexe Ideenformation zum Ausdruck. Jüdischer Messianismus, Caesarismus und Bonapartismus gehen in der Imagination der Erwartung eines Retters der Menschheit, in der geschichts-typologisch deutbaren Wiederverkörperung Napoleons in der Gestalt eines neuen Messias, der die politische Landkarte Europas und der Welt letztgültig (‚axiomatisch') ordnen würde, eine untrennbare Verbindung ein.

---

[45] Gérard de Nerval, „Une lithographie mystique", in: ders., *Œuvres*, hg. von Henri Lemaitre, Paris, 1986, S. 373.

[46] Vgl. Häfner, *Weisheit* (wie Anm. 23), S. 368 f.

[47] Nerval, „Lithographie" (wie Anm. 45), S. 375.

[48] Ebd., S. 377.

Die Moses-Napoleon-Figuration spielt noch in Heines letzte Werke hinein. In den *Geständnissen* ist ihm Moses eine Chiffre für jene „Ritter des heiligen Geistes", in denen sich der politische und soziale Fortschritt der Zivilisation darstellt. Sie ist eine wiederkehrende Figur, die sich im „verhüllten Mann der Zeit" immer von neuem wieder verkörpert, genauer: enthüllt. In Moses erblickt Heine jene „Riesengestalt", die mit „wahrem Kunstgeist" begabt und deren Blick „auf das Kolossale und Unverwüstliche gerichtet" gewesen sei.[49] Sein Werk vollende sich in „Menschenpyramiden" und „Menschenobelisken"; „er nahm einen armen Hirtenstamm und schuf daraus ein Volk, das ebenfalls den Jahrhunderten trotzen sollte, ein großes, ewiges, heiliges Volk, ein Volk Gottes, das allen Völkern als Muster, ja der ganzen Menschheit als Prototyp dienen konnte: er schuf Israel!"[50] Was Heine, der Seher an der avenue Matignon, an Israel bewundert, ist indes nicht der „Geburtsstolz", von dem er beiläufig bemerkt, dass er sich selbst zu ihm bekennen könnte; es handelte sich selbstverständlich nicht um den Adel der Geburt. „Israel" ist ihm vielmehr die Chiffre der universellen „Revolution" und der mit ihr verbundenen „demokratischen Prinzipien", die im Gesellschaftsmodell des jüdischen Volks vorbildhaften Ausdruck gefunden haben.[51] Gleichwie eine ins Messianische gewendete Variation von Balzacs Rembrandt-Assoziationen fügte Heine hinzu: Man glaube die Juden zu kennen, „weil man ihre Bärte gesehen, aber mehr kam nie von ihnen zum Vorschein, und wie im Mittelalter sind sie auch noch in der modernen Zeit ein wandelndes Geheimnis. Es mag enthüllt werden an dem Tage wovon der Prophet geweissagt, daß es alsdann nur noch einen Hirten und eine Herde geben wird, und der Gerechte, der für das Heil der Menschen geduldet, seine glorreiche Anerkennung empfängt."[52]

Der Messianismus, den Heine in dieser späten Schrift in Moses vorgeprägt findet, ist die Form, in dem sich ihm die Botschaft demokratischer Revolutionen ankündigt. Die von ihm favorisierte Spielart des Bonapartismus konnte im Ideengefüge der Zeit als Chiffre für eine vom Modell des Caesarismus geleitete demokratische Umformung der europäischen Gesellschaften im Sinne eines transnationalen Politik- und Gesellschaftsverständnisses verstanden werden. Heine war sich übrigens der Ambiguität der caesaristischen Repräsentanz des Volks durch den Herrscher sehr wohl bewusst, wie man an dem von ihm verschiedenenorts entwickelten Antagonismus Caesar–Brutus sowie grundsätzlich am Problem des Tyrannenmordes zeigen könnte. Napoleon „quand même" ist der Wahlspruch eines ebenso kosmopolitischen wie skeptischen Demokratie-

49 Heine, *Geständnisse*, *SSB* (wie Anm. 1) 6/1, S. 481.
50 Ebd.
51 Vgl. ebd.
52 Heine, *SSB* (wie Anm. 1) 6/1, S. 482. – Zur Dialektik von Verhüllen – Enthüllen vgl. Ralph Häfner, „Jüdische Kabbala als politische Theologie. Zum Begriff der Unsterblichkeit in Heines *Romanzero*-Nachwort", in: *Erzählende Vernunft*, hg. von Günter Frank, Anja Hallacker und Sebastian Lalla, Berlin, 2006, S. 253–263; vielfältig erhellend auch: Bodo Morawe, *Citoyen Heine. Das Pariser Werk*, 2 Bde., Bielefeld, 2010.

Verständnisses, mit dem Heine einen dritten Weg zwischen dynastischer Reaktion und nationalrepublikanischem Isolationismus zu eröffnen suchte.

Andreas Kilcher

jüdisch-christlich
Topik und Rhetorik eines Dritten

Womöglich hält ein von Heinrich Heine neuerdings in Zirkulation gebrachtes jüdisches Sprichwort die einfachste Formel für das bereit, was im Folgenden in den Blick gerückt werden soll: den flüchtigen und zugleich konstitutiven, den unsicheren und zugleich schwer umkämpften, den unbekannten und zugleich familiären Zwischenraum zwischen Judentum und Christentum. *Wi es kristelt sich, asoj jüdelt sich.*[1] Bei Heine ist das Sprichwort wie folgt überliefert: „[W]ie es sich christelt, so jüdelt es sich".[2] Für diese witzige Wendung gibt es eine ernsthaftere mittelalterliche Formel: *kamo sche-minhag ha-notzrim kach minhagei ha-yehudim* („wie der Brauch bei den Christen so ist der Brauch bei den Juden"); sie findet sich in einem kanonischen Buch und Zeugnis auch für das Leben der Juden in der christlichen Welt des Mittelalters wie Jehuda ha-Chassids *Sefer Chassidim* (12. Jh.).[3] Wenn also Heine jene Wendung in der Moderne neu ins Spiel brachte, so variierte und karnevalisierte er eine alte jiddische und hebräische Wendung für das komplexe Verhältnis zwischen Juden und Christen.

Es ist für die Frage nach dem Verhältnis von Judentum und Christentum erhellend, diesen Topos mit Heines eigentümlicher Witztechnik zu erklären. Diese nämlich besteht darin, im Vergleich zwischen zwei unterschiedlichen Größen einen Funken der Erkenntnis dadurch zu schlagen, dass eine offen widersprüchliche Gleichzeitigkeit von Ähnlichkeit und Differenz erzeugt wird. Heines Witztechnik besteht, in aller Kürze gesagt, darin, zwei Dinge zusammenzubringen, die zwar grundsätzlich als disparat gelten, in bestimmten As-

1 Ignaz Bernstein, Jüdische Sprichwörter und Redensarten. Gesammelt und erklärt unter Mitwirkung von B. W. Segel, 2. Aufl., Warschau, 1908, S. 128. Vgl. dazu Michael Hilton, „Wie es sich christelt, so jüdelt es sich." 2000 Jahre christlicher Einfluß auf das jüdische Leben. Mit einer Einführung von Rabbiner Arthur Hertzberg. Aus dem Englischen von Annette Böckle, Berlin, 2000.

2 Es handelt sich hierbei um eine geläufige Zuschreibung; vgl. bspw. Daniel Boyarin, Border Lines. The Partition of Judeo-Christianity, Philadelphia, 2004, S. 5 und Bernhard Lewis, Faith and Power. Religion and Politics in the Middle East, New York, 2010, S. 47.

3 Jehuda ha-Chassid, Sefer Chassidim, § 1106. Vgl. die deutsche Übersetzung des einschlägigen Kapitels „Über den Verkehr der Juden mit Christen, Geistlichen und Getauften", in: Moritz Güdemann, Geschichte des Erziehungswesens und der Cultur der abendländischen Juden während des Mittelalters und der neueren Zeit, 3 Bde., Bd. 1, Wien, 1880, insbesondere S. 187: „Das Veralten der Juden richtet sich in den meisten Orten nach dem der Christen." Güdemann zitierte den Ausspruch auch als Motto seiner Einleitung, ebd., S. I.

pekten dennoch auf unerwartbare Weise miteinander vergleichbar sind. Je weiter in dieser Logik die miteinander verglichenen Dinge kategorial auseinander liegen, desto überraschender der Vergleich, desto stärker der Witz.[4]

Dieser reibungsvollen und aufstörenden Gleichzeitigkeit von Ähnlichkeit und Differenz folgt die erst einmal komische, darin freilich auch aufstörende, ja kritische Engführung von Judentum und Christentum in Heines in sein 19. Jahrhundert hineinzitiertem Topos: „[W]ie es sich christelt, so jüdelt es sich". Dieser Vergleich entfaltet seine überraschende Ähnlichmachung in doppelter Hinsicht. Zum einen strukturell in der wechselseitigen Anähnelung der beiden Religionen selbst, indem die eine in die andere übergeht, mit der anderen sich als verwandt erweist, wogegen – und das muss man sich mitdenken – eine zweitausendjährige höchst konfliktreiche Geschichte in erster Linie Differenzen erfahrbar macht: Differenzen – um das deutlich zu machen – von Verfolgern und Verfolgten. Zum andern inhaltlich, indem damit die äussere bzw. historische Differenz der beiden konkurrierenden Religionen durch die Annahme eines Dritten in Frage gestellt wird, von dessen Gestalt oder Inhalt wir allerdings noch kaum eine Vorstellung haben. Wo es bei Jehuda ha-Chassids Vergleich zwischen Judentum und Christentum um sehr konkrete Vergleichbarkeiten wie unter anderem um gemeinsame Sexualvorstellungen ging, da suggerierte Heine in der karnevalesken Formulierung mehr noch ein profanes Drittes: nicht etwa ein sublimes moralisches Allgemeinmenschliches, sondern ein profanes Allzumenschliches, das sich auch in Gestalt von körperlichen Bedürfnissen äußert, wo sich die hohen Dogmen und Lehren der Religionen in ihren jeweiligen Wahrheitsansprüchen noch so klar voneinander abgrenzen.

Mir geht es in diesem Beitrag jedoch weniger um diese sensualistische Profanierung des Religiösen bei Heine, sondern vielmehr um sein Augenmerk auf die Übergänge und Zwischenräume zwischen Judentum und Christentum, die der Topos „wie es sich christelt, so jüdelt es sich" in einer komischen Gemination anspricht. Ohne hier Heine ins Zentrum der Argumentation stellen zu wollen, bietet es sich dennoch an, seiner Spur noch etwas weiter zu folgen, misst er doch wie kaum ein anderer in der Moderne eben jenen unsicheren Zwischenraum zwischen Judentum und Christentum aus. Er tat dies nicht bloß abstrakt, sondern auch sehr konkret, ja persönlich, indem er zwar 1825 zur Taufe schritt und sich den Namen Christian Johann Heinrich zulegte. Er vollzog diesen Schritt jedoch in keiner Weise entschieden und eindeutig, sondern mit den größtmöglichen Widersprüchen und Ambivalenzen, die der Bindestrich zwischen jüdisch und christlich zulässt und die bei ihm, wie zu recht bemerkt wurde, auch ein gewissermaßen „marranisches" Judentum erkennen lassen: ein flüchtiges Judentum mithin, das sich im symbolischen umkämpften Zwischenraum eines forcierten Judenchristentums, oder schärfer ausgedrückt: eines

[4] Heines Witztechnik schliesst dabei an diejenige um 1800 an, insbesondere diejenige Jean Pauls. Vgl. dazu Andreas Kilcher, „Lessings Cheangant. Der Witz als enzyklopädische Textur", in: Zeitschrift für Ästhetik und Allgemeine Kunstwissenschaft 2 (2004), S. 261-280.

Zwangschristentums bewegt.[5] Heines zahlreiche Figuren und Narrative entlang dieser Grenze zwischen Judentum und Christentum spielen in diesem Sinne auch wiederholt auf das an, was er als den großen „Schmerz" der jüdischen Geschichte bezeichnete.[6]

Das zeigt sich, um ein Beispiel zu geben, an einem Gedicht aus dem Umfeld des *Rabbi von Bacherach* mit dem Titel *An Edom.*[7] Es spricht eben jene Ambivalenz zum einen mit dem Verweis auf die Gewaltsamkeit eines angeblich brüderlichen Verhältnisses zwischen Judentum und Christentum an und beschreibt es damit als eine Art Familienkonflikt – dies übrigens nach einer leitenden Semantik für die Beschreibung des Verhältnisses von Judentum und Christentum. Doch nicht nur als eine jüdische Familiengeschichte beschreibt Heine Judentum und Christentum, sondern auch als einen Fall von Schauspielerei, Nachahmung, Mimikry, Gemination etc. Das zeigt schon der Titel jenes Gedichts, das nach dem traditionellen Namen für das Christentum im Judentum, Edom, benannt ist, anspielend auf Esau, der von Isaak zurückgewiesene Zwillingsbruder Jakobs und Urvater der Edomiter. Es geht demnach nicht nur um ein Verhältnis von Brüdern, sondern genauer von Zwillingsbrüdern:

> An Edom!
>
> Ein Jahrtausend schon und länger,
> Dulden wir uns brüderlich,
> Du, du duldest daß ich athme,
> Daß du rasest dulde Ich.
>
> Manchmal nur, in dunkeln Zeiten,
> Ward dir wunderlich zu Muth,
> Und die liebefrommen Tätzchen
> Färbtest du mit meinem Blut!
>
> Jetzt wird unsre Freundschaft fester,
> Und noch täglich nimmt sie zu;
> Denn ich selbst begann zu rasen,
> Und ich werde fast wie Du.[8]

Diese letzten Zeilen: „Denn ich selbst begann zu rasen / Und ich werde fast wie Du", suggerieren deutlich den möglichen Umschlag von Assimilation in Konversion. Das Du-Werden des jüdischen Ich, der Akt der Konversion zum Christentum, wird dabei aber nicht etwa als Ausweg aus dem vielhundertjährigen

---

5 Vgl. dazu Klaus Briegleb, An den Wassern Babels. Heinrich Heine: jüdischer Schriftsteller in der Moderne, München, 1997.

6 Heinrich Heine, Säkularausgabe (HSA), Berlin, 1970 ff., Bd. 20, S. 176.

7 Vgl. dazu Anne Maximiliane Jäger, „Heinrich Heines ‚Rabbi von Bacherach' – literarisches Projekt der jüdischen Aufklärung?", in: Heinrich Heine zum 200. Geburtstag, hg. von Bernhard Beutler, Brüssel, 1998, S. 48-67.

8 Heinrich Heine an Moses Moser am 25. Oktober 1824 (HSA Bd. 20, S. 177.)

Judenhass seit der theologischen Emanzipation des Christentums aus dem Judentum heraus vorgestellt, wie das der Optimismus der jüdischen Aufklärer wollte. Vielmehr erscheinen Assimilation und Konversion bei Heine als höchst ambivalente, ja unheimliche und gespenstische Wiederkehr des Du im Ich. Das zwillings-brüderliche „Denn ich selbst begann zu rasen / Und ich werde fast wie Du!“ verdichtet damit die immer neuen Spiegelungen eines konkurrierenden Familienverhältnisses zwischen Judentum und Christentum, vom antiken Judenchristentum an bis hin zum assimilierten Christenjudentum des 19. Jahrhunderts.

Um die Implikationen dieser lyrisch entwickelten These weiter zu entfalten, sei hier als Gegenmodell ein zweites Gedicht von Heine hinzugezogen, das Gedicht Nr. 7 aus der Reihe der „Seraphinen“ (entstanden 1833, gedruckt 1844 in den *Neuen Gedichten*) mit dem Anfang „Auf diesem Felde bauen wir“. In der Tat lässt sich hier eine komplementäre Perspektive zu *An Edom* erkennen: Nicht die Unheimlichkeit einer konkurrierenden Familienähnlichkeit zwischen Judentum und Christentum gerät hier in den Blick, sondern vielmehr die harmonische Einheit der Religionen in einem neuen „Dritten“, so Heines Terminologie. Mit der Figur des „Dritten“ jenseits eines dichotomischen „Zweyerleys“ konnte Heine auf eine alte millenaristische Vorstellung einer potentiellen künftigen Einheit der Religionen rekurrieren. In offensichtlicher Anlehnung die Geschichtstheologie von Lessings *Erziehung des Menschengeschlechts*, in der das „sinnliche Judentum“ und das „geistige Christentum“ in einem künftigen „dritten Zeitalter“ der Vervollkommnung sich verbinden,[9] beschwört auch Heine eine „neue“ und „künftige“ Einheit von Judentum und Christentum. Damit aber wird gemäß dieser alternativen, dem Optimismus der Aufklärung entsprechenden Topik des Jüdisch-Christlichen aus dem Trennungsstrich ein Bindestrich, aus der Grenze eine Nachbarschaft. Nebenbei sei gesagt, dass die bei Heine beschworene Einheit auch jenseits des Jüdisch-Christlichen lesbar ist, und zwar vor dem Horizont der Saint-Simonistischen Vorstellung eines diesseitigen pantheistischen All-Gottes, in dem nicht nur die religiöse Differenz des jüdisch-christlichen Monotheismus aufgehoben ist, sondern zugleich auch die von ihm mitgetragene metaphysische Dichotomie von Materie und Geist. Jenes „Dritte“ zielt somit nicht nur auf eine „Rehabilitazion der Materie“[10], so Heine, sondern eigentlicher auf eine Synthese von „Sensualismus“ und „Spiritualismus“.[11]

---

9 Vgl. dazu Lessings Die Erziehung des Menschengeschlechts, in: Gotthold Ephraim Lessing, Werke und Briefe in zwölf Bänden, Bd. 10, Frankfurt am Main, 2001, S. 96 ff. (§ 86 ff.).

10 Heine, Zur Geschichte der Religion und Philosophie in Deutschland. Zweites Buch; in: Heinrich Heine, Historisch-kritische Gesamtausgabe der Werke (DHA), Hamburg, 1973-1997, Bd. 8/1, S. 60.

11 Ebd. S. 49. Wobei diese theologische Problematik bei Heine auch einen entscheidenden politischen Aspekt hat: „Die politische Revoluzion, die sich auf die Prinzipien des französischen Materialismus stützt, wird in den Pantheisten keine Gegner finden, sondern Gehülfe, die ihre Überzeugungen aus einer tieferen Quelle, aus einer religiösen Synthese geschöpft haben.“ Ebd., S. 61.

Seraphine VII

Auf diesem Felsen bauen wir
Die Kirche von dem dritten,
Dem dritten neuen Testament;
Das Leid ist ausgelitten.

Vernichtet ist das Zweyerley,
Das uns so lang bethöret;
Die dumme Leiberquälerey
Hat endlich aufgehöret.

Hörst du den Gott im finstern Meer?
Mit tausend Stimmen spricht er.
Und siehst du über unserm Haupt
Die tausend Gotteslichter?

Der heilge Gott der ist im Licht
Wie in den Finsternissen;
Und Gott ist alles was da ist;
Er ist in unsern Küssen.[12]

Die beiden Gedichte Heines lassen sich als Entfaltung zweier komplementärer Figuren eines „Dritten" gegenüber dem „Zweyerley" von Judentum und Christentum lesen: Zum einen als skeptische Differenzfigur, zum anderen als optimistische Einheitsfigur. Diese beiden Figuren sind – nun über Heine hinausgehend – symptomatisch für die Möglichkeiten, den Bindestrich der Beziehung „jüdisch-christlich" überhaupt zu denken. Sie machen ihn einmal als ein konfliktreiches und höchst ambivalentes Integrationsprojekt lesbar, das in einer unauflösbaren Dialektik von Identität und Differenz, von Abgrenzung und Annäherung besteht und jede definierte, klar abgegrenzte Vorstellung von Kultur oder Religion gerade auflöst. Ein zweites Mal aber erscheint jener Bindestrich als das Phantasma familiärer bzw. letztlich universaler Vereinigungen, wie sie namentlich durch die idealistische Vorstellung des *einen* Gottes gestiftet ist, sei dieser nun pantheistisch oder monotheistisch gedacht.

Diese Modellbildung lässt sich noch weiter entwickeln: Im ersten Fall des Differenzmodells ist der Bindestrich zwischen „jüdisch" und „christlich" die Marke einer Trennung und einer Abgrenzung, oder genauer: eines letztlich theologisch begründeten, polemisch wie apologetisch ausgetragenen Konflikts, der auf beiden Seiten von der (vermeintlichen) Notwendigkeit zur Selbstbehauptung geleitet ist. Im zweiten Fall des Identitätsmodells dagegen ist der Bindestrich eine Kopula, eine Synthese, ja mehr noch: eine Vereinigung im Namen eines umfassenden Dritten, welche Gestalt diesem auch immer gegeben wird:

[12] Heinrich Heine, Neue Gedichte (DHA, Bd. 2, S. 34.)

sei es als gemeinsamer *einer* Gott, als gemeinsame *eine* Welt, als gemeinsamer *einer* Ursprung etc. Nochmals anders gewendet: Das Differenzmodell denkt jedes Dritte im Bindestrich als ein verstörendes Hybrides, als ein Vielgesichtiges, Zwitterhaftes, Gespenstisches, in dem Assimilationen und Konversionen irreduzible Unsicherheiten hinterlassen und marranische Dispostitive erzeugen, die jede feste religiöse Identität, sei es ‚*das* Judentum' oder ‚*das* Christentum', zersetzen, aber gerade deshalb theologische Diskurse der Orthodoxie, der Häresie, der Apologetik, der Polemik etc. produzieren. Das Identitätsmodell dagegen denkt das Dritte des Bindestrichs als das allem zu Grunde liegende Eine, Ursprüngliche, Natürliche – als *arche*, *pan*, *kosmos*, *natura* etc. Es ist gewissermaßen der verzweigte Stammbaum und der große Ozean der Religionen, aus dem sie entsprungen sind und in den sie als flüchtige und kontingente, historisch-politisch-kulturelle Zeichensysteme wieder sich entdifferenzieren lassen. Die Aufregung von Orthodoxie und Häresie weicht hier einer kosmischen Gelassenheit.

***

Es kann nicht behauptet werden, dass sich mit diesen beiden komplementären Modellen zweitausend Jahre jüdisch-christlicher Beziehung erklären lassen. Das wäre sowohl in theologischer als auch in historischer Hinsicht vermessen. Die theologische Verhältnisbestimmung von Judentum und Christentum ist tatsächlich sehr viel komplexer und müsste an den kontroversen Konstruktionen und Umdeutungen konkreter theologischer Inhalte in unterschiedlichsten Kontexten untersucht werden. Jakob Petuchwoski, in den achziger Jahren des letzten Jahrhunderts Inhaber eines Lehrstuhls für jüdisch-christliche Forschung am Rabbinerseminar in Cincinnati, und Clemens Thoma, damals Professor für Bibelwissenschaft und Judaistik in Luzern, haben 1989 die Vielfalt dieses theologischen Grenzfeldes in lexikographischer Form aufgelistet. In ihrem *Lexikon der jüdisch-christlichen Begegnung*[13] reicht sie von Abendmal/Seder, Absolutheitsanspruch, Akeda und Auferstehung, über Christus, Gott, Messias und Trinität bis hin zu Judenchristen, Proselyten und Zwangstaufen.

Nicht weniger komplex als die theologische ist die historische Dimension des jüdisch-christlichen Verhältnisses: Sie reicht von der Ausdifferenzierung des Judäo-Christentums in der Antike und den frühen Konzilien der römischen Zeit, über das Nebeneinander von Verfolgung und religiösen Disputen im Mittelalter, die Kontroversen um den Talmud und die Herausbildung der christli-

---

[13] Freiburg i. Br., 1989.

chen Kabbala in der Frühen Neuzeit, die Formation einer philosemitischen Philologie und Theologie im Barock[14], die Zusammenführung von Judentum und Christentum vor dem Hintergrund einer universalistischen Rationalisierung von Religion in der europäischen Aufklärung, die jüdisch-christlichen Ambivalenzen des Zeitalters der Emanzipation (aus denen heraus Heine schrieb), die Rollen der Kirche im Zeitalter der NS-Verfolgung und schließlich die große Frage einer Theologie nach Auschwitz, in deren Kontext die Forderung eines „jüdisch-christlichen Dialogs" als historische Verantwortung von christlicher Seite gestellt und in hunderten von Vereinen und Dokumenten realisiert wurde.

Nun aber kann es hier weder um eine systematische theologische Analyse noch um eine umfassende historische Darstellung des jüdisch-christlichen Verhältnisses gehen. Der Fokus des Interesses soll hier vielmehr auf der bei Heine exemplarisch angesprochenen Figur des Dritten in diesem Verhältnis liegen, auf die nun zurückkommen ist. Jenseits von Theologie und Geschichte erweist sich diese als ein vorzüglicher Imaginationsraum jenes so konfliktreichen, freilich stets theologisch wie historisch höchst aufgeladenen interreligiösen Zwischenraums zwischen Judentum und Christentum. Wie also, so die Frage, lässt sich dieser Zwischenraum vorstellen, wie darüber reden? Das Differenzmodell und das Identitätsmodell bieten zwei mögliche Antworten auf diese Frage. Es sind eingeschränkte Antworten, die historisch zu relativieren sind: Sie entsprechen der höchst widersprüchlichen Haltung der Aufklärung und des 19. Jahrhunderts dem Judentum gegenüber. Auf der einen Seite steht der Optimismus eines rationalen Universalismus, getragen von der Universalität einer ungeteilten Vernunft, die für alle Menschen gilt. Auf der anderen Seite steht – unversöhnlich damit – die Forderung der Aufklärung an das Judentum: sich selbst aufzugeben. Heine hat diese Ambivalenz, wie gezeigt, höchst subtil als moderne Entfaltung eines marranischen Dispositivs beschrieben: als eine Art Zwangsauflösung des Judentums im Christentum, das dennoch fortan eine untergründige spielerische subversive Existenz führt, und zwar insbesondere im literarischen Diskurs. In der Tat war mit Heine immerhin ein möglicher Anfangspunkt jener Emanzipationsepoche in den Blick gerückt; sein Beispiel hätte flankiert werden können, ja müssen durch die Debatten um die jüdische Religion durch die Vertreter der Wissenschaft des Judentums, mit denen Heine bekanntlich im Kontakt war[15], insbesondere aber durch die Auseinandersetzung

---

[14] Vgl. Andreas Kilcher, „Philologie und Theologie des Philosemitismus im Barock. Johann Christoph Wagenseil und die christliche Verteidigung des jüdischen Buches", in: Morgen-Glantz. Zeitschrift der Knorr von Rosenroth-Gesellschaft 19 (2009), S. 201-234.

[15] Die Literatur dazu ist breit. Vgl. etwa Willi Guddat, „Heinrich Heine und der ‚Verein für Cultur und Wissenschaft der Juden' in Berlin 1822 und 1823", in: Festschrift zum 70. Geburtstag von Moritz Schaefer, hg. von Freunden und Schülern, Berlin, 1927, S. 72-78, oder in jüngerer Zeit: Edith Lutz, Der ‚Verein für Cultur und Wissenschaft der Juden' und sein Mitglied H. Heine, Stuttgart/Weimar, 1997; dies, „Heinrich Heine im Verein für Cultur und Wissenschaft der Juden'", in: PaRDeS 12 (2006), S. 27-40.

zwischen Wissenschaft des Judentums und Reformjudentum mit der protestantischen Theologie auf der einen Seite, mit der katholischen Theologie des 19. Jahrhunderts auf der anderen Seite.[16]

***

Anstatt jedoch im Folgenden in diesem theologischen Diskurs der Früh- und Hochphase des Zeitalters der Emanzipation im 19. Jahrhundert zu verweilen, soll hier vielmehr seine Endphase in den Blick gerückt werden. Seit dem frühen 20. Jahrhundert verschoben sich die Perspektiven wesentlich; die Modelle der Ingeration mussten angesichts eines seit ca. 1871 zunehmend virulenten Antisemitismus in Deutschland und in Europa – vor Augen paradigmatische Fälle wie etwa der Berliner Antisemitismusstreit 1879-81 und die Dreyfus-Affäre 1894ff. – neu überdacht werden. So wurde in dieser Spätphase der Emanzipation auch die Debatte über Judentum und Christentum auffällig intensiviert. Der Ton verschärfte sich, polemische und apologetische Stimmen wurden laut, dies auch vor dem Hintergrund eines immer schärfer geführten Disputs um Deutschtum und Judentum.[17] Beispielhaft dafür sind die Sonderhefte „Judentum und Deutschtum" sowie „Judentum und Christentum", die Martin Bubers Zeitschrift *Der Jude* um 1925 herausbrachte. Zwei höchst umstrittene Artikel des Münchner Schriftstellers und Bohemien Oscar A. H. Schmitz machten einen Anfang: „Wünschenswerte und nicht wünschenswerte Juden", der in einem weiteren Sonderheft des *Juden* erscheinen war: „Antisemitismus und jüdisches Volkstum", sowie der Artikel „Der jüdisch-christliche Komplex" aus dem Heft *Judentum und Deutschtum*. Theologisch höchst fragwürdig und ideologisch problematisch, machte Schmitz den grobschlächtigen Versuch einer jüdisch-christlichen Theologie in völkischen Begriffen. Sein philosemitisches Bekenntnis lautete auf dieser Basis etwa folgendermaßen: „Ich würde, wenn mir heute eine Fee die reine arische Abstammung mit rückwirkender Kraft verleihen wollte, dankend ablehnen, denn ich brauche das Stück Semitentum, das mich geschichtlich älter macht als die reinen Deutschen, für die Entwicklung meiner Entelechie, wie das Stück Ariertum, das mich seelisch naiver macht als die Juden."[18] Der Aufruhr war groß: In zahlreichen Artikeln opponierten jüdische Intellektuelle von Nathan Birnbaum bis Paul Adler gegen diese Rhetorik. Klar aber war, dass damit vor allem ein Modell unter Druck geriet: das universalistische Einheitsmodell des Dritten. Anders gesagt: Der Bindestrich zwischen den beiden Religionen wurde wieder zunehmend als ein Konfliktraum gelesen. Das

---

[16] Vgl. dazu Christian Wiese, Wissenschaft des Judentums und protestantische Theologie im wilhelminischen Deutschland: ein Schrei ins Leere?, Tübingen, 1999.

[17] Vgl. Deutschtum und Judentum: ein Disput unter Juden aus Deutschland, hg. von Christoph Schulte, Stuttgart, 1993.

[18] Oscar A. H. Schmitz, „Wünschenswerte und nicht wünschenswerte Juden", in: Der Jude (1925), S. 18. (Sonderheft: Antisemitismus und jüdisches Volkstum.)

zeigen zahlreiche Äußerungen nicht nur zu diesem Disput, sondern auch zu anderen Debatten zwischen christlichen und jüdischen Intellektuellen.

Als ein später Rettungsversuch der theologischen Integrationsmöglichkeiten der Aufklärung kann etwa Leo Baecks Buch über *Das Wesen des Judentums* von 1905 gelesen werden, das gegen eine zunehmende antijüdische Anfeindung und Ausgrenzung des Judentums eine Apologie der jüdischen Religion noch in den Denkkategorien des Universalismus der Aufklärung leistete. Baecks berühmter Text stand im Kontext einer polemischen Auseinandersetzung mit dem Kirchenhistoriker Adolf von Harnack und dem Protestantismus, der in seinem Anspruch als einer universalen Religion das Judentum mit Assimilationsforderungen konfrontierte und es zugleich, auch mit religionsgeschichtlichen Argumenten, als dem Christentum unterlegen darstellte. Gegen Harnacks Vorträge über *Das Wesen des Christentums* (1899/1900), die das nachbiblische („pharisäische") Judentum polemisch als historisch überlebte „Schale" des Christentums darstellte, verstand Baeck Jesus selbst als ganz „dem Boden des Judenthums" entstammend: „Er war ein Jude unter Juden" so Baeck in einer ersten Replik auf Harnack bereits 1901.[19] Was im Kern den christlich-jüdischen Dialog nach 1945 vorwegnahm, hatte um 1900 apologetische Tendenzen, „mit der er das Jüdische zum Maßstab eines Christentums erhob, das sich in seiner Geschichte zu seinem eigenen Schaden von seinen jüdischen Ursprüngen entfernt habe, und mit der er – entgegen hegemonialen Vorstellungen einer protestantischen ‚Leitkultur' – konsequent den Anspruch verfocht, das Judentum müsse als Bestandteil einer pluralistischen modernen deutschen Gesellschaft anerkannt werden."[20] Baecks *Wesen des Judentums* (1905) folgt diesem Versuch, das Judentum gegen seine historische Entwertung zu behaupten. Er tat dies mit einem universalen „ethischen Monotheismus", den er gegen die negative Vorstellung der partikularen „Gesetzesreligion" hielt. In diesem Sinne sieht er das Judentum als Hüter eines „Weltenglaubes", ja erkennt darin geradezu „universale Mission des Judentums" noch in der Gegenwart seines Jahrhunderts.[21]

Baecks Apologie des Judentums war die Antwort auf einen Ausgrenzungsversuch, dem er nochmals das universale dritte eines gemeinsamen Raumes von Judentum und Christentum entgegenhielt. Er tat dies aber nun nicht mehr mit denselben Argumenten wie die Aufklärungstheologie, d.h. nicht mehr nur aus der Sicht eines Allgemeinmenschlichen, sondern zugleich auch aus derjenigen eines spezifisch Jüdischen. Die welthistorische „Mission" des Judentums ist es daher nicht mehr, in der Menschheit aufzugehen, sondern vielmehr – höchst selbstbewusst – eine Vorreiterrolle einzunehmen und mit dem Ziel der „Erhaltung des Judentums".[22]

---

[19] Leo Baeck, „Harnack's Vorlesungen über das Wesen des Christenthums", in: Monatsschrift für Geschichte und Wissenschaft des Judentums 45 (1901), S. 97-120, hier S. 118.

[20] Christian Wiese, Art. „Leo Baeck", in: Lexikon jüdischer Philosophen, hg. von Andreas Kilcher und Ottfried Fraisse, Stuttgart, 2003, S. 328-332, hier S. 330.

[21] Leo Baeck, „Wesen des Judentums" (wie Anm. 19), Berlin, 1905, S. 158.

[22] Ebd., S. 147.

Baecks Apologie des Judentums war bei weitem nicht der einzige Umgang mit dem universalistischen Modell. Das konterkarierende Gegenbeispiel zum jungen Leo Baeck von 1900 war die junge Hannah Arendt kurz vor 1933, die 1928 bei Karl Jaspers über Augustinus promoviert hatte. 1932 trat sie mit einem Aufsatz hervor, der nunmehr im Rückblick auf die scheiternde Epoche der Aufklärung und der Emanzipation das universalistische Modell eines Dritten nicht nur am Ende sieht, sondern auch mit als Ursache einer zunehmend bedrohlichen Lage, in der sich die Juden wiederfanden. In ihrem Aufsatz mit dem Titel „Aufklärung und Judenfrage", der in der *Zeitschrift für die Geschichte der Juden in Deutschland* erschien, legte sie den Blick auf die grundlegenden Ambivalenzen der Aufklärung selbst. Dabei geht sie von einer kritischen Auseinandersetzung mit Lessings und Mendelssohns Universalismus der Vernunft aus. Nicht Gleichheit und Toleranz sah sie aus diesem Vernunftbegriff entspringen, sondern eine „Herrschaft",ich füge au die ein Einzelnes wie das Judentum als bloß partikulare Geschichtswahrheit aufheben: „Die Allherrschaft der Vernunft ist eine Allherrschaft des Menschlichen, des Humanen", so Arendt in einem kritischen Blick auf Lessings Ringparabel.[23] Die Ambivalenz der Aufklärung ist damit im Begriff der „Vernunftwahrheit" selbst angelegt, die allein als „notwendig" und „verbindlich" Geltung behauptet, dagegen die „zufälligen" „Geschichtswahrheiten" als „nicht wahr" degradiert: „Geschichtswahrheiten sind eigentlich nicht wahr, und seien sie noch so gut bezeugt, weil sowohl ihre Faktizität wie ihre Bezeugung stets zufällig sind."[24] Die Hybris der Aufklärung liegt demnach gerade in ihrem integrativen universalistischen Postulat, das letztlich jede kontingente Partikularität auflöst, sei sie kulturell oder religiös. Während aber Lessing nach Arendt jede Partikularität der Offenbarung zurückweist, erkannte Mendelssohn die spezifischen „Wahrheiten" der jüdischen Religion zwar an, in dem bei ihm „die Trennung von Vernunft- und Geschichtswahrheiten eine Umbiegung" erfährt: „sie wird von Mendelssohn zur Apologie des Judentums benutzt und dogmatisiert. Die jüdische Religion und nur sie ist für Mendelssohn mit der vernünftigen identisch."[25] Doch gerade damit unterstellt er das Judentum der universalistischen Logik von Bildung und Vernünftigkeit. Symptomatisch dafür beschäftigte sich Mendelssohn nicht etwa mit der „faktischen Stellung der Juden in der Welt" – zugespitzter formuliert: nicht mit der Geschichte von „den Unterdrückten des Ghettos".[26] Vielmehr zielt auch er auf eine „Eliminierung der Wirklichkeit".[27] „Die Gegenwart von der Last und den Folgen dieser Geschichte zu befreien, wird zum Werk der Einbürgerung und Befreiung der Juden."[28] Nicht also die Konstruktion eines Dritten (wie noch bei

---

23 Hannah Arendt, „Aufklärung und Judenfrage", in: Zeitschrift für die Geschichte der Juden in Deutschland (1932), S. 65-77, hier S. 65.
24 Ebd., S. 66.
25 Ebd., S. 68.
26 Ebd., S. 69.
27 Ebd.
28 Ebd., S. 70.

Baeck), vielmehr die Annihilation des Judentums als eines Anderen ist es, die Arendt im Universalismus der Aufklärung am Werk sieht.

Als Paradebeispiel dafür nennt Hannah Arendt – aus der „zweiten Assimilationsgeneration" – Mendelssohns Schüler David Friedländer. Ihn sah sie als Opfer der „Blindheit der Aufklärung" gegenüber dem Partikulare auf dem Weg zur „Einbürgerung" und „Menschwerdung" der Juden.[29] Mendelssohn hatte noch den jüdischen Ritus behauptete und den Juden zugerufen, wie Arendt zitiert: „Schickt Euch in die Sitten und Verfassungen des Landes, in welches Ihr versetzt seid; aber haltet Euch standhaft bei der Religion Eurer Väter. Tragt beide Lasten, so gut Ihr könnt!"[30] Friedländer dagegen zielte auf eine ganze Unterwerfung unter den Universalismus der Aufklärung, in Friedländers Worten von 1799, wie sie Arendt zitiert, darauf, „sich öffentlich der Gesellschaft einzuverleiben."[31] Das schloss in letzter Konsequenz auch die Konversion mit ein, die zu einem Muster der jüdischen Aufklärung im 19. Jahrhundert wurde. Dass dann jüdische Intellektuelle im Umfeld des Zionismus – etwa Gershom Scholem – darin das Zerrbild von Aufklärung erkannten, kann nicht verwundern. Ihnen gilt die Konversion als ganz und gar negatives Drittes, als der Nullpunkt und Selbstmord des Judentums. Vor einem anderen geschichtlichen Horizont, am Vorabend von 1933, sah auch Arendt darin die tragische Ironie der jüdischen Aufklärung, des Zeitalters der Assimilation überhaupt. Tragisch war es auch darin, dass Friedländers Konversionsangebot von christlicher Seite zurückgewiesen wurde: Friedrich Schleiermacher lehnte es mit einem (in Baecks Begriffen) romantischen Argument ab, indem er davor warnte (in Arendts Worten), dass „das Eigentümliche des Christentums [...] durch solche Proselyten nur verwässert werden würde,"[32] Assimilation und Konversion also ein unsicheres Drittes erzeugten, dem Schleiermacher die alte Dualität von Judentum und Christentum entgegenhielt, „weil er sowohl das Eigentümliche des Christentums wie die Besonderheit der Juden gewahrt wissen will."[33]

Die Ironie der Aufklärung aber war nur eine weitere Wende in einer Reihe von ironischen Figuren, die die Aufklärung für das Judentum bereithielt. Von den Juden waren immer neue „salti mortali" gefordert, wenn die Unmöglichkeit, sich selbst zu sein, zuletzt mit der Unmöglichkeit, nicht sich selbst zu sein, überboten wurde. So stehen die geschichtslosen Juden bei Arendt am Ende, wie sie sagt, *vis à vis de rien*: „Sie stehen also wieder vis à vis de rien. Innerhalb einer geschichtlichen Wirklichkeit, innerhalb der europäischen säkularisierten Welt, sind die gezwungen, sich dieser Welt irgendwie anzupassen, sich zu bilden. Bildung aber ist für sie notwendig all das, was nicht jüdische Welt ist."[34] Das ist nur eine weitere, aber denkbar deutliche Formulierung für den Umschlag

29 Ebd., S. 70 f.
30 Ebd., S. 71.
31 Ebd.
32 Ebd.
33 Ebd., S. 76.
34 Ebd., S. 77.

des Dritten zwischen Judentum und Christentum, von dem All des Universalismus – hinein in das Nichts, in das der Todessprung der jüdischen Geschichte der Moderne zielte.

Doch ist das noch nicht der Endpunkt von Hannah Arendts Argumentation. Eine letzte Wendung, die sie – ausdrücklich mit Heine, aber auch mit Kafka – verfolgte, führt zwar nicht aus diesem „Nichts des Judentums" (Kafka) heraus. Sie deutet es aber affirmativ um: als eine Art „Sendung der Diaspora" (wie es zeitgleich u.a. Lion Feuchtwanger oder Albert Ehrenstein formuliert hatten)[35]: Die Weltlosigkeit des Paria-Status wird bei ihr zugleich zur eigentlichen Rolle des Judentums in der Weltgeschichte. Es war dies nicht nur eine gegen die Aufklärung gerichtete Bejahung der Galut-Geschichte, sondern zugleich – um 1933 formuliert – eine post-assimilatorische Diaspora-Theorie, die aus den irreduziblen Hybriditäten des Galut heraus selbstbewusst eine Politik behauptete, die Partikularität und Exterritorialität geradezu demonstrativ verknüpfte. Diese letzte Wendung in der Interpretation jenes Zwischenraums zwischen dem Jüdischen und dem Christlichen wäre demnach nicht das pure *rien* – das wäre sie nur vor dem Hintergrund der Annahme einer Möglichkeit einer ganzen, gesicherten, ursprünglichen jüdischen Identität, wie sie Orthodoxie und Zionismus gleichermaßen konstruierten. Der Zwischenraum des Bindestrichs ist vielmehr ein selbst unsicheres Nichts, ein Nichts ohne Etwas, eine Assimilation ohne Assimiliertes, eine Konversion ohne Religion, ein Zwischen also ohne die Vorstellungen von Raum, Territorium, Ursprung, Ziel, Identität. Ein immer neu sich verwandelndes Weder-Noch: „So werden die Juden die Geschichtslosen in der Geschichte".[36]

---

[35] Vgl. Andreas Kilcher, „Jenseits von Zionismus und Assimilation. Die Selbstbehauptung der Diaspora in der jüdischen Moderne", in: Kirche und Israel. Neukirchener Theologische Zeitschrift 18 (2003), S. 150-158.

[36] Arendt, „Aufklärung und Judenfrage" (wie Anm. 23), S. 77.

BURKHARD MEYER-SICKENDIEK

Philosemitismus als subversive Strategie. Eine begriffliche Variation mit Blick auf Heinrich Heine

Wirft man einen Blick auf die Geschichte des Begriffes „Philosemitismus", dann lässt sich eine Ungereimtheit erkennen. Ersichtlich wird diese in der unterschiedlichen Verwendung der Kategorie, wenn man einerseits die Arbeiten etwa von Wolfram Kinzig oder Hans-Joachim Schoeps, andererseits diejenigen von Irving Massey, Michael Brenner oder Alan T. Levenson heranzieht. Denn bezogen sich Kinzig und Schoeps mit ihren Verwendungen des Begriffes unter anderem auf „jüdisch-christliche Beziehungen in der alten Kirche"[1] bzw. auf „Philosemitismus im Barock"[2], so verwenden Massey, Brenner und Levenson den Begriff des Philosemitismus eher mit Blick auf Kulturphänomene im 19. Jahrhundert bzw. in der Epoche des Deutschen Reiches von 1871 bis 1932.[3] Vor dem Hintergrund seines Gegenbegriffes, demjenigen des Antisemitismus, scheint das Begriffsverständnis Masseys, Brenners und Levensons weit zutreffender. Dies verdeutlicht der 1771 vom Historiker August Ludwig Schlözer geprägte und 1787 von Johann Gottfried Eichhorn in die Sprachwissenschaft eingeführte Begriff des „Semiten", den Eichhorn noch zur Bezeichnung einer sprachlichen Tradition verwendete.[4] Er wird im Sinne einer rassistischen Bedeutungszuschreibung zur Grundlage des Begriffes „Antisemitismus", der bekanntlich erst 1879 von dem Publizisten und Journalisten Wilhelm Marr geprägt wurde. Wilhelm Marrs *Der Sieg des Judenthums über das Germanenthum* aus selbigem Jahr trägt nicht nur eine äußerst zeittypische These im Titel, sondern zudem einen aussagekräftigen Hinweis im Untertitel, wird doch eben dieses vermeintlich siegreiche „Judenthum" *vom nicht confessionellen Standpunkt*

---

1 Wolfram Kinzig, „Philosemitismus angesichts des Endes? Bemerkungen zu einem vergessenen Kapitel jüdisch-christlicher Beziehungen in der Alten Kirche", in: *Kaum zu glauben. Von der Häresie und dem Umgang mit ihr* (AzThG 5), hg. von Athina Lexutt und Vicco von Bülow, Rheinbach, 1998, S. 59-95.

2 Hans-Joachim Schoeps, *Philosemitismus im Barock. Religions- und geistesgeschichtliche Untersuchungen,* Tübingen, 1952.

3 Irving Massey, *Philo-Semitism in Nineteenth-Century German Literature*, Tübingen, 2000; Michael Brenner, „Gott schütze uns vor unseren Freunden: Zur Ambivalenz des Philosemitismus im Kaiserreich", in: Jahrbuch für Antisemitismusforschung 2 (1993), S. 174-199; Alan T. Levenson, *Between Philosemitism and Antisemitism: Defenses of Jews and Judaism in Germany, 1871–1932*, Lincoln/London, 2004.

4 In seiner *Einleitung ins Alte Testament*, Theil I, Leipzig, 1787, heißt es auf S. 45: „Die Sprache, welche die Hebräer redeten ..., war ein Dialekt der weit ausgebreiteten Semitischen Sprache"; vgl. *Allgemeine Bibliothek der biblischen Litteratur*, Bd. 6 (1794), 5. Stück, S. 772 ff. Vgl. zu Eichhorn auch Rudolf Smend, *Deutsche Alttestamentler in drei Jahrhunderten*, Göttingen, 1989, S. 25-37.

aus betrachtet.[5] Mit seinem neuartigen Ismus setzte Marr also an die Stelle des konfessionellen Gegensatzes zwischen christlichem und jüdischem Glauben, wie er im Antijudaismus vorherrschte, den ethnischen Antagonismus zwischen „Deutschthum und Judenthum".

Würde man demnach „Philosemitismus" als eine Positivierung dessen begreifen, was der Begriff des „Antisemitismus" zu bezeichnen vorgab, dann müsste diese Positivierung frühestens auf die Zeit ab 1879, also etwa dem Kaiserreich bezogen werden. Denn erst ab dieser Zeit orientierte sich die polemisch-ideologische Identifikation deutscher Juden nicht mehr an deren religiöser Zugehörigkeit, wie es der Begriff des Antijudaismus meint, sondern eher an ihrer kulturellen und ökonomischen Tätigkeit, die sie im Zuge der Lösung von den religiösen Wurzeln im Deutschland und Österreich des neunzehnten Jahrhunderts ausübten. Wenn man von Philosemitismus spricht, dann meint man damit zwangsläufig etwas Anderes, als wenn man von Philojudaismus spricht, entsprechend eben jener Differenz, die den Begriffen Antisemitismus und Antijudaismus zugrunde liegt. Diese Differenz liegt letztlich im nicht-konfessionellen Hintergrund des Antisemitismus, dessen Gegenstandsbereich nicht nur das Judentum als Religion, sondern auch als Kulturleistung im weitesten Sinne ist. Insofern begreife ich den Begriff des Philosemitismus im Folgenden als wohlwollenden Umgang mit all jenen Kulturleistungen, wie sie in der deutsch-jüdischen Moderne entwickelt wurden.

Die deutsch-jüdische Moderne als Gegenstandsbereich des Anti- und Philosemitismus

Die antisemitisch motivierte Identifikation des jüdischen Beitrags zu Kultur und Ökonomie hatte ihren Ausgangspunkt in der jüdischen Emanzipation, wie sie sich mit der Aufklärung entwickelte: „Das Zeitalter der Aufklärung markierte den Übergang zur jüdischen Moderne", so betont Michael Brenner.[6] Insofern kann man das durchaus komplizierte Zusammenspiel von Anti- und Philosemitismus nicht ausschließlich auf Wilhelm Marr datieren. Mindestens ebenso wichtig ist die eigentliche Voraussetzung für den Antisemitismus, d. h. die Lösung der sich im Zuge der Aufklärung assimilierenden Juden von den Wurzeln der jüdischen Orthodoxie, d. h. vom „Judaismus". Diese Emanzipation vollzog sich jedoch lange vor Marr, und zwar etwa in der Zeit zwischen 1812 und 1871: Vor dem Hintergrund von Christian Wilhelm Dohms Überlegungen *Über die bürgerliche Verbesserung der Juden* von 1781 und des Toleranzpatents Josephs

---

[5] Wilhelm *Marr, Der Sieg des Judenthums über das Germanenthum. Vom nicht confessionellen Standpunkt aus betrachtet*, Berlin, 1879.

[6] Michael Brenner, „Einführung", in: *Deutsch-jüdische Geschichte in der Neuzeit*, 2. Bd., „Emanzipation und Akkulturation 1780-1871", hg. von Michael Brenner, Stefi Jersch-Wenzel und Michael A. Meyer, München, 1996, S. 9.

II. von 1782 dürfte das preußische Emanzipationsedikt aus dem Jahre 1812 die erste wichtige Station der Emanzipation darstellen, gefolgt vom Grundrechtsbeschluss der Paulskirche vom 20. Dezember 1848, der für die Juden die vollständige rechtliche Gleichstellung und die uneingeschränkte Glaubens- und Gewissensfreiheit proklamierte, über das *Gesetz über die bürgerliche Gleichstellung der Juden* in Baden 1862 bis hin zur rechtlichen Gleichstellung 1867 im Habsburger Reich bzw. 1871 im neuen deutschen Kaiserreich. Diese allmähliche rechtliche Gleichstellung der Juden, d. h. ihre sukzessive Anerkennung als gleichberechtigte Staatsbürger führte nicht zuletzt aus den Ghettos, in denen die Juden eine rechtlich, religiös und sozial erniedrigte Minderheit darstellten, in Richtung auf die Mitte der Gesellschaft und markiert so durchaus das Ziel einer bürgerlichen Verbesserung. Und zugleich ging die Emanzipation mit der Assimilation einher, die man gewissermaßen als erzwungene Gegenleistung der gesetzlichen Gleichstellung begreifen kann.[7]

Bekanntlich führte diese Gegenleistung der Assimilation jedoch keineswegs dazu, dass die Juden als Juden aus dem Bewusstsein der deutsch-preußischen bzw. österreichischen Gesellschaft verschwanden, also als gleichberechtigte Bürger Anerkennung und Integration fanden. Insofern ist die zuvor skizzierte Entwicklung zu ergänzen etwa durch die Hep-Hep-Unruhen des Jahres 1819, die zahlreichen antisemitischen Ausschreitungen während der revolutionären Vorgänge 1848[8], oder Richard Wagners *Das Judenthum in der Musik* von 1850, und von August Rohlings antisemitischem Pamphlet *Der Talmudjude* von 1871 über die einflussreichen Beiträge Heinrich von Treitschkes in den *Preußischen Jahrbüchern*, nach welchen „die Juden ... unser Unglück“[9] seien, bis hin zu Eugen Dührings 1881 erschienener Schrift *Die Judenfrage als Rassen-, Sitten- und Kulturfrage*. Und ebenso stetig führte jene judenfeindliche Mobilmachung, welche in den agitatorischen Predigten Adolf Stoeckers ihren Ausdruck und in dessen 1878 gegründeter *Christlich-Sozialer Arbeiterpartei* ihre erste parteipolitische Ausprägung fand[10], über den von Treitschke geschürten „Antisemitismusstreit“ der Berliner Intellektuellen hin zu Theodor Fritschs *Antisemiten-Ka-*

---

7 Brenner verweist dabei freilich auch auf die Schwierigkeiten, die mit dem Begriff der Assimilation verbunden sind, da dieser stets die Vorstellung einer Selbstaufgabe des Judentums beinhaltet, und ersetzt diesen durch den Begriff der Akkulturation, denn dieser impliziere kein „einseitiges Aufgehen [der Juden] in der Gesellschaft, sondern den Versuch, sowohl an der jüdischen wie auch an der deutschen Kultur und Gesellschaft teilzunehmen.“ Vgl. Brenner, „Einführung“ (wie Anm. 6), S. 10.

8 Vgl. Michael Brenner, „Zwischen Revolution und rechtlicher Gleichstellung“, in: *Deutsch-jüdische Geschichte in der Neuzeit*, 2. Bd., „Emanzipation und Akkulturation 1780-1871“, hg. von Michael Brenner, Stefi Jersch-Wenzel und Michael A. Meyer, München, 1996, S. 287-325.

9 *Preußische Jahrbücher*, Bd. 44, Berlin, 1879, S. 574 f. Zitiert nach: *Der Berliner Antisemitismusstreit*, hg. von Walter Boehlich, Frankfurt am Main, 1965, S. 11.

10 Vgl. Walter Boehlich, „Nachwort“, in: *Der Berliner Antisemitismusstreit*, hg. von dems., Frankfurt am Main, 1965, S. 237ff.

techismus von 1887 und seinem später so einflussreichen *Handbuch der Judenfrage* von 1896. Den weiteren Verlauf dieser Entwicklung auszuführen dürfte sich erübrigen.[11]

Der Übergang vom Antijudaismus hin zum Antisemitismus ist also wie „der Umschlag von der emanzipatorischen in die antisemitische ‚Judenfrage'"[12] eine Reaktion auf die Emanzipation, auf die letztlich natürlich gescheiterte Integration und rechtliche Gleichstellung der jüdischen Bevölkerung im Deutschland und Österreich des 19. und 20. Jahrhunderts. Dieses Scheitern hatte System: „Vor der Emanzipation", so Peter Pulzer, „war der Antijudaismus ein Syndrom von Einstellungen, das lange Zeit inaktiv bleiben konnte. Nach der Emanzipation war der Antisemitismus eine Bewegung mit einem Programm."[13] Gerade angesichts der im Zuge der Emanzipation geforderten Assimilation der Juden, deren von Juden geleistete Umsetzung in vielen Fällen bis zur Taufe reichte, entwickelte die antisemitische Bewegung also ihren „nicht confessionellen" Begriff von Judentum, der sowohl die Figur des orthodox-frommen ‚Ostjuden' als auch diejenige des assimilierten, neureichen und möglicherweise gar getauften „Krawattenjuden" beinhaltete. Seit der Gründerzeit gilt daher jene berühmte Definition Jean Paul Sartres: „Der Jude", so schrieb Sartre in seinen *Betrachtungen zur Judenfrage*, „befindet sich in der Situation des Juden, weil er inmitten einer Gesellschaft lebt, die ihn als Juden betrachtet."[14]

Der Übergang vom Antijudaismus zum Antisemitismus markiert also im neunzehnten Jahrhundert – d. h. vor dem im 20. Jahrhundert aufkommenden rassistischen Argument – die zunehmende Ergänzung eines religiös motivierten durch einen soziokulturell motivierten Vorbehalt. Der bis in die deutsche Romantik wirkungsmächtige klassische Antijudaismus war, wie etwa Wolfgang Frühwald zeigte, vor allem von der Verachtung der nach christlichem Verständnis ungläubigen und daher unversöhnten Seele „des Juden" getragen.[15] Ähnliches betonten Konrad Kwiet, Gunter E. Grimm und Hans-Peter Bayerdörfer: „Christlicher Judenhass von zwei Jahrtausenden" beinhalte zum einen „das

---

[11] Vgl. etwa: Arno Herzig, „Zur Geschichte des politischen Antisemitismus in Deutschland (1918/1933)", in: *Conditio Judaica. Judentum, Antisemitismus und deutschsprachige Literatur vom 18. Jahrhundert bis zum Ersten Weltkrieg*, dritter Teil, hg. von Hans Otto Horch und Horst Denker, Tübingen, 1993, S. 1-15,

[12] Reinhard Rürup, „Emanzipation und Krise. Zur Geschichte der ‚Judenfrage' in Deutschland vor 1890", in: *Juden im Wilhelminischen Deutschland 1890-1914*, hg. von Werner E. Mosse, Tübingen, 1976, S.1-56, hier S. 1.

[13] Peter Pulzer, „Die Wiederkehr des alten Hasses", in: *Deutsch-jüdische Geschichte in der Neuzeit*, 3. Bd., „Umstrittene Integration 1871-1918", hg. von Michael A. Meyer, unter Mitwirkung von Michael Brenner, München, 1997, S.193-248, hier S. 194.

[14] Sartres Definition stammt aus seinen 1946 publizierten „Betrachtungen zur Judenfrage", in: Jean-Paul Sartre, *Drei Essays*, Frankfurt am Main/Berlin/Wien, 1971, S. 145.

[15] Wolfgang Frühwald, „Antijudaismus in der deutschen Romantik", in: *Conditio Judaica. Judentum, Antisemitismus und deutschsprachige Literatur vom 18. Jahrhundert bis zum Ersten Weltkrieg*, zweiter Teil, hg. von Hans Otto Horch und Horst Denker, Tübingen, 1989, S. 72-91.

Stigma der Gottesmörder", welches die Juden „als Gegenkraft der Heilsgeschichte bestimmt, das weitere der verfluchten Nation, der damit moralische Minderwertigkeit bescheinigt wird, das im Laufe der Wirtschafts- und Sozialgeschichte hinzukommene Stereotyp des ‚jüdischen Wucherers'", und schließlich „das Stigma des ‚Antichristen', der sich mit Heiden und Teufel zum Untergang der christlichen Gesellschaft verschwört."[16] Im Unterschied dazu entwickelte sich in der zweiten Hälfte des neunzehnten Jahrhunderts ein Stereotyp, das den Juden nicht allein als fremd und minderwertig im Sinne des religiös motivierten Bildes von der unversöhnten und daher verlorenen Seele Ahasvers, sondern nun auch in soziokultureller Hinsicht als zerstörerisch und somit gefährlich begriff.[17] Es ist die von Michael A. Meyer beschriebene Angst des Antisemitismus vor einer „nähergerückten" jüdischen Bevölkerung, einer Präsenz, die es zu entfernen gilt, da sie das kulturelle Selbstverständnis der Deutschen nachhaltig zu beeinflussen droht.[18]

Es liegt demnach folgende paradoxe Situation vor: Einerseits verbindet sich mit der gesellschaftlichen Emanzipation bzw. Gleichstellung der Juden die schon von Heinrich von Treitschke formulierte Forderung, dass sich die Juden im Zuge eben dieser Emanzipation auch von ihren Traditionen zu lösen, sich also als Deutsche bzw. Österreicher in ihre Umwelt einzufügen hätten. „Was wir von unseren israelitischen Mitbürgern zu fordern haben, ist einfach", so schreibt Treitschke 1879 in den *Preußischen Jahrbüchern*, „sie sollen Deutsche werden, sich schlicht und recht als Deutsche fühlen – unbeschadet ihres Glaubens und ihrer alten heiligen Erinnerungen, die uns Allen ehrwürdig sind; denn wir wollen nicht, dass auf die Jahrtausende germanischer Gesittung ein Zeitalter deutsch-jüdischer Mischcultur folge."[19] Ist demnach die Assimilation in diesem Sinne als Preis der Emanzipation zu verstehen, so ist andererseits die gesellschaftliche Praxis der Assimilation wiederum Ausgangspunkt für eine neuartige, weil nicht länger konfessionell orientierte Form der Diffamierung im Namen des Antisemitismus. Die durchaus seltsame Kritik am nachkonfessionellen „Judentum", die wir Antisemitismus nennen, bezog sich also anfänglich auf jene Kulturleistungen in der jüdischen Moderne, die ihrerseits im Anschluss an die Forderung nach Assimilation an die „deutsche Kultur" entstanden. Diese

---

16 Konrad Kwiet, Gunter E. Grimm, Hans-Peter Bayerdörfer, „Einleitung", in: dies., *Im Zeichen Hiobs, Jüdische Schriftsteller und deutsche Literatur im 20. Jahrhundert*, Königstein im Taunus, 1985, S. 20.

17 Vgl. dazu auch: Werner Jochmann, „Akademische Führungsschichten und Judenfeindschaft in Deutschland 1886-1918", in: *Conditio Judaica. Judentum, Antisemitismus und deutschsprachige Literatur vom 18. Jahrhundert bis zum ersten Weltkrieg.* Interdisziplinäres Symposion der Werner-Reimers-Stiftung Bad Homburg, zweiter Teil, hg. von Hans Otto Horch und Horst Denkler, Tübingen, 1989, S. 1-18.

18 Michael A. Meyer, „Juden – Deutsche – Juden. Wandlungen des deutschen Judentums in der Neuzeit", in: *Deutsch-jüdische Geschichte in der Neuzeit. Zwei Vorträge*, hg. von Michael A. Meyer und Michael Brenner, Frankfurt am Main, 1998, S. 11.

19 Heinrich von Treitschke, „Unsere Ansichten", in: *Der Berliner Antisemitismusstreit*, hg. von Walter Boehlich, Frankfurt am Main, 1965, S. 8.

eigentümliche Paradoxie gilt es zu berücksichtigen, auch und gerade angesichts der möglichen Positivierung des antisemitischen Phänomens im Sinne der Kategorie „Philosemitismus".

Fremd „im Tempel ihrer Kultur": Der paradoxe Verlauf der jüdischen Assimilation

Die Forderung nach Assimilation bzw. Anpassung im Zuge der rechtlichen Gleichstellung ab der Gründerzeit verband sich freilich schon bei Treitschke mit der Behauptung, die Juden widersetzten sich der Assimilation, indem sie ein „heimatloses Weltbürgertum" beförderten und den „nationalen Stolz, die Freude am Vaterlande" zerstörten.[20] Diese Behauptung galt der historisch wohl zutreffenden Tatsache, dass die jüdische Bevölkerung im Vergleich zur Nicht-Jüdischen seit der Gründerzeit eine weit stärker verbürgerlichte und intellektualisierte Form der Sozialisation aufwies. Diese beinhaltete den Weg in die Großstädte und in die mit diesen verbundenen Bereiche der Kultur: Die Zeitung[21], den Literaturbetrieb, das Verlagswesen, die periodischen Witzblätter[22], das Theater[23], später dann den Film und auch die bildenden Künste.[24] Treitschkes Deutung widerspricht jedoch eklatant dem Selbstverständnis der jüdischen Moderne, die ihre Emanzipation weit eher als eine Verwirklichung der „Hauptideen der Aufklärung" verstand, wie dies Leon Botstein formulierte. Die Frage Leon Botsteins, warum es „eine weitere Blüte des Antisemitismus" gegeben habe, obwohl „die Juden doch die anerkannten Hauptideen der Aufklärung als reale Möglichkeit verwirklicht hatten?"[25], beantwortet sich also nicht

---

[20] Heinrich von Treitschke, „Erwiderung an Herrn Th. Mommsen", in: *Der Berliner Antisemitismusstreit*, hg. von Walter Boehlich, Frankfurt am Main, 1965, S. 228f.

[21] Vgl. Hildegard Kernmayer, *Judentum im Wiener Feuilleton (1848-1903): Exemplarische Untersuchungen zum literarästhetischen und politischen Diskurs der Moderne*, Tübingen, 1998; Gunter Reus, „Ironie als Widerstand: Heinrich Heines frühe Feuilletons ‚Briefe aus Berlin' und ihre Bedeutung für den modernen Journalismus", in: *Literatur und Journalismus*, hg. von Bernd Blöbaum und Stefan Neuhaus, Wiesbaden, 2003, S. 159-172; Matthias Nöllke, *Daniel Spitzers Wiener Spaziergänge: liberales Feuilleton im Zeitungskontext*, Frankfurt am Main/Berlin u.a., 1994.

[22] Ursula E. Koch, „Attacken gegen den jüdischen ‚Geist' und ‚Witz'. Ein Mosaikstein zur Rezeptions- und Antisemitismusforschung am Beispiel ausgewählter Satire-Journale des 19. Jahrhunderts", in: *Preußens Himmel breitet seine Sterne.... Beiträge zur Kultur-, Politik- und Geistesgeschichte der Neuzeit*, Bd.2, hg. von Willi Jasper und Joachim H. Knoll, Hildesheim/Zürich/New York, 2002, S. 501.

[23] Peter Sprengl, *Scheunenviertel-Theater. Jüdische Schauspieltruppen und jiddische Dramatik in Berlin (1900-1918)*, Berlin, 1995; Uwe Wiemann, *Kurt Tucholsky und die Politisierung des Kabaretts: Paradigmenwechsel oder literarische Mimikry?* Hamburg, 2004.

[24] Vgl. Peter Pulzer, „Rechtliche Gleichstellung und öffentliches Leben", in: *Deutsch-jüdische Geschichte in der Neuzeit,* 3. Bd., „Umstrittene Integration 1871-1918", hg. von Michael A. Meyer, unter Mitwirkung von Michael Brenner, München, 1997, S. 151-192, hier S. 186ff.

[25] Leon Botstein, *Judentum und Modernität. Essays zur Rolle der Juden in der deutschen und österreichischen Kultur 1848 bis 1938*, Wien/Köln, 1991, S. 32.

durch eine jüdische Verweigerung der Assimilation bzw. eine kulturelle Praxis der „Zerstörung“ im Sinne Treitschkes. Grund dafür ist nach Botstein vielmehr die Umorientierung des Antisemitismus, der die jüdische Emanzipation nun eben von einem „nicht-confessionellen Standpunkt aus betrachtet“ und verurteilt. Wie zutreffend diese Erklärung Botsteins aus jüdischer Sicht ist, verdeutlicht wiederum Moritz Goldsteins 1912 in der national-konservativen Zeitschrift *Kunstwart* veröffentlichter Essay *Deutsch-jüdischer Parnass*. Dieser zeigt nämlich, welch enorme Rolle für das Selbstverständnis moderner Intellektueller jüdischer Herkunft die Vorstellung spielte, im Zuge ihrer Emanzipation das „Erbe“ der deutschen Aufklärung anzutreten:

> Auf allen Posten, von denen man sie nicht gewaltsam fernhält, stehen plötzlich Juden; die Aufgabe der Deutschen haben die Juden zu ihren eigenen Aufgaben gemacht, immer mehr gewinnt es den Anschein, als sollte das deutsche Kulturleben in jüdische Hände übergehen. Das aber hatten die Christen, als sie den Parias in ihrer Mitte einen Anteil an der europäischen Kultur gewährten, nicht erwartet und nicht gewollt. Sie begannen sich zu wehren, sie begannen wieder, uns fremd zu nennen, sie begannen, uns im Tempel ihrer Kultur als eine Gefahr zu betrachten. Und so stehen wir denn jetzt vor dem Problem: Wir Juden verwalten den geistigen Besitz eines Volkes, das uns die Berechtigung und die Fähigkeit dazu abspricht.[26]

Es prallen in der Phase des Deutschen Reiches also zwei konträre Einschätzungen der jüdischen Moderne aufeinander: Begriff sich die jüdische Emanzipation im Sinne Moritz Goldsteins als Adaption der deutschen Aufklärung, ja gar als eine „Verwaltung“ dieser Tradition als dem „geistigen Besitz eines Volkes“, so sah etwa Adolf Bartels in eben diesem Selbstverständnis eine „offene Proklamation der geistigen Herrschaft des Judentums in Deutschland.“[27] Heinrich von Treitschke entdeckte bereits in der Bewegung des *Jungen Deutschlands* eine solche „geistige Herrschaft des Judentums“: „Das Weltbürgertum und der Christenhass, der ätzende Hohn und die Sprachverderbnis, die Gleichgültigkeit gegen die Größe der vaterländischen Geschichte – alles war jüdisch in dieser Bewegung.“[28] Entsprechend meinte er, „dass die Einwirkung des Judenthums auf unser nationales Leben, die in früheren Tagen durchaus manches Gute schuf, sich neuerdings vielfach schädlich zeigt“[29], und dachte dabei an „das unbillige Uebergewicht des Judenthums in der Tagespresse“ bzw. einen von „Börne“ eingeführten „schamlosen Ton“, einen „Hohn gegen Deutschland“, der obendrein „unserem Volke in seiner Sprache als allerneueste Errungenschaft

---

[26] Moritz Goldstein, „Deutsch-jüdischer Parnaß“, in: *Der Kunstwart. Halbmonatschau für Ausdruckskultur auf allen Lebensgebieten* 25 (1912), H.11, S. 281-294, hier S. 290.

[27] Adolf Bartels, *Die deutsche Dichtung von Hebbel bis zur Gegenwart (Die Alten und die Jungen). Dritter Teil: Die Jüngsten,* 10. Aufl., Leipzig, 1922, S. 48.

[28] Heinrich von Treitschke, *Deutsche Geschichte im neunzehnten Jahrhundert*, Band 1-5, Leipzig, 1879-1894; Bd. 4 (1889), S. 424.

[29] Heinrich von Treitschke, „Unsere Ansichten“ (wie Anm. 19), S. 8 f.

‚deutscher' Aufklärung feilgeboten" würde.[30] Ähnlich lesen sich Adolf Stoeckers *Forderungen an das moderne Judentum* von 1879: „Unsere erste Bitte: ein klein wenig bescheidener ... Unsere zweite Bitte an die jüdische Presse: ein klein wenig toleranter ... unsere dritte Bitte: etwas mehr Gleichheit."[31] Dass aus der geforderten Assimilation ein – dem jüdischen Selbstverständnis im Sinne Goldsteins widersprechendes – neues Unbehagen entstand, zeigt auch das 1896 von Theodor Fritsch veröffentlichte *Handbuch der Judenfrage*, das die Moderne als „Verjudung" der christlichen Religion, des Adels, des Landbesitzes, der Presse und vor allem der Literatur markiert:

> Alles, was den Juden förderlich war, wurde (dem deutschen Bürger) als ‚aufgeklärt' und ‚fortschrittlich' hingestellt, alles den Juden Hinderliche als veraltet und ‚reaktionär'. So wurden alle alten Autoritäten unterhöhlt, Regierungen, Beamtentum, Heer, Kirche als volksfeindliche Mächte dem Spott preisgegeben und alle jüdischen Zersetzungs-Kräfte über den grünen Klee gelobt.[32]

Heinrich Heine und die Polemik: Zur Strategie der philosemitischen Subversion

Wenn ich nun im Folgenden Heinrich Heine als Beispiel für Philosemitismus heranziehe, dann meine ich damit Heines wohlgesinnte Haltung gegenüber jenen – aus antisemitischer Sicht eben verurteilten – Kulturleistungen der jüdischen Moderne. Diese Haltung ist ausgesprochen schwer zu deuten, denn sie korrespondiert interessanterweise dem Selbstverständnis Heines als dem Erben einer deutschen Tradition der Aufklärung. Wir werden jedoch vor dem Hintergrund der zitierten Ausführungen Moritz Goldsteins erkennen, dass diese Konstellation Heinrich Heines einen durchaus typischen Effekt der jüdischen Emanzipation darstellt. Die Nähe Heines zu Goldsteins Begriff des „deutsch-jüdischen Parnass" verdeutlicht Heines wohl wichtigstes Stilmerkmal, und zwar das satirische Schreiben. Denn bekanntlich sah Heine seinen satirischen Witz lange Zeit in der Tradition des achtzehnten Jahrhunderts, bisweilen definierte er in seiner bekannten Unterscheidung zwischen Nazarener und Hellene gar eine griechisch-hellenische bzw. goethesche Heiterkeit und Sinnenfreude als Stil- bzw. Ich-ideal. Und doch kam gerade Heine am von Goldstein beschriebenen Paradox nicht vorbei. Schon Jost Hermand konnte in seinen detaillierten Nachforschungen zur zeitgenössischen Rezeption Heines zeigen, wie weitreichend vor allem auf dem Niveau der „Durchschnittsrezensenten"[33] Heines satirische

---

30 Ebd., S. 9 f.

31 Adolf Stoecker, „Unsere Forderungen an das moderne Judentum", in: ders., *Christlich-Sozial. Reden und Aufsätze*, Berlin, 1885, S. 146.

32 Theodor Fritsch, *Handbuch der Judenfrage*, 28. Aufl., Hamburg, 1919, S. 370.

33 Jost Hermand, „Heines frühe Kritiker", in: *Der Dichter und seine Zeit. Politik im Spiegel der Literatur*, Heidelberg, 1970, S. 118.

Publizistik auf Ablehnung stieß. Beleuchtete Hermand die hinlänglich bekannten Empörungen über Heines Frivolität und Charakterlosigkeit[34], so zeigte Jefferson Chases Studie zur Kritik am sogenannten „Judenwitz"[35] zudem, dass sich diese publizistische Opposition gegen Heine vor allem auf seine satirische Schreibart bezog. Diesen Zusammenhang illustriert das erstmals von Gunnar Och erarbeitete Stigma vom sogenannten „Judenwitz", das schon in den Zitaten Treitschkes oder Fritschs anklang.[36] Seit Heinrich Heines „Reisebildern" und deren spöttischen Kommentaren zur Homosexualität August Graf Platens von Hallermünde existiert diese Kategorie des Judenwitzes, die schon 1877 im *Deutschen Wörterbuch der Brüder Grimm* als „stachlichter, bissiger witz, wie er vorzüglich den juden eigen"[37] sei, definiert wird.[38]

Wenn die „Durchschnittsrezensenten" Heine nicht als einen der Aufklärung verpflichteten satirischen Humoristen, sondern als einen in diesem Sinne boshaft-sarkastischen Autor wahrnahmen, dann lag dies auch an dem Image Heines als dem ersten Vertreter des „Judenwitzes".[39] Sympathisanten dieses Witzes wie Karl Leberecht Immermann oder Karl August Varnhagen von Ense waren dabei sicherlich in der Unterzahl: Nach Einschätzung der überwiegenden Mehrheit seiner Zeitgenossen besaß Heines Witz nichts Anziehendes, d. h. „nie etwas Erhebendes, Begeisterndes und Versöhnendes", im Gegenteil: „Zerstören ist seine Lust"[40], so lautet die Kritik Wolfgang Menzels, „der allzu stoische Hohn und die sarkastische Mitleidlosigkeit schließen eine gewisse Zartheit der Empfindung aus."[41] Zwar wusste auch ein Kritiker wie Menzel, dass eine Zartheit der Empfindung „auf dem poetischen Gebiet ebenso erwünscht ist, als sie allerdings aus dem publicistischen verbannt werden muss"[42], eben darin aber liegt das Problem. Denn gerade der Publizist Heine, welcher „Sarkasmen gegen

---

34 Schon Karl Rosenkranz betonte in seiner *Ästhetik des Häßlichen* von 1853 die Frivolität des Heineschen Witzes: „Heine wird eben dadurch oft so gemein, dass er den Gelüsten nicht widerstehen kann, dem Witz auch das Heilige mit rücksichtsloser Roheit zu opfern und dann wirklich frivol zu werden. Seine Posie würde ohne diese frivolen Ausläufer viel mehr Poesie sein." Vgl.: Karl Rosenkranz, *Ästhetik des Häßlichen*, Leipzig, 1990, S. 216.

35 Vgl. Jefferson S. Chase, *Inciting Laughter. The Development of „Jewish Humor" in 19th Century German Culture*, Berlin/New York, 2000.

36 Gunnar Och, „'Judenwitz' – zur Semantik eines Stereotyps in der Literaturkritik des Vormärz", in: *Juden und jüdische Kultur im Vormärz. Jahrbuch Forum Vormärz Forschung e.V.* 4 (1998), S. 181-199.

37 *Deutsches Wörterbuch von Jacob und Wilhelm Grimm*, Bd. 10. Vierten Bandes Zweite Abtheilung. H – Juzen, Bearbeitet von Moriz Heyne, Leipzig, 1877, Sp. 2358.

38 Wie sich aus diesen Stereotypisierungen ein für die deutsch-jüdische Literatur der Moderne überaus einflussreiches Stilphänomen namens literarischer Sarkasmus entfaltete, habe ich in einer größeren Studie darzustellen versucht, vgl.: Burkhard Meyer-Sickendiek, *Was ist literarischer Sarkasmus? Ein Beitrag zur deutsch-jüdischen Moderne*, Paderborn, 2009.

39 Vgl. dazu: Gunnar Och, „Judenwitz" (wie Anm. 36)

40 Zit. nach: *Heinrich Heines Werk im Urteil seiner Zeitgenossen*, hg. von Eberhard Galley und Alfred Estermann, Hamburg, 1981 ff., Bd.2, Nr.381, S.133.

41 Ebd., Nr. 386, S. 138.

42 Ebd.

Deutschland sprüht", gilt spätestens ab seiner Polemik gegen August Graf Platen von Hallermünde als „jüdelnder" Salonschreiber, als „Geist, der stets verneint." Speziell Heines Publizistik also sei „voll Bitterkeit und Hohn, voll Ironie und Laune", herabgesunken „bis zur leeren Spielerey und Frivolität"[43], weshalb dieser auch die Nähe zum satirischen Humor des achtzehnten Jahrhunderts kategorisch abgesprochen wurde:

> Unter den literarischen Liberalen erblicken wir zunächst jene Spötter, die mit einer geistreichen Bosheit, wie sie der guthmüthige Jean Paul noch nicht kannte, alle Thorheiten und Schwächen, die uns noch vom vorigen Jahrhundert ankleben, unerbittlich geißeln. Ich nenne Börne, Heine, den Verfaßer von Welt und Zeit. Ich könnte noch viele andre minder geistvolle Satyriker nennen.[44]

Wie Heine auf diese Vorwürfe reagierte, zeigt nun seine Theorie der Polemik, entwickelt nach dem Skandal um die 1829 veröffentlichten *Bäder von Lucca* im zweiten Buch seiner 1834 veröffentlichten *Geschichte der Religion und Philosophie in Deutschland.* Denn die Polemik wird von Heine auf eine nicht jüdische, sondern vielmehr protestantische Tradition zurückgeführt. Zugleich aber wird diese nach Heine protestantische Gattung der Polemik von ihm selbst in einer Weise modernisiert, die dem ursprünglich „protestantischen" Verständnis der Gattung erkennbar widerspricht. Heines Modernisierung wird deutlich, wenn wir fragen, was der Polemik *vor* dem Auftreten Heinrich Heines erlaubt war: In jedem Fall war dies weniger als *nach* Heine. Dies zeigt der Vergleich zu jenem von dem lutherischen Theologen Johann Andreas Quenstedt geprägten Begriff der *Theologia didactico-polemica*, der eine „Auseinandersetzung mit abweichendem Glauben" bzw. einen „rhetorisch-durchbildeten wissenschaftlichen Meinungsstreit" bezeichnet.[45] Auf diesen bezog sich noch die Unterscheidung Johann Christoph Gottscheds zwischen einer Streitschrift und einem Pasquill: „In den ersten streitet man um Wahrheiten, Geschichte, gelehrte Meynungen, oder Lehrpuncte: in den anderen aber geht es über die Personen her."[46] Ähnliches findet sich im Begriffsverständnis Gotthold Ephraim Lessings, dem die Polemik gleichfalls zur „Wahrheitsfindung in philosophischen, politischen, wissenschaftlichen Fragen" diente, wobei die Grenze zur Privatsphäre der angegriffenen Person niemals übertreten werden dürfe. Der oberste Richtwert der Polemik sei zudem nicht der Stil, sondern der Wahrheitsanspruch: „Wahrheit allein gibt echten Glanz, und muss auch bei Spötterei und Posse, wenigsten als Folie, unterliegen"[47], so heißt es in Lessings *Anti-Goeze.*

---

43 Ebd., Nr. 217, S. 3.

44 Ebd., Nr. 216, S. 2.

45 Martin Gierl, *Pietismus und Aufklärung. Theologische Polemik und die Kommunikationsreform der Wissenschaften am am Ende des 17. Jahrhunderts*, Göttingen, 1997, S. 125-145.

46 Johann Christoph Gottsched, *Beobachtungen über den Gebrauch und Missbrauch vieler deutscher Wörter und Redensarten*, Straßburg, 1758, S. 229f.

47 Gotthold Ephraim Lessing, *Werke*, Bd. 8, hg. von Herbert G. Göpfert, München, 1970, S. 194. Vgl. dazu: Gert Mattenklott, „Der Streit als symbolische Form – Lessing, Heine, Nietzsche",

In Heines Variante der Gattung Polemik wird eben dieser Wahrheitsanspruch zugunsten einer personalsatirischen Bedeutung verändert, was im Grunde einer Art Inversion der ursprünglichen Abgrenzung des Begriffes vom Pasquill gleichkommt. Dies zeigen Heines eigene Ausführungen zu Lessing: „Er war die lebendige Kritik seiner Zeit und sein ganzes Leben war Polemik." Vor Lessings Polemik sei kein „Kopf sicher", so heißt es im zweiten Buch von *Zur Geschichte der Religion und Philosophie in Deutschland* unter Anspielung auf die Hinrichtungen auf dem Grèveplatz zur Zeit der französischen Revolution:

> Ja, manchen Schädel hat er sogar aus Uebermuth heruntergeschlagen, und dann war er dabey noch so boßhaft ihn vom Boden aufzuheben, und dem Publikum zu zeigen, dass er inwendig hohl war. Wen sein Schwert nicht erreichen konnte, den tötete er mit den Pfeilen seines Witzes. Die Freunde bewunderten die bunten Schwungfedern dieser Pfeile; die Feinde fühlten die Spitze in ihrem Herzen.[48]

Zweifellos ist in dieser Umschreibung sowohl der Meinungsstreit im Sinne der *Theologia didactico-polemica* wie auch der von Lessing betonte Aspekt der Wahrheitsfindung ersetzt durch eben jenes personalsatirische Prinzip, wie es zuvor dem Gegenbegriff des Pasquills zukam: „Wen sein Schwert nicht erreichen konnte, den tötete er mit den Pfeilen seines Witzes", so schreibt Heine weiter: „Die Freunde bewunderten die bunten Schwungfedern dieser Pfeile; die Feinde fühlten die Spitze in ihrem Herzen." Und relativ leicht lässt sich erkennen, dass diese Radikalisierung aus einer heimlichen Bejahung des Vorwurfs entstand, den das gegen Heine gerichtete Stereotyp des „Judenwitzes" beinhaltete. Denn diese Stereotype vom „Judenwitz" implizierte ja eben jene personalsatirische Aggression, welche Heine nun seinerseits dem „protestantischen" Genre der Polemik einschreibt. Es ist also anzunehmen, dass sich Heine mit diesem Begriff der Polemik und dessen protestantischer Genealogie dem Vorwurf zu entziehen suchte, ein Autor und Repräsentant des „Judenwitzes" gewesen zu sein: Waren Heines *Reisebilder* doch gerade aus Sicht der bayerischen Zeitschrift *Eos* als jüdische Frechheit, als Unverschämtheit diffamiert worden. Heine ernennt also drei protestantische Autoren zu Vorläufern seines eigenen sarkastisch-polemischen Stils, beruft sich somit auf den „geistigen Besitz eines Volkes", wie Moritz Goldsteins Essay *Deutsch-jüdischer Parnass* es beschrieb, und erwirkte so eben jene von Goldstein gleichfalls bemerkte Irritation.

Philosemitismus als subversive Strategie

Spätestens an dieser Stelle dürfte ein Widerspruch entstehen: Wie kann man denn den Begriff des Philosemitismus anhand eines deutsch-jüdischen Autoren

---

in: *Nachmärz. Der Ursprung der ästhetischen Moderne in einer nachrevolutionären Konstellation*, hg. von Thomas Koebner und Sigrid Weigel, Opladen, 1996, S. 80-87.

[48] Heinrich Heine, *Historisch-kritische Gesamtausgabe der Werke*, Band VIII/1, hg. von Manfred Windfuhr, Hamburg 1979, S.73.

illustrieren, wenn der Begriff doch eigentlich eine nichtjüdische „Rede über Juden“ bezeichnet? Geht man jedoch davon aus, dass die philosemitische Inversion aus der antisemitischen Stereotypisierung hervorging, dann geht es ja letztlich auch um eben jene Stereotypen, die der antisemitische Diskurs produzierte. Auf diese aber reagierte Heine – und nicht nur er – eben affirmativ, also ganz gemäß dessen, was im Begriff Philosemitismus gemeint ist: eine wohlgesinnte Haltung gegenüber den Kulturleistungen des nach-konfessionellen „Judentums“. Man kann sich Heines Strategie der Affirmation daher treffender illustrieren, wenn man die Hate-speech-Theorie Judith Butlers hinzuzieht.[49] Butler bezeichnete mit den Begriffen der hate speech und der excitable speech zwei Stilformen aggressiver Rede, die sich zueinander verhalten wie die Stereotype zu deren Subversion. Man könne das Stereotyp durch eine Art subversives Zitat unterlaufen und zugleich neu besetzen. Wie überaus erhellend diese Unterscheidung von *Hate speech* und *Excitable speech* für das komplexe Verhältnis jüdischer Autoren zum Vorwurf des „Judenwitzes“ ist, zeigt das folgende Zitat von Moritz Gottlieb Saphir, der den Diskurs über den Judenwitz in seinem Essay *Deutsche humoristische Literatur* folgendermaßen kommentiert:

> Der Donner, den die Berliner Kritik auf die Häupter Börne's und Heine's schleuderten, hieß immer „Juden-Witz“, und dieser Donner rollte durch die nordischen Blätter durch. Es ist wahr und bleibt auffallend, dass die Juden, den Witz fast ausschließend (=ausschließlich, BMS), wie den Handel an sich gebracht haben. Das „Warum?“ und „Wieso?“ liegt vielleicht nicht so fern als man glaubt. Schon darin erstens, weil man durch die Censur den Witz fast überall beschneiden lässt, hält er sich selbst für einen Juden, und hält sich zu seinen Glaubensgenossen. Aber auch in dem hochtragischen Schicksal dieser Nation liegt die Essigmutter ihres Witzes. Das Alter ihres Schmerzes hat das sarkastische Weinsteinlager an ihre Gehirnrände angesetzt.
>
> Die Shakespear'schen tragischen Gestalten sind voll Ironie, die Wahnsinnsspitze des Schmerzes wird lustig-witzig und hohnlachend. Der Wellenschlag des Druckes, welcher an die Brust dieses Juden-Volkes aus dem offenen Meere der Zeit heranschlägt, hat seine Nerven zu einer geistigen Reaktion aufgeschwemmt. Das Christentum hat seinen greisen alten Vater: das Judenthum, mehr als todtgeschlagen, es hat ihn in ein finsteres Loch gesperrt, Luft und Licht geraubt, und reicht ihm elende Kost. Es bleibt diesem alten gemißhandelten Vater nichts übrig, als in herzzerreißender Resignation, in der tollen Lustigkeit der Ohnmacht aus einem Kerker herauszulachen. Klagen und Worte kann man ersticken, aber lachen, fürchterlich lachen, gräßlich lachen kann auch der Geknebelte.[50]

---

[49] Die Originalausgabe erschien 1997 unter dem Titel *Excitable Speech. A Politics of the Performative* in New York, zitiert wird im Folgenden aus Judith Butler, *Hass spricht. Zur Politik des Performativen.* Aus dem Englischen von Kathrina Menke und Markus Krist, Berlin, 1998.

[50] Moritz Gottlieb Saphir, „Deutsche humoristische Literatur: Börne“, in: *Conversationsblatt für Deutschland und Bayern*, München, 1834. Zit. nach: *Heinrich Heines Werk im Urteil seiner Zeitgenossen* (wie Anm. 40), S. 431.

Diese „tolle Lustigkeit der Ohnmacht“, dieses grässliche Hohnlachen, wie Saphir es schildert, ist offenkundig an den Begriff gebunden, wie ihn die „Berliner Kritik“ prägte: Den „Judenwitz“. Man kann aber unschwer erkennen, dass Saphir selbst wiederum ironisch über dieses Bild vom Judenwitz spricht, indem er sich einer Strategie der Übertreibung bedient. Zudem ist die Herleitung des Judenwitzes aus der dem Juden wie dem Witz gemeinsamen Beschneidung sicherlich selbst wiederum als Witz gemeint. Wenn man diesen zwischen ernstem Pathos und ironisierender Übertreibung changierenden Umgang mit dem Stereotyp verstehen will, dann hilft eben jene These subversiver Zitation, wie sie Butler entwickelte. Dass die *Hate speech* als Zitat verbaler Diskriminierung auch die Möglichkeiten einer subversiven *Excitable speech* beinhaltet, ist eben jene Option, die es auch bei einer Theorie des Philosemitismus zu bedenken gilt. Man darf diese Inversion aber dennoch nicht ins rein Versöhnliche überführen, denn das Zitat Saphirs ist auch von Resignation und bitterem Schmerz gekennzeichnet. Die Wiederholung verletzender Rede steht also nicht nur im Zeichen der Subversion. Sie steht zudem im Zeichen der Kompensation einer verbalen Verletzung. In diesem Zusammenhang spricht Butler gar von einer traumatischen Erfahrung, aus welcher die *hate speech* hervorgehe.[51] Und in der Tat steht am Anfang der gesamten Diskussion um den „Judenwitz“ eine solche verbale Verletzung: August Graf Platen von Hallermündes Polemik gegen den „beschnittenen“, nach „Knoblauch stinkenden“ Heinrich Heine: Eine Aggression, die Heine jedoch in einer zu diesem Zeitpunkt in der deutschsprachigen Literatur beispiellosen Polemik konterte.

Mein Vorschlag also wäre, den Philosemitismus – auch – als eine subversive bzw. affirmative Reaktion „jüdischer“ Autoren auf antisemitisch motivierte Stigmatisierungen zu denken bzw. zu begreifen. Eine solch subversive Reaktion impliziert Heines Prägung der Kategorie „Polemik“, denn Luther und Lessing als deren Ahnherren verleihen ja dem durchaus bissigen Spott, wie ihn Heine eben in den *Reisebildern* gegen Platen richtete, eine gerade nicht-jüdische, d. h. eine genuin protestantische Genealogie. Freilich lässt sich Heines Lob auf Lessing nicht gänzlich auf eine solche Legitimationsstrategie reduzieren. Es ist darüber hinaus natürlich auch motiviert durch Heines stilistische Orientierung an Lessings Publizistik, also an der *Hamburgischen Dramaturgie*, dem *Anti-Goetze* sowie den philosophischen, kulturgeschichtlichen und kunstkritischen Essays wie dem *Laokoon*. Nach den *Reisebildern* liefert Lessing die wichtigste Vorlage für Heines zu Beginn der 1830er Jahre entstehende eigene Essayistik, die vom narrativ-autobiographischen Stil der *Ideen* oder dem fiktionalen Reisebericht *Die Bäder von Lucca* zu unterscheiden ist. Dennoch aber zeugen beide Deutschland-Essays, also *Die Romantische Schule* (1835) sowie *Zur Geschichte der Religion und Philosophie in Deutschland* (1834), von einer kulturkritischen Polemik, die Lessings Begriffsverständnis bei Weitem überschritt. Dies zeigt etwa Heines süffisante Skizze des deutschen Idealismus oder seine

---

51 Judith Butler, *Hass spricht* (wie Anm. 49), S. 58.

überaus provokante, ja vernichtende Darstellung der deutschen Romantik, deren wichtigste Repräsentanten als geistige „Väter" von Heine nicht nur im metaphorischen, sondern auch im denunziatorischen Sinne „totgeschlagen werden", weil sie als Repräsentanten der politischen Restauration längst „alt und schwach geworden" seien.

Insofern ist Heines Deutung der Polemik als einem Genre der Aufklärung keine philologische Rekonstruktion, sondern eher eine durchaus provokante Regierungserklärung im Reiche des Komischen. Mit seiner historischen Absage an „die Goethesche Kunstperiode" bzw. an die restaurative Romantik und deren kulturkonservativer „Wiederbelebung des Mittelalters" werden für Heine auch die diesen Epochen entstammenden Komiktheorien obsolet. Deutlich wird dies gegen Ende des zweiten Buches der *romantischen Schule* anläßlich der Portraitierung Ludwig Tiecks ausgesprochen: Als Summa der Schlegelschen Ironie wie des Jean Paulschen Humors sei von Tiecks „humoristischer Ironie" zwar momentan viel die Rede, „die goethesche Kunstschule preist sie als eine besondere Herrlichkeit ihres Meisters, und sie spielt jetzt eine große Rolle in der deutschen Literatur. Aber sie ist nur ein Zeichen unserer politischen Unfreyheit." Diese „Unfreyheit" zeige sich in den rigiden Formen der Zensur, welche ihrerseits die für die humoristische Ironie typische Geste der Verstellung erklärten. Wenn man bedenkt, dass noch die *Reisebilder* in Berufung auf die Jean Paulsche Kategorie des Humors verfasst wurden, dann vollzieht sich also in den beiden Essays *Zur Geschichte der Philosophie und Religion in Deutschland* sowie *Die romantische Schule* erstmals die explizite Distanzierung einer genuin romantischen Form „humoristischer Ironie" zugunsten der Orientierung an den polemischen Streitschriften Lessings und Luthers. Und doch beschreibt Heine wohl letztlich nur dasjenige, was es aus seiner Sicht angesichts der „Judenwitz"-Vorwürfe dieser Phase zu bejahend gilt: Die Schärfe des polemischen im Sinne eines personalsatirischen Stils. Auch im ersten Buch der *romantischen Schule* führt Heine dieses Stilprinzip ein, wenn er die Differenz zwischen romantischer Ironie und Lessingscher Streitschrift folgendermaßen beschreibt:

> In der Polemik, in jenem Aufdecken der artistischen Mängel und Gebrechen, waren die Herren Schlegel durchaus die Nachahmer des alten Lessings, sie bemächtigten sich seines großen Schlachtschwerts; nur war der Arm des Herren August Wilhelm Schlegel viel zu zart schwächlich und das Auge seines Bruders Friedrich viel zu mystisch umwölkt, als dass jener so stark und dieser so scharftreffend zuschlagen konnte wie Lessing.

Heine und die Folgen

Die enormen Häufungen dieser subversiven Strategie des Philosemitismus sind seit Karl Kraus bekannt: Heines Umdeutung der Kategorie Polemik diente schon Paul Lindau zur Charakterisierung seiner *Literarischen Rücksichtslosigkeiten*, welche Lindau 1871 in Leipzig publizierte: *Feuilletonistische und polemische Aufsätze*, so lautet deren Untertitel. Ähnlich eng und affirmativ orientiert an Heine ist sicherlich auch das Feuilleton Alfred Kerrs, welcher der Polemik in den 18 Thesen seiner knapp gehaltenen „Davidsbündlerkritik" im Namen des „Hasses" eine zentral wichtige Stellung einräumte: „Ich fordre vom wahren Kritiker: ‚Er gebe die Kritik des Hasses und der Liebe, temperiert durch historische Gerechtigkeit.'"[52] Die Kerrschen Feuilletons haben daher ein den Satiren Heinrich Heines sehr vergleichbares Ziel: „Ich habe nur einmal im Spaß alle seine Eigenschaften gruppiert, ohne ihn zu nennen", so heißt es in der Sudermann-Streitschrift mit dem Titel *Herr Sudermann, der D...Di...Dichter*, „– damit die Leute lachten und sagten: das ist er!" Was darunter zu verstehen ist, verdeutlicht die Tatsache, dass Kerr in seinen bisweilen ausgesprochen polemischen Rezensionen etwa auch Sprachfehler imitiert, um so die „Kinderplumpheiten" eines Werkes zu unterstreichen. Zu Franz Werfels Bearbeitung von Euripides *Die Troerinnen* etwa schrieb er bösartig – „[h]ier kann einer bloß ausrufen: O selig, ein Tind noch zu sein. Deht der Dichter ßpatzieren? Atta, atta!"[53] –, und Ernst Rosmers *Königskinder* charakterisierte er folgendermaßen:

> Die Tönigstinder. Eine zu traurige Deschichte. Verwunschene Gänsemagd, verwunschener Prinz. Beide verkannt. O ßöne Welt, wie bist du häßlich. Es bleibt nichts übrig als in den Tod zu dehn. Dies ist das Los des Szönen auf der Erde. Gänsemagd und Prinz müssen selbander terben.[54]

Man könnte also die zitierte Strategie der Affirmation bzw. Subversion als Ausgangspunkt jener zahlreichen Essays und Glossen heranziehen, die – ausgelöst durch eine Art polemische Überzeichnung des Komischen –, die Geschichte des jüdischen Witzes im Deutschland des 19. und 20. Jahrhunderts in der Tat prägen: Denken wir nur an Ludwig Börnes Attacke gegen Willibald Alexis im 74. seiner *Briefe aus Paris*, an seine Polemik gegen den Stuttgarter Literaturkritiker Wolfgang Menzel mit dem Titel *Menzel der Franzosenfresser*, an Heinrich Heines teils höhnischen Exkurse und Essays über Gutzkow, Platen, Schlegel und Börne, Daniel Spitzers süffisanter Spott auf Richard Wagner – „Weh, wie wenig Wonne ward mir wanderndem Wiener Spazierwalt durch Wagners Walküre." –, Oscar Blumenthals spottenden Verse auf Adolf Bartels mit ihrem stetig sich wiederholenden „Indem er, nachdem er", Paul Lindaus sogenannte „literarische Rücksichtslosigkeiten", die bissigen Essays und satirischen Dialoge Maximilian Hardens zu Kaiser Wilhelm II. und das Hohenzollernregime, die Fehden Alfred Kerrs mit Herbert Ihering, Maximilian Harden, Bertolt Brecht und Karl Kraus oder sein Spott auf Hermann Sudermann, den „D...Di...Dichter", die Karl Krausschen Attacken auf Bekessy, Bahr, Harden, Heine oder

---

52 Alfred Kerr, *Das neue Drama*, Berlin, 1905, S. VII f.
53 Alfred Kerr, *Die Welt im Drama*, Bd. 2, Berlin, 1917, S. 280.
54 Ebd., S. 166.

Kerr, die Angriffe Tucholskys auf Reichspräsident Friedrich Ebert und Reichswehrminister Gustav Noske, oder – um ein aktuelles Beispiel zu nennen – den Spott Henryk Broders auf die „bundesrepublikanischen Gutmenschen von Friedrich Schorlemmer bis Margarethe Schreinemakers, von Horst-Eberhard Richter bis Ulrich Wickert, von Christa Wolf bis Lea Rosh", wie es in *Volk und Wahn* von 1997 heißt.[55]

All dies sind auch Beispiele von Philosemitismus, wenn man diesen eben als eine subversive Strategie in dem erläuterten Sinne versteht. Um ein letztes Beispiel für die Evidenz dessen zu geben, sei abschließend an Alfred Kerrs Volte gegen Arthur Schopenhauer erinnert. An deren Beginn stand Schopenhauers These, nach welcher „der ewige Jude Ahasverus (...) nichts Anderes, als die Personifikation des ganzen jüdischen Volkes" sei, dessen „Nationalcharakter" entsprechend durch eine „wundersame Abwesenheit alles Dessen, was das Wort *verecundia* ausdrückt", geformt werde. Weil Ahasver „an dem Heiland und Welterlöser schwer gefrevelt hat", wird der Mangel an Ehrfurcht zur „hervorstechendsten" jüdischen Eigenschaft![56] Die Replik Alfred Kerrs auf die These Schopenhauers gibt einen Eindruck davon, wie dieses seit der Romantik kursierende Stereotyp mit selbstbewusster, ja affirmativer Geste besetzt wurden. Dass ein deutsch-jüdischer Kritiker wie Kerr den für Ahasver und somit für „die Juden" typischen „hohen spottenden" Ton jenseits der *verecundia* affirmativ besetzt, zeigt sein emphatisches Bekenntnis zum Zynismus Heinrich Heines:

> Schopenhauer hat festgestellt, dass die Juden einen großen Mangel an *verecundia* oder Ehrfürchtigkeit besitzen! Vielleicht hat er Recht, doch es ist keine Schande. Wir kommen alle ungefragt auf die Welt, man soll uns nicht solche Ettikette noch auferlegen. Das Größte, was zu leisten ist, entspringt aus der mangelnden *verecundia*. Erst muss die *verecundia* beim Teufel sein, wenn man die letzten Fragen stellt an Gott. – Wir lieben an Heinrich Heine grenzenlos diesen Mangel an *verecundia*. Wir halten ihn für einen Echten und Wahren, weil es aussprach, was heuchlerische Demut zu verschlucken liebt. Dreimal schlimmer als die mangelnde *verecundia* ist der elende Quietismus. Ja, wir haben die Kraft, auch den zynischen Heine zu ‚ertragen'. Noch in den tollsten Gedichten. Noch, wenn er das Land der Citronia besingt. Schmerzvoll würden wir's empfinden, wenn solche Dinge fehlten. Auch sie gehören zur Skala des Daseins. Nichts Menschliches ist uns fremd. Wir fordern ein Denkmal auch für Heinrich Heines Zynismus. Das kleine Silberhäuschen im Bart des Pilgers, welches den Lobgesang auf den Ewigen mitsingt, soll nicht fehlen im ‚Atta Troll'. Und die ‚Disputation' ist (bis auf den künstlerisch abfallenden Schluß) ein unvergänglicher Sieg der komischen Kraft, die von Ehrfürchtigkeit

---

[55] Vgl. dazu: Burkhard Meyer-Sickendiek, „Der Wandel der Satire. Über die Verschärfung literarischer Ironie in der deutsch-jüdischen Moderne", in: *Weimarer Beiträge. Zeitschrift für Literaturwissenschaft, Ästhetik und Kulturwissenschaften* 4 (2011), S. 550-570.

[56] Arthur Schopenhauer, „Ahasver und die Winkelnation", in: *Parerga und Paralipomena. Kleine philosophische Schriften*, 2 Bd., Abt. „Zur Rechtslehre und Politik", 132, Wiesbaden, 1947, S. 278-281.

befreit ist, der hohen spottenden, nicht mehr getrübten selbstherrlichen Menschlichkeit. Weltenhumor und Himmelsgelächter entfesselt ein glorios Schamloser. *Ave, impia anima!* Die Schamlosigkeit dieses Juden enthält den Ewigkeitszug.[57]

[57] In ihrem Aufsatz über „Jüdische Expressionisten" zeigte Hanni Mittelmann am Beispiel von Alfred Ehrenstein, wie sich diese Affirmation des Ahasver-Mythos und der mit diesem verbundenen Stereotypen der Ruhelosigkeit in der Vorkriegsphase deutlich verstärkt, vgl. Hanni Mittelmann, „Jüdische Expressionisten: Identität im Aufbruch – Leben ‚im Aufschub'", in: *Jüdische Selbstwahrnehmung*, hg. von Hans Otto Horch und Charlotte Wardi, Tübingen, 1997, S. 181-194.

LUTZ-HENNING PIETSCH

Über die „falsche" und die „erhabene Mission" des Judentums. Anti- und philosemitische Diskursivierungen jüdischer Herkunft in der Heine- und Börne-Charakteristik des 19. Jahrhunderts

In einem Aufsatz aus den 1980er Jahren hat der Literaturwissenschaftler Jürgen Link das Denken in Autoren-Dualismen als wichtiges diskurskonstitutives Prinzip der Literaturgeschichtsschreibung des 19. Jahrhunderts hervorgehoben. Am Beispiel des klassischen Heldenpaars Goethe und Schiller zeigt Link, wie die Literaturhistoriker ihr Material mit Vorliebe dadurch organisieren, dass sie bestimmte philosophisch-weltanschauliche oder ästhetische Positionen einer Zeit antithetisch zwei Autoren zuordnen, die einander gegenübergestellt oder komplementär aufeinander bezogen werden.[1]

Während im Bewusstsein des nachromantischen 19. Jahrhunderts die großen Tendenzen der vergangenen Hochphase deutscher Literaturgeschichte mustergültig durch Goethe und Schiller verkörpert wurden, rückte im Hinblick auf die jüngeren literarischen Entwicklungen der Zeit ein anderes Autorenpaar in den Vordergrund: Ludwig Börne (1786-1837) und Heinrich Heine (1797-1856). Zu den Gemeinsamkeiten beider Autoren gehört unter anderem, dass sie jüdischer Herkunft waren. Im Bewusstsein der Zeitgenossen spielte diese Gemeinsamkeit eine wichtige Rolle, wie Berthold Auerbach schon 1840 festhielt: „Heine und Börne wurden vom deutschen Publikum meist zusammen genannt, vorerst weil beide, wenn auch zum Christenthume übergetreten, doch als Juden geboren waren [...]."[2] Die Art und Weise jedoch, wie in den zahlreichen literaturkritischen und literaturhistorischen Charakterisierungen Börnes und Heines im 19. Jahrhundert das gemeinsame Faktum der jüdischen Herkunft jeweils funktionalisiert wird, weist neben vielen Parallelen auch einige Unterschiede auf, die vor allem mit Verschiebungen im zeitgenössischen Börne-Bild zu tun haben. Dies soll im Folgenden genauer ausgeführt werden.

„Man kann nicht wohl an *Börne* denken, ohne zugleich an *Heine* zu denken, wie man nicht wohl an *Göthe* denken kann, ohne an *Schiller* [...] zu denken",

---

1 Vgl. Jürgen Link, „Die mythische Konvergenz Goethe-Schiller als diskurskonstitutives Prinzip deutscher Literaturgeschichtsschreibung im 19. Jahrhundert", in: *Der Diskurs der Literatur- und Sprachhistorie. Wissenschaftsgeschichte als Innovationsvorgabe*, hg. von Bernard Cerquiglini und Hans Ulrich Gumbrecht, Frankfurt am Main, 1983, S. 225-242.

2 *Braunschweigische Morgenzeitung für gebildete Leser,* 27. Oktober 1840, zitiert nach: *Heinrich Heines Werk im Urteil seiner Zeitgenossen*, begr. von Eberhard Galley und Alfred Estermann, hg. von Christoph auf der Horst und Sikander Singh, 13 Bde., Hamburg (ab Bd. 7: Stuttgart/Weimar), 1981-2006, Bd. 6, S. 198.

äußert Hermann Marggraff 1839 in einer Darstellung mit dem Titel *Deutschland's jüngste Literatur- und Culturepoche.*[3] In der ersten Hälfte der 1830er Jahre überwog beim Doppelblick auf Heine und Börne die Tendenz, die beiden nach Paris emigrierten Autoren als Einheit zu betrachten[4], als Repräsentanten ein und desselben literarisch-publizistischen Programms, das darauf abzielte, durch beißenden Spott und scharfe Kritik bestehender Zustände den politischen Fortschritt in Deutschland zu befördern. Wolfgang Menzel, der Redakteur der Literaturbeilage zu Cottas *Morgenblatt für gebildete Stände*, schreibt 1831 in einer Rezension zum vierten Band von Heines *Reisebildern*: „Heines Geist ist dem Börneschen nahe verwandt. In beiden dieselbe politische Tendenz, derselbe edle Unwille über die Eckelhaftigkeiten im lieben Vaterlande, derselbe Drang zu Sarkasmen und dieselbe himmlische Gabe des Witzes".[5] Und ein anonymer Autor bezeichnet Börne und Heine 1835 in den *Blättern für literarische Unterhaltung* als die „beiden Koryphäen des deutschen belletristischen Liberalismus".[6]

Als liberale Koryphäen wurden Börne und Heine allerdings nicht nur gefeiert, sondern auch heftig angegriffen. Vielen gemäßigt liberal oder konservativ gesinnten Redakteuren und Literaturkritikern waren die politischen Positionen, wie sie in den *Reisebildern* (1826-1831), den *Französischen Zuständen* (1833) oder den *Briefen aus Paris* (1832-1834) zum Ausdruck kamen, schlicht zu radikal. Börnes und Heines Schriften wurden als das Produkt eitler Selbstdarstellung und verantwortungsloser Demagogie angesehen, welche Religion und Moral zu untergraben und Deutschland ins revolutionäre Chaos zu stürzen drohte. So wird den beiden Autoren zum Beispiel 1833 von Menzel im *Literatur-Blatt* vorgeworfen, dass sie „nicht selten über unschuldige, ja heilige Dinge spotten, und sich, wenn nicht aus Affektation, dann in reinem Wahnwitz, gerade darin gefallen."[7] Und im selben Jahr erklärt Ludwig Wachler in der dritten Auflage seines *Handbuchs der Geschichte der Litteratur*: „Der bis zur Ungezogenheit ungestümen Umwälzunggier u. Schmähsucht auf Altes u. Bestehendes eines *L.*

---

3 Hermann Marggraff, *Deutschland's jüngste Literatur- und Culturepoche. Characteristiken*, Leipzig, 1839, S. 239; die Stelle ist auch wiedergegeben in: *Heines Werk im Urteil seiner Zeitgenossen* (wie Anm. 2), Bd. 4, S. 474.

4 Vgl. die Belege bei Norbert Oellers, „Die zerstrittenen Dioskuren. Aspekte der Auseinandersetzung Heines mit Börne", in: *Zeitschrift für deutsche Philologie* 91 (1972), Sonderheft, *Heine und seine Zeit*, S. 66-90, hier S. 70-72; Joseph A. Kruse, „Der große Judenschmerz. Zu einigen Parallelen wie Differenzen bei Börne und Heine", in: *Ludwig Börne 1786-1837*, hg. von Alfred Estermann, Frankfurt am Main, 1986, S. 189-197, hier S. 190 f.

5 *Morgenblatt für gebildete Stände, Literatur-Blatt,* 3. August 1831, zitiert nach: *Heines Werk im Urteil seiner Zeitgenossen* (wie Anm. 2), Bd. 1, S. 530.

6 *Blätter für literarische Unterhaltung,* 5. August 1835, zitiert nach: ebd., Bd. 3, S. 266. Schon 1834 werden Börne und Heine in derselben Zeitschrift als „Koryphäen der deutschen Freiheitshelden" bezeichnet (*Blätter für literarische Unterhaltung,* 17. März 1834, zitiert nach: ebd., Bd. 2, S. 461).

7 *Morgenblatt für gebildete Stände, Literatur-Blatt, 11. Januar 1833*, zitiert nach: ebd., Bd. 1, S. 134.

Börne, [...] *H. Heine* [...] und ihrer Genossenschaft schämet sich Teutschland, erfreut, von solchen ausgearteten Söhnen gelästert zu werden.“[8]

Die politisch-ideologischen Urteile über das Zweigestirn Börne – Heine verbanden sich mit dem Rekurs auf das, was die beiden Autoren auch in ethnischer Hinsicht miteinander gemein hatten, nämlich ihre jüdische Herkunft. Im Falle der positiven Würdigungen aus dem liberalen Lager finden sich explizite Bezugnahmen allerdings nur selten. Eine Ausnahme ist Karl Gutzkow, der die jüdische Herkunft Börnes und Heines ausdrücklich als Voraussetzung dafür anführt, dass sie sich aus den nationalen Vorurteilen und ideologischen Befangenheiten der Deutschen leichter lösen und dadurch eine wichtige Vorreiterrolle für die politisch-literarische Bewegung der Zeit übernehmen konnten:

> Börne und Heine zersprengten die übel gewählten Stellungen der öffentlichen deutschen Bildung. Unberührt geblieben von den Hochgefühlen, welche die Brust der Deutschen schwellten, als sie die Herrschaft der Franzosen abgewälzt hatten, nüchtern, wo wir schwärmten, kalt, wo wir glühten, hatten sie alle Vortheile prüfender Vernunft vor der Schwärmerei voraus. Nur aus dem Judenthume konnte vielleicht eine so wahre und dankenswerthe Reaktion gegen unsere Ideologie, die sich selbst die Fesseln einer neuen Sklaverei schmiedete, kommen.[9]

Sehr viel häufiger erfolgt der Rekurs auf das Jüdische in der konservativen Polemik. Als Beispiel sei hier eine Äußerung Eduard Meyers aus dem Jahr 1832 zitiert:

> Wenn aber *Börne* und *Heine*, augenblicklich die beiden bedeutendsten unter den *jüdischen* politischen Literatoren, als Repräsentanten *derselben* ultrarevolutionären Richtung auftreten, so ist diese Erscheinung nicht als *zufällig* zu betrachten, sondern hat ihren Hauptgrund in dem mit ihrer Jüdischheit eng zusammenhängenden, verkehrten, leidigen Zustande ihres *Gemüthes*, welches für das, auf historischem Wege vom deutschen Volke Gewonnene und Ausgebildete, nicht die geringste Liebe und Achtung hegt, und welches eine Richtung begünstigt, die allen denen einzig heilbringend erscheinen muß, die bei einem erfolgten Umsturz der

---

8 Ludwig Wachler, *Handbuch der Geschichte der Litteratur. Dritte Umarbeitung. Dritter Teil: Geschichte der neueren Nationallitteratur*, Leipzig, 1833, S. 416 f.; zitiert nach: *Heines Werk im Urteil seiner Zeitgenossen* (wie Anm. 2), Bd. 1, S. 127.

9 Vgl. Karl Gutzkow, „Vergangenheit und Gegenwart. 1830-1838“, in: *Jahrbuch der Literatur* 1 (1839) [Repr. 1971], S. 1-110, hier S. 16, zitiert nach: *Heines Werk im Urteil seiner Zeitgenossen* (wie Anm. 2), Bd. 4, S. 491. Vgl. auch Marggraff, *Deutschland* (wie Anm. 3), S. 262. Bei diesen Urteilen kommt die Vorstellung von typisch ‚jüdischer‘ Skepsis und Verstandesschärfe mit ins Spiel, die unanfällig für Schwärmereien und Vorurteile machen – ein Lob, das schnell ins Negative umkippen kann (Vorwurf des Mangels an Pietät usw.), wie auch die Ausführungen Marggraffs zeigen. Zum Topos der jüdischen Verstandesschärfe und des jüdischen Witzes vgl. auch die Nachweise bei Johannes Weber, *Litertin und Charakter. Heinrich Heine und Ludwig Börne im Werturteil deutscher Literaturgeschichtsschreibung 1840-1918,* Heidelberg, 1984, S. 174, 188 (Neue Bremer Beiträge, Bd. 2), sowie Joseph Hillebrand, *Die deutsche Nationalliteratur seit dem Anfange des achtzehnten Jahrhunderts, besonders seit Lessing, bis auf die Gegenwart, historisch und ästhetisch-kritisch dargestellt. Dritter Theil,* Hamburg/Gotha, 1846, S. 481, zitiert nach: *Heines Werk im Urteil seiner Zeitgenossen* (wie Anm. 2), Bd. 9, S. 22.

> Dinge, es mag sich auch ereignen was da wolle, mehr zu gewinnen als zu verlieren hoffen.[10]

Aufgrund einer solchen Verkoppelung von politisch-sozialer Fortschrittsprogrammatik mit undeutscher „Jüdischheit" konnten gegen Börne und Heine nach Belieben all die bekannten antisemitischen Stereotype aktiviert werden, wie sie mit zunehmender Radikalisierung bis weit ins 20. Jahrhundert hinein in der nationalliberalen und konservativen Literaturgeschichtsschreibung geläufig bleiben: Ihre Werke seien Ausdruck von Hass und Respektlosigkeit gegenüber traditionellen christlichen Überzeugungen und Werten; sie seien ein Spiegel der Sittenlosigkeit und Selbstsucht ihrer Autoren, denen es letztlich nur um ihren materiellen Vorteil gehe; sie zeichneten sich durch leere Virtuosität und zersetzenden Witz aus, ohne die Fähigkeit zur harmonisch-gerundeten Form. In einer Studie zur Rezeptionsgeschichte Börnes und Heines hat Johannes Weber diese antisemitische Topik ausführlich entfaltet.[11]

Während die öffentliche Wahrnehmung Börnes und Heines zunächst also parallel verlief, sowohl positiv in der Anerkennung als auch negativ in der Verurteilung beider Autoren, so änderte sich dies ab ca. der Mitte der 1830er Jahre. Allmählich setzt nun eine fortschreitende Idealisierung Börnes ein, wohingegen Heine immer mehr zur alleinigen Hauptzielscheibe anti-liberaler Agitation wird. Drei Ereignisse sind für die Polarisierung des Börne- und Heine-Bildes von Bedeutung. Erstens Börnes öffentliches Auftreten gegen Heine im 109. Brief der *Briefe aus Paris*, der 1834 erschien, und in der Rezension zu Heines *De l'Allemagne* von 1835. In den beiden Artikeln wirft Börne seinem jüngeren Schriftstellerkollegen politische Prinzipienlosigkeit und käuflichen Opportunismus vor und zerstört damit die Illusion vom Bündnis der beiden Autoren, die bis dahin die öffentliche Wahrnehmung bestimmt hatte. Von der zeitgenössischen Publizistik wurde die neue Konstellation ‚Börne gegen Heine' als konfliktträchtiger Stoff begierig aufgegriffen; von Anfang an überwog dabei in auffälliger Weise die Parteinahme für Börne.[12] Karl Gutzkow konstatiert 1835 in der Zeitschrift *Phönix*, Börne habe „in der Verdammung Heine's einen auffallenden Anklang gefunden, selbst bei denen, welche Börne sonst gar keines Grußes würdigt".[13]

---

[10] Eduard Meyer, *Nachträge zu der Beurtheilung der Börne'schen Briefe aus Paris*, Altona, 1832, zitiert nach: *Heines Werk im Urteil seiner Zeitgenossen* (wie Anm. 2), Bd. 2, S. 76. Zur antisemitischen Anfeindung Börnes und Heines vgl. auch Klaus Briegleb, „Kommentar", in: Heinrich Heine: *Sämtliche Schriften,* hg. von Klaus Briegleb, Bd. 4, 2. Aufl., München, 1978, S. 651-1046, hier S. 652-656; Jacob Katz, *Richard Wagner. Vorbote des Antisemitismus*, Königstein im Taunus, 1985, S. 30-33; Kruse, *Judenschmerz* (wie Anm. 4), S. 191 f.

[11] Vgl. Weber, *Litertin* (wie Anm. 9), S. 193-211.

[12] Vgl. Michael Holzmann, *Ludwig Börne. Sein Leben und sein Wirken*, Berlin, 1888, S. 315 f. Zur großen zeitgenössischen Resonanz des Börne'schen Verdikts über Heine vgl. Sikander Singhs Herausgeberkommentar in: *Heines Werk im Urteil seiner Zeitgenossen* (wie Anm. 2), Bd. 13, S. 78-93, 101 f., 105 f., 107-109, 113.

[13] *Phönix*, 27. Juni 1835; zitiert nach: ebd., Bd. 3, S. 189.

Ein weiteres Ereignis, das diesen Prozess der Erhebung Börnes über Heine beförderte, war der Tod Börnes im Jahr 1837. Er löste eine Welle von Reverenzbezeugungen für den Verstorbenen aus, die der Literaturkritiker Hermann Marggraff bereits 1839 ironisch wie folgt kommentiert:

> Die Journale aber zehrten und schwelgten an ihm wie an einem Todtenmahle und stellten seine Leiche auf dem Paradebett ihrer raisonnirenden Artikel aus, und bei Einigen von den Leichenbittern, Leichenrednern, Todtenbeschauern und Nachrichtern war der Zustand eines gelinden Rausches gar nicht zu verkennen. Es ist in Deutschland eine schöne Sache um das Begrabensein. [...] Man mied ihn [= Börne] vielleicht, da er noch lebte, denn er war ein so sonderbarer, rauher, harter, offenherziger Kerl, der gar nicht zu schmeicheln wusste, und mit dem es eine Schande war, über die Straße zu gehen oder an einer und derselben Gesellschaft Theil zu nehmen; aber zu seinem Grabe wallfahrtet man und schmückt es mit Immortellen [...].[14]

Zu der Verklärung des Toten trug wesentlich bei, dass die politisch-kämpferische Haltung, die die ersten Bände der *Briefe aus Paris* bestimmt hatte, in Börnes letzten Schriften zunehmend einem religiös angehauchten, wehmütig-resignativen Ton gewichen war.[15] Börnes Freund und frühester Biograph Eduard Beurmann resümiert diese Entwicklung mit den Worten: „Börne's Mittag war schwül, seine *Briefe* waren ein sich entladendes Gewitter. Sein Abend war harmonisch und abgeschlossen in stiller bedeutender Feier.“[16] Und Karl Gutzkow, ebenfalls Verfasser einer frühen Börne-Biographie, schreibt in seiner Vorrede: „Börne's letzte Schrift [*Menzel der Franzosenfresser*] zeigte ihn uns edler, verklärter, als je. Selbst seine Feinde gewannen ihn lieb, als er sein letztes kleines Buch geschrieben und starb.“[17]

Das dritte Ereignis, wodurch sich der Gegensatz in Heines und Börnes öffentlicher Wertschätzung verschärfte, war dann schließlich Heines Denkschrift über Ludwig Börne von 1840. Dieser Versuch Heines, mit einer späten Antwort auf Börnes Angriffe dessen posthume Überhöhung wieder ein Stück weit zu korrigieren, die eigene Position zu rechtfertigen und auf die Schwächen des politischen Radikalismus der Börne-Partei hinzuweisen, hatte eine verhängnisvolle Wirkung. Heines Kritik an Börne, die nicht davor zurückschreckte, Persönliches miteinzubeziehen und der Lächerlichkeit preiszugeben, wurde von den Zeitgenossen als skandalöse Leichenfledderei eines neidischen Schriftstellerkollegen verurteilt. Sie schien nur die Rollenverteilung zu bestätigen, wie Börne sie in seinen Artikeln gegen Heine einst vorgegeben hatte[18] und wie sie seitdem in zahllosen Büchern, Artikeln und Rezensionen reproduziert worden

---

14 Marggraff, *Deutschland* (wie Anm. 3), S. 216.

15 Vgl. Briegleb, „Kommentar“ (wie Anm. 10), S. 670.

16 Eduard Beurmann, *Ludwig Börne als Charakter und in der Literatur*, Frankfurt am Main, 1837, S. 80. Vgl. auch Karl Gutzkow, *Schriften zur Literatur und zum Theater*, Bd. 5, *Börne's Leben* [1840], hg. von Martina Lauster und Catherine Minter, Münster, 2004, S. 170 f., 186.

17 Ebd., S. 14 f.

18 Vgl. Martina Lauster, „Nachwort“, in: ebd., S. 207-243, hier S. 212 f.

war: Börne als aufrechter, sittlich ernster ‚Charakter', den die Liebe zum Vaterland beseelt und der unbeugsam an seinen politischen Überzeugungen festhält; Heine als eitler und gesinnungsloser Ästhet, dessen stilistische Brillanz die darunter zum Vorschein kommende Sittenlosigkeit nur mühsam kaschiert. Unter Rückgriff auf dieses Kontrastschema ergoss sich nach dem Erscheinen der Börne-Denkschrift eine Fülle schärfster Invektiven über Heine[19], die seinem öffentlichen Ansehen einen Tiefpunkt bescherten, wovon es sich jahrzehntelang nicht ganz erholte. Noch 1903 konnte man in der zehnten Auflage von Karl Barthels Vorlesungen über *Die deutsche Nationallitteratur der Neuzeit* lesen:

> *Börne* war ein entschiedener, ungebrochener, geradsinniger Charakter mit starker Einseitigkeit, als dessen Motto das Wort gelten könnte: „So bin ich, und das denk ich, und das will ich." *Heine* dagegen ist ein haltungsloser Mensch, dessen Charakter nur den schillernden Wechsel der Empfindungen zeigt. *Börne* hatte immer noch etwas von Religiosität, eine gewisse Ehrfurcht vor dem Göttlichen behalten, und blieb auf diesem Gebiete immer Herr seines Witzes. *Heine* dagegen, längst zum Sklav seines Witzes geworden, hatte eine Lust daran, alles Heilige [...] frech herunterzureißen, und erging sich in schändlichsten Blasphemien. [...] Zwei so verschiedene Streitgenossen konnten nicht auf die Dauer in Freundschaft bestehen. Solange sie in Paris auch unter dem Panier gemeinsamer Feindschaft gegen das alte Deutschland sich gegenseitig angezogen und festzuhalten versucht hatten, so mußte es doch endlich zu jenem offenen Bruche kommen, den *Heine* in seinem Buche „*Über Ludwig Börne*" mit schamloser Indiskretion auf dem Markte der Litteratur ausklatschte.[20]

Es soll hier nicht darum gehen, die Motive und Gründe für das Zerwürfnis zwischen Börne und Heine zu untersuchen; zuletzt hat dies Markus Joch unternommen, indem er die Konkurrenzsituation der beiden Autoren im literarischen Feld der 1830er Jahre analysiert hat.[21] Ebensowenig soll es darum gehen, die Ursachen für die fast einhellige Parteinahme der zeitgenössischen Literaturkritik zugunsten Börnes zu erklären; Klaus Briegleb hat dazu im Kommentar seiner Heine-Ausgabe bereits vor Jahrzehnten die plausible These geäußert, dass viele Liberale, die sich mit den bestehenden Verhältnissen de facto längst ar-

---

[19] Vgl. die Rezeptionszeugnisse im Anhang von: *Ludwig Börne's Urtheil über H. Heine. Ungedruckte Stellen aus den Pariser Briefen. Als Anhang: Stimmen über H. Heine's letztes Buch, aus Zeitblättern*, [hg. von Maximilian Reinganum], Frankfurt am Main, 1840, S. 25-80; Auszüge daraus bei Briegleb, „Kommentar" (wie Anm. 10), S. 684-690; vgl. auch Oellers, *Dioskuren* (wie Anm. 4), S. 75 f. und den Kommentar in: *Heines Werk im Urteil seiner Zeitgenossen* (wie Anm. 2).

[20] Karl Barthel, *Die Deutsche Nationallitteratur der Neuzeit* [1. Aufl. 1850], bearb. und fortges. von Max Vorberg und Guido Burkhardt, 10. Aufl., Gütersloh, 1903, S. 421.

[21] Vgl. Markus Joch, *Bruderkämpfe. Zum Streit um den intellektuellen Habitus in den Fällen Heinrich Heine, Heinrich Mann und Hans Magnus Enzensberger*, Heidelberg, 2000, S. 25-144 (Probleme der Dichtung, Bd. 29); ders., „Ein unmöglicher Habitus. Heines erstes Pariser Jahrzehnt", in: *Text und Feld. Bourdieu in der literaturwissenschaftlichen Praxis*, hg. von Markus Joch und Norbert Christian Wolf, Tübingen, 2005, S. 137-158 (Studien und Texte zur Sozialgeschichte der Literatur, Bd. 108).

rangiert hatten, in der Parteinahme für den Radikaldemokraten Börne eine Möglichkeit erblickten, die „Verbindung zur eigenen revolutionären Jugendmeinung“ zu wahren und mit der Abkanzelung des ‚frivolen‘ Heine religiös motivierte Anstandsmoral als politische Standhaftigkeit auszugeben.[22] Im Folgenden soll allein die Frage interessieren, welche Auswirkungen die Polarisierung des Börne- und Heine-Bildes auf die Art und Weise hat, wie im 19. Jahrhundert in den Charakteristiken beider Autoren der biographische Topos ihrer jüdischen Herkunft jeweils funktionalisiert wird.

Was Heinrich Heine angeht, so erscheint diese Frage unproblematisch. Seine negative Stilisierung zum perfiden Gegenspieler des ‚Charakters‘ Börne entsprach ja nur zu gut dem geläufigen Raster antisemitischer Klischees, das oben bereits angesprochen wurde. In den Reaktionen auf Heines Börne-Buch wurden diese Klischees lustvoll ausgespielt. So beschließt ein anonymer Rezensent in der Literaturbeilage der Zeitschrift *Rosen*, nachdem er auf Heines Selbststilisierung als ‚Hellene‘ eingegangen ist, seine Besprechung mit den Worten: „Uebrigens hat Heine vielmehr die häßlichen Eigenschaften eines andern Volksstammes, den wir nicht namhaft machen wollen: Tücke, Anmaßung, Feigheit und Schamlosigkeit. Er hat in seinem Buch über Börne über sich selbst den Stab gebrochen.“[23]

Was Börne betrifft, so hatte er zu Beginn der 1830er Jahre mit den *Briefen aus Paris* eine Welle antisemitischer Angriffe ausgelöst, die an Schärfe und Heftigkeit den Attacken gegen Heine ursprünglich in nichts nachstanden.[24] Der Rezensent der *Stuttgarter Zeitung* etwa hatte 1831 geschrieben: „Ueberall zeigt sich der frivole Jude, dem nichts heilig ist, der herzlose Spötter auf Geist und Karakter der deutschen Nation […].“[25] Auffällig ist, wie nun im Zeichen von Börnes allgemeiner Verklärung und Idealisierung der Aspekt seiner jüdischen Herkunft – so man ihn nicht einfach zur positiven Ausnahme erklärt[26] oder das Spezifische seines Judentums gerade darin erblickt, dass er es ‚überwunden‘

---

22 Vgl. Briegleb, „Kommentar“ (wie Anm. 10), S. 671.

23 Rosen, Literaturblatt, 15. August 1840, in: Reinganum, Börne (wie Anm. 19), S. 45, zitiert nach: Heines Werk im Urteil seiner Zeitgenossen (wie Anm. 2), Bd. 6, S. 39 f.

24 Vgl. Holzmann, Börne (wie Anm. 12), S. 260-270, 304-306; Wolfgang Labuhn, Literatur und Öffentlichkeit im Vormärz. Das Beispiel Ludwig Börne, Königstein im Taunus, 1980, S. 237-244.

25 Stuttgarter Zeitung, 11. Dezember 1831; zitiert nach: ebd., S. 240.

26 In Alexander von Ungern-Sternbergs Erzählung *Die Juden* (1847), einem wahren Kompendium der gängigen judenfeindlichen Klischees der Zeit, urteilt eine der Hauptfiguren nach vernichtenden Äußerungen über Heine folgendermaßen über Börne: „Börne war ein Mann, obgleich Jude, vor dem ich tief meinen Hut abnehme und den ich gar nicht in einem Athemzug mit dem obigen Jammerhelden nennen mag. […] Er, Spinoza und Moses Mendelssohn sind die Juden, an deren Andenken ich mich fest schließen muß, um nicht in gänzliche Ungerechtigkeit und Härte gegen die mir so unendlich verhaßte Nation zu verfallen“ (Alexander von Ungern-Sternberg, „Die Juden“, in: *Penelope. Taschenbuch für das Jahr 1847*, hg. von Theodor Hell, Leipzig, 1847, S. 78-171, hier S. 110 f.).

habe[27] – neu diskursiviert wird. Zwei Verfahren lassen sich unterscheiden. Das eine Verfahren besteht darin, die bedrückenden Lebensumstände des berüchtigten Frankfurter Ghettos, in dem Börne aufwuchs, als wichtigen formativen Faktor in die Erzählung seiner Entwicklung zum Freiheitskämpfer zu integrieren. Börne selbst hat dafür den Anstoß geliefert, zum Beispiel mit seiner Schilderung der Episode im 59. Brief der *Briefe aus Paris*, wie er sich einst als Student für eine geplante Reise von Frankfurt nach Heidelberg einen Pass ausstellen ließ, in welchen der Schreiber auf dem Römer „Juif de Francfort" eintrug. „Damals", so Börne, „schwur ich es in meinem Herzen: *Wartet nur! ich schreibe euch auch einmal einen Paß, euch und allen!*"[28] Zu denken ist auch an die Stelle im 74. Brief, wo Börne seine Freiheitsliebe und die Sehnsucht nach Überwindung des politischen Partikularismus durch seine Herkunft erklärt:

> Ja, weil ich als Knecht geboren, darum liebe ich die Freiheit mehr als ihr. Ja, weil ich die Sklaverei gelernt, darum verstehe ich die Freiheit besser als ihr. Ja, weil ich keinem Vaterlande geboren, darum wünsche ich ein Vaterland heißer als ihr, und weil mein Geburtsort nicht größer war als die Judengasse und hinter dem verschlossenen Tore das Ausland für mich begann, genügt mir auch die Stadt nicht mehr zum Vaterlande, nicht mehr ein Landgebiet, nicht mehr eine Provinz; nur das ganze große Vaterland genügt mir, soweit seine Sprache reicht.[29]

Hinweise wie diese wurde im zeitgenössischen Börne-Kult aufgegriffen. Franz Dingelstedt betont schon 1837 in einem Nachruf auf Börne, dass es dessen Herkunft aus der „Judengasse der freien Reichsstadt" war, wodurch Börne, „die trotzige Stirn von tausend Schmähungen gebrandmarkt", für den politischen Kampf prädestiniert war: Er „hatte so den Vortheil, die deutschen Narrheiten und Schlechtigkeiten von vorne herein nicht nur aus der Perspektive zu betrachten, sondern auch mit dem bewaffneten Auge der Erbitterung frisch an erster

---

27 Das berüchtigtste Beispiel für diese Position liefert Richard Wagner am Ende seines antisemitischen Pamphlets *Das Judentum in der Musik* (1850/1869): „Gemeinschaftlich mit uns Mensch werden, heißt für den Juden aber zu allernächst soviel als: aufhören, Jude zu sein. *Börne* hatte dies erfüllt" (Richard Wagner, „Das Judentum in der Musik", in: ders., *Sämtliche Schriften und Dichtungen*, 6. Aufl. [Volks-Ausgabe], Leipzig, o.J. [1911-1914], Bd. 5, S. 66-85, hier S. 85; vgl. dazu Paul Lawrence Rose, *Richard Wagner und der Antisemitismus*, Zürich/München, 1999, S. 133-136; zur typisch jungdeutschen Forderung nach ‚Selbstvernichtung' des Judentums – ein von Gutzkow geprägter Begriff – vgl. ebd., S. 29, 31 f., 72 f.). Vgl. auch Ferdinand Gustav Kühne, „Heine und Börne. (Bruchstücke aus einem Tagebuche.)", in: *Zeitung für die elegante Welt*, 7. November 1840, S. 874: „der Jude in ihm [= Börne] hatte sich zum Menschen geläutert" (zitiert nach: *Heines Werk im Urteil seiner Zeitgenossen* (wie Anm. 2), Bd. 6, S. 223); Ludwig Speidel, „Ludwig Börne", in: ders., *Persönlichkeiten. Biographisch-literarische Essays*, Berlin, 1910, S. 113-127, hier S. 115: „Der Vorgang, dessen Möglichkeit von vielen geleugnet, von manchen bezweifelt wird: wie nämlich aus dem Juden ein Deutscher wird, dieser Vorgang kann an Börne als einem klassischen Beispiele wahrgenommen werden."

28 Ludwig Börne, *Sämtliche Schriften*, hg. von Inge Rippmann und Peter Rippmann, Bd. 3, Düsseldorf, 1964, S. 364 f.

29 Ebd., S. 511.

Quelle zu studiren.“[30] In allgemeinerer Weise wird die generische Verbindung zwischen dem gedemütigten Judenjungen und dem charakterstarken Freiheitskämpfer Börne von dem Literaturhistoriker Rudolph Gottschall 1855 wie folgt herausgestellt:

> Er war ganz in seinem Hasse, in seiner Liebe; kein persönliches Interesse hat ihn jemals bestimmt. Sein Weg aus der engen, dumpfen Frankfurter Judengasse, einer jener Höllen der vorurtheilsvollen Gesellschaft, bis auf die freien Hügel des père Lachaise, wo seine Grabstätte ist, zu Frankreichs großen Todten, erklärt uns seinen Haß und seine Liebe.[31]

Auch Wilhelm Liebknecht, radikaldemokratischer Revolutionär von 1848/49, Mitbegründer der SPD und Verehrer Ludwig Börnes, brachte dessen politisches Engagement ausdrücklich mit seiner jüdischen Herkunft in Verbindung. Die Erfahrung der Repression, schreibt Liebknecht in einer 1901 posthum veröffentlichten autobiographischen Schrift, habe bei den Juden dazu geführt, dass im Kampf gegen Unrecht und Unterdrückung aus ihrem Kreis besonders viele und starke revolutionäre Persönlichkeiten (wie eben auch Börne) hervorgegangen seien – für Liebknecht der Grund, dass sich seine „Verehrung für diese Männer auf ihre Rasse“ übertrug.[32]

Bei der Behandlung von Börnes jüdischer Herkunft im Zusammenhang mit seinem politischen Wirken sahen sich zeitgenössische Biographen vor die Aufgabe gestellt, das Bild ihres Helden von einer weitverbreiteten Vorstellung freizuhalten (die auch in Dingelstedts und Gottschalls Äußerungen anklingt): dem Shylock-Klischee des fanatischen Juden, der vom Hass gegen seine Unterdrücker angetrieben wird.[33] Beurmanns frühe Biographie ist erkennbar von einem

---

30 Franz Dingelstedt, „Aesthetische Feldzüge III. Ludwig Börne. Erster Artikel“, in: *Kasselsche allgemeine Zeitung*, 4. März 1837, Beiblatt Nr. 6, S. 3 f., hier S. 3; ders., „Aesthetische Feldzüge III. Ludwig Börne. Anderer Artikel“, in: ebd., 23. März 1837, Beiblatt Nr. 8, S. 2-4, hier S. 4.

31 Rudolph Gottschall, *Die deutsche Nationalliteratur in der ersten Hälfte des neunzehnten Jahrhunderts*, Bd. 1, Breslau, 1855, S. 458.

32 Wilhelm Liebknecht, „Aus meiner Schulmeisterzeit“, in: *Illustrirter Neue Welt-Kalender für das Jahr 1901*, Hamburg, 1901, S. 44-49, hier S. 48. Zu Liebknechts Haltung gegenüber den Juden vgl. Edmund Silberner, *Sozialisten zur Judenfrage. Ein Beitrag zur Geschichte des Sozialismus vom Anfang des 19. Jahrhunderts bis 1914*, Berlin, 1962, S. 208-211; Friedrich Wilhelm Weitershaus, *Wilhelm Liebknecht. Das unruhige Leben eines Sozialdemokraten. Eine Biographie*, Gütersloh/Gießen, 1976, S. 235-237.

33 Vgl. Holzmann, *Börne* (wie Anm. 12), S. 15 f., wo zeitgenössische Autoren zitiert werden, die Börnes Motive in dieser Weise deuten. Vgl. auch Willibald Alexis, *Das Haus Düsterweg. Eine Geschichte aus der Gegenwart*, Bd. 1, Leipzig, 1835, S. 337: „Grimm“ unter der „getretenen Brust“, „jüdische[r] Haß“; Gotthart Oswald Marbach, *Ueber moderne Literatur. In Briefen an eine Dame. Zweite Sendung: Börne. Heine*, Leipzig, 1836, S. 142: „[Börne] ist ein Jude, noch dazu ein Frankfurter Jude. Alle Vorurtheile, Qualen, Verbrechen, welche die Vergangenheit über dieses Volk ausgegossen, aller daraus sich ergebender Haß [...] sitzen in seiner Brust“; August Traxel in der *Abend-Zeitung*, Beilage *Blätter für Literatur und bildende Kunst*, 2. August 1837: „Menschenhaß, wozu er als Israelit Anlaß bekam [...] er hoffte nicht zu bessern und helfen, er wollte sich rächen“ (zitiert nach: *Heines Werk im Urteil seiner Zeitgenossen* [wie

solchen Bemühen geprägt.[34] Dasselbe gilt für Karl Gutzkows Biographie von 1840. Am Beginn seiner Darstellung widmet Gutzkow der Beschreibung von Börnes Kindheit im Frankfurter Judenghetto ausführlich Raum. Ziel der Ausführungen ist, zu demonstrieren, „daß allerdings die jüdische Abstammung auf Börne's Sinnes- und Denkweise von großem Einfluß war, daß ihm aber diese Abstammung noch um so mehr den Beruf gab, für die Freiheit Aller aus dem tiefsten Bedürfniß derselben zu wirken."[35] Es folgen längere Passagen, in denen die Schikanen, Diskriminierungen und Beschränkungen, denen Börne als Frankfurter Jude von Kindheit an ausgesetzt war, dem Leser empathisch vor Augen gestellt werden. Durch die Erfahrung der Repression, betont Gutzkow, sei in Börne ein Gerechtigkeitsdrang erweckt worden, der nicht auf die jüdische Emanzipationsbelange beschränkt blieb, sondern „ihm mit den Hoffnungen des ganzen deutschen Volkes, mit der Freiheit der ganzen Menschheit zusammen[hing]".[36]

Anm. 2], Bd. 4, S. 112); Anonym, „Dr. Ludwig Börne, Schriftsteller zu Paris", in: *Neuer Nekrolog der Deutschen*, 15. Jg. (1837), S. 220-232, hier S. 229: „Die Judengasse in Frankfurt, die Geringschätzung, mit welcher alles mit Juden Zusammenhängende dort behandelt wird, vergaß er nie und Frankfurt mit seinem Kasino und seinen Patriziern hat den Grundstoff alles Giftes in B. gelegt, was ihn verzehrte"; Friedrich Steinmann in der *Literarischen Monatsschrift*, Heft 9 (1844): „Groll und Ingrimm" infolge „verweigerter Emancipation" (zitiert nach Alfred Estermann und Monika Estermann, „Einem den Erkenntnisprozeß machen. Stimmen der Zeitgenossen über Ludwig Börne", in: Estermann, *Börne* [wie Anm. 4], S. 328 [Nr. 64]); Alfred Meißner, *Heinrich Heine. Erinnerungen*, Hamburg, 1856, S. 75 f.: „[Börne] gehörte zu den gedrückten Judennaturen, er ging aus jener schaurigen Judengasse zu Frankfurt hervor und führte das Gedächtniß daran wie ein ewig schwärendes Brandmal mit sich herum. Das Gefühl des Unrechts, das der christliche Staat den Juden anthut, verlosch nie in seiner Seele. Allmälig verhärtete diese ursprünglich weich und sensitiv angelegte Natur, ward bitter, ward gallig"; Barthel, *Nationallitteratur* (wie Anm. 20), S. 421: „schwarze Brille jüdischer Gereiztheit und Verbitterung".

34 Vgl. mit Bezug auf die Reisepass-Episode Beurmann, *Börne* (wie Anm. 16), S. 77: „Mit großem Unrecht aber hat man Börne's ganzes Leben aus diesem Juif de Francfort erklärt. Ich wüßte nicht, was in allen seinen übrigen Werken vorkäme, das an einen Shylock mahnte." Vgl. auch ebd., S. 2. Zwei Jahre zuvor hatte Beurmann Börne selbst noch als „Shylock der Liberalen" charakterisiert (vgl. ders., *Frankfurter Bilder*, Mainz, 1835, S. 130, 138; zu Beurmanns nachträglicher Distanzierung von dieser Darstellung vgl. ders., *Börne* [wie Anm. 16], S. 28). Vgl. mit Bezug auf die Reisepass-Episode auch Conrad Alberti, *Ludwig Börne (1786-1837). Eine biographisch-literarische Studie zur Feier seines hundertjährigen Geburtstags*, Leipzig, 1886, S. 63 f.

35 Gutzkow, *Börne* (wie Anm. 16), S. 29.

36 Ebd., S. 33. Dass Börnes Erfahrungen als Jude sein politisches Bewusstsein entscheidend prägten, wird in der Forschung immer wieder betont. Vgl. Inge Rippmann und Peter Rippmann, „Nachwort", in: Börne, *Sämtliche Schriften* (wie Anm. 28), Bd. 3, S. 1055-1137, hier S. 1073-1079 (Abschnitt 3: „Das Judentum als Paradigma"); Walter Hinderer, „Die Frankfurter Judengasse und das Ghetto Europas. Der praktische Hintergrund von Ludwig Börnes emanzipativem Patriotismus", in: *Germanisch-Romanische Monatsschrift* 24 (1974), S. 421-429, bes. S. 425, 429; Norbert Oellers, „Ludwig Börne", in: *Deutsche Dichter des 19. Jahrhunderts. Ihr Leben und Werk*, hg. von Benno von Wiese, 2., überarb. und verm. Aufl., Berlin, 1979, S. 155-180, hier S. 162 f.; Wolfgang Labuhn, „Die Ludwig-Börne-Forschung 1976-1986", in: *„Die Kunst – eine Tochter der Zeit". Neue Studien zu Ludwig Börne*, hg. von Wolfgang Labuhn und Inge

An Gutzkows „ergreifendes Bild“ der Lebensumstände des jungen Börne knüpft Johannes Proelß in einem Artikel an, der 1886 zu Börnes 100. Geburtstag in der *Frankfurter Zeitung* erschien. Auch Proelß sieht in Börnes „Herkunft“ den Grund dafür, dass Börne sich in der Phase nachnapoleonischer Restauration dem politischen Kampf verschrieb: „Das, was er in seiner Jugend als Jude erseufzt und ersehnt, wollte er nun als Vertreter seiner Nation, derselben Nation, in deren Schlachtreihen tausende israelitische Bürger tapfer gekämpft, erfechten helfen.“[37] Der Abriss der letzten Häuser des Frankfurter Judenghettos, die Umbenennung der ehemaligen Judengasse in „Börnestraße“ (1885) werden in Proelß' Augen zu Symbolen für den unaufhaltsamen Fortschritt einer allgemeinen politischen Freiheit, deren Vorkämpfer Börne war:

> Wie dieses Ghetto mit seinen finsteren Erinnerungen aus der Welt schwand; wie die Ketten fielen, die noch vor einem Jahrhundert die israelitischen Mitbürger alltags am Abend von der Außenwelt absperrten gleich Verbrechern, wie auf diesem Gebiete des Volkslebens unwürdige Rechtlosigkeit und demüthigende Unfreiheit dem Geist der Aufklärung und der politischen Mündigkeit haben weichen müssen, so wird es fürderhin allen ähnlichen Verhältnissen, allen noch bestehenden hemmenden Sklavenketten – früher oder später – ergehen. Das ist die vernehmliche Sprache, die jenes Straßenschild redet.[38]

Die zuerst von Gutzkow ausgeführte düstere Schilderung der Jugendzeit Börnes im Frankfurter Ghetto wurde von seiten jüdischer Biographen zum Teil als Stilisierung zurückgewiesen.[39] Bei Gutzkow steht sie im Dienste einer Heroisierung Börnes, die durch das Kontrastschema Börne – Heine mitbestimmt ist. Heines kurz zuvor erschienene Börne-Denkschrift wird von Gutzkow in seiner Vorrede als triviales Machwerk eines Autors kritisiert, dessen ganze Sozialisation bereits den oberflächlichen und gesinnungslosen Ästheten anzeigt:

> Ohne sittliche Selbsterziehung, von den Schmeicheleien seiner Umgebung früh gehätschelt, angewiesen auf Lebensernten, die er nicht zu säen brauchte, ein ver-

Rippmann, Bielefeld, 1988, S. 1-31, hier S. 12; Dieter Lamping, „Soviel Franzose wie Deutscher. Ludwig Börnes politischer und literarischer Internationalismus“, in: *Confrontations/Accommodations. German-Jewish Literary and Cultural Relations from Heine to Wassermann*, hg. von Mark H. Gelber, Tübingen, 2004, S. 83-96, hier S. 92 (Conditio Judaica, Bd. 46); Michaela Wirtz, *Patriotismus und Weltbürgertum. Eine begriffsgeschichtliche Studie zur deutsch-jüdischen Literatur 1750-1850*, Tübingen, 2006, S. 146, 157 f. (Conditio Judaica, Bd. 59).

37 Johannes Proelß, „Ludwig Börne. Zu seinem hundertsten Geburtstag“, in: *Frankfurter Zeitung und Handelsblatt*, 6. Mai 1886, S. 1-3, hier S. 1, 2.

38 Proelß, „Börne Geburtstag“ (wie Anm. 37), S. 1.

39 „Aus Gutzkows herzenswarmen und geistvollen, aber mitunter zu sehr vom Hang zur novellistischen Stimmungsmalerei bestimmten Buche über Börne stammt die Überlieferung, sich die Jugend des genialen Schriftstellers [Börne] als eine düstere und völlig freudlose vorzustellen“ (Alfred Klaar, „Ludwig Börnes Leben und Wirken“, in: Ludwig Börne, *Gesammelte Schriften*, vollständige Ausgabe in sechs Bänden, hg. von Alfred Klaar, Bd. 1, Leipzig, o.J. [1899], S. I-XCV, hier S. V; vgl. auch Maximilian Reinganum, „Aus Börne's Leben“, in: Ludwig Börne, *Gesammelte Schriften*, neue vollständige Ausgabe, Bd. 12, Hamburg/Frankfurt am Main, 1862, S. 220-399, hier S. 221.

> wöhntes Kind der Familiencoterie, schlenderte er [= Heine] mit nachlässiger Indifferenz durch ein menschliches Daseyn, das ihm der Zufall sanft genug bettete [...].[40]

Dem leidgeprüften Judenknaben Börne wird hier der verwöhnte Judenbengel Heine gegenübergestellt; unschwer zu erkennen, dass Gutzkows Charakterisierung Heines durch latente antisemitische Klischees mitgesteuert ist.[41]

Dieselbe Ambivalenz kennzeichnet eine biographische Darstellung, die Karl Bölsche 1850 über Börne verfasste. Auch Bölsche nimmt Börne vor dem Vorwurf in Schutz, es seien letztlich die Rachegefühle des gedemütigten Juden, die ihn in seiner politischen Agitation bestimmten; auch Bölsche betont, für Börne sei die Frage der jüdischen Emanzipation Teilaspekt eines viel umfassenderen Emanzipationskampfs gewesen.[42] Börnes jüdische Herkunft bezeichnet Bölsche als „Glücksloos für die Sache der deutschen Freiheit“: Als ein in Frankfurt aufgewachsener Jude habe Börne die politischen und ökonomischen Herrschaftsverhältnisse besonders gut beobachten und ein feines Sensorium dafür ausbilden können – besser „als die meisten seiner christlichen Kampfgenossen“.[43] Kontrastiert wird Börne zunächst mit einem weiteren berühmten Sohn des Frankfurter Judenghettos: dem Bankier Rothschild. Die beiden Männer – der mit den herrschenden Mächten paktierende „Hohepriester des Materialismus“ und der „verfolgte Freiheitsheld“ – verkörpern für Bölsche die zwei wichtigsten von jüdischer Seite ausgehenden Tendenzen der Gegenwart: „[D]as sind die beiden großartigsten modernen Entwicklungen des Judenthums, das sein Fluch und sein Segen, seine falsche und seine erhabene Mission!“[44] Als Repräsentant der ersteren, negativen Tendenz tritt für Rothschild dann wenige Seiten später Heinrich Heine ein. Wie „Nord- und Südpol“, erklärt Bölsche, verhalten sich Börne und Heine zueinander[45]: Der Freiheitsliebe des einen wird der schnöde Materialismus des anderen gegenübergestellt, der ihn dazu verleitet habe, Börne

---

40 Gutzkow, *Börne* (wie Anm. 16), S. 12.

41 Zu Gutzkows problematischer Position vgl. auch Eleonore Sterling, *Judenhaß. Die Anfänge des politischen Antisemitismus in Deutschland (1815-1850)*, Frankfurt am Main, 1969, S. 99-101, 104; Léon Poliakov, *Geschichte des Antisemitismus*, Bd. 6, *Emanzipation und Rassenwahn*, Worms, 1987, S. 210 f.; Alfred D. Low, *Jews in the Eyes of the Germans. From the Enlightenment to Imperial Germany*, Philadelphia 1979, S. 260-268; Hartmut Steinecke, „Gutzkow, die Juden und das Judentum“, in: *Conditio Judaica. Judentum, Antisemitismus und deutschsprachige Literatur vom 18. Jahrhundert bis zum Ersten Weltkrieg*, hg. von Hans Otto Horch und Horst Denkler, Tübingen, 1989, S. 118-129; Paul Lawrence Rose, *Revolutionary Antisemitism in Germany from Kant to Wagner*, Princeton, 1990, S. 184-210; Heidi Thomann Tewarson, „Die Aufklärung im jüdischen Denken des 19. Jahrhunderts: Rahel Levin Varnhagen, Ludwig Robert, Ludwig Börne, Eduard Gans, Berthold Auerbach, Fanny Lewald“, in: *Forum Vormärz Forschung* 4 (1998), S. 17-61, hier S. 60 f.; Irving Massey, *Philo-Semitism in Nineteenth-Century German Literature*, Tübingen 2000, S. 71 (Conditio Judaica, Bd. 29).

42 Karl Bölsche; „Ludwig Börne“, in: *Die Männer des Volks dargestellt von Freunden des Volks*, hg. von Eduard Duller, Bd. 8, Frankfurt am Main, 1850, S. 311-388, hier S. 325 f.

43 Ebd., S. 326.

44 Ebd., S. 326 f.

45 Ebd., S. 351.

für „Judassold“ zu verraten[46], und der Bölsche zu dem abschätzigen Urteil veranlasst, Heine habe „mehr von Rothschild, den er verleugnet, als von Christus, den er bekennt.“[47]

Im Rahmen der Dualität Börne – Heine, das zeigen die Texte Gutzkows und Bölsches, bleiben judenfreundliche und judenfeindliche Rede eng aufeinander bezogen. Ähnliches gilt auch im Hinblick auf das zweite Verfahren, durch das die Positivierung von Börnes Judentum im Zuge der um sich greifenden Börne-Verehrung ermöglicht wird: Die charakterologische Opposition von Oberflächlichkeit – Ernst, Frivolität – Sittlichkeit usw., die sonst typischerweise der Denunzierung der Juden insgesamt gegenüber Nicht-Juden (Deutschen) diente, wird innerhalb des Judentums selbst verankert. Mustergültig wird dies in Hermann Marggraffs bereits zitierter Darstellung *Deutschland's jüngste Literatur- und Culturepoche* von 1839 vorgeführt. Nachdem Marggraff sich gegen Ende des achten Buchs über die „Anmaßlichkeit“, „Unstätigkeit“ und „witzelnde Weise“ der Juden ausgelassen hat, fügt er hinzu: „Ich spreche hier jedoch nicht von den Rabbinen und allen jenen ernsten und würdigen orientalischen Gestalten des Judenthums, sondern von den durch moderne Bildung modificirten Juden.“ Und wenige Seiten später heißt es ganz ähnlich: „Die Juden haben ihre sehr ernsthaften, gewissenhaften und tiefsinnigen Philosophen und Rabbinen gehabt [...]; aber die gegenwärtige Schöngeisterei und Halbbildung begünstigt das Hervortreten des Witzes [...]“.[48] Damit ist also auch innerhalb des Judentums das binäre Raster etabliert, in das die Positionen des frivolen Heine und des ernsthaften Börne eingetragen werden können – wie dies bei Marggraff dann auch unmittelbar im Anschluss geschieht, wenn er Heine der Gruppe jüdischer Schöngeister zuordnet, während er Börne zu denjenigen jüdischen Autoren zählt, die „aus einem ernsten und würdigen Hintergrunde hervortretende Figuren sind“.[49]

Die Unterscheidung zwischen modernem, schöngeistigem und altem, sittenstrengem Judentum und die Verkoppelung Börnes mit letzterem bleibt in der Literaturkritik und Literaturgeschichte des ganzen 19. Jahrhunderts und darüber hinaus wirksam. Noch 1912 räumt der Antisemit Carl Bleibtreu in seiner *Geschichte der Deutschen Nationalliteratur* in Bezug auf Ludwig Börne ein: „Er

---

46 Ebd., S. 345. Die Bemerkung steht im Zusammenhang mit (im Frühjahr 1848 erschienenen) Meldungen über geheime Pensionszahlungen der französischen Regierung an Heinrich Heine. Die literarische Öffentlichkeit in Deutschland reagierte empört, in zahlreichen Artikeln wurde Heine Bestechlichkeit vorgeworfen. Bölsche war nicht der einzige, der einen direkten Zusammenhang mit Heines Angriffen gegen Börne insinuierte. Vgl. den Kommentar in *Heines Werk im Urteil seiner Zeitgenossen* (wie Anm. 2), Bd. 13, S. 216-219, bes. S. 217 f.

47 Bölsche, „Ludwig Börne“ (wie Anm. 42), S. 351.

48 Marggraff, *Deutschland* (wie Anm. 3), S. 256 f., 260. Zur Tradition einer Spielart von Philosemitismus, die das (bewunderte) biblische vom (verachteten) nachbiblischen Judentum abgrenzt, vgl. Sigbert Feuchtwanger, Art. „Philosemitismus“, in: *Jüdisches Lexikon. Ein enzyklopädisches Handbuch des jüdischen Wissens in vier Bänden*, hg. von Georg Herlitz und Bruno Kirschner, Bd. IV/1, Berlin, 1930 [Repr. 1982], Sp. 910-914, hier Sp. 912.

49 Marggraff, *Deutschland* (wie Anm. 3), S. 261 f.

hat etwas talmudisch Rabbinerhaftes und bewahrt unbewußt die rigorose und zelotische Sittlichkeit des alten orthodoxen Judentums, dem man ethisch Achtung zollen muß […].“[50] Börne gewinnt vor diesem Hintergrund die strengen Züge einer alttestamentarischen Figur. Im dritten Band von Heinrich Kurz' Literaturgeschichte, die von 1853 bis 1894 in acht Auflagen erschien, wird Börne als ein deutscher Patriot gewürdigt, der nur aus wahrer Liebe so hart mit seinem Volk ins Gericht ging – gleich einem „hebräischen Propheten“.[51] Heinrich Laube erklärt im vierten Band seiner *Geschichte der deutschen Literatur* (1840): „[A]lles Sittengesetz stand ihm [= Börne] im Wesentlichen unantastbar vom Sinai her, er wollte darüber weder Scherz, noch eine ernsthafte Spekulation verstehen.“[52] Ferdinand Gustav Kühne spricht 1844 in Bezug auf Börne von der „altbiblischen Energie seines strengen, reinen Willens“.[53] Ähnlich charakterisiert er Börne bereits 1837 in dem Artikel *Juden und Christen*, der für die Judenemanzipation Stellung bezieht. Wenn dem dumpfen, unaufgeklärten Judenhass des politisch rückständigen Deutschlands Börne hier als leuchtendes Beispiel eines Juden entgegengehalten wird, der an den wichtigen Debatten der Gegenwart maßgeblichen Anteil nimmt, so wird seine Stilisierung zu einer streng mahnenden Prophetengestalt besonders an den Anspielungen auf das Alte Testament deutlich:

> Ein witziger Engel der Rache Gottes stand Börne seinem Jahrhundert gegenüber und hielt ihm mit felsenfester Hand, mit der unerschütterlichen Treue seiner reinen tiefen Seele die Flammenschrift ganz einfacher Menschenrechte vors Auge. Unerbittlich war das Schwert seiner Rede, er kannte keine Rücksicht auf die Bedürfnisse der Schwachen […]; seine Rede klang zuletzt wie die Stimme des Predigers in der Wüste.[54]

Auch Karl Gutzkow bezeichnet Börne als „Prophet[en]“, der „mit donnernder Stimme“ spricht – und dem Heine als feiger Lügner und „Judas“ gegenübergestellt wird.[55]

Ich fasse zusammen. Börne wurde in der Literaturkritik und Literaturgeschichte des 19. Jahrhunderts (und darüber hinaus) fast immer im Zusammenhang mit Heine wahrgenommen und behandelt. Dass in der „Heine-

---

50 Carl Bleibtreu, *Geschichte der Deutschen National-Literatur von Goethes Tode bis zur Gegenwart*, hg. von Georg Gellert, Bd. 1, Berlin, 1912, S. 59.

51 Heinrich Kurz, *Geschichte der deutschen Literatur mit ausgewählten Stücken aus den Werken der vorzüglichsten Schriftsteller*, Bd. 3, Leipzig, 1859, S. 797.

52 Heinrich Laube, *Geschichte der deutschen Literatur*, Bd. 4, Stuttgart, 1840, S. 178.

53 *Blätter für literarische Unterhaltung*, 23. Oktober 1844, S. 1185; zitiert nach Estermann und Estermann, „Erkenntnisprozeß“ (wie Anm. 33), S. 328 (Nr. 65).

54 Ferdinand Gustav Kühne, „Christen und Juden“, in: ders., *Weibliche und männliche Charaktere*, Zweiter Theil, Leipzig, 1838, S. 367-385, hier S. 378. Vgl. Dan. 5 (Flammenschrift), Jes. 40,3 (Prediger in der Wüste). Im Fortgang seiner Ausführungen identifiziert Kühne „Größe des Prophetenzornes“ mit dem „Geist des alten Judenthums“ (ebd., S. 383 f.). Der Artikel war zuvor bereits erschienen in: *Zeitung für die elegante Welt*, 29. und 30. Mai 1837, S. 405-408 und 411 f.

55 Gutzkow, *Börne* (wie Anm. 16), S. 15, 20, 11.

Börne'schen Constellation“[56] die jüdische Herkunft ein gemeinsames Element bildete, war dabei für die Literaturhistoriker ein zusätzlicher Anlass, dieses Element in der Charakteristik beider Autoren und ihrer literaturgeschichtlichen Bedeutung immer wieder zu thematisieren. Börne, der oft betonte, dass er seinen politischen Kampf nicht als Jude, sondern im Namen der Freiheit aller Menschen führte[57], blieb in der Rezeption nicht zuletzt durch den Vergleich mit Heine immer auf sein Judentum bezogen – natürlich vor allem dann, wenn man ihn gemeinsam mit Heine verdammte und dabei auf ein identisches Arsenal antisemitischer Klischees zurückgriff; aber auch dann, wenn man ihn von Heine positiv abhob, was die Differenzierung zwischen dem edlen und dem gemeinen Juden notwendig erscheinen ließ. Wenn von ‚Philosemitismus‘ in der Börne-Verehrung des 19. Jahrhunderts die Rede sein kann, dann also weniger im Sinne einer den Juden liebend zugewandten inneren „Haltung“[58], sondern eher im Sinne einer Diskursfunktion, die im diskursiv vorgegebenen Rahmen möglicher Rede über Juden maßgeblich durch ihr antisemitisches Pendant determiniert ist.[59] Das Zwanghafte dieser Funktion hat Börne selbst formuliert, wenn er im 74. Brief der *Briefe aus Paris* ausruft: „Es ist wie ein Wunder! Tausend Male habe ich es erfahren, und doch bleibt es mir ewig neu. Die einen werfen mir vor, daß ich ein Jude sei; die andern verzeihen mir es; der dritte lobt mich gar dafür; aber alle denken daran. Sie sind wie gebannt in diesem magischen Judenkreise, es kann keiner hinaus.“[60]

---

[56] Gottschall, *Nationalliteratur* (wie Anm. 31), S. 449.

[57] Zum Zusammenhang zwischen Freiheit der Juden und allgemeiner deutscher Freiheit bei Börne vgl. die Zitate bei Wirtz, *Patriotismus* (wie Anm. 36), S. 153 f., Anm. 39. Insgesamt definierte Börne sich „in erster Linie über diese deutsche, nicht über seine jüdische Identität“ (ebd., S. 138 f.; vgl. auch Thomann Tewarson, „Aufklärung“ [wie Anm. 41], S. 33 f.).

[58] Wolfram Kinzig, „Philosemitismus. Teil I: Zur Geschichte des Begriffs“, in: *Zeitschrift für Kirchengeschichte* 105 (1994), S. 202-226, hier S. 226.

[59] Vgl. mit Bezug auf Philosemitismus im Kaiserreich Alan Levenson, „Philosemitic Discourse in Imperial Germany“, in: *Jewish Social Studies*, N. S. 2 (1996), Heft 3, S. 25-53, hier S. 44 („antisemitism successfully determined the parameters of plausible ‚Jew-talk‘“).

[60] Börne, *Sämtliche Schriften* (wie Anm. 28), Bd. 3, S. 510.

BERNHARD GREINER

Ich selber lieb' es nicht dies Volk, doch weiß ich … Philosemitismus im Drama und als Drama (Franz Grillparzer: *Die Jüdin von Toledo* und *Esther*)

Philosemitismus nicht philosophisch, theologisch oder politisch begründet, sondern psychologisch: die gängigste literarische Konkretion dieser Spielart ist die Liebe eines nichtjüdischen Mannes zu einer ‚schönen Jüdin', die seine Einstellung zum jüdischen Volk und zum Judentum wandelt. Franz Grillparzer hat diese Konstellation zwei Mal gestaltet und da die Rolle des Mannes jeweils ein König innehat – in der *Jüdin von Toledo* der historische König Alphons VIII. von Kastilien, im *Esther*-Fragment der in der Bibel genannte, historisch nicht verbürgte persische König Ahasverus –, gewinnen die liebende Zuwendung zur Jüdin und die hierbei sich entwickelnden Einstellungen zum Judentum überindividuelle, für die gesamte Gemeinschaft, die der König repräsentiert, gültige Bedeutung. Wenn Grillparzer dramatische Zuspitzungen – er nennt das vollendete Stück ein Trauerspiel – des Philosemitismus gestaltet, dann in guter Kenntnis der Geschichte der Juden, sei es in Spanien bis zum Abschluss der Reconquista, sei es der sehr zögerlichen bürgerlichen Gleichstellung in Europa im Zuge der aufklärerischen Trennung von Kirche und Staat. Gleichzeitig hatte Grillparzer die zeitgenössischen Auseinandersetzungen um die ‚Judenfrage' vor Augen,[1] also um die politische und soziale Gleichstellung der Juden im Bereich der habsburgischen Monarchie, die besondere Bindung der jüdischen Bürger an den Souverän als ihren Protektor und die Widerstände gegen diese Entwicklung bei der gesellschaftlichen Mehrheit, sowie innerjüdisch die Diskussion um Assimilation und Akkulturation um den evtl. Preis des Verlusts der eigenen jüdischen Identität. Grillparzer zeigt aber in seinen beiden Dramen um

[1] Diese Perspektive hat Florian Krobb detailliert ausgearbeitet in: „'Bleib zurück, geh nicht in' Garten!' Grillparzers ‚Jüdin von Toledo' als Traktat über die ‚Judenfrage'", in: *Judenrollen. Darstellungsformen im europäischen Theater von der Restauration bis zur Zwischenkriegszeit*, hg. von Hans-Peter Bayerdörfer und Jens Malte Fischer, Tübingen, 2008, S. 125-142. Weitere Interpretationen des Stücks: Heinz Politzer, „Das Spiel vom Fall: ‚Die Jüdin von Toledo'", in: ders., *Franz Grillparzer oder Das abgründige Biedermeier*, Wien/Darmstadt, 1990 (1. Aufl. 1972), S. 328-350; Dieter Borchmeyer, „Franz Grillparzer: ‚Die Jüdin von Toledo'", in: *Deutsche Dramen. Interpretationen zu Werken von der Aufklärung bis zur Gegenwart*, hg. von Harro Müller-Michaels, Königstein im Taunus, 1981, S. 200-238; Gerhard Neumann, „‚der Tag hat einen Riß'. Geschichtlichkeit und erotischer Augenblick in Franz Grillparzers ‚Jüdin von Toledo'", in: *Franz Grillparzer. Historie und Gegenwärtigkeit*, hg. von dems. und Günther Schnitzler, Freiburg, 1995, S. 143-177; Eva Geulen, „Das Geheimnis der Mischung: Grillparzers ‚Jüdin von Toledo'", in: *Die deutsche Tragödie. Neue Lektüren einer Gattung im europäischen Kontext*, hg. von Volker C. Dörr und Helmut J. Schneider, Bielefeld, 2006, S. 157-173.

jüdische Figuren nicht nur den Philosemiten in Auseinandersetzung mit judenfeindlichen Gegenspielern, sondern diesen Widerstreit als schon im Philosemitismus selbst wirksam. So entwirft er den Philosemitismus selbst als Drama.

Die Rahmenkonstellation beider Stücke ist konträr. In der *Jüdin von Toledo* (fertiggestellt 1851, durch Verfügung des Autors erst nach seinem Tod [1872] veröffentlicht, 1872 auch uraufgeführt) wird die Liebesverbindung zwischen Christen und Jüdin eingerahmt von Akten der Abgrenzung: allererst zwischen Muslimen und Christen im Spanien des 12. Jahrhunderts, die die Juden unterlaufen, da sie sowohl in den muslimischen als auch in den christlichen Landesteilen leben. Die Geschichte um die Liebe König Alphons VIII. von Kastilien zu einer schönen Jüdin entstand nach der Schlacht bei Alarcos (1195), in der Alphons mit seinem kastilischen Heer eine vernichtende Niederlage erlitt. Bald haben Poeten und später dann Geschichtsschreiber hierfür nach Erklärungen gesucht und so die Sage vom – sündhaften – Liebesverhältnis des Königs zu einer Jüdin, die die verlorene Schlacht als Strafe des Himmels erscheinen ließ, aufgebracht und tradiert, so noch in Grillparzers historiographischer Hauptquelle, der *Historia de España* des Padre Juan Marina aus dem 16. Jahrhundert und in Grillparzers literarischen Vorlagen, Lope de Vegas (eines der Lieblingsautoren Grillparzers) Drama *Las paces de los reyes, y judía de Toledo* (entstanden 1617) sowie der 1788 erschienenen Novelle Jaques Cazottes *Rachel ou la belle Juive,* die auf einem Drama *Raquel* (1778) von Vicente de la Huerta fußt, in dem der König, wie bei Grillparzer, nach der Ermordung seiner Geliebten Rache üben will, sich dann aber bald mit seinen Vasallen versöhnt.[2] Grenzübertretung als liebende Hinwendung zum Anderen ist mit dieser Verbindung der militärischen Niederlage mit der vorausgegangenen Liebe des christlichen Königs zu einer Jüdin als Sünde markiert. Solches Denken der Abgrenzung kulminierte 1492, zeitgleich mit der vollständigen Rückeroberung Spaniens durch christliche Herrscher mit dem Fall des muslimischen Königreiches von Granada, in der vollständigen Vertreibung der Juden aus Spanien (alternativ die Zwangstaufe), womit eine jahrhundertelange Blüte der jüdischen Kultur insbesondere im muslimischen Spanien abgebrochen wurde: die tiefgreifendste traumatische Erfahrung der Juden in ihrer europäischen Geschichte vor der Shoa. Mit einer analog aggressiven Abgrenzung endet auch das Drama: die jüdische Geliebte des Königs ist ermordet, der König hat sich von den Juden abgewendet und sich mit seinen mörderischen christlichen Vasallen versöhnt, vereint ziehen sie gegen den äußeren muslimischen Feind, der sie allerdings vernichtend schlagen wird.

---

[2] Im 20. Jahrhundert hat Lion Feuchtwanger die Geschichte zu einem Roman in dezidiert jüdischer Perspektive geformt: *Die Jüdin von Toledo*, erschienen 1955 in Berlin.

Die Liebesverbindung des persischen Königs Ahasverus zur Jüdin Esther[3] steht in der Bibel (dem *Buch Esther* des *Alten Testaments*), der Grillparzers Dramenfragment im äußeren Handlungsablauf folgt, nicht im Zeichen der Abgrenzung zwischen den Religionen und Kulturen, sondern der Verbindung und Integration, eines Zusammenlebens, das nicht die Aufgabe der eigenen Identität verlangt. Nachdem er seine Gattin Vasthi verstoßen hat, hält der König Brautschau und wählt unter den Schönsten des Landes, die ihm vorgeführt werden, die Jüdin Esther, die auf Anraten ihres Vormundes Mardochai allerdings ihre Zugehörigkeit zum jüdischen Volk verschweigt. In der Situation größter Bedrängnis der Juden – der oberste Minister des Königs hat schon den Befehl erwirkt, alle Juden im persischen Großreich zu töten – offenbart Esther dem König ihre Identität, rettet die Juden und verhilft ihnen zu Ansehen im persischen Reich. Entstanden ist die Esther-Geschichte wahrscheinlich in der Zeit fortgeschrittener jüdischer Akkulturation an die hellenistische Mehrheitskultur im 2. Jahrhundert v. Chr. Die religiöse Führung in Judäa, insbesondere der Hohepriester Menelaos, hatte sich der Hellenisierung weitgehend geöffnet. Dagegen richtete sich die Widerstandsbewegung der Makkabäer.[4] Eine politische Dimension erhielt dieser Widerstand erst durch das Bündnis der religiösen Führung der Juden mit der politischen Macht.[5] Auch die Esther-Geschichte endet mit einem Bündnis der Juden mit der politischen Macht – die Jüdin Esther ist zur Königin, ihr Ziehvater Mardochai ist zu höchsten Ämtern im persischen Großreich aufgestiegen, zugleich verweisen schon beider Namen auf fortgeschrittene jüdische Akkulturation im medisch-persischen Reich: die Bibel vermerkt ausdrücklich, dass Esther zwei Namen führt (Esther 2,7), den babylonischen ‚Esther' der auf ‚Istar' zurückgeht, die höchste babylonische Göttin, und die jüdische Entsprechung dieses Namens ‚Hadassa'; auch ‚Mardochai' ist kein jüdischer Name. In babylonischen Dokumenten der persischen Periode erscheint er als ‚Mar-duk-a', was ‚Mann von Marduk' bedeutet oder ‚Anbeter des Marduk', des führenden Gottes von Babylon. Aber die Esther-Geschichte zeigt, dass es ein Drittes gibt zwischen Auflösung in das Fremde und unduldsamem Beharren auf dem Eigenen, dass jüdische Akkulturation an die Mehrheitskultur und Beharren auf der eigenen jüdischen Identität – der Minister hatte seine Verfolgung der Juden damit begründet, dass diese auf ihrer Besonderheit beharrten – zusammengehen können. Purim, das Fest, das der Rettung der Juden durch Esther

---

3 Die im Buch Esther genannten Figuren und das Geschehen selbst sind historisch nicht zu verifizieren. Von dem aus den Perserkriegen der Griechen (480 v. Chr.) bekannten persischen König Xerxes, auf den man den Ahasverus der Bibel zu beziehen versucht hat, gibt es keine Zeugnisse über eine Verbindung mit einer jüdischen Frau, noch gibt es Dokumente über einen geplanten Pogrom und dessen wunderbare Abwehr.

4 Ausführlicher hierzu: Elias Bickermann, *Four Strange Books of the Bible*. Jonah/Daniel/Koheleth/Esther, New York, 1967.

5 Hierzu Elias Bickermann, *Der Gott der Makkabäer. Untersuchungen über den Sinn und Ursprung der Makkabäischen Erhebung*, Berlin, 1937, sowie das Vorwort zur englischen Übersetzung: *The God of the Maccabees. Studies on the Meaning and Origin of the Maccabean Revolt*, translated by Horst Mehring, Leiden, 1979.

gedenkt, verbindet entsprechend das scheinbar wechselseitig sich Ausschließende: Ausgelassenheit, Entgrenzung (bei den Kindern durch Verkleiden) bis zum Verlust allen Vermögens der Unterscheidung (die z.B. die Aufforderung resp. die Lizenz anzeigt, sich an diesem Fest so zu betrinken, dass man Haman – der Minister, der die Vernichtung der Juden erwirkt hat – und Mardochai nicht mehr unterscheiden könne); im Unterschied zur christlichen Fastnacht erfolgt diese Entgrenzung aber nicht aus Ich-Schwäche, als Atem-Holen vor der Fastenzeit, die dem Ich schwer durchhaltbar erscheint, sondern als Feier der Bewahrung des Ichs in seiner Besonderheit. Derart befragt Grillparzer den Philosemitismus, personalisiert zur Liebe zwischen einem nicht-jüdischen König und einer Jüdin, unter zwei genau entgegengesetzten Versuchsanordnungen: in einem Rahmendenken der Abgrenzung und in einem der Einbindung des Anderen in das Eigene, ohne jenem den Status des Anderen zu nehmen. Zur Debatte steht, wie die beiden Dramen die philosemitische Einstellung, um die die Handlung kreist, entwerfen und wie sie deren Geschick bestimmen.

Programmatisch hebt das Drama *Die Jüdin von Toledo* mit einer Grenzübertretung an. Rahel missachtet die Mahnung ihres Vaters Isak:

> Bleib zurück, geh nicht in' Garten!
> Weißt du nicht, es ist verboten?
> Wenn der König hier lustwandelt,
> Darf kein Jüd' – Gott wird se richten! –
> Darf kein Jüd' den Ort betreten. (Vs. 1-5[6])

Dieser königliche Garten zu Toledo, das zeigt das nachfolgende Gespräch zwischen dem König, seinem Hof und der Königin, war zu einem Raum der Vermittlung der starren Opposition von Vernunft und Natur, Moralität und Sinnlichkeit gestaltet worden, die die Welt des Königs und des spanischen Hofes bestimmt. Aber der Garten erfüllt diese Erwartung nicht. Dem Gestus der Bemächtigung der Welt, insofern diese der politischen Klugheit, repräsentiert in den Lehrern des noch jungen Königs, und dem Ideal moralischer Vollkommenheit, repräsentiert in der Königin, unterworfen wird, hatte der König mit der Gestaltung eines ‚Englischen Gartens' avant la lettre versucht, ein Gegengewicht im ästhetischen Weltbezug zu schaffen, als Wahrnehmung von Landschaft, in der sich die Natur zwar als vom Menschen unabhängige zeigt, sich dabei aber doch „dem menschlichen Blick so fügt, ‚als ob' sie für ihn bestimmt wäre".[7] In der Wahrnehmung der Natur als Landschaft tritt kontemplative Hin-

---

[6] Zitate aus der *Jüdin von Toledo* werden unter Angabe der Verszahl im Text nachgewiesen, wobei folgende Ausgabe zugrundegelegt ist: Franz Grillparzer, *Werke in sechs Bänden*, hg. von Helmut Bachmeier, Bd. 3, Dramen 1828-1851, Frankfurt/M 1987.

[7] Helmut J. Schneider, „Selbstbescherung. Zur Phänomenologie des Landschaftsblicks in der Empfindsamkeit", in: *Das Projekt der Empfindsamkeit und der Ursprung der Moderne. Richard Alewyns Sentimentalismusforschungen und ihr epochaler Kontext*, hg. von Klaus Garber und Ute Széll, München, 2005, S. 129-138, hier S. 135.

nahme des der Erfahrung sich Darbietenden an die Stelle menschlicher Bemächtigung der Welt, wenn dieser Bezug auch einer vom Menschen schon arrangierten Natur geschuldet ist.[8] In diesem Sinne hat man die Gartenanlagen des Schlosses von Toledo umgestaltet, der König hoffte, „[a]n Hütten, Wiesen, englischen Geschmacks/Noch das und dies im Garten rings zu zeigen" (Vs. 218-19), aber die Königin, aus England stammend, eine ins 12. Jahrhundert versetzte Victorianerin, „Die wirklich ohne Fehl, wenn irgend Jemand" (Vs. 184), hat solche dem Auge dargebotene Versöhnung von Vernunft und Sinnlichkeit nicht gesehen, nicht sehen können. So erscheint es zwingend, dass sie sogleich sehen muss, was sie nicht sehen will: die Liebe der Jüdin, nicht nur die, die diese dem König entgegenbringt, sondern auch – genitivus objectivus – die aufkeimende Liebe des Königs zur Jüdin. Diese Liebe der und zur Jüdin fügt sich der in starren Oppositionen geordneten Welt des Hofes nicht ein, indem sie etwa die Hierarchie nur umkehrte, so dass die Sinnlichkeit nun über die Moralität herrschte, sie führt Gegensätzliches vielmehr ohne Vermittlung zusammen, auch nicht als ästhetisches ‚freies Spiel'[9], Grenzziehungen unterminierend, wie in der Eingangsmahnung Isaks an seine Tochter ungewiss ist, ob sich Rahel außerhalb des Gartens oder im Garten befindet. Die Formulierung „geh nicht in' Garten" kann anzeigen, dass Rahel im Begriff ist, in den verbotenen Garten einzutreten; da weitere Formulierungen Jiddische Klänge nachbilden, im Jiddischen aber Dativ und Akkusativ durcheinander gehen können, kann man die Formulierung auch so lesen, dass sich Rahel schon im Garten befindet, sie *in ihm*[10] nicht gehen soll. So ist sie draußen als Ausgeschlossene und doch schon drinnen als Mit-Eingeschlossene, was sehr genau der späteren Situierung der Juden in ihrem Bezug zu den Christen entspricht.

Rahel, in ihrem Begehren, den König zu sehen, hat Bildvorstellungen des *Hohen Liedes* berufen, das aber heißt des eindringlichsten Zeugnisses der Gegenwart des Sinnlichen in der spirituellen Liebe, zugleich das Liebeslied schlechthin, das die jüdische Kultur bereithält. „Ich will 'mal den König sehen;/[...]/Soll ein Herr sein weiß und rot" (Vs. 16 u. 19), hat Rahel zu Beginn verkündet. Im ersten Kapitel des *Hohen Liedes* spricht die Liebende vom Freund als dem König (HL 1,4 u. 1,12), im fünften Kapitel bekundet sie: „Mein Freund ist weiß und rot, auserkoren unter vielen Tausenden" (HL 5,10). Wie die Freundin des *Hohen Liedes*, die ausgeht, den Freund zu suchen, von den Hütern, die in der Stadt umgehen, gefunden und geschlagen wird (HL 5,6-7),

---

8 Zum Begriff der Landschaft: Joachim Ritter, „Landschaft. Zur Funktion des Ästhetischen in der modernen Gesellschaft", in: ders., *Subjektivität*, Frankfurt am Main, 1974, S. 141-190; *Landschaft*, hg. von Manfred Smuda, Frankfurt am Main, 1986.

9 Im Sinne von Kants Bestimmung des Schönen als eines ‚freien Spiels von Einbildungskraft und Verstand' (Immanuel Kant, *Kritik der Urteilskraft*, hg. von Karl Vorländer, Hamburg, 1974, §9 passim).

10 In der ersten Ausarbeitung einiger Verse hatte Grillparzer noch geschrieben: „Bleib zurück, geh' nicht *im* Garten" (Kommentar der hier zugrundegelegten Ausgabe, Grillparzer, *Werke* (wie Anm. 6), S. 848, Hervorhebung von mir, B.G.).

erscheint Rahel im Garten des Königs verfolgt von Gartenknechten. Wenn sie sich in diesem Horizont dem König als „Mann mit Mondscheinaugen“ zuwendet („hier steht ein Mann/Mit Mondscheinaugen, strahlend Trost und Kühlung/Und alles um ihn her heißt Majestät“ [Vs. 308-10]), ist die Sonne, deren Licht dieser Mond widerstrahlt, zum einen der göttliche Glanz des *Hohen Liedes*, zum anderen aber die Königin, der sich Rahel zuvor hilfesuchend zugewendet hat. So ist in Rahels Blick auf den König der der Königin auf diesen von Beginn an präsent. Das gibt der Vorstellung Rahels, mit ihrem Körper dem König als Schild gegen den Feind zu dienen, einen zweiten Sinn, d.i. Schild zu sein gegen den alles durchdringenden moralischen Blick der Königin, was zugleich erneut auf das *Hohe Lied* verweist. Denn wenn Rahel imaginiert, „Daß dieser Hals, gekürzt von Henkershand, / Daß diese Brust ein Schild gen deinen Feind“ (Vs 375-76), so nimmt dies die Vorstellung des ‚Freundes‘ des *Hohen Liedes* von der Geliebten auf: „Dein Hals ist wie der Turm Davids, mit Brustwehr gebaut, an der tausend Schilde hangen“ (HL 4,4). Schützt Rahel derart im eigenen Blick auf den König diesen vor dem Blick der Königin, ist die Sonne, deren Licht die Mondscheinaugen des Königs widerstrahlen, nicht nur die Königin, sondern auch Rahel, worin dann auch schon die spätere Bestimmung ihrer Art Liebe erkannt werden kann:

> Ich habe nie geliebt. Doch könnt' ich lieben
> Wenn ich in einer Brust den Wahnsinn träfe
> Der mich erfüllte, wär' mein Herz berührt. (Vs. 957–959)

Wie die integrierte Verneinung der Liebe deren Bejahung weiter auflädt und derart das Prinzip der Unterscheidung unterminiert und so zum ‚Wahnsinn‘ der Liebe wird, erscheint hier auch die Unterscheidung zwischen Ursache und Wirkung aufgebrochen. Was das eigene Herz erst hervorbringt, ‚Wahnsinn‘ der Liebe, muss beim anderen schon vorausgesetzt werden, damit dies den eigenen Wahnsinn entzünden kann: Im Eigenen muss das entgegenstehende Andere schon anwesend sein, um sich diesem als dem Anderen zuwenden zu können. Da das in der Zusammenführung von moralischem und sinnlichem Blick in Rahels Lieben gegeben ist, kann sie zuletzt, in Ahnung ihres Todes, über ihre Liebe zum König sagen, ohne hiermit ihrer früheren Aussage über ihr Lieben zu widersprechen: „Und hab' ihn, Schwester, wahrhaft doch geliebt“ (Vs. 1136).

Im Blick der Jüdin auf den König ist der andere Blick der Königin immer präsent und wirksam, aber die Herrschaft dieses moralischen Blicks ist instabil, vermag in sich gewendet zu werden, so dass er den sinnlichen geradezu auflädt. Die Hinwendung zum anderen ist von Abgrenzung und Abweisung durchwirkt und wird hierin geradezu zum Stimulans des Liebesbezugs. Diese Zusammenführung von moralischem und sinnlichem Blick in der Liebe der Jüdin und, wenn diese repräsentativ für den hier entworfenen Philosemitismus genommen werden darf: dieses Zusammenführen von Verneinung und Bejahung in der philosemitischen Einstellung führt das Drama besonders sinnfällig in der Konstellation vor, die zum Liebesgeständnis führt.

Rahel, nach ihrem Zusammentreffen mit dem König und dessen Gefolge in das Gartenhaus des Schlosses gebracht, hat ein Bild des Königs aus dem Rahmen, d.h. aus der gegebenen Ordnung gelöst. Ihr Blick auf das Bild erfolgt aus der Perspektive der Königin und lässt sich doch in deren moralisch wertenden Blick nicht restlos einbinden. Gerade die Introjektion des moralischen Sehens der Königin wird zum Vorwand, der Sinnlichkeit Raum zu geben, wenn Rahel, die Königin spielend, den im Bild vorgestellten König anspricht:

> Ihr ehrvergeßner Mann, stellt euch nur fromm,
> Ich kenne dennoch jeden eurer Schliche.
> Die Jüdin, sie gefiel euch, leugnet's nur!
> Und sie ist schön bei meinem hohen Wort,
> Nur mit mir selber etwa zu vergleichen.
> [...]
> Ich, eure Königin, nun duld' es nicht,
> Denn eifersüchtig bin ich wie ein Wiesel.
> Ob ihr nun schweigt, das mehrt nur eure Schuld.
> Gesteht! Gefiel sie euch? Sagt ja! (Vs. 596-604)

Hier tritt der unbemerkt hinzugetretene König in Rahels Spiel ein. So erfolgt auch sein Liebesgeständnis unter dem Blick der Königin, deren Sehen Rahel sich angeeignet hat, um dessen Lust verneinenden Gehalt gerade in sein Gegenteil, in Eröffnen einer Liebesrede zu verwandeln. Auf dem *Bild des Königs*, das nicht mehr klar geschieden ist vom *König selbst*, ruht derart der moralische Blick der Königin wie der sinnliche der Jüdin, wobei die Dominanz des ersteren anerkannt ist, der letztere aber – gerade durch die Introjektion des ersteren – Freiheit der Bewegung gewonnen hat, die genutzt wird, den moralischen Blick zu wenden, so dass er zum Medium wird, die sinnliche Liebe, also das Ausgegrenzte, am Ausgrenzenden selbst auszusprechen, das so depotenziert und komisiert wird.[11] Und wie Rahel das Bild des Königs mit sich nimmt und ihres hierfür als Pfand zurücklässt, ruht nun auch auf dem Bild der Jüdin dieser Doppelblick, der dann für die Liebe des Königs zur Jüdin generell gilt: Abgrenzung und Zuwendung, Verneinung und Bejahung verschränkend, Dominanz des ersteren, der im abhängigen schon immer anwesend ist, aber doch Eigenbeweglichkeit des Abhängigen, die den Herrschaftsblick in sich zu wenden vermag.

---

[11] Im Sinne der Komiktheorie Joachim Ritters, die die Komik darin bestimmt, dass die ausschließende Macht selbst das aussprechen muss, was sie ausschließt: „Was mit dem Lachen ausgespielt und ergriffen wird, ist diese geheime Zugehörigkeit des Nichtigen zum Dasein; sie wird so ergriffen und ausgespielt [...], daß es in der es ausgrenzenden Ordnung selbst gleichsam als zu ihr gehörig sichtbar und lautbar wird." („Über das Lachen", in: Joachim Ritter, *Subjektivität*, Frankfurt am Main, 1974, S. 62-92, hier S. 76.)

So erklärt sich dann auch, was dem Gefährten Garceran unbegreiflich ist, dass der König, was er liebt, doch immer zugleich als verächtlich darstellen muss:

> GARCERAN
> Man liebt doch sonst nur was man achtet auch,
> Doch Liebe und Verachtung, hoher Herr –
> KÖNIG
> Verachtung wär' ein viel zu hartes Wort!
> Nicht-Achtung etwa, doch bleibt's sonderbar. (Vs. 989-92)

Diese individuelle Liebe des christlichen Königs zur Jüdin will das Drama durchaus als generalisierbar, d.h. als Aussage über Philosemitismus verstanden wissen. Denn es lässt den König, nun mit der Definitionsmacht des Herrschers, den Bezug zum jüdischen Volk in einer analogen Verschränkung zweier Blicke bestimmen. Der christliche Blick des Königs auf die Juden reklamiert Dominanz über das Andere: „Ich selber lieb' es nicht, dies Volk" (Vs. 485), gewendet wird dieser Blick auf die Juden aber in sich selbst mit dem Zugeständnis, von den in die Distanz und aus der Huld des Königs Gerückten abzuhängen, was zu einem zweiten Blick führt, in dem das jüdische Andere in das eigene Christliche aufgenommen ist. Die Abgrenzung ist schon immer unterlaufen durch vorgängige Anwesenheit des Distanzierten im Distanzierenden:

> Wir Andern sind von Heut, sie aber reichen
> Bis an der Schöpfung Wiege, wo die Gottheit
> Noch menschengleich in Paradiesen ging,
> [...].
> So Christ als Muselmann führt seinen Stammbaum
> Hinauf zu diesem Volk als ältstem, erstem,
> So daß sie uns bezweifeln, wir nicht sie. (Vs. 490-92 u. 502-04)

Das jüdische Fremde, das auftaucht, zu dem Abgrenzung geboten erscheint und das doch mächtige Attraktivität entfaltet, ist schon immer im Eigenen gegenwärtig und in dessen Hinwendung zum Fremden wirksam, Grenzziehung gründet in diesem Drama in einem schon immer Überschritten-Haben der Grenze, wie sich umgekehrt an der liebenden Hinwendung zum jüdischen Anderen zeigte, dass sie auf der Bahn schon immer geleisteter Abgrenzung und Negierung erfolgt. Diese Verschränkung und Umwendung gegenläufiger Perspektiven macht in einem hohen Maße die Magie – Unheimlichkeit und Anziehungskraft – des so erfahrenen Jüdischen wie der philosemitischen Einstellung zu ihm aus. Grillparzer weist in seinem Drama dem Philosemitismus aber nicht nur die Möglichkeit solch einer Widerspruchsstruktur zu, sondern fragt noch weiter, was sich aus dieser Struktur für das Geschick der philosemitischen Einstellung ergibt.

Im Liebesblick Rahels wie des Königs ist der abgrenzende und verneinende moralische Blick der Königin immer mitenthalten, wird allerdings in sich gewendet: für die Liebenden zu einem Stimulans des Liebesblicks, für die Urheberin des moralischen Blicks zu einem Blick auf sich selbst als negierte. Da in ihrem moralischen Blick Liebe und Ehe untrennbar zusammengehören, muss sich ihr durch die Jüdin als Instanz der Wende des Blicks die eigene Ehe als sündhaft darstellen, sie selbst, die Gattin, als Mätresse des Königs, ihr Kind als Bastard:

> Währt aber meines Gatten Fehltritt fort
> So war ich selbst in all der frühern Zeit
> Nur eine Sünderin und nicht sein Weib
> Und unser Sohn ein mißgeborner Auswurf (Vs. 1213-1216)

Das erklärt die Absolutheit ihres Urteils über das weitere Geschick der Jüdin: nicht deren Vertreibung, sondern deren Tod. Die Instanz, die den Blick der Abgrenzung zu wenden vermag, indem sie ihn introjiziert, um ihn hierdurch umzubiegen zu einem Befördern des Ausgegrenzten an der ausgrenzenden Macht selbst, kann nur umfassend verneint werden, da nur dies die Verschränkung von Abgrenzung und Zuwendung, von Verneinung und Bejahung aufhebt und Wiederherstellen eindeutiger Bezüge verspricht. So arbeitet Grillparzer als Reversseite der introjizierenden Verschränkung des Gegensätzlichen, des moralischen und des sinnlichen Blicks, die die Liebe der Jüdin generiert, sowie des Fremden und Eigenen im Philosemitismus, ein Aufbrechen von Oppositionen heraus, das alle Gestalt auflöst. Das wird im Gewaltakt gegen die Jüdin vorgestellt, der weit darüber hinausgeht, die Jüdin, die mit ihrer Liebe zum König die Ordnung der Ehe und des Staates durcheinandergebracht hat, zu töten. Was geschieht, wird später „Nacht der Greuel" (Vs. 1743) und „Greuel der Zerstörung" (Vs. 1749) genannt, es ist ein Ausbruch reiner Zerstörungswut. Die Regiebemerkung zum Beginn des V. Aktes lautet:

> Saal im Schlosse zu Retiro mit einer Mittel- und zwei Seitentüren. Überall Zeichen der Zerstörung. Links im Vordergrunde ein umgestürzter Putztisch mit zerstreutem Geräte. Rechts im Hintergrunde ein gleichfalls umgeworfener Tisch, darüber ein Gemälde halb aus dem Rahmen herausgerissen. In der Mitte des Gemaches ein Stuhl. Es ist dunkel. Von Außen, hinter der Mittelwand Geräusch von Stimmen, Fußtritten und Waffengeklirr, endlich[12]
> VON AUSSEN
> Es ist genug!
> Das Zeichen tönt!
> Zu Pferde! (Vs. 1575)

Sind nach dem Ungewiß-Werden sicherer Unterscheidung in der philosemitischen Einstellung, wie Grillparzer sie bestimmt, und nach der Zerstörungsorgie als Reversseite der introjizierenden Verschränkung des Entgegengesetzten eindeutige Bezüge überhaupt wiederherstellbar? Der Dramenschluss ist dieser Frage gewidmet und hat mit seinen Lösungsangeboten Zuschauer wie Interpreten von jeher ratlos gemacht: der Sinneswandel des Königs nach der Greueltat an der Jüdin, seine schnelle Versöhnung mit den Tätern über der Leiche, die

---

[12] Regiebemerkung, in der hier zugrundegelegten Ausgabe, Grillparzer, *Werke* (wie Anm. 6), S. 542.

Rachevision Esthers, der Schwester Rahels und deren Rücknahme. Fünfmal wird zu einer Verarbeitung des Geschehenen angesetzt, aber kein Ansatz erweist sich als tragfähig. Die erste Reaktion des Königs auf den Mord ist, die tote Rahel zu idealisieren:

> Sie aber war die Wahrheit, ob verzerrt,
> All was sie tat ging aus aus ihrem Selbst,
> Urplötzlich, unverhofft und ohne Beispiel.
> Seit ich sie sah, empfand ich daß ich lebte
> Und in der Tage trübem Einerlei
> War sie allein mir Wesen und Gestalt. (Vs. 1685-90)

Der Jüdin wird zuerkannt, Wesen und Gestalt zugleich zu sein, d.h. Einheit von Idee und Erscheinung, entsprechend von Moralität und Sinnlichkeit. Aber daran hält sich der König nicht, er legt die beiden Momente vielmehr wieder auseinander zu einem streng hierarchischen Verhältnis von Moralität und Sinnlichkeit, wie dieses bisher bei der Königin zu finden war, um dieses dann der Jüdin zuzuordnen und gegen die Königin und seine Vasallen zu wenden. Dem moralischen Blick erscheinen sie als Mörder, der sinnliche Blick wird dem moralischen dienstbar gemacht, insofern der König den Anblick der toten Rahel sucht, um sein moralisch begründetes Vorhaben der Rache anzufeuern. Dass Rahel damit eben die Relation von Moralität und Sinnlichkeit zugewiesen wird, für die bisher die Königin stand, bereitet jedoch nur vor, dass der König alsbald zur Königin zurückkehren wird. Denn die tote Rahel kann den moralischen Blick der Königin auf sie und den König nicht mehr wenden. So bleibt nur noch der Blick der Königin, in dem die tote Rahel notwendig böse, Verderben bringend erscheinen muss („Ein lauernd Etwas in dem Feuer-Blick/Vergiftete, entstellte ihre Schönheit“ [Vs. 1850-51], berichtet der vom Anblick der Toten zurückgekehrte König). So wirft der König der toten Rahel ihr Bild, das über die magische Kraft des Doppelblicks nicht mehr verfügt, „nach in die Gruft“ (Vs. 1860). Dass diese Verarbeitung des Mordes nicht tragfähig ist, zeigt die auf ihr errichtete Versöhnung mit den Mördern. Sie geschieht im Zeichen eines neu inthronisierten Kindkönigs (der König legt seine Krone ab, erhebt seinen Sohn zum König, will nur noch als dessen Vertreter agieren), womit aber gerade die Konstellation wiederholt wird – der König war selbst als Kindkönig inthronisiert worden und hatte als solcher nur die Forderungen des Staates zu erfüllen gelernt –, die in den Konflikt geführt hat. Diese Versöhnung wird durch einen neuen Blick untergraben, den Esthers, die der neu begründeten Gemeinschaft der Christen die Perspektive des jüdischen Opfers hinzufügt, nicht mehr für die Christen auf der Bühne, die sind abgetreten, sondern zu ihrem Vater und zu den Christen im Zuschauerraum sprechend:

> Siehst du, sie sind schon heiter und vergnügt
> Und stiften Ehen für die Zukunft schon.
> Sie sind die Großen, haben zum Versöhnungsfest

Ein Opfer sich geschlachtet aus den Kleinen
Und reichen sich die annoch blut'ge Hand. (Vs. 1921-25)

Das ist entschiedene Abgrenzung vom jüdischen Versöhnungstag Yom Kippur, dem höchsten jüdischen Feiertag, Tag der Reue und Buße, der Versöhnung mit Gott *ohne* blutiges Opfer.

Der nicht tragfähigen Versöhnung folgt der Versuch, die Opposition, die durch Introjektion des Fremden in das Eigene unscharf geworden war, durch Hinwendung zu einer Welt absoluter Unterscheidung, der des Krieges, wiederherzustellen: „Voraus! Voran! Geliebt es Gott: zum Sieg." (Vs. 1920). Aber der Sieg wird sich nicht einstellen, die furchtbare Niederlage in der Schlacht von Alarcos hat vielmehr die Geschichte von der Liebe der Jüdin erst entstehen lassen. So bleibt nur der jüdische Blick auf die Versöhnung, aber auch dieser wird als nicht tragfähig erwiesen. Zum einen wird in ihn das christliche Vorurteil vom jüdischen Rachegott introjiziert – am Tag der Schlacht, so Esthers Voraussage, werde dem König das Bild Rahels in der Gestalt vor die Seele treten, in der sie ihm missfallen habe: als Tote mit einem ‚lauernd bösen Blick' (vgl. Vs. 1931-41 u. Vs. 1850) –, zum andern wird dieser Fluch Esthers scheinbar zurückgenommen und der Jüdin ein christlicher Blick auf das Geschehene angesonnen, wechselseitiges Verzeihen, aber dieser Gesinnungswandel wird an das christliche Klischeebild vom Schacherjuden geknüpft, als den das Drama zuletzt Isak vorführt, dem die Rettung seines durch Rahels Aufstieg erworbenen Goldes wichtiger ist als die Bestattung seiner ermordeten Tochter, angesichts dessen Esther ihren Fluch zurücknimmt: „Wir stehn gleich Jenen in der Sünder Reihe./Verzeihn wir denn, damit uns Gott verzeihe." (Vs. 1947-48). So lässt der Versuch, die Verschränkung des Gegensätzlichen in der Liebe zur Jüdin wie in der philosemitischen Einstellung nach einer Seite hin zu entscheiden, gerade die durch Introjektion des Anderen in das Eigene erzeugte Ambiguität in einer Folge nicht tragfähiger Schlüsse wiederkehren. Das Drama widerstreitender Blicke wird damit diskursiv in immer neuen Blicken auf das Drama.

Zwei Akte seines *Esther*-Dramas hat Grillparzer (bis 1840) fertiggestellt, d.i. die Handlung bis zur Brautwahl und damit zum Liebesaugenblick zwischen dem Perserkönig und der Jüdin. Über die erste Szene des III. Aktes, den Beginn der Intrige gegen Esther, ist er nicht mehr hinausgelangt (geschrieben 1848). Das Fragment lässt erkennen, dass auch im Zentrum dieses Stücks zwei widerstreitende Einstellungen zur schönen Jüdin stehen, die zuerst auf verschiedene Personen verteilt sind: der König hat den Part der Liebe, Esthers Vormund Mardochai den politischer Funktionalisierung im Dienste des jüdischen Volkes, weshalb er Esther aufträgt, ihre Zugehörigkeit zu diesem zu verschweigen. Das ist Vorgabe der Bibel, von der Grillparzer damit eine genuine Theatralität der jüdischen Akkulturation übernimmt: Esther soll sich ganz der babylonisch-persischen Mehrheitskultur und speziell den Forderungen des persischen Hofes fügen, gleichwohl jedoch als Jüdin zum Wohle ihres Volkes handeln. Die biblische Geschichte betont, dass solche theatralische Existenz in glücklicher Weise praktiziert werden kann, weshalb sich aus dem Purim-Fest auch eine jüdische Theatertradition entwickelt hat (analog zu den christlichen geistlichen Spielen, die Szene aus dem Leben Jesu oder von Heiligen vorstellen, Purim-Spiele, die das Geschehen um Esther vergegenwärtigen). Das Buch Esther hält die Botschaft bereit, dass sich von Liebe getragenes Hinübergehen zum anderen, so verstanden entgrenzende Sinnlichkeit, und Dienst am eigenen Volk, in diesem Sinne das Ich in seiner Besonderheit bewahrende Moralität, glücklich verbinden lassen. Grillparzers Drama befragt diese Botschaft des biblischen Buches Esther neu, indem es zum einen den Liebesaugenblick unter ein Wahrhaftigkeitsgebot stellt und zum andern die divergierende Einstellung zur Jüdin nicht mehr auf verschiedene Figuren verteilt, sondern im König selbst und reziprok in der Figur der Esther ansetzt.

Ahasverus wie Esther wird subjektiv Wahrhaftigkeit der Liebe zuerkannt, obwohl jeder von beiden einen Doppelblick auf den anderen zeigt. Ahasverus hat zuerst Esthers uneigennützigen Rat, sich mit der von ihm verstoßenen Vasthi zu versöhnen, für Maskerade im Dienste der verstoßenen Königin gehalten (vgl. Vs. 607[13]), muss dann aber die Aufrichtigkeit und Selbstlosigkeit der Ratgeberin anerkennen. Dem König hat Esther dabei ihre beiden Namen genannt, den jüdischen – Hadassa – mit der Erläuterung, dass sie in ihrer Lebensumwelt mit diesem Namen gerufen werde, womit sie sich indirekt als Jüdin zu erkennen gegeben hat, und den babylonischen Namen Esther. Der König wählt sie zur Frau, spricht sie dabei als Hadassa an, er bindet sie mithin im Anerkennen ihrer Andersheit in die babylonisch-persische Mehrheitskultur ein. Umgekehrt hatte Esther Grund, dem König unedles Misstrauen vorzuwerfen, da er sie verdächtigt hat, mit ihrem Rat zur Versöhnung mit Vasthi spreche sie wohl als deren Gesandte. Aber Esther muss erkennen, dass der König ihr zuletzt vollkommen vertraut. Nach dem gegenseitigen Liebesgeständnis setzt Esther sich den Brautkranz des Königs aufs Haupt, antwortet aber auf die erneute Werbung des Königs mit „Herr!" (Vs. 720), d.h. nicht nur als Liebende, sondern, des sozialen Rollensystems eingedenk, als Untertanin, also mit Abgrenzung im Bekunden der Nähe. Der glücklichen Verbindung der jeweils divergierenden Doppelperspektive in der Liebe *zur* Jüdin wie der *der* Jüdin gibt das Drama aber einen objektiven Rahmen, der sie unterminiert. Vor der Liebesszene, als deren Prolog gewissermaßen, führt der Minister Haman aus, dass die Prätentionslosigkeit Esthers auch Verstellung sein könne: in der höfischen Welt umfassender Verstellung, also ubiquitären Maskenwesens sei es eine besonderes wirkungsvolle Maske, vorzugeben, keine Maske zu tragen (vgl. Vs. 530-36). Der ‚Epilog' zur Liebesszene ist Mardochai, dem Gegenspieler Hamans überantwortet, der sich dafür preist, Esther verboten zu haben, ihre Abkunft zu nennen und sich aus-

[13] Zitate aus dem *Esther*-Fragment werden unter Angabe der Verszahl im Text nachgewiesen, wobei folgende Ausgabe zugrundegelegt ist: Franz Grillparzer, *Sämtliche Werke, Ausgewählte Briefe, Gespräche, Berichte*, hg. von Peter Frank und Karl Pörnbacher, Bd. 2, München, 1961.

malt, wie er deren Offenbarung im rechten Augenblick zum Wohle seines Volkes einsetzen werde. So ist die Frage exponiert, ob sich Wahrheit resp. Wahrhaftigkeit, hier die Wahrheit des Liebesaugenblicks, in einer Welt, in der jeder in Masken agiert, also in einer Welt allgemeiner Lüge durchsetzen kann. Eben diese Frage hatte Grillparzer in seiner Komödie *Weh dem, der lügt!* zutiefst skeptisch beantwortet, mit einem Helden im Zentrum, der lange erfolgreich mit der Wahrheit zu lügen weiß, zuletzt jedoch mit seiner Wahrheit, in der Spiel und Nicht-Spiel sich durchdringen, zu scheitern droht, so dass nur noch ein Wunder der Wahrheit zum Sieg zu verhelfen mag.[14] Den Misserfolg dieser Komödie (Uraufführung am 6.3.1838) hat Grillparzer zum Anlass genommen, seine nachfolgend fertiggestellten Stücke zu seinen Lebzeiten nicht mehr zur Aufführung freizugeben. Hat Grillparzer das *Esther*-Drama nicht zu Ende gebracht, weil er, so wie er das Stück angelegt hat, es nicht zum glücklichen Schluss der biblischen Esther-Geschichte hätte bringen können? Äußerungen Grillparzers zum Fortgang der Handlung sind widersprüchlich. Einem Wiener Philosophieprofessor legte er dar, dass „sich alles ganz gut [hätte] lösen sollen"[15], einer aufdringlichen Besucherin gab er einen ganz anderen Bescheid, was aber auch Ausdruck des Unmuts über die hartnäckige Fragerin sein kann: Esthers entscheidender Fehler sei das Verschweigen ihrer Herkunft, die sie dann doch offenbaren müsse, um ihr Volk zu retten. Damit verliere sie das Vertrauen des Königs und hierdurch wiederum sie selbst ihren Halt und so sinke sie in die üblichen Intrigenhandlungen eines asiatischen Hofes ab und, mit Grillparzers eigenen Worten: „Stirbt auch, stirbt auch, nachdem sie eine Kanaille geworden ist [...], oder führt ein qualvolles Leben neben dem krankhaft erregten König, nachdem ihr selbst die Rolle Hamans zugefallen ist, den Launen des Gebieters zu frönen [...]."[16] Grillparzer hat mit der biblischen Esther-Geschichte eine Konstellation aufgegriffen, die versprach, dass sich die Zusammenführung gegensätzlicher Perspektiven in der philosemitischen Einstellung zu einem glücklichen Ergebnis bringen lasse. So, wie sein Drama angelegt ist, hätte es aber wohl der biblischen Vorgabe widersprechen müssen. Hat Grillparzer diese Erkenntnis nicht ausarbeiten wollen: als ein unbestechlicher Analytiker der widersprüchlichen Momente in der philosemitischen Einstellung selbst und als ein ganz wörtlich zu nehmender ‚zurückhaltender' Autor, der den zeitgenössischen Auseinandersetzungen um die Gleichstellung der Juden nicht ein Stück beisteuern wollte, das die düstere Analytik der philosemitischen Einstellung in der *Jüdin von Toledo* bekräftigen würde, indem es sogar die Stellungnahme der Bibel hierzu als Illusion aufweisen müsste?

---

[14] Ausführlicher zu dieser Komödie: Bernhard Greiner, „Rückwendung der Komödie in ihren Ursprung: Franz Grillparzers Wahrheits-Spiel ‚Weh dem der lügt!'", in: ders., *Die Komödie. Eine theatralische Sendung: Grundlagen und Interpretationen*, 2. Aufl., Tübingen/Basel, 2006, S. 273-281.

[15] Aufzeichnung von Prof. Dr. Robert Zimmermann über ein Gespräch am 6. Januar 1866, in: Franz Grillparzer, *Sämtliche Werke* (wie Anm. 13), Bd. 4, München, 1965, S. 971.

[16] Gespräch mit Auguste von Littrow-Bischoff, zwischen 4. u. 22. Mai 1868, in: ebd., S. 982.

KATHARINA GRÄTZ

Ach Mutter, warum bist du keine geborene Bleichröder Das Jüdische als Diskursphänomen in Theodor Fontanes Romanen *L'Adultera* und *Die Poggenpuhls*

Wenn Leo von Poggenpuhl, Sproß einer verarmten Adelsfamilie, gegenüber seiner Mutter klagt: „Ach, Mutter, warum bist du keine geborene Bleichröder?", führt er einen Namen mit politischer und weltanschaulicher Signalwirkung in die romaninternen Gespräche der *Poggenpuhls* ein. Der Name des jüdischen Bankiers stand zur Entstehungszeit von Fontanes Roman im Brennpunkt der öffentlichen Auseinandersetzung mit der Judenfrage. So war der zeitgenössische Leser zweifellos informiert über das enge Verhältnis, das Gerson Bleichröder zur Regierung wie zur Krone unterhielt, und dürfte auch gewußt haben, dass dieser als engster Berater Bismarcks maßgeblich beigetragen hatte zur Finanzierung des preußisch-österreichischen Krieges von 1866. Exemplarisch trat an Bleichröders gesellschaftlicher Rolle der problematische Status des Judentums im Kaiserreich hervor. Indem er 1872 als erster ungetaufter preußischer Jude mit männlichen Nachkommen unter Wilhelm I. in den erblichen Adelsstand erhoben wurde, bildete er einen Präzedenzfall jüdischer Assimilation. Doch zeigten sich an seiner beispiellosen Karriere auch die Grenzen des sozialen Aufstiegs: Erschien er einerseits als „Personifizierung der Möglichkeit des Erfolgs und der Integration"[1], wurde er andererseits zur vordringlichen Zielscheibe antisemitischer Kampagnen. So betrieb die konservative *Kreuzzeitung* Mitte der 70er Jahre antijüdische Agitation mit einer Artikelserie „Die Ära Bleichröder". Der an den Namen Bleichröder geknüpfte Zwiespalt von sozialer Anerkennung und sozialer Stigmatisierung ist zu bedenken, wenn Leo von Poggenpuhl mit der Nennung des ‚geldschweren' jüdischen Namens die eigene finanzielle Misere zum Ausdruck bringt und dabei vorgibt, sich als Abkömmling einer traditionsreichen Adelsfamilie nach Zugehörigkeit zum Judentum zu sehnen.

Ich habe dieses Zitat an den Beginn gestellt, weil es einen Beleg dafür liefert, dass das Jüdische in Fontanes literarisch-fiktionalem Werk keineswegs allein in Gestalt handelnder Figuren, sondern auch und vor allem diskursiv in Erscheinung tritt. Die Romane führen es als ein Diskursphänomen vor, das sich entfaltet als Rede jüdischer Figuren wie auch als Rede über das Jüdische. In fast jedem Roman Fontanes sind Juden, Jüdisches und Judenfrage als Redegegenstand präsent. So wie in dem Zitat aus den *Poggenpuhls* fungiert das Jüdische auch in den anderen Texten als ein kultureller Code, als ein „Kürzel für ein

[1] Fritz Richard Stern, *Gold und Eisen. Bismarck und sein Bankier Bleichröder*, Reinbek, 1999, S. 564.

ganzes System von Ideen und Einstellungen“[2], mit dessen Hilfe romanintern insbesondere Fragen des sozialen Status und ökonomischen Einflusses verhandelt werden. Und so wie hier dem Namen Bleichröder Signalfunktion zukommt, er einen ganzen Diskurszusammenhang heraufbeschwört, arbeiten Fontanes Texte grundsätzlich mit Signalwörtern und Allusionen.

Für den heutigen Leser ist damit eine Schwierigkeit verbunden, denn er ist aufgerufen, die Anspielungen zu identifizieren und zu kontextualisieren. Das erfordert eine aufwändige historische Rekonstruktionsarbeit, ohne dass mit ihr die romaninterne Bedeutung der Allusionen zwingend geklärt wäre. Im konkreten Fall wäre genauer zu überlegen, welche Botschaft Leos Rede transportiert. Was will er eigentlich mitteilen? Offenkundig sucht er darauf hinzuweisen, dass man in der aktuellen gesellschaftlichen Situation als Jude besser gestellt ist denn als Abkömmling einer Adelsfamilie. Aber ist sein Wunsch nach jüdischer Abstammung tatsächlich für bare Münze zu nehmen oder will er damit auf ironische Weise verdeutlichen, wie unbefriedigend die eigene Situation ist? Und selbst wenn diese Fragen geklärt wären, bliebe immer noch zu beachten, dass es sich hier um eine figurenperspektivisch gebundene Sichtweise handelt. Wie ist Leos Äußerung im Gesamtzusammenhang des Romans einzuschätzen?

Die damit angesprochenen Schwierigkeiten ergeben sich aus der spezifischen Struktur von Fontanes Zeit- und Gesellschaftsromanen, die diskursive Praktiken breit entfalten, sie aber nicht oder doch nur indirekt bewerten. Charakteristisch für Fontanes Romane ist bekanntlich die Vorherrschaft des Dialogs. Die dialogische Anlage verschafft einer Pluralität von Stimmen und Perspektiven Eingang in die Texte und bringt aktuelle gesellschaftliche Realität in einer Vielfalt sozialer und weltanschaulicher Diskurse zur Geltung.[3] So präsentieren Fontanes Romane sich, darin Michail Bachtins Charakteristik des polyphonen Romans entsprechend, als „Mikrokosm[en] der Redevielfalt“, die den „soziologischen Stimmen der Epoche“[4] Gehör verleihen. Die Texte betreiben Mimesis einer sprachlich verfaßten Realität, wobei ihr ‚Diskursrealismus‘ die Reproduktion zeittypischer Stereotype, Klischees und Vorurteile einschließt. Äußerungen über das Judentum sind dabei eine wichtige Komponente; die

---

[2] Nach Volkov ist das darauf zurückzuführen, dass der Antisemitismus am Ende des 19. Jahrhunderts zur kulturellen Selbstverständlichkeit geworden war. „Das Bekenntnis zum Antisemitismus wurde zu einem Signum kultureller Identität [...]. Man drückte dadurch die Übernahme eines bestimmten Systems von Ideen und die Präferenz für spezifische soziale, politische und moralische Normen aus. Die im deutschen Kaiserreich lebenden und agierenden Zeitgenossen lernten, diese Botschaft zu entschlüsseln. Sie wurde Bestandteil ihrer Sprache, ein vertrautes und handliches Symbol“ (Shulamit Volkov, *Jüdisches Leben und Antisemitismus im 19. und 20. Jahrhundert. Zehn Essays*, München, 1990, S. 23).

[3] Obwohl kaum eine Studie zu Fontane es unterläßt, auf die Bedeutung von Konversation, Causerie und Figurenrede hinzuweisen, steht die systematische Untersuchung der dialogischen Textstruktur noch aus. Einen wichtigen Beitrag hat Norbert Mecklenburg vorgelegt (*Theodor Fontane. Romankunst der Vielstimmigkeit*, Frankfurt am Main, 1998).

[4] Michail Bachtin, *Die Ästhetik des Wortes*, hg. u. eingel. von Rainer Grübel, Frankfurt am Main, 1979, S. 290.

Texte greifen philosemitische und vor allem antisemitische Diskursmuster auf und integrieren sie in ein Geflecht anderer Diskurse. Zwangsläufig führt das zu Interferenzen und wechselseitigen Relativierungen, die auch die aufgerufenen Werte und Normen umfassen. Fragt man nach dem philo- oder antisemitischen Gehalt von Fontanes Romanen, reicht es deshalb nicht aus zu zeigen, dass stereotype Wahrnehmungsweisen des Jüdischen in den Texten Niederschlag finden, sondern es ist genauer zu untersuchen, wie sie narrativ eingebunden werden und ob daran Wertungen geknüpft sind.

Zur Debatte steht, allgemeiner formuliert, der Status von Ideologie im dialogisch strukturierten Gesellschaftsroman. Den grundsätzlichen systematischen und methodischen Schwierigkeiten, die damit aufgeworfen sind, ist die Fontane-Forschung erst in Ansätzen nachgegangen. Für den spezifischen Fall der Thematisierung des Jüdischen sind die Studien von Eda Sagarra, Norbert Mecklenburg und Fotis Jannidis/ Gerhard Lauer hervorzuheben[5], weil sie nicht bloß aufzeigen, dass Fontanes Texte Elemente des zeitgenössischen Judendiskurses aufnehmen, sondern die Form der narrativen Präsentation und Integration mit bedenken.

1. Überlegungen Fontanes zur literarischen Präsentation des Jüdischen

In einer Rezension über Gustav Freytags *Soll und Haben* setzte Fontane selbst sich 1855 mit der Frage nach der adäquaten literarischen Präsentation des Jüdischen auseinander. Diese Überlegungen dürfen zwar kaum als Schlüssel seiner viel später erst entstandenen literarisch-fiktionalen Texte aufgefasst werden, sind aber trotzdem in ihren methodischen und systematischen Implikationen aufschlussreich für den Problemhorizont seiner Romane. Fontanes Einschätzung von Freytags Roman fällt geradezu überschwänglich aus, er sieht in ihm „die erste Blüte des modernen Realismus" (294).[6] Doch so sehr ihn *Soll und Haben* in der „Verherrlichung des Bürgertums" (HFA 3.1, 302) überzeugt, so

[5] Eda Sagarra, „Intertextualität als Zeitkommentar. Theodor Fontane, Gustav Freytag und Thomas Mann oder: Juden und Jesuiten", in: *Theodor Fontane und Thomas Mann. Die Vorträge des internationalen Kolloquiums in Lübeck 1997*, hg. von Eckhard Heftrich, Helmuth Nürnberger, Thomas Sprecher und Ruprecht Wimmer, Frankfurt am Main, 1998, S. 25-47. Norbert Mecklenburg, „‚Alle Portugiesen sind eigentlich Juden.' Zur Logik und Poetik der Präsentation von Fremden bei Fontane", in: *Fontane und die Fremde, Fontane und Europa*, hg. von Konrad Ehlich, Würzburg, 2002, S. 88-102, hier 98 f. Jannidis/Lauer flankieren ihre Untersuchung jüdischer Nebenfiguren im *Stechlin* mit systematischen Überlegungen (Fotis Jannidis und Gerhard Lauer, **„'Bei meinem alten Baruch ist der Pferdefuß rausgekommen'.** Antisemitismus und Figurenzeichnung in Der Stechlin", in: *Fontane und die Fremde, Fontane und Europa*, hg. von Konrad Ehlich, Würzburg, 2002, S. 103-119).

[6] Theodor Fontane, *Sämtliche Werke*, hg. von Walter Keitel und Helmuth Nürnberger, 20 Bde. in 4 Abt., Hanser Fontane Ausgabe, München, 1962 ff. [zitiert als: HFA], Bd. 3.1.

kritisch äußert er sich über die einseitig negative Zeichnung des jüdischen Figureninventars. Dabei stellt er klar, dass ihn keineswegs philosemitische Motive leiten:

> Der Verfasser mag uns glauben, wir zählen nicht zu den Judenfreunden, aber trotz alledem würden wir Anstand nehmen, in dieser Einseitigkeit unsere Abneigung zu betätigen. Wohin soll das führen? Die Juden sind mal da und bilden einen nicht unwesentlichen Teil unserer Gesellschaft, unseres Staates. Zugegeben, dass es besser wäre, sie fehlten oder wären anders, wie sie sind, so wird uns doch umgekehrt der Verfasser darin beipflichten, dass es nur zwei Mittel gibt, sie loszuwerden: das mittelalterliche Hepp Hepp mit Schafott und Scheiterhaufen oder jene allmähliche Amalgamierung, die der stille Segen der Toleranz und Freiheit ist. Es erscheint uns als eine Pflicht des Schriftstellers – und je höher er steht um so mehr –, alle Empfindungen zu nähren, die jener Toleranz günstig sind [...]. (HFA 3.1, 306)

Fontane begreift die literarische Präsentation des Jüdischen ihrer gesellschaftlichen Relevanz wegen als besondere Herausforderung. Obwohl er sich für „Toleranz" ausspricht, ist deutlich zu erkennen, dass antijüdische Ressentiments seine Argumentation leiten. Wenn er dem Schriftsteller die Aufgabe zuweist, die gesellschaftlichen Dissonanzen durch die Förderung „allmählicher Amalgamierung" zu harmonisieren, dann zeugt das von fehlender Akzeptanz kultureller Andersartigkeit.[7] Fontane stuft die Juden hier als sozialen Störfaktor ein und sieht die Aufgabe der Literatur darin, jüdische Alterität durch Assimilation aus der Welt zu schaffen. Interessant ist die strikte Trennung, die er (anders als viele seiner Interpreten, die Autor und Werk als Einheit behandeln) vornimmt zwischen privater und öffentlich-literarischer Rede. Verlangt er doch, dass der Schriftsteller von seinen antijüdischen Affekten, seiner „Abneigung", abrücken und harmonisierend auf das soziale Kräftefeld der Zeit einwirken soll.

In der Forschung wurde zu Recht mehrfach auf eine Differenz hingewiesen zwischen Fontanes teilweise drastisch antisemitischen persönlichen Äußerungen und einer zurückhaltenden literarischen Darstellung von Juden.[8] Wie aber ist diese Differenz zu bewerten und welche Konsequenzen ergeben sich daraus

---

[7] Es ist die Leistung Michael Fleischers, alle relevanten Stellen zusammengetragen zu haben (Michael Fleischer, *„Kommen sie, Cohn!". Fontane und die „Judenfrage"*. Selbstverlag Michael Fleischer, Berlin, 1998).

[8] Als Beispielhaft hierfür möchte ich Wolfgang Benz zitieren, der festhält, „daß die literarischen Texte jedenfalls keine groben judenfeindlichen Bilder enthalten", während sie sich „in Briefen, in Tagebüchern [...] in solcher Fülle finden, daß sie Rückschlüsse auf einschlägig konsistente Überzeugungen und auf manifeste Abneigung gegen ‚die Juden' erlauben" (Wolfgang Benz, „Antisemitismus als Zeitströmung am Ende des Jahrhunderts", in: *Theodor Fontane. Am Ende des Jahrhunderts*, hg. von Hanna Delf von Wolzogen in Zusammenarbeit mit Helmuth Nürnberger, Bd. 1, *Der Preuße, Die Juden, Das Nationale*, Würzburg, 2000, S. 157-168, hier S. 158).

für die Interpretation? Michael Fleischer führt sie zurück auf eine „Verschleierungsstrategie“[9], durch die Fontane seine Texte auf ihrer Oberfläche unangreifbar mache, um darunter ungestört antisemitische Gedanken zu transportieren. Dagegen findet nach Einschätzung Norbert Mecklenburgs der private Antisemitismus Fontanes keinen Eingang in das literarisch-fiktionale Werk, das er als eine „Form von Selbstdistanzierung und Selbstobjektivierung“ versteht.[10] Mecklenburg plädiert daher für die kategoriale Trennung von Autor und Werk.

Die kontroversen Einschätzungen von Fleischer und Mecklenburg werfen ein ganzes Bündel von systematischen Fragen und Problemen auf, die das Verhältnis von empirischem Autor und dem durch den literarischen Text repräsentierten Wertesystem betreffen: Unter welchen Bedingungen lassen sich anti- oder philosemitische Äußerungen von Figuren oder Erzähler dem Autor Fontane zuschreiben? Wie verantwortlich ist er überhaupt für Aussagen und Haltungen seiner Figuren, für Wertungen und Urteile, die in seinen literarisch-fiktionalen Entwürfen zur Sprache kommen? Wann ist ein literarischer Text insgesamt als philo- oder antisemitisch zu bewerten? Da Fontanes Gesellschaftsromane ein wirklichkeitsgetreues Bild der Zeit bieten wollen[11], scheint es angemessen, ja geradezu notwendig, dass sie auch zeittypische antisemitische Stimmen und Haltungen repräsentieren. Dennoch ist zu überlegen, ob sich seine Gesellschaftsromane gegenüber der zeitgenössischen Realität ausschließlich abbildend oder nicht auch wertend verhalten. Und grundsätzlich wäre zu diskutieren, ob unkommentierte antisemitische Äußerungen im Roman zwingend als antisemitisch einzustufen sind oder nicht auch umschlagen können in einen demonstrativ ausgestellten Antisemitismus, der den Leser zu Antisemitismuskritik auffordert.

Noch ein weiterer Aspekt der Rezension von *Soll und Haben* ist für die folgenden Ausführungen leitend. Fontane wirft dem Roman „Ungerechtigkeit“ (HFA 3.1, 305) bei der Zeichnung der jüdischen Figuren vor: „Dieser Hirsch Ehrental und Veitel Itzig, dieser Löbel Pinkus und Schmeie Tinkel sind allerdings Juden, aber keine Juden, die ein Recht hätten, sich die Repräsentanten des Judentums zu nennen“ (HFA 3.1, 306). Die Kritik richtet sich auf die schablonenhafte Figurenzeichnung Freytags, der das ganze Set negativer Merkmale aufruft, das die literarische Tradition für die Darstellung jüdischer Figuren be-

---

9 Fleischer, *„Kommen sie, Cohn!“* (wie Anm. 7), S. 249.

10 Mecklenburg konstatiert, dass Fontanes Erzählkunst „das merkwürdige Kunststück gelingen kann, selbst Ansichten über Fremde, die der Autor ernsthaft vertreten hat, im Kontext seiner Romane deutlich zu problematisieren, ja sogar in ein kritisches Licht zu rücken“ (Mecklenburg, „‘Alle Portugiesen sind eigentlich Juden‘“ (wie Anm. 5), S. 98 f.).

11 Zahlreiche Äußerungen Fontanes belegen das. In einer Rezension über einen Roman des Schriftstellerkollegen Paul Lindau etwa erklärt er: „Aufgabe des modernen Romans scheint mir die zu sein, ein Leben, eine Gesellschaft, einen Kreis von Menschen zu schildern, der ein unverzerrtes Wiederspiel des Lebens ist, das wir führen“ (Theodor Fontane: „Paul Lindau. Der Zug nach dem Westen“ [Nachlassfassung], in: *Werke, Schriften und Briefe*, hg. von Walter Keitel und Helmuth Nürnberger, München, 1962–1997, Bd. 3.1, S. 568).

reitstellt. Wie Martin Gubser zeigte, hatte sich für die Gestaltung jüdischer Figuren ein fester Merkmalskatalog herausgebildet; sie wurden stereotypisiert in Aussehen, Sprache, Charaktereigenschaften und der Rolle, die ihnen im erzählten Geschehen zukommt.[12] Entsprechend lässt Freytag in *Soll und Haben* die Juden in einem negativ konnotierten Literaturjüdisch sprechen, charakterisiert sie als verschlagen und hinterhältig und zeigt sie in ihrem Handeln ausschließlich auf den eigenen ökonomischen Vorteil bedacht. Fontane hält Freytag vor, Zerrbilder zu entwerfen statt glaubhaft-repräsentativer Figuren. Im Namen von Realitätstreue lehnt er zu starke Typisierung ab und verlangt „Repräsentanten" des Judentums, aber keine aufs Stereotype reduzierten Schablonen.[13] Das hinter dieser Argumentation aufscheinende Darstellungsproblem lautet deshalb nicht allein: „Wie kann eine einzelne Figur, ihre Darstellung, als antisemitisch bezeichnet werden, das heißt als repräsentativ für die Einstellung zu einer ganzen gesellschaftlichen Gruppe?".[14] Es lautet zugleich: Wie kann vermieden werden, dass diese Figur zum Zerrbild wird, dass sie sich aus lauter Klischees und antisemitischen Versatzstücken zusammensetzt?

Während Jannidis/Lauer in ihrem Aufsatz zum *Stechlin* nachweisen, wie Fontane bei der Gestaltung der jüdischen Nebenfiguren die antisemitische Schablone bedient[15], möchte ich an den beiden Gesellschaftsromanen *L'Adultera* und *Die Poggenpuhls* zeigen, wie er das Schablonenhafte gerade unterläuft. Dabei nutzen beide Texte unterschiedliche literarische Strategien. Fontanes erster Gesellschaftsroman *L'Adultera* (Vorabdruck 1881/82) stellt mit dem jüdischen Bankier und Börsenspekulanten Ezechiel van der Straaten eine Figur ins Zentrum, die zeittypische Vorurteile und antijüdische Klischees auf sich vereint und dennoch nur auf den ersten Blick im Typischen aufgeht. Im Gegensatz zu dieser figurenzentrierten Darstellung finden sich in dem fast 15 Jahre später entstandenen Roman *Die Poggenpuhls* (Vorabdruck 1895/96) keine jüdischen Protagonisten, die handelnd und sprechend ins Geschehen einbezogen sind.

---

[12] Gubser, Martin, *Literarischer Antisemitismus. Untersuchungen zu Gustav Freytag und anderen bürgerlichen Schriftstellern des 19. Jahrhunderts*, Göttingen, 1998, S.128.

[13] In einem Aufsatz habe ich gezeigt, dass Fontanes Figurenkonzeption von einer Spannung geprägt ist: Er fordert repräsentative, dabei aber differenzierte und glaubwürdige Figuren („Figuren zwischen Typ und Individuum"). D. h. die Figuren sollen individualisiert, aber doch zugleich als Vertreter sozialer Gruppierungen kenntlich sein. Das fordert einen schwierigen Akt des Ausbalancierens, den Fontane bei Freytag vermisst (Katharina Grätz, „'Nicht bloß Typ und nicht bloß Individuum'. Figuren in Theodor Fontanes Gesellschaftsromanen", in: *Figurenwissen. Funktionen von Wissen bei der narrativen Figurendarstellung*, hg. von Olav Krämer, Fabian Lampart, Lilith Jappe, Berlin, 2012, S. 258–278).

[14] Jannidis, Lauer, „Antisemitismus und Figurenzeichnung" (wie Anm. 5), S. 105.

[15] „Alle jüdischen Figuren werden mit negativen Wertungen charakterisiert. Genau das unterscheidet sie von anderen Figurengruppen, etwa dem Adel, dessen Vertreter zwar auch moralisch beurteilt werden, aber dies höchst unterschiedlich" (Ebd., S.112). Bedauerlicherweise gehen die Autoren nicht auf das Verhältnis zu *Soll und Haben* ein, obwohl der Roman eine Konstellation entwirft, die zu der des *Stechlin* in einigen Zügen analog ist, und daher als literarisches Bezugsmuster Fontanes zumindest in Betracht zu ziehen wäre. In beiden Romanen legen es die jüdischen Geschäftemacher darauf an, den adligen Gutsherrn um seinen Besitz zu bringen.

Trotzdem ist die ‚Judenfrage' hier nicht weniger virulent, sie gelangt aber auf andere Weise dadurch zur Darstellung, dass die Texte auf zeitgenössische Diskurse rekurrieren und sie in Elementen reproduzieren. Dem Roman gelingt es, ein ganzes Spektrum jüdischer Lebens- und Existenzformen aufzurufen, ohne auch nur eine jüdische Figur als handelnde auftreten zu lassen. Beide Verfahren der narrativen Präsentation des Jüdischen haben zu Irritationen geführt und unterschiedliche Bewertungen provoziert. Man hat sowohl *L'Adultera* als auch den *Poggenpuhls* wechselweise philo- und antisemitische Tendenz zugeschrieben. Ich werde die ideologische Bewertung der Romane bei der Analyse zunächst hintanstellen, um abschließend zu diskutieren, was die Parameter philosemitisch/ antisemitisch bei der Interpretation und Bewertung von Fontanes Romanen zu leisten vermögen.

2. *L'Adultera*: Die Rede des Juden

Mit *L'Adultera* eröffnete Fontane im Alter von 60 Jahren die Reihe seiner Ehe- und Gesellschaftsromane. Der Roman, dessen Handlung er in dem ihm vertrauten sozialen Milieu der Berliner Großbourgeoisie situiert, basiert auf einem Eheskandal in der haute finance, der großes gesellschaftliches Aufsehen erregte. 1874 hatte Therese Ravené, die Ehefrau des Geheimen Kommerzienrats Frédéric Louis Ravené, ihre drei Kinder und ihren 22 Jahre älteren Mann verlassen, und war mit einem jungen Liebhaber, dem Königsberger Bankier Gustav Simon, nach Italien durchgebrannt. Nach Thereses Scheidung heirateten sie und lebten in einer kinderreichen Ehe in Königsberg, wo sie zur führenden Gesellschaft zählten. Interessant ist nun, dass Fontane, der sich sonst weitgehend an das Gerüst der bekannt gewordenen Fakten hält, die Figur des verlassenen Ehemanns einem Identitätswechsel unterwirft. Aus dem historischen Vorbild Louis Ravené, dem aus der Stettiner französischen Kolonie entstammenden Schwerindustriellen, der durch Eisenbahnbau viel Geld verdiente[16], macht er den Bankier Ezechiel van der Straaten, der nicht bloß holländischer Abkunft ist, sondern überdies ein zum Christentum konvertierter Jude.

Die Brisanz dieser Veränderung wird deutlich, wenn man bedenkt, dass Fontane den Roman während des Berliner Antisemitismusstreits verfasste, zu einer Zeit also, zu der die Judenfrage so präsent im öffentlichen Leben Berlins war und so kontrovers diskutiert wurde wie nie zuvor. Ausgelöst durch einen im November 1879 veröffentlichen Artikel des Historikers Heinrich von Treitschke[17] war der Antisemitismus salonfähig geworden und hielt Einzug in intellektuelle Kreise. Vor diesem Hintergrund offenbart die Figur van der Straatens

16 Therese Wagner-Simon, *Das Urbild von Theodor Fontanes L'Adultera*, Berlin, 1992, S. 49.

17 Die Grenzen des gesellschaftlich Artikulierbaren hatten sich verschoben, wie Treitschkes Hauptgegner, der Althistoriker Theodor Mommsen treffend erkannte: „Was *er* sagte war damit anständig gemacht" (Theodor Mommsen, „Auch ein Wort über unser Judentum", in: *Der Berliner Antisemitismusstreit*, hg. von Walter Boehlich, Frankfurt am Main, 1988, S. 221).

ein symptomatisches ideologisches Profil, denn sie repräsentiert *die* Gesellschaftsschicht, die gemeinsam mit den jüdischen Verlegern und Journalisten ins Zentrum der Angriffe rückte: die der Bankiers und Spekulanten, denen man vorwarf, dass sie ihr Geld nicht mit ehrlicher Arbeit verdienten, und denen man die Schuld am Börsenkrach von 1873 zuschrieb. So heißt es bei Treitschke: „unbestreitbar hat das Semitenthum an dem Lug und Trug, an der frechen Gier des Gründer-Unwesens einen großen Antheil, eine schwere Mitschuld an dem schnöden Materialismus unserer Tage, der jede Arbeit nur noch als Geschäft betrachtet und die alte gemüthliche Arbeitsfreudigkeit unseres Volkes zu ersticken droht".[18] Van der Straaten, der seinen Reichtum mit Villa, Privatpark, Palmenhaus und Gemäldegalerie demonstrativ zur Schau stellt, entspricht diesem Feindbild.

Während die Forschungsbeiträge zu *L'Adultera* zwar die Bedeutung van der Straatens als männlicher Zentralfigur des Romans hervorgehoben haben[19], mehrheitlich aber sehr geschwind, teilweise auch vollständig über seine jüdische Abstammung hinweggegangen sind, hat Franziska Schößler genau dies ins Zentrum gerückt und den jüdischen Diskurs als entscheidende Matrix des Romans herausgearbeitet, bestimmend auch für Figurenkonstellation und Eheproblematik. Schößler betont die soziale Repräsentativität van der Straatens, der als „Financier der Hauptstadt" (4:5)[20] für die im Berliner Antisemitismusstreit diffamierte Allianz von Judentum und Börse einsteht[21], und sie zeigt, dass die figurencharakterisierenden Merkmale dem „Arsenal antijüdischer Zuschreibungen"[22] entlehnt sind. Die jüdische Herkunft van der Straatens erscheint verantwortlich für seine zwiespältige gesellschaftliche Rolle, die als Diskrepanz

---

[18] Heinrich von Treitschke, „Unsere Aussichten" [15.11.1879], in: ebd., S. 11.

[19] Darüber, dass er bis zum Ehebruch die dominierende Gestalt des Romans ist, herrscht in der Forschung weitgehend Einklang. Nach Peter Demetz prägt van der Straaten den „künstlerischen Kern des Romans [...] als Charakter und vitale Energie" so wesentlich, dass sein Zurücktreten nach dem Ehebruch zu einem rapiden Qualitätsverlust geführt habe: „[S]obald van der Straaten aus Melanies Gesichtskreis verschwindet, steigern sich Unwahrscheinlichkeit und Sentimentalität ins fast Unerträgliche" (Peter Demetz, *Formen des Realismus. Theodor Fontane. Kritische Untersuchungen*, München, 1964, S. 155). Christian Grawe schließt sich dem insoweit an, als auch er konstatiert: Fontane „beraubt [...] seinen Roman mit dem Ausscheiden des Kommerzienrats und dessen gesellschaftlichen Kreises [...] auch eines Gutteils von Lebensfülle" (Grawe, Art. „L'Adultera. Novelle", in: *Fontane-Handbuch*, hg. von dems., Stuttgart, 2000, S. 527).

[20] Die beiden Romane Fontanes werden unter Angabe der Bandnummer zitiert nach: Theodor Fontane, Große Brandenburger Ausgabe, hg. von Gotthard Erler, Das erzählerische Werk, hg. in Zusammenarbeit mit dem Theodor-Fontane-Archiv, editorische Betreuung Christine Hehle, 21 Bde., Berlin, 1997 ff.

[21] Nach Schößler entspricht die Zeichnung van der Straatens dem „diffamatorischen kulturellen Diskurs", der sich im Zusammenschluß von Antisemitismus und Antikapitalismus formierte (Franziska Schößler, „Der jüdische Börsianer und das unmögliche Projekt der Assimilation. Zu Fontanes Roman L'Adultera", in: *Poetische Ordnungen. Zur Erzählprosa des deutschen Realismus*, hg. von Ulrich Kittstein und Stefani Kugler, Würzburg, 2007, S. 93-119, hier S. 94).

[22] Ebd., S. 99.

von ökonomischem Einfluß und gesellschaftlicher Anerkennung wiederholt angesprochen wird: „An der Börse galt er bedingungslos, in der Gesellschaft nur bedingungsweise" (4:5) – auf diesen Widerspruch spitzt der Erzähler gleich zu Beginn das allgemeine Urteil zu.

Vergleichbare Ambivalenz legte die gehobene Berliner Gesellschaft gegenüber dem jüdischen Bankier Gerson Bleichröder an den Tag, den Hans Otto Horch als historische Bezugsfolie van der Straatens identifizierte.[23] Bleichröder veranstaltete in den 70er Jahren kostspielige Diners, bei denen er die Repräsentanten der führenden Gesellschaftskreise um sich scharte und „in deren Mitte er dann", wie Maximiliane von Arnim spitzzüngig bemerkte, „der einzige Nicht-Germane war".[24] Bleichröders Gesellschaften waren berühmt, aber zugleich umstritten. Der mit Fontane befreundete Schriftsteller Ludwig Pietsch hatte 1879 über eines der Feste berichten wollen, doch die *Vossische Zeitung* lehnte seinen Artikel ab.[25] Nach Comte Paul Vasili war zwar die Haltung zu Bleichröders Gesellschaften geteilt, nicht aber die zu seiner Person: „Die Berliner Gesellschaft ist in zwei Lager gespalten; in jene, die zu Bleichröder gehen und sich über ihn lustig machen, und in die anderen, die sich über ihn lustig machen, aber nicht hingehen".[26] Ähnlich gilt in Fontanes *L'Adultera* dem allgemeinen Urteil das Haus van der Straatens als ein „sonderbares [...] und man könne eigentlich nicht hingehen", doch „uneigentlich ging Alles hin" (4:43). Die gesellschaftliche Anrüchigkeit bleibt auch dann bestehen, als van der Straaten in eine Enquete-Kommission des Finanzministeriums berufen wird und damit ganz wie Gerson Bleichröder, der als Finanzberater Bismarcks tätig war, in die staatliche Finanzpolitik einbezogen wird.

Van der Straaten selbst freilich lebt in der irrigen Auffassung, gesellschaftlich voll integriert zu sein. Er ist nicht bloß konvertiert, sondern hat sich vom Glauben entfernt und scheut sich nicht vor frivolen Spielen mit religiösen Symbolen.[27] Dem katholischen Polizeirat Reiff begegnet er mit der generösen Toleranz desjenigen, der selbst auf der sicheren Seite steht. Er, der jüdische Bankier, gibt dem katholischen Beamten zu verstehen, dass in seinen Augen „ein vierzig Jahre treu geleisteter Sicherheitsdienst über alles confessionelle Plus oder Minus hinaus entscheidend" (4:38) sei. Obwohl van der Straaten selbst sich seiner jüdischen Herkunft kaum mehr bewusst scheint, begegnet ihm sein Umfeld mit Misstrauen und er steht „ohne Freund und Vertrauten" (4:14) da. Derart deckt der Roman die Diskrepanz auf zwischen Selbsteinschätzung und Außensicht.

---

23 Hans Otto Horch, „Von Cohn zu Isidor. Jüdische Namen und antijüdische Namenspolemik bei Fontane", in: *Theodor Fontane. Am Ende des Jahrhunderts*, hg. von Hanna Delf von Wolzogen in Zusammenarbeit mit Helmuth Nürnberger, Bd. 1, *Der Preuße, Die Juden, Das Nationale*, Würzburg, 2000, S. 169-181, hier, S. 174.

24 So notierte Maximiliane von Arnim, die Tochter Bettinas, in ihrem Tagebuch; zit. nach: Stern, *Gold und Eisen* (wie Anm. 1), S. 581.

25 Das berichtet er am 7. März 1879 in einem Brief an Emma Bleichröder; zit. nach: ebd., S. 581.

26 Comte Paul Vasili, „La société de Berlin, Paris 1884"; zit. nach: ebd., S. 581.

27 Etwa wenn er die Bibel als „Sensationsroman" (4:100) klassifiziert.

Auch wenn die jüdische Herkunft im gesellschaftlichen Umgang eine wichtige Rolle spielt, offen thematisiert wird das nicht. Nur die Unterschicht spricht jüdische Identität unverhüllt an – „he sall man en Jüdischer sinn" (4:40) sagt der Kutscher Emil über den erwarteten Hausgast Ebenezer Rubehn –, die gehobene Gesellschaft hingegen belässt es bei Andeutungen. Die einzige, die die jüdische Abkunft offen als Makel und gesellschaftliches Stigma benennt, ist Melanie, die ihr Mißbehagen an den hebräischen Namen festmacht. Den Ehemann tauft sie kurzerhand um; sie nennt ihn Ezel, nach dem Hunnenkönig, und versucht mit dem Namen das deutlichste Zeichen zu tilgen, das ihm von der jüdischen Herkunft geblieben ist. Ihren späteren Geliebten, den Bankier Ebenezer Rubehn, überfällt sie mit den Worten: „Sie haben eigentlich keinen Namen, oder wenigstens keinen, der zu brauchen wäre" (4:80). Der Name Ebenezer verträgt sich nach Melanies Empfinden nicht mit dem gesellschaftlichen Ton, ist, wie sie sagt, kein Name „für's Haus, für's Geplauder, für die Causerie" (4:80). Bereits als ihr der Ehemann den Gast ankündigte, nimmt sie kein Blatt vor den Mund: „Ich bekenne Dir offen, dass mir etwas Christlich-Germanisches lieber gewesen wäre. Viel lieber. Als ob wir an Deinem Ezechiel nicht schon gerade genug hätten! Und nun Ebenezer. Ebenezer Rubehn!" (4:19). Melanie zeigt sich hier infiltriert vom zeitgenössischen antisemitischen Diskurs. Verbal folgt sie der allgemeinen Aversion gegenüber dem Jüdischen, ohne dass sich dies allerdings auf ihr Verhalten auswirken würde. Denn schließlich heiratet sie nach der Scheidung von van der Straaten ein zweites Mal einen Juden: Ebenezer Rubehn.

Als jüdischer Bankier, der nach den Worten des Legationsrats Duquede statt „Bildung und Erziehung" das besitzt, worauf es im gesellschaftlichen Leben ankommt, nämlich „einen guten Credit" (4:43), entspricht van der Straaten antisemitischen Vorurteilen. Aber erschöpft sich seine Rolle darin? Wenn Schößler ihn geradezu als personifizierten Träger zeitgenössischer antisemitischer Zuschreibungen versteht[28], scheint mir dabei das die Figurenkonzeption prägende spannungsvolle Verhältnis zwischen Selbstpräsentation und Außenwahrnehmung außer acht gelassen. Blickt man auf die Forschungsbeiträge, die sich mit der Figur des Bankiers und seiner Rolle im Roman beschäftigen, fällt auf, wie kontrovers er beurteilt wird. Als Maßstab fungieren fast immer die Kriterien von Norm und Abweichung, von Typischem und Individuellem – jedoch mit unterschiedlichem Ergebnis: Müller-Seidel attestiert van der Straaten „ein durch und durch typisches Verhalten".[29] Bettina Plett hingegen versteht ihn als Verfechter und Repräsentanten einer für die Umgebung schwer erträglichen „Individualität"[30], die sich in Normbrüchen äußere. Und Winfried Jung fasst

[28] Die Darstellung van der Straatens entspreche „dem herrschenden Diskurs über jüdische Reiche", während der Roman „Lesarten jenseits der zeitgenössischen Diskurse" eher ausblende (Schößler, „Der jüdische Börsianer" (wie Anm. 21), S. 102).

[29] Walter Müller-Seidel, *Theodor Fontane. Soziale Romankunst in Deutschland*, 2. Aufl., Stuttgart, 1980, S. 173.

[30] Bettina Plett, *Die Kunst der Allusion. Formen literarischer Anspielungen in den Romanen Theodor Fontanes*, Köln, 1986, S. 71. Norbert Mecklenburg will in den Konventionsbrüchen und

gerade das spannungsvolle Verhältnis von Individuellem und Typischem als Charakteristikum der Figur auf.[31]

In den abweichenden Forschungsurteilen spiegelt sich die Vielfalt der Perspektiven und Wertungen, denen van der Straaten im Roman unterzogen wird. Genutzt wird dabei das ganze Spektrum der narrativen Figurenpräsentation: Das Figurenprofil van der Straatens setzt sich zusammen aus Erzählerkommentar, Selbstkommentar und den Kommentaren anderer Figuren. Unaufhörlich gibt das Umfeld Einschätzungen und Bewertungen zur Person des Bankiers ab. Auf diese Weise entsteht kein scharf konturiertes Bild der Figur, sondern sie bleibt in Bewegung, erscheint im Spiegel anderer Meinungen. Als „Roman der Meinungen"[32] hat Mittenzwei *L'Adultera* zutreffend bezeichnet.

Schon gleich das erste Kapitel führt in das Spiel der Meinungen ein. Denn obwohl der Erzähler markant hervortritt, zieht er sich bei der Beschreibung der Figur immer wieder auf fremde Aussagen und Urteile zurück; nicht zuletzt präsentiert er van der Straaten durch Zitierung von dessen eigenen „Lieblingswendungen" (4:5). Auch die jüdische Abkunft van der Straatens spricht der Erzähler nicht direkt an, sondern verhandelt sie indirekt über einen intertextuellen Bezug. Er erinnert an eine literarische Folie, mit der van der Straaten von seiner Umwelt beständig konfrontiert werde, nämlich mit „seinen näheren oder ferneren Beziehungen zu dem Gutzkowschen Vanderstraaten" (4:6). Die Parallele zu dem jüdischen Kaufmann Menasse Vanderstraaten aus Karl Gutzkows Drama *Uriel Acosta* (1846) wird allerdings von van der Straaten selbst rundweg verworfen; er grenzt sich offensiv von der intertextuellen Rollenvorgabe ab. Auch diese Replik wird in indirekter Rede wiedergegeben. Die Frage nach seinem literarischen Vorbild, so heißt es,

> ward er nicht müde prompt und beinahe paragraphenweise dahin zu beantworten, daß er jede Verwandtschaft mit dem von der Bühne her so bekannt gewordenen Manasse Vanderstraaten ablehnen müsse, 1. weil er seinen Namen nicht einwortig, sondern dreiwortig schreibe, 2. weil er, trotz seines Vornamens Ezechiel, nicht bloß überhaupt getauft worden sei, sondern auch das nicht jedem Preußen zuteil werdende Glück gehabt habe, durch einen evangelischen Bischof, und zwar durch den alten Bischof Roß, in die christliche Gemeinschaft aufgenommen zu sein, und 3. und letztens, weil er seit längerer Zeit des Vorzugs genieße, die Honneurs seines Hauses nicht durch eine Judith, sondern durch eine Melanie machen lassen zu

---

Normverletzungen van der Straatens Affinitäten zum Autor selbst sehen: „Deutlich hat der Autor von sich selbst Anteile auf das epische Psychogramm van der Straatens übertragen" (Norbert Mecklenburg, *Theodor Fontane. Romankunst der Vielstimmigkeit*, Frankfurt am Main, 1998, S. 251).

31 Er hebt hervor, dass im „Porträt van der Straatens [...] Individualität und gesellschaftliche Norm eine nicht auseinanderzudividierende Einheit" eingehen (Winfried Jung, *Bildergespräche. Zur Funktion von Kunst und Kultur in Theodor Fontanes „L'Adultera"*, Münster, 1991, S. 42).

32 Ingrid Mittenzwei, *Die Sprache als Thema. Untersuchungen zu Fontanes Gesellschaftsromanen*, Bad Homburg, 1970, S. 67.

können, durch eine Melanie, die, zu weiterem Unterschiede, nicht seine Tochter, sondern seine ‚Gemahlin' sei (4:6).

Van der Straaten verweigert sich also dem präfigurierenden Vergleich[33], indem er drei Differenzen herausstellt: die andere Schreibweise des Namens, die Konversion zum Protestantismus, den Status des Verheirateten. Er reagiert auf die Rollenfestschreibung durch seine Umgebung, indem er seine Individualität behauptet. Paradoxerweise aber tut er das in Gestalt einer standardisierten Replik, einer formelhaften, in Paragraphen gehaltenen Entgegnung, mit der er sich selbst auf typische Züge reduziert. Mit zur Verwischung der Grenzen zwischen Typischem und Individuellem trägt bei, dass der Vergleich mit Gutzkows Menasse Vanderstraaten keineswegs nur Differenzen zutage fördert. Ganz im Gegenteil wird der Leser, der Gutzkows Drama kennt, das Fontane bei seiner Aufführung 1879 in Berlin sehr kritisch rezensierte[34], weit reichende Parallelen bemerken: Nicht nur ist Gutzkows Vanderstraaten ebenfalls an der Börse tätig, er hat sich überdies vom jüdischen Glauben entfernt[35] und ist zudem ein Kunstliebhaber, der sich mit Nachbildungen europäischer Kunstschätze umgibt. Das Motiv des Nachbildens und Kopierens, das in *L'Adultera* zentrale Bedeutung erhält, dürfte Fontane aus *Uriel Acosta* bezogen haben. Der intertextuelle Bezug ist also weder auf Kontrast noch auf Analogie angelegt, sondern stellt eine uneindeutige, schillernde Relation zum aufgerufenen Rollenmuster her. Darin zeigt sich eine Strategie des Romans, der seinen Protagonisten mit realen und literarischen Vorbildern umstellt: Manasse Vanderstraaten, Louis Ravené und Gerson Bleichröder. Mit allen drei Figuren bzw. Personen hat van der Straaten wesentliche Züge gemeinsam, doch keiner gleicht er gänzlich. Er ist eine Figur, die typische Züge trägt, aber dennoch nicht im Typischen aufgeht.

Nichts zeigt dies besser als sein Redeverhalten. Van der Straaten tritt nicht lediglich als passiver Adressat diskursiver Zuschreibungen hervor, sondern äußert im Gegenteil eigene Meinungen, gibt dezidiert Wertungen und Urteile ab und erscheint damit geradezu als diskursives Zentrum des Romans. Eloquenz und Sprachgewalt zeichnen ihn aus. Gesellige Konversation ist sein Element, „es gab nichts in der Welt, zu dem er allezeit so beständig aufgelegt gewesen wäre, wie zu Bonmots und scherzhaften Repartis" (4:6). Dabei gefällt er sich in der Rolle des gesellschaftlich Unangepaßten und kultiviert ein abweichendes Redeverhalten; selbst charakterisiert er den Ton seines Hauses als „[e]in bischen spitz, ein bischen zweideutig und immer unpassend" (4:76). Indem er im Bewußtsein seiner ökonomischen Macht Redegewalt über andere ausübt, Gespräche an sich reißt und aggressiv reagiert auf „Wort- und Redecoupierungen"

---

33 So auch Plett, *Allusion* (wie Anm. 30), S. 72.

34 Fontane beurteilt es als ein unzeitgemäßes „Tendenzstück", dem „der Stempel historischer Wahrheit" fehle (HFA (wie Anm. 6), 3.2, 390).

35 Er gehöre dem „Glauben jener Freien [an],/ Die sich von Moses, Christus, Sokrates/ Das Beßre von dem Guten ausgesucht", sagt Manasse über sich (Karl Gutzkow, *Werke,* Auswahl in zwölf Teilen, hg. von Reinhold Gensel, Berlin, 1812, Teil 3, S. 22).

(4:37), mißachtet er die Spielregeln der gesellschaftlichen Konversation und erwirbt sich den Ruf „absolut unerzogen" (4:36) zu sein. Selbstherrlich beansprucht er für sich ein über alle Konventionen erhabenes Rederecht: „Ich hasse Prüderien und jene Prätensionen höherer Sittlichkeit, hinter denen nichts steckt. Im günstigsten Falle nichts steckt. Ich darf das sagen und jedenfalls *will* ich es sagen, und was ich gesagt habe, das habe ich gesagt." (4:79).

Sein Sprachhabitus allerdings ist nicht bloß Norm überschreitend, sondern insofern auch wieder konventionell, als seine Rede voller fest gefügter Redensarten, Sprichwörter, Plattitüden und Zitate steckt. Und dennoch geht sie darin nicht auf, denn van der Straaten spielt mit den Klischees, er zelebriert sie und hebt sie ins Bewusstsein. So macht er etwa seine Vorliebe für das Triviale affirmativ zum Gegenstand seiner Rede: „die trivialsten Sätze sind immer die richtigsten" (4:15). Mittenzwei hat ihn als einen sprachbewußten Causeur eingeordnet, dem es gelingt, mit Hilfe von Versatzstücken zum Selbstausdruck zu finden, der also das Kunststück vollbringt, das Inauthentische ins Authentische zu wenden.[36] Noch grundsätzlicher faßt Helmstetter Montage und Variation von Stereotypen als ein zentrales Verfahren nicht nur in der Rede der Hauptfigur, sondern des Romans insgesamt, der durch Kombination des Typischen zum Besonderen des Ausnahmefalls durchstoße.[37] Trivialisierung und Durchbrechung des Trivialen zeigen sich insbesondere auf dem Gebiet, auf dem sich, neben dem Religiös-Erotischen, das polemische Feuer von van der Straatens Rede entzündet, in dem Spott über Richard Wagner, über den „Wagner-Cultus", der ihm einen „unerschöpflichen Stoff für seine Lieblingsformen der Unterhaltung bot" (4:56).[38] Dass der Roman das Jüdische nicht stereotyp auf das Feindbild des jüdischen Bankiers reduziert, wird nicht zuletzt über die Einstellung zu Wagner vermittelt. Während sich nämlich der unangepaßte van der Straaten an Heinrich Heine hält, erscheint Rubehn mit seinem Faible für den Judenhasser Wagner überassimiliert – jüdischer Bankier ist eben nicht gleich jüdischer Bankier.

Der ausgeprägte Perspektivismus der Figurenpräsentation bricht und unterläuft als Wechselspiel von Selbstdarstellung und Fremdcharakterisierung die Reduktion aufs Typische – das unterscheidet Fontanes Figurendarstellung fundamental von den Judenfiguren in Freytags *Soll und Haben*.[39] Zwar ruft Fontanes Roman antijüdische Stereotype und Klischees auf, jedoch nicht um sie zu

---

36 „Van der Straaten nutzt, sprachbewußt wie er ist, die Möglichkeiten der Sprache ziemlich hemmungslos aus, aber hinter seinen mit Bonmots und geflügelten Worten umspielten Bekenntnissen steht ‚er selbst'" (Mittenzwei, *Sprache als Thema* (wie Anm. 32), S. 36).

37 Fontane konstruiere den „‚Ausnahmefall' aus lauter typischen Elementen" (Rudolf Helmstetter, *Die Geburt des Realismus aus dem Dunst des Familienblattes. Fontane und die öffentlichkeitsgeschichtlichen Rahmenbedingungen des poetischen Realismus*, München, 1998, S. 124).

38 Das verbindet van der Straaten mit seinem Autor Fontane, der am 2. Juni 1881 an Hermann Wichmann vom „R. Wagner-Enthusiasmus und -Schwindel" (HFA (wie Anm. 6), 4.3, 134) berichtete.

39 Die Figuren, so konstatiert auch Plett, „entziehen sich der typisierenden Festlegung" (Plett, *Allusion* (wie Anm. 30), S. 67).

bestätigen und zu festigen, sondern um sie in ein Spiel der Urteile und Meinungen einzubeziehen. Charakteristisch für die Konzeption van der Straatens scheint mir eine Doppelbewegung: Die Figur konstituiert sich aus antijüdischen Stereotypen und unterläuft sie. Van der Straaten setzt sich aus Klischees zusammen ohne im Klischee zu erstarren.

3. „Die Poggenpuhls": Reden über Juden

Nachdrücklicher noch als in *L'Adultera* erscheint in dem zwischen 1890 und 1895 entstandenen Roman *Die Poggenpuhls* der ökonomische Einfluß jüdischer Bankiers als ein die Gesellschaft bestimmender Faktor. Mehrfach wird hingewiesen auf die Verflechtungen zwischen jüdischer Geldmacht und Regierung; erwähnt wird, dass der Kronprinz bei jüdischen Großbankiers verkehrt und dass der jüdische Bankier Bartenstein (wieder steht Gerson Bleichröder Pate) wohl bei der „nächsten Anleihe geadelt wird" (16:65). Der Roman verstrickt seine Figuren in ein dichtes Netz politischer Anspielungen, die den Rezipienten dazu auffordern, den Text auch als einen Kommentar zum zeitgenössischen Judendiskurs zu lesen. Stärker als in *L'Adultera* richtet sich der Blick auf das gesamtgesellschaftliche Kräftespiel, auf die Möglichkeiten des ökonomischen Auf- und Abstiegs in einer Gesellschaft, die durch Wertewandel und soziale Mobilität gekennzeichnet ist. Erzählt wird aus der Perspektive *der* Gesellschaftsschicht, die als Verlierer und sozialer Absteiger aus den sozialen Kräfteverschiebungen hervorgeht, aus der des Adels, genauer: aus der Perspektive der aus Ostpommern stammenden Adelsfamilie Pogge von Poggenpuhl, die den verarmten Adel nach eigener Überzeugung in „einer Art von Vollendung" und „Reinkultur" (16:490) repräsentiert. „Wir sind nicht mehr dran" (16:514) weiß Onkel Eberhard, der seinen Wohlstand einer günstigen Heirat verdankt.

Dagegen leben die weiblichen Familienmitglieder, die verwitwete Mutter mit den drei Töchtern, Therese, Sophie und Manon, in ärmlichen Verhältnissen in einem „mauerfeuchten" (16:5) Mietshaus in der expandierenden Metropole Berlin. Umgeben von aufstrebenden Gesellschaftsschichten bleibt ihnen nur noch ein marginales Dasein. Der soziale Prestigeverlust ist bereits so weit fortgeschritten, dass der im selben Haus wohnende Portier die traditionsreiche Familie zur „Adelspackage" (16:481) erklärt. An Einfluß gewonnen hat zum einen eine neue Schicht vermögender Kleinbürger, repräsentiert durch den Vermieter Nottebohm, einen ehemaligen Maurerpolier, der es zum Immobilienbesitzer gebracht hat. Zum andern mischt die kapitalkräftige Großbourgeoisie in Gestalt der assimilierten jüdischen Bankierfamilie Bartenstein auf höchster staatlicher Ebene mit.

Strukturbestimmend für den Roman, den Fontane als ein Formexperiment charakterisierte („Das Buch ist kein Roman und hat keinen Inhalt. Das ‚Wie' muß für das ‚Was' eintreten"[40]), ist ein sprunghaftes Erzählen, das Ausschnitthaftigkeit betont und Lücken im Geschehenszusammenhang läßt. Es bildet die adäquate narrative Präsentationsform, um Einblicke in eine Gesellschaft zu vermitteln, die durch soziale Kräfteverschiebungen und Fragmentierungserscheinungen geprägt ist. Auch bei der Darstellung des Jüdischen ist das ‚Wie' entscheidend. Denn jüdische Figuren treten als handelnde im Roman gar nicht auf. Präsent sind sie ausschließlich in Gesprächen und Briefen anderer Figuren, genauer: in der Vorstellung der Mitglieder der Familie von Poggenpuhl. Statt Juden selbst agieren und sprechen zu lassen, zeigt der Roman also, wie aus der Perspektive verarmter Adliger über sie und das Judentum gedacht und gesprochen wird. Der Text bedient sich einer vermittelten und personal gebrochenen Figurenpräsentation und verweist schon dadurch auf den prekären gesellschaftlichen Status der Juden. Indem er das Jüdische ausschließlich in figurenperspektivischer Sichtweise präsentiert und die jüdischen Figuren ausschließlich im Spiegel nicht-jüdischer zeigt, nimmt er sie durchgehend als ‚die Anderen' in den Blick und vermittelt ein Bewusstsein dafür, dass das Andere immer aus der Perspektive des Eigenen konstruiert wird.

Die jüdische Bankierfamilie Bartenstein spielt im Leben und in der Vorstellungswelt der Geschwister Poggenpuhl eine zentrale Rolle. Dabei positionieren sie sich ganz verschieden zum ‚neuen jüdischen Geldadel' und es kommt zwischen den Geschwistern immer wieder zu kleineren Reibereien ob des richtigen „Umgangs" und des angemessenen „gesellschaftlichen Verkehrs" (16:120). Zwei der Schwestern, Sophie und Manon, sind regelmäßige Gäste im Haus des jüdischen Bankiers. Die künstlerisch begabte Sophie unterrichtet die Kinder der Bartensteins und musiziert bei Gesellschaften. Insbesondere die jüngste der Schwestern, die 17jährige Manon, die in dem Ruf steht, „es mit den reichen Bankiers" (16:34) zu halten und unter den Bankierhäusern „die nicht-christlichen" zu bevorzugen, pflegt enge Verbindung zu den Bartensteins, mit deren Tochter Flora sie befreundet ist. Sie erhält Geschenke und trägt durch ihre Kontakte dazu bei, das magere Budget der eigenen Familie aufzustocken.

Hingegen betrachtet die adelsstolze Therese den jüdischen Umgang ihrer Schwester mit Widerwillen und wirft ihr einen schlechten Einfluß auf den Bruder Leo vor: „Du wirst ihn noch ganz zu dir hinüberziehen, in jene gesellschaftliche Sphäre, darin du dich leider wohl und immer wohler fühlst" (16:90). Therese kultiviert einen unzeitgemäßen Adelsdünkel. Sie ignoriert den sozialen Statusverlust und glaubt sich noch immer qua Abstammung überlegen. Programmatisch vermeidet sie jeden Kontakt zu Juden und belehrt ihre Schwester Manon: „Daß *die* Welt, die du leichtfertig und hochmütig und bloß um dich zu mokieren, als die ‚christlich-germanische' bezeichnest, daß diese Welt mehr bedeutet als ein halbes Dutzend Gersons [...]. Es kommt auf das innerliche Leben an, nicht auf das äußerliche: die Äpfel mit der schönen Schale sind meist

40 Bf. an Siegmund Schott v. 14. Jan. 1897 (HFA (wie Anm. 6), 4.4, 635).

wurmstichig“ (16:91). Therese macht sich die Signalwirkung des Namens Gerson zunutze, der nicht allein der Vorname des Bankiers Bleichröder ist, sondern zugleich der Name eines erfolgreichen Warenhauses. Sie schreibt den Juden eine Fixierung auf das Äußerliche und Materielle zu und nimmt für die „christlich-germanische“ Seite, zu der sie sich rechnet, eine Orientierung an inneren Werten in Anspruch. Dabei ist zu beobachten, wie ihre ökonomisch motivierte Aversion gegen das Jüdische mit rassenideologischen Argumenten verschmilzt.[41]

Die *Poggenpuhls* zeigen Figuren, die durch das antisemitische Klima infiltriert sind. Zugleich aber demonstriert der Roman am Beispiel der Geschwister, wie Abkömmlinge der gleichen Familie, die im gleichen sozialen Milieu aufwachsen, ganz verschieden mit ihrer Situation umgehen und folglich keiner sozialen Determination unterliegen. Wie Therese so erkennt auch der Bruder Leo von Poggenpuhl, der ungefestigte der beiden Söhne, das unter chronischem Geldmangel leidende „Angstkind“ (16:12) der Familie, im Materialismus den hervorstechenden Zug der zeitgenössischen Gesellschaft. Er lebt in dem Bewusstsein, dass es in der Gegenwart zu dem „Poggenpuhlnamen, der, trotz aller Berühmtheit, doch leider nur eine einstellige Zahl ist, noch wenigstens vier Nullen“ (16:64) bedürfe. Anders als seine Schwester Therese findet er in den reichen jüdischen Bankiers nicht sein Feindbild, sondern plant sich durch Einheirat in eine kapitalkräftige jüdische Familie aus der finanziellen Misere zu retten. Erörtert werden seine Heiratspläne zum einen in einem (auszugsweise wiedergegebenen) Briefwechsel mit Schwester Manon und zum andern in einem Gespräch mit der Haushälterin Friederike (5. Kap.), die Leo als erste in seine Heiratsabsichten einweiht. In diesen Passagen des Romans verdichtet sich der jüdische Diskurs.

Leos Gespräch mit Friederike findet in der Küche statt, also am Ort des Dienstpersonals, was durchaus bezeichnend ist. Denn zwar ist der Gesprächsinhalt durch Oppositionen strukturiert – leitend sind die Oppositionen jüdisch und nicht-jüdisch sowie arm und reich –, die asymmetrische Gesprächskonstellation jedoch, nämlich die soziale Differenz zwischen Dienstmädchen und Adligem, tritt fast vollständig in den Hintergrund. Überdeckt werden die sozialen Schranken zwischen Leo und Friederike durch ein Redebündnis, das verarmten Adel und Unterschicht in der einhelligen Distanz gegenüber dem Judentum zusammenführt. Das Einverständnis drückt sich auch darin aus, dass beide in verhüllender Weise sprechen. Friederike fragt, „wird es denn gehen“ und meint die

[41] Ein Entwurf, der dem Roman vorausgeht, ist noch deutlicher in den politisch-ideologischen Anspielungen. Wieder wird der zeitgenössische Kontext über Namen aufgerufen: „Es ist besser man geht zu Stöcker als zu Gerson / es geziemt uns die Fahne hochzuhalten und in jedem Augenblick den Beweis zu führen, daß die Stellung zu den großen Fragen den Adel macht […] die Äpfel mit der rothesten Schale sind immer wurmstichig.“ Hofprediger Stöcker war Sprachrohr der antijüdischen Agitation; mit Nennung seines Namens wird auf den organisierten politischen Antisemitismus hingewiesen (Novellenentwurf, *RR oder gefährdet Glück*, HFA (wie Anm. 6), 1,7, 482).

Verbindung Leos mit einer jüdischen Frau. Leo redet, wenn er sein eigenes Verhältnis zu den Juden anspricht, von einem „mit drin" und „mit dabei" sein. Das ist auch insofern aufschlußreich, als er damit signalisiert, dass er seine Heiratspläne nicht als Privatangelegenheit betrachtet, sondern dass für ihn eine Gruppenzugehörigkeit zur Debatte steht. Weniger auf die „schöne schwarze" Jüdin und mehr auf ihr Geld richtet sich sein Begehren, was er mit der Formulierung, „wenn es nur recht viel ist", auch unverhüllt zu erkennen gibt. Dazu passt, dass er die auserkorene Heiratskandidatin entindividualisierend in lauter Allgemeinplätzen beschreibt:

> Ich bin nämlich auch so 'n bißchen mit drin, hab auch angebändelt, schöne schwarze Person, Taille so, und Augen, na, Friederike, ich sag dir, Augen, die reinen Mandelaugen und eigentlich alles schon wie Harem. Kennst du Harem?
> Natürlich kenn ich Harem. Das is das, wo die Türken ihre Frauen drin haben und keine Fenster als bloß ganz kleine Löcher, wo sie nur mal heimlich rausgucken können.
> Richtig. Und so wie bei den Türken oder doch beinahe so, so sieht meine auch aus. (16:35)

Das Gespräch entfaltet sich als Assoziationskette in einem schnellen Wechsel der Bilder. Dabei schlägt Leo nicht allein die Brücke vom assimilierten Judentum zum ‚orientalischen' Judentum, sondern von dort zu den Türken, die er mit dem bürgerlichen Lieblingstopos ‚Harem'[42] assoziiert, bis hin zu den „richtigen Schwarzen", den Afrikanern. Er springt von einem Klischee zum nächsten. Seine Rede ist Ausdruck einer undifferenzierten Fremdwahrnehmung, was sich auch darin zeigt, dass er überwiegend von Kollektiven spricht: von „den Türken", „diesen Orientalen", den „richtigen Schwarzen". Das wohl Auffälligste an dem Gespräch ist die thematische Abfolge: Am Beginn steht die Auseinandersetzung mit der jüdischen Bankierfamilie, am Ende stehen die „wilde[n] Tiere, Schlangen und Krokodile" (16:37) Afrikas. Ausgehend von den Bartensteins ruft Leo eine ganze Skala des Fremden und Anderen auf. Indem er das Gespräch von den kultivierten Juden zu wilden Tieren lenkt, versieht er erstere mit dem Stempel des Fremden und stellt deren Assimiliertheit in Frage.

Wie ist das aber nun zu bewerten? Dient Leo als Sprachrohr antisemitischer Ideologie in einem Roman, der antisemitischen Tendenzen Vorschub leistet?[43] Es liegt nahe, stereotype Sprachformeln dem Sprecher anzulasten und sie als Ausdruck einer undifferenzierten, mit Vorurteilen befrachteten Haltung zu werten. Schaut man sich Leos Rede aber genauer an, dann finden sich auch Äußerungen, die aus dem Muster der einseitigen Fremdwahrnehmung unvermittelt

---

[42] Dazu Antje Harnisch, „Der Harem in Familienblättern des 19. Jahrhunderts. Koloniale Phantasien und nationale Identität", in: *German life and letters* 51 (1998), S, 325-342.

[43] Nach Krobb ist seine Rede vom typischen zeitgenössischen Antisemitismus infiltriert (Florian Krobb, *Die schöne Jüdin. Jüdische Frauengestalten in der deutschsprachigen Erzählliteratur vom 17. Jahrhundert bis zum Ersten Weltkrieg*, Tübingen, 1993).

ausscheren. Als Friederike bezweifelt, ob „die Familie" der anvisierten Verbindung überhaupt zustimmen werde, da verkehrt Leo unvermittelt die Perspektive, indem er nachfragt: „Welche? Meine oder ihre?" (16:35).[44] Dieser abrupte Wechsel von der Eigen- in die Fremdperspektive zeugt von Distanz und evoziert die Distanz des Lesers. Leo lässt sich nicht auf eine konsistente Haltung und schon gar nicht auf eine ideologische Position festlegen. Er ist ein Gedankenspieler, der sich seinen Phantasien hingibt, unterschiedliche Existenzmöglichkeiten in Erwägung zieht – das Auswandern nach Afrika, die Heirat einer Jüdin – ohne es ernst damit zu meinen. Er bewegt sich in der Sphäre ironischer Uverbindlichkeit („da malt man sich denn so was aus", 16:36) und so überrascht es wenig, dass auch seine Heiratspläne sich in Luft auflösen.

Leos Spielernatur zeigt sich vor allem im lustvollen Umgang mit Sprache. Als souveräner Sprecher greift er in seiner Rede nicht nur Klischees und Vorurteile auf, sondern gewinnt ihnen komische Effekte ab: „Bankiers, das sind eigentlich die einzigen Menschen, mit denen man umgehen sollte, bloß schade, daß sie fast alle vom Alten Bund sind" (16:34). In pointierter Weise hebt diese sentenzhafte Formulierung den Zwiespalt hervor, der auch den gesellschaftlichen Umgang mit van der Straaten bestimmt: die Ambivalenz von ökonomischer Akzeptanz und gesellschaftlicher Zurückweisung. Leo spielt mit sprachlichen Klischees und greift dabei Reizbegriffe des zeitgenössischen Diskurses auf. Er rekurriert auf antisemitische Vorurteile und schließt sie kurz mit plakativen Vorstellungen über Afrika, wie sie etwa von den zeitgenössischen (Familien-)Zeitschriften popularisiert wurden. Als er schließlich auf die „richtigen Schwarzen", die Afrikaner, zu sprechen kommt, da erklärt Friederike: „Gott, Leochen! Davon hab ich ja gerade dieser Tage gelesen. Du meine Güte, die machen ja alles tot und schneiden uns armen Christenmenschen die Hälse ab." (16:36).[45] Leos Rede ist ausgestellte zeittypische Rede, die sich aus „Diskurszitaten" (Mecklenburg) zusammensetzt. Indem er zeittypische Muster der Fremdwahrnehmung überspitzt, affirmiert er sie nicht, sondern hebt sie ins Bewußtsein. Das Spiel mit kulturellen Stereotypen macht eine pauschalisierende

---

44 Auch mit dem Hinweis, dass der finanzielle Gewinn in seiner Familie alle moralischen Bedenken zurücktreten läßt, fällt er aus der Rolle: „so dumm sind die Poggenpuhls auch nicht, wenn es nur recht viel ist, sind sie ganz zufrieden und geben alles zu" (16:35).

45 Die Familienzeitschrift *Die Gartenlaube* etwa vermeldet 1892 über den Stamm der Massai im Norden Deutsch-Ostafrikas: „Nichts berechtigt uns zu der Annahme, daß es gelingen werde, durch friedlichen Einfluß derartige Räuberstämme, welche seit Jahrhunderten Raub und Krieg als ihr vornehmstes Handwerk betrachten, für Kulturzwecke zu gewinnen" (*Die Gartenlaube*, 4, 1892, S. 127). Geschürt wurde die Vorstellung von den ‚barbarischen Schwarzen' nicht allein durch Zeitungsberichte, sondern auch durch bildliche Darstellungen. So zeigte das 1885 von Louis Braun und Hans Petersen geschaffene Panorama Strafexpedition in Kamerun die deutsche Marine im Kampf gegen afrikanische Stämme (so der Kommentar, 16:217).

Fremdwahrnehmung bewußt, die selbst noch assimilierte Juden in die Ecke des Exotisch-Fremden drängt.[46]

Die zweite Figur des Romans, die sich ausführlich über ihr Verhältnis zum Judentum äußert, ist Manon. Während Leo eine ganze Skala des Fremden ausschreitet, zielt Manons Argumentation auf einen Kontrast. Sie bestärkt den Bruder zwar in seinen jüdischen Heiratsplänen, sucht ihm aber Freundin Flora Bartenstein als geeignete Frau schmackhaft zu machen: „Deine ganze Zukunft, so viel wird mir immer klarer, dreht sich um die Frage: Esther oder Flora. Flora, Gott sei Dank, ist blond, sogar hellrotblond" (16:85). Manon vollzieht eine Aufspaltung des Jüdischen in einen vertrauten und einen fremden, in einen deutschen und einen exotischen Teil. Sie zieht eine scharfe Trennlinie zwischen den getauften westjüdischen Bartensteins und den ungetauften ostjüdischen Blumenthals: „Es ist ein Unterschied, *muß* ein Unterschied sein" (16:87).

Die Bartensteins rückt sie dem Bruder als staatsloyale Träger der bürgerlichen Kultur vor Augen, bei denen höchste Repräsentanten Preußens, herausragende Intellektuelle und Künstler verkehren: „Bei Bartensteins war der Kronprinz, Bartenstein ist rumänischer Generalkonsul, was höher steht als Kommerzienrat, und bei Bartensteins waren Droysen und Mommsen (ja, einmal, kurz vor seinem Hinscheiden, auch Leopold von Ranke), und sie haben in ihrer Galerie mehrere Bilder von Menzel, ich glaube einen Hofball und eine Skizze zum Krönungsbild. Ja, lieber Leo, wer hat das?" (16:87) Auch hier fungieren die Namen als ein kultureller Code; durch sie erhalten gesellschaftliche Kontroversen im Roman Resonanz: Der Hinweis auf Theodor Mommsen erinnert an den liberalen Widerstand gegen Treitschkes Antisemitismus, der in Mommsen seinen führenden Kopf hatte. Und die Nennung des Malers Adolph Menzel, mit dem Fontane in den Künstlervereinigungen *Tunnel* und *Rütli* persönlichen Umgang hatte, läßt sich als Anspielung lesen auf den problematischen Ort der Kunst in der zeitgenössischen Gesellschaft.[47] Dazu freilich muß man wissen, dass Menzels Werke sich überwiegend im Besitz der haute finance befanden; so hatte Familie Bleichröder das Bild *Nach Abschluß des Hoffestes* (1889) erworben.[48] Das im Roman genannte *Krönungsbild* (1861) hingegen, Fontane berichtete in der *Kreuzzeitung* darüber, war der größte Auftrag, den Menzel vom preußischen Hof erhielt und bedeutete künstlerisch und politisch eine prekäre Aufgabe, da er dem aktuellen Preußen kritisch gegenüberstand. Derart umgibt die genannten Namen – Menzel und Mommsen – ein Hof von Konnotationen, sie stehen ein für ein ganzes Geflecht von politischen und ideologischen Einstellungen und man könnte das damit ausgeworfene Netz von Diskursen in viele verschiedene Richtungen verfolgen. Der Text überläßt es den Kenntnissen und

---

46 Eda Sagarra hat zudem darauf hingewiesen, daß die Rollen hier vertauscht sind: Berechnend nämlich seien die Poggenpuhls, die nur des Geldes wegen die Verbindung zu den Juden suchten. Eda Sagarra, „Intertextualität als Zeitkommentar" (wie Anm. 5), S. 42.

47 Vgl. zum Verhältnis von Fontane und Menzel: *Fontane und die bildende Kunst*, hg. von Claude Keisch, Peter-Klaus Schuster und Moritz Wullen, Berlin, 1998, S. 200-205.

48 Lammel, Gisold, *Adolph Menzel und seine Kreise*, Dresden, 1993, S. 93.

dem Interesse des Lesers, bis zu welchem Grad er diese diskursiven Zusammenhänge aktualisiert.

Zurück zu Manon: Sie betont die politische und kulturelle Integration der Bartensteins, indem sie kategorial zwischen West- und Ostjuden trennt. Doch unterläuft sie diese Dichotomie auch wieder, wenn sie auf die innere Gespaltenheit der Bankierfamilie hinweist: „wie aus zwei Welten“ erscheine die Gesellschaft, die sich bei Familientreffen zusammenfinde: „der eine Onkel war vielleicht 30 Jahre lang in London oder Paris, der andere 30 Jahre lang in Schrimm“ (16:85). Die eine jüdische Familie versammelt also unter ihrem Dach ganz unterschiedliche Existenzmodelle, sie trägt die kulturelle Differenz zwischen West- und Ostjuden in sich. Eine weitere Facette ‚jüdischen Lebens‘ kommt durch Flora, die Tochter der Bartensteins, hinzu, die im Sog des Kapitalismus steht und das oberflächliche Gebaren einer konsumorientierten Generation an den Tag legt. Ihr Lieblingsausdruck lautet, wie Manon berichtet, „unbedeutend“ und ihre Lieblingsbeschäftigung ist „shopping“ (16:88).

Insgesamt kennzeichnet eine eigentümliche Ambivalenz die Darstellung des Jüdischen in den *Poggenpuhls*. Obwohl Juden immer nur als Andere in den Blick geraten und damit dem Schema von Selbst- und Fremdwahrnehmung unterliegen und obwohl zeittypische Vorurteile und Klischees die Wahrnehmung bestimmen, verweist der Roman auf ein ganzes Spektrum jüdischer Lebens- und Existenzformen. So ist eine ähnliche Doppelbewegung zu erkennen wie in *L'Adultera*: Einerseits werden beständig Klischees und stereotype Fremdbilder aufgerufen, andererseits werden sie immer wieder aufgebrochen. Wie schon in *L'Adultera* so erhält auch hier der Perspektivismus der Darstellung zentrale Bedeutung, auch hier wird die Rede über das Jüdische wiederholt als zitierte Rede kenntlich gemacht. Als weitere Auffälligkeit kommt in den *Poggenpuhls* hinzu, dass die Figuren sich untereinander zitieren. So malt etwa Manon sich in einem ihrer Briefe aus, wie Leo ihr Plädoyer für Flora aufnehmen wird, um dann auf die dem Briefpartner unterstellten Argumente selbst zu antworten:

> Du lachst mich aus über meine Besorgnisse, neckst mich und stellst die Frage, [...] was denn für ein Unterschied gewesen wäre zwischen den so verpönten Blumenthals und den mit so vielem Empressement empfohlenen Bartensteins. Ja, Du fügst hinzu, Blumenthal führe seit Jahr und Tag den Kommerzienratstitel und solche Staatsapprobation durch eine doch immerhin christliche Behörde sei zwar nicht die Taufe selbst, aber doch nahe daran, und so sei denn Haus Blumenthal dem Hause Bartenstein eigentlich um einen Pas voraus. Ach, lieber Leo, das klingt ganz gut, und als einen Scherz will ich es gelten lassen, aber in Wahrheit liegt es doch anders. (S.548)

Dieses Ineinanderblenden der Stimmen lässt den Eindruck von einem Diskursgeflecht entstehen, es erzeugt Mehrstimmigkeit und zeigt an, dass unterschiedliche Auffassungen und Meinungen kursieren. Obwohl der Roman forciert antisemitische Stereotype aufgreift, macht er doch zugleich auch deutlich, dass es nicht *das* Jüdische gibt, sondern verschiedene Wahrnehmungen des Jüdischen, das sich auffächert in ein ganzes Spektrum jüdischer Lebensformen. Der Roman liefert kein festes Bild jüdischen Andersseins, sondern schwankt zwischen einer stereotypisierenden und einer differenzierenden Sicht der Juden – und unterläuft damit alle Festschreibungen.

Schluß

L'Adultera wie *Die Poggenpuhls* vermitteln das Bild einer Gesellschaft, die durch ungeschminkten Kapitalismus und antijüdische Ressentiments geprägt ist. Mit ihren Darstellungstechniken setzen beide Romane bei der sprachlichen Verfaßtheit der Realität an. Indem sie auf zeitgenössische Diskurse Bezug nehmen und diese in Elementen reproduzieren, werden sie nicht zuletzt zu Romanen über die antisemitische Diskurspraxis der Zeit, die sie ins Bewusstsein heben und für den heutigen Leser anschaulich machen. Gemeinsam ist beiden Romanen überdies, dass sich die literarische Präsentation von Juden und Jüdischem wesentlich über Andeutungen vollzieht. Die Rede über das Jüdische folgt einem kulturellen Code, der mit wenigen Signalworten auskommt.

Offenkundig hatte Fontane, dessen Tagebücher und Briefe zahlreiche antisemitische Äußerungen überliefern, eine gewisse Lust daran, semitische Stereotype in seine Romane einzuschleusen. Zu beachten ist nun aber, dass diese, indem sie Instanzen des fiktionalen Textes (Figuren oder Erzähler) zugeschrieben werden, nicht als Ausdruck der Autormeinung aufzufassen sind. Vielmehr sind die judenfeindlichen Ressentiments eingebettet in eine polyphone Diskursvielfalt, die zeittypische Vorstellungsmuster evoziert und zeittypische Wertungen transportiert, ohne dazu deutlich Stellung zu nehmen. So entsteht kein fest umrissenes Bild eines jüdischen (Anders-)Seins, sondern das Jüdische erscheint in vielfachen perspektivischen Brechungen, umstellt von Wahrnehmungen, Deutungen, Aneignungen und Distanzierungen. Die Rede über das Jüdische ist deshalb in Fontanes Romanen keine aneignende, vereinnahmende Rede (weder in philo- noch in antisemitischer Hinsicht), sondern eine zerstreuende, pluralisierende Rede, die einer Vielfalt von Meinungen Gehör verschafft und den Rezipienten gerade *nicht* zu Identifikation nötigt. Distanz erzeugt nicht allein der narrative Perspektivismus mit seinen fortwährenden Fokusverschiebungen, hinzu kommt, dass die Rede über das Jüdische als gebrochene vorgeführt wird, insofern als in der Stimme des Sprechenden andere Stimmen mitklingen und die Rede der einen Figur infiltriert scheint von den Meinungen und Urteilen anderer. Die besondere Leistung von Fontanes Romanen sehe ich deshalb darin, dass sie den zeitgenössischen Diskursen einen Raum eröffnen, der, weil er die ideologischen Besetzungen, ihre Motive und Strategien bewusst macht, entideologisierend wirkt. Fontanes Romane rekurrieren in großer Dichte auf philosemitische oder antisemitische Muster, ohne selbst als philosemitisch oder antisemitisch eingestuft werden zu können.

IV.

Philosemitismus, Antisemitismus und jüdische Identität in der Moderne

Eva Edelmann-Ohler

Philosemitismus als Textverfahren – Zum Verhältnis von ‚poetischem Zionismus' und Philosemitismus in Börries von Münchhausens *Juda* (1900)

Im Jahr 1900 erscheint mit dem Buch *Juda* im Lattmann Verlag in Goslar eine für die jüdische Moderne außerordentlich wichtige Publikation. Zum einen enthält das Buch Balladen, die das zionistische Projekt der Ansiedelung des jüdischen ‚Volkes' in Palästina uneingeschränkt affirmieren. Zum anderen sind diese Balladen mit Illustrationen versehen, die als bildgewaltige Darstellungen nationaljüdischer Desiderate gelten können. Bemerkenswert ist zum einen, dass die innerhalb der zionistischen Presse enthusiastisch aufgenommene Publikation vom deutschen Adligen und Balladendichter Börries von Münchhausen geschrieben wurde, was dem Werk eine deutlich philosemitische Stoßrichtung verleiht.[1] Zum anderen eröffnet sich dadurch eine Perspektive auf das Buch, welche die Interaktionsmodi zwischen Philosemitismus und Zionismus voll ausschöpft. Das Buch wird von folgenden Zeilen eröffnet, die gleichermaßen zionistische Topoi wie die philosemitische Absicht der Sprecherstimme erkennen lassen:

> Mir klang aus weiter Ferne her ein Rufen,
> Des Halljahrs Hörner bliesen heimwehstark,
> Ich sah im Osten Zions Tempelstufen,
> Da griff ein Sehnen mir ins tiefste Mark.
> [...]
> Geächtet Volk ich zeige Dir die Stege
> Aus Haß und Hohn zu deiner Jugend Glück,
> Verlorner Stamm, ich weise dir die Wege,
> Und deiner Wege Losung heißt: Zurück![2]

Das Buch entstammt einer Zusammenarbeit des Zeichners, Radierers und Zionisten Ephraim Moses Lilien, der die Balladen des Buches nach biblischen Motiven mit Bildschmuck versehen hat, mit dem bereits genannten deutschen Dichter. Mit Blick auf das Phänomen ‚Philosemitismus' etabliert diese unkonventionelle Zusammenarbeit einen Interpretationsraum, der sich gerade aus der Dialektik zwischen Zionismus und Philosemitismus speist. Zionismus und Philosemitismus treten in ein produktives Spannungsverhältnis, das aus der philosemitischen Fremdperspektive einen Blick auf das zionistische Unternehmen

---

1 Es ist anzunehmen, dass sich Münchhausen mit seiner Balladensammlung in der Tradition von Byron und seinen *Hebrew Melodies* sieht. Vgl. dazu auch: Theodor Zlocisti, „Juda", in: *Ost und West*, 1 (1901), Sp. 63-68, hier Sp. 63.

2 Börries von Münchhausen, *Juda*, Buchschmuck von E. M. Lilien, Goslar, 1900. Im Folgenden im Fließtext mit dem Siglum J und dem Kurztitel der jeweiligen Ballade zitiert.

hervorbringt, der es erlaubt, die Übersiedelung nach Palästina nicht nur als ein in unbestimmter Zukunft zu realisierendes Projekt anzusehen, sondern diese Perspektivierung ist zu weitaus mehr in der Lage: Die Fremdperspektive wird vor allem im Zuge einer Lektüre *der Texte* des Buches *Juda* im Horizont ihrer außerliterarischen Kontexte deutlich.[3] In dieser Hinsicht werden Text und Kontext[4] zu einer Projektion des Übergangs nach Palästina und zur Reflexion von dessen Möglichkeitsbedingungen, die sich gerade im Modus der Poesie konfigurieren. Dies zeigt sich insbesondere dann, wenn man die verschiedenen Rezeptionszeugnisse des Buches in der zionistischen Presse vergegenwärtigt. Im folgenden Beitrag wird diesen Diskursfäden ein Stück gefolgt und den verschiedenen Argumentationssträngen weiter nachgegangen.

Erstens lässt sich so veranschaulichen, dass Münchhausen innerhalb der zionistischen Presse gewissermaßen zum ‚Proto-Philosemiten' stilisiert wird, dessen affirmative Haltung gegenüber dem Judentum beispielhaft durch den Buchschmuck Liliens ergänzt wird. Dabei ist zu beobachten, dass die zionistische Presse Münchhausens Philosemitismus zusätzlich als eine Haltung bestimmt, die gerade den Zionismus unterstützt und ihm so einen poetischen Mehrwert beilegt. Zweitens wird dann gezeigt werden, dass der Philosemitismus im Buch *Juda*, der sich auf einer ersten Ebene als Freundschaft des christlichen Dichters und des zionistischen Künstlers äußert, auch auf der Ebene der literarischen Texte erkennbar wird. So lässt sich das Programm des Philosemitismus in Münchhausens Texten in mannigfachen poetischen Konfigurationen und insbesondere als Intertextualitätsphänomen analysieren. Mit der Verlagerung des Philosemitismus auf die Textebene wird es möglich, das Phänomen ‚Philosemitismus' nicht nur als Freundschaft zwischen den beiden Beiträgern des Buches zu verstehen, sondern es wird ebenfalls als literarisches Verfahren lesbar. Im Anschluss daran wird drittens der Buchschmuck Liliens auf seine Rolle hin

---

[3] Die in historischer Perspektive zwingend zu stellende Frage, ob und ab wann der Verfasser Antisemit gewesen ist, lässt sich am Textbestand des Buches *Juda* nicht zufriedenstellend beantworten. Man könnte unterstellen, dass Münchhausens Unterstützung der Auswanderung der Juden nach Palästina antisemitisch motiviert ist und im Sinne einer Exklusion des Judentums deswegen Ziele realisiert werden sollen, die auch die Ziele des Zionismus sind. Diese Lesart steht der poetischen Tiefendimension, die den Balladen Münchhausens eignet, fundamental entgegen. Vgl. zu biographischen Anhaltspunkten zu Münchhausen und zur Diskussion antisemitischer Äußerungen auch: Michael Brenner, „'Gott schütze uns vor unseren Freunden' – Zur Ambivalenz des Philosemitismus im Kaiserreich", in: *Jahrbuch für Antisemitismusforschung* 2 (1993), S. 174-199. Sowie zur Verortung des Bandes Thomas F. Schneider, „Ein ‚Beitrag zur Wesenserkenntnis des deutschen Volkes'. Die Instrumentalisierung der Ballade in der extremen politischen Rechten und im Nationalsozialismus 1900-1945", in: *Die deutsche Ballade im 20. Jahrhundert*, hg. von Srdan Bogosavljević undWinfried Woesler, Bern u.a., 2009, S. 125-150, hier S. 130.

[4] Vgl. zu Text und Kontext Moritz Baßler, *Die kulturpoetische Funktion und das Archiv. Eine literaturwissenschaftliche Text-Kontext-Theorie*, Tübingen, 2005.

zu befragen sein, dies vor allem im Horizont des Programms der zeitgenössischen Strömung der ‚jungjüdischen Kunst'.[5] Gerade am Schnittpunkt verschiedener Medien siedelt sich dann auch der Umschlagpunkt zwischen Philosemitismus und Zionismus an. Am Übergang vom Text zum Bild wird deutlich, dass den philosemitischen Elementen aus Münchhausens Literatur ein Moment innewohnt, das wiederum durch den Bedeutungsüberschuss der Bilder zionistisch gedeutet werden kann.

1. Zionismus als poetisches Projekt

Überblickt man die Rezensionen zum Buch *Juda* in der zionistischen Presse, so ist diesen Rezensionen gemein, dass sie der Publikation deutlich positives Potential beimaßen. Dabei hoben sie vor allen den prospektiven Charakter der Publikation hervor, die eben im Buch schon verwirkliche, was politisch noch seiner Realisation harre. Es handle sich um die Projektion eines Zustandes, der in der ‚Ahnung' des Judentums bereits bestehe und in nicht allzu geraumer Zeit als „Schönheitsbewegungen zu grossen nationalen Schöpfungen zusammenströmen"[6] werde. Weiterhin glichen sich die Bewertungen des Buches *Juda* in dem Punkt, dass sie die Tatsache, dass ein christlicher Dichter sich mit den Stoffen des Judentums befasst, als Zeichen seiner Sympathie für das Judentum und in einem zweiten Schritt als Zeichen seiner Unterstützung für den Zionismus fasst. Der Arzt, Schriftsteller und Zionist Theodor Zlocisti machte dies in einem Artikel in der Zeitschrift *Ost und West* aus dem Jahr 1901 eindrücklich deutlich, nicht ohne Münchhausens Verhältnis zum Judentum dabei paradigmatischen Charakter zuzusprechen.

> Münchhausen's – des aristokratischen Dichters – Entwickelungsgang in seiner Stellung zum Judentum wird etwas Vorbildliches haben. Es ist die innere Ueberwindung des Judenhasses, den alle ‚Abwehr' nur giftiger machte. Aus dem historischen Interesse für unsere Vergangenheit wird sich ein Verständnis für die seelische Struktur unseres Volkes ergeben, wie sie einst in Lust und Freude sich zeigte, und wie sie sich jetzt nach der tiefen Nacht des Ghetto und der noch tieferen Nacht der Aufklärung, nicht verbogen und nicht verrenkt, wieder offenbaren soll. Münchhausen's Buch wird uns neuen Juden Freunde werben. Man wird an ihm nicht vorübergehen wie an irgend einem Gedichtband.[7]

Nicht nur Münchhausens eigener Philosemitismus wird demnach betont, sondern auch dessen Vorbildfunktion.[8] Programmatisch ist weiterhin die Tatsache,

---

[5] Vgl. dazu auch: Mark Gelber, „The ‚jungjüdische Bewegung'. An Unexplored Chapter in German-Jewish Literary and Cultural History", in: *Yearbook of the Leo Baeck Institute* 31 (1986), S. 105-119.

[6] Martin Buber, „Das Buch ‚Juda'", in: *Die Welt* 50 (1900), S. 10-12.

[7] Zlocisti, *Juda* (wie Anm. 1), Sp. 63-68, hier Sp. 65.

[8] Vgl. dazu: Edgar Alfred Regener, „Zionistenstolz und Sehnsucht", in: *Ost und West* 12 (1904), Sp. 837-846.

dass Zlocisti den Ursprung des Münchhausen'schen Philosemitismus in das Studium der historischen Stoffe verlagert, aus denen dann ein besseres Verständnis für die ‚psychologische Beschaffenheit' des Judentums erwachse. Beinahe versteckt gibt Zlocisti zusätzlich noch den Hinweis, dass Münchhausens Buch speziell den ‚*neuen* Juden' Freude werben werde, was einen Rückschluss darauf zulässt, dass das Buch gerade Bedeutung für den Zionismus besitze.

Ähnlich enthusiastisch rezensiert Benjamin Segel[9], späterer Chronist des Ersten Weltkriegs[10] das Buch unter dem Titel *Der Sang von Juda*. Er erklärt anhand von Münchhausens Beispiel Deutschland zum „Land des Bibelstudiums"[11] und konstatiert, dass die beiden Künstler, die das Buch zusammen schufen, die „Liebe zu Israel"[12] teilen würden. Segel deutet dabei die nationaljüdischen Tendenzen, die Münchhausen in anderen zionistischen Rezensionen beigelegt werden, eher implizit an und pointiert diese auf ihr prospektives Moment. Er bestimmt es dementsprechend als besonderes Verdienst Münchhausens, dass seine Balladen erkennen lassen, was politisch noch lange auf seine Realisierung warten wird: „Aus dem Glanze der Vergangenheit leuchtet ihm das Idealbild der Zukunft entgegen, er sieht und fühlt es und fasst es in glühende Worte".[13] In genau dieselbe Richtung argumentiert auch Martin Buber, indem er über das ‚eigentliche Thema' der Publikation mutmaßt: „Die ewige Erneuerung und Verjüngung unseres Volkes, das wunderbare, sich stets wiederholende Hervorströmen des Lebens aus dem Tode, ist der eigentliche Stoff des ‚Juda'".[14] Buber sieht demnach in der Publikation eine Verwirklichung des Kulturzionismus, eine Publikation, die gleichsam aus sich selbst ‚neue Werte' schaffe.

Ebenso bemerkenswert ist die Stoßrichtung der Kommentare. Die dafür wohl aufschlussreichste und in wesentlichen Inhalten mit den bisher zitierten Rezensionen übereinstimmende Besprechung des Buches erschien in der deutschsprachigen ungarischen Zeitung *Pester Lloyd*. Unter dem Titel *Ein zionistischer Christ und Dichter* fragt der Verfasser Ludwig Hevesi danach, wie der junge Baron Münchhausen dazu komme „das Lob Zions zu singen und die Rückkehr dahin zu künden".[15] Hevesi begründet Münchhausens Absichten im Rekurs auf Goethe mit einer allgemein menschlichen Sehnsucht nach dem Fremden folgendermaßen:

---

9 Vgl. Klaus Hödl, Art. „Benjamin Segel", in: *Österreichisches Biographisches Lexikon 1815-1950*, hg. von der Österreichischen Akademie der Wissenschaften, Bd. 12, Wien, 2001, S. 110-111.

10 Vgl. dazu etwa Benjamin Segel, *Der Weltkrieg und das Schicksal des jüdischen Volkes*, Berlin, 1915.

11 Benjamin Segel, „Der Sang von Juda", in: *Jüdisches Volksblatt* 50 (1900), S. 1-2, hier S. 1.

12 Ebd., S. 2.

13 Segel, *Sang von Juda* (wie Anm. 11), S. 2.

14 Buber, *Juda* (wie Anm. 6), S. 12.

15 Ludwig Hevesi, „Ein zionistischer Christ und Dichter", in: *Pester Lloyd* 21 (1901), S. 2-3, hier S. 2.

> Ein Sehnen ergriff den untadeligen Christen und Christensohn, den von Münchhausen, wie einst den alternden Goethe, als er aufbrach, „im fernen Osten Patriarchenluft zu kosten" und den Westöstlichen Divan dichtete. Ein Sehnen, wie den allerdings weniger ‚arischen' Heine, als er von Jehuda ben Halevy sang und dem herrlichen Gabirol, und sogar von der schönen Prinzessin Sabbath. In der That, nochmals hat Goethe Recht behalten: „Orient und Occident sind nicht mehr zu trennen". Freilich, man kann es nicht wissen, wie weit der poetische Zionismus Münchhausens auch wirklich ein praktischer ist, wenn er ruft: „Geächtet Volk!" und ihm die Stege zeigen will „aus Haß und Hohn zu deiner Jugend Glück".[16]

Hevesi stellt Münchhausen demnach in eine Reihe mit Goethe und Heine, wobei dieser Rekurs am strukturellen Verhältnis zwischen Dichter und Material festzumachen ist. So interessierte sich Goethe für den Islam, insbesondere für die Dichtungen des persischen Dichters Hafis.[17] Heine wiederum versuchte ebenfalls über Dichtungen längst vergangene Protagonisten des jüdischen kulturellen Erbes zu vergegenwärtigen, die ihm – nicht zuletzt wegen seiner Zwischenstellung zwischen Christentum und Judentum – nicht mehr ohne Weiteres zugänglich waren. In dieser Reihe von Dichtern, die durch die Mittel der Literatur einen kulturellen Zwischenraum zu durchschreiten suchen, ist nun in der Perspektive Hevesis auch Münchhausen zu verorten. Doch ist hier nicht nur die dichterische Liebe zum Fremden thematisiert, sondern mit der Diagnose eines ‚poetischen Zionismus' ist gleichzeitig auch der Ausgangspunkt für eine kulturpoetische Auffächerung des Problemhorizonts zu veranschlagen.

Am Befund Hevesis zeigt sich ein Perspektiv, das sich als grundlegend für das Buch *Juda* erweist und in seinem Umfeld verhandelt wird. Das Potential, das einer poetischen Betrachtungsweise des Zionismus innewohnt, liegt darin, den poetischen Aspekt des Zionismus als ‚Darstellung von Möglichkeiten' zu begreifen. Im Anschluss daran kann insbesondere eine Analysekategorie fruchtbar wirken, die diese Möglichkeitsstruktur mit berücksichtigt und so die diskursive Funktionsweise zionistischer Selbstbegründung im Modus der Poesie rekonstruieren kann. Wenn man davon ausgeht, dass sich der Zionismus zu einem nicht unerheblichen Teil über eine poetische Selbstbestimmung[18] fassen lässt, so korreliert diese Perspektive mit der vielzitierten Zuschreibung von Aristoteles an den Dichter und sein Schaffen. Aufgabe des Dichters sei es, „etwas so ⟨darzustellen⟩, wie es gemäß ⟨innerer⟩ Wahrscheinlichkeit oder Notwendigkeit

---

16 Ebd.

17 Über Hafis schreibt Goethe im West-östlichen Divan: „Und mag die ganze Welt versinken, / Hafis mit dir, mit dir allein / Will ich wetteifern! Lust und Pein / Sey uns den Zwillingen, gemein!" Vgl. Johann Wolfgang Goethe, *West-östlicher Divan*, Teil 1, hg. von Hendrik Birus, Frankfurt am Main, 1994, S. 31 u. 323.

18 Vgl. Philipp Theisohn, *Die Urbarkeit der Zeichen. Zionismus und Literatur – eine andere Poetik der Moderne*. Stuttgart/Weimar, 2005, S. 95 f.

geschehen würde, d. h., was [...] möglich ist".[19] Die Aufgabe des Geschichtsschreibers hingegen sei es, „geschichtliche Wirklichkeit [...] wiederzugeben".[20] Diese Zuschreibung des Aristoteles an den Dichter ist insbesondere deswegen bedeutsam für die zionistische Position, weil sie dazu befähigt, die Möglichkeitsbedingungen des zionistischen Projekts zu reflektieren.[21] Dies nicht zuletzt deswegen, weil diese Zuschreibung das prospektive Moment der Poesie voll ausnutzen kann. Hier wird imaginiert, was gerade noch keine Realisation gefunden hat (,Zion') und was sich so nicht an seinem Wirklichkeitsgrad messen lässt. Diese Perspektive korrespondiert nicht zuletzt mit Herzls Einschätzung zu Faktizität und Fiktionalität seines Entwurfs im *Judenstaat*. Je nach dem Grad der Verwirklichung der von Herzl ausgeführten Ideen wird die ,Staatsschrift' zum ,Staatsroman', denn es hänge „von den Juden selbst ab, ob diese Staatsschrift vorläufig nur ein Staatsroman ist".[22] Mit dieser janusköpfigen Schrift, die ihre Gestalt in dem Maße ändern kann, in dem ihr Realisierung zukommt, ist die Privilegierung des Poetischen bei Herzl grundgelegt. Insofern bleibt also der *Judenstaat* „literarische Realität"[23] als Herzl eben nicht den Judenstaat gründet, sondern seine „Aufgabe mit der Publication dieser Schrift für erledigt"[24] erklärt, vorläufig also im Poetischen verbleibt.

Eine Perspektive also, die den Zionismus als poetisches Phänomen bestimmt, ist in der Lage dieses ,Noch-Nicht' des Zionismus, also das zur Jahrhundertwende fehlende Vorhandensein des Staates in Palästina mit zu berücksichtigen und kann so die diskursive Selbstbegründung des Zionismus im Modus der Poesie aufgreifen. Die Überbewertungen des Buches *Juda* durch die zionistischen Rezensenten zeigt deutlich, dass es nicht ausschließlich um eine schlicht positive Bewertung des Buches gehen kann, sondern sie zeigen, dass es um die Konstitution dieses poetischen Blickwinkels geht, der dem zionistischen Projekt ei-

---

19 Aristoteles, *Poetik*, übersetzt und erläutert von Abrogast Schmitt, Berlin, 2008, S. 13. Zu den logischen Problemen der Übersetzung dieses Textstückes und den daraus resultierenden logischen Problemlagen siehe ebd., S. 377-384.

20 Ebd.

21 Hier ist auf den Möglichkeitsbegriff von Aristoteles zu verweisen. Vgl. dazu die systematische Zusammenstellung: Horst Seidl, Art. „Möglichkeit", in: *Historisches Wörterbuch der Philosophie*, hg. von Joachim Ritter und Karlfried Gründer, Bd. 6, Darmstadt, 1984, Sp. 72-92, hier Sp. 77-80. Es sind vor allem die drei Arten der ,realen Möglichkeit' hier anschlussfähig: Das Noch-nicht-Seiende, das Kontingente und das im Notwendigen eingeschlossene Mögliche. All dies sind Aspekte, die den Zionismus bis nach dem Ersten Weltkrieg beschreiben, denn die Staatsgründung ist ,noch-nicht-realisiert', der Realisierungsstatus ist kontingent und aus Sicht des Zionismus ist die Realisierung seiner Ziele als ,das im Notwendigen eingeschlossene Mögliche' zu bestimmen.

22 Theodor Herzl, *Der Judenstaat. Versuch einer modernen Lösung der Judenfrage*, Leipzig/Wien, 1896, S. 6.

23 Alfred Bodenheimer, *Wandernde Schatten. Ahasver, Moses und die Authentizität der jüdischen Moderne*, Göttingen, 2002, S. 61.

24 Herzl, *Judenstaat* (wie Anm. 22), S. 6.

nen anderen Wirklichkeitsgrad verleiht – er rückt es aus dem Bereich des Utopischen[25] in den Bereich des *Möglichen* und damit auch des Realisierbaren. Unter genau diesem zionistisch-poetischen Blickwinkel sind die philosemitischen Elemente im Buch *Juda* für eine zionistische Inanspruchnahme bedeutend, indem sie das Konzept Philosemitismus auf der Ebene des Textverfahrens etablieren.

2. *Juda* – Philosemitismus als Textverfahren

Philosemitismus als Verfahren auf Textebene zu verorten, setzt zunächst einen strukturellen Begriff des Phänomens voraus. Im Anschluss an Wolfram Kinzig erweist es sich als literaturwissenschaftlich adaptierbar, Philosemitismus nicht als statisches Phänomen zu charakterisieren[26], vielmehr ist anzunehmen, dass sich ein solcher aus mehreren konstitutiven Elementen zusammensetzt. Basale Bestimmungen dieses Konzeptes von Philosemitismus, die sich insbesondere auf eine poetische Analyse übertragen lassen, sind dabei zwei Aspekte: (1) „Träger des Philosemitismus sind Nichtjuden".[27] (2) Das Konzept Philosemitismus ist wesentlich mit einem „Eintreten für das Judentum"[28] verbunden. Diese beiden Aspekte des Philosemitismus eröffnen auch in Münchhausens Publikation einen Interpretationsraum, besonders den literarischen Phänotyp analytisch fruchtbar zu machen. Dieser Versuch, Philosemitismus auf der Textebene zu etablieren, geht mit einem entgrenzten Autorkonzept einher, das von der poststrukturalistischen Theoriebildung her kommend, zum einen die Deutungshoheit der Autorposition hinterfragt, zum anderen den Text als Sinneinheit von einem einzigen statischen Konzept von Sinnzuschreibung emanzipiert:

> Heute wissen wir, dass ein Text nicht aus einer Reihe von Wörtern besteht, die einen einzigen, irgendwie theologischen Sinn enthüllt (welcher die Botschaft des *Autor*-Gottes wäre), sondern aus einem vieldimensionalen Raum, in dem sich verschiedene Schreibweisen [*écritures*], von denen keine einzige originell ist, vereinigen und bekämpfen. Der Text ist ein Gewebe von Zitaten aus unzähligen Stätten der Kultur.[29]

Nicht mehr nur die Tatsache, dass ein christlicher Dichter mit einem zionistischen Künstler zusammen ein Buch geschaffen hat, das zunächst als Ausdruck eines uneingeschränkten Philosemitismus gelesen werden kann, steht also im Folgenden im Vordergrund, sondern die poetische Faktur dieses Phänomens.

---

[25] Vgl. ebd., S. 3-5. Vgl. zur Utopie auch Clemens Peck, *Im Labor der Utopie. Theodor Herzl und das ‚Altneuland'-Projekt*, Berlin, 2012.

[26] Wolfram Kinzig, „Philosemitismus. Zur Geschichte des Begriffs", in: *Zeitschrift für Kirchengeschichte*, 105 (1994), S. 202-228 und S. 361-383.

[27] Ebd., S. 361. Dieser Teilaspekt grenzt den Philosemitismus vom Proselytismus ab.

[28] Ebd., S. 362.

[29] Roland Barthes, „Der Tod des Autors, in: *Texte zur Theorie der Autorschaft*, hg. von Fotis Jannidis, u.a. Stuttgart, 2000, S. 185-193, hier S. 190. Hervorhebungen im Original.

Dabei zeigt sich insbesondere die Sprechposition offen, als Ausprägung ‚philosemitischer Rede' untersucht zu werden. Der Sprecher der Balladen des Buches *Juda* zählt sich gerade nicht zu dem Kollektiv, das er mit seinen Balladen ansprechen will. Die Widmungsballade illustriert in dieser Hinsicht die absichtsvolle Exklusion des sprechenden Ichs – dies nicht zuletzt durch den Titel „Euch", der unmissverständlich diese Trennung des Sprechers vom Kollektiv auch grammatisch verdeutlicht. Der Sprecher gehört also nicht dem ‚alten Israel' an, das in der Widmungsballade heraufbeschworen wird. Die Aussage über Qualität des Sprechens verweist zusätzlich auf den zweiten Aspekt des hier zugrundeliegenden Konzepts von ‚Philosemitismus'. Der Sprecher beschreibt sich selbst als des ‚Predigers Stimme in der Wüste' aus dem Jesajabuch (Jes 40,3), die mit einem lauten Schrei, den „die Liebe [...] gebar" (J, „Euch"), auf dringend zu realisierende Zustände hinweist. Die sprechende Stimme der Balladen gibt sich demnach aufgrund zweier Merkmale als philosemitische Stimme zu erkennen: Erstens grenzt sie sich von dem jüdischen Kollektiv, zu dem sie spricht, ab. Zweitens kann dieses Sprechen aufgrund der äußerst positiven Motivation (‚Liebe') als ‚Eintreten für das Judentum' verstanden werden.

Richtet man den Blick auf den Inhalt, ist das Buch *Juda* auf einen ersten Blick als Konglomerat biblischer Themen lesbar, die sich in scheinbar beliebiger Weise mit den Stoffen des Tanach beschäftigen. Die Auswahl der Protagonisten reicht von Jesaja, über Rahab, die Engel Gabriel und Satan, die Hexe von En-Dor, Simson und Mose. Jedoch geben diese Themen durch ihre Anordnung Aufschluss über die Absicht, durch welche die Wahl gerade dieser Gestalten und mit ihnen die Wahl ihrer Geschichten zu motivieren ist – dies nicht ohne Konsequenzen für das zugrundeliegende Verständnis des Judentums, seiner Geschichte und seiner Perspektive für die Zukunft.

Diese Perspektive gibt sich insbesondere auf einer intertextuellen Ebene zu erkennen, wobei die Zielrichtung als konkretes Eintreten für das Judentum bestimmt werden kann. Diese in positiver Absicht erfolgende poetisch-narrative Begründungsstruktur einer angenommenen ‚grundsätzlichen Positivität' des Judentums verbindet solche biblischen Episoden des Tanach, die günstig für das Judentum verlaufen, mit solchen Szenarien, die als Bedrohung für das Judentum zu verstehen sind. Die negativen Episoden erhalten dadurch eine positive Wende oder Deutungsmöglichkeit. Nicht also die Verwendung biblischer Motive soll im Folgenden analysiert werden, sondern die absichtsvoll positive und damit philosemitische Intention innerhalb des Textverfahrens.

In „Also sprach Jesaja" zeigt sich die Geschichte Jerusalems als Verfallsgeschichte. Diese Ballade kombiniert eine Reihe von negativen Momenten. Die philosemitische Balladensammlung beginnt mit der Nachdichtung der biblischen Ankündigung des Gerichts gegen das ‚Volk Israel' aus dem Jesajabuch. Diese Gerichtsankündigung führt die Ballade mit der Formulierung ‚also sprach' mit Nietzsches Zarathustra eng. Strukturell teilt Nietzsches Schrift mit dem Jesajabuch die negative Interpretation des Bestehenden zugunsten eines aus der Zerstörung und Überwindung zu schaffenden Neuen. Dieses wenig optimistische Szenario einer durch den Propheten Jesaja angekündigten Ansage der unumgänglichen Vernichtung mit nietzscheanischer[30] Note besitzt ein kaum zu übertreffendes katastrophisches Register. Mit drastischer Härte wird der Verfall Jerusalems beschrieben:

> Jerusalem, es kommt der Tag, / da stolz die Syrer dich durchschreiten, / Und durch den Wald von Anathot / Mizraims dunkle Krieger reiten! / [...] Und dann, wenn eure Kniee ihr / im Heimatschutte wund gekniet, / Wenn ihr aus rauer Kehle schrill / das Bußgebet zum Himmel schriet, / Ihr Männer Judas, was ihr dann / in irrem Schrei zu Gott gerufen, Zerklirrt wie weggeworfnes Glas / an seines Thrones Marmorstufen! / Er hört dich nicht, Jerusalem, / wer Ohren hat, der höre mich! / Dein Gott, dein Gott, Jerusalem, / dein Gott verstieß, verfluchte dich! (J, „Also sprach Jesaja")

Deutlicher könnte die Ansage an das ‚Volk Israel', die große Nähen mit den Anfangskapiteln des Buches Jesaja aufweist, kaum sein. Hoffnungsvolles scheint in dieser Hinsicht nahezu unmöglich. Doch es lässt sich zeigen, dass gerade diese Ballade durch einen intertextuellen Verweis auf ein späteres Jesaja-Kapitel[31] eine durchaus hoffnungsvolle Bewertung der jüdischen Diasporageschichte gibt und sich somit als Perspektiv verstehen lässt, das auch die Anordnung der folgenden Texte im Buch *Juda* motiviert. Scheint Münchhausens Jesaja-Text auf den ersten Blick ein recht monoperspektivisches Bild des Propheten Jesaja als Unheilsprophet zu zeichnen, das sich aus der Anlage des gesamten Jesaja-Buches kaum nachvollziehen lässt[32], so schlägt sich in Münchhausens Text eine durchaus verheißungsvolle Perspektive nieder. Am Schluss des Textes „Also sprach Jesaja" scheint diese durchaus positive Perspektive durch:

> Und eine dunkle Nacht wird sein / und dumpfer Wehruf rings im Land, / Und eurer Seufzer Kette schlingt / sich endlos euch um Fuß und Hand, / Und immer wieder höre ich / aus Edom her das Rufen bange: / „Sag, Hüter, ist die Nacht bald hin? du [sic] Wächter, währt die Nacht noch lange?" (J, „Also sprach Jesaja")

Mit dieser Textpassage endet der Text und ist in seiner negativen Dimension scheinbar kaum zu überbieten. Doch gerade in dieser Unheilsvision wird durch einen intertextuellen Bezug eine Sinndimension in den Text eingeführt, die es erlaubt, den Text nicht uneingeschränkt negativ zu bewerten.

Während der Großteil der Ballade sich auf Themen- und Motivkomplexe der ersten Kapitel des biblischen Jesajabuchs bezieht, lässt der Schluss der zitierten

---

[30] Vgl. dazu auch: Werner Stegmaier und Daniel Krochmalnik, *Jüdischer Nietzscheanismus*, Berlin, 1997.

[31] Der Begriff „Intertextualität" verweist hier nicht auf die beiden Jesaja-Texte, sondern auf die Beziehung zwischen Münchhausens Text und den Jesaja-Texten.

[32] Vgl. Konrad Schmid, Art. „Jesaja/Jesajabuch", in: *Religion in Geschichte und Gegenwart. Handwörterbuch für Theologie und Religionswissenschaft*, hg. von Hans Dieter Betz u.a., Bd. 4, 4. Aufl., Tübingen, 2001, Sp. 451-456, bes. 452 u. 456.

Passage ein anderes Kapitel und damit einen anderen Themenkreis erkennen. Der Verweis auf einen ‚Hüter', dem die Frage nach der ‚Länge der Nacht' gestellt wird, rekurriert auf Jesaja 21, ein Text, der die vorige Unheilsvision Münchhausens deutlich umwertet. Jesaja 21 behandelt eine prophetische Vision des Falls Babels.[33] Diese Untergangsvision gewinnt innerhalb der Theologie des Buches Jesaja deutlich an positivem Wert für das biblische ‚Volk Israel', wenn man bedenkt, dass sich ‚jedes Orakel über Babels Untergang auch als ‚Manifestation von Israels Überlebenswillen''[34] lesen lässt und dass in dieser Perspektive der „Morgen [...] seine Herrschaft über die Nacht schon begonnen hat".[35] Die Perspektive nun, die Münchhausens Text gerade mit der Zusammenschau der Unheilsansage Jesajas an Jerusalem aus den Anfangskapiteln des Jesajabuchs und der prophetischen Vision des Falls Babels aus Jesaja 21 erreicht, zeigt deutlich, dass auf theologischer Ebene des literarischen Textes eine positive Dimension eingeführt werden soll, deren philosemitische Deutungsebene ebenso evident wird: Der Text führt vor, dass auch angesichts größten Übels in der Welt die Providenz göttlichen Handelns nicht infrage gestellt werden kann und dies klarzumachen ist Funktion des intertextuellen Verweises unter der Chiffre ‚Hüter'.

Überträgt man diese inhaltliche Perspektive auf die Ebene des Textverfahrens, so wird deutlich, dass der literarische Text aus eben jenem oben zitierten ‚Gewebe von Zitaten' besteht, das Roland Barthes aufgeworfen hat. Die philosemitische Dimension dieses Textverfahrens liegt nun in der Kombination von verschiedenen Intertexten zu einem Text, der auch die scheinbar negativsten Episoden jüdischer Geschichte durch Engführung mit verheißungsvollen Textpassagen positivieren kann. Diese Lesart, dass sich die Balladen im Buch *Juda* als Kombination philosemitischer Elemente im Sinne eines Textverfahrens verstehen lassen können, wird von der Perspektive, die die Widmungsballade aufmacht, noch deutlich unterstrichen. Dabei kann aus der Eingangsballade nicht nur die strukturelle Beschaffenheit der Sprecherstimme als philosemitische Stimme etabliert werden, sondern es ist ebenso eine theologische Aufwertung dieser Stimme zu veranschaulichen. Diese theologische Aufwertung der Sprecherstimme lässt dann auch die philosemitische Botschaft der Balladen weitaus gewichtiger erscheinen. Besonders signifikant zeigt sich dabei die Selbstbeschreibung des Sprechers:

> Geächtet Volk, ich zeige Dir die Stege / Aus Haß und Hohn zu deiner Jugend Glück, / Verlorner Stamm, ich weise dir die Wege, / Und Deiner Wege Losung heißt: Zurück! [...] / Ich bin des Predigers Stimme in der Wüste, / Stark ist mein

---

[33] Hier ist theologisch konstitutiv, dass die beiden Textabschnitte in Jes 21 zusammengehören. Vgl. dazu Willem A. M. Beuken, *Jesaja 13-27*, Freiburg/Basel/Wien, 2007, S. 231 u. 234 (Herder theologischer Kommentar zum Alten Testament, im Folgenden als HthKAT abgekürzt)

[34] Vgl. dazu Hans Wildberger, *Jesaja*, Neukirchen-Vluyn, 1978, S. 772 (Biblischer Kommentar Altes Testament). Zit. nach: Beuken, *Jesaja 13-27* (wie Anm. 33), S. 220.

[35] Beuken, *Jesaja 13-27* (wie Anm. 33), S. 234.

> Schrei, die Liebe ihn gebar, / Ich bin des Predigers Stimme in der Wüste, / Ein Fremdes ruft aus mir und redet wahr. (J, „Euch")

Nicht nur die explizit philosemitische Ebene, die sich im Vers ‚Geächtet Volk, ich zeige Dir die Stege' manifestiert, zeigt sich an dieser Stelle aufschlussreich, als vielmehr die performative Privilegierungsstrategie des Sprecher-Ichs. Nicht grundlos qualifiziert sich das Sprecher-Ich als „Predigers Stimme in der Wüste" (Jes 40,3).[36] Durch den Rekurs auf ebenfalls das Jesaja-Buch kann sie so das eigene Sprechen als prophetisch ausweisen, und dies mit allen Konsequenzen. Nicht ohne Grund rekurriert die Ballade mit der Nennung dieser Stimme auch auf den mit ihr verbundenen theologischen Gehalt. Diese Stimme ist es nämlich, die ‚Zion' verkündet, dass es Objekt eschatologischen Trostes sein wird. Diese Stimme ist es weiterhin, die Gottes Herrlichkeit ankündigt und mit ihr die uneingeschränkte göttliche Güte. Betrachtet man diese Strategie unter einem systematischen Blickwinkel, so gibt sich der Sprecher, der sich hier als Prophet bestimmt, zunächst als „Sprecher im Namen Gottes"[37] aus. Dem Inhalt seiner Rede wird so die göttliche Autorität zuteil, die wiederum den Inhalt der Rede als göttliche Botschaft qualifiziert.

Dieses Element begegnet ebenfalls im Text „Rahab, die Jerichonitin". Der Text behandelt inhaltlich die Episode des Josuabuches, in der die Späher Josuas bei ihrer Erkundung der Stadt bei der Dirne Rahab Zuflucht finden und so der drohenden Entdeckung durch die Behörden Jerichos entgehen.[38] Besonders aufschlussreich zeigt sich dabei im Text die Passage, in der von der Einnahme Jerichos durch Josuas Soldaten berichtet wird:

> Des Halljahrs Hörner brausen; / „Kolenu schema elohim" [...] / Mit klirrenden Schwertern vom Himmel / Zogen die Cherubim. / Da wankten Mauer und Türme, Jericho neigte sich IHM, / Und die Posaunen brüllten: / „Kolenu schema, eloim!" (J, „Rahab")

Der Text von der Einnahme Jerichos ist mit einer hebräischen Formulierung durchsetzt, die, wie in der literaturwissenschaftlichen Forschung bereits thematisiert, etwa im Achtzehnbittengebet zu finden ist oder im „Yom Kippur *Makhzor:* ‚Schema Kolenu'".[39] Das philosemitische Element liegt darin, dass der

---

[36] Zusätzlich signifikant zeigt sich, dass die Bibelstelle, an der diese ‚Stimme' auftaucht, als Gelenkstelle im Jesajabuch verstanden werden kann: „Der Aufruf zur Tröstung des Gottesvolkes markiert einen Wendepunkt im Buch Jesaja [...], denn im Gegensatz zu Jesaja 1-39 finden sich in 40-55 fast ausschließlich Heilsworte [...] das Kommen der Herrlichkeit JHWHs läutet die neue Heilszeit ein, in der Zion/Jerusalem eine Hauptrolle übernimmt [...]." Vgl. Ulrich Berges, *Jesaja 40-48*, Freiburg/Basel/Wien, 2008, S. 81 (HthKAT)

[37] Jörg Jeremias, „Prophet (II)", in: *Religion in Geschichte und Gegenwart. Handwörterbuch für Theologie und Religionswissenschaft*, hg. von Hans Dieter Betz u.a., Bd. 4, 4. Aufl., Tübingen, 2003, Sp. 1694-1699, hier Sp. 1694.

[38] Vgl. Jos 2.

[39] Mark Gelber, "The Hebraic Poetics of German Cultural Zionism. An ‚Umlaut' over the ‚Vav'", in: *Integration und Ausgrenzung: Studien zur deutsch-jüdischen Literatur- und Kulturgeschichte von der frühen Neuzeit bis zur Gegenwart.* Festschrift für Hans Otto Horch zum 65. Geburtstag, hg. von dems. u.a., Tübingen, 2009, S. 171-180, hier S. 174.

Text den göttlichen Beistand während der Kampfhandlungen wiederum performativ vollzieht, indem er Gebetszeilen einfließen lässt und so wiederum auf eine Textsorte Bezug nimmt, die in der Lage ist, durch ihren Vollzug Wirklichkeit zu verändern, versteht man sie in der Perspektive eines glaubenden Subjekts.[40] Wiederum wird also ein intertextueller Verweis auf einen religiösen Text dazu genutzt, eine äußerst positive Dimension für das Judentum anzusprechen.

Wenn man diese auf Textebene vorgefundenen Privilegierungsstrategien der sprechenden Stimme auf die Gesamtpublikation und ihre Ausrichtung bezieht, so wirkt dieses prophetische Sprechen weit über die Grenzen des Buches hinaus. Im philosemitischen Sinne lässt sich so argumentieren, dass die Balladensammlung des Buches *Juda* nicht nur als lose Sammlung von Balladen mit biblischen Themen verstanden werden kann, sondern sie sind ebenso als Zukunftsvision göttlicher Provenienz und Autorität zu verstehen. Prophetisches Sprechen im biblischen Sinne zeichnet sich nämlich neben anderen Kriterien vor allem dadurch aus, dass die angekündigten Dinge mit unausweichlicher Konsequenz eintreten, sind Propheten doch als Boten von Gott zu verstehen.[41] Die Sachverhalte, die im Buch *Juda* angekündigt werden, erhalten so die Autorität des Gotteswortes, das mit einer prophetischen Beauftragung weitergegeben wurde. Die Bezüge zum Achtzehnbittengebet verweisen zusätzlich auf eine wirklichkeitspositivierende Dimension. Insofern eignet der Sprechposition im Buch *Juda* nicht nur ein prophetisches Moment, sondern dieses prophetische Moment wirkt sich in einem ersten Schritt ebenfalls auf die im Buch berichteten Inhalte aus. In einem zweiten Schritt zeigt sich diese sakrale Privilegierung des Sprechens aber auch in der Lage, gerade der zionistischen Perspektive auf das Buch einen deutlichen Mehrwert beizulegen. In dieser Hinsicht wird eben nicht nur die inhaltliche Dimension als Objekt der Sakralisierungstendenz ausgewiesen, sondern auch der poetische Blickwinkel auf die Publikation wird aufgewertet. So ist die prospektive Dimension der Publikation nicht nur als philosemitisch und den Zionismus befürwortend zu begreifen, sondern sie überhöht diese beiden Perspektiven in nicht zu unterschätzenden Maße, indem sie das Medium, das ihre Realisation kündet, als Medium prophetischer Autorität und Beauftragung identifiziert.

---

[40] Vgl. dazu etwa Vincent Brümmer, Art. „Gebet (V. Religionsphilosophisch)", in: *Religion in Geschichte und Gegenwart. Handwörterbuch für Theologie und Religionswissenschaft*, hg. von Hans Dieter Betz u.a., Bd. 3, 4. Aufl., Tübingen, 2000, Sp. 496-497. Sowie Hans-Jürgen Fraas, Art. „Gebet (VI. Religionspsychologisch)", in: *Religion in Geschichte und Gegenwart. Handwörterbuch für Theologie und Religionswissenschaft*, hg. von Hans Dieter Betz u.a., Bd. 3, 4. Aufl., Tübingen, 2000, Sp. 497-499.

[41] Vgl. auch Jürgen Ebach, „Prophetismus", in: *Handbuch religionswissenschaftlicher Grundbegriffe*, hg. von Hubert Cancik, Bd. 4, Stuttgart, 1998, S. 347-359.

3. Prospektive Figurationen – Liliens Buchschmuck

„Was Münchhausen sang, das lässt Lilien vor unserem Auge aufleben".[42] Dieser Satz aus Segels Rezension *Der Sang von Juda* beschreibt den zeitgenössisch angenommenen Wirkzusammenhang zwischen Bild und Text, zwischen Inhalt der Balladen und der Intention der ihnen beigegebenen Bilder. Die dadurch evozierte Analogiebeziehung postuliert eine Nähe in der Art und Beschaffenheit der dargestellten Gegenstände und setzt so Philosemitismus und Zionismus miteinander in Beziehung. Während Münchhausen in seiner poetisch-theologischen Argumentation über das Textverfahren herausarbeitet, dass auch im größten Unheil nicht an der Providenz göttlichen Handelns für das ‚Volk Israel' gezweifelt werden dürfe, entwirft Liliens Kunst insbesondere den aus zionistischer Perspektive so dringend gewünschten *Übergang* nach Palästina.

Dabei kann die ikonographische Dimension von Ephraim Moses Lilien für die zionistische Bewegung nicht hoch genug eingeschätzt werden. Lilien verkörpert wie kein Zweiter das Moment einer neuen ‚jüdischen Kunst', wie sie allenthalben gefordert wurde.[43] Am deutlichsten formuliert dies eine Rezension zu einem Buch über Lilien von Edgar Alfred Regener, das den Titel *Ein Beitrag zur Geschichte der zeichnenden Künste* trägt.[44]

> Alle Zeichnungen Liliens sind tendenziös [...]. Lilien, der Künstler des Zionismus, hat Sinnbilder geschaffen, die dem Zionisten seine Ideen, seine Wünsche und Sehnsucht verkörpern. Er hat ihnen das leidende, niedergedrückte Golusjudentum, die Lehre als den einzig lichten Punkt im düstern Golus, die Sonne der Befreiung und alle die andern uns gegeben.[45]

Die Intention dieser Zeilen wird klar, ergänzt man sie um das angesprochene Bild. Auf der einen Seite ist das Judentum der Diaspora zu sehen, das sich in Ägypten fern der Heimat befindet. Dem dornenumrankten Juden steht eine Träne im Gesicht, er hält sich von der Sonne abgewandt, seine Gesichtszüge sind eingefallen. Hinter ihm thronen mahnend die ägyptischen Pharaonen, die eines der ‚Urübel' jüdischer Geschichte repräsentieren, das Exil in Ägypten. Auf der anderen Seite symbolisiert die Sonne mit dem hebräisch geschriebenen ‚Zion' das Ziel der politischen Bemühungen. Liliens Darstellung, die später auch als Postkarte gedruckt wurde[46], stellt somit die Kluft zwischen einem gegenwärtig schlechten und einem künftig zu erreichenden Zustand plakativ dar. Mit dieser Dialektik präfiguiert Liliens Illustration die Diskussionen, die im

---

42 Benjamin Segel, „Der Sang von Juda", in: *Jüdisches Volksblatt,* 50 (1900), S. 1-2, hier S. 2.

43 Vgl. hier auch die Debatte im Umfeld der Zeitschrift *Ost und West* bei: Gavriel D. Rosenfeld, „Defining ‚Jewish Art' in Ost und West, 1901-1908. A Study in the Nationalism of Jewish Culture", in: *Leo Baeck Yearbook*, 39 (1994), S. 83-110.

44 Edgar Alfred Regener, *Ein Beitrag zur Geschichte der zeichnenden Künste*, Goslar/Berlin/Leipzig, 1905.

45 Jacob Thon, „Ein Beitrag zur Geschichte der zeichnenden Künste", in: *Ost und West*, 12 (1904), Sp. 831-836, hier Sp. 831.

46 O.V., „Juda", in: *Die Welt*, 3 (1901), S. 13.

Abb. 1. E. M. Lilien: Passah, 1900

zeitgenössisch-zionistischen Umfeld in den darauffolgenden Jahren um die Existenz und Aufgabe einer ‚jüdischen Kunst' geführt wurden. Dies zum einen in der Diskussion um eine bildende Kunst im Kontext des Bilderverbots, andererseits im Umfeld der ‚jungjüdischen Kunst', wie im Folgenden zu zeigen ist.

Sicherlich in negativem Sinne diskursbildend war das 1850 in erster und 1869 in zweiter stark erweiterter Auflage erschienene Pamphlet Richard Wagners *Das Judentum in der Musik*. Der in dieser Abhandlung formulierte antisemitisch-stereotypisierende Vorwurf, dass Juden aufgrund äußerer Erscheinung, Sprache und damit einhergehender mangelnder „Anschauungsgabe"[47] überhaupt nicht in der Lage seien, bildende Künstler hervorzubringen', diente in der zionistischen Presse und Publizistik oft als Ausgangspunkt, die Frage nach Möglichkeit und Gestalt jüdischer Kunst zu stellen. Die herabsetzende Zuschreibung Wagners wirkte auch gut dreissig Jahre nach Erscheinen der zweiten Auflage nach. So geht auch Leo Winz, Herausgeber der Zeitschrift *Ost und West* auf genau diesen Vorwurf ein, als er 1901 über *Bildende Kunst und Judentum* nachdenkt. Er argumentiert in expliziter Bezugnahme auf Wagner, dass eigentlich das jüdische Bilderverbot schuld daran sei, dass es im Altertum bis in seine Zeit hinein keine jüdische bildende Kunst gegeben habe. Ein Nichtanerkennen dieser Tatsache beruhe auf „Unbildung und Roheit [...] in absichtlicher Verkennung der wahren Motive in dem mosaischen Bilderverbote".[48] Das Argument, die jüdische Bilderlosigkeit sei göttlich motiviert und eine theologisch begründete Abgrenzung zur bunten Bilderwelt des Polytheismus dient

---

[47] Richard Wagner, *Das Judentum in der Musik*, Leipzig, 1869, S. 9.

[48] Leo Winz, „Bildende Kunst und Judentum", in: *Ost und West*, 2 (1901), Sp. 91-102, hier Sp. 93.

Winz demnach dazu, die Abgründigkeit und den wenig historisch fundierten Argumentationsgang des antisemitischen Vorwurfs zu dekuvrieren. Wagners als ignorant entlarvtes Verständnis jüdischer Bilderlosigkeit, das eben die traditional-historische Rückbindung und damit den eigentlichen Grund für diese Bilderlosigkeit nicht mehr erkennen lässt, verweist darauf, dass sich die Diskussion über jüdische Kunst und Künstler längst auf ein anderes Diskursfeld ausgedehnt hat, nämlich das des ‚Rassedenkens', bei dem die Möglichkeit und Fähigkeit zur Kunstproduktion zur biopolitischen Größe und so als ein dem Menschen inhärentes Vermögen verstanden wird. So beginnt Buber seinen Sammelband über *Jüdische Künstler* 1903, der unter anderem die Künstler Lesser Ury, Max Liebermann und auch Lilien behandelt, ebenfalls mit einer Stellungnahme zu Wagners Schrift und rekurriert dabei explizit auf den ‚Rassediskurs'. Dabei argumentiert Buber von den „Rasseeigenschaften"[49] der Juden her, um zu veranschaulichen, warum seiner Meinung nach die bildende Kunst erst als Phänomen der jüdischen Moderne und mit ihr als Phänomen der ‚Jüdischen Renaissance' bestimmt werden kann. Der „Jude des Altertums [sei] mehr Ohrenmensch als Augenmensch und mehr Zeitmensch als Raummensch".[50] Diese Beobachtung erkläre nun, warum jüdische Kunst bis in seine Zeit eher „auf der Grundlage des Rhythmus"[51] geschaffen worden sei. Bemerkenswert erscheint, dass Buber hier wiederum die von ihm nicht infragegestellten ‚Rasseeigenschaften' auf historische Gegebenheiten bezieht und so auch diese ‚Rasseeigenschaften' als dem historischen Wandel unterworfen versteht, sie seien „nicht etwas Letztes und nicht weiter Zurückführbares [...], sondern nur das Produkt des Bodens und seiner klimatischen Bedingungen, der wirtschaftlichen und sozialen Struktur der Gemeinschaft, der Lebensformen und des historischen Schicksals".[52] Dies ist vermutlich auch der Grund, warum Buber die Werke der Künstler, die von ihm in die Sammlung aufgenommen wurden, erst als einen Anfang auf dem Feld jüdischer Kunst bestimmt. Sie geben einen Ausblick auf das, was von einer dezidiert jüdischen Kunst zu erwarten sei, eben genau dann, wenn sich das Programm des Kulturzionismus weiter durchgesetzt habe. Dieser Rekurs auf Wagner an prominenter Stelle mag die verdeckten diskursiven Argumentationsgänge aufzeigen, warum das Buch Münchhausens und Liliens in der zionistischen Presse derart positiv aufgenommen wurde, kann sie in dieser Hinsicht doch auch als bildgewaltige Widerlegung dessen gelten, was Stereotype antisemitischer Provenienz[53] dem Judentum abgesprochen haben, nämlich überhaupt die Anlage in sich zu tragen, Kunstschönes zu realisieren.

Weniger apologetisch als die Grundgegebenheiten der Diaspora auslotend zeigen sich die Entwürfe, die die Möglichkeit jüdischer Kunst im Umfeld der

---

[49] *Jüdische Künstler*, hg. von Martin Buber, Berlin, 1903, [S. 1].

[50] Ebd.

[51] Buber, *Jüdische Künstler* (wie Anm. 49), [S. 2].

[52] Ebd., [S. 1].

[53] Vgl. dazu *Antisemitismus. Vorurteile und Mythen*, hg. von Julius H. Schoeps und Joachim Schlör, München/Zürich, 1995, S. 57-66.

‚jungjüdischen Kunst' reflektieren. Dabei ist insbesondere die Engführung von Politik und Ästhetik, von nationaljüdischem Gedankengut und Reflexion auf künstlerische Werte entscheidend. Gleichzeitig werden die noch nicht erfolgte Realisation der Ansiedelung in Palästina und der künstlerische Ausdruck dieses Sachverhalts miteinander in Beziehung gesetzt. Die oben bereits zitierte Rezension zu Regeners Buch *Ein Beitrag zur Geschichte der zeichnenden Künste* reflektiert dazu, dass noch die „wissenschaftlich ausgebaute Theorie für [das] Programm fehle, aber [...] schon beträchtliche Spuren einer künstlerischen Verherrlichung des Zionismus"[54] beobachtbar wären. Diese Beobachtung formuliert deutlich, dass man mit der Analyse des Buches *Juda* und seiner Entstehung auch das Zentrum der zeitgenössischen zionistischen Überlegungen über ‚jüdische Kunst' erreicht hat. Das Buch *Juda* führt anschaulich vor, was in den folgenden Jahren seine theoretische Fundierung erfahren wird.

Eine der Theoretisierungen dessen, was diese ‚jungjüdische Kunst', die ein direkter Abkömmling der Demokratisch-Zionistischen Fraktion[55] im Umfeld von Berthold Feiwel, Martin Buber, Chaim Weizmann und Leo Motzkin war, sein solle, veranschaulicht Theodor Zlocisti[56] in seinem programmatischen Artikel *Grundakkorde jungjüdischer Kunst* aus dem Jahr 1902. Dieser Artikel entstand als einführende Rede zu einem Kunstabend und reflektiert äußerst prägnant und in starken Sprachbildern die Konditionen jüdischer Kunst. Dabei sticht zunächst der enge Bezug von Kunstproduzenten und Kunst selbst ins Auge, wenn Zlocisti schreibt, dass „alle wahre Kunst national [...] in ihrem Ursprung und national nach ihrer eindringlichsten Wirkung"[57] sei. Dieser postulierte Zusammenhang von Kunst und ‚Volk' besitzt dann auch auf einer ästhetischen Ebene enorme Auswirkungen, er ist nämlich in der Lage, das im zionistischen Diskurs verhandelte prospektive Moment dieser Kunst besonders zu betonen. Den Kritikern der ‚jungjüdischen Kunst' hält Zlocisti Folgendes vor:

> So mögen denn die Neunmalweisen, welche die Objektivität der Werte vom Allschöpfer gepachtet haben wollen, unser Traumland noch eine Wüste nennen. Uns ist es mehr! Weil wir eben mehr sind. Die jüdische Kunst aber kann nur das sein, was wir selbst sind.[58]

---

[54] Thon, „Ein Beitrag zur Geschichte der zeichnenden Künste" (wie Anm. 45), Sp. 832.

[55] Im Sinne einer Förderung der jüdischen Kultur sollte laut dem Programm der Demokratisch-Zionistischen Fraktion auch die jüdische Kunst gefördert werden. Vgl. *Programm und Organisations-Statut der Demokratisch-Zionistischen Fraktion*, hg. von der Programm- und Organisations-Kommission der Demokratisch-Zionistischen Fraktion, Charlottenburg [1902], S. 6. u. 16. Vgl. dazu auch Brenner, „‚Gott schütze uns vor unseren Freunden'" (wie Anm. 3), S. 186.

[56] Vgl. zur Biographie Eva Edelmann-Ohler, Art. „Theodor Zlocisti", in: *Metzler Lexikon deutsch-jüdischer Literatur*, hg. von Andreas Kilcher, 2. erw. Aufl. Stuttgart, 2012, S. 554-556.

[57] Theodor Zlocisti, „Grundakkorde jungjüdischer Kunst", in: *Ost und West*, 4 (1902), Sp. 227-234, hier Sp. 228.

[58] Ebd., Sp. 227.

Die Prozesslogik ist somit klar umrissen: Wer die ‚Ideale des Zionismus' verinnerlicht hat, dem ist auch die ‚jungjüdische Kunst' mehr als nur ein bloßes Darstellen, sondern das Proprium dieser Kunst liege in der Projektion. Dass diese Projektion aber keine ungetrübte Darstellung eines künftigen Staates in Palästina sein kann, sondern immer die Lebensbedingungen in der Diaspora noch mit reflektieren muss, das ergibt sich nun aus der ‚jüdischen Seele', die Zlocisti als konstitutiv für jüdisches Schaffen bestimmt. So sieht er gerade die ‚Schwermütigkeit' als ‚Grundakkord', der aus „erlebter Erinnerung"[59] resultiere, denn dem jüdischen Künstler zerreiße die „Sehnsucht nach dem eigenen Volkstum [...] die Harmonien"[60], was er besonders an Heine darzustellen weiß.

Abb. 2. E. M. Lilien: Also sprach Jesaia, 1900

Die Spannung zwischen einer ästhetischen Projektion künftig zu realisierender Zustände und einem vor diesem Hintergrund umso schmerzvoller erscheinenden Verbleiben in der Diaspora thematisieren nun auch die Liliens Bilder im Buch *Juda*. Lilien kombiniert Elemente des Jugendstil mit Motiven des Tanach und entwirft mit diesen Kunstwerken ein lebendiges Bild der politischen Desiderate der jungen zionistischen Bewegung.

So ist auch die Illustration zur Ballade „Also sprach Jesaja" als Umsetzung des Programms ‚jungjüdischer Kunst' zu begreifen. Der Prophet steht vor den Toren Jerusalems und weiß, dass Jerusalem nicht bestehen wird. Trotz dieses grausamen Wissens imaginiert er aber nicht, was sich an Unheil für diese Stadt realisieren wird, sondern er bedenkt auch das uneingeschränkte Heilshandeln

[59] Zlocisti, „Grundakkorde jungjüdischer Kunst" (wie Anm. 57), Sp. 231.

[60] Ebd.

Gottes für Jerusalem – symbolisiert dadurch, dass kein zerstörtes Jerusalem dargestellt ist, und durch die tanzenden Gestalten der rechten Bildhälfte.[61] Trotz des gegenwärtigen Unheils ist durchaus eine Perspektive auf dieses Geschehen möglich, die kommendes Heil darstellen kann.

Ebenso funktioniert auch die Darstellung der Engel Gabriel und Satan: Gabriel, Symbol des Positiven und Guten, wird dem gefallenen Engel Satan gegenübergestellt, der das Negative bedeutet. Gabriel ist „der Meere Lobgesang" (J, „Die Engel"), und auch „der Schrei, den einst ihr schriet / Als wonneschauernd ihr gekniet / Zuerst auf Kanaans Gebiet" (J, „Die Engel"), eine Attribution, deren nationaljüdische Dimension deutlich zutage tritt. Satan wird dagegen als „des Frostes Klingen" (J, „Die Engel") verstanden, als Stimme der Zerstörung und der unabwendbaren Kälte. Die Darstellungen der beiden Engel sind ebenso ikonographisch aufgeladen. Gabriel ist mit einem Stern gekrönt, er musiziert

Abb. 3. E. M. Lilien: Die Engel, 1900

und hält ein Schwert. Auf seiner Seite des Bildes blüht eine Dornenranke, die auf der Seite Satans nicht blüht. Satan scheint auf diese Tatsache vielmehr mit seiner ausgestreckten Hand selbst hinzuweisen. Auch die Flügelform der beiden Engel zeigt den grundlegenden Unterschied der Attributionen, die im Bild dargestellt sind.

[61] Grundlegend für dieses Verständnis der Abbildung ist die Einsicht, den Propheten Jesaja eben als Künder eschatologischen Heils zu verstehen. Vgl. Anm. 32. Diese Lesart des Bildes wird natürlich durch die Referenz der Widmungsballade des Buches *Juda* auf Jes 40,3 noch verstärkt, versteht man das Kapitel Jes 40 als Gelenkstelle des Übergangs von Unheil zum Heil. Vgl. dazu Anm. 36.

Was anhand von Liliens Gegenüberstellungen zweier Prinzipien zu beobachten ist, zeigt sich wiederum als deren prospektives Moment, das auch als Realisation der Desiderate im Umfeld ‚jungjüdischer Kunst' bestimmt werden kann. Eine Kunst, die sich diesem Programm verpflichtet sieht, wird nicht mit einer Projektion eines gewünschten Zustandes auskommen, sondern sie wird immer auch die Konditionen der Diaspora mit reflektieren, eben ganz wie Zlocisti es als einen ‚Grundakkord' dieser Kunst bestimmte. In genau diese Richtung argumentiert auch ein weiterer Verehrer Liliens im Jahr 1906. Moses Samuel Levussove schreibt in seinem Buch *The New Art of an Ancient People* über Liliens Bilder als „soul-expressions"[62], die anders als ‚realistische' Kunst dazu imstande seien, die ‚Idee einer Sache' zu repräsentieren:

> The perspective employed in all his pictures is of course distorted, but distorted methodically, the better to produce a desired impression. Instead of accurately representing the foreshortening, he exaggerates it and moulds it to his purpose. [...] His perspective is not geometrically correct; its peculiar form of exaggeration maybe termed intensive, distorting the truth to intensify effect.[63]

Die Perspektive der Bilder beschreibt Levussove demnach genau im Sinne ‚jungjüdischer Kunst', wenn er betont, dass es sich gerade nicht um die Abbildung der Wirklichkeit handeln würde. Vielmehr sei Liliens Kunst durch die methodisch kalkulierte Verzerrung dazu in der Lage, insbesondere „national suffering and national hopes"[64] darzustellen.

4. Projektionen des Übergangs

Welche Perspektive ergibt sich nun für den Zionismus, wenn man beide Verfahrensweisen, also das philosemitische Textverfahren Münchhausens und die ästhetisch-zionistische Dialektik, die Lilien in seinen Illustrationen zur Darstellung bringt, miteinander in Beziehung setzt? Der *Philosemitismus* im Buch zeichnet sich vor allem dadurch aus, dass er die biblischen Geschichten um ein Moment ergänzt, das erstens aus jüdischer Sicht als unbedingt positiv zu werten ist und zweitens innerhalb der erzählten Zeit noch nicht realisiert ist. Der *zionistische Blickwinkel* evoziert, was gerade noch keine Realität gefunden hat – allerdings unter Einbezug des zeitgenössischen Geschehens. Insofern liegt es nahe, Philosemitismus wie Zionismus im Buch *Juda* als Übergangsphänomene zu verstehen, die jedoch diesen Übergang jeweils verschieden ausfüllen. Während die Balladen den Übergang von einer biblischen Geschichte zu einer anderen thematisieren und in philosemitischer Hinsicht besonders eine positive Wende für das Judentum darstellen können, ist in zionistischer Perspektive eher der Prozesscharakter dieser Bewegung interessant und anschlussfähig. Es geht

[62] Moses Samuel Levussove, *The New Art of an Ancient People*, New York, 1906, S. 45.
[63] Ebd., S. 40.
[64] Ebd., S. 46.

immer wieder darum, das Hinübergehen zur bildlichen Darstellung zu bringen. Diese Projektionen des Übergangs finden sich im Buch *Juda* auf drei verschiedenen Ebenen angelegt, erstens in den einzelnen Texten und Bildern, zweitens auf der Ebene der Komposition und drittens auf der Ebene des Buches und des Paratextes.

Im Text „Also sprach Jesaja" ist das zionistisch okkupierbare Übergangsphänomen gerade im philosemitischen Element zu erkennen. Indem in einer äußerst negativen Situation darauf hingewiesen wird, dass ‚die Nacht bald vorüber' sei, lässt dies in zionistischer Deutung den Analogieschluss zu, dass auch die gegenwärtige Diaspora nicht als Dauerzustand verstanden werden könne.[65] Ebenso im Text „Passah", denn auch dieser formuliert, was aus zionistischer Perspektive in der Diaspora als höchst wünschenswert erachtet werden kann: „Jeruschalajim, einst wird es erneut, / Einst, einst / Feiern wir dorten das Passah wie heut!" (J, „Passah"). Im lokal-deiktischen Hinweis ‚dort' in Kontrast zum temporal-deiktischen ‚heut' wird evident, dass auch hier der Übergang eine gewichtige Rolle spielt. Indem damit auf beide Referenzsysteme, Raum und Zeit verweisen wird, illustriert gerade diese Ballade die Fundamentalität des Übergangs. Es wird ein Übergang imaginiert, der Raum und Zeit des Judentums koinzidieren lässt. Der im ‚einst' gegebene Hinweis auf die Zukunft unterstreicht diesen Befund zusätzlich. Nicht nur Raum und Zeit fallen in der Wiedererrichtung Jerusalems zusammen, sondern es werden auch Gegenwart und Zukunft mit diesem Raum verbunden, was sich natürlich auch aus der strukturellen Mittelstellung des 'dorten' zwischen ‚einst' und ‚heut' herauslesen lässt. Die bereits angesprochenen „Engel" thematisieren ebenfalls den Übergang und den Wechsel zwischen „Jubelschrei und Klagen" (J, „Die Engel"). Auch hier ist der zunächst auf inhaltlicher Ebene reflektierte Übergang formal im Zwiegespräch der Engel angelegt, die einander gegenseitig antworten und so den Übergang der Rede thematisieren: „‚Der Lobgesang wandelt von Nord zu Süd, –' / ‚Der Jammer klingt von West nach Ost. –'" (J, „Die Engel"). Das Wechselspiel der Engel setzt somit den Übergang auf poetischer Ebene um und gipfelt in deren Erkenntnis: „Groß ist der Herr / Im Werden und Vergehen, / Im Sterben und Erstehen" (J, „Die Engel"). Die Ballade „Simson" wiederum thematisiert den Übergang zum Fremden als „jüdische Urszene interkulturellen Konflikts".[66] Allen Texten des Buches bleibt demnach ein gemeinsames Thema, nämlich das des Hinübergehens.

Diese Thematik findet sich nicht nur auf der Mikroebene der einzelnen Texte angelegt, sondern gewinnt im Gesamtaufriss des Buches an Bedeutung – wiederum im Wechselspiel von philosemitischen und zionistischen Elementen.

---

[65] Diese Deutung setzt voraus, dass die Zerstörung Jerusalems auf die Diaspora verweist.

[66] Vgl. zu Simson: Bernhard Greiner, „‚Philister über dir, Simson!'. Die Geschichte Simsons als jüdische Urszene interkulturellen Konflikts. Die Erzählung der Bibel und deren Aneignung durch Elias Canetti", in: ders, *Beschneidung des Herzens. Konstellationen deutsch-jüdischer Literatur*, München, 2004, S. 269-292, bes. S. 275.

Während der Jesaja-Text die kaum aufzuhebende Negativität der Diaspora thematisiert, der nur durch den intertextuellen Verweis eine philosemitische Wendung und damit eine eschatologische Heilsperspektive mitgegeben wird, die wiederum zionistisch als Beendigung der Diaspora gelesen werden kann, weist der Text „Rahab" schon eine deutlich positivere Dimension auf.[67] Im Rekurs auf die biblische Episode um die Landnahme der ‚Israeliten' kann der Text ein in zionistischer Perspektive höchst ansprechendes Narrativ verwenden. Diese schrittweise fortschreitende Transgression steigert sich in den Texten jeweils und gipfelt im „Sabbath der Sabbathe". Diese Wendung meint konkret den jüdischen Feiertag Jom Kippur[68], den Tag der feierlichen Ruhe und den Tag der Versöhnung. Dieses Motiv wird insbesondere dann für den Gesamtaufriss des Buches bedeutsam, wenn man ihn motivisch mit der Widmungsballade verbindet. Diese Verbindung lässt sich über das Motiv des ‚Halljahrs' leisten. Liest man den Verweis auf Jom Kippur, den die letzte Ballade aufmacht mit der Tatsache zusammen, dass im ersten Text des Buches, in der Widmungsballade „Euch", an des ‚Halljahrs Hörner' erinnert wird, so ergibt sich eine Klammerung mit dem letzten Text, denn auch an Jom Kippur spielt die Tradition des ‚Halljahrs', also des ‚Jubeljahrs' oder ‚Erlassjahres', und die Tradition des Schofarblasens eine Rolle. Darüber gibt der Bibeltext Auskunft:

> Lev 25,9 [...] Am Versöhnungstag sollt ihr überall in eurem Land das Horn ertönen lassen. 10 Und ihr sollt das fünfzigste Jahr für heilig erklären und eine Freilassung ausrufen im Land für all seine Bewohner. Es soll für euch ein Jobeljahr sein, und jeder von euch soll wieder zu seinem Besitz kommen, und jeder soll zurückkehren zu seiner Sippe.[69]

Daran anschließend zeigt sich die zionistische Perspektive als Kontextualitätsphänomen. Münchhausens Text „Sabbath der Sabbathe" spricht als letzter Text der Balladensammlung durch sein philosemitisches Textverfahren auf der Ebene der Gesamtanlage des Buches eine höchst heilvolle Dimension jüdischer Diasporageschichte an, nämlich ihre Beendigung und die Rückkehr zum ‚Besitz' und zur ‚Sippe', eine Perspektive, die insbesondere durch ihre poetische Privilegierung für den Zionismus höchst interessant erscheint – spricht man hier doch nicht mehr von ‚Utopien', sondern von ‚Möglichkeiten'.

---

[67] Insbesondere auf den Aspekt des ‚Vaterlandverrates' verweist: Lothar Brieger, *E. M. Lilien. Eine künstlerische Entwickelung um die Jahrhundertwende*, Berlin/Wien, 1922, S. 63.

[68] Vgl. Lev 16,31; 23,32. Vgl. auch: Benedikt Jürgens, *Heiligkeit und Versöhnung. Levitikus 16 in seinem literarischen Kontext*, Freiburg u.a., 2001, S. 441.

[69] Zitiert nach *Zürcher Bibel*, hg. von Evangelisch-Reformierte Landeskirche des Kantons Zürich, Zürich, 2007.

Diese poetische Privilegierung eines in zionistischer Perspektive gewünschten Übergangs von der Diaspora nach ‚Zion', die gerade durch die philosemitischen Elemente im Text befördert wird, kommt auch auf der Ebene des Paratextes[70] zum Tragen.

Abb. 4. E. M. Lilien: Buch Juda. Widmungsblatt und Schlussblatt, 1900

Der Paratext schließt Widmungsblatt und Schlussblatt ein. Auf dem Widmungsblatt steht in hebräischen Lettern „Ephraim Moshe Ben Jakov hakohen Lilien, einer von den getreuen Söhnen Zions"[71], während das Schlussblatt Ex 20,10 par Dtn 5,14 aufgreift und Börries Freiherr von Münchhausen als den ‚Fremden, der in deinen Toren wohnt' bezeichnet. Das philosemitische Element der Darstellungen ist mit den hebräischen Lettern überdeutlich, doch lassen sich die beiden Illustrationen, die ebenfalls eine Klammer um das Buch bilden, auch poetologisch auflösen und so wiederum zionistisch verstehen. Indem sich Lilien an den Anfang stellt, sich gleichsam als Zionisten wie als Mitglied eines biblischen Priestergeschlechts ausweist, wird einerseits durch diesen Paratext klar, wie die nachfolgenden Balladen zu lesen sind. Es findet hier eine theologische Aufwertung der Diasporageschichte statt, die sich gerade zionistisch gefärbt zeigt, wenn man den theologischen Subtext zur Lektüre ergänzt. Gleichzeitig ergibt sich aus dem Widmungsblatt in Zusammenschau mit dem Schlussblatt eine in diesem Horizont nicht zu unterschätzende Perspektive: Die Zuschreibung nämlich, dass Münchhausen ein „Fremder, der in deinen Toren wohnt" sei, stellt einen Zustand aus, in dem die Transgression bereits vollzogen ist. Die

---

70 Vgl. Gérard Genette, *Paratexte. Das Buch vom Beiwerk des Buches*, übers. von Dieter Hornig, Frankfurt am Main/New York, 1989.

71 Zlocisti, *Juda* (wie Anm. 1), Sp. 65.

Grenzen zwischen Eigenem und Fremden werden durch das Personalpronomen ‚dein' und seine Bezugname auf den Raum des Judentums eindeutig gesetzt. Die ‚Tore', innerhalb derer Münchhausen sich befindet, begrenzen damit einen poetisch-narrativen Raum, der eindeutig dem Judentum zugeordnet werden kann, ein Raum, der es dem Zionismus um die Jahrhundertwende 1900 erlaubt, die *Möglichkeits*bedingungen des zionistischen Projekts zu reflektieren. Insofern kann die philosemitische Position im Buch *Juda* als Beispiel einer Überführung der politischen Desiderate des Zionismus in den Bereich des Poetischen gelten, die dieses poetische Moment wiederum zu funktionalisieren weiß: Die Ziele des Zionismus rechtfertigen sich in dieser Perspektive gerade nicht durch ihre politische Plausibilität, sondern ihre Wirkmächtigkeit wird als Produkt der Ästhetik verstanden: „Die Zionsidee wirkt in ihrer Schönheit auch auf Nichtjuden".[72]

[72] Thon, „Ein Beitrag zur Geschichte der zeichnenden Künste" (wie Anm. 45), Sp. 832.

MARC SEIFFARTH

Ambivalentes Begehren. Der Begriff ‚Philosemitismus' im antisemitischen Kontext bei Otto Weininger

Der Wiener Philosophiestudent Otto Weininger, der im Mai 1903 – gerade dreiundzwanzigjährig – seine überarbeitete Dissertation mit dem Titel *Geschlecht und Charakter* publiziert und sich wenig später, nach vollzogener Konversion vom Judentum zum Protestantismus, effektvoll selbst erschießt, ist im Zuge seiner Rezeption zu einem *enfant terrible* der europäischen Geistesgeschichte geworden. Das Werk Weiningers ist mit seiner Verschränkung von misogynen und antisemitischen Klischees repräsentativ für die Einstellung eines großen Teils der Wiener Intellektuellen um 1900.[1] Zwölf Auflagen zwischen 1903 und 1910, weitere sechzehn bis 1947 sprechen für sich und verlangen nach Erklärungen.[2] Zahlreiche Künstler, Literaten und Philosophen entlehnen Weiningers Terminologie, die eine synthetisierende Leistung mit Blick auf die Natur- und Geisteswissenschaften in jener Zeit für sich reklamiert – ein hoher und methodisch problematischer Anspruch, der nach heutigen Maßstäben als „Pseudowissenschaft"[3] bezeichnet werden muss. Zu den prominenten Lesern der binnen vier Monaten vergriffenen ersten Auflage zählen Sigmund Freud, Ernst Mach, Georg Simmel, Henri Bergson und Fritz Mauthner.[4] Zum weiteren Rezipientenkreis gehören Ludwig Wittgenstein, Oswald Spengler, James Joyce; ferner Franz Kafka, Hermann Broch, Robert Musil, Karl Kraus und Stefan Zweig.[5] Geradezu katalytisch auf die Rezeption wirkt der spektakulär inszenierte Selbstmord des Verfassers in der Nacht zum 4. Oktober 1903 im Wiener Sterbehaus Ludwig van Beethovens. Weiningers Thesen zum Verhältnis der Geschlechter

---

1 Vgl. Jacques Le Rider, *Der Fall Otto Weininger. Wurzeln des Antifeminismus und des Antisemitismus*, übers. von Dieter Hornig, München, 1985, S. 121: „Neu und originell bei Weininger ist, daß seine Theorien in ein metapsychologisches und kulturkritisches System eingegliedert sind, in dem das Weib gemeinsam mit dem Juden das absolut Negative und das Ferment der Dekadenz verkörpert."

2 Vgl. Pia Janke, „Antifeminismus? – Weininger-Lektüren", in: *Frauengestalten in der Oper des 19. und 20. Jahrhunderts. Symposion 2001*, hg. von Carmen Ottner, Wien u. a., 2003, S. 28-37, hier S. 28, vgl. zudem Mayer, Hans, *Außenseiter*, Frankfurt am Main, 1981, S. 119.

3 Le Rider, *Der Fall Otto Weininger* (wie Anm. 1), S. 101.

4 Vgl. Theodor Lessing, „Otto Weininger", in: Otto Weininger, *Über die letzten Dinge*, München, 1980, S. 197-212, hier S. 198. Weiningers vielfältige Rezeption begründet sich auch damit, dass die Dämonisierung der Frau bzw. des Weiblichen als ‚Naturwesen', ihr nahezu unbeschränktes Potenzial für Fremdheitsprojektionen aller Art bereits einen Gemeinplatz der Epoche markiert, vgl. Janke, „Antifeminismus? – Weininger-Lektüren" (wie Anm. 2), S. 33.

5 Vgl. Gisela Brude-Firnau, „A scientific image of woman? The influence of Otto Weininger's ‚Sex and Character' on the German novel", in: *Jews & gender. Responses to Otto Weininger*, hg. von Nancy A. Harrowitz und Barbara Hyams, Philadelphia, 1995, S. 171-182, hier S. 171.

sind bereits zu dessen Lebzeiten hoch umstritten, sowohl hinsichtlich ihrer Gültigkeit als auch ihrer Originalität. Der deutsche Nervenarzt Paul Julius Möbius erhebt kurz nach dem Erscheinen der Weiningerschen Abhandlung Plagiatsvorwürfe – Möbius hatte drei Jahre zuvor die Abhandlung *Über den physiologischen Schwachsinn des Weibes* veröffentlicht und damit dem jungen Philosophiestudenten manches vorweggenommen.[6] Die Figur Weininger polarisiert die Forschung bis heute, die Bandbreite der Beurteilungen reicht von gänzlicher Ablehnung bis hin zu apologetischer, historisch kontextualisierender Behandlung bestimmter Elemente des Weiningerschen Denkens.[7]

Stets zu unterscheiden sind jedoch Weiningers Bedeutung im ‚Ideentreibhaus' Wien der Jahrhundertwende und spätere Rezeptionsstadien, die sein streitbares Werk durchlaufen hat.[8] Die argumentative Logik der Abhandlung erscheint hoch fragwürdig, hat doch bereits Ferdinand Probst in seiner Fallstudie zu Weininger den „*Hauptfehler im Weiningerschen System*[...]"[9] ausfindig gemacht, der darin bestehe, dass der Verfasser

> von falschen Prämissen ausgehend zu den kühnsten Schlüssen kommt; ferner dass er, wie Moebius sagt, ‚dadurch zu sachlichen Kenntnissen zu kommen sucht, dass er ohne Rücksicht auf die Erfahrung verallgemeinert und das, was bedingungsweise gilt, für bedingungslos erklärt.'[10]

Ferner heißt es dort, Weininger fasse „kindlich das ganze Gebiet der Sexualität wie einen Baukasten auf"[11], in dem man die Prämissen, Argumente und Konklusionen ganz nach Belieben verschieben könne. Ein Buch wie *Geschlecht und Charakter*, das sich als Synthese der modernen, ausdifferenzierten Wissenschaften versteht, kann nur funktionieren, wenn der Autor sein Material bedingungslos der eigenen Schreibintention unterordnet, es geradezu willkürlich

---

6 Vgl. die chronologische Darstellung zur Plagiatsaffäre Möbius-Weininger: Waltraud Hirsch, *Eine unbescheidene Charakterologie. Geistige Differenz von Judentum und Christentum. Otto Weiningers Lehre vom bestimmten Charakter*, Frankfurt am Main, 1997, S. 230 f. (Tübinger Beiträge zur Religionswissenschaft, Bd. 3).

7 Als Beispiel für die systematische Ablehnung des Weiningerschen Denkens: Italo Michele Battafarano, „Epilog 2003. Antisemitismus und Misogynie bei Otto Weininger", in: *Morgen-Glantz. Zeitschrift der Christian Knorr von Rosenroth-Gesellschaft* 13 (2003), S. 423-442; eine differenzierte Darstellung der Wagnerverehrung und deren geistesgeschichtliche Kontextualisierung liefert Nike Wagner, „Kulturphantasmen. Parsifal, Weininger, Wien um 1900", in: *Studi germanici N. S.* 28 (1990), S. 93-118.

8 Vgl. Allan Janik, „Weininger und die Kultur des Narzißmus", in: *Lukács. Jahrbuch der Internationalen Georg Lukács-Gesellschaft* 4 (2000), S. 225-238, hier S. 225. Nicht zuletzt kann für Weininger geltend gemacht werden, dass er „in präziser Weise Auskunft über die herrschenden Stereotype der Zeit gibt"; Franziska Schößler, *Einführung in die Gender Studies*, Berlin, 2008, S. 41.

9 Ferdinand Probst, „Der Fall Otto Weininger. Eine psychiatrische Studie", in: *Grenzfragen des Nerven- und Seelenlebens* 31 (1904), S. 1-40, hier S. 16. [Hervorhebungen, sofern nicht anders vermerkt, vom Verfasser, F. P.]

10 Ebd.

11 Ebd., S. 17.

kompiliert. Diese vereinnahmende Tendenz in Weiningers Diktion, die als Umschläglichkeit oder Ambivalenz bezeichnet werden kann, macht den Wiener Philosophiestudenten als vielleicht problematischste Gestalt der Jahrhundertwende für die nachfolgenden Ausführungen interessant.

Analysiert man den Begriff ‚Philosemitismus' respektive das Phänomen der philosemitischen Rede innerhalb von Weiningers antisemitischem Schreiben, so bedeutet dies stets auch eine Bezugnahme auf das ‚Kipp-Phänomen' des Antisemitischen. Wie bereits von Wolfram Kinzig bemerkt, findet der Begriff ‚Philosemitismus' zu Beginn vorrangig Anwendung in antisemitischen Redeformationen.[12] ‚Philosemitismus' oder das ‚Philosemitische' – bzw. auch, mit Akzentverschiebung ins Religiös-Proselytische, das ‚Philojudaische' – sind mehrdeutige, zu einem übereilten Gebrauch verführende Begriffe. Stets impliziert selbst der betont freundliche, affirmative Diskurs über das bzw. mit dem ‚Judentum' eine Verschiedenheit, eine Distanz. Daraus resultiert zwangsläufig ein Spannungsverhältnis, eine terminologisch wie heuristisch erforderliche Positionierung zu dem wesentlich bekannteren und in der Forschung präsenteren Gegenbegriff des ‚Antisemitischen'. Beide Termini benutzen zuweilen – in gegensätzlicher Absicht – ähnliche oder sogar dieselben Topoi und Motive, weshalb für beide Termini der summarische Begriff ‚Allosemitismus' ins Spiel gebracht wurde.[13] Doch damit sind die Spielarten der möglichen Redeformationen noch nicht erschöpft und Weiningers Sprache kann durchaus als eine „pseudo-*anti*-antisemitische[]"[14] verstanden werden, d. h. als antisemitische Rede ‚zweiter Ordnung', die ihren wahren Charakter hinter einer scheinbaren Kritik antisemitischen Denkens zu verschleiern sucht. Bei dem Begriffspaar ‚Philosemitismus' und ‚Antisemitismus' muss zudem mit erheblichen Unschärfen durch z.T. mangelnde historische Grenzziehungen und vereinfachende Rückprojektionen gerechnet werden.[15] Gemeinsam ist den Begriffen jedoch die Setzung des jeweils Anderen als ein Phantasma der Feindschaft. Theodor Lessing kontextualisiert den Antisemitismus in Weiningers Äußerungen mit dem Phänomen der Hassliebe, manifest durch eine in sich gebrochene, ambivalente Diktion, die das geliebte respektive gehasste Objekt mit einem hohen Affektbetrag versieht. In Weiningers Kapitel über das Judentum findet sich hierzu folgender Passus:

---

[12] Vgl. Wolfram Kinzig, „Philosemitismus – Was ist das? Eine kritische Begriffsanalyse", in: *Geliebter Feind – gehasster Freund. Antisemitismus und Philosemitismus in Geschichte und Gegenwart*, hg. von Irene A. Diekmann und Elke-Vera Kotowski, Berlin, 2008, S. 25-60, hier S. 27.

[13] Vgl. Adam Sutcliffe, Art. „Philosemitism", in: *Antisemitism. A historical encyclopedia of prejudice and persecution*, hg. von Richard S. Levy, Santa Barbara, CA, USA, 2005, S. 544 f., hier S. 544: „Philosemitism does not imply normalization. Alongside antisemitism, it is a form of ‚allosemitism': the view that Jews are, in some sense, radically different or exceptional."

[14] Battafarano, „Epilog 2003. Antisemitismus und Misogynie" (wie Anm. 7), S. 429.

[15] Vgl. Alex Bein, *Die Judenfrage. Biographie eines Weltproblems*, 2 Bde., Stuttgart, 1980, Bd. 2, S. 109.

> *Wie man im anderen nur* liebt, *was man gerne ganz sein möchte und doch nie ganz ist, so* haßt *man im anderen nur, was man nimmer sein will, und doch immer zum Teile noch ist.*
> Man haßt nicht etwas, womit man keinerlei Ähnlichkeit hat. Nur macht uns oft erst der andere Mensch darauf aufmerksam, was für unschöne und gemeine Züge wir haben.[16]

Als potenzielle Einflüsse auf Weiningers zugespitzte Thesen macht Lessing in seiner Charakteristik einen einseitig idealistischen Umgang mit der Philosophie sowie den empirischen Einzelwissenschaften aus, ferner die prinzipielle Unfähigkeit des angehenden Philosophen, zwischen postuliertem Ideal und der mit lebensweltlichen Zugeständnissen verknüpften Erscheinungsweisen desselben zu unterscheiden:

> Weininger versenkte sich in die Scholastiker. Er las Hegel und Kant. Er verfiel dem Zauber der Mathematik und der Phänomenologie. So verfestigte sich in ihm jener ungeheure Geschichts- und Sittlichkeitshochmut der wertenden Persönlichkeit, die ihre chthonischen Unter- und Hinterwelten als eine sie niederziehende Schmach empfindet.[17]

Lessing zufolge führt dieser radikale Bildungsweg über die konsequente Negation alles Empirischen, Kontingenten und Lebendigen zu einem problematischen „Verschuldungs- und Selbstrichterpathos", zu einer „mönchische[n] Neigung, die lockende ‚Frau Welt' sich zu verekeln."[18] Weiningers argumentative Logik stellt sich größtenteils in die Tradition eines kantisch gedachten Subjekts, das den Verdacht eines pauschal und unreflektiert applizierten Antisemitismus von sich weist.

> Doch dies eine bleibt darum nicht minder gewiß: wer immer das jüdische Wesen haßt, der haßt es zunächst in sich: Daß er es im anderen verfolgt, ist nur sein Versuch, vom Jüdischen auf diese Weise sich zu sondern; er trachtet sich von ihm zu scheiden dadurch, daß er es gänzlich im Nebenmenschen lokalisiert, und so für den Augenblick von ihm frei zu sein wähnen kann. Der Haß ist ein Projektionsphänomen wie die Liebe: der Mensch haßt nur, durch wen er sich *un*angenehm an sich selbst erinnert fühlt.[19]

Um dieser Terminologie des Selbsthasses angemessen zu begegnen, ist zuvorderst zu fragen, welchen Begriff von ‚Judentum' Weininger seinen Überlegungen zugrunde legt. Es handelt sich hier um ein metaphysisches Begriffsverständnis, das eher eine für jeden Menschen mögliche Daseinsform meint als eine konkret definierte Religionszugehörigkeit.

---

16 Otto Weininger, *Geschlecht und Charakter. Eine prinzipielle Untersuchung*, München, 1997 [unveränderter Nachdruck der 1. Aufl. von 1903], S. 407. [Hervorhebungen, sofern nicht anders vermerkt, vom Verfasser, O. W.]

17 Theodor Lessing, „Otto Weininger" (wie Anm. 4) , S. 207.

18 Ebd., S. 208.

19 Weininger, *Geschlecht und Charakter* (wie Anm. 16), S. 407.

> Es handelt sich mir *nicht* um eine *Rasse* und nicht um ein *Volk*, noch weniger freilich um ein gesetzlich anerkanntes Bekenntnis. *Man darf das Judentum nur für eine Geistesrichtung, für eine psychische Konstitution halten, welche für* alle *Menschen eine* Möglichkeit *bildet, und im historischen Judentum bloß die grandioseste* Verwirklichung *gefunden hat.*[20]

Dieser ‚Sprung ins Metaphysische' sticht vor dem Hintergrund des misogynen Hauptteils der Arbeit besonders hervor, da Weininger ansonsten eine geradezu übertrieben anti-metaphysische, beinahe parodistisch anmutende Charakterisierung der Frau bzw. des ‚Weiblichen' vornimmt: „[...] she has no ego, no soul, no morality, no thought, *ad nauseum*."[21] Diese durchweg negativen Attribute werden sodann im Kapitel über das Judentum auf den Juden, vor allem den jüdischen Mann übertragen. Der offenkundige Antisemitismus Weiningers speist sich aus seiner Misogynie: „Weininger's disparaging portrait of the Jew grew out of his sense that Jews were both unworthy of exercising an entire range of masculine roles and privileges and unable to experience masculinity in its most genuine (i. e., Germanic) sense."[22] Der jüdische Mann, der dem Klischee nach seiner Männlichkeit vollkommen beraubt ist, finde sich Weininger zufolge bereits in der Kultur der Renaissance:

> The Humanists have created the ultimate marginal man. He is ignorant, foolish, and sexually incapable of dealing with his wife. In mocking the idea of a Jew's possible conversion through the Holy Spirit, the authors hold that the Jewess, like her husband, remains unchanged by baptism. She is as promiscuous now as she was before her baptism.[23]

Während hier die antijüdische Polemik im Kern auf die Unwilligkeit des Juden zielt, sich zum Christentum zu bekehren, geht Weiningers Antisemitismus noch einen Schritt weiter: Nicht die anti-proselytische Geste der Konfessionstreue mache den Juden zum Juden, sondern seine persistent ablehnende Haltung gegenüber der Heilsbotschaft des Christentums, d. h. dessen Antimessianismus. Weininger konstruiert auf diesem Wege eine – zumindest für ihn selbst evidente – Brücke zwischen ‚Judentum' und ‚Weiblichkeit'. Die Beweglichkeit (verstanden im Sinne von Anpassungsfähigkeit) sei ein Charakteristikum, das den Juden gleich der Frau zur ewigen Immanenz verdamme und jegliche Bestrebung zur Selbsttranszendierung negiere: „Die Kongruenz zwischen Judentum und Weib-

20 Ebd., S. 406.

21 Misha Kavka, „The ‚Alluring Abyss of Nothingness': Misogyny and (Male) Hysteria in Otto Weininger", in: *New German critique* 66 (1995), S. 123-145, hier S. 123.

22 John M. Hoberman, „Otto Weininger and the critique of Jewish masculinity", in: *Jews & gender. Responses to Otto Weininger*, hg. von Nancy A. Harrowitz und Barbara Hyams, Philadelphia, 1995, S. 141-154, hier S. 143.

23 Sander L. Gilman, *Jewish Self-Hatred. Anti-Semitism and the Hidden Language of the Jews*, Baltimore/London, 1986, S. 50.

lichkeit *scheint* eine völlige zu werden, sobald auf die unendliche Veränderungsfähigkeit des Juden zu reflektieren begonnen wird."[24] Auf diese Weise erschafft der Verfasser die Projektionsfläche einer zur Hassliebe tauglichen Figur:

> Das große Talent der Juden für den Journalismus, die ‚Beweglichkeit' des jüdischen Geistes, der Mangel an einer wurzelhaften und ursprünglichen *Gesinnung* – lassen sie nicht von den Juden wie von den Frauen es gelten: *sie* sind *nichts, und können eben darum alles* werden*?* Der Jude ist Individuum, aber nicht Individualität; dem niederen Leben ganz zugewandt, hat er kein Bedürfnis nach der persönlichen Fortexistenz: es fehlt ihm das wahre, unveränderliche, das metaphysische *Sein*, er hat keinen Teil am höheren, *ewigen Leben*.[25]

Stets spiegeln sich in den Ausführungen hinlänglich bekannte Stereotype: „Weininger did not create an anti-feminine gender philosophy from pathological scratch; he distilled from available cultural material the misogyny whose terms he used to stabilize his own problematic sense of masculinity."[26] Der Kampf Weiningers gegen das von ihm selbst erschaffene (bzw. aus verschiedenen Quellen zusammen getragene) Phantasma der Frau nimmt somit dezidiert leib- und sinnenfeindliche Züge an.

Neben den misogynen Implikationen berühren Weiningers Ausführungen mehrfach den Bereich des Politischen, was direkt mit dem Niedergang des Liberalismus im ausgehenden 19. Jahrhundert in Verbindung steht. Die Abkehr vom progressiv-liberalen Fortschrittsglauben und die Hinwendung zu ideologischen Extrempositionen[27] schlägt sich auch in *Geschlecht und Charakter* nieder.

> Mit dem Niedergang des Liberalismus als einer bestimmenden politischen Macht verschwand auch die semantische Verbindung von ‚Liberalismus' und ‚Philosemitismus', die ohnehin aufgrund der Seltenheit des Gebrauchs von ‚Philosemitismus' nichts ins allgemeine Bewußtsein eingesickert war.[28]

In Weiningers Augen ist das Antisemitische und mit umgekehrtem Vorzeichen auch das Philosemitische in hohem Maße vom Grad der Identifikation mit dem jeweils bezeichneten Objekt bzw. der jeweiligen Person abhängig. Eine philosemitische oder pro-judaische Haltung sei somit nur demjenigen möglich, der sich ohne jeden persönlichen Bezug mit dieser Frage beschäftige:

> So erklärt es sich, daß die allerschärfsten Antisemiten *unter den Juden* zu finden sind. Denn bloß die ganz jüdischen Juden, desgleichen die völlig arischen Arier, sind gar nicht antisemitisch gestimmt; unter den übrigen betätigen die gemeineren Naturen ihren Antisemitismus nur den anderen gegenüber, und richten diese, ohne

---

[24] Weininger, *Geschlecht und Charakter* (wie Anm. 16), S. 429.
[25] Ebd.
[26] Kavka, „The ‚Alluring Abyss of Nothingness'" (wie Anm. 21), S. 145.
[27] Vgl. Janik, „Weininger und die Kultur des Narzißmus" (wie Anm. 8), S. 232: Exemplarisch zu nennen wären „Karl Luegers christlich-soziale Partei, Georg von Schönerers pangermanische Partei und Herzls zionistische Bewegung".
[28] Wolfram Kinzig, „Philosemitismus. Teil I: Zur Geschichte des Begriffs", in: *Zeitschrift für Kirchengeschichte* 105 (1994), S. 202-228, hier S. 224.

> je mit sich selber in dieser Sache vor Gericht gegangen zu sein; und nur wenige fangen mit ihrem Antisemitismus bei sich selbst an.[29]

Antisemiten sind in Weiningers Begrifflichkeit also immer schon mit dem Judentum bzw. dem ‚Jüdisch-Sein' verknüpft, selbstredend unter der Prämisse, dass sie ebendieses mit allen Mitteln abstreifen wollen. Weininger spricht als assimilierter Jude, der, obgleich er seine Herkunft entschieden von sich weist, das ‚Judentum' vermeintlich eindeutig und ausschließlich als „Geistesrichtung"[30] definieren will. In der Forschung wurde bereits konstatiert, dass ein derart ‚ausgehöhlter' Begriff vom Judentum als Projektionsfläche für diverse Angst- und Untergangsphantasien des liberalen, aufgeklärten Bürgertums um 1900 geradezu prädestiniert ist. Die jüdische Negation der Messianität Jesu von Nazareth macht das eigene prekäre Dasein bewusst. „Anstatt die Zustände selbst zu überwinden, die das Elend erzeugten, haßten die Menschen diejenigen, die dieses Elend symbolisierten und so den andern ständig vor Augen hielten."[31] Dies ist Weininger zufolge das ‚ich-lose', wertlose Judentum, das zum geistigen Antipoden der eigenen Mission stilisiert wird.[32] In diesem Sinne benutzt der Verfasser von *Geschlecht und Charakter* auch den Begriff eines ‚liberalen Philosemitismus'[33], der polemisch als Terminus der Abgrenzung fungiert.

> Die echtesten, arischsten, ihres Ariertums gewissesten Arier sind keine Antisemiten, sie können, so unangenehm sicherlich auch sie von auffallend jüdischen Zügen sich berührt fühlen, doch den *feindseligen* Antisemitismus im allgemeinen gar nicht *begreifen*; und sie sind es auch, die von den Verteidigern des Judentums gerne als ‚Philosemiten' bezeichnet, und deren verwunderte und mißbilligende Äußerungen über den Judenhaß angeführt werden, wo das Judentum herabgesetzt oder angegriffen wird. Im *aggressiven* Antisemiten wird man hingegen immer selbst gewisse jüdische Eigenschaften wahrnehmen; ja sogar in seiner Physiognomie kann das zuweilen sich ausprägen, mag auch das Blut rein von allen semitischen Beimengungen sein.[34]

Diese allerdings sehr abstrakte Definition des Philosemiten erläutert Weininger in einer Fußnote:

> Ein solcher vom Judentum fast freier Mann und darum ‚Philosemit' war Zola. Daß hervorragende Menschen sonst fast stets Antisemiten waren (Tacitus, Pascal, Voltaire, Herder, Goethe, Kant, Jean Paul, Schopenhauer, Grillparzer, Wagner) geht eben darauf zurück, daß sie, die so viel mehr in sich haben als die anderen Menschen, auch das Judentum besser verstehen als diese [...].[35]

---

29 Weininger, *Geschlecht und Charakter* (wie Anm. 16), S. 407.

30 Ebd., S. 406.

31 Eleonore Sterling, *Judenhaß. Die Anfänge des politischen Antisemitismus in Deutschland (1815-1850)*, Frankfurt am Main, 1969, S. 169.

32 Vgl. Weininger, *Geschlecht und Charakter* (wie Anm. 16), S. 412.

33 Gemäß den Klassifikationen in Kinzig, „Philosemitismus. Teil I: Zur Geschichte des Begriffs" (wie Anm. 28), S. 227 f.

34 Weininger, *Geschlecht und Charakter* (wie Anm. 16), S. 406 f.

35 Ebd., S. 406.

Der ‚Philosemit' dient dem Verfasser also als kulturgeschichtlicher Kampfbegriff, der durch seine rigide Definition von den positiv konnotierten Antisemiten abgegrenzt wird. Der ‚Philosemit' nach dieser Nomenklatur ist eine semantische und faktische Unmöglichkeit für nahezu alle Menschen, ein blinder Fleck in der Argumentation Weiningers. Nach seiner Definition ist der Philosemit derjenige, der dem Judentum in all seinen Ausprägungen und Erscheinungsformen als völlig fremd gegenübersteht und doch vom Willen erfüllt ist, gerade diese Fremdheit zu überwinden. Unter den Zusätzen und Erläuterungen zu *Geschlecht und Charakter* wird der Terminus des ‚Philosemiten' und dessen Bedeutung in Weiningers Theorie noch weiter präzisiert:

> Als hervorragende ‚Philosemiten' können nur der sehr überschätzte G. E. Lessing, und Friedr. Nietzsche in Betracht kommen, der letztere aber wohl bloß infolge seines Oppositionsbedürfnisses gegen Schopenhauer und Wagner; und der erstere hat den eigenen Rang viel klarer erkannt und offener eingestanden als die Geschichtsschreiber der deutschen Literatur (vgl. Hamburgisches Dramaturgie, Stück 101 f.).[36]

Bei der rigiden Abwertung Gotthold Ephraim Lessings bezieht sich Weininger auf folgenden Passus in der *Hamburgischen Dramaturgie*, der lediglich eine kritische Selbstreflexion Lessings in gattungspoetologischer Hinsicht darstellt:

> Ich bin weder Schauspieler noch Dichter.
> Man erweist mir zwar manchmal die Ehre, mich für den letztern zu erkennen. Aber nur, weil man mich verkennt. Aus einigen dramatischen Versuchen, die ich gewagt habe, sollte man nicht so freigebig folgern. Nicht jeder, der den Pinsel in die Hand nimmt, und Farben verquistet, ist ein Maler. Die ältesten von jenen Versuchen sind in den Jahren hingeschrieben, in welchen man Lust und Leichtigkeit so gern für Genie hält. Was in den neuerern erträgliches ist, davon bin ich mir sehr bewußt, daß ich es einzig und allein der Critik zu verdanken habe. Ich fühle die lebendige Quelle nicht in mir, die durch eigene Kraft sich empor arbeitet, durch eigene Kraft in so reichen, so frischen, so reinen Strahlen aufschießt: ich muß alles durch Druckwerk und Röhren aus mir herauf pressen.[37]

Aus dieser *captatio benevolentiae*, die, liest man weiter, Lessings Kritikern auf bescheidene Weise Respekt zollt, sogleich ein demütiges Eingeständnis der Inferiorität ihres Verfassers ableiten zu wollen, wirkt übereilt, verweist aber zugleich auf die spezifische Eklektik in Otto Weiningers Schreiben. Es geht dem Verfasser zu keinem Zeitpunkt um eine inhaltliche Bestimmung des Philosemitischen, sondern vielmehr um einen weiteren Beleg für seine übergeordnete Intention, das „Judentum als platonische Idee"[38], nicht aber im Sinne einer real existierenden ethnischen oder religiösen Gruppe zu diskreditieren. Bei dem geliebt-gehassten, in jedem Fall aber für die Argumentation benötigten Judentum

---

36 Weininger, *Geschlecht und Charakter* (wie Anm. 16), S. 586.

37 Gotthold Ephraim Lessing, „Hamburgische Dramaturgie", in: ders., *Werke und Briefe in zwölf Bänden*, hg. von Wilfried Barner u. a., Bd. 6, Frankfurt am Main, 1986, S. 181-694, hier S. 680.

38 Weininger, *Geschlecht und Charakter* (wie Anm. 16), S. 418.

handelt es sich um „keine Rasse, eine Konfession und kein Schrifttum.“[39] Stattdessen gehe es um *„den Menschen überhaupt, sofern er Anteil hat an der platonischen Idee des Judentums.*“[40] Zutiefst widersprüchlich wird die Argumentationsweise aber spätestens dann, wenn gängige antisemitische Klischees referiert werden, so etwa, wenn sich Weininger mehrmals bemüht, potenzielle Missverständnisse von Anfang an zu entkräften und dabei Thesen vorstellt, die auf einer fragwürdigen, streng dualistischen Engführung von Judentum und Christentum beruhen:

> Im Christen liegen Stolz und Demut, im Juden Hochmut und Kriecherei miteinander im Kampf; in jenem Selbstbewußtsein und Zerknirschung, in diesem Arroganz und Devotion. Mit dem völligen Mangel des Juden an Demut hängt sein Unverständnis für die Idee der Gnade zusammen. Aus seiner knechtischen Veranlagung entspringt seine heteronome Ethik, der Dekalog, das unmoralischeste Gesetzbuch der Welt, welches für die gehorsame Befolgung eines mächtigen *fremden* Willens das Wohlergehen auf *Erden* in Aussicht stellt und die Eroberung der Welt verheißt.[41]

Den Hass auf die ‚Idee‘ des Judentums überträgt Weininger schließlich auf das Feld der Eschatologie. Dem Juden fehle das Unsterblichkeitsbedürfnis der anderen Religionen. Gerade an diesem Punkt der Argumentationskette widerspricht Weininger sich selbst, indem er sich ausdrücklich auf Houston Stewart Chamberlain bezieht, der „von dem furchtbaren, unheimlichen Unverständnis des echten Juden für die Gestalt und die Lehre Christi, für den Krieger wie für den Dulder in ihm, für sein Leben wie für sein Sterben, viel Wahres und Treffendes gesagt“[42] habe. Chamberlains Thesen zum Judentum werden sonst zumeist kritisch betrachtet und zu großen Teilen verworfen.[43]

Weit komplexer ist Weiningers Verhältnis zu einem anderen, von ihm als Philosemiten klassifizierten Philosophen, Friedrich Nietzsche. Ihm kann im Spannungsverhältnis von Philo- und Antisemitismus kaum eine eindeutige Position zugesprochen werden. Einerseits gilt er – häufig mithilfe stark vereinfachter Darstellungen von dessen Philosophie des ‚Übermenschen‘ begründet[44] – als Wegbereiter faschistoider Gedanken, andererseits finden sich neben den zeittypischen Stereotypien[45] noch im Spätwerk der 1880er Jahre anerkennende Äußerungen hinsichtlich der intellektuellen und kulturellen Leistungen des Ju-

---

39 Ebd., S. 409.

40 Ebd.

41 Weininger, *Geschlecht und Charakter* (wie Anm. 16), S. 419 f.

42 Ebd., S. 437.

43 Vgl. etwa ebd., S. 437 u. 440.

44 Vgl. z. B. Pierre Kynast, *Friedrich Nietzsches Übermensch. Eine philosophische Einlassung*, Gladenbach, 1986.

45 So etwa der „Börsen-Jude“ als „widerlichste Erfindung des Menschengeschlechtes überhaupt“ in Friedrich Nietzsche, „Menschliches, Allzumenschliches I“, 8. Ein Blick auf den Staat, 475, in: ders., *Werke. Kritische Gesamtausgabe*, hg. von Giorgio Colli und Mazzino Montinari, Abt. IV, Bd. 2, Berlin, 1967, S. 319-321, hier S. 320.

dentums. Doch für Weininger steht nicht eigentlich der vermeintliche Philosemitismus Nietzsches im Zentrum der Kritik. Ihn fasziniert vielmehr das dialektische Verhältnis von Philautie und Misautie, Selbstliebe und Selbsthass. Der Selbsthass – sowohl individualpsychologisch als auch auf nationaler, also kollektiver Ebene – bildet den Ansatzpunkt für Weiningers Argumentation. In der nachgelassenen Aphorismen-Sammlung *Über die letzten Dinge* wird dies näher beleuchtet:

> Man kann die Menschen einteilen in solche, die *sich* lieben, und solche, die *sich* hassen. Damit meine ich nicht Haß gegen das, was sie in sich Unmoralisches finden. Das haßt freilich jeder Mann in sich, wenigstens in dem Augenblicke, wo er es sich sagt, und noch mehr, wenn er dieses Geständnis unterdrücken will. Sondern, was hier den interessanten Unterschied zunächst ins Auge springen läßt, ist das Verhalten gegen moralisch indifferente Züge der eigenen Person. Es gibt Menschen, die ihre ganze Subjektivität (nicht das Subjekt selbst natürlich) hassenswert finden, es (auch in abstracto, als Begriffe) mit einer schmerzlichen Wut verfolgen; die anderen sind eher geneigt, alles an sich liebenswert zu finden, viel Nachsicht mit sich zu üben, im Umgang mit sich selbst die äußerste Delikatesse walten zu lassen, sich eventuell anderen als Muster vorzuhalten.[46]

Weininger überträgt dieses Gedankenkonstrukt auf Nietzsche, dessen Umschläglichkeit er an seiner Unkenntnis der Werke Immanuel Kants festmacht:

> Gerade bei Nietzsche entsprang der Haß gegen sich selbst dem stärksten Willen zur Bejahung. In ihm konnte darum dieser Haß schöpferisch und tragisch werden. Schöpferisch – denn er hieß ihn nach dem suchen, was er an Schopenhauer vermißte, er zwang ihn zur Abkehr von diesem, der ihn Kant nicht kennen gelehrt hatte. Tragisch – denn er war nicht groß genug, um sich selbständig aus einer eigenen Kraft in Reinheit zu *Kant* durchzuringen, den er nie gelesen hatte.[47]

Die hier erwähnte Reinheitstopik ist charakteristisch für Weiningers gesamte Denkwelt, die sich stets auf ein platonisch-ideelles Fundament beruft. Diese philosophische Ausrichtung, die zugleich die Entfernung vom dämonisierten weiblichen Prinzip beinhaltet, stellt für Weininger das Endziel des Philosophen dar. Ein weiterer Vertreter des philosemitischen Prinzips finde sich ferner in dem allgemein hoch geschätzten jüdischen Philosophen Baruch de Spinoza. Dieser sei „[d]as volle Gegenteil Nietzsches", obgleich er genauso ein misautischer Mensch gewesen sei. Er setze sich, im Gegensatz zu Nietzsche, an keiner Stelle mit dem Willensproblem auseinander, sein philosophisches System sei ein „System von Schutzmaßregeln", in das sich Spinoza aus Faulheit zurückziehe.[48] Ein Beispiel für eine ganz analoge Urteilsbildung findet sich in *Geschlecht und Charakter*:

> Der hervorragendste Jude der letzten neunzehnhundert Jahre, an dessen rein semitischer Abkunft zu zweifeln kein Grund vorliegt, und der sicherlich viel mehr

[46] Otto Weininger, *Über die letzten Dinge* (wie Anm. 4), S. 32 f.
[47] Weininger, *Über die letzten Dinge* (wie Anm. 4), S. 38.
[48] Ebd., S. 39.

> Bedeutung besitzt als der, fast jeder *Größe* entbehrende, Dichter *Heine* [...] ist der Philosoph *Spinoza*. Die allgemein übliche ungeheure Überschätzung auch des letzteren geht weniger auf Vertiefung in seine Werke und ein Studium derselben, als auf den zufälligen Umstand zurück, daß er der einzige Denker ist, den *Goethe* eingehender gelesen hat.[49]

Spinoza erweist sich Weininger zufolge als Fluchtpunkt philosemitischer Projektionen, weil dort das mathematisch-naturwissenschaftliche Denken als Methodenprinzip universalisiert sei. Auch hier spiegelt sich also die latente Kritik am bürgerlichen Liberalismus. Weininger steht diesem Methodenideal skeptisch gegenüber und bedient sich stattdessen rein assoziativer Vergleiche, die naturwissenschaftliche Überlegungen ins Metaphysische erheben:

> *Die Gravitation ist das Symbol des Gnadenlosen*; so hoch er sich auch werfe, der Mensch wird ohne Gnade hinabgezogen. (Der Fall des Sternes ist der Sündenfall.) Das Licht ist das Symbol der *Gnade*; es verhält sich zum Auge, wie Gott zum Gläubigen: es läßt sich nicht sagen, wessen Verdienst das *Sehen* ist, ob Verdienst des Lichtes oder Verdienst des Auges.[50]

Weiningers metaphysisches Fundament ist am Ende offensichtlich weder jüdisch noch christlich – seiner Konversion zum Protestantismus zum Trotz. Es verweist zurück auf Platons Sonnengleichnis im VI. Buch der *Politeia*.[51] Auch die vermeintliche Aufhebung des Judentums durch den neuen Religionsstifter erscheint bei Weininger in synkretistischem Licht.[52] Am Ende einer zu großen Teilen dunklen und wenig transparenten Thesenbildung lautet das Resümee des Verfassers:

> *Christus ist der größte Mensch, weil er am größten Gegner sich gemessen hat.* Vielleicht ist er der einzige Jude und wird es bleiben, dem dieser Sieg über das Judentum gelungen: der erste Jude wäre der letzte, der ganz und gar *Christ* geworden ist; vielleicht aber liegt auch heute noch im Judentum die Möglichkeit, den Christ hervorzubringen, vielleicht sogar *muß* auch der nächste Religionsstifter abermals erst durch das *Judentum* hindurchgehen. Wenn also im Juden vielleicht noch immer die höchsten *Möglichkeiten*, so liegen doch in ihm die geringsten *Wirklichkeiten*; er ist wohl der zum *Meisten veranlagte*, und doch zugleich der *innerlich des Wenigsten mächtige* Mensch.[53]

Indem Weininger den Juden in das Reich der Möglichkeiten verschiebt und ihn dort an die Spitze stellt, geschieht diskurslogisch zweierlei: Zum einen wird die eigene, antisemitische Ordnung unterminiert, die dem Juden eigentlich den ge-

---

49 Weininger, *Geschlecht und Charakter* (wie Anm. 16), S. 424.

50 Weininger, *Über die letzten Dinge* (wie Anm. 4), S. 140.

51 Vgl. Platon, „Politeia", Buch VI, 506b-509b, in: ders., *Werke in acht Bänden. Griechisch und deutsch*, hg. von Gunther Eigler, Bd. 4, übers. von Friedrich Schleiermacher, Darmstadt, 1990, S. 535-545.

52 Vgl. Weininger, *Geschlecht und Charakter* (wie Anm. 16), S. 437 f., die Darstellung der sogenannten ‚epileptischen Religionsstifter'.

53 Ebd., S. 440.

ringeren Grad an philosophisch-ideeller Reinheit zusprechen wollte. Der Bereich des Möglichen, des Theoretischen und Abstrakten ist der von Weininger so hoch geschätzten logisch-intellektuellen Askese wesentlich näher als der Raum des Tatsächlichen, die Faktizität der politischen, ökonomischen oder theologischen Sphäre. Zum anderen schreibt sich der junge Wiener Philosoph in die von Nicholas Berg ideengeschichtlich erforschte Tradition der Luftmenschen-Metapher ein, die mit ihrer zweifachen, d.h. pro- oder antijüdischen Lesart die Problematik jedes einseitigen, unkritischen Annäherungsversuchs an ‚das Jüdische' unterstreicht.[54] Die höchst zwiespältigen Ideenkonstrukte Otto Weiningers illustrieren das umfangreiche Arsenal geläufiger pro- und antijüdischer Vorstellungen um 1900 sowie deren ideologische Belastung und Belastbarkeit. Einstmals positiv gedachte, aufklärerische, bisweilen in den Bereich des Philosemitischen hinüberspielende Thesen und Personen werden unter der immer schon gebrochen erscheinenden Prämisse des sich selbst hassenden, geniehaften jungen Philosophen *ad absurdum* geführt. Der Selbsthass resultiert aus der Logik des Reinheitsbedürfnisses und der Entdeckung der eigenen, keineswegs makellosen Individualität, die bei Weininger nicht selten mit der philosophischen Kategorie der Subjektivität kurzgeschlossen wird.

Der antisemitische Blickwinkel auf philosemitisch deutbare Elemente der Kulturgeschichte resultiert in einer inkonsistent gebliebenen Negation des Philosemitischen. Möglicherweise liegt jedoch hierin der Schlüssel zum Verständnis der Thesen von *Geschlecht und Charakter*: Theodor Lessing beschreibt Weininger als „herakliteische Natur"[55], stets nach Haltung und Form strebend und sie gerade deswegen verfehlend. Die Integration des Philosemitischen im dezidiert antisemitischen Diskurs Weiningers zeigt auf paradigmatische Weise die grenzwertige Anwendung philosemitischer Zuschreibungen. Weininger wird in der Forschung zumeist ideengeschichtlich im Kontext der modernen Antisemitismusforschung gelesen. Der junge Autor verliert sich allem Anschein nach in einer nicht enden wollenden Kette an Verweisen, Zitaten und thematischen Exkursen. Häufig wirkt seine Studie wie eine bloße Materialakkumulation.

> Otto Weininger war viel zu selbstbewußt. Sein geistiger Hochmut wuchs aus einer Überspannung sittlicher Ideale, als deren gottgesandten Künder und Jünger er sich fühlte. War das Gefäß auch nur aus schlechtem Ton, es enthielt ja doch das Öl, ohne welches künftig kein König konnte gesalbt werden.[56]

---

54 Vgl. Nicolas Berg, *Luftmenschen. Zur Geschichte einer Metapher*, Göttingen, 2008, S. 41: „Die Ambivalenz der Luftmenschen-Metapher war um 1900 konstitutiv" Berg erwähnt hier v.a. die positiven Aspekte des ‚Luftmenschen', die sich vor allem aus einem ironischen Verhältnis zur ‚luftigen' Freiheit des Intellekts und des Künstlerischen ergeben. Ihr Potenzial, in die Topik des Ahasverus (Ruhe- und Heimatlosigkeit) umzuschlagen, ist jedoch unmittelbar evident.

55 Lessing, „Otto Weininger" (wie Anm. 4), S. 206.

56 Ebd., S. 212.

Theodor Lessing bedient sich nun seinerseits wieder eines literarischen Vergleichs in Bezug auf Weininger: „Wir denken an ihn, als an Goethes Euphorion, der kaum geboren und zum Heros bestimmt, jugendkühn auf die Felsen stieg und schön zerschmetterte beim ihm versagten Flug."[57] Ein zutiefst kontroverser Denker wie Weininger, der sich in seiner Terminologie an heterogenen geistesgeschichtlichen Ideenkonzepten orientiert, verweist zurück auf das Feld der problematischen Begriffsdefinition des ‚Philosemitischen'. Keineswegs kann in literaturgeschichtlicher Hinsicht nur ein pradigmatischer, enger Kernbestand von Figuren bzw. Werken gemeint sein – Adam Sutcliffe etwa weist in seinem definitorischen Artikel auf G. E. Lessings *Nathan der Weise* hin.[58] Vielmehr geht es dem jungen Philosophen um die kulturgeschichtlich tradierte Menge dessen, was mit einer abstrakten ‚Idee' des Judentums gemeint sein könnte.

Otto Weiningers Zugriff auf die Geistesgeschichte kann in besonderer Weise mit dem gegenwärtig rege verwendeten Begriff der ‚Poetologie des Wissens' charakterisiert werden.[59] Weiningers Form der Darstellung erscheint erst sekundär auf den Inhalt ausgerichtet, seine Studie dokumentiert „die Regeln und Verfahren, nach denen sich ein Äußerungszusammenhang ausbildet und abschließt und die Darstellungen diktiert, in denen er seine performative Kraft sichert."[60] Durch die selektiv-kompilatorische Verfahrensweise der Arbeit wird gezielt auf eine Subversion von Kausalität hingearbeitet. Der Modus seines Schreibens steht zwischen wissenschaftlich-analytischer und essayistisch-assoziativer Darstellung. Sichtbar wird bei aller Fragwürdigkeit einer solchen Verfahrensweise die Koexistenz und Konkurrenz verschiedener epistemologischer Modelle, die letztlich den Wissensbestand der Klassischen Moderne problematisch und disparat erscheinen lassen. Bei der Rezeption anderer Autoren verfährt Weininger stets eklektisch. Somit ist auch der in *Geschlecht und Charakter* verwendete Begriff des Philosemitischen nicht eindeutig bestimmbar. Die einseitige Auseinandersetzung mit philosemitisch konnotierten Figuren der Geistesgeschichte, deren stark bemühte Destruktion und Anverwandlung verweisen zurück auf zentrale Topoi des christlich-jüdischen bzw. jüdisch-christlichen Diskurses. Die Problematik der Moderne, die in der Ausdifferenzierung der Wissensgebiete, der Koexistenz heterogener epistemologischer Konzepte besteht, wird bei Weininger exemplarisch vorgeführt. Weininger dämonisiert im misogynen Hauptteil seiner Arbeit den Koitus, dessen Essenz er seiner streng idealistischen Gedankenführung gemäß in der Negation des ‚geistigen Prinzips' erblickt. Geistigkeit wird mit moralischer Gesinnung enggeführt, was wiederum dem ‚Jüdisch-Sein' bei Weininger entgegensteht. Die radikal binäre Anordnung von ‚Frau' und ‚Mann', ‚Jude' und ‚Arier' und schließlich von ‚Philosemit' und ‚Antisemit' dient letztlich der Resemiotisierung tradierter kultureller Stereotype.

---

[57] Ebd., S. 206.
[58] Vgl. Sutcliffe, „Philosemitism" (wie Anm. 13), S. 545.
[59] Vgl. Joseph Vogl, „Einleitung", in: *Poetologien des Wissens um 1800*, hg. von dems., München, 1999, S. 7-16, hier S. 13.
[60] Vgl. ebd.

Das philosophie- und literaturgeschichtliche Interesse an Weiningers Thesen darf folglich nicht im Gehalt des vorgestellten Wissens bestehen. Über Weininger zu reden bedeutet zuvorderst eine Reflexion auf die Art, wie Wissen sprachlich formuliert, arrangiert und damit festgeschrieben, also praktiziert wird – es geht um die ‚diskursiven Regelmäßigkeiten' des Wissens.

> Man muß jene dunklen Formen und Kräfte aufstöbern, mit denen man gewöhnlich die Diskurse der Menschen miteinander verbindet. Man muß sie aus dem Schatten jagen, in dem sie herrschen. Und ehe man sie spontan gelten läßt, muß man aus methodischen Erwägungen und in erster Instanz annehmen, daß man es nur mit einer Menge verstreuter Ereignisse zu tun hat.[61]

Die ‚dunkle Form und Kraft' hinter Weiningers Argumenten ist die durch den Verfasser selbst erzeugte Koinzidenz des Weiblichen und des Jüdischen. Beide Attribute, Weiblich-Sein und Jüdisch-Sein, stehen in der Systematik Weiningers für die unbedingte Bejahung des Lebens und des Humanen. Auf hintergründige und durch die historische Distanz von inzwischen mehr als einem Jahrhundert besonders hervorgehobene Weise impliziert Weiningers Juden- und Frauenhass immer auch dessen Inversion – in der Struktur einer projizierten Hassliebe zum fernen, unerreichbaren, stets entzogenen Urgrund alles Lebendigen.[62] Theoder Lessing resümiert daher das tragische Potenzial[63] der Figur Weininger folgendermaßen:

> [Das] Proteïsche seines noch unfertigen Wesens bot eine gute Grundlage für eine Tragödie des Selbsthasses. Aber es mußte noch ein Zweites hinzukommen. Etwas unauflösbar Problematisches. Die Geburt als Jude, und zwar als ein vom Judentum abgelöster Jude.[64]

Dass der Terminus des Tragischen mit dem darin stets präsenten Entlastungsmoment bei Otto Weininger nicht unreflektiert gebraucht werden darf, haben die zurückliegenden Ausführungen gezeigt. Als ‚Wagnerianer', d. h. als Verfechter der Ideologie hinter den Kunstwerken des Bayreuther Komponisten denkt Weininger wie viele seiner Zeitgenossen in ideellen Schablonen, die er etwa in Richard Wagners letzter Oper *Parsifal* vorgebildet sieht. Dort vereint

---

[61] Michel Foucault, *Archäologie des Wissens*, übers. von Ulrich Köppen, Frankfurt am Main, 2003, S. 34 (Suhrkamp-Taschenbuch Wissenschaft, Bd. 356).

[62] Vgl. hierzu z. B. Weininger, *Geschlecht und Charakter* (wie Anm. 16), S. 323: „*Er* [der Mann, M. S.] *projiziert sein Ideal eines absolut wertvollen Wesens* auf ein anderes menschliches Wesen, und das und nichts anderes bedeutet es, wenn er dieses Wesen *liebt*."

[63] Vgl. zur subjektiven Tragik des Selbsthasses bei Otto Weininger den hilfreichen Diskussionsbeitrag von Gerhart Scheit im Rahmen eines Vortrags von Pia Janke: „Da entsteht eine Haltung aus dem Judentum heraus. In Wirklichkeit ist der sogenannte jüdische ‚Selbsthaß' ein Nachgeben gegenüber dem Antisemitismus und wäre daher nur von außen zu bestimmen, aber nicht aus sich selbst heraus." (Gerhart Scheit, Anm. zu: Janke, „Antifeminismus? – Weininger-Lektüren" (wie Anm. 2), S. 43.)

[64] Lessing, „Otto Weininger" (wie Anm. 4), S. 206.

die Figur der Kundry das „Negative […] doppelt: als Weib *und* Jüdin.“[65] Diese Figur fächert ein Erlösungsdrama auf, das die Dualität der Welt illustriert, ihr Oszillieren zwischen Leib und Geist: „sie ist das personifizierte Erlösungsdrama“.[66]

Die Abhandlung *Geschlecht und Charakter* bildet analog dazu mit all ihrer immanenten Polemik einen doppelten Beitrag zum Diskurs des Philosemitischen: Sie vermag einerseits die Instrumentalisierung bestimmter philosemitischer wie antisemitischer Stereotype aufzuzeigen[67] und weist zum anderen dem Judentum einen strukturell nicht hinterfragbaren Ort zu, der zwischen schroffer Abgrenzung und sublimer Sehnsucht liegt.

---

65 Gerald Stieg, „Kafka und Weininger“, in: *Dialog der Epochen. Studien zur Literatur des 19. und 20. Jahrhunderts*, hg. von Eduard Beutner u. a., Wien, 1987, S. 94.

66 Wagner, „Kulturphantasmen. Parsifal, Weininger, Wien um 1900“ (wie Anm. 7), S. 102.

67 Vgl. Kinzig, „Philosemitismus – Was ist das? Eine kritische Begriffsanalyse“ (wie Anm. 12), S. 40. Kinzig weist darauf hin, dass der Philosemit bisweilen als Antisemit mit ‚umgekehrtem Vorzeichen‘ antritt, d. h. er bediene dieselben Klischees wie letzterer, wende sie aber ins Vorteilhafte.

Helmuth Kiesel

Beobachtungen zur Verschränkung von philosemitischer und antisemitischer Rede in Romanen der Weimarer Republik

Zwar wurde, wie hinlänglich bekannt ist, das Verhältnis zwischen Deutschen und Juden in der Zeit der Weimarer Republik zunehmend durch den um sich greifenden und zugleich sich verschärfenden Antisemitismus bestimmt. Der auf die Rassenlehre sich stützende neuere Antisemitismus nahm, wie der Kulturkritiker Carl Christian Bry 1924 befand[1], die gedankliche Form und Wirkungskraft einer „verkappten Religion“ an: Er taugte (scheinbar) zur Erklärung der sozialen Übel, unter denen die Deutschen litten; er befriedigte vielerlei soziale Instinkte; er umschloß – in der wie auch immer gedachten Ausgrenzung oder Eliminierung der Juden – ein Heilsversprechen. Zugleich gab es aber auch Stimmen, die versuchten, den Wert des Judentums für die deutsche und österreichische Gesellschaft deutlich zu machen, und mehr oder minder ausdrücklich dafür eintraten, den gesellschaftlich-politischen Prozeß der Akkulturation als ein Projekt kulturgenetischer Verschmelzung zu betrachten und zu fördern. Dieentsprechenden Romane sind heute zumeist vergessen. Nach 1933 wurden sie aus dem Bewußtsein verdrängt (so zum Beispiel Walter Bloems *Brüderlichkeit*) oder verfielen gar der Ächtung (wie Emil Feldens *Sünde wider das Volk*). Auch haben sie nicht die literarische Qualität, die ihnen im Fall einer Rettung einen Platz im Kanon gesichert hätte. Hugo Bettauers Wiener Romane wurden zwar neu ediert; aber dass sie bekannt wären und gelesen würden, kann man kaum behaupten. So zweifelsfrei schätzenswert ein Teil dieser Romane auch sein mag, so ist doch festzustellen, dass sie tendenziell dem Genre der Trivial- oder Kolportageliteratur zugehören und nur von inhaltlichem Interesse sind, während die erzählerische Gestaltung Aufmerksamkeit weder verlangt noch verdient. Im Übrigen sind nicht alle zweifelsfrei schätzenswert. Die Versuche, den Wert des Judentums zu verdeutlichen, führen mitunter zu Rühmungen, die in die Nähe antisemitischer Klischees führen und zweifellos geeignet waren, die Furcht von Antisemiten vor der Superiorität der Juden zu schüren. Philosemitische Rede konnte antisemitische Effekte haben. Nicht umsonst kam Bry auch zu dem Befund, dass paradoxerweise „gerade die besessensten Antisemiten“, indem sie die gefährlichen Fähigkeiten der Juden aufzuweisen suchten, zu den „größten Lobredner[n]“ der Juden würden.[2]

Superiorität der Juden spielt in mehreren der im Folgenden behandelten Romane – vor allem von jüdischen Autoren – eine große Rolle. Dies kommt nicht

---

1 Carl Christian Bry, *Verkappte Religionen*, Gotha/Stuttgart, 1924, S. 98 ff.

2 Ebd., S. 99.

von ungefähr, wie der Lebensreflexion Jakob Wassermanns zu entnehmen ist, die 1921 unter dem Titel *Mein Weg als Deutscher und Jude* erschien. Es heißt dort: „Es ist die Tragik im Dasein des Juden, dass er zwei Gefühle in seiner Seele einigt: das Gefühl des Vorrangs und das Gefühl der Brandmarkung. In dem beständigen Anprall, in der Reibung dieser beiden Empfindungsströme muß er leben und sich zurecht finden. Es hat sich mir bei fast allen Juden, denen ich begegnet bin, bestätigt, und es ist der tiefste, schwierigste und wichtigste Teil des jüdischen Problems.“[3] Im Licht dieser Erfahrung ist es verständlich, dass das Thema der gefühlten, behaupteten oder unterstellten Superiorität der Juden in Romanen über Juden eine große Bedeutung erlangte. Für Wassermann war es, wie die weiteren Ausführungen zeigen, klar, dass es sich um keinen natürlichen „Vorrang“ handelte, sondern nur um ein sozial vermitteltes Vorrangsgefühl. Einige der behandelten Romane lassen jedoch auch den Eindruck aufkommen, Superiorität sei ein Effekt jüdischer Erbschaft.

Das Ensemble der Romane, die im Folgenden in den Blick gerückt werden sollen, ist nicht das Ergebnis einer systematischen und erschöpfenden Suche, sondern der mehr oder minder zufälligen Wahrnehmung bei Studien zur Literatur der 1920er Jahre. Mit Sicherheit käme bei systematischer Suche eine deutlich größere Liste zusammen. Es werden hier freilich auch nur Romane behandelt, in denen das Verhältnis von Deutschen und Juden im Zentrum steht und dezidiert judenfreundliche Positionen vertreten oder Juden als bewundernswürdig, wenn auch vielleicht angsteinflößend geschildert werden. Ein Werk wie Döblins Roman *Berlin Alexanderplatz* (1929) wird nicht berücksichtigt, obwohl in ihm Juden als lebensweise Beobachter und Berater des Helden Franz Biberkopf eine große Rolle spielen. Ebensowenig wird etwa Hans Sochaczewers Roman *Sonntag und Montag* (1927) miteinbezogen; er widmet sich zwar auch dem Verhältnis zwischen deutschen und jüdischen Arbeitern im Berliner Scheunenviertel, doch fehlt der philosemitische Aspekt, der hier im Zentrum stehen soll. Dasselbe gilt für Werner Türks Roman *Konfektion* (1932), der in einer von Juden geführten Konfektionsfirma spielt und auch das Verhältnis von Juden und „Gojim“ berührt, aber eben nicht in einer Weise erörtert, die hier interessant wäre. Wenigstens angeführt sei Thomas Manns *Zauberberg* (1924), der mit dem radikalen Jesuiten Leo Naphta auch einen Juden auftreten läßt und ihm im Kapitel „Operationes spirituales“ eine bewundernswürdige und zugleich beängstigende Aufsteigervita zuschreibt. Unter anderem berührt er damit auch das Thema der jüdischen Extravaganz oder Superiorität, das im Judentumsdiskurs der 1920er Jahre eine große Rolle spielte und mit im Fokus der hier behandelten Roman steht. Im *Zauberberg* wird es allerdings nicht entfaltet; die Ressentiments, die Joachim Ziemßen nach Napthas Auftauchen (gegen Ende des Kapitels „Noch jemand“) einmal äußert, werden von Hans Castorp nicht aufgegriffen und führen zu keiner Debatte über die (unterstellten) Vorzüge und Schwächen der Juden.

---

[3] Wassermann, Jakob, *Mein Weg als Deutscher und Jude*, München 1994, S. 54.

*

Begonnen sei mit zwei Romanen, die emphatisch für eine Verbrüderung oder Verschmelzung von Juden und Deutschen eintreten.

Der erste dieser Romane, 1921 erschienen, trägt den geradezu alarmierenden Titel *Die Sünde wider das Volk*. Der Verfasser, Emil Felden, wurde 1874 in Montigny bei Metz geboren und studierte in Straßburg protestantische Theologie sowie Philosophie und Nationalökonomie. Nach Tätigkeiten als Hauslehrer und Journalist wurde er 1907 Pfarrer der St. Martini-Gemeinde in Bremen. 1919 trat Felden der SPD bei, 1921/22 war er Mitglied der Bremer Bürgerschaft, 1923/24 Mitglied des Deutschen Reichstags. Danach zog er sich wieder aus der Politik zurück und widmete sich der Gemeindearbeit und der Schriftstellerei, mit der er schon in den ersten Jahren nach 1900 begonnen hatte. Im Juni 1933 wurde Felden aus dem Amt entlassen; seine Bücher wurden proskribiert.

Der Roman *Die Sünde wider das Volk* verbindet zwei Themen: die deutsche Herrschaft im „Reichsland" Elsaß-Lothringen in den beiden letzten Jahrzehnten vor dem Ersten Weltkrieg und das Verhältnis zwischen Deutschen und Juden. Die Verbindung dieser beiden Themen ist weniger zufällig, als man beim ersten Anblick vielleicht denken mag; sie hat ihre geschichtlichen Gründe und gibt beiden Themen eine unvermutete Schärfe.

Der Beginn der Handlung ist um 1895 anzusetzen. In den Fokus rückt ein preußischer Gerichtssekretär namens Wilhelm Finster, der mit seiner Familie von Berlin in ein kleines elsässisches Städtchen übersiedelt, um dort die „reichsdeutsche" Administration zu unterstützen und die „Germanisierung" des allzu lange dem französischen Einfluß ausgesetzten Elsaß voranzutreiben. Das Elsaß ist für ihn eine „Kolonie" (7), besiedelt von Menschen, die weder richtiges Deutsch sprechen noch preußische Umgangsformen haben: von „babbelnden" und jederzeit zudringlichen „Wackes". Zu deren undeutschen Eigenarten gehört auch, wie Finster bald feststellt, dass sie mit Juden zusammenleben, als gäbe es keine Unterschiede zwischen Deutschen und Juden. Der von der Bevölkerung am meisten geschätzte Kaufmann des kleinen Städtchens ist der Jude Loeb. Wilhelm Finster beginnt nun mit dezidiert „antisemitischen Germanisierungsversuchen" (17): Vertiefung der preußisch-deutsch-protestantischen Herrschaft über das „Reichsland" heißt unter anderem auch Beendigung des vertraulichen Zusammenlebens von Elsässern und Juden. Wo immer es ihm möglich ist, im Amt, im Schützenverein und am Stammtisch, schwingt Finster Hetzreden. Diese verfangen zwar nicht bei den erwachsenen Bürgern, sondern werden von diesen als ungehörig zurückgewiesen; aber bei seinem etwa zehnjärigen Sohn Adolf fallen sie auf fruchtbaren Boden. Er versteht, dass sein Klassenkamerad Jakob Loeb ein Judenbengel ist, von dem nichts Gutes zu erwarten ist und dem man beizeiten deutlich machen muss, dass er in Deutschland unwillkommen ist. Adolf wiegelt andere Jungen gegen Jakob auf, und gemeinsam beginnen sie, Jakob zu schikanieren: Er wird mit Schimpfwörtern und Gemeinheiten aller Art überhäuft; auf dem Schulweg wird er verprügelt; auch die „Speckschwarte" bleibt ihm nicht erspart, der Versuch, ihm „Speck von einem christlichen Schwein" in den Mund zu zwängen (34). Immerhin findet Jakob einen christlichen Freund, den Schleusenwärtersohn Friedrich Kramer, der zu seinem Beschützer wird, ihn oft nach Hause geleitet und auf diese Weise Zutritt zum Haus des jüdischen Kaufmanns erhält. Von da an wird der Roman zu einem doppelten Entwicklungsroman, der um das Thema Judentum kreist. Adolf Finster nährt den Antisemitismus, den ihm der Vater eingeimpft hat, während der Gymnasialzeit und erst recht während des Studiums mit antisemitischen Schriften von Chamberlain bis Dinter. Selbstverständlich tritt er auch in ein Korps ein, in dem ein streng antisemitischer Geist herrscht. Friedrich Kramer hingegen erhält eine mehrstufige und intensive Einweisung ins Judentum: Im Laden des Kaufmanns Loeb lernt er jüdisches Qualitätsbewußtsein und jüdisches Geschäftstalent kennen. Loeb macht ihn mit jüdischen Riten und Liedern vertraut. Von Loeb erfährt er von der Kette der Judenverfolgungen. Am Beispiel Loebs kann er beobachten, was jüdischer Familiensinn, jüdische Glaubensfestigkeit, jüdische Humanität, jüdische Dankbarkeit und jüdische Großzügigkeit sind. Loeb ist es auch, der dem unbemittelten Schleusenwärtersohn ein Studium ermöglicht. So kommt Friedrich nach Straßburg, wo er Semitistik studiert und zugleich als Hauslehrer tätig wird, zunächst bei einem reichen jüdischen Kaufmann, der mit ihm über jede zu honorierende Stunde feilscht, dann im Haus des preußisch-jüdischen Medizinprofessors Waldkowski, eines vornehm wirkenden und großzügigen Mannes, dessen Sohn an Kinderlähmung erkrankt ist und deswegen häuslichen Unterricht braucht. Ein zweites Mal wird Friedrich auf diese Weise in eine jüdische Familie integriert und lernt eine neue, aufgeklärte und von Handelsgeschäften abgekehrte Spielart jüdischen Lebens und jüdischer Geistigkeit kennen; Studium und Leben werden zu einer einzigen Unterweisung im Judentum. Diese wird nicht nur geschildert und durch die Wiedergabe von Gesprächen vergegenwärtigt; sie wird durch den Roman auch dergestalt betrieben, dass der Romantext mit 30 Anmerkungen versehen wird, die zu einem Anhang von 33 kleingedruckten Seiten führen und die romaninternen Ausführungen über Judentum und Antisemitismus unter Verweisen auf Forschungsliteratur ergänzen und vertiefen. Zugleich machen sie deutlich, dass der Verfasser des Romans – im Unterschied zu den Antisemiten – des Hebräischen mächtig ist und die jüdischen Schriften nicht nur vom Hörensagen kennt. Seitenlang werden im Anhang wie im Roman die Unterstellungen antisemitischer Schriftsteller durch eine genauere und richtige Exegese der jüdischen Schriften und Gebräuche widerlegt. So entdeckt Friedrich (und der Leser mit ihm) die geschichtliche Größe des jüdischen Volkes und die Schönheit seiner Schriften. Das Alte Testament:

> Bot es nicht, wenn man es mit den Augen der vorurteilsfreien Wissenschaft betrachtete, ein Musterbeispiel für die Entwicklung einer Religion aus niedrigsten Anfängen bis zu ihrer höchsten Vollkommenheit? [...] Welch gewaltige Männer sind die Propheten! Geistesgrößen, wie sie wenige Völker, religiöse Genies, wie sie andere Völker nicht aufzuweisen haben. Zu einer Zeit, da in Deutschland noch

> Unkultur herrschte, da alle übrigen Völker trotz ihrer höheren, oft geradezu glänzenden Kultur noch der Vielgötterei huldigten, verkündeten sie den Monotheismus in seiner reinsten Gestalt, traten sie für eine bildlose Verehrung Gottes ein. Gott, so sagten sie, ist die Gerechtigkeit, ist die Liebe. Brandopfer bringt ihr ihm dar? [...] Und wie gewaltige, alle Zeiten überdauernde Gedanken! Welche poetische, geradezu faszinierende Sprache! Welche künstlerische Gestaltungskraft! Mit welchem Eifer bekämpften sie die sozialen Schäden ihrer Zeit – ohne Furcht vor dem Haß der Mächtigen und Reichen! (129 f.)

Und zugleich entdeckt Friedrich die Vortrefflichkeit jüdischer Menschen in seiner Umgebung, etwa seines Kommilitonen Weinberg, der im zunächst an Wissen weit überlegen ist:

> Das war Weinberg: fleißig jede Sekunde ausnutzend, keine Erholung sich gönnend, wenn es galt, ein Gebiet zu beherrschen, zäh und ausdauernd, wenn er in die Tiefe eindringen wollte, unnachgiebig gegen sich selbst, wenn es galt, ein Ideal zu verwirklichen. So war Weinberg, der *Jude*!
> Kein Wunder, daß die Juden vorwärts kamen! Unwillkürlich dachte er an Onkel Ferdinand [den Bruder des Medizinprofessors, einen Unternehmer, der seine deutschen Konkurrenten an Umtriebigkeit, Einfallsreichtum und Beharrlichkeit weit übertrifft] und an Loeb, den er noch gekannt [was eigentlich nicht sein kann], wie er als armer Jud' mit dem Sack auf dem Rücken alte Waren eingehandelt hatte, keinen Sturm und Regen fürchtend, mit unglaublicher Ausdauer, bis er sich einen Laden hatte zulegen können; wie er sich durch Sparsamkeit und Fleiß immer mehr in die Höhe geschwungen hatte und jetzt mit seinen [alten] Münzen ganz Deutschland versorgte. (138)

Friedrichs Bewunderung für die Vortrefflichkeit der Juden wird ergänzt durch seine mit Liebe verbundene Bewunderung für Loebs Tochter. Im Anschluß an die eben zitierten Sätze heißt es weiter:

> Er dachte an Mirjam, wie sie am Glauben ihrer Väter hing. Wie sie mit ihm zusammen das Alte Testament studierte, um es ganz und gar zu erfassen, auch weil – sie ihn liebte! Sein Herz sprang vor Freude bei diesem Gedanken, und unwillkürlich traten die Worte aus dem Hohenlied auf seine Lippen: ‚Ich bin eine Blume zu Saron und eine Rose im Tal. Wie eine Rose unter den Dornen, so ist meine Freundin unter den Töchtern'. (138 f.)

Hier werden freilich auch die Grenzen des Einvernehmens zwischen philosemitischen Deutschen und Juden deutlich. Als sich nämlich am Ende des Studiums die Frage die Frage einer ehelichen Verbindung stellt, beugt sich Mirjam dem Wunsch des Vaters, keinen „Goj" zu heiraten. Dafür erhält Friedrich etwas später die Tochter des Medizinprofessors zur Frau, deren Verlobung mit einem deutschen Grafen aufgelöst werden musste, weil dessen Mutter eine Liaison ihres Sohnes mit einer Jüdin nicht tolerierte. Zwar ist auch Friedrichs Mutter gegen eine Verbindung mit einer Jüdin, doch setzt dieser sich darüber hinweg.

In dieser Verschränkung zweier Liebesgeschichten zeigt sich ein mehrfach zu beobachtendes Konstruktionsprinzip des Romans. Bis zu einem gewissen

Grad ist der Roman auf Symmetrie gearbeitet. Es gibt Vorbehalte und Abgrenzungsneigungen auf jüdischer wie auf deutscher und mithin christlicher Seite; aber die der Christen und Deutschen haben eine ganz andere soziale Wirkungskraft als die der Juden, und zudem werden sie durch den rassistisch begründeten Antisemitismus der Jahre um 1900 massiv gesteigert.

Immer wieder wird Friedrich Kramer von Adolf Finster aufgesucht, mit antisemitischen Invektiven konfrontiert und in Auseinandersetzungen über Rassenlehre, Deutschtum und Judentum verwickelt. Dies veranlaßt Friedrich eines Tages, die Schriften von Gobineau und Chamberlain zu studieren und darüber ein Gespräch mit Professor Waldkowski zu beginnen. Natürlich führt dies zu einer Widerlegung des rassistischen Antisemitismus: Neben dem Allgemein-Menschlichen sind rassische Momente, so der Professor, der sich zuvor bei einem Anthropologen kundig gemacht hat, bedeutungslos. Nicht Reinrassigkeit führt zur kulturellen Veredelung („wie hoch müßten sonst die Australneger stehen" (221)), sondern die Vermischung verschiedener Rassen, die freilich nicht bedeutet, dass „man den Senegalneger mit dem Germanen aufkreuzen solle" (222), wie in anachronistischer Anspielung auf die französische Besetzung des Rheinlands und die damit verbundene „Schwarze Schmach"-Debatte gesagt wird. Voraussetzung für die veredelnde Vermischung zweier Rassen ist, dass sie „auf einer gleichen oder sehr nahen Entwicklungsstufe stehen" (222), wie dies bei Deutschen und Juden der Fall ist.

Die Zeichen für eine veredelnde Vermischung von Juden und Deutschen stehen schlecht. Es kommt der Erste Weltkrieg, an dessen Ende die „Alt"- oder „Reichsdeutschen" das Elsaß verlassen müssen, unter ihnen auch die Familie Waldkowski einschließlich des Schwiegersohnes Friedrich Kramer, der inzwischen habilitiert ist und einen großen Namen als Arabist und Talmudist hat. Ausgewiesen wird auch Adolf Finster. Beide verschlägt es nach Frankfurt, wo Friedrich seine akademische Karriere fortzusetzen versucht und Adolf, bewundert von „Hakenkreuzjünglingen und -jungfrauen" (276), antisemitische Reden hält. Als eines Tages ein Streitgespräch mit Friedrich angesetzt wird, kommt es zu einer Saalschlacht, bei der Friedrich von einem „Hakenkreuzler" so schwer verletzt wird, dass er zusammenbricht und, auf dem Boden liegend, von den über ihm Ringenden so getreten wird, dass er einige Tage später seinen inneren Verletzungen erliegt. Ein Opfer des Antisemitismus, der, wie Friedrich sterbend flüstert, „die große Sünde wider das Volk" ist (282). Er ist dies aus zwei Gründen: zum einen weil er das Volk aufwühlt und zum Haß aufstachelt (222 und 282); zum andern aber auch, weil er jene steigernde Verbindung von Deutschen und Juden, die Professor Waldkowski und sein Schwiegersohn Friedrich Kramer für wünschenswert halten, verhindert.

Ein Jahr nach Feldens *Sünde wider das Volk* erschien mit Walter Bloems *Brüderlichkeit* (1922) ein ganz ähnlich gearteter Roman eines literarischen Routiniers. Bloem, der 1868 in Elberfeld als Sohn eines Juristen geboren worden war und selber auch Jura studiert hatte, lebte seit 1904 zunächst in Berlin, dann in Stuttgart als freier Schriftsteller, Dramaturg und Regisseur. Eine von

1910 bis 1913 erschienene Romantrilogie über den deutsch-französischen Krieg von 1870/71 machte ihn berühmt und brachte ihm eine hohe kaiserliche Auszeichnung ein. Am Weltkrieg nahm Bloem als Hauptmann der Reserve teil und wurde zunächst an der Ostfront, dann an der Westfront (vor Verdun) eingesetzt. Er erlitt drei Verwundungen, von denen die letzte im Frühjahr 1918 eine schwere war, wurde mehrfach ausgezeichnet und schließlich zum Major befördert. In den ersten Nachkriegsjahren konnte Bloem mit einigen Romanen und einer zweibändigen Darstellung des Kriegs (*Der Weltbrand*, 1922) seinen literarischen Erfolg zunächst fortsetzen. Seine früheren Titel und seine Nachkriegsromane, die in Startauflagen von 50.000 Exemplaren erschienen, ließen ihn zu einem reichen Mann werden. Allerdings hielt sein Glück nicht an. Die Inflation vernichtete einen großen Teil seines Vermögens, und in der zweiten Hälfte der zwanziger Jahre ließ das Interesse an seinen Romanen stark nach: Sie waren inhaltlich zu schematisch, erzählerisch zu einfach, sprachlich antiquiert – und politisch auf eine aus heutiger Sicht überaus schätzenswerte, damals aber umstrittene und zudem unglaubwürdige Weise um Versöhnung bemüht. Bloems Romane plädieren dafür, sich „auf den Boden der Tatsachen" zu stellen, wie es in *Brüderlichkeit* wörtlich heißt, und die Republik nicht nur als Form des deutschen Wiederaufstiegs, sondern auch als Form einer grundlegenden Erneuerung der deutschen Gesellschaft zu begreifen.

Dies ist das eigentliche Thema des Romans *Brüderlichkeit*, der – weniger handlungsfixiert als die anderen – als politischer Reflexionsroman eine größere Eindringlichkeit gewinnt. Die Zentral- und Perspektivfigur dieses Romans ist der ehemalige Fliegerleutnant Hans Joachim Eichholz, der in vierundzwanzig Zweikämpfen Sieger blieb und mit dem höchsten preußischen Militärorden, dem Pour le Mérite, ausgezeichnet wurde. Mit etwas über zwanzig Jahren kehrt er 1919 aus englischer Gefangenschaft zurück. Vater und Bruder sind gefallen, die Mutter ist aus Gram gestorben. In Berlin wendet Joachim sich an den Vermögensverwalter, einen reichen jüdischen Rechtsanwalt namens Löwenstein, einen guten Freund des Vaters und wie dieser Mitglied des Korps' Franconia. Löwenstein hat einen gänzlich deutsch aussehenden Sohn namens Ludwig, der sich im Krieg ebenfalls als Leutnant hervortat, und eine bezaubernde, orientalisch wirkende Tochter namens Ruth. Auch Joachim Eichholz und Ludwig Löwenstein sind schon Mitglieder des Korps' Franconia und beabsichtigen, in Schafflingen, einer Kombination aus Bloems Studienorten Heidelberg und Marburg, Germanistik zu studieren. Beiden ist das Deutschsein auf je unterschiedliche Weise zum Problem geworden, das sie nun durch ein Germanistikstudium lösen wollen. Eichholz ist durch die Niederlage in seinem Nationalgefühl verunsichert und will wissen, wie es um Deutschland tatsächlich steht (18). Für Löwenstein wird der Antisemitismus zum Impuls. Obwohl er für Deutschland gekämpft und „geblutet" hat, wird er – auch von den Korpsbrüdern – permanent zurückgesetzt. Dem will er entgegentreten, indem er sich der Bewußtmachung und Kultivierung des Deutschen verschreibt:

> Ich werde von dem Deutschtum der Gegenwart an das der Vergangenheit appellieren – und auf diesem Umwege vielleicht an das der Zukunft. [...] Ich will mir selbst und der Welt beweisen, was übrigens Hunderte und Tausende meines Bluts bereits bewiesen haben, daß nicht die Rasse, sondern die Gesinnung, und, daß Gefühl und Wille den Deutschen ausmachen. Aber – ich verzichte fürder darauf, diesen Beweis zu führen durch einen Haufen Schlägermensuren nach hundert Schlachttagen – und durch das Recht, einen Bierzipfel zu tragen. Ich will's auf unmittelbare Art beweisen – indem ich den Deutschen die ewige Herrlichkeit deutschen Geistesschaffens erläutere – wie unzählige deutsch und fremde Juden – nehmen Sie Brandes zum Beispiel – vor mir. (31)

Dass Bloem das Verhältnis von Deutschen und Juden zu einem vorrangigen Thema seines Romans machte, hat wohl zwei Gründe, von denen der eine familiengeschichtlich, der andere zeitgeschichtlich ist: Zum einen war Bloems Vater in erster Ehe mit einer Frau jüdischer Herkunft verheiratet. Aus dieser Ehe stammte eine Tochter, so dass Bloem, der Sohn aus zweiter Ehe, eine (in der Terminologie der Zeit) „halbjüdische" Halbschwester hatte und für das Problem deutsch-jüdischen Verhältnisses sensibilisiert war. Zum andern hatte Bloem, der vom März 1916 bis zum Jahresbeginn 1918 dem Generalstab des Heeres angehörte und die Feldpressestelle leitete, mit Sicherheit eine genaue Kenntnis jener im Herbst 1916 anberaumten „Judenzählung", durch die festgestellt werden sollte, in welchem Umfang Juden im Einsatz an der Front waren oder sich in der Etappe „verdrückt" hatten. Das Ergebnis dieser Zählung, die von den Betroffenen als äußerst demütigend empfunden wurde, zeigte bekanntlich, dass die Juden ihr „patriotisches Soll" im Fronteinsatz bestens erfüllten, doch brachte dies die Antisemiten nicht zum Schweigen; durch die ganzen zwanziger und dreißiger Jahre hindurch wurde das positive Ergebnis bestritten und die Legende von den „jüdischen Drückebergern" gepflegt. Mit der Figur des tapferen Ludwig Löwenstein tritt Bloem dem entgegen, auch wenn die „Judenzählung" nicht ausdrücklich erwähnt wird.

In Schafflingen muss sich Eichholz, obwohl Ritter des Pour le Mérite, den strengen Regularien der äußerst anspruchsvollen Franconia unterwerfen: unterwürfigen Fuchsdienst leisten, ermüdende Kneipen absolvieren, täglich auf dem Paukboden antreten und sich den Kopf mit dem flachen Säbel bearbeiten lassen, damit er, wenn bei der „Bestimmungsmensur" Blut fließt, auch nicht mit dem geringsten Schmerzenszeichen „reagiert". Eichholz macht dies eine Weile mit, entwickelt dann aber – unter dem Einfluß einer katholischen Studentin aus der Carl-Sonnenschein-Bewegung – einen kritischen Blick für das Korps und versucht, die Franconia im „sozialstudentischen" und republikanischen Sinn zu reformieren (176 ff.): Von einem Sauf- und Fechtverein soll sie zu einem Organ der staatsbürgerlichen Erziehung werden, und dies nicht nur im Sinne einer umfassenden und versöhnten „Volkheit", sondern auch im Sinne der „schwarzrotgoldnen Republik", die von Eichholz als „Ausdruck des Willens der überwiegenden Mehrheit" des deutschen Volkes anerkannt wird. Auch erinnert Eichholz daran, dass das Leitmotiv der ersten Burschenschaften „Brüderlichkeit" hieß und „brüderliche Erziehung" die Aufgabe der Verbindungen sei (60, 128, 154 u. ö.). Das Korps ist indessen weit davon entfernt, dem zuzustimmen. Eichholz' Reformvorschläge stoßen auf kräftige Vorbehalte. Sein Versuch, die Kneipen in Diskussionszirkel zu verwandeln, wird unterbunden. Seiner Anerkennung der „schwarzrotgoldnen Republik" als Resultat des Mehrheitswillen schlagen Vokabeln wie „Wilsonbluff", „Wahlschwindel" und „jüdische Verhetzung" entgegen (184).

Zum Lakmustest für die Bereitschaft des Korps, das Prinzip der Brüderlichkeit zu realisieren, wird der Umgang mit Ludwig Löwenstein. Dieser konnte vor dem Krieg – seinem Vater folgend – Mitglied der Franconia werden. Jetzt, nach dem Krieg, schlägt ihm trotz seiner Verwundungen und Auszeichnungen das zwischenzeitlich gewachsene antisemitische Ressentiment entgegen, aber Eichholz beschwört ihn, im Korps zu bleiben, weil in der „großen Umkrempelung", in der man begriffen sei, gerade seinesgleichen gebraucht würde. Und hier folgt nun eine der problematischen Lobpreisungen des Judentums:

> Ihr Juden habt, wie man sonst auch über euch denken mag, den unbeirrbar scharfen Blick für das sachlich Notwendige. Ihr habt die nötige Respektlosigkeit gegenüber allem, was rückständig und baufällig ist, auch wenn's durch die Überlieferung der Jahrhunderte geheiligt scheint. (57)

Auch an anderen Stellen zeigt sich, dass Eichholz genaue Vorstellungen vom jüdischen Wesen hat, so etwa, wenn er an Löwenstein die typische „jüdische Eitelkeit und Wichtigmacherei" beobachtet (120) oder bei anderer Gelegenheit konzediert, dass Löwenstein mit jener „eiskalten" und „raffinierten Berechnung" gehandelt habe, zu der nur ein Jude fähig sei und die einen „ehrlichen, offenen Deutschen" überfordere und empöre (238, und 281, 284). Immer mehr empfindet Eichholz selbst denn auch „Angst vor Judas Macht", womit die Überlebens- und Herrschaftskunst der jahrhundertelang Unterdrückten gemeint ist (284), und bekennt, dass „der Jude", „der heute gefährliche Züge hat", in besonderer Weise „erziehungsbedürftig" sei (286). Eichholz' Philosemitismus – und mithin der des Romans überhaupt – ist ein Philosemitismus, der durch persönliche Freundschaft induziert ist und durch ethische und politische Überlegungen legitimiert wird, aber dezidierte Rassenvorstellungen noch lange nicht hinter sich gelassen hat – und andere schon gar nicht überzeugen kann, wie ein über sieben Seiten sich erstreckender Dialog zwischen Eichholz und seinem Leibburschen Wulle realistischerweise zeigt (287-294):

> „Also hör' mich mal an, mein Kerlchen", sagte der stämmige Wulle und schaute mit einem guten Lächeln zu dem langen Freund empor, „ich [...] bin mit allem einverstanden, was du über den Fall Löwenstein im besonderen gesagt hast. [...] Ich halte ihn wirklich für einen ganz prachtvollen Kerl – in seiner Art. Aber deine Judentheorie, die ist, nimm mir's nicht übel, denn doch ein bißchen einseitig! Du scheinst allerlei vergessen zu haben – oder vergessen zu wollen. Wer hetzt seit Jahrzehnten gegen alles, was uns heilig ist? Wer hat im Krieg auf der Etappe ge-

hockt? [...] Wer sitzt dick und fest in den Kriegsgesellschaften und hat Geld gemacht, während uns die Granatsplitter um die Ohren flogen? [...] Und wer hat denn letzten Endes die Revolution gemacht?"
„Leibbursch – darauf könnte ich dir vieles erwidern –"
„Ich weiß, ich weiß – aber ist das wirklich nötig, daß grade ein Korpsstudent sich zum Anwalt der Juden –"
„Jawohl, Leibbursch, das ist nötig! Denn wir haben ihnen mehr Unrecht getan als andere. Wir – die Korpsstudenten natürlich nicht allein, sondern alle Akademiker! Lies Ssymank [i. e. Paul Ssymanks 1912 erstmals erschienenes und danach mehrfach aufgelegtes Buch *Das deutsche Studententum von den ältesten Zeiten bis zur Gegenwart*] – da kannst du sehen, daß Studententum und Antisemitismus fast immer zusammengegangen sind!"
„Meiner Ansicht nach," gab Wulle bedächtig zurück, „würde das nur ein neuer Beweis sein, wie stark in der Studentenschaft von jeher der nationale Instinkt gewesen ist."
„Und mit diesem nationalen Instinkt haben wir's glücklich fertiggebracht, das Judentum zum leidenschaftlichen Feind unseres Staates, des monarchischen Gedankens, alles dessen zu erziehen, was es Staatserhaltendes gab im Reiche von gestern! Das hat sich furchtbar genug gerächt! Ich finde, die Judenpolitik unserer herrschenden Klassen hätte allmählich Opfer genug gefordert! Beweis, daß sie falsch war! Ja, wenn man einen Riesen-Pogrom veranstaltet und das Judentum in Deutschland ausgerottet hätte und die Grenzen für den Nachschub gesperrt – das wäre Barbarei, das wäre widerchristlich, aber es wäre wenigstens logisch gewesen!"
„Na, ich machte jedenfalls sofort mit", sagte Wulle mit blitzenden Augen.
„Du weißt selbst, Wulle, daß das Utopien sind – ob erfreuliche und sympathische, darüber wollen wir nicht streiten. Und darum, weil es das nicht gibt – darum gibt es nur *eine* wirklich deutsche Judenpolitik: gewinnt die Juden für den deutschen Staatsgedanken! Erzieht sie zu ebenso guten Deutschen, wie ihr selber welche seid!"
„Unmöglich, Leibfuchs, unmöglich! Sie *wollen* ja gar nicht!"

Mit etwas Wohlwollen gegenüber der Hauptfigur (wie dem Autor) kann man die von Eichholz vorgetragene Ausrottungsutopie als taktische Konzession an seinen Gesprächspartner interpretieren; aber auch dann wirkt sie verräterisch und läßt den Verdacht aufsteigen, dass der Philosemitismus des Protagonisten (wie des Romans) nur halbherzig ist, nur ein Notbehelf, weil die Juden nun einmal da waren und ihre Ausrottung, wie Eichholz meint, nicht ernsthaft in Erwägung zu ziehen war; Wulles Antwort und seine „blitzenden Augen" zeigen freilich das Gegenteil an.

Immerhin war Bloem hellsichtig und ehrlich genug, zu sehen und einzuräumen, dass es unter diesen Umständen eine Anerkennung von Juden als vollgültige Deutsche und ein gedeihliches Miteinander nicht geben konnte. In seinem Roman wird Löwenstein von einem nationalsozialistischen Mitglied der Franconia so lange attackiert, bis es zu einem Eklat, einem anschließenden Ehrengerichtsverfahren und einem Pistolenduell kommt, bei dem Löwenstein schwer verwundet wird und in der folgenden Nacht stirbt. Der Antisemitismus setzt der Brüderlichkeit eine tödliche Grenze. Damit wollte Bloem allerdings nicht schließen, und so gestaltete er den Tod Löwensteins nicht als definitiven Endpunkt, sondern als potentiellen Wendepunkt: Als Löwensteins Vater erscheint, um seinen toten Sohn abzuholen, wird sich das Korps allmählich seiner Schuld bewußt, bittet den „alten Herren" um Verzeihung und beschwört ihn, Mitglied der Franconia zu bleiben. Löwenstein willigt ein, und so endet der Roman versöhnlich. Eine tatsächliche Überwindung des Antisemitismus im Korps wagt er freilich nicht auszumalen; hier gebot das Realitätsprinzip dann doch Einhalt.

Brüderlichkeit wurde unterschiedlich aufgenommen. Der Rezensent des *Literarischen Echos* bewertete den Roman als versiert geschriebenen „Tendenzroman" und referierte den Inhalt auf leicht ironische, aber nicht ablehnende Weise. Scharfe Kritik kam von der nationalistischen Presse und den Korps, denen einerseits der Philosemitismus des Romans und andererseits die kritische, ja herabsetzende Darstellung des nationalsozialistischen Widersachers Löwensteins zu weit gingen.[4] In Bloems späteren Romanen findet sich beides nicht mehr. Vom Philosemitismus ließ Bloem um 1928 ab; auf die Darstellung von Nationalsozialisten verzichtete er. An der Absicht, mit seinen Romanen zur Herausbildung der deutschen „Volksgemeinschaft" beizutragen, hielt er fest. Ab 1930 neigte Bloem dem Nationalsozialismus zu und begann eine Rolle im nationalistischen Kulturorganisationen zu spielen. Allerdings begegnete man ihm dort mit Vorbehalten. Drei seiner Bücher, darunter selbstverständlich *Brüderlichkeit*, wurden von den Nationalsozialisten auf die Liste jener Bücher gesetzt, die als „ungeeignet für deutsche Volksbüchereien" zu gelten hatten.[5]

*

Die Bedeutung der Juden für die deutsche Kultur war seit der Wende vom 19. zum 20. Jahrhundert mehrfach Gegenstand entsprechender Abhandlungen aus jüdischer Feder; erinnert sei an Moritz Goldsteins Aufsatz *Deutsch-jüdischer Parnaß* (1912)[6] und an den von Gustav Krojanker herausgegebenen Sammelband *Juden in der deutschen Literatur* (1922).[7] Das Ziel solcher Schriften war es, zu verdeutlichen, was die deutsche Kultur den Juden verdankt. Goldstein stellte selbstbewußt fest, „daß deutsche Kultur zu einem nicht geringen Teil jüdische Kultur" sei.[8] Jetzt, in der Nachkriegs- und Inflationszeit, in der Pogromstimmung aufkam und, wie aus Bloems *Brüderlichkeit* zu ersehen ist, über Ausweisung und Deportation diskutiert wurde, versuchten jüdische Autoren, den

---

4 Vgl. Peter Stauffer, Walter Bloem: Biographie eines Verfechters. Geschichte eines Gekränkten, Hilden, 2009, S. 59 ff.
5 Vgl. ebd, S. 84
6 Kunstwart 25 (1912), S. 281-294.
7 Weiteres bei Helmuth Kiesel, *Geschichte der literarischen Moderne*, München, 2004, S. 74-85.
8 A. a. O., S. 291.

Deutschen und Österreichern deutlich zu machen, was sie im Falle einer Ausweisung der Juden verliere würden. Ein erster Roman, in dem dies geschieht, ist Hugo Bettauers *Die Stadt ohne Juden* (1922), ein zweiter Artur Landsbergers *Berlin ohne Juden* (1925).

Hugo Bettauer, 1872 in Baden bei Wien als Sohn eines jüdischen Spekulanten geboren, konvertierte früh zum Protestantismus, führte ein etwas abenteuerliches Leben und arbeitete ab 1910 in Wien als Publizist und Schriftsteller. 1924 begründete er die „Wochenschrift für Lebenskultur und Erotik" *Er und Sie*, die alsbald zu einer Anklage wegen Unsittlichkeit führte. Bettauer wurde zwar freigesprochen, aber bald darauf, am 10. März 1925, von einem fanatisierten Zahntechniker durch Revolverschüsse so schwer verletzt, dass er am 26. März starb. In den Jahren davor hatte er mit einigen Romane über die Wiener Gesellschaft während der Inflationszeit Aufmerksamkeit erregt; der erfolgreichste war *Die Stadt ohne Juden*.[9] Seine Handlung sei knapp skizziert: Die Inflation führt in Wien zu heftigen Angriffen auf die Juden, denen die Schuld am Zusammenbruch wie an der Wirtschaftskrise zugeschoben wird. Unter dem Druck der öffentlichen Meinung erläßt die Nationalversammlung bald ein entsprechende Gesetz, das sofort wirksam wird und bei den Österreichern zunächst große Freude auslöst. Eine Million Juden emigrieren. Große Wohnungen werden frei und können für wenig Geld gekauft oder gemietet werden. Jüdische Luxuskarossen sind günstig zu haben, und in der Urlaubszeit gehören die schönsten Plätze Österreichs nicht mehr den Juden, sondern den Österreichern. Aber nach einem knappen Jahr ist dieses ‚judenfreie' österreichische Glück zu Ende: Mit den Juden ist nicht nur das große Kapital verschwunden, sondern auch das kaufmännische Geschick, die qualitätsbewußte Käuferschaft, das anspruchsvolle und instruierte Konzert- und Theaterpublikum, ebenso der tüchtigste Teil der Ärzte- und Anwaltschaft. Wien „versumpert" (82), fällt der „Verdorfung" anheim (144, 207), hat allen Glanz und alle Wirtschaftskraft verloren. Als rettender Ausweg aus dieser desolaten Situation bliebt nur die Aufhebung des Ausweisungsgesetzes. Die Juden kehren zurück, und Wien ist bald wieder Wien: die glanzvolle Metropole der Wirtschaft, der Wissenschaften und der Künste. Motiviert und orchestriert wird dieses Geschehen durch zahlreiche längere Äußerungen über Juden, die von der Perhorreszierung bis zur Glorifizierung reichen und gelegentlich beides miteinander verbinden. So erklärt der Kanzler zur Begründung des Ausweisungsgesetzes (10):

> Die Sache ist einfach die, daß wir österreichische Arier den Juden nicht gewachsen sind, daß wir von einer kleinen Minderheit beherrscht, unterdrückt, vergewaltigt werden, weil eben diese Minderheit Eigenschaften besitzt, die uns fehlen! [...] Mit ihrer unheimlichen Verstandesschärfe, ihrem von Tradition losgelösten Weltsinn, ihrer katzenartigen Geschmeidigkeit, ihrer blitzschnellen Auffassung, ihrer durch jahrtausendelange Unterdrückung geschärften Fähigkeiten haben sie uns

---

9 Neudruck: Hugo Bettauer, Die Stadt ohne Juden. Ein Roman von übermorgen, Salzburg, 1980.

> überwältigt, sind unsere Herren geworden, haben das ganze wirtschaftliche, geistige und kulturelle Leben unter ihre Macht bekommen.

Die Überlegenheit der Juden zeigt sich allenthalben, auch in erotischer Hinsicht, wie im Kapitel „Die lieben süßen Mädeln“ zunächst der Erzähler, dann die „Mädeln“ selber bezeugen (117 f.):

> [...] einen Juden zum Geliebten haben, das bedeutete ins Theater und feine Kaffeehäuser geführt, gut behandelt, freigebig bedacht zu werden.
> Einen Juden aber gar zu heiraten, das galt als Haupttreffer, als Garantie für Wohlstand, Pelzmantel und schöne Kleider.
> Fragte man die Poldi oder Tini, woher diese Vorliebe für einen jüdischen Schatz, so pflegte man immer dieselbe Antwort zu bekommen:
> Ein Jud ist immer nobel und wenn er eine Christin heiratet, so trägt er sie auf den Händen. Und dann besaufen sie sich nicht [...].
> Wenn die süßen Mädeln aber ganz unter sich und sehr miteinander befreundet waren, wenn sie ihre erotischen Erlebnisse und Erfahrungen austauschten, dann erzählten sie von der Sinnlichkeit der Juden und der Vielfältigkeit ihrer erotischen Neigungen im Gegensatz zu ihren gut christlichen, sehr braven, aber weitaus weniger amüsanten arischen Freunden ...

Gegen Ende des Romans beginnt die Bevölkerung einzusehen, dass es ein katastrophaler Fehler war, die Juden auszuweisen. Man braucht sie unbedingt, wie nun ein Österreicher, der von vornherein gegen die Ausweisung war, seinen Landsleuten mit einiger Süffisanz deutlich macht (162):

> Meine Verehrten, [...] ob einem die Juden sympathisch sind oder nicht, ist eigentlich gleichgültig. Der Sauerteig, der dem Brotmehl beigegeben wird, schmeckt an sich recht abscheulich und doch kann ohne ihn kein Brot gemacht werden. So müßte man auch die Juden betrachten. Sauerteig, an sich wenig erfreulich und in großen Quantitäten schädlich, aber in der richtigen Mischung unentbehrlich für das tägliche Brot. Und ich glaube, daß Ihr Brot sitzen bleibt, weil ihm der Sauerteig fehlt!

Über das Prekäre solchen Judenlobs muss man kein Wort verlieren; erstaunlich ist, dass ein Publizist glaubte, damit ein judenfreundlicheres Klima schaffen zu können; es ist nicht anzunehmen, dass die Wirkung anders als kontraproduktiv sein konnte. Und doch fand Bettauer in Artur Landsberger einen Nachfolger.

Artur Landsberger wurde 1876 in Berlin geboren und studierte Jura und konvertierte zum Protestantismus. Nach der Promotion wurde er publizistisch tätig und schrieb Reisebücher und Gesellschaftsromane, die eine beträchtliche Verbreitung fanden. Am 4. Oktober 1933 nahm er sich das Leben, um der weiteren Verfolgung durch die Nationalsozialisten zu entgehen. Bettauers *Stadt ohne Juden* war ihm, wie das einleitende „Pro domo“ zu erkennen gibt, bekannt, und es liegt nahe, anzunehmen, dass dieser Roman die Anregung für *Berlin ohne Juden* gab.[10] Notwendig ist dies freilich nicht. Ausweisungsvorschläge

---

[10] Neudruck: Artur Landsberger, *Berlin ohne Juden*, Bonn, 1998; zu Bettauer: S. 5 f.

hatte es in Berlin seit den 1870er Jahren mehrfach gegeben.[11] Das „Pro domo" läßt auch erkennen, dass Bettauer in Landsbergers Kreisen nicht sonderlich geschätzt wurde, und gewiß wollte Landsberger sich mit seinem eigenen Roman von Bettauer absetzen. Inhaltlich und stilistisch ist *Berlin ohne Juden* um einiges anspruchsvoller als *Die Stadt ohne Juden*. Die politischen Debatten sind in Landsbergers Roman mit größerer Sorgfalt ausgearbeitet und beziehen sich in präziserer Weise auf die politischen Akteure und Parteiprogramme der Weimarer Republik; lange Passage haben dokumentarischen oder quasi-dokumentarischen Charakter. Philosemitische Plumpheiten wie in der *Stadt ohne Juden* gibt es in *Berlin ohne Juden* nicht. Das Handlungsschema ist aber dasselbe, nur dass es einige zusätzliche politische Volten aufweist, und die Effekte sind nicht weniger prekär als bei Bettauer: In Berlin kommen die „Deutschvölkischen" zur Ansicht, dass die Juden als Verursacher der Kriegsniederlage und als Drahtzieher hinter dem strangulierenden Ditat von Versailles vertrieben werden müssen. Sie brauchen dafür freilich Hilfe. Diese finden sie bei einem abgerissenen jungen Juden „mit slawischem Einschlag" namens Pinski, der, was die Deutschvölkischen allerdings nicht wissen, (wie Karl Radek) Bolschewist und Emissär des sowjetischen Politbüros ist. Unter seinem Einfluß verdichtet sich die antisemitische Stimmung so weit, dass sich bei Neuwahlen ein satte Mehrheit für die Rechtsparteien ergibt und diese unverzüglich ein Ausweisungsgesetz verabschieden. Bis auf wenige Ausnahmen müssen die 620.000 deutschen Juden das Land verlassen. Die Bevölkerung jubelt (119) und Henry Ford schickt eine zustimmende Depesche (138 ff.); die künstlerische Begleitung des Auszugs durch Musik, Revuen oder Kinofilme muss allerdings unterbleiben, weil so gut wie alle in Frage kommenden Künstler Juden sind (107 ff.). Im Übrigen geschieht der Auszug, durch den bedeutendsten jüdischen Bankier und Reichstagsabgeordneten vorbereitet, rasch und problemlos: Andere europäische Länder nehmen große Kontingente, die ihrer Bevölkerungszahl entsprechen, auf und freuen sich über den Zuzug an Kapital, Talenten und Fertigkeiten aller Art. Zugleich bricht in ganz Europa „Deutschenhaß" aus (145). Berlin aber ist in Kürze so „tot" (149) wie zuvor Bettauers judenfreies Wien. Die Musen schweigen, die Journale sind langweilig, die Eleganz ist verschwunden, das gesellschaftliche Leben nimmt immer tristere Formen an, und in grotesken Festen mit „Judenmasken" (195 f.) versucht die Bevölkerung den Verlust zu kompensieren. Aufgrund der wirtschaftlichen Depression, die aus dem Auszug der Juden resultiert, wandelt sich die Stimmung in Deutschland: Die Bevölkerung tendiert nun, wie von Pinski erhofft, zum Bolschewismus, wodurch die Parlamentsmehrheit veranlaßt wird, das Ausweisungsgesetz rückgängig zu machen. Unterstützt wird sie dabei vom Ausland, das Deutschland ebenfalls nicht in die Hände der Bolschewisten fallen lassen möchte. So werden die deutschen Juden zur Rückkehr bewogen, und Deutschland wird es bald wieder besser gehen.

---

[11] Vgl. ebd., S. 212 f. (Nachwort von Werner Fuld).

All das liest man mit Unbehagen. Das Lob der Juden fällt bei Landsberger zwar dezenter aus als bei Bettauer. Letztlich ist ihre Überlegenheit aber doch wieder ungeheuer, und zwar im Guten wie im Bösen. Der einzige Politiker von Rang, der in diesem Roman vorkommt, ist der Geheimrat Benno Oppenheim, der Vorsitzende der Deutschen Volkspartei, der den Auszug der Juden aus Deutschland und ihre Verteilung über Europa organisiert: ein Herr mit einer „hohen, schlanken Gestalt", mit einem „schmalen Gesicht" und „feinen Profil", gekleidet mit jener „sorgfältigen distinguierten" Garderobe, die einen „englischen Diplomaten" auszeichnet (95); er wäre wohl auch in der Lage gewesen, Deutschland aus der Nachkriegsmisere zu führen, wenn die Antisemiten ihn nicht gehindert hätten. Diese aber können es nur, weil ihnen der russische Jude Pinski, der ein Ausbund an Skrupellosigkeit ist, das Rezept für den Machterwerb und die Judenvertreibung liefert. Oppenheim und sein Sohn, der die Rückkehr der Juden organisiert, arbeiten mit dem kapitalistischen Westen zusammen; Pinski ist der Emissär des bolschewistischen Osten; die tumben Deutschen stehen in der Mitte und wissen nicht, wie ihnen geschieht. Die Deutschen müssen akzeptieren, dass sie ohne die Juden ökonomisch, kulturell und zivilisatorisch verloren sind. Den Juden aber empfiehlt der Roman, das protzige Auftreten, das manche pflegten, zu unterlassen oder, wenn dies nicht geschieht, zu unterbinden: Nachdem sich in London ein Komitee gebildet hatte, das über das öffentliche Gebaren der eingewanderten deutschen Juden wachte, entstehen solche Komitees auch in anderen Ländern (202):

> Und ihr Verdienst war es, wenn diese Juden nirgends Anstoß erregten, überall wohlgelitten waren und sich in verhältnismäßig kurzer Zeit dank eigener Intelligenz, Emsigkeit und dieser Hilfe gesicherte Existenzen schufen. Alles das waren die sogenannten kleineren Leute, vom Handwerker angefangen bis hinauf zum besseren Mittelstand. Die waren bescheiden und nahmen Lehren an.

Die anderen, die auch in London protzig auftretenden „Rischeßmacher", die meist schon in London ansässig waren, bevor die deutschen Juden kamen, werden vom Leiter des Londoner Komitees mit einem harten Tadel bedacht (203):

> Heute lacht man über euch, weil es den Reiz der Neuheit hat. Bald wird man euch als lästig empfinden. Und in dreißig Jahren wird es dank euch, dieser verschwindenden Minderheit, den englischen Juden ergehen, wie es den deutschen erging. *Ihr* werdet dann in New York oder Rio de Janeiro sitzen. Abermals werden die anderen für euch leiden. Ich aber sage euch: Wir Juden haben es satt, nach euch beurteilt und so, wie ihr es verdient, behandelt zu werden. Wir schütteln euch von uns ab. Wir wollen nichts mit euch gemein haben.

Das war – 1925 – selbstverständlich nicht an die Londoner Juden adressiert, sondern an die Berliner, denen damit eine Mitschuld am wachsenden Antisemitismus und an den Ausweisungsforderungen zugeschrieben wird. Daß eine dezentere Lebensführung daran etwas geändert hätte, ist allerdings fraglich, und im Übrigen ist der Vorschlag, ein Verhalten, das von einer intoleranten (deutschen) Gesellschaft gerade noch hingenommen werden kann, durch Sozialkontrolle zu erzwingen, mit Vorstellungen von einer pluralistischen modernen Gesellschaft prinzipiell nicht zu vereinbaren. Wie groß muss die Not gewesen sein, daß sich ein Landsberger dazu veranlaßt fühlte, diesen Weg zu empfehlen.

*

Die Überlegung, wie Wien und Berlin oder Österreich und Deutschland ohne Juden aussehen könnten, brachte den Schriftsteller Hans Heyck auf die Idee, in einem „Roman von übermorgen" zu imaginieren, wie „Deutschland ohne Deutsche", aber unter jüdischer Kuratel aussehen würde. Heyck, 1891 in Freiburg als Sohn eines Historikers geboren, hatte einige versiert geschriebene Romane vorgelegt, war 1919/20 Sekretär der Deutschnationalen Volkspartei gewesen und übte danach verschiedene Tätigkeiten aus, bevor er sich 1929 als freier Schriftsteller einrichten konnte; zumindest zwei seiner historischen Romane, *Der Glückliche* (1931; über Sulla) und *Armin der Cherusker* (1932), sind historiographisch-literarisch respektable Bücher. Für *Deutschland ohne Deutsche* (1930) gilt dies nicht. Es ist ein flüssig, aber einfach geschriebener, in seinen Gestaltungsmitteln wenig nuancierter Roman, in dem – anders als in den historischen Romanen – keine Liebe zur Sache zu entdecken ist, sondern nur der Versuch, alle möglichen Klischees zu nutzen, um, verwoben mit einer Technik-Utopie, eine deutschnationale Schreckensvorstellung heraufzubeschwören: Deutschland ohne Deutsche. Man schreibt das 2068 und hat einen zweiten und dritten Weltkrieg hinter sich. Die Nationen sind im Griff einiger reicher Männer (58), die gleich auch als Juden kenntlich gemacht werden (61 f.): geld- und machtgierige, lüsterne und menschenverachtende Greise. In Deutschland herrscht Jonathan Papier, Sohn von Chaim Papier aus Galizien (32). Das Staatswappen ist der „sechszackige Doppelstern" (37). Unter ihm leben allerdings nur „deutsche Staatsbürger": Laut Gesetz wird jeder, „der die Worte Jude, Semit, Hebräer, Israelit und so weiter in den Mund nimmt", mit Gefängnis bestraft (259). Deutsche Lebensart, deutsches Handwerk und dergleichen gibt es nicht mehr: Der „Warenhauskaiser" Loeb (113) hat dafür gesorgt, dass alles mit billigen Industrieprodukten und frivolem Flitter überschwemmt ist (72 ff.); die Frauen lassen sich jetzt die Brustwarzen vergolden (118). Im Übrigen ist Deutschland von Afrikanern bevölkert (153); „schwarze Gentlemen mit steifen Zylindern auf den Eierköpfen" ziehen mit „blondhaarigen weißen Liebchen" durch die Städte (218). Der eigentliche Held des Romans, ein junger Deutscher namens Manfred Linus, muss erkennen, dass die Deutschen es um 1930 versäumt haben, sich der Juden zu erwehren (211), und Deutschland nun rettungslos verloren ist. Wer noch auf deutsche Art leben und die deutsche Art erhalten will, muss das Land verlassen. 250.000 Deutsche haben sich schon auf den Weg gemacht und in Norrland auf schuldenfreien Höfen eine neue Heimat gefunden;

weitere 50.000 sollen folgen (302 ff.). Der kleine David hat den deutschen Riesen Goliath mit seinem „verfluchten Gold" erschlagen (211).

*

Die jüdische Superiorität, die von Bettauer und Landsberger pauschal behauptet wird, wird in einigen anderen Romanen der Zwischenkriegszeit an individuellen Figuren konkretisiert. Auffallenderweise sind es durchweg Figuren, die während der Inflationszeit ihr Glück machen. Drei Beispiele:

Robert Müller, *Flibustier*, 1922[12]: ein Roman über die Wiener Inflationszeit, inhaltlich gespeist aus den geschäftlichen Erfahrungen des Literaturunternehmers Müller, der zusammen mit seinem Bruder die in Wien marktbeherrschende „Literarische Vertriebs- und Propaganda-Gesellschaft m.b.H." führte. Im Zentrum stehen zwei „Freibeuter" oder Spekulanten: ein Deutschböhme namens Krumka, der von Geschäften nichts versteht, aber den Vorzug hat, sportsmännisch auszusehen und im Krieg Offizier gewesen zu sein, was es ihm ermöglicht, in aristokratischen Kreisen große Geldbeträge für gewinnversprechende Geschäfte zu sammeln. Diese sind Sache seines jüdischen Kompagnons Scholef, eines Mannes „voll wulstiger Energie" (8) und schlauer Findigkeit, der im Krieg als Offiziersdiener und Zahlmeister das ‚Organisieren' unter den Bedingungen einer funktionierenden Bürokratie lernte und nun mit dem von Krumka eingeworbenen Geldern erfolgreich spekuliert und riesige Gewinne macht. Die Geldgeber sehen davon allerdings kaum etwas; der größte Teil der Gewinne fließt in Scholefs Taschen und wird für luxuriöse Wohnungen und Autos, teure Frauen und Feste ausgegeben: Krumka und Scholef können nicht ohne einander wirtschaften. Scholef braucht den geborenen „Hochstapler" (70) Krumka als Agenten; Krumka braucht den hellsichtigen Bankier als Geldvermehrer. An Scholefs überragenden Fähigkeiten läßt der Roman keinen Zweifel; aber sie sind einseitig und dienen keinem guten Zweck. Die Anerkennung, die Scholef seitens des Erzählers zuteil wird, ist gleichsam vergiftet und verwandelt sich unter der Hand in Verurteilung: Mit seinem „schnellen, durchdringenden Vergleichsvermögen", mit seiner Intelligenz und Raffinesse (71) schafft er es, Österreich seiner wirtschaftlichen „Diktatur" zu unterwerfen und einer der mächtigsten Männer Europas zu werden; aber seine Geschäfte sind allesamt „unproduktiv", bestehen nur in der Spekulation mit den Chancen anderer (55); er bleibt „dazu bestimmt, als Ausbeuter zu leben, Vampyr zu sein, sich von den Leistungen anderer zu nähren" (7; ähnlich 78). Am Ende muss Scholef zu Fall kommen. Sein „schwellender Reichtum" (84) bringt die politischen Parteien in einem solchen Maß gegen ihn auf, dass er sich nicht mehr wehren und halten kann. Er stürzt und reißt nicht nur Österreich, sondern Europa mit in eine neue

---

[12] Neudruck: Robert Müller, *Flibustier. Ein Kulturbild*, hg. und mit einem Nachwort versehen von Günter Helmes, Paderborn, 1992.

wirtschaftliche Katastrophe. Im Sturz entdeckt er sich freilich als „Paradigma“ (86) der Tragödie des jüdischen Volkes. Diese speist sich aus dem Widerspruch zwischen dem unbändigen Aufstiegsbegehren, von dem die Juden – so der Roman – erfüllt sind, und einer tief verwurzelten Tathemmung, deren sich Scholef, die Geschichte seines Volkes studierend, nun bewußt wird (86):

> Er besaß nicht die harte, einseitige Ideologie der Tat, wie Krumka. Ein Rest Geist, aus der Prophetenzeit seines Volkes, lähmte ihn am Tatort, am Zenit des Erfolges. Die Geschichte lehrte ihn, wie sein Volk das Drängendste war; es war vorwitzig, frech, kühn, aufopfernd unterwegs. Wo die Leere ihm winkte, die absolute Freiheit, die es füllen sollte, sank es zusammen, das Bilden entglitt seinen Händen, das ihm sein größter Gesetzgeber und Gebieter wohl zu vorzeitig geboren hatte. So war es das trächtigste Volk und ein unfruchtbares zugleich.

Antisemitische Klischees sind in diesem Roman mit Händen zu greifen, auch da, wo dem jüdischen Akteur positive Fähigkeiten und tragische Züge bescheinigt werden. Sie dienen allerdings nirgendwo der Begründung von Ausweisungsforderungen, auch nicht der Behauptung einer uneinholbaren und alles andere überwältigenden jüdischen Superiorität. Es ist wichtig, festzuhalten, dass Krumka und Scholef aufeinander angewiesen sind, dass der deutschböhmische „Hochstapler“ und der jüdische Analytiker eine „*paarige* Kanaille“ sind, „die aus d[ies]er Zeit hervorbrach“ (71).

Robert Neumann, *Die Sintflut*, 1929: auch dies ein Roman über die Wiener Inflationszeit, endend mit den Straßenkämpfen und dem Brand des Wiener Justizpalastes am 15. Juli 1927. Erfahrungen des Verfassers sind eingeflossen; Neumann, 1897 als Sohn eines jüdischen Bankbeamten geboren, war während der Inflationszeit unter anderem auch als Wertpapierhändler tätig. Interessant ist hier das erste Buch von *Sintflut*, das unter der Überschrift „Der Sturz nach oben“ die Inflationsjahre von 1923 bis 1926 schildert, eine Zeit, deren Eigenart – nach einer mehrfach gebrauchten Formulierung – darin besteht, dass ein Mensch – eine entsprechende Veranlagung vorausgesetzt – nur in die Luft zu greifen braucht, um Geld in den Fingern zu haben, ja Ströme von Geld in seine Kassen zu leiten (182, 218, 222). In *Sintflut* sind es drei Wiener Juden, die diese Kunst beherrschen. Dem jüdischen Fabrikanten Abel gelingt es, aus seiner kleinen Schokoladenfabrik unter Ausnutzung der krisenhaften ökonomischen Verhältnisse einen großen Konzern zu machen. Mit ihm erleben ein zunächst erbärmlich armer jüdischer Hausierer, der sich ins Geschäft drängen kann, und der Erzähler, ebenfalls ein Jude, einen rasanten Aufstieg. Alle drei erweisen sich dabei als skrupellose Geschäftemacher, Schieber und Spekulanten, und ihre Praktiken werden ausführlich und schonungslos dargestellt. So spielt Abel vor einigen Adligen, die zum Verkauf ihrer Güter gezwungen sind, den Betrunkenen, so dass die Herren glauben, ihn übervorteilen zu können, und sich rasch zum Verkauf entschließen. Nachher wird allerdings deutlich, dass es ein übereilter Verkauf weit unter Wert war. Zudem erklärt Abel dem Erzähler, dass und wie er die zweieinhalb Millionen Goldkronen, die er für die Güter entrichten muss, über eine Lebensversicherung und ein Geflecht von Hypotheken und Krediten auf andere abzuwälzen gedenkt. Die Gewinne, die Abel und Konsorten mit ihren allemal mehr oder minder betrügerischen Geschäften erzielen, erlauben ihnen ein luxuriöses Leben, doch ist ihr Glück nicht von Dauer. Das zweite Buch berichtet unter der Überschrift „Die Rutschbahn" vom Zusammenbruch des Abel-Konzerns, in dessen Folge auch der Erzähler in den finanziellen Abgrund gerissen und sogar für ein Jahr ins Gefängnis geführt wird. In diesem Zusammenhang werden auch die Folgen der spekulativen Geschäftspraktiken der Gruppe um Abel deutlich gemacht. Während der letzten Börsenschlacht tritt nämlich ein kleiner Privatbankier, der von der drohenden Zahlungsunfähigkeit Abels gehört hat, an den Erzähler heran und bittet darum, ihm eine von ihm an Abel geliehene Summe sofort komplett zurück zu zahlen, weil er das Geld für seine Anleger – „viertausend kleine Leute" – dringend brauche. Da der Erzähler, selber nicht liquide, diesem Wunsch nicht entsprechen kann, erleidet der Bankier einen tödlichen Herzanfall. – Judentum wird in diesem Roman nicht ausdrücklich thematisiert und auch nicht ausgesprochen klischeehaft dargestellt. *Sintflut* ist ein Roman, der nicht von Juden redet, sondern von Wiener Inflationsgewinnlern; der nicht jüdisches Wesen dingfest machen will, sondern den Charakter einer bösen Zeit. Aber doch sind es Juden, die sich – einfallsreicher und skrupelloser als andere – als Meister dieser Zeit erweisen. Der erste Teil erzählt ihre Geschichte durchaus als Erfolgsgeschichte, aber doch mit einem gewissen Unterton, der ahnen läßt, dass der Erzähler sein Treiben letztlich nicht gutheißen mag; die Superiorität, die in diesem Roman vor Augen geführt wird, ist nicht nur von kurzer Dauer, sondern auch von Übel, weil sie, wie im zweiten und dritten Teil deutlich gemacht wird, auf Kosten anderer geht und das soziale Klima vergiftet.

Bernhard Diebold, *Das Reich ohne Mitte*, 1938: ein Roman zwar nicht aus der Weimarer Zeit, aber doch über die Weimarer Republik. Der Verfasser wurde 1886 in Zürich geboren. Sein eigentlicher Name war Bernhard Ludwig Dreifus; Diebold ist der Name seiner Mutter. Er studierte Theaterwissenschaft, wurde aufgrund einer Arbeit über das Rollenfach im deutschen Theaterbetrieb des 18. Jahrhunderts promoviert und arbeitete ab 1917 zunächst in Frankfurt, dann in Berlin als Theaterkritiker der *Frankfurter Zeitung*. Nach Kerr und Ihering zählte er zu den bekanntesten Kritikern der Weimarer Zeit. 1934 erhielt er wegen seiner jüdischen Herkunft Berufsverbot, woraufhin er nach Zürich übersiedelte und dort für mehrere Zeitungen arbeitete. *Das Reich ohne Mitte* basiert auf der These, dass die Weimarer Republik zugrunde gegangen sei, weil sich die bürgerlich-liberale Mitte in Deutschland teils infolge der Verwerfungen und Nöte nach dem Ersten Weltkrieg aufgelöst habe, teils zwischen den Extremen links und rechts zerrieben worden sei. Der umfangreiche Roman spiegelt diesen Verfalls- und Aufreibungsprozeß im Lebensschicksal einer attraktiven jungen Frau aus dem Frankfurter Bürgertum, die im Laufe der Jahre mit Menschen aus verschiedenen politischen Lagern in nähere Berührung kommt und als eine Art von Sonde fungiert. Im Zusammenhang dieses Aufsatzes sind aber nur zwei

Figuren von Interesse. Die eine ist der „widerlich“ (61) asiatisch aussehende jüdische Kaufmann Blumenschein, der zusammen mit einem deutschen (235) Partner Pommer Handelsgeschäfte verschiedener Art betreibt. Wie Robert Müllers Scholef ist auch Blumenschein seinem deutschen Partner Pommer weit überlegen. Während Pommer nach der Inflation wieder zu soliden Fabrikationsgeschäften zurückkehren will (429 f.), bleibt Blumenschein den Spekulationsgeschäften verhaftet und macht damit großes Geld (433): „Ein Tausendfüßler war das Glück [in diesen Jahren]. Und Blumenschein ritt darauf wie auf einer gefräßigen Raupe als ein wüster König allen Geziefers. Ein Geld- und Zahlenfresser!“ Blumenscheins Auftreten führt in der kleinen Berliner Gesellschaft, die der Roman beschreibt, zu einer Debatte über die Frage, ob die auffallende und erfolgreiche Betriebsamkeit des Judentums rassische Voraussetzungen habe. An dieser Stelle darf nun der jüdische Justizrat Kahn das Wort ergreifen, um eine Unterscheidung zu treffen, in der Philo- und Antisemitismus Hand in Hand gehen (434 f.):

> Es ist keine Rassenfrage – nur ein Problem des Milieus und der Erziehung – dies Tempo, diese geschäftliche Betriebsamkeit. Wir Alten sind fast durchwegs konservative Leute, im Glauben und Handeln. Am Schabbes wird der Laden zugemacht, und für den lieben Gott auf einen Tagesgewinn verzichtet. Wer machts's uns nach? Unsere edelste Begabung dient dem Wissen und der Kultur. Denken Sie an Ehrlich, an Max Reinhardt oder den tragischen Ballin, der sich die Kugel in den Kopf schoß – damals 1919, als Deutschland besiegt war und er's einfach nicht aushielt, daß seine gewaltige ‚Hamburg-Amerika‘ kaputt ging. Aber die östliche Sorte à la Blumenschein schießt überall zu schnell ins Kraut. Die handelt mit allem: mit Wissenschaft und Presse, mit Kunst und Politik. Ja leider auch mit Politik, zu der wir Juden nun wirklich weder Talent noch Tradition mitbringen … geschweige die Kraft. Aber alles wird von jener Händlerbande vermittelt und verramscht, möglichst zu Ausverkaufspreisen. Ich sehe die Gefahr der raschen Köpfchen, die viel zu gescheit sind, um weise zu sein.

Kahn bekommt dafür Beifall von schnarrenden Stimmen „mit militärischem Anklang“ (435). Im Übrigen läßt der Roman offen, was man von dieser Rede halten soll.

Die zweite Figur von Diebolds Roman, die im Rahmen dieses Aufsatzes Aufmerksamkeit verdiente, ist die des Dichters Bartuch, der auf eine äußerst diskreditierende Weise dargestellt wird: ein hochstaplerischer und großsprecherischer, zugleich aber feiger und unzuverlässiger Salonkommunist und Frauenheld, eine einzige Luftblase, die allerdings bisweilen faszinierend zu schillern vermag. Er wird nicht als Jude gezeichnet, erinnert aber in so vielen Details der Lebensgeschichte, des Aussehens, des Werks usw. an Ernst Toller, dass man von einem – beklemmenden – Porträt, wenn nicht Zerrbild sprechen muss. Eine genauere Qualifizierung bedürfte freilich einer eigenen Studie.

*

Eine besonders problematische Darstellung jüdischer Superiorität findet sich in Joseph Roths erstem Roman *Das Spinnennetz*, der 1923 als Fortsetzungsroman in der Wiener *Arbeiterzeitung* erschien und danach von Roth so gründlich vergessen (oder – verständlicherweise – verdrängt) wurde, dass er erst in den 1960er Jahren per Zufall wiederentdeckt und als Werk Joseph Roths identifiziert wurde.[13] Es ist ein Roman über die Zeit der Geheimorganisationen, der Fememorde und Putsche, hinauslaufend auf einen Putsch am 2. November 1923. Im Zentrum steht Theodor Lohe, ein junger Deutscher, der aus dem Krieg als Leutnant zurückkehrt, nun aber sein Studium nachholen muss, ein tumber Teutone, der immer unter Juden zu leiden hatte und zu leiden hat: In der Schule war er vom jüdischen Klassenprimus abhängig; jetzt muss er, um sein Studium finanzieren zu können, bei reichen Juwelier als Hauslehrer tätig sein, einem Juden natürlich, der ein vornehmes Haus hält und eine schöne weißhäutige Frau mit dichten schwarzen Haaren hat. Lohse wird Agent einer Geheimorganisation mit antidemokratischer, antirepublikanischer und nationalistischer Ausrichtung. Aber auch da ist er bald in der Hand eines Juden. Ein neuer Agent taucht auf, der allen anderen überlegen ist, alles ausspioniert und die anderen vollkommen zu manipulieren weiß (86 f.):

> Benjamin Lenz, ein Jude aus Lodz, war im Krieg von einer Kundschafter- und Nachrichtenstelle als Spion verwendet worden. Sein Angesicht verriet ihn: seine starken Backenknochen warfen Schatten gegen die Augenhöhlen, der untere Stirnrand mit den Brauen sprang vor, und so lagen die kleinen schwarzen Augen wie in Talkesseln, ringsum geschützt, und die Richtung der Blicke war schwer zu erkennen, denn sie kamen aus entfernter Tiefe. Kurz und breit war das Kinn und die Nase flach. Aber dieser Schädel, der zu einem gedrungenem Rumpf gepaßt hätte, saß auf einem dünnen Hals, zwischen abschüssigen, schlanken Schultern. Benjamin Lenz hatte schmale Knöchel, dünne Handgelenke, lange nervöse Finger.
>
> Mit der heimkehrenden Armee war er nach Deutschland gekommen, durch viele Städte gewandert. Er hatte Empfehlungen von der Armee. Polizisten, mit Bosheit gegen solche aus dem Osten geladen, zwinkerten mit verständnisvollem Auge Benjamin zu. Ihre Gunst genoß er und kassierte unbehelligt im wandernden Panoptikum, drehte den Leierkasten des Karussells, fälschte Berichte für auswärtige Missionen, stahl in Amtsstuben Papiere und Stempel, spionierte in Oberschlesien, ließ sich mit Untersuchungshäftlingen einsperren und horchte sie aus und wartete auf ‚seinen Tag'.
>
> Seine Idee hieß: Benjamin Lenz. Er haßte Europa, Christentum, Juden, Monarchen, Republiken, Philosophen, Parteien, Ideale, Nationen. Er diente den Gewalten, um ihre Schwäche, ihre Bosheit, ihre Tücke, ihre Verwundbarkeit zu studieren. Er betrog sie mehr, als er ihnen nützte. Er haßte die europäische Dummheit.

[13] Vgl. Joseph Roth, *Das Spinnennetz*, Köln, 1999, S. 159; vgl. auch Wilhelm von Sternburg, *Joseph Roth. Eine Biographie*, Köln, 2010, S. 292 ff.

> Seine Klugheit haßte. Er war klüger als Politiker, Journalisten und alles, was Gewalt hatte und Mittel zur Macht.

Wie man sieht, vereinigt Benjamin Lenz alles in sich, was Antisemiten von Juden erwarteten: fratzenhafte Gesichtszüge, Spitzeltum schon im Krieg, wo Theodor Lohse sich tapfer geschlagen hat, dann in Oberschlesien, das den Deutschen auf ‚perfide' Weise ‚entrissen' wurde, Durchtriebenheit, Treulosigkeit, Haß auf das nichtjüdische Europa und mithin auch auf die Deutschen, dazu eine offensichtlich überragende Intelligenz auf allen Lebensgebieten. Man könnte die Figur des Benjamin Lenz für eine Karikatur antisemitischer Projektionen halten, für ein jüdisches Monster, wie Antisemiten es sich ausmalen mochten. Der Roman widerspricht einer solchen Deutung, insofern Lenz am Ende mehr und mehr positiviert und sein Haß auf Europa gerechtfertigt wird. Dies geschieht, als Lohse mit einer Freifrau von Schlieffen Hochzeit feiert und Benjamin Lenz, der selbstverständlich unter den Gästen ist, sich seinen Beobachtungen und Erinnerungen überläßt (129 f.):

> Benjamin freute sich. Das war eine europäische Hochzeit. An seiner Seite saß die Majorswitwe Strubbe und erzählte von Kattowitz, wo sie ihre schönsten Jahre verlebt hatte. Benjamin hörte nicht, Benjamins tiefer Blick verglomm irgendwo im Weiten, er dachte an Lodz, an die schmutzige Barbierstube seines Vaters und sah den einzigen blindgewordenen Spiegel im Laden. Wie einfach und weise waren die Reden alter Juden in Lodz, wie treffend ihr Witz, maßvoll ihr Gelächter, schmackhaft ihre Speisen, die Speisen der verachteten, geschlagenen, in Barbarei lebenden Juden, die keine Helme trugen und nicht glänzen und nicht scheppern konnten.
>
> Das war die europäische Hochzeit, hier heiratete einer, der ohne Sinn getötet, ohne Geist gearbeitet hatte, und er wird Söhne zeugen, die wieder töten, Europäer, Mörder sein werden, blutrünstig und feige, kriegerisch und national, blutige Kirchenbesucher, Gläubige des europäischen Gottes, der Politik lenkte. Kinder wird Theodor zeugen, buntbebänderte Studenten. Schulen werden sie bevölkern und Kasernen. Und Benjamin sah den Stamm der Lohse. Es gab Arbeit. Sie werden einander morden.

Jüdische Rächerphantasien, hinter denen Erfahrungen stehen mögen, die zu Notwehraktionen drängen. Am Ende, als die antisemitische Atmosphäre sich verdichtet, trifft sich Benjamin Lenz mit seinem jüngeren Bruder, dem er ein Chemiestudium bezahlt hat, und veranlaßt ihn, abzureisen, um sein Leben zu sichern. Bei dieser Gelegenheit erfährt Benjamin Lenz auch, woran sein Bruder arbeitete (150 f.): „An einem Gas", „Sprengstoff", „für Europa", ausreichend, um „den ganzen Weltteil in die Luft fliegen" zu lassen. Erneut fragt man sich, ob dies als didaktische Übertreibung oder Verzerrung gedacht war, als Karikatur eines jüdischen Größen- und Rächerwahns, der nur auf seine Bloßstellung wartet. Aber es gibt kein Indiz dafür, und eine Diskreditierung durch den Roman bleibt jedenfalls aus.

Ähnlich prekär wie die Judenfiguren von Roths *Spinnennetz* ist die jüdische Hauptfigur des Romans 1932 erschienenen Romans *Kinder einer Stadt* von

Roths Freund Hans Natonek. Dieser, 1892 in Prag als Enkel eines Rabbiners und Sohn eines Versicherungsdirektors geboren, wuchs in Prag auf, übersiedelte aber 1917 nach Leipzig, ließ sich evangelisch taufen und schlug die Journalistenlaufbahn ein. Ab 1926 war Natonek Feuilletonchef der liberalen *Neuen Leipziger Zeitung*; zugleich trat er mit Romanen hervor, die sich aktuellen gesellschaftlichen Tendenzen und Problemen widmeten. *Kinder einer Stadt* ist eine Art Epochenroman, der die Lebensschicksale von vier um 1890 in Prag geborenen Jungen verfolgt. Einer davon ist Jakob Dowidal, gesprochen „Dowidl", also der kleine David: Sohn eines kleinen Journalisten. Antisemitismus bekommt er nicht zu spüren, aber er ist vom „Ghettotum" (75) geprägt, und sein ganzes Bestreben zielt darauf, das tiefsitzende Gefühl des Zurückgesetzt- und Minderwertigseins durch Demonstrationen von Ebenbürtigkeit oder gar Überlegenheit Lügen zu strafen und auszulösen. So wird er zum Überflieger, der allerdings den schlimmsten Klischees entspricht: Als Knabe ist er bei Schülergesprächen, die sich um Sexualität drehen, „unerschöpflich in pornographischen Erfindungen", mit denen er besonders dem Fabrikanten- und Abgeordnetensohn Egon Epp von Eppenheim imponieren will, zu dem er sich homoerotisch hingezogen fühlt. Als Student gibt Dowidal sich alle erdenkliche Mühe, sich neben bestem fachlichen Wissen auch jene sportlichen Fähigkeiten anzueignen, mit denen man gesellschaftlich brillieren konnte. Zudem konvertiert er und wird ein bestens unterrichteter Katholik. Vom Kriegsdienst wird er zurückgestellt, und schon 1917 ist er klug genug, ins Lager der Kriegsgegner zu wechseln, mit dem Erfolg, dass er bald nach Kriegsende Chefredakteur einer Hamburger Zeitung ist. Er nennt sich nun Arnold Widahl, hat sein Judentum ganz und gar abgestreift, vertritt aber keineswegs, was man erwarten könnte (und wie es bei Natonek selbst der Fall war), aufgeklärte, liberale und republikanische Positionen, sondern gründet und unterhält ein „völkisches Magazin", eine „Wochenschrift für die männliche Jugend" mit dem Titel „Die Zucht" (203). Im Übrigen umgibt er sich gerne mit blonden jungen Männern, hält sich aber auch, um seine Homosexualität zu verbergen, eine sozusagen öffentliche „Geliebte", die er indessen nicht anrührt. Widahl ist – kurz gesagt – das Zerrbild eines jüdischen Aufsteigers, ausgestattet mit allem Ehrgeiz und allem Leistungsvermögen dieses (literarischen) Typus, aber auch mit der Rachsucht des Gekränkten. Der Erfolg allein reicht ihm nicht; er braucht den Triumph über seine Schulkameraden, vor allem über den früher umschwärmten Egon Epp von Eppenheim, der nun auch im Zeitungswesen tätig wird und den Widahl tatsächlich auch durch einige infame Artikel ruinieren kann. Dann freilich, im Moment des Triumphs, erkennt er, dass er, im Wahn gelebt und, indem er Epp vernichtet hat, Schuld auf sich geladen hat; alles aber sei notwendig gewesen, um sich von der langen Kränkung und der „entsetzlichen Verzauberung des Hasses" zu befreien (343). Die Liebe der Juden zu den Deutschen, homoerotisch eingefärbt (was zu jener Zeit, wie man weiß, keineswegs positiv konnotiert war) und mit der Vernichtung eines noblen Deutschen endend – : so wird in Natoneks *Kinder einer*

Stadt auf individueller Ebene realisiert und zu Ende geführt, was in Roths *Spinnennetz* in größerem Maßstab geplant ist. Vermutlich wären beide Bücher nicht 1967 und 1987 nachgedruckt worden, wenn die Verfasser nicht jüdischer Herkunft gewesen wären.

*

Jüdische Superiorität oder Exzellenz spielt eine Rolle auch in Ernst von Salomons autobiographischem Roman *Die Geächteten* (1930)[14], der im zweiten Teil die Ermordung Walther Rathenaus (am 24. Juni 1922) darstellt, an deren Vorbereitung der Verfasser beteiligt war und dafür mit fünf Jahren Zuchthaus bestraft wurde. Ziel der Attentäter, die der Geheimorganisation Consul (OC) angehörten, war es, durch ein „Fanal" weitere Gewaltaktionen auszulösen und revolutionäres Chaos herbeizuführen. Nach Matthias Erzberger, der am 26. August 1921 ermordet worden war, und Philipp Scheidemann, dessen geplante Ermordung am 4. Juni 1922 mißglückte, wurde der amtierende Reichsaußenminister Rathenau als Opfer gewählt, und zwar nicht nur, weil er einer der führende Vertreter der Erfüllungspolitik war, sondern weil er die überragende Gestalt der deutschen Politik war. Der Roman porträtiert deswegen Rathenau auf eine Weise, die voller Anerkennung, ja Bewunderung ist – bis auf den einen Punkt, dass Rathenau als Erfüllungspolitiker und als Exponent der alten Welt, des vorrevolutionären Denkens erscheint. Die Attentäter lesen seine Schriften und hören seine Vorträge (228 ff. und 311 ff.). Sie bewundern seine zeitkritische Hellsicht und seine noble Erscheinung. Antisemitismus erscheint in den *Geächteten* nicht als Motiv für die Wahl Rathenaus als Mordopfer. Rathenau stirbt in den *Geächteten* nicht als Jude, sondern als brillantester Vertreter und Garant des status quo, als beklagenswertes, aber notwendiges Opfer einer heillos verfahrenen Situation (346 ff.). Sein Tod erfüllt den Erzähler, der an der Anbahnung des Attentats beteiligt war, deswegen nicht mit Genugtuung, sondern mit Entsetzen. Einmontiert in den Geschehensbericht findet sich eine Passage, die den Aufzeichnungen entspricht, die Salomon in der Strafanstalt Striegau unter dem Titel *Wickinger. Gestalten und Wege zum völkischen Aufstieg* niederschrieb (364 f.):

> Was habt ihr getan? Den Edelsten habt ihr aus feigem Hinterhalt gemordet. Die ungeheuerlichste Blutschuld habt ihr auf das Volk geladen, dem dieser Mann mit allen Fasern seines Herzens stets gedient. Ihr habt das Volk, das Volk in seiner gläubigen Masse selber in das Herz getroffen. Die verruchte Tat traf nicht den Menschen Rathenau allein, sie traf Deutschland in seiner Gesamtheit. [...] Was dieser Mann in mühevollem Aufbau, in harter, steter Pflicht geformt, das habt ihr durch eure unheilvolle Schreckenstat mit einem Schlag zerstört. Ihr habt das Schicksal unseres Volkes um diesen Mann betrogen. Die Stimme der Vernunft

---

[14] Ernst von Salomon, *Die Geächteten*, Gütersloh, o. J. [1939].

habt ihr gemeuchelt, den Weg verschüttet, den sie wies. [...] Das Werk Bismarcks traft ihr und die deutsche Zukunft in ihrem ersten, gnadenvollen Keim. Im Schatten dieses Mannes wart ihr nicht wert zu leben. So schändlich wie die Tat sei euer Ende, das Sterben soll euch keinen Ruhm bedeuten, und keine Strafe, die euch trifft, sei schwer genug.

Was Salomon in den *Geächteten* verschleiert (und auch im *Fragebogen* von 1951 verleugnet), ist der Umstand, dass Rathenau *auch* ermordet wurde, weil er ein Jude war. Vielleicht war Rathenaus jüdische Herkunft tatsächlich nicht das ausschlaggebende Motiv. Tatsächlich haben sich die Mordaktionen der „Organisation Consul" nicht primär gegen Juden gerichtet, sondern gegen mißliebige Politiker aller Couleur, gegen den oberschwäbischen und katholischen „Erfüllungspolitiker" Erzberger ebenso wie gegen den Sozialdemokraten Scheidemann. Aus den *Wickinger*-Aufzeichnungen ergibt sich indessen, dass Rathenaus Judentum doch auch eine Rolle spielte. Im *Rathenau*-Kapitel heißt es: „Alles in allem eine beachtenswerte, sehr beachtenswerte Persönlichkeit. Und darum so überaus gefährlich. Denn er war kein Deutscher, er war ein Jude." Und: „Daß dieser Mann kein Deutscher war, das ist sein einziger Fehler." Im Kapitel *Judentum* wird dies vertieft, indem behauptet wird, dass zwischen „dem Juden" und „uns Deutschen" ein unüberbrückbarer Wesensunterschied bestehe:

Tatsächlich alles, wofür wir glühen, was wir lieben und achten, ist dem Juden unverständlich und verächtlich – tatsächlich alles, wofür der Jude sich einsetzt, wie er spricht und denkt und handelt, ist uns widerwärtig und entwürdigend. Auf allen Wegen, die wir schritten, zur Höherbildung unseres Volkstums, zur Festigung unserer sittlichen wie moralischen Kraft – wir fanden den Juden als Hindernis, sich uns entgegenstellend, uns bekämpfend, uns beschleichend.
Nein, da führt keine Brücke zu ihm! Kann man Feuer und Wasser verbinden? Nein ...
Wir machen dies dem Juden nicht zum Vorwurf. Er handelt, wie es ihm sein Ich vorschreibt. Auch wir handeln, wie es uns unser Ich vorschreibt, befiehlt [...]. Die Schuld des Judentums liegt in seinem Wesen, nicht in seiner Handlungsweise, die Schuld uns gegenüber, die unbewußte Schuld.[15]

*

Anfang der zwanziger Jahre trug sich Lion Feuchtwanger mit der Absicht, die Problematik einer prominenten deutsch-jüdischen Existenz am Beispiel Walther Rathenaus zu beschreiben, fand aber kein Konzept und kam so auf den Gedanken, das Thema am Beispiel einer historischen, aber im geschichtlichen Bewußtsein durchaus gegenwärtigen Gestalt darzustellen: anhand des „Jud Süß"[16] genannten Josef Süß Oppenheimer (1695-1738), der 1732/33 „Hofjude"

[15] Deutsches Literaturarchiv Marbach, Signatur: A: Ernst von Salomon, *Wikinger. Gestalten und Wege zum völkischen Aufstieg*, S. 41/1.
[16] Lion Feuchtwanger, *Jud Süß*, Frankfurt am Main, 1981.

und Finanzchef des immerzu geldbedürftigen württembergischen Herzogs Carl Alexander wurde, zu höchsten Ehren aufstieg und ein glanzvolles Leben führte, nach dem Tod des Herzogs aber von den Organen der württembergischen Stände sofort verhaftet, widerrechtlich verurteilt und auf erniedrigende Weise hingerichtet und ausgestellt wurde. Feuchtwanger hatte sein Schicksal schon einmal gestaltet, in einem *Jud Süß*-Drama[17], das 1917 verschiedentlich zur Aufführung gebracht, dann aber wieder vergessen worden war. Nun hatte die Geschichte dem Stoff wieder Aktualität gegeben; zudem erschien 1923 eine kleine Süß-Biographie, die über Süß' Leben gut informierte, aber viel Raum für eine weitere und freie Ausgestaltung ließ. Das kann und muss hier nicht im einzelnen dargelegt werden; zum einen ist der Roman dafür zu lang und wendungsreich, zum andern dürfte er auch besser bekannt sein als die zuvor behandelten Werke. Es seien nur diejenigen Momente in Erinnerung gerufen und hervorgehoben, die das Bild des „Jud Süß" bestimmen:

Süß ist in Feuchtwangers Roman der Sohn einer jüdischen Schauspielerin und eines württembergischen Grafen und Generals (297 und 424). Das heißt: In Süß verbinden sich jüdischen Schönheit, jüdische Gewandheit und deutscher Aristokratismus. Er verfügt in höchstem Maß über jene Mischung von Biegsamkeit, Anschmiegsamkeit und Souveränität, die ihn dazu geeignet macht, Diener *und* Führer eines Potentaten zu sein.

Süß ist bei Feuchtwanger der genialste Finanzmann seiner Zeit, weil er das moderne Geldgeschäft besser als jeder andere durchschaut und zu nutzen versteht. Er ist der Exponent der Moderne (115 und 201) und als solcher traditionalistisch wirtschaftenden, rückständigen und schwerfälligen „schwäbischen Tölpeln" (253) weit überlegen. Solange Süß für den Herzog arbeitet, schwimmt dieser im Geld; wenn Süß aufgrund von Mißhelligkeiten oder Intrigen für eine paar Wochen ausfällt, sitzt der Herzog auf dem Trockenen (222). Allerdings erscheint Süß' Modernität nicht nur als Vorzug, sondern auch als Makel, weil dem modernen Geldwesen etwas Böses, Unredliches, Korrumpierendes anhaftet.

Jud Süß ist bei Feuchtwanger der Exponent und Agent eines neuen Lebensstils: extrem luxuriös, exotisch ausstaffiert, erotisch aufgeladen und lasziv. Die Stuttgarter Damenwelt träumt insgeheim von Süß' bespiegeltem Schlafzimmer (136 ff.), und einigen standesbewußten Damen gelingt es tatsächlich, sich dort dem eleganten, kultivierten, gepflegten, feinsinnigen, bezaubernden, schmeichlerisch Kennerschaft verratenden Juden hingeben zu dürfen. Jud Süß ist der große Verführer, der Stuttgarts weibliche Crème im Handumdrehen dazu bringt, sich „in Gedanken und Werken" (wie der Beichtspiegel sagt) zu prostituieren, und der die Sittlichkeit der württembergischen Landeshauptstadt binnen weniger Jahre korrumpiert.

Süß ist bei Feuchtwanger ein skrupelloser Ausbeuter, Menschenschinder und Rechtsbrecher (133 ff., 156 f., 291 ff. und 363 ff.), motiviert durch Erfolgssucht,

---

[17] Vgl. ebd., S. 523.

Geldgier, Machtgier und Rachsucht. Rächen will er sich für alle Zurücksetzungen, die er erdulden musste, und für alles Unrecht, das man ihm und seinesgleichen angetan hat (114). Das schlimmste, verbrecherische Unrecht, das er zu erleiden hat, der Tod seiner engelgleichen Tochter auf der Flucht vor dem zudringlich werdenden Herzog, wurde von Feuchtwanger allerdings erfunden (349 f.).

Süß ist bei Feuchtwanger eine von Anfang an gespaltene Figur. Einerseits betreibt er seinen Aufstieg, seinen Geld- und Machterwerb mit einem mathematisch präzisen und unerbittlichen „Kalkül" (118 und 132). Andererseits steckt ihm wie „allen [Juden]" „das tiefe, heimliche, sichere Bewußtsein von der Sinnlosigkeit, der Wandelbarkeit, dem Unwert der Macht" „im Blut", „im innersten Gefühl". Dieses Bewußtsein hemmt den Juden freilich nicht, sondern gibt ihm eine eigentümliche Souveränität, die für seine Kontrahenten nicht faßbar ist (202):

> Und es wußten diese Lehre von der Eitelkeit und Belanglosigkeit der Macht die Großen und Kleinen unter den Juden, die Freien und Beladenen, die Fernen und Nahen. Nicht mit deutlichen Worten, nicht mit meßbarem Begriff, aber von Bluts und Gefühls wegen. Dies heimliche Wissen war es, das ihnen plötzlich jenes rätselhafte, milde, überlegene Lächeln um die Lippen legte, das ihre Feinde doppelt reizte, weil sie es als zersetzende Frechheit deuteten und weil all ihr Graus und Marter davor versagte. Dies heimliche Wissen war es, was die Juden einte und ineinanderschmolz, nichts sonst. Denn dies heimliche Wissen war der Sinn des [=ihres] Buches.

Insgesamt ist festzustellen: Jud Süß ist bei Feuchtwanger eine Figur der jüdischen Superiorität und Modernität, aber auch der extremen Skrupellosigkeit, Bösartigkeit und Destruktivität. Jüdische Rezensenten reagierten kritisch und erhoben den Vorwurf, der Roman bekräftige antisemitische Vorurteile und Affekte. In der orthodox-jüdischen Monatsschrift *Jeschurun* war zu lesen:

> [...] trotz aller Wucht der Schilderung ist dieses Buch eines der unbefriedigendsten Bücher, die uns aus jüdischer Feder in dem letzten Jahrzehnt begegnet. In der Darstellung des Obszönen weiß es sich nicht genug zu tun ... Sollte nicht in einer Zeit, in der die deutsch-völkische Literatur den Juden als die Inkarnierung aller Laster, als die fleischgewordene Unsittlichkeit hinstellt, in einem jüdischen Autor sich so etwas wie ein Bedenken darüber regen, unseren Todfeinden ein solches Muster auszuliefern?[18]

Die Frage stellt sich, warum Feuchtwanger diesen Vorwurf nicht antizipiert und seinen Süß anders gestaltet hat. Vermutlich glaubte er, die Gefahr der antisemitischen Wirkung dadurch neutralisiert zu haben, dass er Süß auch als Büßer zeigte. Süß' Leben ist in Feuchtwangers Roman ja zweigeteilt. Der erste Teil besteht in der Geschichte eines erfolgsversessenen und atemberaubenden Aufstiegs. Der zweite Teil, der nach dem Tod der Tochter einsetzt (433 ff.), bringt Süß zur Einsicht in die Verfehltheit seines Lebens (427: „Da hatte er Gewißheit:

---

[18] Zit. nach *Lion Feuchtwanger: Werk und Wirkung*, hg. von Rudolf Wolff, Bonn, 1984, S. 44.

er war falsch gegangen“) und läßt ihn nach der Verhaftung auf Rettungsmaßnahmen verzichten. Süß sieht die Gefangenschaft als Chance zur Vergeistigung und Selbst-Demütigung, der Besinnung auf den Gott der Väter und auf sein Judentum. Das heißt: Was zu antisemitischen Reaktionen Anlaß geben mochte, wird ausdrücklich als Abweichung vom Judentum gekennzeichnet und als Verfehlung verurteilt, die Korrektur und Buße verlangt. Das eigentliche Judentum wird von Isaak Landauer verkörpert, einem alten Juden, der nicht weniger geschäftstüchtig ist als Süß, aber kein Hofjude wird, kein Regierungsamt ausübt, kein großspuriges Leben führt, keine prächtigen Kleider à la mode trägt, sondern – zu Süß' Verwunderung und Ärger – am Kaftan festhält (14 f. und 115). Das alles läßt aber nicht vergessen, dass der Süß des ersten Teils auch ein Jude war und ganz entschieden auch als Jude gezeichnet sein sollte. Wenn Feuchtwanger tatsächlich geglaubt haben sollte, dass die Gefahr antisemitischer Effekte durch Süß' Verurteilung und Büßertum neutralisiert sei, so hätte er sich gründlich getäuscht.

*

Ein letzter Roman der Weimarer Republik, in dem sich philo- und antisemitische Rede auf besonders intrikate Weise überlagern, ist Felix Riemkastens *Götze*[19], der Ende 1932 erschien (nach der Michaelismesse und deswegen vordatiert auf 1933). Riemkasten, 1894 in Potsdam geboren, war Handwerkersohn, konnte aber Volkswirtschaft und Philosophie studieren und war von 1919 bis 1931 braunschweigischer Beamter. Anfang der zwanziger Jahre war er, der SPD nahestehend, mit zwei Romanen in Erscheinung getreten, die sich mit Problemen der Arbeitswelt befaßten. Später kamen eher humoristische Bücher hinzu, bis sich Riemkasten, inzwischen konservativ geworden, wieder der Politik zuwandte. Mit zwei Romanen (*Der Bonze,* 1930, und *Genossen*, 1931) kritisierte er das kleinkarierte, karrieristische und opportunistische Funktionärswesen der politischen Parteien, speziell der SPD; mit dem gewichtigeren dritten Roman, dem *Götzen*, reflektierte er den schwierigen Prozeß einer Orientierungssuche und Standortbestimmung in den Jahren um 1930. Die Zeit der Handlung bleibt vage: Die Inflation ist vorbei, aber die Franzosen stehen noch im Rheinland (was freilich bis 1930 der Fall war). Hitler macht als „Trommler“ von sich reden, doch will der Roman von dem großen Wahlerfolg der NSDAP im September 1930 noch nichts wissen. Auch spielt die Weltwirtschaftskrise keine Rolle. Die Handlung scheint also in die Jahre knapp vor 1930 zu fallen; die Atmosphäre des Romans entspricht indessen eher jener auf eine Entscheidung drängenden und zugleich lähmenden Stimmung der Jahre ab 1930. – Da der Roman in kaum einer Bibliothek präsent ist, sei er etwas ausführlicher referiert:

---

[19] Felix Riemkasten, *Der Götze*, Berlin, 1933 [eigentlich 1932].

Der *Götze* ist in drei Bücher unterteilt. Unter der Überschrift „Das Trümmerfeld“ werden im ersten Buch die sozialen Verhältnisse geschildert und die ideologischen Gegensätze entfaltet. Immer noch leidet man unter dem Krieg. Der Held des Romans, der sechsundzwanzigjährige Jurist Georg Hallbau, stammt aus einer deklassierten Handwerkerfamilie, die durch Kriegsanleihen um Vermögen und Werkstatt kam. Er wohnt in Berlin bei einer Arbeiterfrau, die Kriegerwitwe ist und sich mit ihren beiden halbwüchsigen Kindern gerade durchschlagen kann. Als Jurist kann sich Hallbau trotz eines vorzüglichen Examens keine Hoffnung auf eine Anstellung machen, weil die Kanzleien überbesetzt sind und die staatlichen Stellen reduziert werden. Seinen Lebensunterhalt verdient er als Repetitor und Nachhilfelehrer. Zu seiner Klientel zählen ein nationalsozialistischer Examenskandidat und ein Abiturient aus gutbürgerlichem Haus. Sein Zimmernachbar wird dank Hallbaus Befürwortung ein junger jüdischer Intellektueller namens Siegfried Blumenstein, der für die „Rote Fahne“ schreibt (107) und sich, obwohl er über „klobiges“ Geld verfügt (246), bei der Arbeiterfamilie einquartiert, um das proletarische Milieu zu studieren. Die gesellschaftliche Atmosphäre ist hochgradig politisiert und erregt, wie Hallbau feststellt, wenn er abends durch die Kneipen zieht.

Die Optik des Romans wird durch Hallbau bestimmt. Dieser betrachtet seine Umgebung mit einem entlarvenden Zynismus, der aus enttäuschenden sozialen Erfahrungen resultiert, zugleich aber auch mit einer vorurteilsfreien Empathie. Er sieht, dass der Nazi Behringhaus stupide und verblendet ist, doch „rührt“ ihn „das Unbedingte und Ganze an dem jungen Menschen“, so dass er bei Begegnungen oder beim Gedanken an ihn häufiger „Wärme und Angst“ als „Unwillen“ empfindet (121). Ähnliches gilt für den kommunistischen Sohn der Zimmerwirtin; auch ihn betrachtet Hallbau mit Sympathie für die persönliche Entschiedenheit und zugleich mit Ironie für den doktrinären Gestus seines Auftretens. Dem jungen Kommunisten wie dem Nazi gegenüber fühlt Hallbau sich überlegen; beiden würde er gerne die Augen für die Verfehltheit ihrer Ideologie öffnen. Anders gestaltet sich sein Verhältnis zu dem Juden Blumenstein; er wird für Hallbau zur Herausforderung, die in langen intellektuellen „Zweikämpfen“ ausgetragen wird. Diese wiederum lassen den *Götzen* zu einem herausragenden Dokument jenes deutschen Juden-Komplexes werden, der sich in den 1920er Jahren vollends gebildet hatte, sich aus Faszination und Phobien nährte und mit Minderwertigkeits- wie Überlegenheitsgefühlen gleichermaßen verbunden war. Für Hallbau wird durch die Begegnung mit Blumenstein und seinen eindrucksvollen jüdischen Bekannten bald klar: Er darf das, was die Juden verkörpern, nicht einfach „ablehnen“, sondern muss es „widerlegen“ oder muss den Juden „folgen“ (187 und 291).

In Riemkastens Darstellung der Juden finden sich viele Stereotypen, die man heute aus zwingenden geschichtlichen Gründen als antisemitisch wertet, und dies auch dann, wenn zu sehen ist, dass ihnen – wie vielen anderen Stereotypen – Realitätsgehalt nicht abzusprechen ist; die Pflege bestimmter Fähigkeiten, Orientierungsmuster und Verhaltensweisen gehört zu den unterschiedlichen

Volkskulturen, die durch unterschiedliche geschichtliche Erfahrungen geprägt sind und in wiederum unterschiedlichen Maß prägend auf die Individuen einwirken. In diesem Sinn ist die Stereotypik von Riemkastens Judendarstellung zu verstehen. Sie ist nicht intentional antisemitisch, auch wenn sie subkutan antisemitisch motiviert sein mochte. Es fehlt jeder Hinweis auf rassistisches Denken, und es gibt keinerlei Bemerkungen, die in Richtung Diskriminierung, Exklusion oder gar Eliminierung weisen. Das Gegenteil dürfte der Fall gewesen sein; wie anders wäre es zu verstehen, dass Riemkastens Held Hallbau – gegen den Protest des Nazis Behringhaus – für die Aufnahme des Juden Blumenstein in die Wohnung plädiert und angesichts der zögerlichen Haltung der Vermieterin zu dem Befund kommt, dass es „schauderhaft“ sein müsse, „in dieser Welt den Juden abzugeben“ (12). Offensichtlich unterschätzte Riemkasten die Gefahr des eliminatorischen Antisemitismus so sehr, dass er keinerlei Bedenken hatte, Klischees aufzurufen und Vokabeln zu verwenden, deren antisemitische Provenienz und Stoßrichtung ihm bekannt sein musste. Sein Roman wirkt dadurch antisemitisch, obwohl er es intentional vermutlich nicht sein sollte. Ausdrücklich sagt Hallbau am Ende der ersten längeren Unterhaltung mit Blumenstein, dass auch er selbst, Hallbau, ein „Kreuz“ zu tragen habe, dass es aber „ohne Haken“ sei (108).

Es sind vor allem drei Dinge, die Hallbau an dem Juden Blumenstein interessieren, ja faszinieren: zum einen sein scharfer Intellekt und seine dialektische Brillanz; zum andern seine Kraft, sich gegenüber dem Antisemitismus, der ihm täglich ins Gesicht schlägt, zu behaupten; nicht zuletzt aber sein universalistisches Denken, das mit der Fixierung der Deutschen auf das Nationale kollidiert. Als Blumenstein einmal feststellt, alle Politik könne doch „nur ein einziges Ziel“ haben, nämlich „ein Leben zu schaffen für alle Menschen, Erlösung, Frieden“, versteht ihn Hallbau „von Herzen aus“ (111). Allerdings stört ihn zunächst noch, dass Blumenstein Paris als die Stadt der Zivilisation und Humanität rühmt, an Deutschland aber nur bäuerische Zurückgebliebenheit und militante Barbarei sieht; auch mißfällt es Hallbau, dass Blumenstein verlangt, er müsse das „Eigene“, Deutsche, zugunsten einer universalistisch-zivilisatorischen Haltung als etwas „Störendes“ abstreifen (126 f., auch 184 ff.). Trotzdem läßt sich Hallbau von Blumenstein mit anderen Juden bekannt machen und gerät, wie er ironisch feststellt, „in eine richtige Judenschule“ (173): Er wird – nach einer gewissen Talentprüfung – von dem jüdischen Finanz- und Medienmagnaten Lobschiner damit beauftragt, eine zwischen „konservativ“ und „progressiv“ vermittelnde Zeitung zu gründen, die zwar von Lobschiner finanziert wird, aber keinen jüdischen Redakteur hat und nirgendwo im jüdischen Namen spricht oder die Sache der Juden vertritt; allerdings bekommt Hallbau einen genialischen jüdischen Journalisten als Berater. Ziel ist es, auf ein Deutschland hinzuarbeiten, das friedlich, zivilisiert und demokratisch ist, so Blumenstein und seine Freunde, oder, wie Hallbau bald sagen wird, einem „Götzen“ huldigt, dessen Attribute „Internationalismus", „Zivilisation", „Demokratie", „Organisation", „Modernität" und „Hedonismus" sind (267 ff.). Dies ist Gegenstand des zweiten Buches, das unter der Überschrift „Der Götze" steht.

Was Riemkasten in den entsprechenden Passagen imaginiert, ist – in den Begriffen der Zeit, die Riemkasten indessen *nicht* verwendet – das Phantasma des „Zivilisations"- und „Assimilationsjudentums". Damit war bekanntlich ein modernes, der jüdischen Tradition entwachsenen Judentums gemeint, dem unterstellt wurde, in den westeuropäischen Völkern aufgehen zu wollen, wofür allerdings die Voraussetzungen erst geschaffen oder gesichert werden mussten. Dass die Juden dies versuchen, ist für Riemkasten – oder zumindest seinen Helden – völlig verständlich; es ist die Konsequenz ihrer geschichtlichen Erfahrung. Und mit Bewunderung nimmt Riemkastens provinziell sozialisierter Held auch wahr, mit welcher publizistischen Ingeniosität Lobschiners jüdische Freunde dem Ziel der Zivilisierung dienen und mit welcher Weltläufigkeit sie, zwischen Paris und Berlin pendelnd, in Gesellschaft erscheinen. So ist es auch nicht verwunderlich, dass Hallbau – obwohl er keineswegs zum „Judenknecht" (190, 267) werden will – sich immer mehr der Lebens- und Denkweise seiner jüdischen Bekannten annähert und schließlich zum Diener am Götzen „Modernität" wird: Von Lobschiner reichlich mit Geld ausgestattet, hat er in Kürze eine außergewöhnlich attraktive Frau, spielt eine große gesellschaftliche Rolle und geriert sich mit seiner „Berliner Revue", die auch in der Provinz vertrieben wird, als Vorkämpfer der zivilisatorischen Modernisierung Deutschlands.

Natürlich stellt sich dies im Roman eines konservativen Autors bald als Fehlweg heraus. Einer der jüdischen Bekannten lädt zu sexuellen Ausschweifungen ein, die Hallbau völlig fremd sind. Seine sinnliche Frau wird seiner überdrüssig und wendet sich dem Lesbentum zu. Sein ganzes Leben wird immer strapaziöser – bis er zusammenbricht und nach einigen Tagen im Sanatorium das „ewig fressende Berlin" verläßt, um bei seinen Eltern in der Provinz Erholung zu suchen. Die Schilderung der Heimfahrt wird zu einem Hymnus auf die „Landschaft" (334 ff.), und damit beginnt auch das dritte und letzte Buch des Romans, der unter der Überschrift „Sammlung und Ordnung" steht. Es führt zu heftigen Auseinandersetzungen mit Hallbaus ehemaligen Mitschülern, einem Arzt und Pastor zumal, die nationalistisch eingestellt sind, Hallbaus Artikel gelesen haben und ihn scharf dafür kritisieren. Hallbau verleugnet und verrät nicht, was er in der „Berliner Revue" geschrieben hat. Aber er kann damit auch niemanden überzeugen, und unter der Kritik des Pastors wird ihm der „Götze", dem er mit seinen Artikeln gehuldigt hat, allmählich fragwürdig. Am Ende erlebt Hallbau eine Art Konversion, deren politische Konsequenzen allerdings unabsehbar sind. Wo Hallbau, wenn er sich nicht ganz ins Privatleben zurückzieht, eine neue politische Heimat finden wird, ist nicht vorauszusagen. Zwar hat Riemkasten 1934 einen letzten Roman publiziert, der unter dem ominösen Titel *Weggetreten* den Sieg Hitlers feiert; aber es ist zumindest problematisch, diesen erkennbar opportunistischen Akt als Indiz für Riemkastens Einstellung vor der „Machtergreifung" zu nehmen. Nichts im *Götzen* deutet darauf hin, dass sein

Held sich dem „Trommler Hitler“ (378) anschließen wird; allerdings wird auch nichts genannt, was man als einen unüberwindlichen Hinderungsgrund betrachten müßte. Die annoncierte „Sammlung und Ordnung“ bleibt ein privater Vorgang ohne klare politische Implikationen und ohne die geringste antijüdische Ausrichtung. Die Juden waren für den Helden des Romans – vom Ende her gesehen – eine intellektuelle und politische Herausforderung, durchaus bewundernswürdige Vertreter einer universalistisch ausgerichteten politischen Kultur, der sie – verständlicherweise – aus historischen Gründen den Vorzug gaben (122), aber nicht etwa niederträchtige Feinde und Verderber Deutschlands. Auch nach seiner Konversion sagt Hallbau kein böses Wort über die Juden.

Über die Rezeption des Romans ist nichts bekannt. Er scheint in den Turbulenzen des Jahres 1933 unbeachtet geblieben zu sein. Vielleicht wollte sich auch kein Rezensent die Finger mit ihm verbrennen; es ist jedenfalls auffällig, dass ein Rezensionsorgan wie die Monatsschrift *Die Literatur*, die Riemkastens vorherige Romane selbstverständlich würdigen ließ, keine Rezension brachte. Den Nationalsozialisten kann der *Götze* nicht gefallen haben; dafür kommen sie selbst viel zu schlecht weg, und der Held scheint ja eher ein Judenfreund als ein Judenfeind zu sein. Gleichzeitig konnte man in dem Roman aber, wenn man wollte, ein vorzügliches Porträt dessen sehen, was von vielen Zeitgenossen als „Zivilisations“- und „Assimilationsjudentum“ bezeichnet und verurteilt wurde. Die problematische Verschränkung von (wahrscheinlich) philosemitischer und (möglicherweise) antisemitischer Rede hat in diesem Roman, der in eine der schlimmsten Debatten seiner Zeit mit einem geradezu dreisten Mut einzugreifen suchte, eine äußerste und vollends irritierende Stufe entweder der Verwegenheit oder der Bedenkenlosigkeit erreicht. Was den Verfasser angeht, so hat er sich mit einem eilends nachgeschobenen und Hitler begrüßenden weiteren Roman – *Weggetreten* – zu sichern gesucht, dann aber das Feld der politischen Schriftstellerei verlassen und sich auf das der Sach- und Jugendbücher zurückgezogen.

*

Versucht man, die bisherigen Beobachtungen zu bündeln, so zeigt sich Folgendes: Neben zahlreichen Romanen mit antisemitisch konzipierten Figuren und antisemitischen Tendenzen gibt es eine Reihe literarisch schätzenswerter Romane mit philosemitisch konzipierten Figuren und eindeutig philosemitischer Tendenz. Emil Feldens *Sünde wider das Blut* und Walter Bloems *Brüderlichkeit* sind hier zu nennen, zweifellos auch Joseph Roths *Spinnennetz* und Lion Feuchtwangers *Jud Süß*, schließlich auch die literarisch unvergleichlich schwächeren Romane Hugo Bettauers und Artur Landsbergers. In allen diesen Romanen zeigt sich Philosemitismus in einer extrem positiven Gestaltung von Juden, die nicht selten dazu übergeht, den Juden eine mehr oder minder umfassende

Superiorität zuzuschreiben: klüger, gebildeter, gewandter, welterfahrener, einfallsreicher, geschäftstüchtiger, erfolgreicher bei allem, was sie betreiben. Bei einigen Romanen auch von jüdischen Autoren, bei Bettauer und Landsberger, aber auch in Feuchtwangers *Jud Süß* und vor allem in Roths *Spinnennetz* sowie in Natoneks *Kinder einer Stadt*, läßt diese mitunter sehr klischeehafte und plakative Superioritätszuschreibung die Frage aufkommen, ob sie nicht kontraproduktiv wirkte und nicht den Philosemitismus firmierte, sondern Antisemitismus provozierte. Hans Heycks Roman *Deutschland ohne Juden* ist ein mustergültiges Beispiel für die Verwendung von Superioritätsklischees in intentional antisemitischem Sinn. Im Fall von Robert Müllers *Flibustier* und Felix Riemkastens *Götze* ist die Intention nicht deutlich. Bewunderung für Juden und Problematisierung ihrer Superiorität halten sich in ihnen die Waage. Philosemitismus und Antisemitismus werden wohl gleichermaßen bedient. Die Wirkung auf den Leser hängt wohl von dessen geistiger Prädisposition ab, die, wie schon der Grammatiker Terentianus Maurus wußte, für die Wirkungsweise von Büchern von entscheidender Bedeutung ist: „*Pro captu lectoris* habent sua fata libelli [...]“ / „*Je nach Auffassung des Lesers* wirken Bücher [...]“. Müllers *Flibustier* und – mehr noch – Riemkastens *Götze* sind Musterbeispiele für die bisweilen zu beobachtende Ununterscheidbarkeit von philosemitischer und antisemitischer Rede.

V.

Philosemitismus als Begriff, Konzept und Polemik in Literatur und Kultur der Nachkriegszeit und Gegenwart

STEPHAN BRAESE

Verlagerungen. Zur Ökonomie des Philosemitismus in der westdeutschen Nachkriegsliteratur

Max Schulz, der Protagonist in Edgar Hilsenraths Roman *Der Nazi & der Friseur*, ein SS-Massenmörder, der bei Kriegsende in die Identität des – wahrscheinlich von ihm selbst ermordeten – jüdischen Kindheits- und Jugendfreundes Itzig Finkelstein geschlüpft ist und in seiner provisorischen Unterkunft „Haus Vaterland" den überlebenden Juden Max Rosenfeld kennengelernt hat, macht kurz darauf eine verblüffende Beobachtung:

> Es hat sich natürlich schnell herumgesprochen, daß Max Rosenfeld und ich Juden sind. Trotzdem spüren wir hier nichts vom Antisemitismus. Im Gegenteil. Man respektiert uns. Wir scheinen eine Art Vorzugsstellung zu bekleiden. Ich habe festgestellt: Man katzbuckelt vor uns. Jeder! Das Hotelpersonal sowohl als die Hotelgäste. Was ist das eigentlich? – Die Leute ziehen den Hut vor uns, Mädchen machen einen Knicks, zuweilen auch ältere Damen. Beim Essen werden wir als erste bedient. Frühmorgens, beim Schlangestehen vor der einzigen Herrentoilette, macht man uns Platz: ‚Bitte sehr, Herr Rosenfeld! ... bitte sehr, Herr Finkelstein ... Sie haben den Vortritt!' – Max Rosenfeld findet all das ... ich meine: das sonderbare, absonderliche, befremdende, seltsame, eigenartige, eigentümliche, ungewöhnliche, wunderliche, bizarre, kuriose Verhalten oder Benehmen der Hotelgäste und des Hotelpersonals im schäbigen, aber vaterländischen Hotel ‚Vaterland' uns gegenüber, das heißt ... mir, Itzig Finkelstein, und ihm, Max Rosenfeld, gegenüber, ganz natürlich. Sozusagen in Ordnung![1]

Die Einschätzung dieses Phänomens durch Schulz/Finkelstein fällt dagegen durchaus reservierter aus: „Der neue Zeitgeist ist philosemitisch. Ein Schreckensgespenst mit nassen Augen, die eines Tages trocknen werden. Wann?"[2]

Diese Textprobe aus einem der bedeutenderen Romane der westdeutschen Nachkriegsliteratur ist gewiss kein Beispiel für Philosemitismus als literarischer Diskurs – ja, geradezu eher eines für ‚Anti-Philosemitismus'. Und auch ihre Gestalt als literarischer Diskurs weist gleichsam eine Art meta-literarisches Moment auf, indem sie ohne Zögern einen Begriff, der eher einem wissenschafts- oder fachsprachlichen Vokabular entstammt, in ihre Diskursivität aufnimmt. Tatsächlich können Schreibweise und Standort dieser Textprobe – und dieses Buches – nicht als typisch für die westdeutsche Nachkriegsliteratur gelten, wohl aber als symptomatisch. Die literaturhistorische Konstellation, die das möglich gemacht hat, soll im Folgenden in einigen, teilweise notwendig groben, Strichen nachgezeichnet werden.

---

1 Edgar Hilsenrath, *Der Nazi & der Friseur*, Frankfurt am Main, 1984, S. 159.
2 Ebd., S. 161.

Ältere wie neuere und neueste Forschungen zum Philosemitismus haben auf seine reiche, vielfältige Tradition und seine weitverzweigte Ausdifferenzierung in die verschiedensten Bereiche gesellschaftlicher Selbstorganisation aufmerksam gemacht. Während unter den neueren Studien Wolfram Kinzigs Untersuchung zur Begriffsgeschichte vor allem über die gegenseitigen Überschneidungen und Übergänge der verschiedenen Erscheinungsformen des Philosemitismus unterrichtet[3], orientiert der von Jonathan Karp und Adam Sutcliffe herausgegebene Band *Philosemitism in History* über dessen eminenten historischen Einfluss und seine internationale Verbreitung.[4] Frank Stern, Verfasser des Standardwerks zum Philosemitismus im Deutschland der Nachkriegszeit[5], hat nicht etwa ungeachtet, sondern gerade mit Blick auf die europäischen Traditionen des Philosemitismus festgestellt, dass „die Einzigartigkeit der Shoah kein übergreifendes, rückblickendes Konzept des Philosemitismus für die Geschichte des Verhältnisses von Deutschen und Juden zuläßt“[6], und den deutschen Philosemitismus nach 1945 als „eine genuin neue Erscheinung“[7] bezeichnet. Kinzig dagegen möchte an dem Projekt festhalten, „die Parameter der Definition so zu wählen, daß sie einerseits selbst eine so komplexe Erscheinung wie den Philosemitismus im Nachkriegsdeutschland noch ausreichend abdecken, daß sie aber andererseits den Anforderungen an wissenschaftliche Präzision genügen und historische Aussagen von hinreichendem kognitiven Wert erlauben.“[8] Stern gesteht er dabei – nicht ohne Doppeldeutigkeit – zu, „daß die von Stern beschriebene Spielart des Philosemitismus spezifische Züge trägt.“ „Mit den anderen Formen des Philosemitismus“ habe der von Stern beschriebene „‚philosemitische Habitus‘“ „aber das gemeinsam, daß auch er sich als Interesse am und Eintreten für das Judentum manifestiert“[9] – wobei schon diese letztere Formulierung eher *kein* Beispiel für „wissenschaftliche Präzision“ bildet, eher für die Bereitschaft, im – selbst nicht befragten – Wunsch nach einer problematischen Integrität eine begriffliche Unschärfe in Kauf zu nehmen, die von jeder analytischen Kraft entkernt ist.

Das Begehren, die Zäsur der Shoah ‚irgendwie‘ zu überbrücken – und sei es im Nachweis des vorgeblich stabilen Geltungsanspruchs einer begrifflichen Definition –, ist jedem, der sich mit den kulturellen Prozessen im Nachkriegsdeutschland befasst hat, zu vertraut, als dass er eine These, die diesem Begehren gehorcht, schlichtweg von ihrer eigenen Geschichtlichkeit abtrennen und gleichsam vor-kritisch als Forschungsaufgabe identifizieren könnte. Doch man

---

3 Wolfram Kinzig, „Philosemitismus – Teil I: Zur Geschichte des Begriffs; Teil II: Zur historiographischen Verwendung des Begriffs“, in: *Zeitschrift für Kirchengeschichte* 105 (1994), S. 202-228 und S. 361-383.

4 *Philosemitism in History*, hg. von Jonathan Karp und Adam Sutcliffe, Cambridge u.a., 2012.

5 Frank Stern, *Im Anfang war Auschwitz – Antisemitismus und Philosemitismus im deutschen Nachkrieg*, Gerlingen, 1991.

6 Hier zitiert nach Kinzig, „Philosemitismus Teil II“ (wie Anm. 3), S. 365.

7 Kinzig, „Philosemitismus Teil I“ (wie Anm. 3), S. 207.

8 Kinzig, „Philosemitismus Teil II“ (wie Anm. 3), S. 365.

9 Kinzig, „Philosemitismus Teil II“ (wie Anm. 3), S. 365.

muss kein – wie auch immer problematisches – Bekenntnis zur Kohärenz des Philosemitismus in der Geschichte abgelegt haben, um nach Philosemitismus in der westdeutschen Nachkriegsliteratur, auch nach Philosemitismus als literarischem Diskurs nach 1945 fragen zu können. Und wie so oft erweist sich dabei einmal mehr der Gang ins Archiv als eine Maßnahme, die Material auch für eine – allerdings genuin historisch verstandene – begriffliche und definitorische Bestimmung zutage zu fördern vermag.

Wer nach einem Beispiel von Philosemitismus als literarischem Diskurs in der westdeutschen Nachkriegsliteratur sucht, wird rasch auf Heinrich Böll stoßen. Seine Darstellung der Jüdin Ilona Kartök im 1951 ersterschienenen Roman *Wo warst du, Adam?* folgt geradezu mustergültig einem philosemitischen Dispositiv christlich-missionarischer Provenienz. Der Landser Feinhals lernt während des Krieges in Ungarn die zum Katholizismus konvertierte Jüdin Ilona Kartök kennen und lieben. Michael Serrer hat Bölls Darstellung dieser Figur wie folgt zusammengefaßt:

> Böll schreibt seiner Ilona alle nur denkbaren positiven Qualitäten zu: Sie ist schön [...], klug [...], fromm [...] kinderlieb [...] und altruistisch (die Solidarität mit ihren Verwandten ist ihr wichtiger als eigenes erotisches Glück). Diese Ilona Kartök ist kein differenziert beschriebenes Individuum, sondern ein Konstrukt aus verschiedenen Stereotypen: der schönen jungen Jüdin, dem zum Christentum bekehrten Juden und einem Bild, das entsteht, wenn man alle antisemitischen Vorurteile in ihr Gegenteil verkehrt. Juden haben braune Augen? Ilona ist blauäugig. Juden bringen allenfalls ‚entartete' Kunst hervor? Ilona singt katholische Litaneien auf eine Weise, die so vollkommen ist, daß der Lagerkommandant sie nicht erträgt.[10]

Der Tod Ilonas verdient besondere Beachtung. Als der sadistische Lagerkommandant, der aus persönlicher Neigung aus den Häftlingen mit den schönsten Stimmen einen Lagerchor zusammenzustellen pflegt, Ilona zum Vorsingen auffordert, stimmt sie die „Allerheiligenlitanei" an: „Spiritus Sancte, Deus [...] Sancta Trinitas, unus Deus [...] Sancta Dei Genitrix [...]".[11] Aus Betroffenheit über die Schönheit der Stimme und im Schock darüber, dass eine Jüdin katholisches Liedgut anstimmt, entleert der Kommandant das Magazin seiner Pistole auf Ilona – sie stirbt „nicht als jüdische, sondern als christliche Märtyrerin".[12] Wenn Serrer hier anfügt: „Die Grenze zwischen den Religionen wird verwischt, aber christlicherseits, und mit dem Versuch nach Eingemeindung des angrenzenden Territoriums"[13], dann paraphrasiert er einen Impuls, der sich sowohl in christlich-missionarischem als auch in messianisch-chiliastischem Philosemitismus identifizieren lässt.

---

[10] Michael Serrer, „Parallelisierung und Grenzverwischung – Zur Darstellung von Juden im Werk Heinrich Bölls", in: *Vom Umgang mit der Shoah in der deutschen Nachkriegsliteratur*, hg. von Norbert Oellers, Berlin, 1995, S. 50-64, hier S. 53 (*Zeitschrift für deutsche Philologie*, 114. Jg., Sonderheft).

[11] Heinrich Böll, *Wo warst du, Adam?*, München, 2000, S. 102, 103.

[12] Serrer, „Parallelisierung und Grenzverwischung" (wie Anm. 10), S. 60.

[13] Ebd.

Tatsächlich jedoch sind es nicht Partien wie diese oder andere Modifikationen von Philosemitismus als literarischem Diskurs, die auch nur annähernd als Charakteristikum westdeutscher Nachkriegsliteratur bezeichnet werden können. Im Gegenteil: Gemessen an Reichtum und Vielgestaltigkeit literarischer Gestaltung von Philosemitismus seit dem 19. Jahrhundert bis zu den 1930er Jahren, scheint Philosemitismus *als literarischer Diskurs* in der deutschsprachigen Literatur nach 1945 kaum noch eine Rolle zu spielen. Dieser Sachverhalt scheint ferner zu zwei weiteren Sachverhalten in enger, konstitutiver Beziehung zu stehen: die eklatante Virulenz *anti*semitischer Dispositive im literarischen Diskurs der westdeutschen Nachkriegsliteratur – sowie eine ausgeprägte (literatur-)*politische Praxis* des Philosemitismus im Westdeutschland desselben Beobachtungszeitraums der Jahrzehnte zwischen 1945 und 1980.

So wenig einen außenstehenden Beobachter hätte überraschen können, dass nach der mit totalitärer Perfektion durchgeführten NS-Kultur- und Bildungspolitik kulturelle Muster des Philosemitismus in Deutschland nach 1945 dramatisch reduziert waren, antisemitische Haltungen – erst recht in den jüngeren Jahrgängen – dagegen ein virulentes ‚Nach'-Leben führten, so sehr haben einschlägige Beobachtungen aus den letzten Jahren vor allem am Werk Martin Walsers und am Betriebsleben der Gruppe 47 Erregung hervorgerufen. Kritische Lektüren außerhalb Deutschlands – so etwa von Ruth Klüger und W. G. Sebald[14] – hatten aber schon deutlich früher, ab Mitte der 80er Jahre, auf die Wiederholung traditioneller antisemitischer Stereotype in kanonischen Werken etwa von Günter Grass und Alfred Andersch hingewiesen. Diese Ergebnisse wurden durch Untersuchungen von Heidy M. Müller, Christiane Schmelzkopf und Sander Gilman bestätigt und präzisiert.[15] Matthias N. Lorenz wies am Werk Walsers eine Vielzahl vergleichbarer Kennungen nach.[16] Der 2007 erschienene, von Klaus-Michael Bogdal, Klaus Holz und Lorenz herausgegebene Sammelband *Literarischer Antisemitismus nach Auschwitz*[17] hat darüber aufgeklärt, dass das titelgebende Phänomen keineswegs als ‚sprechendes Versagen' Einzelner, die bei Bedarf auch NSDAP- oder SS-Mitgliedschaften verschwiegen,

---

[14] Ruth Angress (d.i. Klüger), „A ‚Jewish Problem' in German Postwar Fiction", in: *Modern Judaism*, 5 (1985), vol. 3, S. 215-233; W. G. Sebald, „Konstruktionen der Trauer – Zu Günter Grass' ‚Tagebuch einer Schnecke' und Wolfgang Hildesheimers ‚Tynset'", in: *Der Deutschunterricht* 5 (1983), S. 32-46.

[15] Christiane Schmelzkopf, *Zur Gestaltung jüdischer Figuren in der deutschsprachigen Literatur nach 1945*, Hildesheim/Zürich/New York, 1983; Heidy M. Müller, *Die Judendarstellung in der deutschsprachigen Erzählprosa*, Königstein im Taunus, 1984; Sander Gilman, „Jüdische Literaten und deutsche Literatur. Antisemitismus und die verborgene Sprache der Juden am Beispiel von Jurek Becker und Edgar Hilsenrath", in: *Zeitschrift für deutsche Philologie*, 107 (1988), H. 2, S. 269-294.

[16] Matthias N. Lorenz, *Judendarstellung und Auschwitzdiskurs bei Martin Walser*, Stuttgart/Weimar 2005.

[17] *Literarischer Antisemitismus nach Auschwitz*, hg. von Klaus-Michael Bogdal, Klaus Holz und Matthias N. Lorenz, Stuttgart/Weimar, 2007.

zu begreifen ist, sondern als flächendeckende, konstitutive Disposition deutscher Nachkriegskultur.[18]

Solchem literarischen *Anti*semitismus stand in der westdeutschen Nachkriegsliteratur ein Philosemitismus gegenüber, der als literarischer Diskurs zwar nur noch in schwachen Resten präsent war, als *politische* – gerade auch im Literaturbetrieb hochgradig ausgebildete – *Praxis* dagegen eminente Wirkungen zeitigte. Den organisatorischen Hintergrund dieser politischen Praxis des Philosemitismus bildeten verschiedene Institutionen der Adenauer'schen Versöhnungspolitik, oft in Kooperation mit den neu gegründeten jüdischen Gemeinden, wie etwa die Gesellschaften für christlich-jüdische Zusammenarbeit, die auch die „Wochen der Brüderlichkeit" ausrichteten. Über die Funktionalisierung sowohl dieser Institute und ihrer Veranstaltungen als auch der jüdischen Gemeinden selbst nach der Maßgabe, „staatsideologische Arbeit"[19], „moral labour"[20] im NS-Nachfolgestaat, dessen Eliten weitestgehend anti-nazistischer Legitimation entbehrten, zu verrichten, hat Michal Bodemann akribisch aufgeklärt.[21] In diesem Horizont entfaltete sich ein Philosemitismus, der – nicht zufällig – eklatante Wirkungen auch auf das literarische Geschehen in Westdeutschland ausübte.

Wie oftmals in Konstellationen um Einflüsse, Tendenzen und Dispositionen, sind es womöglich die kritischen Stimmen, denen deren präziseste Charakterisierungen zu verdanken sind. Ab Mitte der 1950er Jahre setzt diese Kritik durch Schriftsteller und Intellektuelle an Erscheinungen des Philosemitismus in Gesellschaft und Kultur der Bundesrepublik ein und nimmt im Verlauf der 60er Jahre zu. Es ist wesentlich diese Kritik, die – meist implizit, zuweilen aber auch explizit – eine Definition des Philosemitismus gibt und auf diese Weise einen nicht zu unterschätzenden Beitrag zu einer historisch begriffenen Phänomenologie des Philosemitismus leistet.

Ausgerechnet Heinrich Böll gibt als einer der ersten kritische Beobachtungen an Erscheinungsformen des Philosemitismus zu Protokoll. An sehr vernehmlicher Stelle, in seiner Rede anlässlich der „Woche der Brüderlichkeit" 1956, äußert er:

> Es liegt mir daran, über eine bestimmte Art von Prosemitismus zu sprechen, der mir so unheimlich ist wie der Antisemitismus – eine Art, die mich nachdenklich

---

[18] Vgl. auch die Untersuchung von Holger Gehle, „Gedächtniswechsel. Martin Walsers Essay ‚Unser Auschwitz' im Werkkontext", in: *Peter Weiss Jahrbuch* 8 (1999), S. 114-140, die auf „eine Enthistorisierung des Opfer-Gedächtnisses von Auschwitz" (S. 127) und „Mechanismen der Verschiebung und Vereinnahmung jüdischer Erfahrung ins Eigene" (S. 132) in Walsers Werk hinweist; sowie zur Gruppe 47 Klaus Briegleb, *Mißachtung und Tabu – Eine Streitschrift zur Frage: „Wie antisemitisch war die Gruppe 47?"*, Berlin/Wien, 2003.

[19] Y. Michal Bodemann, „Staat und Ethnizität: Der Aufbau der jüdischen Gemeinden im Kalten Krieg", in: *Jüdisches Leben in Deutschland seit 1945*, hg. von Micha Brumlik, Doron Kiesel, Cilly Kugelmann und Julius H. Schoeps, Frankfurt am Main, 1986, S. 49-69, hier S. 65.

[20] Ebd., S. 51.

[21] Siehe der unter Anm. 19 genannte Titel sowie Y. Michal Bodemann, *Gedächtnistheater – Die jüdische Gemeinschaft und ihre deutsche Erfindung*, Hamburg, 1996.

> macht. Dieser Prosemitismus geht darauf aus, uns zu beweisen, wie viele anständige Juden es gegeben hat. [...] Es ist bedenklich, so zu argumentieren, aufzuzählen, es habe soundsoviele jüdische Erfinder, Künstler, Mäzene gegeben – damit geht man auf die Argumentation der Antisemiten ein, indem man ihnen das Gegenteil ihrer Behauptung zu beweisen versucht, man begibt sich auf ihre Ebene. Es müßte darum gehen, klarzumachen, daß das Unrecht nicht um einen winzigen Bruchteil geringer würde, selbst wenn alle Juden Verbrecher gewesen wären.[22]

Wenn auch Böll hier den Begriff „Prosemitismus" benutzt[23], beschreibt er gleichwohl ein Phänomen, das wenige Zeit später auch öffentlich als „Philosemitismus" bezeichnet werden wird.[24] Genau ist hier erkannt, in wie hohem Maß die Appelle an Mitleidsfähigkeit – weniger an Schuldeinsicht – der Deutschen geknüpft waren an ein Bild ‚vom Juden' als moralisch makellosem Menschen – eine Prämisse, die auch die Breitenwirkung des „Tagebuchs der Anne Frank" (die wesentlich über seine Dramatisierung erfolgt war) ermöglicht hatte.[25]

„[...] philosemitischen Bestrebungen zu opponieren, ist ein ebenso schwieriges wie undankbares Unternehmen", schrieb Friedrich Torberg noch 1967, „besonders – wir wollen uns darüber nichts vormachen – im heutigen Deutschland und besonders für einen Juden."[26] Es war daher zunächst couragierten Außenseitern überlassen, einen Betriebszusammenhang zu stören, von dem nicht nur die deutsche Gesellschaft und ihre Eliten, sondern auch die winzige Funktionärsnomenklatur der jüdischen Gemeinden durch eine Vielzahl von Begünstigungen profitierten.[27] Theodor W. Adorno war dazu wiederholt bereit, so auch in seinem Vortrag vor der Europäischen Erzieherkonferenz des Deutschen Koordinierungsrates der Gesellschaften für Christlich-Jüdische Zusammenarbeit im Herbst 1962 in Wiesbaden. Bei voller Einsicht in die Zwänge, unter der die „Bekämpfung des Antisemitismus heute"[28] in Deutschland steht, warnt er vor jeder Idealisierung. Antisemitischer Argumentation könne man, so Adorno,

> nur dann begegnen, wenn man nicht idealisiert, wenn man nicht etwa Lobreden auf große jüdische Männer hält oder hübsche Bilder von israelischen Bewässerungsanlagen oder Kibbuz-Kindern dort vorführt, sondern eben die jüdischen

---

[22] Heinrich Böll, „Wo ist dein Bruder? – Rede anläßlich der ‚Woche der Brüderlichkeit' 1956, gehalten am 8. 3. 1956", in: ders., *Werke*, „Essayistische Schriften und Reden I, 1952-1963", hg. von Bernd Balzer, Köln, o.J. [1978], S. 167-178, hier S. 171 f.

[23] Vgl. Kinzig, „Philosemitismus Teil I" (wie Anm. 3), S. 211.

[24] Vgl. auch noch unten die Kritik von Friedrich Torberg.

[25] Vgl. Hanno Loewy, „Das gerettete Kind. Die ‚Universalisierung' der Anne Frank", in: *Deutsche Nachkriegsliteratur und der Holocaust*, hg. von Stephan Braese, Holger Gehle, Doron Kiesel und Hanno Loewy, Frankfurt am Main/New York, 1998, S. 19-41, sowie Sander L. Gilman, *Jüdischer Selbsthaß – Antisemitismus und die verborgene Sprache der Juden*, Frankfurt am Main, 1993, S. 314-334.

[26] Friedrich Torberg, *Apropos. Nachgelassenes/ Kritisches/ Bleibendes*, Bd. 2, Gütersloh, 1982, S. 284.

[27] Vgl. Bodemann, „Staat und Ethnizität" (wie Anm. 19), S. 65 f.

[28] Vgl. seinen Aufsatz „Zur Bekämpfung des Antisemitismus heute" in Theodor W. Adorno, *Gesammelte Schriften*, Bd. 20.1, „Vermischte Schriften I", Frankfurt am Main, 1986, S. 360-383.

> Züge, auf welche die Antisemiten deuten, erklärt, ihr Recht und ihren Wahrheitsgehalt darstellt. Überhaupt ist es viel besser, als die Juden zu verharmlosen und sie als eine Art von Lämmerchen oder Sonnenjünglingen vor Augen zu stellen, zu sagen, daß sie eine große, stürmische und wilde Geschichte hatten, in der es genausoviel Furchtbares gibt wie in der Geschichte anderer Völker. Abstoßend wäre ein sentimentales Reklamebild.[29]

Ohne den Philosemitismus beim Namen zu nennen, warnt er davor, „ein negatives Vorurteil mechanisch durch ein positives" zu ersetzen: „Gerade die Kollektivurteile als solche, wie sie in Deutschland verhängnisvoll, und zwar gegen alle möglichen Gruppen verbreitet sind, sind abzubauen; keinesfalls ist ein falsches Kollektivurteil durch ein ebenso falsches anderes zu berichtigen."[30]

Den Druck, den der philosemitische Habitus[31] auch jenseits von Feierstunden und offiziösen Anlässen auf das kulturelle Leben in Deutschland – und nicht nur dort – auszuüben begann, bekam besonders Gershom Scholem zu spüren. Sein – zuletzt verzweifelter – Kampf gegen die machtvolle Etablierung des Ideologems der deutsch-jüdischen Symbiose im kulturellen Leben der Bundesrepublik ab 1962 war – ähnlich wie schon bei Böll und Adorno – getragen von der Überzeugung, dass die konkreten Modi des Philosemitismus in der BRD zu den größten Hindernissen auf dem Weg zu einer tatsächlichen Begegnung zwischen Juden und Deutschen zählten. 1967 beginnt auch Friedrich Torberg, der aus dem US-amerikanischen Exil nach Österreich zurückgekehrte Schriftsteller und Kritiker, wiederholt auf das von ihm so genannte „philosemitische Mißverständnis" hinzuweisen:

> Das philosemitische Mißverständnis scheint mir [...] zu nicht geringem Teil ein *jüdisches* Mißverständnis zu sein: indem es auf ein mangelndes jüdisches *Selbstverständnis* zurückgeht, auf eine Haltung, die den Tatsbestand des eigenen Jude-Seins zwar nicht leugnet, aber doch bagatellisiert, die ihn – sei's auch noch so bona fide – für unwesentlich hält. Und das bekommt sie ebenso bona fide von nichtjüdischer Seite bestätigt. Wir stehen hier einer höchst seltsamen Form von Toleranz gegenüber, die demjenigen, dem sie gilt, erst dann zugute kommt, wenn er darauf verzichtet, das zu sein, was er eigentlich ist. Also eine Toleranz um den Preis der Selbstaufgabe. Also eine Toleranz, die nicht bereit ist, Andersartigkeit zu akzeptieren. Also keine Toleranz. Man kennt sie in der Vulgärform des mehr oder weniger wohlmeinenden Zuspruchs: ‚Aber Sie sind ja gar kein Jud', oder: ‚Sie sind genauso ein Deutscher wie ich.'[32]

Die literarische Umsetzung dieses Philosemitismus erkennt Torberg überall dort, wo „die guten Eigenschaften eines Juden als christliche Eigenschaften gewertet werden, vielleicht noch als menschliche, aber niemals als jüdische" –

---

29 Ebd., S. 369.

30 Ebd., S. 378.

31 Frank Stern, *Im Anfang war Auschwitz – Antisemitismus und Philosemitismus im deutschen Nachkrieg*, Gierlingen, 1991, S. 357 f.

32 Torberg, *Apropos* (wie Anm 26), S. 285.

und führt als Beispiele neben anderen Hochhuths *Stellvertreter*, Erwin Sylvanus' *Korczak und die Kinder* sowie Frischs *Andorra* an.[33]

Dass Hans-Joachim Schoeps – nicht nur Verfasser der Studie „Philosemitismus im Barock", sondern auch einstiger Führer des „Deutschen Vortrupps", einer Vereinigung „nationaldeutscher Juden", die die Machtübergabe an Hitler emphatisch bejahte und sich dem nationalsozialistischen Regime wortreich und um den Preis der militanten Diffamierung aller nicht ‚nationaldeutschen' Juden, wenn auch zuletzt erfolglos, anzubiedern versuchte[34] – dass Hans-Joachim Schoeps im publizistischen Kampf der Springer-Presse gegen die antiautoritäre Bewegung einzusetzen versucht wurde, ist von Arie Goral in einer Streitschrift mit dem sprechenden Titel *Der Anti-Schoeps – Ein Beitrag zur sogenannten Woche der sogenannten Brüderlichkeit 1968* als Äußerungsform des „gesellschaftlich und individuell deformierenden Philosemitismus"[35] gekennzeichnet worden. Schoeps „und seinesgleichen" gelten Goral als „‚philosemitische Dunstmacher' [, die] klare Fronten und eindeutige Alternativen erschweren und oft unmöglich machen." Schoeps und andere „Jubeljuden", so Goral 1968, „dienen jenen, die sie als Alibi benötigen, bei dem Bemühen, autoritäre und diktatorische Herrschaftsformen im Namen der Legalität in der Bundesrepublik durchzusetzen."[36]

Die Reihe der Zeugnisse wäre zu verlängern – sei es um Marcel Reich-Ranickis Denunziation des „berüchtigten Wiedergutmachungstonfalls"[37] im westdeutschen Literaturbetrieb – noch 1979 – oder um Wolfgang Hildesheimers spöttische Charakterisierung der „Philosemiten verschiedener Art" als „jene mit dem leichten, doch unverkennbaren Stich".[38] All diese Beobachtungen eint die Auffassung vom Philosemitismus als einer in den mehrheitsgesellschaftlichen Institutionen einflußreich propagierten Haltung, die von einzelnen Schriftstellern und Intellektuellen zunehmend als Hindernis auf dem Weg zu einer tatsächlichen Konfrontation der Deutschen mit den NS-Verbrechen als Voraussetzung einer – in den Worten Scholems – „Restitution der Sprache zwischen

---

33 Ebd., S. 289.

34 Vgl. Avraham Barkai, „Organisationen und Zusammenschluß", in: *Deutsch-jüdische Geschichte in der Neuzeit*, Bd. 4, „Aufbruch und Zerstörung 1918-1945", hg. von dems. und Paul Mendes-Flohr, München, 2000, S. 249-271, hier S. 261, 252; vgl. auch Hans-Joachim Schoeps, *Wir deutschen Juden*, Berlin, 1934, sowie ders., *Wille und Weg des deutschen Judentums*, Berlin, 1935; vgl. Arie Goral, *Der Anti-Schoeps – Ein Beitrag zur sogenannten Woche der sogenannten Brüderlichkeit 1968*, Berlin/Hamburg, 1968.

35 Goral, *Anti-Schoeps* (wie Anm. 34), unpaginiert.

36 Ebd.

37 Marcel Reich-Ranicki: „Friedrich Torbergs Gleichnis", in: ders., Über Ruhestörer – Juden in der deutschen Literatur, Stuttgart, 1989, S. 161.

38 Wolfgang Hildesheimer, „Mein Judentum", in: *Mein Judentum*, hg. von Hans Jürgen Schultz, München, 1987, S. 219-229, hier S. 224.

Deutschen und Juden“[39] begriffen wird. „[...] hinter den Kulissen und womöglich hinter vorgehaltener Hand“, hatte Reich-Ranicki 1970 in München gesagt, „da sprechen Juden und Nichtjuden eine ganz andere Sprache“.[40]
Adam Sutcliffe hat kürzlich darauf aufmerksam gemacht, dass „the intertwined political, cultural and religious strands of philosemitism have penetrated deeply into Jewish life“.[41] Wenn man die Bemühungen jüdischer Autoren deutscher Sprache darum, an der von Scholem bezeichneten „Restitution der Sprache zwischen Deutschen und Juden“ zu arbeiten, zwar nicht schlechthin oder gar normativ als „Jewish life“, aber vielleicht doch als eine seiner Facetten zu erkennen bereit ist, dann zählen sicher die Bemühungen des informellen, aber nichtsdestoweniger effektiven philosemitischen Netzwerks im westdeutschen Literaturbetrieb, das Erscheinen von Edgar Hilsenraths *Nacht* 1964 und die deutsche Premiere von George Taboris *Die Kannibalen* 1969 zu verhindern, zu den spektakuläreren Eingriffen philosemitisch motivierter Politik in die genuinen Äußerungsrechte jüdischer Autoren. Es ist diese Erfahrung mit der *praktischen Politik* des Philosemitismus in Deutschland, die den subjektgeschichtlichen Fluchtpunkt des *Nazi & der Friseur* bildet. Edgar Hilsenrath, der Überlebende der NS-Vernichtungspolitik, dessen Roman über die Vernichtung in Westdeutschland machtvoll zu unterdrücken versucht wurde[42], verfasst mit seiner Groteske einen bis dahin beispiellosen literarischen Anschlag sowohl auf die philosemitischen Verabredungszusammenhänge als auch auf die für sie konstitutiven Dispositive. Indem in diesem Roman die Erfahrung mit dem akuten Philosemitismus Literatur geworden ist, steht der Text *symptomatisch* für die ‚neue Ordnung', die sich im Verhältnis zwischen philosemitischen Überlieferungen und literarischem Diskurs nach 1945 ergeben hat. Sie läßt sich wie folgt umreißen. Das Traditionskontinuum des Philosemitismus als literarischer Diskurs ist weitestgehend abgebrochen und wird in Fragmenten allenfalls dort zu revitalisieren versucht, wo etwa – wie im Fall Bölls – noch ein Nahverhältnis zum christlichen Milieu besteht. Die Wirkungsmacht der NS-Jahre vor allem auf die HJ-Generation bildet die Basis für die Nachhaltigkeit antisemitischer Dispositive auch in der literarischen Arbeit, Dispositive, die sich unter den Bedingungen des NS-Nachfolgestaates jedoch nur verschoben äußern können, nicht auf der Oberfläche, wo vielmehr die Selbstcharakterisierung als „antifaschistisch“ bemüht

---

[39] Gershom Scholem, „Juden und Deutsche“, in: ders., *Judaica II*, Frankfurt am Main, 1970, S. 20-46, hier S. 46.

[40] Marcel Reich-Ranicki, „Im magischen Judenkreis“, in: ders., *Ruhestörer* (wie Anm. 37), S. 38 f.

[41] Adam Sutcliffe, *A Brief History of Philosemitism – Lecture for Leo Baeck Institute*, May 2011, unveröffentlichtes Manuskript, S. 9; vgl. auch Karp und Sutcliffe, *Philosemitism in History* (wie Anm. 4), S. 21.

[42] Vgl. Ursula Hien, „Schreiben gegen den Philosemitismus. Edgar Hilsenrath und die Rezeption von ‚Nacht' in Westdeutschland“, in: *Deutsche Nachkriegsliteratur und der Holocaust*, hg. von Stephan Braese, Holger Gehle Doron Kiesel und Hanno Loewy, Frankfurt am Main/New York, 1998, S. 229-244, sowie Stephan Braese, *Die andere Erinnerung – Jüdische Autoren in der westdeutschen Nachkriegsliteratur*, 3. Aufl., München, 2010, S. 192 ff.

wird.[43] Unter diesen Bedingungen entfaltet sich eine neue Ökonomie des Philosemitismus in der westdeutschen Nachkriegsliteratur: Was die Literatur aus ihrer eigenen Traditionskraft nicht mehr zu leisten vermag, was gar in jenem „‚Es‘ in mir“[44], das nach Wolfgang Hildesheimer zuletzt alle literarische Arbeit grundiert, keinen Ort mehr hat, wird der Literatur ‚von außen‘ auferlegt. Unverstellt brachial dort, wo nicht mehr einbindbare Außenseiter die philosemitischen Verabredungen zu zerschlagen drohen – wie bei Hilsenrath und Tabori; in der Breite folgenreicher dort, wo direkte Appelle und Lenkungsvorgaben der deutschsprachigen Literatur eine Leistung aufzwingen wollen, zu der die meisten ihrer Verfasser nicht in der Lage sind. Aufrufe, „einen Text [zu] schreiben, der die Verfolgung der Juden unter nationalsozialistischer Herrschaft behande[lt]“[45], gerne auch gekleidet in – allerdings sachlich ungerechtfertigte – „Mission accomplished“-Verkündigungen wie Grass' Ausruf von 1961 „In dieser Gruppe“ – womit er die Gruppe 47 meinte – „ist das kein Verdienst, sondern selbstverständlich“[46], haben nichts daran ändern können, dass Texten der westdeutschen Nachkriegsliteratur, die die Vernichtungsverbrechen thematisieren, wiederholt „etwas mühselig Konstruiertes, etwas von einer historischen Pflichtübung“ abgelesen wurde – so W. G. Sebald über Grass' *Tagebuch einer Schnecke*[47] –, „gedankenlose Sprache“ und „untaugliche Mittel“[48] – so Peter Handke über Texte Herburgers und Höllerers – oder eine „vage und unspezifizierte“, „künstlich angeeignet[e]“ „Aura von Schuld“, die der Berichterstatter der New York Times Book Review an den auf der Princetoner Tagung der Gruppe 47 vorgetragenen Texten über „Deutschlands Nazivergangenheit“ beobachtete. Derselbe Autor bezeichnete diese Erscheinungen schließlich noch als „Philosemitismus, der jetzt in gewissen deutschen Kreisen Mode ist“.[49] Doch der hier beobachtete „Philosemitismus“ – und das mag das für eine historiographische Perspektive auf den Philosemitismus hier Entscheidende sein – entstammt nicht einer Tradition als literarischem Diskurs – sondern er ist *abgeleitet* von einem Philosemitismus als *politischer Praxis*. Dass der literarische Philosemitismus Bölls im direkten Vergleich mit diesen Texten geradezu authentisch wirkt – und zugleich unweigerlich anachronistisch –: darin mag sich besonders markant und

[43] Vgl. Hans Werner Richter, „Fünfzehn Jahre“, in: *Almanach der Gruppe 47 1947-1962*, hg. von dems., Reinbek bei Hamburg, 1962, S. 8-14, hier S. 13.

[44] Wolfgang Hildesheimer, „Zu den lieblosen Legenden“, in: ders., *Gesammelte Werke in sieben Bänden*, Frankfurt am Main, 1991, Bd. I, S. 506-507, hier S. 507.

[45] Zitiert nach Helmut Peitsch, „Philosemitismus in der Gruppe 47“, in: *Geliebter Feind – Gehasster Freund. Antisemitismus und Philosemitismus in Geschichte und Gegenwart*, hg. von Irene A. Diekmann und Elke-Vera Kotowski, Berlin, 2009, S. 597-622, hier S. 605. Wolfgang Weyrauch hatte einen solchen Aufruf 1951 formuliert.

[46] Fritz J. Raddatz, „Eine Woche der Brüderlichkeit“, 1961, hier zitiert nach *Die Gruppe 47 – Bericht/ Kritik/ Polemik*, hg. von Reinhard Lettau, Neuwied/Berlin, 1967, S. 163-166, hier S. 165.

[47] Sebald, „Konstruktionen der Trauer“ (wie Anm. 14), S. 42.

[48] Peter Handke, „Zur Tagung der Gruppe 47 in den USA“, in: ders., *Ich bin ein Bewohner des Elfenbeinturms*, Frankfurt am Main, 1979, S. 29-34, hier S. 34.

[49] Joachim P. Bauke, hier zitiert nach Lettau, *Die Gruppe 47* (wie Anm. 46), S. 240.

verdichtet jener Ort zu erkennen geben, den die westdeutsche Nachkriegsliteratur in der Geschichte des Philosemitismus einnimmt.

Stefanie Leuenberger

Ich kann dort nicht atmen, wo du mich hinstellst Philosemitismus in Ingeborg Bachmanns *Malina*

Philosemitismus kann als ein „*diskursives* Phänomen“[1] verstanden werden, als „Liebesrede“[2], die das Judentum zu einer Erwiderung der ihm entgegengebrachten Gefühle bewegen will und letztlich die „Einheit von Juden und Nichtjuden“[3] anstrebt – so wird im Vorwort zu diesem Band vorgeschlagen. Will man diese Annahme prüfen, so erscheint es als sinnvoll, einen Liebesdialog als Studienfall zu wählen. Denn die Dialogform ermöglicht es, sowohl die nichtjüdische „Rede über Juden“[4] zu hören und ihre rhetorischen Strategien sowie ihre Performativität zu untersuchen als auch den „Resonanzraum“[5] dieser Liebesrede auszuloten, also die Gegenrede des begehrten Objekts zu vernehmen, die ihre eigene Rhetorik aufweist.

Ingeborg Bachmanns Roman *Malina* präsentiert – dies die Ausgangsthese des folgenden Beitrags – einen solchen Liebesdialog. Im Fokus des Textes stehen die Strategien und Ziele philosemitischer Rede sowie deren Folgen für die Beziehung zwischen dem Liebenden und seinem Objekt. Ort des Romangeschehens ist Wien in der Nachkriegszeit. Durch die spezifische historische Situierung stellt der Text den philosemitischen Versuch der „Transgression auf das Feld des Judentums“[6] zur Diskussion, der sich nach dem Holocaust als besonders prekär erwies. Die philosemitische Liebesrede war zwar nie frei von Vorurteilen und Projektionen, doch die Geschichtswissenschaft geht davon aus, dass der Philosemitismus nach 1945 als ein „durch Schuld- oder Schamgefühl“[7] verursachtes Phänomen gegenüber älteren Varianten eine neue Erscheinungsform darstellt. Da die Literatur in besonderer Weise in der Lage ist, die dialogische Struktur dieser Rede und das Agieren beider Partner sowie die Voraussetzungen für dieses Gespräch zu diskutieren, kann eine genaue Lektüre ergeben, dass die bisherige, zuweilen eindimensionale Sicht auf den Philosemitismus nach 1945 modifiziert werden muss. Gerade ein literarischer Text vermag dank seiner spezifischen poetischen Möglichkeiten und Verfahren der Komplexität des Themas in besonderer Weise gerecht zu werden.

---

1 So die Herausgeber dieses Bandes in der Einleitung, S. 13.
2 Ebd., S. 25.
3 Ebd., S. 14.
4 Ebd.
5 Ebd.
6 Ebd., S. 23.
7 Michael Brenner, „‘Gott schütze uns vor unseren Freunden‘ – Zur Ambivalenz des Philosemitismus im Kaiserreich“, in: *Jahrbuch für Antisemitismusforschung* 2 (1993), S. 174-199, hier S. 175.

Die folgende Lektüre wird von der These geleitet, dass in *Malina* genau jener problematische Vorgang in den Blick genommen wird, auf den Moshe Zuckermann in seinem Versuch einer Bestimmung des Begriffs ‚Philosemitismus' hingewiesen hat: Wie der Antisemitismus setzt auch der Philosemitismus voraus, „dass man ‚den Juden' bzw. ‚die Juden' als Prototypen eines ausserhalb des ‚normal' Existierenden, als den schlechthin ‚Anderen' im exkludierenden Sinne wahrnimmt", nicht aber als Individuum.[8] Diese „abstrahierende Entmenschlichung"[9] lässt Juden zur Projektionsfläche dessen werden, was ihnen von philosemitischer Seite an bewundernswerten positiven Eigenschaften stereotyp zugeschrieben wird. Dadurch werden Individuen zu Vertretern eine Kollektivs, wobei eine Essentialisierung des ‚Jüdischen' unvermeidlich ist.[10]

In *Malina* kommt zudem aber auch ein bisher unbeachteter Aspekt zur Diskussion: Die hier dargestellte Liebesbeziehung der Protagonisten ist gefährdet durch den Verdacht und unausgesprochenen Vorwurf beider Partner, dass es sich bei dieser vorgeblichen Liebe zwischen zwei Individuen im Grunde um etwas anderes handelt: nämlich, so vermutet die eine Seite, um einen philosemitischen Versuch des ‚Übergriffs' auf das begehrte Objekt, respektive, so die Vermutung der anderen Seite, um eine den individuellen Fall nicht berücksichtigende und daher eigentlich ungerechte Abwehr dieses Affizierungsversuchs. Im Roman wird also die Problematik einer Kollektivbestimmung des Einzelnen angesprochen und zugleich dessen Recht auf Differenz und damit auf eine individuelle Geschichtserfahrung innerhalb der Geschichte eines Kollektivs diskutiert. Die unauflösbare, in die Aporie führende Spannung zwischen der individuellen Liebe und der durch die historische Situation bedingten Zugehörigkeit zu einer Gemeinschaft prägt die im Roman entfaltete Beziehung der Protagonisten.

1. Die „dunkle Geschichte"

Malina, erschienen 1971, ist der einzige abgeschlossene Roman aus einem Zyklus, in dem sich Bachmann mit dem Thema „Todesarten" befasste. Was darunter zu verstehen sei, beschrieb sie 1966 bei der Vorbereitung zu einer Lesung aus einem dieser Romanprojekte: Sie habe sich immer gefragt, so Bachmann, „wohin das Virus Verbrechen verschwunden" sei, denn

> es kann sich doch nicht vor zwanzig Jahren verflüchtigt haben, bloß weil hier (und jetzt nur anderswo) Mord nicht mehr erlaubt, nicht mehr gebilligt, ausgezeichnet und an der Tagesordnung ist. Die Massaker sind vorbei, die Mörder unter uns

---

8 Moshe Zuckermann, „Aspekte des Philosemitismus", in: *Geliebter Feind, gehasster Freund. Antisemitismus und Philosemitismus in Geschichte und Gegenwart*, hg. von Irene Diekmann und Elke-Vera Kotowski, Berlin, 2009, S. 61.

9 Ebd.

10 Ebd.

> zwar nicht alle festgestellt und überführt, aber ihre Existenz allen bewußt gemacht, nicht nur durch Prozeßberichte, sondern auch durch die Literatur. Trotzdem beschäftigt sich die Literatur noch immer mit der Vergangenheit und ihren nicht tilgbaren Resten. Dieses Buch hingegen versucht etwas anderes – das aufzusuchen, was nicht aus der Welt verschwunden ist. Denn es ist heute nur unendlich viel schwieriger, Verbrechen zu begehen, und diese Verbrechen sind so sublim, dass wir sie nicht zu sehen und zu begreifen vermögen, obwohl sie täglich in unsrer Umgebung, in Ihrer Nachbarschaft, und also unter unseren Augen stattfinden.[11]

Die Anregung zur Aufnahme dieses Themas war vermutlich u. a. von Adornos Essay „Was bedeutet: Aufarbeitung der Vergangenheit" von 1959 ausgegangen.[12] Mit seiner These vom „Nachleben des Nationalsozialismus *in* der Demokratie"[13] wurde dieser Text ausschlaggebend für die in der Bundesrepublik Deutschland in den 1960er Jahren nach einer Phase der Verdrängung beginnende Auseinandersetzung mit der jüngsten Vergangenheit:

> Der Nationalsozialismus lebt nach, und bis heute wissen wir nicht, ob bloß als Gespenst dessen, was so monströs war, daß es am eigenen Tode noch nicht starb, oder ob es gar nicht erst zum Tode kam; ob die Bereitschaft zum Unsäglichen fortwest in den Menschen wie in den Verhältnissen, die sie umklammern.[14]

Was der Roman *Malina* thematisiert, ist also nicht der Versuch, die Verbrechen der NS-Zeit überhaupt erst einmal in Erinnerung zu rufen, denn obwohl vieles noch einem Tabu unterlag, war doch ein Grossteil der Taten bekannt und die Täter benannt. Vielmehr wird hier eine andere Problematik angesprochen: Österreich diente Bachmann als Romanschauplatz, da es als das „einstige geschichtliche Experimentierfeld"[15] genauer Aufschluss über die Verhältnisse in der zeitgenössischen Gesellschaft geben konnte als ein Aufenthalt in West- oder Ostdeutschland. Mitbedingt durch die offizielle These von Österreich als erstem Opfer Hitlers, das nicht verantwortlich zu machen sei für die NS-Verbrechen[16], hatte hier das lange Verschweigen und Verdrängen der Nazi-Vergangenheit das verdeckte Fortführen totalitärer Strukturen nach 1945 begünstigt. Auch eine

---

[11] Vgl. Ingeborg Bachmann, „Vorreden zum *Buch Franza*", in: dies., *„Todesarten"-Projekt, Kritische Ausgabe*, hg. von Monika Albrecht und Dirk Göttsche, Bd. 2, München/Zürich, 1995, S. 74 f. (Im Folgenden TKA 2).

[12] Vgl. Monika Albrecht und Dirk Göttsche, „Todesarten-Projekt", in: *Bachmann Handbuch. Leben - Werk - Wirkung*, hg. v. dens., Stuttgart/Weimar, 2002, S. 127.

[13] Theodor W. Adorno, „Was bedeutet: Aufarbeitung der Vergangenheit", in: ders. *Kulturkritik und Gesellschaft II*, Frankfurt am Main, 1977, S. 555f.

[14] Ebd., S. 555.

[15] Ingeborg Bachmann, *Wir müssen wahre Sätze finden, Gespräche und Interviews*, hg. von Christine Koschel und Inge von Weidenbaum, 2. Aufl., München/Zürich, 1983, S. 64.

[16] Vgl. Margit Reiter, „Nachträgliche Wiedergutmachung. Philosemitismus bei den ‚Kindern der Täter'", in: *Geliebter Feind, gehasster Freund. Antisemitismus und Philosemitismus in Geschichte und Gegenwart*, hg. von Irene Diekmann und Elke-Vera Kotowski, Berlin, 2009, S. 510.

klare Abgrenzung vom Antisemitismus fehlte in Österreichs, er manifestierte sich im öffentlichen Diskurs weiterhin, oft ganz unverstellt.[17]

Die Schwierigkeit einer Thematisierung dieser Zusammenhänge zeigt sich allerdings in Bachmanns jahrelangem Ringen um eine angemessene poetische Form. Erkennbar werden diese immer neu ansetzenden Schreibversuche beim Blick auf die Textgenese des Projekts, die eine enge Verflechtung der einzelnen Textfragmente durch Motive und Figurennamen zeigt.[18] *Das Buch Franza* verschob Themen, die später auch für *Malina* bestimmend werden sollten, etwa die „strukturelle Identität von Patriarchat und Faschismus"[19], die Überlagerung von individueller und kollektiver Geschichte sowie die Erfahrung von Unterdrückung und Enteignung, in den weit entfernten Raum der ägyptischen Wüste. Diskriminierung und Vergewaltigung wurden mit Rassismus und Kolonialherrschaft in Zusammenhang gebracht, zugleich aber drohten die verschiedenen „Todesarten" ihre jeweilige historisch-kulturelle Verankerung einzubüssen, da für den Entwurf einer weiblichen Existenzweise jenseits einer „dominanten ‚männlichen' Kultur" auf mythische Handlungsmuster zurückgegriffen wurde.[20] Diesen Romanversuch stellte Bachmann 1966 jedoch zurück, da ihr das Manuskript erschien „wie eine hilflose Anspielung auf etwas [...], das erst geschrieben werden muss".[21]

Als dieses „Etwas" kann man den Roman *Malina* ansehen, an dem Bachmann in den folgenden Jahren arbeitete. Die starke Fragmentierung der Narration, die Mischung von Gattungen und von Text und Paratext, aber auch die an zahlreichen Stellen dialogische Struktur und die vielen intertextuellen und intermedialen Bezüge führten dazu, dass ganz unterschiedliche Lesarten des Textes als plausibel erschienen.[22] In den Jahrzehnten nach der ersten Veröffentlichung verlagerten sich die Deutungschwerpunkte denn auch mehrmals.[23] Dabei hatte der 1971 vom Verlag entworfene und von Bachmann durchgesehene Klappentext der Erstausgabe den einfachen Hinweis enthalten, *Malina* sei

> die wohl denkbar ungewöhnlichste Dreiecksgeschichte: weil zwei der Beteiligten in Wahrheit eine Person sind, ‚eins sind' und doch jede Person ‚doppelt' ist. Das

---

[17] Vgl. dazu folgenden Band: *Antisemitismus in Österreich nach 1945. Ergebnisse, Positionen und Perspektiven der Forschung*, hg. von Heinz Wassermann, Innsbruck u.a., 2002.

[18] Vgl. Ingeborg Bachmann, *„Todesarten"-Projekt, Kritische Ausgabe*, hg. von Monika Albrecht und Dirk Göttsche, Bd. 1, München/Zürich, 1995, S. 620. (Im Folgenden TKA 1).

[19] Britta Hermann, „Das Buch Franza", in: *Bachmann Handbuch. Leben - Werk - Wirkung*, hg. v. Monika Albrecht und Dirk Göttsche, Stuttgart, Weimar, 2002, S. 145.

[20] Ebd., S. 148.

[21] Brief Bachmanns an den Lektor Otto Best vom 25.11.1966, zitiert nach TKA 1 (wie Anm. 18), S. 626.

[22] Vgl. Britta Hermann, „Malina", in: *Bachmann Handbuch. Leben - Werk - Wirkung*, hg. v. Monika Albrecht und Dirk Göttsche, Stuttgart/Weimar, 2002, S. 131.

[23] Ebd., S. 132-144.

> Buch handelt von nichts anderem als von Liebe. In dieser Ausschließlichkeit erinnert es uns wieder daran, dass die, die lieben, dem Schmerz und der Verzweiflung preisgegeben sind.[24]

So reduktiv und banalisierend diese Deutungshilfe auch erscheint, war sie doch mitverantwortlich dafür, dass manche Leser – angesichts der Politisierungsprozesse und der sexuellen Befreiung um 1968 – diese ‚Liebesgeschichte' aufgrund des vermeintlichen thematischen Rückzugs ins Private und ihrer Verhaltenheit als nicht zeitgemäss kritisierten.[25] Dagegen betonte Bachmann in einem Gespräch von 1972, dass gerade im privaten Umgang, besonders in der Beziehung zwischen Männern und Frauen, die Keime für die „großen Taten und die großen Untaten"[26] lägen:

> Zu sagen, was neben uns jeden Tag passiert, wie Menschen, auf welche Weise sie ermordet werden von den andern, das muß man zuerst einmal beschreiben, damit man überhaupt versteht, wie es zu den großen Morden kommen kann.[27]

Doch was ist unter den „täglich in unsrer Umgebung" begangenen Verbrechen zu verstehen und wie lässt sich die Verwendung der starken Metaphern „Verbrechen" und „Mord" rechtfertigen? Offenbar handelt es sich um eine äusserst heikle Thematik, die allein in der Literatur aufgegriffen und in angemessener Weise diskutiert werden kann: Eine Annäherung an das Thema ist nicht offen möglich, in einem Text mit linearer Erzählführung – zu gross wäre die Gefahr einer Zustimmung von der falschen Seite. Man kann sich dem Thema also nur über einen in stark fragmentierter Form präsentierten, zuweilen hermetisch anmutenden Text nähern, der eine eingehende Analyse verlangt.

2. Konkurrierende Geschichtsnarrative

Der letzte Satz des Romans lautet: „Es war Mord".[28] Geäussert wird er von einer nicht genau bestimmbaren Erzählinstanz, nachdem die bisherige Ich-Erzählerin in einem Riss in der Wand des Zimmers verschwunden ist. Vorausdeutende Hinweise haben dieses Verschwinden mit ihrem Tod in Zusammenhang gebracht.

Nur wenig nachgedacht worden ist bisher über den Umstand, dass der Beginn von *Malina* einem Dramenauftakt gleicht: Auf ein Personenverzeichnis folgen

---

[24] Ingeborg Bachmann, *Malina, „Todesarten"-Projekt, Kritische Ausgabe*, hg. von Monika Albrecht und Dirk Göttsche, Bd. 3.2, München/Zürich, 1995, S. 740 f. (Im Folgenden TKA 3.2).

[25] Vgl. Britta Hermann, „Malina" (wie Anm. 18), S. 130.

[26] So Bachmann in Bezug auf die ebenfalls im Rahmen des „Todesarten"-Projektes entstandenen Texte des Erzählbandes *Simultan*. In: Bachmann, *Wir müssen wahre Sätze finden* (wie Anm. 11), S. 116.

[27] Bachmann, *Wir müssen wahre Sätze finden* (wie Anm. 15), S. 116.

[28] Ingeborg Bachmann, *Malina, „Todesarten"-Projekt, Kritische Ausgabe*, hg. von Monika Albrecht und Dirk Göttsche, Bd. 3.1, München/Zürich, 1995, S. 695. (Im Folgenden TKA 3.1).

Angaben zu Zeit und Ort der Handlung: „heute", „Wien".[29] Das anschliessende „Vorkapitel", eine Art Prolog, der den drei Kapiteln oder Akten vorausgeht, enthält ausführliche Überlegungen zur „Einheit der Zeit" und zur „Einheit des Ortes"[30] und deutet auf eine verborgene „dunkle Geschichte"[31] und auf eine damit verbundene schwere Angststörung der Ich-Figur hin. Die Möglichkeit eines tragischen Ausgangs des Geschehens ist damit angelegt. Und tatsächlich enthüllt sich dem Leser im Verlauf der Handlung eine Situation, der ein unauflösbarer Konflikt eingeschrieben ist.

Die Spezifik des Textes liegt darin, dass er die dramatis personae für eine doppelte Lektüre verfügbar macht: einerseits als individualisierte Figuren und andererseits als Personifikationen bestimmter Narrative. Die unausweichliche Prägung des Einzelnen sowohl durch die indviduelle als auch die kollektive Geschichte wird dadurch vorgeführt. Obwohl die weibliche Ich-Figur und der Historiker Malina, die sich eine Wohnung teilen, im Personenverzeichnis getrennt aufgeführt sind, wurden sie häufig als zwei Aspekte eines stereotypen geschlechtlichen Binarismus innerhalb einer Figur interpretiert.[32] Man kann jedoch die Konstellation der Hauptfiguren auch als Dreiecksbeziehung verstehen: Der dritte Protagonist, Ivan, stammt aus Ungarn, wohnt in derselben Gasse und arbeitet am Kärntnerring bei einem Institut, das „sich mit Geld befaßt".[33]

Im Vorkapitel wird zunächst die Art der Beziehung zwischen Malina und Ich-Erzählerin erläutert: Der im nationalen Heeresmuseum arbeitende Malina, ein kühler Rationalist, der als Beamter unauffällig, ehrgeizlos und opportunistisch wirkt, ist als Verteter des offiziellen österreichischen Nachkriegs-Geschichtsnarrativs lesbar – gerade weil er offenbar mehr weiss, denn er ist bloss „aus Gründen der Tarnung" Staatsbeamter der Klasse A und hat „in den späten fünfziger Jahren" einmal ein „Apokryph" verfasst, das im Buchhandel jetzt nicht mehr erhältlich ist.[34] Als Historiker im Staatsdienst beansprucht er die Deutungshoheit über die Geschichte. Dagegen versucht die Ich-Figur, die verdrängte, unheimliche Seite der Vergangenheit ans Licht zu bringen und damit einem alternativen Geschichtsnarrativ zu seinem Recht zu verhelfen.[35] Zu Beginn ihrer Beziehung mit dem Historiker war sie sich sicher, „dass alles, was ich wissen wollte"[36], von ihm kommen musste. Bald stellt sie jedoch fest, dass sie beide wenig Ähnlichkeit miteinander haben; Malina nimmt sie nur wahr,

29 Ebd., S. 276.
30 Ebd., S. 279.
31 Ebd., S. 292.
32 Vgl. Hermann, „Malina" (wie Anm. 22), S. 132.
33 Bachmann, *Malina,* TKA 3.1 (wie Anm. 28), S. 275.
34 Ebd., S. 275.
35 So sagt die Ich-Figur zu Malina: „Du bist nach mir gekommen, du kannst nicht vor mir dagewesen sein, du bist überhaupt erst denkbar nach mir." Vgl. ebd., S. 579.
36 Ebd., S. 286.

„wenn es ihm gefällt“[37], die Existenz dieses subversiven Gegennarrativs irritiert ihn kaum. Der Ich-Figur scheint es,

> daß seine Ruhe davon herrührt, weil ich ein zu unwichtiges und unbekanntes Ich für ihn bin, als hätte er mich ausgeschieden, einen Abfall, eine überflüssige Menschwerdung, als wäre ich nur aus seiner Rippe gemacht und ihm seit jeher entbehrlich, aber auch eine ganz unvermeidliche dunkle Geschichte, die seine Geschichte begleitet, ergänzen will, die er aber von seiner klaren Geschichte absondert und abgrenzt.[38]

Das alternative Narrativ wird zurückgewiesen: Der Text endet mit dem Verschwinden des Erzähler-Ichs in der Wand, die sich auftut – eine alte, massive Wand, aus der „nie mehr etwas laut werden kann“.[39] Malina wird damit zuletzt zum Gegner der Ich-Figur, er verleugnet sie und löscht mit ihrem Namen auch ihre Existenz. Mit der Konstellation Malina/Ich schuf Bachmann eine neue Variante für das gerade in der österreichischen Literatur des beginnenden 20. Jahrhunderts verbreitete „Doppelgängermotiv“.[40] Denn dass Malina die Inhalte der ‚Apokryphen‘ und damit das Wesen dieses Doppelgängers sehr wohl kennt, wird im mittleren Akt des ‚Dramas‘ deutlich. Malina ist hier ein geduldiger Gesprächspartner, wenn es darum geht, die verstörenden Träume der Ich-Figur zu analysieren, in denen der – neben Ivan und Malina – „dritte Mann“[41] auftaucht, der „Vater“. Die Alpträume handeln von den Versuchen der Tochter, sich seiner Gewalt zu entziehen, was ihr aber kaum gelingt. Neben Vorstellungen über die Repressionsmechanismen patriarchaler Herrschaft rufen die Träume auch die Verbrechen des Nationalsozialismus in Erinnerung.[42] Der Vater steht stellvertretend für die NS-Täterschaft, die bereits Kinder und Jugendliche in ihr totalitäres System einband und sie zu Handlungen zwang, die den Überzeugungen mancher unter ihnen zuwiderliefen, sie schockierten und an dieser Elternschaft verzweifeln liessen. Ein wichtiger Intertext in diesem Zusammenhang ist Ingeborg Bachmanns Kriegstagebuch, das den Zwangseinsatz Jugendlicher bei der Verteidigung Klagenfurts thematisiert und die Versuche der Protagonistin beschreibt, sich diesem zu entziehen. Das Fazit dieser Kriegszeit bildet dort der 1945 niedergeschriebene Satz: „Nein, mit den Erwachsenen kann man nicht mehr reden.“[43]

Deutlich wird im *Malina*-Roman somit, dass sich die Trauma-Szenarien nicht vorrangig auf individualpsychologisch zu deutende Ereignisse beziehen,

---

37 Ebd., S. 291.
38 Ebd., S. 291 f.
39 Ebd., S. 695.
40 Vgl. Bachmann, *Wir müssen wahre Sätze finden* (wie Anm. 15), S. 101.
41 Vgl. die Überschrift des zweiten Romankapitels.
42 Vgl. dazu Hermann, „Malina“ (wie Anm. 22), S. 136.
43 Ingeborg Bachmann, *Kriegstagebuch*. Mit Briefen von Jack Hamesh an Ingeborg Bachmann, Berlin, 2010, S. 15.

sondern auf die kollektive Geschichte.[44] Von *Malina* wurden infolgedessen Parallelen zu den ab 1970 entstandenen Dokumenten einer historischen und autobiographischen „Trauerarbeit“[45] gezogen, die häufig von der Auseinandersetzung mit der Figur eines nationalsozialistischen Vaters ausgingen. Allerdings bringt in Bachmanns Text die Traumanalyse keine ‚Heilung‘ für das Erzähler-Ich, im Gegenteil. Es erhofft sich die Heilung aus einer anderen Richtung:

Bachmanns ‚Drama‘ zeigt das Aufeinandertreffen zweier Geschichtsnarrative in der Nachkriegszeit, die sich auf die Epoche des Nationalsozialismus beziehen. Das eine basiert auf der Verdrängung der begangenen Verbrechen, während das andere deren Aufdeckung, Dokumentierung und Erinnerung fordert. Träger des letzteren sind nicht ehemalige Täter, die sich ihrer Schuld stellen wollen, sondern Vertreter der Generation der „Kinder der Täter“.[46] Ihre Forderung nach Aufarbeitung der Vergangenheit ist verbunden mit der dezidierten Abgrenzung von der Elterngeneration, die die Frage nach sich zieht, wie mit der Vorstellung einer kollektiven Verantwortung für das Geschehene und mit dem Gefühl der Scham angesichts der Taten der Vorfahren zu leben sei. Dies hat Auswirkungen auf den Umgang mit jüdischen Überlebenden, mit vom Holocaust direkt Betroffenen, mit Displaced Persons.[47]

Exkurs: Philosemitismus in der Nachkriegszeit

Die sozialgeschichtliche Forschung zu den Tradierungen des Antisemitismus in Deutschland und Österreich nach 1945 hat gezeigt, dass der Umgang mit diesem Thema und das Verhältnis zu den überlebenden Juden sich „zwischen den Antipoden von Kontinuität und Diskontinuität, zwischen Emotion und Kognition, kurz: zwischen Antisemitismus und Philosemitismus“[48] bewegte. Frank Stern vertrat die Ansicht, dass das „philosemitische Bekenntnis“ in Deutschland nach 1945 bei der Bewältigung der individuellen und kollektiven Krisensituation und der Unsicherheit hinsichtlich der neuen Ordnung half, indem es Orientierungshilfen für das Verhalten in der Öffentlichkeit bot.[49] Somit war der Philosemitismus „kein gesellschaftlicher Wert an sich“, sondern eine Möglichkeit,

---

44 Hermann, „Malina“ (wie Anm. 18), S. 138.

45 Ebd.

46 Diesen Begriff verwendet Margit Reiter, in: dies., „Nachträgliche Wiedergutmachung“ (wie Anm. 16), S. 509.

47 In den von Ingeborg Bachmann verfassten Radioskripten, die 1952-53 in Wien für die Hörspielfolge *Die Radiofamilie* des amerikanischen Besatzungssenders Rot-Weiss-Rot entstanden, trägt Folge 20, gesendet 1952, den Titel „Der D.P.“ und thematisiert die Situation einer solchen „Displaced Person“. In: Ingeborg Bachmann, *Die Radiofamilie*, hg. und mit einem Nachwort versehen von Joseph McVeigh, Berlin, 2011, S. 139-159.

48 Reiter, „Nachträgliche Wiedergutmachung“ (wie Anm. 16), S. 509.

49 Frank Stern, *Im Anfang war Auschwitz. Antisemitismus und Philosemitismus im deutschen Nachkrieg*, Gerlingen, 1991, S. 349.

auf den Wertewandel zu reagieren und die vorgebliche oder echte Teilhabe daran „auf einen einfachen und unmißverständlichen Nenner zu bringen".[50] Dadurch konnte der demokratischen Form Genüge getan und Distanz gegenüber der Vergangenheit markiert werden.[51] Der Philosemitismus bekundete die „Wertorientierung" sowohl der Individuen als auch der Republik, die in ihrer Aufbauphase nach Westintegration strebte.[52] In Österreich dagegen hatte dieses „philosemitische Bekenntnis" aufgrund der „Opferthese"[53] offenbar eine geringere Entsprechung.

Betrachtet man die Gruppe der „Kinder der Täter", die sich von ihrem familiären NS-Hintergrund lossagten, was häufig zur Annahme einer projüdischen, oft philosemitischen Haltung führte, so kommen weitere Aspekte hinzu.[54] Margit Reiter beschrieb in ihrer Studie verschiedene Projektionen und Ängste, die bei den Nachgeborenen – oft unabhängig von der tatsächlichen Schuld der Vorfahren – feststellbar waren: Zunächst das Gefühl einer grossen Befangenheit gegenüber Juden, die oft ausschliesslich als Opfer wahrgenommen wurden, und die Befürchtung, aufgrund der eigenen Herkunft von ihnen abgelehnt zu werden. Damit verbunden war häufig die Suche nach der Bestätigung, dass man als Nachgeborener ohne Schuld sei.[55] Die Distanzierung vom Antisemitismus der Eltern erfolgte bei den „Kindern der Täter" nicht zuletzt durch die Auseinandersetzung mit jüdischer Geschichte und Kultur.[56] Dabei wurden familiär tradierte antisemitische Judenbilder oft in positive Vorstellungen umgewandelt: Juden erfuhren hohe Wertschätzung und dienten als „intellektuelle, kulturelle oder moralische Vorbilder".[57] Allerdings konnten Enttäuschungen leicht zum Kippen dieser idealisierten Bilder in antisemitische Klischeevorstellungen führen.[58] Das „Angst-Faszinations-Verhältnis"[59] gegenüber dem Judentum war oft auch der Grund für das Eingehen von Liebesbeziehungen zu jüdischen Partnern, zuweilen aus einer Trotzhaltung gegenüber den antisemitischen Eltern, wobei die jüdischen Liebhaber für „,das Andere, Anziehende, Geheimnisvolle"[60] standen. Zuweilen führte die Solidarisierung mit den Opfern bis zur Identifikation, zur „Aneignung einer jüdischen Identität und Erfahrung (der Vernichtung)".[61]

---

50 Ebd.
51 Vgl. ebd., S. 253-266.
52 Ebd., S. 349.
53 Reiter, „Nachträgliche Wiedergutmachung" (wie Anm. 16), S. 510.
54 Ebd., S. 509.
55 Ebd., S. 515.
56 Ebd., S. 517.
57 Ebd., S. 520 f.
58 Ebd., S. 524.
59 Ebd., S. 527.
60 Ebd., S. 531.
61 Ebd., S. 529.

3. „Glücklich mit Ivan" – Zur Poetik der philosemitischen Liebesrede

Malina thematisiert dieses Verhältnis zwischen Juden und Nichtjuden in der Nachkriegszeit und betrachtet dabei nicht nur die eine, sondern beide Seiten. Präsentiert wird eine Geschichte, in der eine Liebeserklärung vom angesprochenen Objekt des Begehrens als philosemitisch aufgefasst wird, was zur Enttäuschung der Liebeshoffnung und zum Ende der Beziehung führt. Der Text kann aber aufgrund seiner komplexen Struktur zugleich auch die dieser Situation zu Grunde liegende Problematik diskutieren: Sie besteht darin, dass hier ein Individuum einerseits das Erinnerungsnarrativ vertreten und stärken will, zugleich aber seinem eigenen Selbstverständnis Gerechtigkeit widerfahren lassen möchte. Es muss daher Kritik üben an einer Position, die die „Kinder der Täter" insgesamt, unabhängig von der Einstellung des Einzelnen gegenüber dem Nationalsozialismus und von den tatsächlichen Vergehen der Vorfahren, in den Schuld- und Verantwortungszusammenhang einbindet, sie somit statt als Individuen als Vertreter eines Kollektivs von ‚Anderen' sieht. Eine solche Sichtweise lässt für diese Individuen eine unbelastete, gleichberechtigte Beziehung zu jüdischen Zeitgenossen unmöglich werden – sei diese Beziehung metaphorisch zu verstehen oder im wörtlichen Sinn. Doch die Sicht der Opfer zu kritisieren oder auch nur anzusprechen, ist heikel, denn dies wäre nur schwer zu unterscheiden von der herrschenden Tendenz, den tradierten Antisemitismus fortzusetzen, und würde auch die Forderung nach Erinnerung und Aufarbeitung der Vergangenheit schwächen. Somit befindet sich die Generation der „Kinder der Täter" in einer zweifach isolierten Position – weder zum ‚Täterkollektiv' gehörig noch zur Gemeinschaft der während des Nationalsozialismus Verfolgten.

Da es problematisch ist, diese Situation der Isoliertheit zu thematisieren, kann dies nur in vielfach gebrochener, fragmentierter Form geschehen. Das geeignete Medium dafür ist die Literatur: Eine Schlüsselstelle im Roman *Malina*, an der die Situation dieser Individuen deutlich wird, findet sich im Traumkapitel: So träumt die Ich-Erzählerin von ihrem eigenen Tod in der Gaskammer, in die der Vater sie eingeschlossen hat.[62] Sie erscheint damit als Opfer der Gewalt des Vaters, und zugleich identifiziert sie sich mit den jüdischen Opfern.

Doch welche Funktion hat in diesem Rahmen die Figur Ivans? Ihm gilt die grosse Liebe der Ich-Erzählerin, eine Liebe, die die Überschrift des ersten Kapitels, „Glücklich mit Ivan", rechtfertigt. Erstmals zusammengeführt werden die beiden Protagonisten durch ein zeichenhaftes Objekt: einen Strauss Türkenbund, den die Ich-Erzählerin im Fenster eines Blumenladens sieht, – „rot und siebenmal röter als rot, nie gesehen, und vor dem Fenster stand Ivan, weiter weiß ich nichts mehr, denn ich bin sofort mit Ivan gegangen".[63] Schon diese Initialszene ist geprägt durch Bachmanns poetisches Verfahren des markierten

---

[62] Bachmann, *Malina,* TKA 3.1 (wie Anm. 28), S. 502 f.
[63] Ebd., S. 300.

und unmarkierten Zitats, das oft beschrieben worden ist, besonders im Hinblick auf Bezüge zu Texten von Paul Celan.[64] Dem Verweis auf die Pflanze am Weg, die aus dem *Gespräch im Gebirg* bekannt ist, folgt im *Malina*-Roman eine ganze Reihe von Stellen, die Zitate und Anspielungen auf Gedichte Celans enthalten.[65] Die Arbeit beider Autoren ist gekennzeichnet durch eine „Praxis von Zitat und Lektüre, in der Namen, Orte und Zahlen die Topographie einer Gedächtnisschrift markieren, in deren Spuren sie als Data des Eingedenkens lesbar sind".[66] Von hier kann die Entzifferungsarbeit ihren Ausgang nehmen.

Dass Ivan als eine jüdische Figur angelegt ist, der sich die Ich-Erzählerin identifikatorisch zu nähern sucht, wird auch durch weitere intertextuelle Verweise deutlich, wie das folgende Beispiel zeigt. Als sich abzeichnet, dass die Beziehung der beiden zerbrechen wird, sieht sich die Ich-Erzählerin vor einem Abgrund:

> Der längste Sommer kann beginnen. Es sind alle Straßen leer. In einem tiefen Rausch kann ich durch diese Ödnis gehen [...]. Ich bin vermählt, es muß zu einer Vermählung gekommen sein. Ich werde nicht mehr auf Karten vom Mondsee warten, ich werde meine Geduld vergrößern, wenn ich so zusammengetan bleibe mit Ivan, ich kann das nicht mehr abtun von mir, denn es ist, gegen alle Vernunft, mit meinem Körper geschehen, der sich nur noch bewegt in einem ständigen, sanften, schmerzlichen Gekreuzigtsein auf ihn. Es wird für das ganze Leben sein.[67]

Angespielt wird hier auf Hofmannsthals Gedicht *Manche freilich*, das, ausgehend vom Vers „Ganz vergessener Völker Müdigkeiten", in der österreichischen Literatur schon von Zeitgenossen Hofmannsthals als Hinweis auf eine sonst verschwiegene, als genealogisch begründet aufgefasste Zugehörigkeit zum Judentum gelesen wurde.[68] In *Malina* überträgt allerdings die Ich-Figur den Hinweis auf eine Zugehörigkeit zum Judentum identifikatorisch auf sich selbst und verbindet ihn mit der Metaphorik des Sühneopfers. Damit, so soll im Folgenden gezeigt werden, dienen solche intertextuellen Verweise der Verhandlung eines Themenkomplexes, der in der Nachkriegszeit ganz andere Implikationen hat als noch zu Beginn des Jahrhunderts.

Seit der ersten Begegnung ist die Ich-Erzählerin Ivan verfallen. Die Kommunikation zwischen den Partnern scheint zunächst problemlos zu gelingen, da sie fast ausschliesslich nonverbal abläuft: Ivan braucht die Ich-Erzählerin nicht zu fragen, „denn es war kein Zweifel in mir, daß ich mit ihm weitergehen mußte

---

64 Vgl. Sigrid Weigel, *Ingeborg Bachmann. Hinterlassenschaften unter Wahrung des Briefgeheimnisses*, Wien, 1999, S. 410-435.

65 Vgl. die Übersicht zu diesen Stellen, ebd., S. 420-423.

66 Sigrid Weigel, „Die Erinnerungs- und Erregungsspuren von Zitat und Lektüre. Die Intertextualität Bachmann – Celan, gelesen mit Benjamin", in: *Ingeborg Bachmann und Paul Celan. Poetische Korrespondenzen. Vierzehn Beiträge*, hg. von Bernhard Böschenstein und Sigrid Weigel, Frankfurt am Main, 1997, S. 231-249, hier S. 239.

67 Bachmann, *Malina*, TKA 3.1 (wie Anm. 24), S. 499 f.

68 Vgl. etwa Franz Werfel, „Pogrom", in: ders., *Erzählungen aus zwei Welten*, Bd. 2, Frankfurt am Main, 1952, S. 336-375; sowie Willy Haas, „Hugo von Hofmannsthal", in: *Juden in der deutschen Literatur*, hg. von Gustav Krojanker, Berlin, 1922, S. 139-164, hier S. 140.

und gleich zu ihm".[69] Von da an ist ihr Leben auf Ivan hin zentriert, auf das Telefon, auf seinen Anruf. Sie verlässt nur ungern das Haus; die Welt ausserhalb der „Ungargasse", in der die Protagonisten leben, wird bedeutungslos.

Roland Barthes hat im Text *Fragmente einer Sprache der Liebe*, der sechs Jahre nach Bachmanns Roman erschien und in mehrfacher Hinsicht Parallelen zu ihm aufweist, diese Fixierung auf den Geliebten bis hin zum „Warten auf einen Telefonanruf"[70] mit den Figuren der „Abhängigkeit" und der „Erwartung" beschrieben, als deren Grundlage er die „Domnei" bezeichnete, die Ergebenheit und „Lehnspflicht des Liebenden".[71] In *Malina* werden diese Figuren von der Ich-Erzählerin einerseits als eigene Empfindungen verstanden, anderseits aber auch konstant reflektiert und ironisiert. Dadurch wird sowohl die Problematik der Bezogenheit der Ich-Figur auf das begehrte Objekt wie auch ihre Ambivalenz gegenüber dieser Abhängigkeitssituation deutlich:

> Seit ich diese Nummer wählen kann, nimmt mein Leben endlich keinen Verlauf mehr, ich gerate nicht mehr unter die Räder, ich komme in keine ausweglosen Schwierigkeiten, nicht mehr vorwärts und nicht vom Weg ab, da ich den Atem anhalte, die Zeit aufhalte und telefoniere und rauche und warte.[72]

Es zeigt sich hier eine Form der Hingabe, die letztlich zu der psychotischen „Extremsituation" führen kann, die Barthes mit der Figur der „Katastrophe" beschrieb.[73] Dass die „Abhängigkeit" der Ich-Figur weit über das in Beziehungen erwartbare Mass hinausgeht, ist ihr selbst bewusst:

> Aber ich knie auf dem Boden vor dem Telefon und hoffe, dass auch Malina mich nie überrascht in dieser Stellung, auch er soll nie sehen, wie ich niederfalle vor dem Telefon, wie ein Moslem auf seinen Teppich, die Stirn auf den Parkettboden gedrückt. [...].
>
> Mein Mekka und mein Jerusalem! Und so auserwählt bin ich vor allen Telefonabonnenten und so werde ich gewählt, mein 72 31 44, denn Ivan weiß mich schon auswendig auf jeder Wählscheibe zu finden und sicherer findet er meine Nummer als mein Haar und meinen Mund und meine Hand.[74]

Das „Warten" auf Ivan verweist auf den Bereich der „letzten Dinge"[75], mit dem er von Beginn an in Verbindung gebracht wird:

> Wenn Ivan auch gewiß für mich erschaffen worden ist, so kann ich doch nie allein auf ihn Anspruch erheben. Denn er ist gekommen, um die Konsonanten wieder fest und faßlich zu machen, um die Vokale wieder zu öffnen, damit sie voll tönen,

---

69 Bachmann, *Malina,* TKA 3.1 (wie Anm. 28), S. 300.

70 Roland Barthes, *Fragmente einer Sprache der Liebe*, übersetzt von Hans-Horst Henschen, Frankfurt am Main, 1988, S. 98.

71 Ebd., S. 26.

72 Bachmann, *Malina,* TKA 3.1 (wie Anm. 28), S. 301.

73 Barthes, *Fragmente einer Sprache der Liebe* (wie Anm. 70), S. 151.

74 Bachmann, *Malina,* TKA 3.1 (wie Anm. 28), S. 319 f.

75 Auf die Eschatologie spielt auch die Überschrift des dritten Kapitels an: „Von letzten Dingen".

> um mir die Worte wieder über die Lippen kommen zu lassen, um die ersten zerstörten Zusammenhänge wiederherzustellen und die Probleme zu lösen, und so werde ich kein Jota von ihm abweichen, ich werde unsere identischen, hellklingenden Anfangsbuchstaben, mit denen wir unsere kleinen Zettel unterzeichnen, aufeinanderstimmen, übereinanderschreiben, und nach der Vereinigung unserer Namen könnten wir vorsichtig anfangen, mit den ersten Worten dieser Welt wieder die Ehre zu erweisen, damit sie wünschen muß, sich wieder die Ehre zu geben, und da wir die Auferstehung wollen und nicht die Zerstörung, hüten wir uns, einander schon öffentlich mit den Händen zu berühren, und auch nur heimlich fassen wir einander ins Aug, denn mit seinen Blicken muß Ivan erst die Bilder aus meinen Augen waschen, die vor seinem Kommen auf die Netzhaut gefallen sind, und nach vielen Reinigungen taucht dann doch wieder ein finsteres, furchtbares Bild auf, beinah nicht zu löschen, und Ivan schiebt mir dann rasch ein lichtes darüber, damit kein böser Blick von mir ausgeht, damit ich diesen entsetzlichen Blick verliere, von dem ich weiß, wieso ich ihn bekommen habe, aber ich erinnre mich nicht, erinnre mich nicht.... [...] Aber weil Ivan mich zu heilen anfängt, kann es nicht mehr ganz schlimm sein auf Erden.[76]

Die hier als Metaphern verwendeten Begriffe – das „Kommen“, die „Auferstehung“, „Heilung“ und „Wiederherstellung“ der Welt – sind der jüdischen und der christlichen Überlieferung gleichermassen entnommen, offensichtlich mit dem Ziel, einen gemeinsamen Raum zu schaffen. Die Figur Ivan trägt Züge eines Erlösers, dessen Ankunft sich nicht endzeitlich, sondern innerweltlich ereignet. Die erlösende Vereinigung zwischen Juden und Christen wird also nicht am Ende der Zeiten erwartet wie im biblisch-chiliastischen Philosemitismus des 17. Jahrhunderts[77], sondern in der Gegenwart, die allerdings auf eine Schreckenszeit von apokalyptischem Ausmass folgte. Obwohl die Erlösung an der Ich-Erzählerin geschieht, gereicht sie in deren Vorstellung der ganzen Umgebung zum Segen: Seit Ivan gekommen ist, geht die Zahl der physischen und psychischen Erkrankungen zurück, „die Schizothymie, das Schizoid der Welt, ihr wahnsinniger, sich weitender Spalt, schließt sich unmerklich.“[78] Die Ich-Erzählerin möchte Ivan „seligsprechen“[79] für alle seine Begabungen, besonders dafür, dass er sie „wieder zum Lachen bringt“[80], dass er ihren Körper „aus der steten Verkrampfung“ löst.[81] Von den Treffen mit ihm, die für sie „Injektionen von Wirklichkeit“[82] darstellen, ist sie abhängig. Das erste Kapitel des Romans weist durch den Titel „Glücklich mit Ivan“ auf die Bedeutung hin, die die Ich-Figur den Gesprächsversuchen zuschreibt: „solange ich ihn höre und mich von ihm gehört weiß, bin ich am Leben“.[83]

---

[76] Bachmann, Malina, TKA 3.1 (wie Anm. 28), S. 303 ff.

[77] Vgl. etwa Hans Joachim Schoeps, *Philosemitismus im Barock*, Tübingen, 1952, S. 19, 48 und 60.

[78] Bachmann, *Malina,* TKA 3.1 (wie Anm. 28), S. 302.

[79] Ebd., S. 309.

[80] Ebd.

[81] Ebd.

[82] Ebd., S. 322.

[83] Ebd., S. 318.

Die Bedeutung der Beziehung der beiden Protagonisten zeigt sich zuerst im Bereich der Sprache. So wird für die Ich-Erzählerin durch Ivans Ankunft das Sprechen überhaupt erst wieder möglich. Denn anders als in Barthes Porträt des für sich allein redenden Liebenden schweigt hier der Andere keineswegs: Durch seine Antwort entsteht ein Gespräch, dem die Ich-Erzählerin das Vermögen zuschreibt, die Erneuerung der durch ihre Verwendung im Dritten Reich kontaminierten und unbenutzbar gewordenen deutschen Sprache zu leisten. Zugleich mit der neuen Sprache wird auch die Welt nach dem katastrophalen Zusammenbruch neu hervorgebracht. Die traumatisierenden Bilder und Erfahrungen, die das Erzähler-Ich verstummen liessen, kann Ivan durch lichtere Vorstellungen überschreiben. Zum andern findet die Erzählerin in einer Zeit, in der zahlreiche der bisherigen Gesprächspartner – nicht nur Angehörige der Generation der Eltern – als NS-Täter überführt wurden und in der die immer noch benutzte versehrte Sprache frühere Denkmuster auch in der nachfolgenden Generation weiterwirken lässt, in Ivan ein Gegenüber, mit dem ein Dialog unter ähnlich Denkenden wieder geführt werden kann.[84]

Die verbale Kommunikation erweist sich allerdings zunächst als schwierig, wie die fragmentierte Gesprächsführung deutlich macht: Gesprochen werden erste Gruppen von Sätzen, von „törichten Satzanfängen, Halbsätzen, Satzenden, von der Gloriole gegenseitiger Nachsicht umgeben".[85] Zu allererst sind es die „Telefonsätze", die die vorsichtige Annäherung über die Fernsprechdistanz hinweg zeigen: In ihnen kommt sowohl die Ungewissheit darüber zum Ausdruck, was man dem andern bedeute, die Eifersucht und der Versuch, sich des andern zu versichern, ohne das Begehren zu sehr zu offenbaren, wie auch die bei beiden Protagonisten bestehende Furcht vor Zurückweisung und Verletzung:

> Hallo. Hallo?
> Ich, wer denn sonst
> Ja, natürlich, verzeih
> Wie es mir? Und dir?
> Weiß ich nicht. Heute abend?
> Ich verstehe dich so schlecht
> Schlecht? Was? Du kannst also
> Ich höre dich nicht gut, kannst du
> Was? Ist etwas?
> Nein, nichts, du kannst mich später noch
> Natürlich, ich rufe dich besser später an
> Ich, ich sollte zwar mit Freunden
> Ja, wenn du nicht kannst, dann
> Das habe ich nicht gesagt, nur wenn du nicht
> Jedenfalls telefonieren wir später [...][86]

---

[84] Auch hier erweist sich das Tagebuch als wichtiger Intertext zu *Malina*. Vgl. Bachmann, *Kriegstagebuch* (wie Anm. 43), S. 16-69.

[85] Bachmann, *Malina,* TKA 3.1 (wie Anm. 28), S. 311.

[86] Bachmann, *Malina,* TKA 3.1 (wie Anm. 28), S. 311 f.

Das Gespräch wird mit der Zeit um andere Satzgruppen erweitert, etwa die „Schachsätze".[87] Die Bedeutung des Schachspiels ist in *Malina* zentral: Da die Protagonisten „zwei verschiedene Leben"[88] mit zahllosen Verpflichtungen führen – sie muss „Leute" treffen, er sich um seine beiden Kinder kümmern –, finden sie nur ab und zu eine gemeinsame Stunde. Diese Treffen werden oft durch eine Schachpartie eröffnet, die ein Beisammensein ohne verbalen Austausch rechtfertigt und somit einen Ausweg bietet, wie die Ich-Erzählerin bemerkt: Wenn Ivan „keine Lust hat, mit mir Sätze zu bilden, stellt er sein oder mein Schachbrett auf, in seiner oder meiner Wohnung, und zwingt mich zu spielen."[89] Das Schachspiel als wortlose Form der Kommunikation entspricht dem schwierigen, immer erneut versuchten Dialog. Es bedeutet ein geistiges Kräftemessen, möglich ist aber auch, dass der stärkere Spieler den ungeübteren unterstützt. So hilft Ivan der Ich-Erzählerin, und zwischen ihnen kommt es meistens zu einem Patt, das einen Neuversuch bedingt.

Die Schachspielszenen sind im Rahmen einer Analyse von Sprachutopie und Diskurskritik im *Malina*-Roman[90] in Bezug gesetzt worden zur Sprachspieltheorie Ludwig Wittgensteins, d.h. zu seinen Überlegungen zum „Akt des Benennens"[91] von Dingen, zum Erlernen von Wörtern einer neuen Sprache, etwa in einem fremden Land.[92] Seine Gedanken zum „Neuerfinden der Sprache"[93], die er am Beispiel des Schachspiels erläuterte, finden sich in den *Philosophischen Untersuchungen*, mit denen sich Bachmann intensiv beschäftigt hat.[94] Im Zentrum der Thematisierung des Schachspiels in *Malina* stehe, so Christine Lubkoll, „die Frage nach der notwendigen Gebundenheit an vorgängige Muster einerseits und der (utopischen) Möglichkeit der Erfindung neuer Spielregeln"[95]: Es werde erprobt, ob „ein Austritt aus der vorhandenen Sprachordnung, das Projekt einer ‚neuen Sprache' und einer nicht-konventionalisierten Form der Geschlechterbeziehung, überhaupt realisierbar" sei.[96] Dieser Lesart kann man entgegenhalten, dass in *Malina* die Asymmetrie der Macht innerhalb der Geschlechterverhältnisse zwar thematisiert wird, jedoch vor allem mit der Funktion, sie als Spiegel jener Asymmetrie des Begehrens auszuweisen, die für den Philosemitismus kennzeichnend ist:

---

[87] Ebd., S. 326.

[88] Ebd., S. 323.

[89] Ebd., S. 323.

[90] Christine Lubkoll, „‚Fragmente einer Sprache der Liebe'. Sprachutopie und Diskurskritik in Ingeborg Bachmanns Roman *Malina*", in: *Erlanger Universitätsreden* 69 (2007), 3. Folge, S. 3-24.

[91] Ludwig Wittgenstein, *Philosophische Untersuchungen* (Spätfassung). Kritisch-genetische Edition, hg. von Joachim Schulte u.a., Frankfurt am Main 2001, § 27, S. 760.

[92] Ebd., § 31-32, S. 763 f.

[93] Lubkoll, „‚Fragmente einer Sprache der Liebe'" (wie Anm. 90), S. 14.

[94] Vgl. Ingeborg Bachmann, „Sagbares und Unsagbares – Die Philosophie Ludwig Wittgensteins", in: dies., *Werke,* Bd. 4, 5. Aufl., München, 1993, S. 103-127, bes. S. 122 ff.

[95] Lubkoll, „‚Fragmente einer Sprache der Liebe'" (wie Anm. 90), S. 14 f.

[96] Ebd., S. 15.

Die Schachspielszene ist der Ort, wo mit der Zeit, vorsichtig und indirekt, Fragen gestellt werden über Herkunft und Vergangenheit des Anderen. Aus Furcht vor der Antwort werden sie aber stets gleich wieder zurückgenommen: Ivan „schaut befriedigt auf das Schachbrett, weil ich, mit seiner Hilfe, nicht verloren habe, er möchte etwas herausfinden über mich, es habe aber keine Eile.“[97] Später ergänzt er: „[...] ich möchte wissen, nein, ich möchte es nicht wissen, wer das angerichtet hat, dein Zusammenfahren, dein Kopfeinziehen, dein Kopfschütteln, dein Kopfwegdrehen.“[98]

Das Gespräch der beiden Partner kreist um eine Leerstelle: Schon ganz zu Beginn der Beziehung kündigt Ivan an, er werde seiner Geliebten manchmal „etwas nicht sagen“.[99] Und diese stellt bald fest: „Es ist unmöglich, Ivan etwas von mir zu erzählen. Aber weitermachen, ohne mich ins Spiel zu bringen? – warum sage ich Spiel? warum denn bloß, es ist kein Wort von mir, es ist ein Wort von Ivan – das ist auch nicht möglich.“[100] Während sie mit „sich ins Spiel bringen“ die Formulierung ihrer Wünsche an diese Beziehung meint, definiert Ivan, um die Thematisierung des Verschwiegenen zu verhindern, den Begriff des Spiels neu, und zwar im engen Sinn, als Werbungsspiel zwischen den Geschlechtern. Er meint die taktischen Haken, mit denen die Ich-Erzählerin das Interesse des Mannes wachhalten soll, damit er sich ihrer nicht zu gewiss wird: „Ich muß doch dir nachlaufen, sorg dafür, du darfst mir nie nachlaufen“.[101] Ivan lässt nicht zu, dass sie Sehnsucht und Begehren äussert, und begründet dies auch:

> Damit du im Spiel bleiben mußt
> Ich will kein Spiel
> Es geht aber nicht ohne Spiel[102]

Je sehnlicher sich die Erzählerin eine Verstetigung der Beziehung wünscht, desto dezidierter verhindert Ivan, dass sich das Verhältnis über die Unverbindlichkeit des Spiels hinaus entwickelt: „Er fordert mich auf, im Spiel zu bleiben, denn er weiß nicht, daß es für mich kein Spiel mehr gibt, daß das Spiel eben aus ist.“[103]

Die Ich-Figur möchte, dass Ivan sie braucht wie sie ihn, „und für das ganze Leben“.[104] Irritierend für sie ist, dass seine Besuche bei ihr meist nur kurz sind, dass er aber dennoch immer wieder sein Begehren nach ihr deutlich macht: „Ich will dich sofort hier haben“.[105] Gewissheit über seine Absichten erlangt sie

---

[97] Bachmann, *Malina,* TKA 3.1 (wie Anm. 28), S. 325.
[98] Ebd., S. 326.
[99] Ebd., S. 306.
[100] Ebd., S. 327.
[101] Ebd., S. 376.
[102] Ebd., S. 377.
[103] Ebd., S. 376.
[104] Ebd., S. 365.
[105] Ebd., S. 362.

nicht: „Es fehlen uns noch viele Satzgruppen, über Gefühle haben wir noch keinen einzigen Satz, weil Ivan keinen ausspricht, weil ich es nicht wage, den ersten Satz dieser Art zu machen“.[106] Die Frage, „ob Ivan seine beiden Welten [...] für immer getrennt halten will“[107], steht daher im Raum.

4. Es gibt „keine Zeit“

Spezifisch für Bachmanns Text ist, dass er nicht nur die philosemitische Liebesrede, sondern auch die Antwort des Angesprochenen hörbar werden lässt, die hier allerdings anders ausfällt, als die Liebende es sich erhofft. Auch auf Seiten Ivans findet sich die doppelte Sicht auf den Anderen als Individuum einerseits und anderseits als Vertreter eines Kollektivs:

Ivan kritisiert die Identifikation der Ich-Erzählerin mit den Opfern und ihr Leiden „für die ganze Menschheit“, ihre „Obsession“ mit der „Finsternis“[108] und ihr Schreiben über „TODESARTEN“[109]:

> Das gefällt mir nicht, ich habe mir schon so etwas ähnliches gedacht, und alle diese Bücher, die hier herumstehen in deiner Gruft, die will doch niemand, warum gibt es nur solche Bücher, es muß auch andere geben, die müssen sein, wie EXSULTATE JUBILATE, damit man vor Freude aus der Haut fahren kann, du fährst doch auch oft vor Freude aus der Haut, warum also schreibst du nicht so.[110]

Ivan sieht die Ich-Erzählerin als einer Gruppe von Nachgeborenen zugehörig, deren ostentativ vorgetragene Trauer und Melancholie, deren Skrupel, Ängste und Projektionen unecht wirken, weil sie keine Grundlage in einer tatsächlichen persönlichen Leidenserfahrung zu haben scheinen und die Aneignung einer Opferidentität vermuten lassen. Es zeigt sich damit, dass auch Ivan der Tendenz unterliegt, den Anderen einem Kollektiv zuzuordnen und eine Leidenserfahrung oder Traumatisierung einzelner Individuen oder gar einer ganzen Gruppe von Nachgeborenen auszuschliessen:

> Aber mit Ivan kann ich darüber nicht sprechen, auch nicht, warum ich zusammenfahre bei jeder brüsken Bewegung, ich kann ja noch immer mit ihm kaum sprechen, [...] ich möchte ihm alles sagen, sitze aber nur hier, drücke peinlich genau das Zigarettenende in den Aschenbecher und reiche ihm den Aschenbecher, als wäre es sehr wichtig, daß er keine Asche auf meinen Boden fallen läßt.[111]

Mit der hier vom Text als sinnlose Ersatzhandlung bezeichneten, gerade dadurch aber hervorgehobenen Geste weist die Ich-Erzählerin darauf hin, dass

---

[106] Ebd., S. 326.
[107] Ebd., S. 432.
[108] Ebd., S. 334.
[109] Ebd., S. 333.
[110] Ebd., S. 333 f.
[111] Ebd., S. 325 ff.

auf dem Terrain, das in ihrem Verantwortungsbereich liegt, keine Asche zu finden sei – auch dies ein Abgrenzungsversuch gegenüber der „Tätergeneration". Dass die Geste von Ivan nicht unbeachtet bleibt, wird dadurch deutlich, dass er später auf sie zurückkommt, und zwar bei seiner Antwort auf die endlich doch gestellte Frage, was er über die Liebe denke. „Ivan raucht, lässt die Asche auf den Boden fallen, sucht schweigend nach seinen Schuhen, er hat beide gefunden und wendet sich zu mir, er hat es schwer, die Worte zu finden."[112] Die Ich-Erzählerin fragt ihn, ob er nie etwas für sie empfinde, auch keine „Verachtung" oder „Abneigung".[113] Ivans Antwort darauf zeigt, dass er ein Gespräch über die Art ihrer Beziehung und über deren Verhältnis zu den Zeitumständen ausschliesst: „Aber nein, was für eine Verachtung denn? was willst du für eine Komplikation? Daß ich komme, das genügt doch. Himmel, was stellst du für unmögliche Fragen!"[114]

In der Tat hält Ivan seine „beiden Welten" getrennt, etwa dürfen die Kinder nichts von der Beziehung zur Ich-Erzählerin bemerken. Seine Vergangenheit in Ungarn thematisiert er nie, man kann nur mutmassen, dass sie mit den NS-Lagern im Zusammenhang steht: „Ivan muß eine Geschichte hinter sich haben, in einem Zyklon gewesen sein".[115]

Dass die Ich-Erzählerin die Beziehung verstetigen möchte, muss Ivan klar sein, doch er hat „keine Zeit" – eine Formulierung, die sich leitmotivisch durch den Text zieht. Die Erzählerin versucht, die gemeinsamen Momente zu vermehren, und erste Unternehmungen zusammen mit den Kindern, die sie zu mögen beginnen, kommen zustande. Doch Ivan reagiert auf diese familienähnliche Gemeinsamkeit mit Kopfschmerzen und Unmut. Deutlich wird: Für diese Liebe gibt es in der Epoche nach dem Holocaust „keine Zeit":

> Längst ehe ich Ivan zum ersten Mal das Wort ‚gyerekek!' oder ‚kuss, gyerekek!' rufen hörte, hat Ivan zu mir gesagt: Das wirst du wohl schon verstanden haben. Ich liebe niemand. Die Kinder selbstverständlich ja, aber sonst niemand. Ich nicke, obwohl ich es nicht gewußt habe, und Ivan findet es selbstverständlich, daß auch ich es selbstverständlich finde. JUBILATE. Über einem Abgrund hängend, fällt mir dennoch ein, wie es anfangen sollte: EXSULTATE.[116]

Ivan reagiert daher auch mit Befremden auf die Sakralisierung seiner Person, wie die Ich-Erzählerin feststellt:

> Denn wenn wir aufhören zu reden und übergehen zu den Gesten, die uns immer gelingen, setzt für mich, an Stelle der Gefühle, ein Ritual ein, kein leerer Ablauf, keine belanglose Wiederholung, sondern als neu erfüllter Inbegriff feierlicher Formeln, mit der einzigen Andacht, deren ich wirklich fähig bin. Und Ivan, was kann

[112] Ebd., S. 453.
[113] Ebd.
[114] Ebd., S. 453.
[115] Ebd., S. 620.
[116] Ebd., S. 339.

> Ivan denn wissen darüber? Aber trotzdem sagt er heute: Das ist also deine Religion, das also ist es. Seine Stimme hat einen veränderten Ton, weniger heiter, nicht unverwundert.[117]

Zuletzt wehrt er sich deutlich gegen jene Sakralisierungstendenz, die nur eine andere Form der Ausgrenzung bedeutet, die der Antisemitismus bis hin zur Vernichtung betrieb. Die Metapher des Erstickens bezieht sich also nicht nur auf die Höhe des Sockels, auf den der Geliebte sich gestellt fühlt:

> Ivan sagt lachend, aber nur einmal: Ich kann dort nicht atmen, wo du mich hinstellst, bitte nicht so hoch hinauf, trag niemand mehr in die dünne Luft, das rat ich dir, das lern noch für später! Ich habe nicht gesagt: Aber wen soll ich denn nach dir? aber du denkst doch nicht, dass ich nach dir? ich lerne lieber noch alles für dich. Für sonst niemand mehr.[118]

Der Roman präsentiert die Situation, in der die philosemitische „Liebesrede" laut wird, als aporetisch: Ivans Distanznahme ist Ausdruck der Forderung, der Tatsache Rechnung zu tragen, dass durch den Holocaust ein Riss im Verhältnis zwischen Juden und Nichtjuden entstanden ist, den man zwar zu überbrücken versuchen, aber nicht schliessen kann. Die Ich-Erzählerin dagegen argumentiert, dass sie als Individuum nicht mit den Taten der „Vätergeneration" in Verbindung gebracht werden kann, dass vielmehr auch ihr Leben durch die Verbrechen in Mitleidenschaft gezogen wurde. Nur in der Begegnung mit Ivan, der die Seite der Verfolgten repräsentiert, der ihr daher um so viel näher steht als die Protagonisten und Mitläufer der Naziherrschaft und der zugleich als Individuum ihrer ganz individuellen Auffassung dessen entspricht, was schön und begehrenswert ist, wäre es für sie vorstellbar, der Last dieser Eindrücke neue, positive Erfahrungen entgegenzuhalten.

Für die Ich-Erzählerin führt die Reaktion Ivans daher in die „Katastrophe": Vom „Vater" hat sie sich abgewandt und sich in eine neue Gemeinschaft mit dem Geliebten begeben, von diesem neuen „Lehensherrn" wird sie jedoch abgewiesen. Als Ivan sich immer mehr zurückzieht, versucht sie, die richtigen Worte an ihn zu finden: „Ich werde ein Gnadengesuch schreiben, wie die Verurteilten, die keine Begnadigung zu erwarten haben."[119]

Einer der Träume der Ich-Figur erscheint als ein Versuch, sich Ivans Rückzug zu erklären: Er handelt davon, dass die Ich-Erzählerin den „sibirischen Judenmantel" anzieht „wie alle anderen".[120] Sie warten auf den „Abtransport", und auch ihr Vater möchte einen Mantel anziehen, „aber dann ist zum Glück kein Mantel mehr da. Er sieht, daß ich abreise mit den anderen, und ich möchte noch einmal mit ihm reden, ihm endlich begreiflich machen, daß er nicht zu uns gehört, daß er kein Recht hat".[121] Das träumende Ich sucht einen Mann aus Pécs

---

[117] Ebd., S. 326 f.
[118] Ebd., S. 671.
[119] Ebd., S. 465.
[120] Ebd., S. 521.
[121] Ebd., S. 522.

und findet ihn in einer leeren Baracke, wo ein Strauss Türkenbund steht, „ein Kind ist auch da“, und eine Frau, „von der sein Kind ist“.[122] Diese Frau wird von der Träumenden erschaffen als die andere, ‚legitime‘ Frau, die die grundsätzliche, in der Konstellation der Zeit begründete Unmöglichkeit einer Beziehung mit Ivan verkörpert. So versucht sich die Ich-Figur ihre „Schuldlosigkeit“ zu bestätigen: Nicht an ihr und einer Schuldzuschreibung von Seiten Ivans liege es, dass er nicht mit ihr leben will, sondern an der Existenz einer anderen Frau.

Dass diese Bestätigung ein Wunschtraum bleiben muss, ist klar. So problematisch wie folgerichtig ist es daher, dass die Schuldzuschreibung nun umgekehrt wird: Da die Beziehung so stark mit Hoffnungen besetzt ist, bedeutet deren Scheitern den Untergang. Die Abwendung Ivans ist für die Erzählerin so schmerzhaft, dass sie kaum zu ertragen ist: „Ich lebe in Ivan. Ich überlebe nicht Ivan.“[123] Die Formulierung „damit Ivan nichts trifft, kein Schatten einer Schuld, da Ivan keine Schuld hat, würde ich keine 40 Tabletten nehmen“[124] bringt Ivan mit dem Begriff der Schuld zusammen, auch wenn diese verneint wird. Diese Ambivalenz verdeutlicht die Tatsache, dass die Ich-Erzählerin sich bewusst ist, dass Ivan nach den Erfahrungen der Vergangenheit den Kindern der Tätergeneration nicht unbeschwert begegnen kann. Dennoch fordert sie, es sei auch die andere Seite zu hören: Ihre individuelle Erfahrung sei genauso zu achten wie diejenige Ivans, mit demselben Respekt.

Der Mordvorwurf, mit dem der Text endet, wiegt schwer. An wen er gerichtet ist, lässt der Text offen: An Malina, der die Vertreterin eines alternativen Geschichtsnarrativs zum Verstummen bringt? An Ivan, der ein Individuum in die Kollektivexistenz zwingt? An die Generation der Nazi-Väter, die die unglückliche Konstellation der Zeit herbeiführten? Sicher ist, dass der Mord die Stimme eines individuellen Ichs erstickt. Doch gleichzeitig scheint hier beiden Partnern dieses jüdisch-nichtjüdischen Liebespaares jegliche Entscheidungsfreiheit genommen zu sein, – die gegebenen Verhältnisse determinieren die Verlaufsform ihrer individuellen Geschichte, die unausweichlich in die Vereinzelung, in die Aporie und in den Tod führt.

Dan Diners in den 1980er Jahren aufgestellte These von der „Negativen Symbiose“, die besagte, dass in der Nachkriegszeit alle Begegungen zwischen Deutschen und Juden auf Auschwitz bezogen blieben, sowohl im öffentlichen wie auch im privaten Rahmen, scheint sich hier zu bestätigen.[125] Dagegen widerlegen der Text und seine intensive Rezeption über Jahrzehnte hinweg die in

---

[122] Ebd., S. 523.
[123] Ebd., S. 323.
[124] Ebd., S. 682.
[125] Dan Diner, „Negative Symbiose. Deutsche und Juden nach Auschwitz“, in: *Babylon* 1 (1986), S. 9-20.

der Forschung verbreitete Ansicht, dass die Deutschen als Mehrheit sich nicht allzusehr für dieses Thema interessierten.[126]

[126] Zu dieser Ansicht vgl.: Monika Richarz, „Juden in der Bundesrepublik Deutschland und in der Deutschen Demokratischen Republik seit 1945", in: *Jüdisches Leben in Deutschland seit 1945*, hg. von Micha Brumlik u.a., Frankfurt Main, 1988, S. 13- 28, hier S. 13.

ANDREA GEIER

Shylock statt Nathan? Über Aufklärung und Toleranz in Goerdens *Lessings Traum von Nathan dem Weisen*

Wie kann Aufklärung über Vorurteile geleistet werden?

Wenn Lessing von *Nathan der Weise* nur mehr träumen kann, kommt das Toleranzdrama selbst nicht mehr zur Aufführung. Dass dieses Stück nicht mehr geeignet sei, überzeugend Aufklärung zu leisten und für Toleranz zu werben: Diese pessimistische Sicht vermittelt Elmar Goerdens Theatertext *Lessings Traum von Nathan dem Weisen* aus dem Jahr 2002 (UA 1999 Staatstheater Stuttgart).[1] Goerden, der als Regisseur sowohl *Nathan der Weise* als auch Shakespeares *Der Kaufmann von Venedig* inszeniert hat, erschafft eine Spiel-im-Spiel-Situation in 11 Bildern, in der Lessing, Nathan und Shylock gemeinsam auf der Bühne stehen. Lessing leitet als Regissseur eine Probe von *Nathan der Weise*, die, wie Thematisierungen des Holocaust und des Nahost-Konfliktes zeigen, in der Gegenwart situiert ist. Die Probe wird immer wieder unterbrochen, da einzelne Figuren den Sinn des Dramentextes nicht verstehen. In erläuternden Dialogen tritt die Figur Shylock als Störenfried auf und versucht, Nathan/Lessing die ‚Traumhaftigkeit' seiner Auffassung von Toleranz und Aufklärung vor Augen zu führen. Die Konkurrenzsituation der beiden berühmten jüdischen Bühnenfiguren soll die Frage provozieren, wem in Bezug auf den Toleranzgedanken, der Lessings Drama einst motivierte, heute der Vorzug zu geben sei. Bereits in seinem Aufsatz „Der Andere – Fragmente einer Bühnengeschichte Shylocks im deutschen und englischen Theater des 18. und 19. Jahrhunderts" (1992) plädiert Goerden explizit für Shylock:

> Auftritt Shylock. Es mag merkwürdig anmuten, Shakespeares jüdischen Geldverleiher an dieser Stelle gegen Nathan ins Feld zu führen. Zwar ist dies oft geschehen, meist jedoch mit der umgekehrten Absicht, die Gorgonenfratze mit dem Angesicht des weisen Philantrophen auszutreiben. Denn in der Tat ist die Synthese von Mensch und Jude, die uns in Gestalt Shylocks auf der Bühne gegenübertritt, eine Nagelprobe ‚wahrer Toleranz'. Seit über zweihundert Jahren steht da gegen Ende des Stückes ein Jude mit gezücktem Messer und fordert seine Schuld: ein Pfund Fleisch aus dem Körper des Kaufmanns von Venedig, ein christliches Herz.[2]

---

[1] Elmar Goerden, *Lessings Traum von Nathan dem Weisen. Stück und Materialien*, Frankfurt am Main, 2002. – Zitate im Folgenden unter Angabe der Seitenzahl im Haupttext.

[2] Elmar Goerden, „Der Andere: Fragmente einer Bühnengeschichte Shylocks im deutschen und englischen Theater des 18. und 19. Jahrhunderts", in: *Theatralia Judaica, Emanzipation und*

In diesem Sinne soll Shylock in *Lessings Traum von Nathan dem Weisen* für produktive Irritation sorgen und etablierte Sichtweisen auf Toleranz und Aufklärung kritisch hinterfragen. Auf Grund der gewählten Konstellation – Shylock stört die Probe von Lessings Drama – wird das aufklärerische Potential der Shakespeareschen Figur über eine Problematisierung von Lessings Drama entwickelt. Im Zusammenhang mit dem Vorwurf, Lessings Aufklärungsarbeit bleibe wirkungslos und predige einen falschen Toleranzbegriff, stellt Goerdens Theatertext philosemitische Einstellungen auf den Prüfstand. Um aufzuzeigen, wie in Goerdens Theatertext die Toleranz- und Versöhnungsrhetorik Nathans an Überzeugungskraft verliert und Shylock zum eigentlichen Agenten von Vorurteilskritik wird, werden im Folgenden die Funktion der Intertextualität und Interfiguralität sowie rezeptionsgeschichtliche Aspekte betrachtet.

Ein nicht mehr spielbares Stück – Demontage des Toleranzdramas?

Der Titel *Lessings Traum von Nathan dem Weisen* und die Probesituation, die den Handlungsrahmen bilden, rücken den Lessingschen Prätext in den Fokus. Die zahlreichen intertextuellen Referenzen dienen jedoch keiner Neuinterpretation dieses Toleranzstückes. Handlungselemente, Motive und Themen aus *Nathan der Weise* werden zum Anlass für kontroverse Diskussionen und erscheinen nurmehr in verzerrten Abwandlungen: Die komplizierten Verwandtschaftsverhältnisse lassen die Figuren fast verzweifeln; Daja erzählt Shylock Nathans Geheimnis, dass Recha keine Jüdin ist; Shylock mischt sich ein, wann immer es in *Lessings Traum von Nathan dem Weisen* um Geld geht, und spricht ‚seinen' Shakespeareschen Text zusammen mit dem Patriarchen als ‚Signor Antonio'; Nathan versucht im Palast seine Ringparabel vorzutragen, wird aber von Sittah daran gehindert und erzählt schließlich die Geschichte von dem Elefanten und den Blinden, während umgekehrt der Patriarch mehrfach unterbricht, um zu fragen, ob denn die Ringparabel, die er so liebe, schon drangewesen sei. Gleichzeitig besteht er darauf, seine Aussage „tut nichts, der Jude wird verbrannt", sei unverzichtbar für das Stück.

Shylock ist innerhalb des Probe-Settings offensichtlich eine ‚fremde' Figur, eine Art ‚Außenseiter', die den Autor-Regisseur Lessing gleich anfangs attackiert: „Deine Schuld", „dein Stück" (12) lauten seine ersten Worte im ersten Bild. Lessing wiederum ist keineswegs Herr der Situation, sondern befindet sich von Beginn an in der Defensive. Das Unverständnis der Figuren, die den Regisseur über den Sinn des Textes befragen, und die daraus resultierende Verwirrung, die auf der Handlungsebene im Scheitern der Probe gipfelt, sollen die Unmöglichkeit, *Nathan der Weise* zu verstehen, vor Augen führen. Die Versuchsanordnung soll Lessings Drama als nicht mehr spielbares Stück erweisen.

Antisemitismus als Momente der Theatergeschichte: Von der Lessing-Zeit bis zur Shoah, hg. von Hans-Peter Bayerdörfer, Tübingen, 1992, S. 129-163, hier S. 129.

Innerhalb einer metareflexiven Auseinandersetzung mit der Deutungs- und Inszenierungsgeschichte von Lessings Drama werden Bezüge zu Shakespeares *Kaufmann von Venedig* hergestellt, die teils auf Kontrastierung, teils auf Ähnlichkeit zwischen Nathan und Shylock zielen.

Gleich zu Beginn wird das viel diskutierte Ende von Lessings Drama von den Figuren als „Problem" (11) betrachtet. Daja fragt, was „allseitige Umarmung" genau meine, wer also am Ende wen umarme. Nathans Antwort lautet: „Alle alle. Oder was verstehst du unter allseitig?" (11). Er besteht damit scheinbar erwartungsgemäß auf einer harmonischen Lösung, während sich in der Aufführungsgeschichte schon vor 1945 auch eine Isolation Nathans findet. *Nathan der Weise* nimmt zwar vordergründig ein gutes Ende, da die Aufdeckung der komplexen Familienverbindungen die friedliche Verbindung der Religionen zu besiegeln scheinen und der Toleranzgedanke den Sieg über Vorurteile davonträgt, während Shakespeares Shylock bekanntlich alles verliert. Doch gerade mit Blick auf den Schluss von *Nathan der Weise* hat man diese Polarisierung auch bezweifelt und eine ‚Verwandtschaft' von Shylock und Nathan begründet. Nathan gehe, so etwa Hans Mayer, in dieser „opernhaften Apotheose des Schlusses, wo alle mit allen verwandt scheinen", „leer" aus, „weil er mit niemandem verwandt ist".[3] Bleibt er, so Mayer weiter, am Ende ein Außenseiter, genau so „wie Shylock in Venedig"? Schon in der Kulturbund-Inszenierung im Jahr 1933 unter der Regie von Carl Loewenberg gibt es keine wirklich ‚allseitige' Umarmung.[4] Mit der Inszenierung von *Nathan der Weise* zu diesem Zeitpunkt wurde zwar noch einmal die Idee einer deutsch-jüdischen Kultursymbiose beschworen, doch am Ende auch kritisch gebrochen. Eine Isolation der Nathan-Figur im Schlusstableau sollte dann, so Anat Feinberg, „nach der Shoah zum Merkmal zahlreicher Inszenierungen des Stücks werden".[5] Dass mit dem Ausschluss Nathans von der Umarmung der Grundgedanke der Toleranz scheitert, behauptet Goerdens Stück mit der These von der ‚Unspielbarkeit'.

Indem Shylock und die probenden Schauspieler-Figuren einen zunehmend erschöpft wirkenden Lessing-Nathan in Diskussionen über die Bedeutung des Stückes verwickeln, fragen sie auch nach ‚seiner' moralischen Verantwortung.

---

3 Hans Mayer, *Außenseiter*, Frankfurt am Main, 1975, S. 341.

4 „Nathan wird von der Familien-Vereinigung ausgeschlossen und zieht sich irritiert und verzweifelt an das Betpult zurück." Hans-Peter Bayerdörfer, „‚Ewiger Jude' und ‚Israeli' – Stationen der ‚Nathan'-Rezeption in der Bundesrepublik", in: *Theatralia Judaica (II). Nach der Shoah. Israelisch-deutsche Theaterbeziehungen seit 1949,* hg. von Hans-Peter Bayerdörfer, Tübingen, 1996, S. 71-99, hier S. 73.

5 Anat Feinberg, „Vom bösen Nathan zum edlen Shylock: Überlegungen zur Konstruktion jüdischer Bühnenfiguren in Deutschland nach 1945", in: *Literarischer Antisemitismus nach Auschwitz*, hg. von Klaus-Michael Bogdal, Klaus Holz und Matthias N. Lorenz, Stuttgart, 2007, S. 263-282, hier S. 265.

Durch die Mit-Adressierung Lessings[6] wird dem historischen Autor gewissermaßen aufgegeben, die Wirksamkeit oder eben Unwirksamkeit ‚seiner' aufklärerischen Idee von Toleranz zu überprüfen. Damit scheint Goerden einen weit reichenden Anspruch zu signalisieren, nämlich auszuloten, ob der von Nathan vertretene Toleranzgedanke eigentlich *jemals* funktioniert habe. Gegen diese Deutung ließe sich einwenden, dass Nathan offenbar vor dem Wissen um den Holocaust geschont werden soll:

> *Shylock* Glaubst du im Ernst, Judesein ist eine Sache der Religion?
> *Nathan* Was denn sonst? Vielleicht eine Frage des Bluts, der Rasse?
> *Shylock* Man hat also aus religiösen Gründen den Juden verboten, im Wannsee zu baden oder Haustiere zu halten?
> *Nathan* Wann soll das gewesen sein?
> *Shylock* Es war ausgemacht, daß du nicht danach fragst. Deinetwegen. (36)

Nathan darf offenbar nicht nach dem Vernichtungs-Antisemitismus, den er zur Zeit seiner historischen Entstehung noch nicht kennen konnte, fragen, weil ihn dieses Wissen zerstören würde. Damit wäre die These der ‚Unspielbarkeit' an das Bewusstsein vom Zivilisationsbruch Auschwitz geknüpft. Die Kehrseite dieser Lesart ist, dass ein solcherart ‚verschonter' Nathan nur um so mehr als ein aus der Zeit gefallener Träumer und nicht mehr als ein ernst zu nehmender Gesprächspartner für die Auseinandersetzungen der Gegenwart erscheint. Dagegen versucht sich die Figur zu behaupten: „Ich bin doch nicht naiv! Ich weiß auch, was man mit den Juden gemacht hat." (37). Sein Einspruch verklingt im Stück jedoch ungehört. Shylock rät Lessing schließlich: „Wirf es weg, dein Stück!"/ Lessing: „Ich weiß, daß Du es haßt. Wahrscheinlich, weil es gut ausgeht."/ Shylock: „Es geht nicht gut aus." (80). Die Regisseur-Autor-Figur kann nicht anders, als an der ursprünglichen Idee festzuhalten, und wird an Stelle von Shylock zum isolierten, sich abmühenden Außenseiter, der vergeblich um die Realisierung seines Stückes kämpft.

Die Probensituation antwortet in erster Linie auf die angesichts der Rezeptionstradition erwartbare Frage, ob man *Nathan der Weise* nach dem Holocaust noch spielen könne. Mit dem – wenn auch nicht gänzlich – ‚verschonten' Lessing bleibt jedoch die Möglichkeit erhalten, dass sein Drama als ein legitimer Beitrag zu Toleranz- und Emanzipationsdebatten seiner Zeit anerkannt werden kann. Aus der negativen Antwort auf die Frage, ob *Nathan der Weise* heute noch spielbar ist, scheint Goerdens Theatertext also keine vollständige Delegitimation des aufklärerischen Projekts abzuleiten. Allerdings bleibt die doppelte Zeitstruktur vor und nach dem Holocaust, die *Lessings Traum von Nathan dem Weisen* ins Spiel bringt, ambivalent, insofern eine grundsätzliche Kritik an der Vorstellung jüdischer Identität und am Toleranz-Gedanken in Lessings Dramentext geübt wird.

---

[6] Ein ‚Hinüberspielen' von Nathan zu Lessing findet sich bereits in Claus Peymanns Bochumer *Nathan der Weise*-Inszenierung und in George Taboris *Nathans Tod*; siehe Hans-Peter Bayerdörfer, „‚Ewiger Jude' und ‚Israeli'" (wie Anm. 4), S. 71-99.

Toleranz und jüdische Identität

Goerdens Theatertext setzt Reflexionen über Aufklärung und Toleranz in *Lessings Traum von Nathan dem Weisen* über die Konfrontation der beiden prominentesten jüdischen Figuren des literarischen Gedächtnisses im deutschsprachigen Raum in Szene. Die Literaturgeschichte hat ihnen eine Rollenverteilung zugewiesen, die bereits Erich Schmidt 1892 in *Lessing. Geschichte seines Lebens und seiner Schriften* pointiert formulierte: „Ein Jude, Shylock, vertritt in der Weltliteratur den rachedürstigsten Haß, ein Jude die lauterste Nächstenliebe.“[7] Herbert Carrington benennt in seiner wenige Jahre später erschienenen Dissertation *Die Figur des Juden* ebenfalls ein eindeutig dichotomisches Verhältnis der beiden „weltbekannte[n] Gestalten“. Nathan ist

> der idealisierte Jude, der in seiner reinen Menschlichkeit Christen und Mohamedaner als seine Brüder betrachtet, und ihnen, über die trennenden Schranken der Erziehung und des Glaubens hinweg, brüderlich die Hand reicht [...]. Shylock dagegen hält das eigene Volk für heilig und hasst die Christen [...] Das Verlangen nach Rache, das selbst die Geldgier zu unterdrücken imstande ist, macht ihn im Gedanken schon zum Mörder [...].[8]

Indem Goerden Shylock als provokativen Störenfried in Lessings Toleranzstück positioniert, knüpft er ostentativ an diese ehemals etablierte „traditionelle Polarität“[9] der Figuren an. Er vertraut darauf, dass sich mit den beiden Figuren im literarischen Gedächtnis immer noch dieselben feststehenden Bedeutungszuweisungen verbinden, welche er mit seinem Stück allererst kritisch-produktiv ‚verwirren‘ und verändern kann.

Im Verfahren der Interfiguralität[10] werden Nathan und Shylock als eigenständige Figuren entworfen, die in neuem Umfeld auftreten, d.h. gelöst aus ihren Referenztexten von Shakespeare und Lessing. Zugleich agieren sie im Wissen sowohl um ihre Vorgängertexte als auch deren Rezeptionsgeschichte: Sie zeigen erstens ein Bewusstsein ihrer ‚Herkunft‘, so dass neben Lessing/Nathan und

---

[7] Erich Schmidt, *Lessing, Geschichte seines Lebens und seiner Schriften*, Zweiter Band, Berlin, 1892, S. 556.

[8] Herbert Carrington, *Die Figur des Juden in der dramatischen Literatur des XVIII. Jahrhunderts*, Heidelberg, 1897, S. 4.

[9] „Theatergeschichtlich gesehen wird schließlich drittens an die traditionelle ‚Polarität‘ angeknüpft, die mit der Nathan-Gestalt die komplementäre Shylock-Figur in Verbindung bringt.“ Hans-Peter Bayerdörfer, „Bringing Together Shylock and Nathan, or: Lessing's Dream“, in: *Jewish Theatre: Tradition and Transition and Intercultural Vistas*, hg. von Ahuva Belkin, Tel Aviv, 2008, S. 173-188, hier S. 178.

[10] „We speak of ‚re-used figures‘ in order to indicate that if an author takes over a figure from a work by another author into his own work, he absorbs it into the formal and ideological structure of his own product, putting it to his own uses, which may range from parody and satire to a fundamental revaluation or reexploration of the figure concerned.“ Wolfgang G. Müller, „Interfigurality: A Study on the Interdependence of Literary Figures“, in: *Intertextuality*, hg. von Heinrich F. Plett, Berlin, 1991, S. 101-121, hier S. 107.

Figuren, die Passagen aus Lessings *Nathan der Weise* sprechen, auch ein Shylock mit ‚seinem' Shakespearschen Text zu hören ist. Zweitens konfrontieren sich Nathan und Shylock gegenseitig mit Aussagen und Handlungen aus ihren Stücken sowie den damit verbundenen Deutungsgeschichten und deren ethischen Implikationen.

Im Streit um die Frage, ob ‚Judesein' „eine Sache der Religion" sei, wird Shylock als eine Erinnerungsfigur an unterschiedliche Geschichten von Diskriminierung, Verfolgung und Vernichtung einschließlich des Holocaust positioniert, während Nathan in stärkerem Maße seinem historischen Kontext verbunden bleibt. Daher kann Shylock mit Sicherheit sagen, dass Lessings Stück ‚nicht gut ausgehe', denn er bezieht sich damit nicht nur auf einen harmonischen Schluss, der nicht mehr inszeniert, und eine Ringparabel, die nicht mehr erzählt werden könne, sondern zugleich auf die Beschwörung der sogenannten ‚deutsch-jüdischen Kultursymbiose'. Goerdens Shylock vertritt eine pragmatische Gegenwartsorientierung, die wenig erwartet und sich angesichts seiner historischen Erfahrungen bereits erfreut zeigt, wenn das eigentlich stets erwartete Schlimmste nicht erneut über ihn hereinbricht (80).

Im Zusammenhang mit Schlüsselmotiven und -elementen – Geld, Rache, Glaube – inszeniert Goerdens Text von Beginn an Übergängigkeiten von Lessing- und Shakespeare-Textstellen. Die permanente Störung von Lessing-Nathans Regie führt dazu, dass das wichtigste Überzeugungsmittel Nathans, die Rede, nicht mehr funktioniert und durch fremde Texte ersetzt wird. Als Shylock ‚sich' wiederholt zitiert „Ich will den Schein, ich will nicht reden hören" (38 und 39), entsetzt sich Nathan: „So geht das nicht", und er belehrt Shylock, der sich bekanntlich zunächst vor Gericht weigert, seine Motivation darzulegen, über das Funktionieren eines Gesprächs: „Nathan: „Ich bin ich, und du bist du./ Wenn ich rede, hörst du zu./ Wenn du redest, bin ich still./ Weil ich dich verstehen will./ Das ist das ganze Geheimnis." (39)

Angesichts solcher Reime ist es kaum überraschend, dass der darauf folgende rhetorische Test am Tempelherren scheitert. Zunächst triumphiert Nathan, weil der Tempelherr mitspielt, dann aber kehrt dieser zurück: „Kleinigkeit noch." Dieser Einspruch bedeutet, dass Nathan niemanden überzeuge, sondern sich stets nur mit sich selbst unterhalte.

Dass der Dialog eine narzisstische Struktur habe, asymmetrisch bleibe und eine Gleichheit der Gesprächspartner nur inszeniere, sind Vorwürfe, die ins Herz der Aufklärungsarbeit und der Toleranzidee zielen. Das Nicht-Funktionieren der aufklärerischen Rede öffnet in *Lessings Traum von Nathan dem Weisen* einen Raum, in dem die Bedingungen diskutiert werden, die sich mit Toleranz-Forderungen verbinden:

> *Nathan* Für mich war das Jude-Sein immer eine Tatsache, und ich habe nie gewünscht, diese Tatsache zu verleugnen. […] Im übrigen ist das, wie jeder Glaube, meine Privatsache […].
> *Shylock* Privatsache?
> *Nathan* Ja. Ein Jude zu Haus, ein Mensch auf der Straße. […]

Shylock Und den Juden ziehst du also quasi mit den Hausschuhen an und aus?" (35)

Shylocks Einspruch zielt darauf, dass Nathan sein Jude-Sein marginalisiere und dass dies die Bedingung für die Akzeptanz seiner Person durch die christliche Mehrheitsgesellschaft darstelle. Ein Jude werde nur toleriert, wenn – oder besser: solange – er nicht als Jude sichtbar sei. Problematisiert wird hier eine Vorstellung von Toleranz, die den Anderen nicht als Anderen akzeptiert, sondern ihm das Unsichtbarmachen des Eigenen abverlangt. Shylock weist Nathan auf die Kehrseite einer abstrakten Menschlichkeits-beschwörung hin, die Toleranz mit Assimilation verwechselt[11], und plädiert, Lessingschen Text verwendend, gegen eine solche Selbstverleugnung: „Ich will als Jude Mensch sein dürfen, nicht Mensch *statt* Jude." (36)[12] Den entsprechenden alternativen Toleranzbegriff bringt später der Klosterbruder ein, als er zu Lessing sagt: „Vielleicht hättest du besser ein Stück geschrieben, in dem wir nicht alle gleich sind, sondern alle das gleiche Recht haben, verschieden zu sein." (78)

Der Vorwurf, dass die jüdische Identität Nathans in der Konfrontation mit Shylock völlig verloren gehe[13], spiegelt sich auch in anderer Weise in den Dialogen. Nathan übernimmt die von Shakespeare als ‚christlich' markierte Position, die von Shylock Gnade nicht erbittet, sondern verlangt. Prompt verfällt Shylock daraufhin in seinen berühmten Rache-Monolog, der sich insofern als Toleranzrede verstehen lässt, als das Recht auf Rache aus dem Gedanken der Gleichheit begründet wird.

Goerdens Arbeit an den Originaltexten zielt darauf, Nathan und Shylock in ihrem Umgang mit dem Jüdisch-Sein zu kontrastieren. Nathans Toleranz erscheint als Selbstverleugnung, die sich ihrer nicht bewusst ist, Shylock als Figur der Selbstbehauptung im Wissen um ihr Provokationspotential – „Mein Messer! Das heißt Judesein." (37) – und um ihre Tragik. Letztere wird auf der Bühne nicht wiederholt. Shylock erinnert lediglich daran, dass er sein „Pfund Fleisch", das man ihm ständig zum Vorwurf mache, nie bekommen habe.

Nathans Gesprächsstrategien scheitern, und angesichts seiner Hilflosigkeit übernimmt Shylock die Rolle des Aufklärers. Er behauptet sich als souveräner

---

[11] Den Vorwurf der Assimilation hat der Publizist und Pädagoge Ernst Simon 1929 in seinem Aufsatz „Lessing und die jüdische Geschichte" erhoben und vor diesem Hintergrund eine Hinwendung zu Shylock empfohlen. Vgl. Barbara Fischer, *Nathans Ende? Von Lessing bis Tabori. Zur deutsch-jüdischen Rezeption von ‚Nathan der Weise'*, Göttingen, 2000, S. 114 f. Vgl. auch Feinberg, „Vom bösen Nathan und edlen Shylock" (wie Anm. 5), S. 274.

[12] In diesem Sinne wurden Nathan und Shylock auch rezeptionsgeschichtlich miteinander kontrastiert. So erkennt etwa Hans Mayer in Shylock „den Phänotyp für die gescheiterte jüdische Emanzipation", während Nathan den Versuch der Juden darstelle, ein „Jedermann" zu werden, der bloß „eine etwas antiquierte, aber ehrwürdige Religion praktiziert." Mayer, *Außenseiter* (wie Anm. 3), S. 325 und 343.

[13] Dies ist ein weiterer Effekt der Lessing-Nathan-Kombination in Goerdens Text: Dass Nathan und Lessing ununterscheidbar scheinen, verweist nicht nur auf eine identifizierende Rezeption, sondern wird implizit als ein weiterer Stachel gegen Nathans jüdische Identität eingesetzt.

Gesprächspartner, der vielfach in ironischer Distanz agiert und dabei auch spielerisch Nathans Versöhnungsgesten reinszeniert. Das Wissen um die Gut-Böse-Dichotomie zwischen sich und Nathan nutzt er, um auch mit anderen Figuren die Frage, was wahre Toleranz ist, zu diskutieren:

> *Shylock* Wie böse darf denn ein Jude heute sein?
> *Daja* Aber das ist doch gar nicht die Frage.
> *Shylock* So böse wie Shylock – oder so böse wie Nathan?
> *Daja* Aber Nathan ist doch nicht böse!
> *Shylock* Eben. Er ist unsere beschissene Antwort auf Mutter Theresa. So einen Juden hat jeder gern zum Freund, nicht wahr? Aber was ist mit den anderen?
> *Patriarch* Kommen etwa noch mehr?
> *Daja* Aber ich denke, es geht uns hier allen um Versöhnung, Toleranz und Wiedergutmachung [...]. (29)

Mit den ‚anderen' sind Juden gemeint, die nicht in die Kategorien reich, gebildet/weise und unauffällig passen. Toleranz, so Shylock, ist jedoch nicht erreicht, wenn man einen guten Nathan liebt, sondern wenn jemand böse sein kann, ohne dass man dies sofort als Merkmal des Kollektivs, dem er zugerechnet wird, interpretiert:

> *Shylock* Hat denn nicht jedes Volk das Recht auf seine Mörder, seine Zuhälter, Gangster, ohne daß man es auf Rechnung seines Glaubens setzt? Also auch wir Juden? Oder darf einer nicht böse sein, bloß *weil* er Jude ist? (29)

Shylock wird bei Goerden zum wahren Agenten der Vorurteilskritik, weil er mehrfach auf das grundlegende Problem gruppenidentitärer Zuschreibungen hinweist. Er kritisiert fatale Wirkungen positiver Stereotypisierungen und benennt diese als zentrales wirkungsgeschichtliche Problem von *Nathan der Weise*:

> *Shylock* Juden sind alle Genies! Alle Geigenvirtuosen, Atomphysiker. Nobelpreisträger! Das ist dein Erbe: etwas besonderes müßen wir sein. [...] Besonders gut, besonders weise, besonders reich. Hoch, mein Freund, sehr hoch hast du die Latte für uns gelegt. Zu hoch für gewöhnliche Sterbliche, für Nathan, den Altkleiderhändler. Nathan, den Grundstücksmakler. Nathan, die Null. Sag mal, schläftst du schon wieder?!
> *Nathan*: Ich bin auch Deutschland! (37f.)

Der Vorwurf an Nathan, jüdische Identität zu marginalisieren, wird um die Klage erweitert, dass er sich mit der tatsächlichen Lebensrealität von Juden gar nicht beschäftigen möchte. Nathan muss von Shylock zu einer Auseinandersetzung damit gezwungen werden, oder er entzieht sich, indem er schläft und sich seinem ‚schönen Traum' von *Nathan der Weise* überlässt, in dem er sich als Teil Deutschlands empfinden kann.

Antisemitische und philosemitische Einstellungen

Nathan erscheint als eine harmlose Kunstfigur, mit der man in Bezug auf reale lebensweltliche Probleme von Juden nichts anfangen kann. Dieses Problem des ‚edlen Juden' wurde immer wieder als ungenügende Umkehrung antisemitischer Stereotypisierungen kritisiert:

> Die Figur des ‚edlen Juden' ist eine Gestalt, die unter den Begriff der Tugend gebracht worden ist, sie ist in jeder Hinsicht und immer tugendhaft; philosemitische steht mithin gegen antisemitische Idealisierung […].[14]

Dass Antisemiten wie der Patriarch die Ringparabel lieben und es nicht erwarten können, sie zu hören, scheint die absolute Wirkungslosigkeit von Lessings *Nathan der Weise* und des Philosemitismus, für den das Drama steht, zu signalisieren. Selbst wenn Nathan darauf besteht, als Jude wahrgenommen zu werden, beeindruckt dies nicht, da Antisemiten Nathan als Ausnahme umstandslos in ihr Weltbild integrieren können. Entsprechend antwortet der Patriarch auf Shylocks Statement, dass er Jude sei: „Das macht doch nichts! Sehen Sie, das kann man aus der Ringparabel lernen." (29). *Nathan der Weise* wird bei Goerden als ein folgenloses Märchen dargestellt, weil die Idealisierung leicht konsumierbar ist und im Raum der Kunst verbleibt.

Der Theatertext sammelt gewissermaßen Argumente für eine historische Schuld Lessings. Nathan und Shylock treten in einen Wettbewerb um die Frage, wer den Antisemiten mehr genützt habe:

> *Shylock* Du bist das gute Gewissen der Antisemiten. […] Du hast ein Judentum beschrieben, das es nicht gibt und niemals gegeben hat. Vielleicht hast du geglaubt, einen jüdischen Standpunkt zu vertreten, trotzdem hast du versucht, einen Juden zu basteln, der vor allem eines will: Den Nichtjuden gefallen, auf daß sie ihn an ihr Herz drücken, bis er erstickt. Unser Bruder sollst du sein, nicht unser Vorbild nach dem Geschmack der anderen!
> *Nathan* Und du? Glaubst du vielleicht, daß du den Antisemiten nicht nützt? Stehst da in deinem Stück rum als ob seit Jahrhunderten alle Juden nur immer dieses eine Verlangen in sich getragen hätten: aus Christenleibern ein Pfund Fleisch zu schneiden. (S. 38)

Nathan setzt sich an keiner Stelle in Goerdens Stück gegen Shylocks Vorwürfe zur Wehr und bestätigt damit indirekt die behauptete rezeptionsgeschichtliche ‚Verwandtschaft' der beiden jüdischen Repräsentanten. Der Vorwurf an Lessing lautet, er habe durch *Nathan der Weise* falsche Identifikationsangebote entwickelt – Angebote, die letztlich zu einer Selbsttäuschung von Juden über den Grad ihrer Zugehörigkeit zur deutschen Gesellschaft und zu einem falschen ‚guten Gewissen' der nichtjüdischen Deutschen über ihre Toleranz geführt hätten.

---

[14] Jürgen Stenzel, „Idealisierung und Vorurteil: Zur Figur des edlen Juden in der deutschen Literatur des 18. Jahrhunderts", in: *Juden in der deutschen Literatur: Ein deutsch-israelisches Symposium*, hg. von Stéphane Moses und Albrecht Schöne, Frankfurt am Main, 1986, S. 114-128, hier S. 114.

Der Philosemitismus habe eine falsche Erwartungshaltung produziert, eine „Meßlatte", die in der Konfrontation mit der schnöden Wirklichkeit notwendig Enttäuschung produzieren musste: Dass nämlich nicht alle Juden wie Nathan seien.

Goerden konzipiert Philosemitismus damit als eine Kippfigur, die strukturanalog zum Antisemitismus ein Zerrbild von Juden herstelle und die Einstellungen, welche eigentlich bekämpft werden sollten, selbst erzeuge. Diese These wird nicht nur allgemein formuliert, sondern darüber hinaus als eine zeithistorisch positionierte Kritik eingeführt:

> *Patriarch Auf Nathan zeigend.* Das hat der geschrieben! Ich persönlich bin ein großer Freund der Ringparabel. Wann kommt die eigentlich? Er saugt uns aus, der Jude.
> *Shylock* Jud!
> *Patriarch* Bitte?
> *Shylock* Jud. Er saugt uns aus, der Jud. Ohne ‚e'. Klingt besser. Griffiger. (28)
> [...]
> *Shylock* Philosemiten sind Antisemiten, die Juden lieben.
> *Daja* Das verstehe ich nicht. (29)

Die Bezugnahme auf Fassbinders Skandalstück *Der Müll, die Stadt und der Tod* stellt die Toleranzfrage in den Kontext von Debatten über die deutsche Erinnerungskultur, die aufs Engste mit einer Kritik des Philosemitismus verbunden sind: Denn Shylocks letzte Aussage stellt ein – in Goerdens Text explizit ausgewiesenes – Zitat von Fassbinder da. Der Philosemitismus-Antisemitismus-Vergleich aus einem Interview über *Der Müll, die Stadt und der Tod* signalisiert, dass Goerden eine bestimmte Lesart von Fassbinders Stück unterstützt: Es entlarve und kritisiere Antisemitismus und zugleich eine Tabuisierung von Juden, die durch den Philosemitismus entstanden sei. Dazu passt in Goerdens Text, dass der Patriarch von Tabus redet und den berüchtigten Satz „Er saugt uns aus, der Jud" zitiert, und dass die angeblich „genesene Antisemitin" (53) Daja ebenfalls von Tabus, welche eine Gesellschaft brauche, murmelt. Wie wichtig Goerden der Kontext der Fassbinder-Kontroversen ist, signalisiert bereits die Titulierung von Nathan und Shylock als ‚reiche Juden' im Figurenverzeichnis analog zu Fassbinders Drama über den ‚reichen Juden'. Die Parallele zwischen Fassbinders und Goerdens Stück soll offenbar darin gesehen werden, dass eine nicht idealisierte Judenfigur Antisemitismus und falschen, Antisemitismus indirekt erzeugenden oder zumindest unterstützenden Philosemitismus gleichermaßen entlarven könne.

Angesichts der Rezeptionstradition von *Nathan der Weise* erscheint es konsequent, dass eine grundsätzliche anti-philosemitische Kritik über eine Destruktion Nathans inszeniert wird. „In Aufführungen, Lesungen, Deutschstunden an

Schulen wurde ‚Nathan' zum philosemitischen Symbol par excellence."[15] Goerdens Stück scheint Frank Sterns Diagnose zu teilen, dass durch *Nathan der Weise* eine „breitenwirksame Präsentation philosemitischer Stereotype" stattgefunden habe, die Jude-Sein' „auf den inneren Zustand religiösen Glaubens" reduziert habe.[16] Vorhandene antisemitische Vorurteile seien im philosemitischen Habitus lediglich ‚umgruppiert' worden.[17] Innerhalb dieses Kontextes scheint die ‚Verwandtschaft' von Antisemitismus und Philosemitismus unabweisbar: Sie „wurzeln im gleichen Ressentiment", so Moshe Zuckermann, und seien daher „gleichermaßen gefährlich".[18]

Zweifelsohne trifft es zu, dass die Erfolgsgeschichte von Lessings Toleranzdrama auf deutschen Bühnen nach dem Holocaust auch auf den Wunsch nach moralischer Entlastung zurückgeführt werden kann.[19] Gleiches gilt für die Ansicht, dass gruppenspezifische Vorurteile, seien sie positiv oder negativ, ungeeignet sind, Toleranz zu fördern. Gleichwohl wirkt die anti-philosemitische Position etwas wohlfeil. Denn die Kontexte, in denen Philosemitismus-Kritik geübt wird, und die diskursiven Funktionen, die eine Gleichsetzung von Philosemitismus und Antisemitismus in gesellschaftspolitischen Debatten über den Umgang mit dem NS-Erbe haben kann, geraten dabei aus dem Blick. Auf diesen Punkt weisen etwa Lars Rensmann und Klaus Faber nachdrücklich hin: „Die These, dass in Deutschland und Europa ein ‚philosemitisches' Verbot der Kritik an Juden oder an der Politik des jüdischen Staates Israel existiere, gehört vielmehr, wie Medienuntersuchungen belegen, selbst ins Reich antisemitischer Ideologie."[20] Eine Philosemitismus-Kritik kann auf diese Weise selbst wiederum zur ‚Kippfigur' werden, die geeignet ist, antisemitische Einstellungen hervorzubringen, zu befördern und zu legitimieren. Dies zeigen gerade die Auseinandersetzungen um Fassbinders Drama: Der Philosemitismus-Antisemitismus-Vergleich des Autors wurde dazu benutzt, das Bemühen um differenzierte Blicke auf das Gelingen und Misslingen anti-antisemitischer Überzeugungen in *Der Müll, die Stadt und der Tod* zu diskreditieren. Denn darin werden einerseits

---

15 Frank Stern, *Im Anfang war Auschwitz. Antisemitismus und Philosemitismus im deutschen Nachkrieg*, Gerlingen, 1991, S. 357.

16 Ebd., S. 356.

17 Ebd.

18 Moshe Zuckermann, „Aspekte des Philosemitismus", in: *Geliebter Feind. Gehasster Freund. Antisemitismus und Philosemitismus in Geschichte und Gegenwart. Festschrift zum 65. Geburtstag von Julius H. Schoeps,* hg. von Irene A. Diekmann und Elke-Vera Kotowski, Berlin, 2009, S. 61-71, hier S. 62.

19 „In einem Deutschland, das sich gegen den Vorwurf der Kollektivschuld sperrte und in dem Juden eine schweigende, unsichtbare Minderheit waren, förderte das Bild vom sanftmütigen, versöhnlichen Bühnenjuden die Verdrängung und beschwichtigte die Frage nach historischer und moralischer Verantwortung." Feinberg, „Vom bösen Nathan und edlen Shylock" (wie Anm. 5), S. 266.

20 Lars Rensmann und Klaus Faber, „Philosemitismus und Antisemitismus. Reflexionen zu einem ungleichen Begriffspaar", in: *Geliebter Feind. Gehasster Freund. Antisemitismus und Philosemitismus in Geschichte und Gegenwart. Festschrift zum 65. Geburtstag von Julius H. Schoeps*, hg. von Irene A. Diekmann und Elke-Vera Kotowski, Berlin, 2009, S. 73-91, hier S. 87.

eindeutig antisemitische Vorurteile und Klischees entlarvt, andererseits jedoch werden im Kontext der Kapitalismuskritik antisemitische Denkfiguren wie die der Täter-Opfer-Umkehr affirmiert. Letzteres geschieht vor allem durch Innensichten in die jüdische Figur, deren Ansichten z.B. über Rache eben nicht als antisemitische Zuschreibungen verstanden werden können. *Der Müll, die Stadt und der Tod* mag zeithistorisch ‚tabubrechend' gewirkt haben. Aus heutiger Sicht jedoch zeugt das Stück vom Scheitern eines anti-antisemitischen Projekts, das Mythen über Tabuisierungen befördert, die es gar nicht gab. Die Rhetorik der ‚Enttabuisierung' siedelt sich im Kontext von Forderungen nach einer ‚Normalisierung' des ‚deutsch-jüdischen Verhältnisses' an, die von den Nachkommen der Tätergeneration an die Nachkommen der Opfer gestellt wird.

Selbst wenn man davon ausgeht, dass es in der Nachkriegszeit eine problematische, da als direkte Reaktion auf den Antisemitismus der NS-Zeit entstandene Spielart des Philosemitismus gegeben habe, greift eine pauschale Philosemitismus-Kritik zu kurz. Als Gegenargument dient dabei weniger, dass es historisch verschiedene Formen von Philosemitismus gegeben hat und auch weiterhin geben wird. Denn eine positive Annäherung an das Phänomen darf sich nicht damit beruhigen, dass es dabei irgendwie generell um ein „Interesse am und Eintreten für das Judentum" gehe.[21] Es gilt vielmehr aufmerksam zu sein dafür, dass eine Kritik des Philosemitismus zum Türöffner für antisemitische Vorurteile werden kann, wie sich in der Debatte um angebliche Tabuisierungen von Juden zeigt(e). Dass „die Bekämpfung des Philosemitismus als ‚discursive device'"[22] in gesellschaftspolitischen Debatten um die Erinnerungskultur dient, muss kritisch reflektiert werden. Dieses Problem bearbeitet Goerdens Text nicht.

Rezeptionsgeschichtliche Schlussbetrachtung: Inszenierte Kontrastierungen und Annäherungen zwischen Nathan und Shylock

> Goerdens Werk ist eine Theaterreflexion über die (Un-)Möglichkeit einer Aufführung von ‚Nathan der Weise'. Sie kreist um das tradierte Bild vom edlen Nathan und bösen Shylock. Ausgehend von dieser Janusfigur des Juden bemüht sich Goerden um eine gewagte und eindrückliche theatralische Auseinandersetzung mit der Geschichte jüdischer Bühnenfiguren, mit dem Phänomen antisemitischer Klischees sowie mit der Wechselwirkung zwischen Bühnensprache und (geschichts-)politischen Diskursen.[23]

Vergleichende Gegenüberstellung beider Figuren in der Literatur- und Theatergeschichte evozieren, plausibilisieren oder hinterfragen immer wieder etablierte

---

[21] Wolfram Kinzig, „Philosemitismus Teil II: Zur historiographischen Verwendung des Begriffs", in: *Zeitschrift für Kirchengeschichte* 105 (1994), S. 361-383, hier S. 365.

[22] Rensmann/Faber, „Philosemitismus und Antisemitismus" (wie Anm. 20), S. 87.

[23] Feinberg, „Vom bösen Nathan zum edlen Shylock" (wie Anm. 5), S. 264.

Deutungsmuster, manchmal sogar in direkter Abhängigkeit voneinander.[24] Goerdens Figurenkonstellation schließt vordergründig an eine polarisierende Rezeptionsgeschichte der beiden Figuren (‚gut' vs. ‚böse') an, die diese als unterschiedliche Repräsentanten des Judentums versteht. Sie werden als prominente und paradigmatische ‚Fälle' behandelt.

Nathan verliert seine privilegierte Position des Aufklärers, wandelt sich jedoch nicht. Dies entspricht der vergleichsweise stabilen rezeptions-geschichtlichen Positionierung der Nathan-Figur. Er erscheint als Shylocks späterer Gegenspieler aus dem Zeitalter der Aufklärung, als ein Vertreter der Humanität und Versöhner der Religionen. Nur an einer Stelle des Textes scheint Goerden den Versuch zu wagen, Nathans Image zu verändern. Als es ums Geld geht, interessiert sich Nathan einen Moment lang offenbar für den Zinsgewinn, scheint also dem antisemitischen Stereotyp des ‚jüdischen Wucherers' zu entsprechen. Schon im nächsten Bild erfüllt er jedoch wieder das Klischee des weisen Kaufmannes, der an Geldverleihgeschäften kein Interesse hat.

Die These von der Nicht-Mehr-Spielbarkeit von *Nathan der Weise* scheint sich damit auch auf den eindimensionalen Charakter des Nathan zu richten. Dieser kann eben einfach nicht böse werden. Alternative Deutungen des Nathan wurden im Unterschied zu Shylock nur in Weiter- und Umdichtungen, Travestien und Parodien hervorgebracht. Doch ein parodierter oder travestierter Nathan wie der nurmehr reiche und nicht mehr weise Kaufmann in Julius von Voss *Der travestierte Nathan der Weise* (1804) ist eben kein Lessingscher mehr. Nathans Stillstellung im Idealbild, das nicht neu interpretiert, sondern nur travestiert werden kann und dann zumeist antisemitisch wird, ist *auch* eine Erklärung für Lessings hilflose Position bei Goerden.

Im Gegensatz zu Nathan ist die Bühnen- und Deutungsgeschichte Shylocks von der Verlachfigur zur Charakterrolle, vom grausam-faszinierend-dämonischen Rächer über das gebrochene Opfer antisemitischer Verfolgung bis zum Vermittler von Toleranz[25] deutlich vielgestaltiger. Sie wird allerdings im Stück kaum bühnenwirksam. Goerden greift weder auf die Schmerzensfigur Shylock

---

[24] So lässt Walter Jens in einem literarischen Totengespräch zwischen Lessing und Heine den Schöpfer Nathans erklären, er habe seine Figur als einen „erlösten Shylock" konzipiert. Da er damit leider gescheitert sei, wolle er sich nun mit Heine zusammentun, um einen echten „Menschen-Bürger, der für alle steht, die guten Willens sind", zu erschaffen. Walter Jens, „Der Teufel lebt nicht mehr, mein Herr!", in: ders., *In Sachen Lessing, Vorträge und Essays*, Stuttgart, 1983, S. 62-90, hier S. 87.

[25] „Philosemitische Tendenzen gab es schon im 18. Jahrhundert. Man hat die berühmte Rede im dritten Akt, 1, Szene, als Appell an die allumfassende, klassen- und rassenüberschreitende Menschlichkeit lesen wollen. […] Faktisch aber entscheidet der Text gegen die Idee der kreatürlichen Gleichheit. Shylock muss froh sein, der christlichen Gnade teilhaftig zu werden." Heinz-Peter Preußer, „Europäische Phantasmen des Juden: Shylock, Nathan, Ashaver", in: *Von der nationalen zur internationalen Literatur. Transkulturelle deutschsprachige Literatur und Kultur im Zeitalter globaler Migration*, hg. von Helmut Schmitz, Amsterdam, 2009, S. 337-358, hier S. 346 f.

zurück, wie sie etwa Heine zur Identifikationsfigur wurde[26], noch werden umgekehrt Identifikationspunkte über die Rächer-Figur entwickelt, wie es etwa Börne versuchte.[27] Shylock scheint zwar die ‚Wiedergutmachungs-Rolle', die ihm als Erinnerungsfigur nach 1945 auf den deutschen Bühnen vielfach zukam, ablegen zu wollen. Die mehrfache Erwähnung des Messers zeigt überdeutlich, dass er auch nicht nur als „pervertierter Nathan" verstanden[28], sondern in seinem Provokationspotential ernst genommen werden soll. Gleichwohl lässt Goerden die Figur eher zurückhaltend agieren. Denn ganz offensichtlich tritt er nicht als irritierender Wiedergänger antisemitischer Bilder auf, wie ihn – gegen diese sogenannten „Wiedergutmachtungs-Shylocks" – provokativ etwa Peter Zadek auf die Bühne brachte.[29] Von der unmittelbaren Aufführungs- und Rezeptionsgeschichte nach 1945 wird Shylock in Goerdens Stück, anders als Nathan/Lessing, eher ferngehalten.

---

[26] Heinrich Heine imaginierte einen Shylock, der individuell (als Vater) und als Jude leidet und damit in erster Linie eine tragische Figur darstellt, welche die Folgen antisemitischer Einstellungen und Verfolgungsgeschichten spürbar werden lässt. Heine stellte sich in „Shakespeares Mädchen und Frauen" vor, er wandle durch Venedig, halte Ausschau nach Shylock und höre schließlich „eine Stimme, worin Tränen rieselten, wie sie nie mit den Augen geweint werden [...]. Es waren Schmerzlaute, wie sie nur aus einer Brust kommen konnten, die all das Martyrhtum, welches ein ganzes gequältes Volk seit achtzehn Jahrhunderten ertragen hat, in sich verschlossen hielt [...]." Und diese todmüde Stimme, so Heine weiter, „schien wohlbekannt, und mir war, als hätte ich sie einst gehört, wie sie eben so verzweiflungsvoll jammerte: ‚Jessika, mein Kind! '" Heinrich Heine, „Portia", in: ders., *Shakespeares Mädchen und Frauen und Kleinere literaturkritische Schriften*, bearb. von Jan-Christoph Hauschild, Hamburg, 1993, S. 131-135, hier S. 135.

[27] Börne deutet Shylocks Verhalten als gerechtfertigte Reaktion auf antijüdische Diskriminierungserfahrungen und findet in diesem Sinne Zugang zu Shylock als Rächer-Figur: „Den Geldteufel in Shylock verabscheuen wir, den geplagten Mann bedauern wir, aber den Rächer unmenschlicher Verfolgung lieben und bewundern wir." Ludwig Börne, „Der Jude Shylock im *Kaufmann von Venedig* (1828)", in: ders., *Sämtliche Schriften*, neu bearb. u. hg. von Inge und Peter Rippmann, Düsseldorf, 1964, S. 499-505, hier S. 501. Zu Shylocks Verwandlungen siehe auch Klaus L. Berghahn, „Comedy without Laughter: Jewish Characters in Comedies from Shylock to Nathan", in: *Laughter unlimited: Essays on humor, satire, and the comic*, hg. von Reinhold Grimm und Jost Hermand, Madison Wisc., 1991, S. 3-26, hier S. 3.

[28] Ruth Klüger kommentiert kritisch diese Rezeptionstradition: „Auf Grund dieser beiden Gefühlsausbrüche ist es möglich, Shylock als Opfer des Judenhasses zu sehen, und so wird er auch auf modernen Bühnen oft und teils im Widerspruch zum Text als Verstoßener der erbarmungslosen Christenwelt dargestellt. Besonders in Deutschland, wo *Der Kaufmann von Venedig* in den letzten Jahren auf dem Spielplan bemerkenswert vieler Bühnen erscheint, wird Shylock meist als eine Art pervertierter Nathan gespielt." Ruth Klüger, *Katastrophen. Über deutsche Literatur,* Göttingen, 1994, S. 9 f.

[29] „In den fünfziger und sechziger Jahren dominierten die Wiedergutmachungs-Shylocks, Seelenverwandte von Nathan dem Weisen, mit Erich Ponto (Stuttgart 1955) und Ernst Deutsch (Düsseldorf 1957 und Berlin 1963) als markantesten Vertretern. In den siebziger Jahren durchbrachen jüdische Regisseure diesen frommen, aber nun verlogen scheinenden Philosemitismus, so etwa Peter Zadek (Bochum 1972) und sein israelischer Schüler Ariel Zinger (Köln 1979) mit Shylock-Figuren, die alle nur denkbaren antisemitischen Klischees ausspielten. Dies geschah angeblich, um den latenten Antisemitismus des Publikums auf der Bühne vorzuführen und, durch seine maßlose Übertreibung, der Lächerlichkeit preiszugeben oder anzuprangern." Wilhelm Hortmann, „Wo, bitte, geht's nach Belmont? Über ein Dilemma von Inszenierungen

Die Kontrastierung der beiden jüdischen ‚Repräsentanten‘ in *Lessings Traum von Nathan der Weise* zielt daher weniger auf eine möglichst umfassende Aufklärung über verschiedene Darstellungsmöglichkeiten und Rezeptionsgeschichten beider Figuren. Im Zentrum stehen vielmehr von Beginn an Schemata der Polarisierung und des Vergleiches – Liebe/Hass, Humanität/Rache –, die als bekannt vorausgesetzt werden. Diese werden mit der Diskussion über die Bedeutung, die das ‚Jüdische‘ und das Judentum für die Charakterisierung dieser Figuren besitzt, verbunden. Die Annäherung Shylocks an Nathan lässt sich über strukturelle und motivische Aspekte begründen: 1. Die Figuren Shylock und Nathan sind reiche Juden, die jeweils um Geld angegangen werden. 2. Beide Dramen entwerfen ein Spannungsfeld zwischen Integration und Außenseitertum der jüdischen Figuren, das sich jeweils zugleich auf Fragen des Glaubens und auf ein sozial-gesellschaftliches Konfliktfeld bezieht. In beiden Fällen werden anhand des Verhaltens der christlichen Mitwelt gegenüber den beiden jüdischen Außenseitern Wertungsdiskurse entwickelt, in denen der Umgang mit Traditionen und/oder die Legitimität des Rechts auf dem Prüfstand stehen. 3. Konfliktfeld ‚Menschsein‘ und ‚Judesein‘: Während Shakespeares Shylock sich auf das Prinzip der Gleichheit beruft, um seine Rache zu rechtfertigen und dabei betont, dass er Jude ist, ordnet Lessings Nathan den Zufall der Herkunft, der den Glauben bestimmt, dem Gleichheitsgedanken unter. Jeder sei zuallererst ein Mensch und nicht sein Volk. 4. In beiden Dramen verbindet sich dieser Streitpunkt mit Fragen der Herkunft und wird figurativ im Vater-Tochter-Verhältnis vor Augen gestellt.

Anknüpfend an die ersten drei Vergleichsaspekte, funktionalisiert Goerden die Shylock-Figur zu aufklärerischen Zwecken. Nathan und Shylock werden verstanden als „Repräsentanten zweier Richtungen im Judentum“, die, wie es Carrington formulierte, „jeder auf seine Art [sagen], dass der Jude ‚mit derselben Speise genährt, mit denselben Waffen verletzt‘ werden kann, wie der Christ.“[30] Aus dieser Perspektive beginnt der Wettbewerb um den wahren Toleranzbegriff. Das Irritationspotential der Shylock-Figur in Bezug auf die Motive Recht, Rache, Gerechtigkeit und Toleranz wird dabei genutzt, jedoch nicht mit Blick auf die Darstellungskonventionen des ‚bösen Juden‘, sondern ausschließlich im Hinblick auf das Problem zugeschriebener Gruppenidentitäten. Aus dieser Perspektive wird die Toleranzidee von *Nathan der Weise* verworfen und mit einer ‚Alltagstauglichkeit‘ von Shylock kontrastiert. Das Provokationspotential eines ‚bösen‘ Shylock wird damit in gewisser Weise umgangen. Shylock scheint zwar anders als Nathan der Weise zu agieren, doch auch dieser bemühte sich auf seine Art, eingeübte Verstehensroutinen zu unterbrechen. In-

---

des *Kaufmann von Venedig* nach dem Holocaust“, in: *Shakespeare Jahrbuch* 139 (2003), S. 217-225, hier S. 218.

30 Carrington, *Die Figur des Juden in der dramatischen Literatur des XVIII. Jahrhunderts* (wie Anm. 8), S. 80.

dem Shylock als die eigentliche Aufklärer-Figur agiert und mit Nathan die Rollen tauscht, wird er in *Lessings Traum von Nathan dem Weisen* im Grunde letztlich doch nur ‚nathanisiert'. Dieser Rollentausch ermöglicht es Goerdens Stück, Nathan auf die Position des Verlierers zu verweisen.

Dies erklärt, warum *Nathan der Weise*, wie die Probensituation vorführt, offenbar als Verhandlungsmasse für den Austausch von Positionen unverzichtbar ist. Es ist als Lieferant für Bausteine einer Verständigung weiterhin geeignet, obwohl diese über die Zerlegung dieses Klassikers und die Einschreibung anderer Texte inszeniert wird und seine grundsätzlichen Positionen für gescheitert erklärt werden. Der Störenfried Shylock erscheint in erster Linie als eine ‚erschwerte Bedingung' im Sinne Stenzels. Dieser sieht Lessings Nathan als

> Verkünder einer Welt, in der es kein Vorurteil mehr gibt und in welcher es der Toleranz nur noch an ihren Rändern bedürfte. Was für ein rührender Traum; ein unaufgebbarer vielleicht. […] Wir müssen seinen Traum noch einmal träumen – anders, und unter unendlich erschwerten Bedingungen.[31]

Lessings Traum von Nathan dem Weisen weist darauf hin, dass Vorurteilskritik und Toleranz auf anderen Voraussetzungen beruhen müssen, als sie in *Nathan der Weise* vorgeführt werden. Die Konstruktion von Gruppenidentitäten wird grundsätzlich problematisiert, da sie Intoleranz gegen Minderheiten befördert. Aus dieser Perspektive – und nicht über das theatergeschichtliche Beispiel Fassbinder – vermag auch die Kritik an Idealisierung und philosemitischen Haltungen, welche die Realität jüdischer Existenz zu ignorieren erlaubt, zu überzeugen. Und doch ist Lessings Traum offenbar nicht ausgeträumt. Man spürt die Faszinationskraft dieses Klassikers noch in Goerdens Textbausteinen. Und so ist es auch Lessing, nicht Shylock, der in Goerdens Stück das letzte Wort hat, bevor es dunkel wird im Probenraum.

[31] Stenzel, „Idealisierung und Vorurteil" (wie Anm. 14), S. 123 f.

Monika Schmitz-Emans

Comic und Philosemitismus Jüdische Kultur und antisemitische Stereotype im Spiegel der Graphic Novel: Art Spiegelman, Will Eisner, Joann Sfar

Comic und Stereotyp

Der Comic als Darstellungsform steht strukturell im Zeichen der variierenden Wiederholung: Bei der Figurendarstellung wird in der Regel mit stereotypisierten Gestalten gearbeitet, insbesondere natürlich im Seriencomic, und zudem wird innerhalb der einzelnen Bildsequenzen selbst Kohärenz in erster Linie dadurch erzeugt, dass in den aufeinander folgenden Panels – die ja graphisch normalerweise klar voneinander abgegrenzt sind – wiedererkennbare Figuren auftreten. (Bedingt durch diese gattungskonstitutive Regel der variierenden Wiederholung von Figuren wird selbst eine Figur, die so ungewöhnlich aussieht, dass sie kaum auf Vorgänger zurückgeführt werden kann, innerhalb der eigenen Geschichte schnell zur stereotypen Figur.) Comic und Graphic Novel[1] zitieren ihre eigenen Figuren immerzu selbst. Sie beruhen auf einer Technik des Bildzitats, mit der sie indirekt stets an die Frühformen des Zeitungs-Serien-Comics erinnern, der seine Effekte in erster Linie auf der Wiedererkennbarkeit seiner Protagonisten und der von diesen zu bewältigenden Situationstypen bezog.[2] Wegen dieser fundamentalen „Zitatförmigkeit“[3] des Comics ist es zumindest implizit stets selbstreferentiell[4], und die These, Comics seien per se parodistisch, verdient zumindest Erwägung, ebenso wie die These, das Zitathafte des Comics werde visuell vor allem durch die Sprechblase angezeigt.[5] Ob man bei der Verwendung sich wiederholender Figurentypen und Bildelemente immer schon von einer „Parodie“ sprechen will oder nicht, und ob man die Sprechblase nun für comickonstitutiv hält oder nicht[6] – die Prägung des Comics durch die Verwendung von Stereotypen ist wohl evident. Allerdings stellt sich die Frage, wie der einzelne Comic bzw. seine Produzenten mit dieser gattungsspezifischen Affinität zum Stereotypen umgehen. Sinnvoll erscheint es, zwischen

---

1 Von „Graphic Novels“ sei im Folgenden die Rede, wo es sich um Buchpublikationen von Geschichten handelt, die mit den Mitteln des Comics erzählt werden.

2 Diese innere Affinität zwischen Comic und Zitat hat Ole Frahm in seiner Studie über „Die Sprache des Comics“ ausführlich erörtert. (Ole Frahm, *Die Sprache des Comics*, Hamburg, 2010).

3 Ebd. S. 38.

4 Ebd. S. 37.

5 Ebd. S. 38.

6 Beides ließe sich in Frage stellen, was hier aber nicht erörtert werden kann.

der bloßen gattungsindizierten (gleichsam automatischen) *Verwendung* von Stereotypen auf der einen Seite und einem *reflexiven Umgang* mit jener Affinität auf der anderen Seite zu differenzieren. Frahm, der die Prägung des Comics durch Wiederholungsstrukturen ansonsten sehr hellsichtig analysiert, tut dies nicht. Dies hängt damit zusammen, dass er den Diskurs über den Comic als Kunst ablehnt und zwischen ästhetisch ambitioniertem und unambitioniertem (Gebrauchs- und Unterhaltungs-)Comic nicht differenziert. In der Tat sind ja Unterscheidungen zwischen Kunst und Nicht-Kunst stets problembelastet. Verzichtet man aber von vornherein auf einen Unterscheidungsversuch, dann beraubt man sich oft der Möglichkeit, durch Differenzierungen Dinge schärfer in den Blick zu rücken – einmal abgesehen davon, dass bei Verzicht auf jene Unterscheidung zwischen automatischer und reflexiver Wiederholung unterschiedliche Intentionen des Gebrauchs von Stereotypen in ihrer Unterschiedlichkeit nicht wahrgenommen werden. Und dabei macht es doch einen erheblichen Unterschied aus, ob man sich eines Stereotyps bedient, um durch seine Affirmation von ihm zu profitieren, oder ob es um eine kritische Demontage durch sensibilisierende Sichtbarmachung und Übertreibung geht.[7] Die kritische Leistung solcher Zeichner, die den Wiederholungscharakter der eigenen Darstellungsmittel, ggf. aber auch die Verwendung politisch wirksamer Stereotype bewußt und kritisch zum Thema machen, gerät auf der Basis einer pauschalen Deutung des Comics als „Parodie" leicht aus dem Blick.

Als eine mit Zitaten, Klischees und Stereotypen arbeitende Darstellungsform weist der Comic Analogien zur politischen Rhetorik auf (und zur Sprache der Werbung). Insofern antisemitische Stereotype innerhalb der westlich geprägten Welt zu den langlebigsten und folgenreichsten Klischeebildern zählen und sich auch ganz konkret in bestimmten typisierten Formen bildlicher Darstellung von Juden manifestieren, besteht eine Konvergenz der Interessen des Comics an zweierlei: an der eigenen Bild-Sprache und ihren Regeln auf der einen Seite, am antisemitischen Bildklischee als einem exemplarischen Fall bildlicher Stereotypisierung auf der anderen Seite. Comics, die sich in den Dienst der Verfestigung von Stereotypen stellen, operieren dabei auf einer für sie selbst als Gattung maßgeblichen Basis.[8] Aber Comics, die sich (selbst-)reflexiv und kritisch mit Stereotypen, mit den diese bedingenden Wiederholungsstrukturen, mit

---

7 Für Frahm, der insgesamt interessante Perspektiven auf den Comic eröffnet, sind alle im Comic anzutreffenden Wiederholungen per se „parodistisch" (Frahm, *Sprache des Comics*, (wie Anm. 2), S. 38). Es gebe „keine Comics *ohne* strukturelle Parodie", so die pauschale These (ebd.). Die daraus resultierende Nivellierung der Differenz zwischen Intentionalem und Nichtintentionalem – macht es Sinn, von nichtintendierten „Parodien" zu sprechen? – ist innerhalb seines Ansatzes insofern konsequent, als sein Diskurs die Zeichen und nicht die Zeichner als Subjekte des künstlerischen Prozesses beschreibt: Die Zeichen „tun" etwas, interagieren etc. (vgl. ebd., S. 37).

8 Damit soll nicht suggeriert werden, der Comic tendiere per se dazu, sich in den Dienst einer mit Stereotypen operierenden politischen Rhetorik stellen zu lassen; die zu analysierenden Beispiele beweisen das Gegenteil. Es geht um strukturelle Analogien zwischen der Normalidee

Klischeebildern und Sprechblasen auseinandersetzen, tun dies auch. Es mag im Einzelfall schwer sein, klar zwischen affirmativem und kritischem Gebrauch von Stereotypen zu unterscheiden; dies erübrigt aber nicht den Differenzierungsversuch. Ein Beispiel für die Problematik entsprechender Interpretationen bietet Frahm mit seinem Kommentar zu Hergé. Dessen Tim-und-Struppi-Comics, aus guten Gründen der Verwendung kolonialistisch-rassistischer und antisemitischer Stereotype bezichtigt, erscheinen im Licht der Frahmschen Deutung entschuldigt: Hergé parodiere – so Frahms Argument in Kürze – den Gebrauch von Stereotypen durch Übertreibung und führe diesen so ad absurdum.[9] „Tim und Struppi", so die These, sei selbstreflexiv und kritisch.[10] Auf der Basis der Frahmschen These vom generell parodistischen Charakter der comicspezifischen Stereotyp-Verwendung erscheint eine solche Einschätzung auch konsequent – nur, dass sich mit gleichen Argumenten dann wohl auch jede andere (propagandistische) Repetition von Stereotypen als parodistisch legitimieren ließe. Für den, der Hergés Comics zunächst einmal liest – ohne Parodie-Theoretisches und andere Comicdiskurse als Rahmen der Wahrnehmung –, sind auf den Bildern eben doch zunächst einmal hakennasige ‚Juden' und primitiv-lustige ‚Neger' zu sehen.[11]

Die Frage nach einer Unterscheidbarkeit zwischen automatisch-stereotypen Comics und kritisch-reflexiven Comics ist schon darum wichtig, weil sie bei der Entkräftung von Argumenten hilft, denen zufolge Comics grundsätzlich im affirmativen Sinn wiederholend und daher ‚reaktionär' sind; pauschale Thesen dieser Art gibt es ja auch.[12] So schwer es ist, „Kunst" zu definieren: Komplexität und Reflexivität scheinen als Kriterien hier doch noch die besten Dienste zu leisten. Wichtige Anhaltspunkte für die Einschätzung der Haltung oder Intention, aus der heraus Bildstereotype wiederholend verwendet (zitiert) werden, können – gerade in der gegenüber dem Comic weitläufiger angelegten Graphic Novel – zudem die Text- und Paratextanteile der Gesamtkomposition geben. Sie können rezeptionslenkend wirken und damit die kritischen Intentionen der

des Comics und der Normalidee politischer Rhetorik. Und gerade diese Analogie macht deutlich, daß man nicht pauschal von Parodien sprechen sollte, wo keine reflektierte und insofern kritische Distanzierung vom zu Parodierenden impliziert ist.

9 Vgl. Frahm, *Sprache des Comics* (wie Anm. 2), S. 267-291, insbes. 279-281.

10 Vgl. ebd. S. 283: Die Darstellung eines ‚typischen' jüdischen Bankiers, so Frahm, mache das antisemitische Klischee lächerlich. Die Frage ist: Merkt das der Leser?

11 Der von Frahm als signifikant gedeutete Umstand, daß es in einer der antisemitischen Tendenzen verdächtigen Tim-und-Struppi-Episode u.a. darum geht, daß ein einzelner Jude dem blonden, belgischen Tim zum Verwechseln ähnlich sieht, bildet nur ein schwaches Gegengewicht angesichts der sonstigen Verwendung von Judenstereotypen; es spricht eher für eine gewisse Inkonsequenz, die dem Plot geschuldet sein dürfte (vgl. ebd., S. 270-273).

12 Vgl. Alfred Clemens Baumgärtner, *Die Welt der Comics. Probleme einer primitiven Literaturform*, Bochum, 1966. Frahm – der Baumgärtners pädagogisch motivierte Aversion gegen den Comic keineswegs teilt – attestiert der Schrift aber doch, eine „ausgezeichnete Analyse" zu sein (Frahm, *Sprache des Comics*, (wie Anm. 2), S. 23), liest sie dabei gegen den Strich, ist aber doch in einem d'accord mit dem Pädagogen: Auch bei Baumgärtner ist der Comic konstitutiv durch Stereotypie geprägt.

Autoren verdeutlichen, wie insbesondere die Beispiele Spiegelman und Eisner zeigen (s.u.).

Die im Folgenden vorzustellenden Graphic Novels zeigen exemplarisch, wie Graphic Novels mit antisemitischen Stereotypen umgehen, und zwar jeweils im größeren Kontext weiter ausgreifender Intentionen. Denn die Beispiele (deren drei Autoren hier jeweils als Zeichner *und* Szenarist wirken) legen es nicht allein auf eine kritische Auseinandersetzung mit Stereotypen an – die sie zugleich als konstitutiv für die eigene Darstellungsform begreifen und (implizit oder explizit) reflektieren. Sie wollen – selbst jeweils jüdischer Herkunft – ihre Leser auch für die Sache des Judentums einnehmen. Ihre Graphic Novels sind angelegt als Vermittler von Wissen über jüdische Kultur, über die Geschichte des Judentums und über jüdische Biographien. Sie setzen dabei erstens voraus, dass ein solches Wissen die Basis für Sympathie, Zuwendung und Anteilnahme ist – und zweitens, dass es in erster Linie der Vermittlung eines solchen Wissens bedarf, um eine Toleranz bei denen zu erzeugen, die über andere Kulturen und Religionsgemeinschaften noch zu wenig wissen.[13] Als ein Massenmedium haben Comic und Graphic Novel erhebliche Wissensvermittlungs-Potenziale; auch dies ist den Zeichnern natürlich bewußt. Sie wenden sich an eine bilderversessene, von Bildern manipulierbare, aber auch der Reflexion über Bilder fähige Leserschaft.

Das Publikum, mit dem die Graphic Novel-Autoren es zu tun haben, ist ein kulturell und weltanschaulich heterogenes, dabei weitgehend säkulares. Alle drei schreiben und zeichnen für eine Gesellschaft, in der zwar kulturelle Konflikte den Alltag bestimmen (auch und gerade solche zwischen Angehörigen verschiedener Religionsgemeinschaften), in der die Streitpunkte aber nicht eigentlich religiös-theologischer Natur sind. Die konfliktträchtigen Probleme sind wirtschaftliche Ungleichheit, chauvinistische Intoleranz und ideologisch verfestigter Rassismus. Die Auseinandersetzung zwischen Judentum und Christentum tritt an Bedeutung hinter anderen Fragen zurück. Nicht um Vermittlungen zwischen differenten Glaubenswelten geht es, sondern allenfalls (beispielsweise Eisner) um die zwischen einer Glaubensposition und einer säkularen Welt, die der jüdischen Religion mit Unverständnis und darum mit Intoleranz begegnet.

Die Gründe für die Notwendigkeit, Wissen über das Judentum zu vermitteln, werden in den vorzustellenden Werken implizit, teils explizit, reflektiert: Teilweise geht es um Schreckliches, das sorgfältig zutage gefördert und möglichst vor Vergessen und Verdrängung geschützt werden muss. Teilweise ist es die Geschichtsvergessenheit einer Gegenwart, die korrigiert werden soll – und teil-

---

[13] Das implizit aufklärerische Programm besagt: Nur auf der Basis der Bekanntschaft mit dem kulturell Differenten ist Toleranz möglich, Zuneigung denkbar. Sympathien, die nicht durch Kenntnisse und Vertrautheit konsolidiert werden, weisen dieselbe Vorurteilsstruktur auf wie unmotivierte Antipathien und sind kein solides Fundament für eine Politik der Toleranz.

weise muss der Blick des Lesers überhaupt erst einmal über seinen eigenen engen kulturellen Horizont hinaus erweitert werden. Bezogen auf Motive und Ausprägungsformen, Intoleranz, Rassismus und Chavinismus stellt sich im Übrigen in den USA und in Frankreich (den Herkunftsländern der drei Autoren) die Situation unterschiedlich dar, was auch an den Graphic Novels ablesbar wird. Frankreich hat mit den Folgen des Kolonialismus zu kämpfen, und seine zunehmend multiethnischer strukturierte Gesellschaft entsteht vor dem historischen Hintergrund eines lange diskursbeherrschenden Nationalbewußtseins; die Geschichte der USA ist geprägt durch Sklaverei und Einwanderungsströme aus allen Ländern der alten Welt.

Drei gattungsprägende Vertreter der Graphik Novel: Eisner, Spiegelman und Sfar

Will Eisner (1917-2005) gehört zu den ersten Verfassern von Graphic Novels, hat den Begriff „Graphic Novel" selbst popularisiert und darauf insistiert, dass es sich um ein neues künstlerisches Genre handelt. Seiner im Folgenden nicht nur durch seine eigenen Arbeiten bestätigten Überzeugung zufolge ist die Graphic Novel eine künstlerische Form, die in Absetzung vom bloß unterhaltenden und witzigen Comic die Auseinandersetzung mit seriösen Themen gestattet und sich dafür sogar besonders anbietet. Literarische Genres wie der historische Roman, die historische Erzählung, die Reportage, die (Auto-) Biographie, aber auch der Abenteuer- und Detektivroman, die Legende und die lehrhafte Erzählung finden in der Graphic Novel ihre Pendants.[14] Eisner fordert aus einer amerikanisch-jüdischen Perspektive und aus der Haltung des Aufklärers heraus Toleranz. Er prangert den Rassismus in seinen verschiedenen Spielformen an und

---

[14] Eisner-Werke, die im Folgenden relevant sind: Will Eisner, *Fagin the Jew*, New York, 2003. – *The ‚Contract With God' Trilogy*, New York/London, 2006, enthält folgende Teile: *A Contract With God – A Life Force – Dropsie Avenue*. (dt.: *Ein Vertrag mit Gott. Mietshausgeschichten*, Hamburg, 2010, und München, 2011.) – *To the Heart of the Storm*, [1991], in: *Life, in Pictures*, New York/London, 2007, S. 105-312, der noch andere graphische Erzählungen enthält. – Eisners New Yorker Geschichten spielen vorwiegend im Milieu jüdischer Immigranten. Deren Kultur erscheint als die Beobachtungsbasis, von der aus dann auch andere Kulturen in den Blick geraten. Die Figuren sprechen vielfach eine Mischung aus Englisch und Jiddisch, bzw. ein jiddisch überformtes Englisch. Aus mehreren Graphic Novels zusammengestellt ist Eisners *The ‚Contract with God' Trilogy* (2006): Teil I faßt die Titelgeschichte *A Contract with God* mit drei weiteren Geschichten zusammen. Teil II, *A Life Force*, besteht ebenfalls aus einer Sequenz von Einzelgeschichten, die durch Figuren und Figurentypen, Schauplätze und Setting zusammengehalten werden. und Teil III, *Dropsie Avenue*, schildert die Geschichte eines Ortes in New York und der dort ansässigen „Neighborhood". In verschiedensten Facetten porträtiert Eisner in diesen Geschichten die Welt der jüdischen Einwanderer, ihre Lebensformen und Sorgen. Eisner äußert im „Preface" über die Teile II und III, die mit Teil I zusammengefaßt wurden: Es seien Geschichten, „closely related to the struggle for survival in the urban environment" (Will Eisner, *The Contract With God Trilogy*, S. xiv).

wirbt parallel und komplementär dazu um Sympathie mit den Repräsentanten jüdischen Alltagslebens, die seine Geschichten bevölkern.

Art Spiegelman (geb. 1948) hat mit *Maus* der Graphic Novel zur breiten Anerkennung als Kunstform verholfen. Zugleich hat er wohl maßgeblichen Anstoß dafür gegeben, dass Zeichner und Szenaristen sich seitdem intensiv mit zeitgeschichtlichen Stoffen auseinandersetzen.[15] Die zweiteilige *Maus* hat nicht nur bezogen auf das Genre der Graphic Novel Geschichte gemacht, sondern auch bezogen auf die Geschichte der Darstellungen des Holocaust.[16] Eine kurze Bilanz mag angesichts der Vielzahl von Publikationen zu Spiegelmans Graphic Novel genügen: (a) *Maus* hat für das Wissen einer ganzen Generation über den Holocaust eine ähnliche Schlüsselrolle gespielt wie der ‚Holocaust'-Film und *Schindlers Liste*. Die kontrovers diskutierte Frage nach der Beziehung zwischen diesem Gegenstand und den ästhetischen Mitteln des Comics einmal ausgeklammert (ebenso wie die noch fundamentalere Frage nach der Legitimität von Holocaust-Darstellungen überhaupt), kann man wohl sagen, dass Spiegelmans Graphic Novel als Informationsmedium über Geschichte an die Seite der in Schulen verwendeten Geschichtsbücher getreten ist und diese teilweise verdrängt hat.[17] (b) *Maus* ist der Produktion einer ganzen Reihe anderer Comics zum Thema Holocaust vorangegangen. Das Thema hat sich damit trotz der mit ihm verbundenen Darstellungsproblematik als zentrales Thema der Graphic Novel etabliert.[18] (c) *„Maus"* hat der Beschäftigung von Zeichnern und Szenaristen mit Themen der Politik und Zeitgeschichte vielfältige Impulse gegeben. Wenn heute Palästina, Afghanistan, Serbien, die politische Situation auf dem Balkan oder in Nordkorea zu Gegenständen von Graphic Novels werden, so

---

[15] Art Spiegelman, *Maus. Die Geschichte eines Überlebenden*, Teil I, „Mein Vater kotzt Geschichte aus", Teil II, „Und hier begann mein Unglück", übers. von Christine Brinck und Josef Joffe. 3. Aufl. Frankfurt am Main, 2008. – Originalausgaben: *Maus. A Survivor's Tale*, I, „My Father Bleeds History", *Maus. A Survivor's Tale*, II, „And Here My Troubles Began", New York, 1997.

[16] Stellvertretend für andere emphatische Urteile über „Maus" ein Zitat aus einer Rezension von Andreas Platthaus zur deutschen Übersetzung des II. Maus-Bandes: „‚Maus II' ist der beste Comic der letzten zwanzig Jahre und zählt zudem zum Eindrucksvollsten, was je über den Judenmord der Nazis geschrieben wurde." (Andreas Platthaus, „Maus II. Ein Meisterwerk der Comicliteratur", in: *FAZ*, 29. Dez. 1992, Nr. 301, S. 22.)

[17] Im Übrigen werden Graphic Novels gerade von einem solchen Publikum gelesen, das Geschichtsbücher oder andere historiographisch-biographische Werke nicht zu lesen pflegt.

[18] Vgl. Philippe Thirault, *Les enfants sauvés. Huit histoires de survie*, Avant-Propos de Simone Veil, Préface de Tomi Ungerer, Paris, 2009. Erzählt werden die Geschichten von acht Kindern, die dem Holocaust entkommen sind, sei es durch Flucht, sei es, weil man sie versteckte. Mit den Geschichten verbinden sich Schilderungen der Situation der Juden in den verschiedenen Ländern Europas, aus denen die Kinder stammen. Die Kapitel heißen nach den jeweiligen Protagonisten, die als Erwachsene rückblickend die eigene Geschichte erzählen (Alik Peretz, Mireille Marachin, Abraham Ashkenazi, Alisa Tennenbaum, Fredzia Rothbard, Sylvain Lévy, Tsofia Langer, Rachel Jédinak.). Jede Geschichte ist von einem anderen Zeichner gestaltet worden. Als Szenarist wirkte durchgängig Philippe Thirault. – Eine Comic-Version der Geschichte Anne Franks ist 2010 erschienen (Sid Jacobson und Ernie Colón, *Anne Frank – eine grafische Biografie*, Hamburg, 2010).

wohl nicht zuletzt als Folge der ästhetischen Strategien, die Spiegelman bei der Verknüpfung von Reportage und Bilderzählung erprobt hat. Er selbst hat sich mit *In the Shadow of No Towers* wie auch in dem autobiographischen Band *Breakdowns* neuerlich mit politisch-zeitgeschichtlichen Ereignissen auseinandergesetzt. (d) Dass es sich bei der Graphic Novel um eine Kunst respektive um eine literarische Gattung handelt, ist durch *Maus* in besonders hohem Maße evident geworden. Nicht nur die Anknüpfung an das Genre der Tierfabel motivierte zu einer Rezeption, bei der das ‚Literarische' der Darstellung in den Blick geriet, sondern vor allem die vielfältigen Strategien erzählerischer Autoreflexion: Rahmungen und Rahmendurchbrüche, Selbstthematisierungen und Selbstinszenierungen des Erzählers als Figur, Techniken des Zitierens und Montierens – und Reflexionen über die Grenzen des Darstellbaren.

Joann Sfar (geb. 1971) entwickelt in seinen Arbeiten eine spezifische Form des Humors, deren jüdische Prägung vor allem in *Le chat du rabbin* evident ist.[19] Sfar erzählt von der Welt einer nordafrikanischen Judengemeinde zu Beginn des 20. Jahrhunderts und verbindet damit nicht zuletzt eine reflexive Auseinandersetzung mit den Grundlagen, auf denen seine eigene Kunst beruht. Er interpretiert durch seine Geschichten eben diese Grundlagen als etwas, das zu den Hauptgegenständen, den Kernthemen jüdischer Reflexivität gehört.

Zentrale Themen der Graphic Novels von Eisner, Spiegelman und Sfar

1. Antisemitismus

Mit dem Thema Antisemitismus – dessen Geschichte ja weitaus umfassender ist als die der NS-Judenverfolgung, die aber natürlich auch bei Spiegelman zentrale Bedeutung besitzt – hat sich bereits der Graphic-Novel-Pionier Will Eisner wiederholt auseinandergesetzt. Im Mittelpunkt steht das Thema insbesondere in einer autobiographischen Erzählung (*To the Heart of the Storm*), in einer kritischen Reportage über die sogenannten „Protokolle der Weisen von Zion" als eine folgenreiche antisemitische Geschichtsfälschung sowie in der Gegendarstellung zu einem Roman mit antisemitischen Zügen (Dickens: *Oliver Twist*): *Fagin the Jew*.

In *To the Heart of the Storm* erzählt Eisner die Geschichte seiner Jugend bis zum Eintritt in die US-Armee – mit Ausblicken auf die Jahre des Berufsanfangs als Zeichner. Seine Kindheits- und Jugendjahre sind geprägt durch das Milieu des kleinbürgerlichen jüdischen Elternhauses in einem multikulturellen, dabei aber noch stark nach kulturellen Gruppen segmentierten New York. Der junge

---

[19] Joann Sfar, *Le chat du rabbin* (*Die Katze des Rabbiners*), Bd. 1, *La Bar-Mitsva* (*Die Bar-Mizwa*), Paris, 2002 – Bd. 2, *Le Malka des lions* (*Malka, der Herr der Löwen*), Paris, 2002 – Bd. 3, *L'Exode* (*Exodus*), Paris, 2003 – Bd. 4, *Le Paradis terrestre* (*Das irdische Paradies*), Paris, 2005 – Bd. 5, *Jérusalem d'Afrique* (*Jerusalem in Afrika*), Paris, 2006. – Bd. 6, Tu n'auras pas d'autre Dieu que moi (*Du sollst keine anderen Götter neben mir haben*), Paris, 2015.

Eisner erlebt drastische und moderate, offene und heimliche Ausdrucksformen des Antisemitismus und muss sich daran gewöhnen, mit ihnen zu leben – in einem Amerika, dem er grundsätzlich affirmativ gegenübersteht. Dass er sich in der Rahmengeschichte als einen amerikanischen Patrioten auf dem Weg in den Krieg und zur Verteidigung der von den USA gegen Hitlerdeutschland vertretenen Werte vorstellt, ist insofern programmatisch und hängt nicht nur damit zusammen, dass mit dieser Zäsur seine Jugendgeschichte endet. Eisner setzt sich als Jude und als Amerikaner mit einer Gesellschaft auseinander, deren multikulturelle und multiethnische Prägung er immer wieder thematisiert und für die er sich eine Toleranz wünscht, die auf besserem wechselseitigem Verstehen basiert.

In der Graphic Novel *The Plot* (eine Art erzählende Reportage über die Entstehung und den propagandistischen Gebrauch der sogenannten „Protokolle der Weisen von Zion") geht es um politische Aufklärung über die Motive und Praktiken, die hinter antisemitischen Hetzkampagnen stecken: Eisner rekonstruiert auf der Basis neuerer geschichtswissenschaftlicher Forschungsergebnisse, wie das gefälschte Dokument einer angeblichen zionistischen Weltverschwörung entstand und wie es von Antisemiten funktionalisiert wurde und immer noch wird. Dass er die Graphic Novel als Medium publizistischer Aufklärung versteht, wird in der Rahmengeschichte explizit deutlich; diese besteht aus Eisners Nachbericht über seine Auseinandersetzung mit dem historischen Gegenstand, über selbst erlebte Ignoranz und Erfahrungen mit Antisemiten – und sie informiert über die anhaltende Hetzwirkung der gefälschten „Protokolle".

Als Parallelgeschichte zu Charles Dickens *Oliver Twist*, genauer: zur in diesem Roman erzählten Geschichte des bösen und abstoßenden Juden Fagin, ist die Graphic Novel *Fagin the Jew* konzipiert (vgl. dazu unten den letzten Abschnitt).

2. Glaubensfragen

Dass die Graphic Novel in Fortführung der Tradition moralischer Erzählungen auch zum Medium der Auseinandersetzung mit Glaubensfragen geworden ist, mag zunächst überraschen. Aber gerade Will Eisner, berühmt geworden vor allem als Verfasser von Detektivgeschichten (*The Spirit*), thematisiert in anderen Geschichten auch das Verhältnis des Menschen zu Gott, insbesondere in *A Contract with God*, einer in der ersten Hälfte des 20. Jahrhunderts spielenden Variation der Hiob-Geschichte. Die Frage nach der Existenz Gottes wird hier zwar nirgends ganz eindeutig behandelt, aber von den dargestellten Ereignissen geht doch eine stark suggestive Wirkung aus, und die im religiösen Sinn lehrhafte Intention der Fabel insgesamt ist nicht zu überlesen. Der Versuch, Göttliches mit menschlichen Maßstäben von Recht und Moral zu messen, Gottes Willen in menschliche Kalküle einzubeziehen, mit ihm zu handeln und zu richten, erscheint als vermessen und blind. Das Unglück derer, die ein solches Sakrileg begehen, stellt sich im Horizont der Erzähllogik als Strafe dar – wobei sich Eisner als versierter Erzählstratege ganz auf die suggestive Kraft solch narrativer Logik verlässt. *A Contract with God* handelt von einem Juden, Frimme Hersch, der als Heranwachsender einen ‚Vertrag' mit Gott schließt oder zu schließen glaubt, demzufolge er selbst sich bereiterklärt, gottesfürchtig zu leben, während Gott ihn dafür belohnen soll. Als ihn ein schweres Unglück trifft, wendet er sich von Gott ab und wird zum hartherzigen, geschäftlich aber sehr erfolgreichen Immobilienbesitzer. Spät möchte er sein Verhältnis zu Gott restituieren – und läßt von drei Rabbinern einen neuen Kontrakt aufsetzen. Unmittelbar darauf stirbt er; ein jüdischer Junge findet sein altes Vertragsdokument und tritt offenbar einen Weg an, der dem seines Vorgängers gleicht. – Die Geschichte handelt von der Vermessenheit des Versuchs, Gott vertraglich zu binden. Das temporäre Glück Frimmes erweist sich rückblickend als Gnade, nicht als Vertragsleistung Gottes – und sein Unglück als nicht justitiabel. Indiz für den göttlichen Zorn über Frimmes Hybris sind starke Gewitter, Donner und Blitze; Eisners Gott spricht die Sprache des biblischen Jehovah. Liegt aus moralischer Perspektive eine Schuld Frimmes vor, so macht Eisner für das unheilvolle Geschehen doch auch noch andere Ursachen verantwortlich: Frimmes Streben nach einem sein Glück sichernden Kontrakt mit Gott erscheint motiviert durch die traumatisierenden Erfahrungen seiner Jugendzeit in Rußland, als er den ständigen Pogromen, die die jüdische Heimatgemeinde sukzessiv zerstören, nur knapp entkommt. Und sein Nachfolger, der Junge, der den neuen Vertrag zu schließen glaubt, tut dies in einer Situation der Verfolgung durch antisemitische Angreifer.

Eisner charakterisiert *A Contract with God* in seiner „Preface" als eine Geschichte über religiöse und persönliche Erfahrungen. Es gehe in der Geschichte um „man's relationship with his God":

> This very basic human preoccupation stems from the primal concern with survival. We are told early on that God will either punish us or reward us, depending on our behaviour, in accordance with a compact. The clergy provides the terms, edicts, and conditions, and our parents enforce this contract.[20]

Die persönliche Dimension der Bilderzählung beruht darauf, dass Frimme mit Herschs Verlust seiner Adoptivtochter eine Erfahrung Eisners selbst spiegelt, der acht Jahre vor Erscheinen der Bildgeschichte seine Tochter verloren hatte. Dass er in der Geschichte statt einer leiblichen eine Adoptivtochter auftreten läßt, deutet er rückblickend als ein Ausweichen vor einer direkten Auseinandersetzung mit seinem Verlust. In der Darstellung von Frimmes Geschichte habe er, Eisner, seine religiöse Enttäuschung und Verzweiflung artikuliert.[21]

---

[20] Eisner, *The Contract With God Trilogy* (wie Anm. 10), S. xvi.

[21] „[…] his [Frimme's] anguish was mine. His argument with God was also mine. I exorcised my rage at a deity that I believed violated my faith and deprived my lovely 16-year-old child of her life at the very flowering of it." (Ebd.) Und Eisner fügt hinzu: „This is the first time in thirty-four years that I have openly discussed it." (Ebd.)

Grundthema von *A Contract with God* ist demnach das Theodizeeproblem – in jüdischer Akzentuierung.

3. Jüdisches Alltagsleben

Eisner schildert in vielen Geschichten das jüdisch-amerikanische Leben der Einwanderergeneration um 1900 sowie der darauf folgenden Generationen – manchmal karikierend, dabei aber oft in einer Weise, die um Sympathien seitens des Lesers wirbt. In *To the Heart of the Storm*[22], einer zugleich US-patriotischen Geschichte, dominieren die Erfahrungsperspektive und die Lebensbedingungen des jüdischen Kleinbürgertums. Ein Stück Einwanderergeschichte wird dokumentiert. Die Schicksale der verschiedenen Familienmitglieder repräsentieren hier differente Lebensoptionen zwischen Assimilation und traditionsorientierter Lebensführung, zwischen radikal säkularisierten Lebensstilen im Zeichen kapitalistischer und konsumistischer Leitvorstellungen und dem Festhalten an den Ge- und Verboten der eigenen religiösen Kultur. Zwischen Sentimentalität und Komik changierend, verdeutlicht *To the Heart of the Storm* insbesondere, vor welchem sozialhistorischen Hintergrund Intoleranz in den USA gedieh und gedeiht und welche Bevölkerungsgruppen welche Verhaltensmuster zeigen, bietet aber auch Beispiele für die Überwindung kultureller und religiöser Vorurteile und Antipathien – ohne dabei allerdings voreiligen Optimismus zu vermitteln.[23] Auch wenn es geschieht, dass ein jüdischer und ein orientalisch-

---

[22] Will Eisner, *To the Heart of the Storm* [1991], New York/London, 2008.

[23] In der „Introduction" zu seiner autobiographischen Erzählung setzt Eisner sein privates Leben in Beziehung zu den politischen Großereignissen, in deren historischem Rahmen sich seine Jugendgeschichte abspielt. Die Frage, ob der Rassismus in Amerika allmählich abklinge, beantwortet er eher skeptisch. „I grew up in the safety of America during the brewing of the storm that culminated in World War II. It was a voyage through a time of social awakenings and pervading concern with economic survival. At the same time, one could hear the rumblings and feel the shock waves from the distant Holocaust.
When I began work on this book, I intended to deliver a narrowly focused fictional experience of that climate, but in the end, it metamorphosed into a thinly disguised autobiography. In such a work, fact and fiction became blended with selective recall and result in a special reality. I came to rely in the truthfulness of visceral memory.
Perhaps the most indelible of my memories of those years was the insidious prejudice that permeated my world. Revisiting it brought me to the realization that primal prejudice has different meanings. To other than whites, it is racism; to the ethnically different, it is nationalism; to Jews, it is anti-Semitism.
This book, completed in the 90th year of the Twentieth Century, documents my coming of age into the dawn of what is generally regarded as a new era. From its beginnings, America managed to sustain and advance the dream of cultural and racial integration. America likes to see itself now as the world's champion of human rights. In these times, more African Americans unapologetically describe themselves by the color of their skin; Hispanics proudly display their culture and language, and young Jews boldly appear in the streets wearing a badge of their

stämmiger Amerikaner Gefährten werden oder dass die Tochter einer katholischen Einwandererfamilie aus Italien einen jungen Juden heiratet, und zwar mit dem doppelten Segen des Priesters und des Rabbis – alle Lösungen bleiben doch nur Übergangslösungen, Formen des temporären Sich-Einrichtens, der vorübergehenden Versöhnung.[24]

Auch die Erzählungen vom Leben der Mietshaus-Bewohner in *Dropsie Avenue* gelten dem Alltagsleben der Bewohner, die vielfach Immigranten und dabei durch verschiedene Kulturen geprägt sind. Wieder wird vor allem die Welt des jüdischen Kleinbürgertums geschildert – keineswegs idealisierend, sondern eher individualisierend, manchmal auch typisierend, aber doch so, dass mit dem implizit vermittelten Wissen über die dargestellten Lebensweisen und Lebensverhältnisse doch zugleich der Weg für Verständnis und Toleranz bereitet werden soll.[25]

Auf eine ganz andere Alltagswelt wendet Joann Sfar den Blick des Lesers in den (bisher) sechs Bänden seiner Graphic Novel *Le chat du rabbin*. Die hier erzählten Geschichten spielen zu Beginn des 20. Jahrhunderts; Schauplatz ist vorwiegend das französisch kolonisierte Algier, in dem inmitten der vorwiegend arabisch-islamischen Bevölkerung auch eine jüdische Minderheit lebt und unter bescheidenen Lebensverhältnissen mit politischen Restriktionen und dem Antisemitismus der Franzosen wie der Araber zurechtzukommen sucht. Arabische und französische Antisemiten gehören auf eine bei aller Komik beklemmende Weise zu der Lebenswelt, die hier geschildert wird – allerdings auch tolerante und liebenswürdige Pendants dazu. Und die unter den Figuren quantitativ dominierenden jüdischen Akteure sind keineswegs alle positiv gezeichnet. Satirisch porträtiert finden sich vor allem Vertreter einer blinden und selbstgefälligen Orthodoxie, bornierte Sittenwächter, unreflektierte Traditionalisten,

---

faith, the yarmulke. There are acknowledged civil rights, anti-discrimination laws, interfaith forums, intermarriage and a vigilant free press that quickly publicizes racial incidents. Whether all this is proof of a new prejudice-free world, or simply evidence hat the same old hatreds are still within us, is arguable. I cling to the hope that kids growing up today can no longer easily assume a social superiority with its license to discriminate. […]" (ebd., S. xi).

[24] Das Thema „Vorurteile und Diskriminierung" begleitet den Erzählerbericht: Antisemitische Ressentiments der Nichtjuden bilden den Hintergrund, vor dem Will aufwächst; hinzu kommen Meldungen über das NS-Regime und Gerüchte über die Schicksale der Juden dort. Deutsche Einwanderer treten als besonders dezidierte Antisemiten auf. Aber auch Wills jüdische Mutter hat ihre Vorurteile: Sie mag keine deutschen Juden, weil diese sich ihrerseits für etwas Besseres halten als die anderen Juden. Selbst zwischen dem Eintritt Wills in den Krieg und dem amerikanischen Antisemitismus wird eine Beziehung hergestellt: Als der erwachsene Will seinen nichtjüdischen Jugendfreund Buck wieder trifft, spricht dieser davon, daß Juden sich der Rekrutierung zu entziehen pflegen, weil sie in den Gesellschaften, die sie aufnehmen, die Rolle des Schmarotzers spielen (ebd. S. 190).

[25] Die Gesamtperspektive ist dabei eher dunkel eingefärbt: Dropsie Avenue, die Straße, deren Geschichte ein verkleinertes Abbild der amerikanischen Einwanderer-Gesellschaft des 20. Jahrhunderts bietet, wird zu einem Ort, an dem sich kaum mehr leben, geschweige denn zusammenleben läßt.

als ebenso verblendet wie gefährlich erscheinen gewaltbereite Zionisten und entsprechende Aufhetzer der Jugend.

Insgesamt differenziert sich die jüdische Welt innerhalb der verschiedenen Episoden der Geschichte deutlich aus: Neben der kleinen Welt der mehr oder weniger frommen algerischen Gemeinde des Rabbis Abraham Sfar gibt es die Welt der Juden in Frankreich, die sich wieder aufspaltet: in orthodoxe, die jüdischen Vorschriften einhaltende Juden (wie der Schwiegersohn des Rabbis, der junge Rabbiner Jules) und sehr weltlich lebende, die die Gebote übertreten und nicht an Gott glauben (wie Jules' Vater). Auch schwarzafrikanische und sogar alttestamentarische Juden treten auf: Angehörige einer vom Lauf der Geschichte verschonten jüdischen Welt biblischen Zuschnitts. Sie erweisen sich – eine groteske Pointe – als von rassistischen Vorurteilen verblendet, indem sie ihren jüdischen Besuchern aus der Gegenwartswelt den Aufenthalt verweigern und ihnen sogar ihr Judentum streitig machen.

Fließend sind die Übergänge zwischen Juden und Nichtjuden. Die jüdische Hauptfigur Abraham Sfar hat einen moslemischen Vetter Mohammed Sfar; es gibt arabische, französische, schwarzafrikanische und türkische Juden; viele Vorurteile in den Köpfen orthodoxer Juden entsprechen denen in den Köpfen radikaler Muslime, und zwischen der katholischen und der evangelischen Welt der französischen Christen ist die Linie weniger scharf gezogen, als der Rabbi erwartet hat.

Rabbi Sfar und sein intelligenter Kater sind Lebens- und Überlebenskünstler. Der Rabbi, nicht allzu gelehrt und eher den alltäglichen Freuden ergeben als der Versenkung in theologische Spitzfindigkeiten, führt ein den religiösen Vorschriften entsprechendes Leben, verhält sich gegenüber religiösen Eiferern und Frömmigkeitsaposteln aber reserviert. Er liebt seine Tochter, seine Heimat und seinen Kater, pflegt alte und neue Freundschaften ebenso wie seine harmlosen Schrullen. Seine Schüler warnt er vor der politischen Gewalt; es sei besser Bücher zu lesen. Er sucht den Kompromiß, nicht die Auseinandersetzung.

Ihm stehen Orthodoxe und Fanatiker aus verschiedenen Lagern gegenüber: sowohl lokale Repräsentanten eines traditionellen Glaubens, der vom Aberglauben nicht trennscharf abzuheben ist und jedenfalls mit Vorurteilen und Vorverurteilungen einhergeht – als auch Repräsentanten einer jungen zionistischen Generation, die teilweise rigide auf religiösen Vorschriften beharren, teilweise auch die politische, die kriegerische Auseinandersetzung mit den Moslems suchen. Ein katholischer Antisemit und Chauvinist tritt als eine der eindeutig unsympathischen Figuren auf.

Der Kater, ein literarischer Nachfahre des Gestiefelten Katers bzw. des „chat botté" und des Hoffmannschen Kater Murr, inspiriert vielleicht auch durch Sarak Kofmans Buch *Schreiben wie eine Katze*, ist Hauptfigur, bestimmt weitgehend die Erzählperspektive und erzählt oft selbst. Er will Jude werden, wenn auch aus theologisch fragwürdigen Motiven, er liebt, wie der Rabbi des Rabbis feststellen muss, nicht Gott, sondern seine Herrin Zlabya, der er nur weiter Gesellschaft leisten darf, wenn er ein richtig guter Jude geworden ist. Dazu bedarf es der religiösen Unterweisung. Die aus dieser Ausgangssituation resultierende Beschäftigung des Katers mit dem Judentum nimmt Sfar zum Anlaß, seine Leser mit der Gedanken- und Glaubenswelt des Judentums, mit dem Ineinandergreifen von Lebenspraxis und Glaubensregeln und mit einer trotz aller äußeren Anfechtungen doch stabilen jüdischen Kultur vertraut zu machen. In der politischen, sozialen und religiösen Marginalität erhält sich ein Stück kultureller Identität der algerischen Judengemeinde. Und wenn der Rabbi schon beim Aufbruch zu einer Reise nach Paris vor Heimweh traurig wird (der dritte Band heißt unter anderem deshalb *Exodus*[26]), so ist dies für den Leser nachvollziehbar.

4. Erzähl-, Gesprächs- und Argumentationskultur

Wer vom Erzählen erzählt, weist auf die Perspektivik allen Erzählens hin. Bei Spiegelman wie bei Eisner ist die Strukturierung ihrer Graphic Novels in Rahmen- und Binnenerzählung unter diesem Vorzeichen von tragender Bedeutung. Die Rahmenerzählung erzählt jeweils vom Erzählen – und dieses wird sich auf diese Weise (wie auch in entsprechend strukturierten literarischen Texten) selbst zum Thema – als etwas Bedingtes, von Kontingenzen Beeinflußtes, Relatives und Zeitgebundenes. Rahmungsstrukturen gestatten es Spiegelman in *Maus*[27] beispielsweise, die Lebensgeschichte des Holocaustüberlebenden Wladek Spiegelman zunächst gebrochen durch die Nacherzählung seines Sohnes Art zu erzählen – um den Leser dann doch vorwiegend zum Augenzeugen der Erlebnisse Vladeks zu machen.[28] Sie machen es möglich, die diskrepanten Perspektiven des Sohns und des Vaters in ihrem Spannungsverhältnis zu verdeutlichen. Wie mühselig es für Art ist, dem Vater seine Erinnerungen zu entlocken, wird in der Rahmengeschichte als der Geschichte einer immer wieder unterbrochenen Erzählung sinnfällig. Kurz: Dass und wie erzählt und manches auch nicht erzählt wird, gehört auf prägende Weise mit zur Thematik von *Maus*. Eisner verwendet gelegentlich Rahmenerzähler-Konstruktionen, um die Thematik und die Intention seiner graphischen Geschichten deutlicher hervorzuheben. Dies gilt etwa für die Geschichte Fagins, die dieser selbst erzählt, aber auch für *To the Heart of the Storm*. In beiden Fällen dient die Erzählerebene der expliziten Auseinandersetzung mit dem Judentum und dem Antisemitismus.

---

[26] Aber nicht nur deshalb; in Paris wird der Rabbi von einer Glaubenskrise heimgesucht, verliert also in diesem Sinn seine Heimat ebenfalls aus den Augen.

[27] Spiegelman, *Maus. A Survivour's Tale* (wie Anm. 11).

[28] Erzählt wird auf zwei Ebenen: Innerhalb der vom Sohn Art miterlebten Zeit (von 1958-1982) geht es um Vater und Sohn Spiegelman; die dem Sohn vom Vater erzählte Geschichte umfaßt die Erlebnisse des 1906 geborenen Vladek von seiner Jugend bis zum Jahr 1945, an das sich dann zunächst ein mehrjähriger Aufenthalt in Schweden anschloß (während dessen Art geboren wurde), bis Vladek und seine Familie in die USA emigrierten. Auch Arts in den USA spielender Erzählerbericht enthält dabei Rückblenden: *Maus* beginnt mit der Erinnerung an das unfaire Verhalten einiger Schulkameraden 1958 und an ein Gespräch mit dem Vater über falsche Freunde (vgl. ebd., S. 5 f.).

Spiegelman, Eisner und Sfar wenden dem Themenfeld Erzählen, Gespräche, Diskussion und Streit(-Kultur) erhebliche Aufmerksamkeit zu. Gerade hierin konkretisiert sich die Auseinandersetzung mit jüdischem Leben (und zwar sowohl mit Gegenständen der Erzählung, der Unterhaltung und des Streits als auch mit spezifischen Formen solcher Kommunikation). Alle drei Autoren stellen Situationen des Erzählens, des Dialogs und des Argumentierens wiederholt auf eine Weise dar, die sie als zugehörig zur jüdischen Kultur erscheinen läßt: als Form der Selbstdarstellung jüdischer Identität, die durch ihre Reflexivität geprägt ist – eine stark dialektisch strukturierte Reflexivität, die das Einerseits und Andererseits der Verteidigung fixierter Positionen vorzieht.

Bei Sfar wird besonders lustvoll gestritten, diskutiert und erzählt. Eine der Figuren, Rabbi Sfars Cousin Malka, ist ein großer Geschichtenerzähler und gleichsam der personifizierte Geist der Erzählung, eine lebende Legende und ein wanderndes Geschichtenarsenal. Aber auch andere Figuren leben in und mit Erzählungen, in denen jeweils ihre eigene Weltsicht und die Einschätzung zentraler Diskussionsgegenstände zum Ausdruck kommen. Der Kater erscheint als eine Verkörperung des Widerspruchsgeistes. Er verwickelt sich genüßlich und provokativ in allerlei Argumentationen mit seinem Rabbi, dem Rabbi des Rabbis und mit anderen.[29] Episoden, in denen es zu Streitgesprächen zwischen den Figuren kommt, nehmen in *Le chat du rabbin* besonderen Raum ein. Man streitet über Gott, den Glauben, rituelle Vorschriften, darüber, was ein Jude ist (und wer kein Jude ist), insbesondere auch darüber, ob es legitim ist, Bilder zu malen – ein Thema, das natürlich auch das Selbstverständnis des Zeichners Sfar betrifft –, und zwar sogar zweimal: ein erstes Mal anläßlich des vehementen Protestes eines orthodoxen Bilderfeindes gegen ein Porträt und ein weiteres Mal anläßlich desselben Protests aus dem Mund eines orthodoxen Moslems. (Insgesamt gehört es zu den witzigen Relativierungen fester Standpunkte bei Sfar, dass die Welt der arabischen Moslems und der Juden sich oft so ähnlich sind und dass umgekehrt die Kluft zwischen verschiedenen jüdischen Teilkulturen größer sein kann als zwischen Juden, Moslems und Christen.)

5. Selbstbezüglichkeit und Komik[30]

Spiegelmans *Maus* ist nicht ohne bittere Komik. So etwa porträtiert sich der Erzähler selbst auf grotesk-autoreflexive Weise als Träger einer Maus-Maske,

---

[29] Wenn er mangels Artikulationsvermögen zeitweilig nicht streiten kann, bezieht er als Erzähler Gegenposition oder relativiert doch skeptisch, was die anderen sagen.

[30] Auf die schwierige Frage, ob es eine spezifisch jüdische Form der Komik gibt, möchte ich mich hier nicht einlassen. Immerhin sind Versuche gemacht worden, den jüdischen Witz in seiner Eigenart zu bestimmen – insbesondere von Salcia Landmann. Vieles an Landmanns Diskurs über das ‚Jüdische' mag (vorsichtig gesagt) diskussionswürdig sein. Gewisse Anhaltspunkte bieten ihre Ausführungen über den jüdischen Humor und seine spezifischen Inhalte immerhin. „Der jüdische Witz ist […], inhaltlich betrachtet, alles folgende: Kampf gegen den

erdrückt und verstört von den traumatischen Erfahrungen der anderen, für die er eine narrative Form gefunden hat – die von *Maus* – und dafür mit publizistischem Erfolg gekrönt, den er nun als weitere Belastung empfindet.[31] In Dialogen mit seinem Analytiker zeigt er sich als schwache, unentschlossene Persönlichkeit – komisch auf eine tragische Weise. Eisners jüdische Geschichten enthalten karikaturistische Elemente. Zudem erscheint auf inhaltlicher Ebene die Fähigkeit zur Selbstrelativierung wiederholt als eine Strategie, angesichts einer offen oder latent feindlichen Umwelt zumindest dem jeweils Schlimmsten zu entgehen. Und sie kann sich als Talent zum Witz äußern.

Sfars Geschichten sind von so durchgängiger Komik, dass sich kaum einzelne Episoden aus ihnen herauslösen lassen, wobei diese Komik zu einem guten Teil auf der Brechung und wechselseitigen Relativierung von Darstellungen beruht. Auch die Auseinandersetzung mit den großen Themen steht im Zeichen komischer Brechung: mit Überlebensfragen, mit Glaubensfragen, mit der Frage nach Gott. Das Interesse am Wort, am Sprechen, an den verschiedenen Funktionen, Erscheinungs- und Gebrauchsweisen von Sprache, insbesondere an der performativen Dimension von Sprache ist durchgängiges Thema der Geschichten. Personifiziert wird es insbesondere durch die Katze des Rabbiners, die ja dadurch charakterisiert ist, dass sie die Sprache beherrscht und teilweise auch mitspricht respektive erzählt. Das Interesse am Bild, die Auseinandersetzung mit bildlicher Darstellung, ist vor allem an die Figur des jungen russischen Juden geknüpft, den die Gemeinde des Rabbis in einer Kiste findet und den der Rabbi des Rabbis zunächst für den Golem hält. Der Russe ist Maler, und wenn er zweimal ein Porträt malt, wird dieses (aus orthodox jüdischer Sicht) heikle Thema zum Gegenstand von Streitgesprächen. Ein drittes Thema, das Sfar durchgehend beschäftigt und das zugleich in den Kontext der Auseinandersetzung mit der jüdischen Kultur und Tradition gehört, ist der philosophische Di-

---

Druck durch die feindliche Umwelt; Kampf gegen den Druck einer übermächtigen eigenen Tradition; Kampf für Lockerung und Freiheit *von* Unerträglichem oder doch schwer Tragbarem; und gleichzeitig Kampf und Einsatz *für* eine neue, neuzeitliche, nicht mehr allgemeinnormative, sondern mehr personal gefärbte Ethik. Und bei aller Skepsis, bei allem Mißtrauen, bei allem Wissen um die Unzulänglichkeit aller menschlichen Belange klingen dennoch im Hintergrund immer Spuren der prophetisch-messianischen Träume mit, wenn auch manchmal nur blaß und in säkularisierter Weise." (Salcia Landmann, *Der jüdische Witz*, Olten/Freiburg im Breisgau, 1960, hier S. 105) – Nicht ganz abwegig erscheint es, versuchsweise auch Beispiele graphischen Erzählens über jüdische Welten und Kulturen zu Landmanns Thesen über die jüdische Witzkultur in Beziehung zu setzen.

31 Rückblickend auf den Erfolg von *Maus I* stellt Spiegelman sich in *Maus II* dar; vor seinem Schreibtisch liegen Leichenberge: Bild der Depressionen, die ihn heimsuchen (vgl. Spiegelman, *Maus. A Survivor's Tale* (wie Anm. 11), S. 201). So lange er depressiv ist, meint er, über solche Leichenberge zu gehen. Von Vermarktern seiner Maus-Geschichte bedrängt, fühlt er sich kleiner und kleiner werden (vgl. ebd., S. 202 f.).

alog mit dem Religionsgespräch als Unter- oder Nebengattung. Hier ist es neben der streitgesprächsfreudigen Katze der Rabbi Sfar selbst, in dem sich dieses Interesse personifiziert.[32]

Übrigens enthält *Le chat du rabbin* auch eine Anspielung auf das vielleicht berühmteste literarische Religionsgespräch – auf das zwischen Lessings Nathan dem Weisen und dem Sultan, anläßlich dessen Nathan dann die Ringparabel erzählt, die als Auseinandersetzung mit der Frage nach dem Wert und der Vergleichbarkeit der drei Religionen Judentum, Christentum und Islam ja eine lange Vorgeschichte hat.[33] Rabbi Sfar kommt im Lager eines muslimischen Scheichs in eine analoge Situation wie Nathan: Er soll die Religionen der Juden und der Moslems kommentieren, d.h. aber: vergleichen und bewerten – eine Aufgabe, die sich gerade in dieser Situation als gefährlich darstellt. Denn der Scheich selbst ist infolge seiner Weltzugewandtheit noch relativ tolerant, aber er ist umgeben von fanatischen Moslems, die nur auf einen Anlaß warten, dem kleinen Rabbi etwas anzutun. Dieser zieht sich mit Witz aus der Affäre – mit dem nach Landmann für den jüdischen Witz vielfach charakteristischen Gestus der defensiven Selbstverkleinerung.

Antisemitische Stereotype im Spiegel der Graphic Novel

Die Graphic Novels von Spiegelman, Eisner und Sfar repräsentieren nicht zuletzt verschiedene Formen des Umgangs mit antisemitischen Stereotypen.

Im Fall Eisners, der sich inhaltlich mehrfach explizit mit dem Thema „Antisemitismus" befaßt und im Zusammenhang damit auch die Macht von Stereotypen betont, geschieht dies zum einen indirekt – dadurch, dass unter seinen jüdischen Figuren sowohl solche sind, die als Juden sofort erkennbar sind, wie auch solche, die dem konventionellen Vorstellungsbild überhaupt nicht entsprechen –, zum anderen direkt, insbesondere in *Fagin the Jew*. Fagin selbst stellt bei Eisner seine Lebensgeschichte dar – einen Werdegang, der früh durch antisemitische Ressentiments in der englischen Gesellschaft negativ beeinflußt wurde. Der als Sympathieträger durchaus geeignete Held gerät durch Unglück und Ausgrenzung zwar in die kriminelle Unterwelt, aber in Eisners Alternativbiographie stellt er sich doch als weitaus weniger verrucht und schuldig dar

[32] Sfars Auseinandersetzung mit dem Genre des philosophischen Dialogs beschränkt sich nicht auf seine Graphic Novels. Er hat zudem zu Platons „Symposion" eine illustrierte Version geschaffen (*Le banquet. Platon*, Paris, 2002), in der er sich mittels gezeichneter Figuren kommentierend, interpretierend und dialogisierend in den Platonischen Text einschaltet. Ein anderer philosophisch-literarischer Basistext, mit dem er analog verfahren ist, ist Voltaires *Candide* (*Candide, Voltaire*, Paris, 2003).

[33] Zur Ringparabel vgl. Friedrich Niewöhner, *Veritas sive Varietas. Lessings Toleranzparabel und das Buch von den drei Betrügern*, Heidelberg, 1988. Die Parabel selbst ist wahrscheinlich jüdischer Provenienz und in Spanien entstanden; ihre Spuren lassen sich bis ins 11. Jahrhundert zurückverfolgen. Einiges spricht dafür, daß die spanische Frühversion der Geschichte die Auseinandersetzung mit der Reconquista spiegelt.

denn in Dickens' Roman *Oliver Twist*. Insbesondere hegt er Sympathien für Oliver, der diese erwidert und sich später besorgt um Fagin zeigt. Wie in Dickens' Roman, an dessen Fabel sich Eisners „Fagin" bezogen auf Oliver Twists Schicksal eng anlehnt, wird Fagin schließlich zum Tode verurteilt. Auf die Hinrichtung wartend, rekapituliert er die unseligen Folgen des Antisemitismus für sein Leben – und macht dem Romancier Dickens, der ihn in der Todeszelle besucht, heftige Vorwürfe, weil er eben diesen Antisemitismus durch eine verzerrte und klischeehafte Darstellung seiner (Fagins) Person schürte. – In einem Nachwort setzt sich Eisner als Zeichner kritisch mit der Geschichte der graphischen Darstellungen Fagins in illustrierten Romanausgaben auseinander, insbesondere mit den Stichen George Cruikshanks. Er verdeutlicht so exemplarisch das Bündnis politischer Vorurteile mit literarischen und graphischen Darstellungsklischees und bekundet implizit den Anspruch, hier als Erzähler wie als Zeichner ein Gegengewicht zu schaffen: durch Sensibilisierung für Stereotype und ihre Macht – und durch zeichnerische Entwicklung von ‚Anti-Stereotypen' wie dem des blonden, rundlichen, jovialen Fagin.

Spiegelman, der seine jüdischen Figuren als Mäuse darstellt (die Deutschen als Katzen, die Polen als Schweine, die Schweden als Elche etc....), setzt dieses an die Tierfabel erinnernde Stilmittel reflektiert ein – u.a., indem er sich selbst mit einer Mausemaske präsentiert und dadurch den Maskencharakter des Mausbildes betont. In der reflektierten (autoreferenziellen) Verwendung des Maus-Gesichts konvergieren zwei Anliegen: erstens das einer Reflexion über comicspezifische Ausdrucksmittel und zweitens die Reflexion über die Rhetorik der Stereotype, also über ein politisches Thema. Er weiß, dass er sich als Comiczeichner analoger Mittel bedienen muss, wie sie auch die Sprache der politischen Propaganda, des Rassismus und Antisemitismus prägt – und er setzt auf Reflexivität, um das Stereotyp als solches evident werden zu lassen. Gerade anläßlich des Maus-Motivs wird die Konvergenz zwischen politisch-rassistischen Stereotypen und comicspezifischem Stereotyp besonders deutlich sichtbar, denn dieses Motiv ist mit beiden Bereichen besonders eng assoziiert. Als Comic-Motiv ist es eine Reminiszenz an die Mickey Mouse, bezogen auf den politischen Diskurs zitiert es die antisemitische „Ungeziefer"-Metaphorik der Nazis (die ja selbst zudem als mäusemordende Katzen auftreten). Spiegelman entkommt den Stereotypen nicht: seine Mäuse sehen sich ähnlich, und angesichts der Lager-Szenen gewinnt gerade ihre relative Gesichtslosigkeit eine zusätzliche Bedeutungsdimension. Er weiß dies, akzeptiert das Stereotyp als konstitutiv für seine eigene Kunst – als folgenreich sogar für die Selbstwahrnehmung des Zeichners – und macht es ästhetisch fruchtbar.[34]

---

[34] Spiegelman selbst bemerkt über die vorgenommenen Stilisierungen (u.a. den Kunstgriff, die Menschen als Tiere zu zeichnen): „So konnte ich mich vom dokumentarischen Ballast befreien, vom Zwang, die Gebäude und alles so zu zeichnen, wie es wirklich war. [...] Die Mäuse sehen absichtlich alle gleich aus. Wenn man sich die Fotos aus den Konzentrationslagern ansieht, stellt man fest, daß sich fast alle Menschen gleichen, daß alle fast unpersönlich aussehen."

Sfar zeichnet eine sympathisch-vielfältige jüdische Gemeinde, karikiert Chauvinismus und Antisemitismus, setzt sich zudem mit antisemitischen Stereotypen aber auch auf andere Weise auseinander: durch Verwendung von Bildzitaten. Er läßt Hergés Tim und Struppi in einer Episode auftreten. Passend zu den kolonialistisch-rassistischen Klischees, die durch Hergés Geschichten reproduziert (und damit, Frahms subtiler Argumentation zum Trotz, bestätigt) werden, erweist sich Tim als bornierter Dummkopf, der tatsächlich meint, seine Gesprächspartner – den Rabbi, seinen gelehrten Vetter und andere ihm intellektuell überlegene Figuren – über Fragen der Körperhygiene und über das Leben in Afrika belehren zu müssen. Der vermeintliche Herrenmensch wird als infantil entlarvt, und Sfars Protagonisten sind mit der berühmten Figur entsprechend schnell fertig – ebenso wie der Kater des Rabbis mit Struppi.

In der Zusammenschau erweist sich so die Breite des Spektrums von Möglichkeiten, sich mit den Mitteln des Comics an Stereotypen abzuarbeiten: durch Appelle und Gegenentwürfe (Eisner), durch reflexive Brechung (Spiegelman) und durch humoristische Bloßstellung (Sfar).

Anhang: Inhaltsskizzen

Will Eisner: *The Plot. The Secret Story of The Protocols of the Elders of Zion*. With an Introduction by Umberto Eco.
New York, London: W. W. Norton&Company 2005

Eisner stellt dar, wie die „Protokolle" entstanden. Als Muster verwendete der Verfasser Golovinski eine 1864 verfaßte Schrift des liberalen französischen Publizisten Maurice Joly, „Dialog in der Hölle zwischen Macchiavelli und Montesquieu", einen Modelldialog zwischen dem Machttheoretiker Macchavelli und dem Aufklärer Montesqiueu, der als politische Satire konzipiert war und auf die Politik des französischen Kaisers Napolen III. zielte. Golovinski transformiert die in diesem Dialog in satirischer Absicht formulierten politischen Argumente in angeblich ernstgemeinten Pläne der ‚Weisen von Zion', einer imaginären mächtigen Gemeinschaft aus jüdischen Finanzleuten und Publizisten. Vergleiche einschlägiger Passagen machen die Abhängigkeit der „Protokolle" von ihrer Vorlage evident, und Eisner intergriert in seine Graphic Novel entsprechende Textvergleiche.

(Zitat Spiegelman, in: Andreas C. Knigge, *Alles über Comics. Eine Entdeckungsreise von den Höhlenbildern bis zum Manga*, Hamburg, 2004, S. 380.)

The Plot erzählt die Genese der „Protokolle“ nach, aber auch ihre Rezeption; und Eisner erinnert daran, dass Hitler in *Mein Kampf* 1925 auf den Text verwies, um antisemitische Propaganda zu betreiben. Zu Beginn der 1920er Jahre wurde der Text in den USA veröffentlicht, um Juden und Kommunisten zu denunzieren. Publikationsorgan war die Zeitschrift *Dearborn Independent*, die Henry Ford gehörte. Auch nach Aufdeckung der Fälschung berief sich Ford noch einige Jahre auf das angebliche Protokoll einer jüdischen Weltverschwörung, bis ihm dies 1927 infolge einer juristischen Auseinandersetzung untersagt wurde. Eisner verweist nicht zuletzt auf die Gefahren, die von den bis heute immer neuen Übersetzungen und Neuauflagen der „Protokolle“ auf die akute Weltpolitik ausgehen; der Text dient rechter, antisemitischer Propaganda und zirkuliert bei muslimischen Radikalen im Nahen Osten.

Aus Eisners „Preface“ (1-3):

> For me, *The Plot* represents a departure from pure graphic story-telling. It marks an effort to employ this powerful medium to address a matter of immense personal concern.
> My parents were Jewish-American immigrants (that, by the way, is not the only reason I remain a Jew). My father painted the interior of Catholic churches in Vienna and, when he came to America, painted scenery in the Yiddish theater in Manhattan. My parents were neither Orthodox nor Reformed, but they were ‚believers‘, which may account for my Yiddish *neshuma* (soul).
> I grew up during the Great Depression and experienced prejudice – painful incidents and indignities that often befell Jews in our society at that time. I remember being angry at the shtetl attitude of my parents, who advised that we should be ‚quiet and not offend the goyim.‘ To them, the Holocaust was another, only much bigger, progrom. As a student with radical inclinations in the late 1930s, I became interested in the devices that antisemites used to promote their message. There had to be some weapon other than the ancient Christian Gospel's condemnation of Jews that appeared again and again and resurrected itself, vampire-like, to reinforce antisemitism.
> My search continued for nearly twenty years, but not long ago, while trolling the internet in search of frauds for a story I was contemplating, I came upon an English translation of the *Protocols of the Elders of Zion* – a document purportedly written by Jewish leaders that describes in close detail how Jews wish to conspire to take over the world – which was netcast by Radio Islam and which was also available in French, German, Swedish, Portuguese, Russian, Spanish, and Italian. I had known about the book and had long relegated it to the library of evil literature alongside *Mein Kampf.* Only then did I actually read it and beginn to probe its history. (1-2)

Wie Eisner zusammenfassend berichtet, waren im November 1999 in der *Washington Times* und im Pariser *L'Express* Berichte erschienen, denen zufolge der russische Historiker Mikhail Lepekhine nach fünfjähriger Archivrecherche Belege dafür gefunden hatte, dass die „Protokolle“ im Jahr 1898 von einem in Frankreich lebenden russischen Exilanten, Mathieu Golovinski, verfaßt worden waren, der aus einer verarmten Adelsfamilie stammte, sich später aber den Bolschewiken anschloß. Dem Bericht in *L'Express* zufolge hatte

Lepekhnine, der eine schon 1944 von Konrad Heiden aufgestellte Hypothese zur Verfasserschaft Golovinskis bestätigte, vor allem in den Unterlagen eines in Paris lebenden russischen Agenten, Henri Bint, maßgebliche Informationen gefunden. Nach den Berichten in *L'Express* hatte der Pariser *Figaro* 2002 einen Artikel von Victor Loupan veröffentlicht, der Lepekhines Entdeckungen bestätigte und ergänzte.

Eisner faßt zusammen, was Lepekhine rekonstruiert hat: 1917 hatte Sergei Svatikov, Gegner des neuen revolutionären Regimes, kritische Recherchen zur Tätigkeit des zaristischen Geheimdienstes angestellt. Von Bint erfuhr er im Zusammenhang damit, dass Golovinski die „Protokolle" verfaßt hatte. Der letzte zaristische Botschafter in Frankreich, Basil Maklakov, hatte 1925 die Unterlagen seiner Botschaft der Hoover Foundation übergeben. Svatikov kam in den Besitz von Unterlagen Bints und brachte sie nach Prag. Nach dem II. Weltkrieg brachte sich das Sowjetische Regime in den Besitz der Unterlagen und archivierte sie – lange unzugänglich für die Forschung – in Moskau. Erst nach dem Zusammenbruch des Sowjetregimes wurden sie zugänglich.

Trotz der Aufdeckung der wahren Provenienz der „Protokolle", so Eisner, zirkulieren diese weiterhin unter der fingierten Autorschaft der ‚Weisen von Zion': in der arabischen Welt, in Europa und Asien. Das historische Wissen habe zwar die akademische Welt, aber nicht die breite Weltöffentlichkeit erreicht.

> I have spent my career in the application of sequential art as a form of narrative language. With the widespread acceptance of the graphic narrative as a vehicle of popular literature, there is now an opportunity to deal head-on with this propaganda in a more accessible language. It is my hope that, perhaps, this world will drive yet another nail into the coffin of this terrifying vampire-like fraud. (3)

The Plot arbeitet – wie andere Eisner-Graphic-Novels auch – mit Rahmenkonstruktionen, die die lineare Chronologie aufbrechen. Neben der Geschichte und Vorgeschichte der Entstehung jenes historischen Fakes, der als die „Protokolle der Weisen von Zion" bis heute von Antisemiten in Umlauf gebracht und als politisches Propagandainstrument benutzt wird, stellt Eisner auch die Geschichte dieser Rezeption selbst in schlaglichtartiger Beleuchtung dar, vor allem die rezente Rezeption. Der eigentlichen Erzählung über die Geschichte der „Protokolle" vorangestellt sind zwei Seiten zum Thema „Haß und Verleumdung": „Whenever one group of people is taught to hate another, a lie is created to inflame the hatred and justify a plot." (5) Bildlich dargestellt ist ein Redner, der seine bewaffneten Zuhörer zur Gewalt anstachelt. „The target is easy to find because the enemy is always the other." (6) Auf dem Bild zu diesem Satz machen sich die Bewaffneten auf den Weg.

Will Eisner: *To the Heart of the Storm* [1991].
New York, London: W. W. Norton&Company 2008.

Eisner erzählt hier die Geschichte seiner Jugend bis zum Jahr 1942, als er in den Krieg gegen Deutschland eintritt. Er arbeitet mit einer mehrfachen Rahmung: Die eigentliche Kindheits- und Jugendgeschichte ist eingebettet in die Darstellung der Eisenbahnfahrt des Rekruten zur Kaserne, wo er in die Armee eintritt. Während dieser Fahrt, die er gemeinsam mit anderen Rekruten unternimmt, schaut er aus dem Fenster auf die vorbeiziehenden Stadtlandschaften und erinnert sich. Die als Gegenstand dieser Erinnerungen erzählte Geschichte enthält aber auch die jeweils als separate Rückblicks-Geschichten angelegten Jugendgeschichten der Eltern Eisners, von der Geschichte des Sohnes eingerahmt, dem Vater und Mutter von ihrer Herkunft und ihrem Leben erzählt haben.

Eisners Vater stammt aus Österreich, wo zu seiner Jugendzeit noch die K.u.K.-Monarchie besteht. Er läßt sich gegen den Willen seiner Eltern bei einem Kunstmaler ausbilden und verdient damit seinen Lebensunterhalt eher notdürftig. Bei Ausbruch des I. Weltkriegs in Europa wandert er nach Amerika aus, um dem Kriegsdienst zu entgehen. Doch auch die USA treten wenig später in den Krieg ein, und nun entgeht er der Rekrutierung durch Eheschließung (man zieht nur unverheiratete Soldaten ein). Zu diesem Zweck läßt er sich durch eine gemeinsame Verwandte einer jungen Frau vorstellen, die mit ihm sehr entfernt verwandt ist, er heiratet sie, und sie wird die Mutter seiner Kinder, u.a. Will Eisners. Auch sie hat kein einfaches Leben hinter sich. Von osteuropäischen (rumänischen) Einwanderern abstammend, ist sie die Tochter eines Vertreters, der nach dem Tod seiner ersten Frau ein zweitesmal geheiratet hatte und bei seinem eigenen Tod insgesamt sechs Kinder hinterließ. Elternlos heranwachsend (auch die zweite Frau stirbt bald), gehen die Kinder unterschiedliche Wege, teilweise am Rand tiefer Armut. Eisners Mutter lebt als junges Mädchen lange als unbezahltes Dienstmädchen bei ihrer herrschsüchtigen älteren Schwester, die ihr aus Egoismus von einer möglichen Ehe mit einem Zahnarzt abrät – bis Eisners Vater auftaucht und dann doch eine Ehe zustande kommt.

Das Ehepaar, das mehrere Kinder bekommt, lebt in bescheidenen Verhältnissen, stets verschuldet. Die Mutter, von leidvollen Erfahrungen gezeichnet, neigt dazu, sich Sorgen um alles zu machen und viel zu jammern. Der Vater spielt demgegenüber eher die Rolle des Gelassenen, des Lebenskünstlers. Er kann seine künstlerischen Ambitionen nicht realisieren, fügt sich aber in die ökonomischen Zwänge und entfaltet einiges an Einfallsreichtum. Er wird Kulissenmaler. Dies aber ernährt die sich vergrößernde Familie nicht. Ökonomisch erfolgreichere Versuche mit dem Bemalen von Möbeln müssen aufgegeben werden, da er die Farben und Lösungsmittel nicht verträgt. Er verlegt sich auf den Gebrauchtwarenhandel, und die Familie läßt sich notdürftig erhalten. Für die künstlerischen Ambitionen seines Ältesten Will, der schon früh zeichnen lernen möchte, hat er viel Verständnis, allerdings nicht das Geld für eine gute Malschule.

Will wächst im Kreis der Familie relativ behütet auf; mit Problemen wird er anläßlich der antisemitischen Haltung nichtjüdischer Kinder, Jugendlicher und Erwachsener konfrontiert. Schon kurz nach dem Einzug in das langjährig bewohnte Haus bedrängen, beleidigen und attackieren ihn irische Kinder; von seinem Vater, der als Jude auch daran gewöhnt ist, Diskriminierungen einzustecken, lernt er, sich durch Diplomatie gewalttätigen Konflikten zu entziehen und manchen anfänglichen Gegner auf seine Seite zu ziehen. Auch unter Iren läßt es sich leben. Doch als Jugendlicher muss er auch die Erfahrung machen, dass ein deutschstämmiges Mädchen ihn heftig ablehnt, als sie von seiner jüdischen Herkunft erfährt, und dass ein langjähriger Gefährte im Grunde antisemitisch eingestellt ist.

Joann Sfar: *Le chat du rabbin* 1-6. Paris: Dargaud 2001-2015.

Der Kater des in Algerien wirkenden Rabbiners Abraham Sfar, hat zwar kein genuines Interesse an Fragen der Moral und der Religion, hängt aber sehr an seinen Herrn und an dessen schöner Tochter Zlabya. Er versteht die Sprachen der Menschen, zunächst ohne sie selbst artikulieren zu können. Zu dieser Sprechfähigkeit gelangt er in Band 1 aber vorübergehend, nachdem er den Papagei des Rabbiners gefressen hat, und er wird sehr gesprächig. Er verliert seine Sprechfähigkeit allerdings wieder, und das aus Hilfsbereitschaft: Der Rabbiner muss nämlich, um seinen Rabbinerstatus zu behalten, vor den französischen Behörden ein Französischdiktat absolvieren (obwohl in seiner Gemeinde niemand Französisch spricht), und der Kater zweifelt mit guten Gründen daran, dass der Rabbi die Prüfung besteht. Und so begeht er das Sakrileg, den Namen des HERRN auszusprechen, um zugunsten seines Meisters ein Wunder zu erzwingen. Rabbi Sfar besteht die Französischprüfung; der Kater wird wieder stumm. Allerdings versteht er weiterhin, was die anderen sagen, kommentiert es und erzählt dem Leser davon. Er versteht auch einen russischen Juden, den es in die kleine maghrebinische Gemeinde verschlägt; er versteht die Franzosen, er versteht die Tiere, mit denen er sich, anders als mit den Menschen, stets unterhalten kann. In Band 5 gewinnt der Kater in der Wüste sein Artikulationsvermögen zurück. Ein Skorpionbiß hat ihn fast getötet, und der Arzt eines arabischen Stammesfürsten kuriert ihn widerwillig. Danach kann der Kater auch wieder sprechen.

Mit Fragen, die das Leben und den Glauben der Juden betreffen, insbesondere mit der Welt der Ge- und Verbote, ist er schon als Hausgenosse und Freund des Rabbis vielfach konfrontiert. Nachdem der Kater den Papagei gefressen und das Sprechen angefangen hat, möchte der besorgte Rabbi seiner Tochter den Umgang mit dem respektlosen Tier verbieten, das religiöse Lehren und fromme Gebräuche spöttisch kommentiert – mit dem Argument, der Kater sei kein guter

Jude, und nur solche schickten sich als Gefährten von Zlabya. Der Kater fordert eine Beschneidung und eine Bar-Mitzwa, um ein guter Jude zu werden. Erstere scheint allerdings so wichtig nicht zu sein; letztere aber wohl, und sie setzt eine vorherige religiöse Unterweisung voraus. Sein eigener Herr erklärt sich zunächst für inkompetent, ein so heikles Unternehmen angemessen durchzuführen, und er nimmt den Kater mit zu seinem eigenen Rabbi, einem dogmatischen, starr-traditionsverhafteten und unaufgeschlossenen Menschen, mit dem sich der Kater in einen Disput über religiöse und andere Fragen verwickelt. Zumindest was seine Argumentationskunst angeht, erweist der Kater sich dabei als der bessere Jude. Glaubensfragen interessieren ihn aber gar nicht, er will die Bar-Mitzvah nur, um wieder bei Zlabya sein zu können. Erstere wird ihm zwar vom Rabbi des Rabbis verweigert, die Kontaktsperre zur Tochter seines Rabbiners aber bald aufgehoben, und sein Herr gibt ihm dann selbst Religionsunterricht.

Die weiteren Abenteuer des Katers führen ihn nach Frankreich. Zlabya heiratet einen französischen orthodoxen Juden, Jules, der im Maghreb einen Rabbinerposten antritt, und man reist nach Paris, um die Familie des jungen Mannes zu treffen, wobei sich dessen Vater als ein dem Glauben und den religiösen Vorschriften gänzlich entfremdeter Jude türkischer Herkunft erweist. Rabbi Sfar und sein Kater treffen auch einen jungen Verwandten aus Marokko, der von seinen großen Talenten als Sänger jüdischer Musik leider nicht leben kann, sondern darauf angewiesen ist, sich als Araber zu verkleiden und pseudo-arabische Schlager zu singen.

Eine in mehreren Episoden auftretende Figur ist der jüdische Vetter des Rabbis, Malka, der Herr der Löwen, ein legendenumwobener alter Kämpfer, der mit einem alten Löwen herumzieht und sich mit dessen Unterstützung als Held inszeniert, obwohl fast alle wissen, dass die vermeintliche Löwenbedrohung ebenso vorgespielt ist wie die Rettung durch Malka. Der erwähnte russische Findling, den ein orthodoxer Rabbiner zunächst für den Golem hält, weil er in einer Kiste auftaucht und Papier im Mund hat – es handelt sich um eine volle Bücherkiste, in der sich der Dissident aus Rußland herausgestohlen hat –, begleitet den Rabbi, den Kater und den Schwiegersohn Jules auf einer Reise, bei der man mit Arabern, ihrer Kultur und ihrem Glauben in engere Berührung kommt – eine heikle Situation, denn nicht jeder der jüdischen Reisenden hält sich an den guten Rat, bestimmte Themen einfach zu meiden, und nicht jeder Araber ist so tolerant wie der Fürst, der schließlich verhindern muss, dass seine Besucher umgebracht werden. Toleranz müssen auch die Mitglieder der jüdischen Reisegruppe lernen. Zunächst erscheint es ihnen unglaubwürdig, dass es dunkelhäutige Juden geben soll, bis sie in Afrika einen solchen Stamm treffen. Schließlich finden der junge russische Jude und seine dunkelhäutige afrikanische Gefährtin dann die sagenumwobene Stadt eines jüdischen Stammes, von dessen Existenz der Russe durch den russischen Geheimdienst erfahren hat und an die er deshalb glaubt, so unwahrscheinlich die Information auch ist. Dieser jüdische Stamm besteht aus dunkelhäutigen Semiten, die nie versklavt wurden;

sie leben wie zu alttestamentarischen Zeiten, autark und selbstbewußt. Die Annäherung des weißen Juden und seiner braunen Freundin weisen die biblischen Juden zurück: Von weißen Juden habe man noch nie gehört, das sei eine Beleidigung. Das Paar kehrt zu Familie Sfar zurück. Der bisher letzte 6. Band, *Tu n'aurais pas d'autre Dieu que moi*, deutet bereits durch seinen Titel an, dass Glaubensdiskurse weiterhin zu Antößen der Handlung werden, mit denen Humor durchaus vereinbar ist.

Doerte Bischoff

Das Salz in der Suppe – Philosemitismus und Multikulturalität in der Gegenwartsliteratur

„Daddy war ein Nazi gewesen, sie aber wurde eine jüdische Schriftstellerin“[1] – so beginnt eine 1994 publizierte Erzählung Maxim Billers, die damit bereits die monströse Verschränkung von Täter- und Opferperspektive, welche sie im Folgenden verhandelt, auf den Punkt bringt. Ida, die Tochter eines Lagerarztes, dessen Machtphantasien und grausamen Menschenversuche sie als Kind durch seine verklärenden Schilderungen aufnimmt, versucht als Erwachsene, sich von diesem Erbe zu lösen, indem sie sich selbst als Jüdin ausgibt, die als Remigrantin aus den USA nach Deutschland zurückkehrt, wo sie einen Roman über einen Holocaust-Überlebenden publiziert. Dass dieser Roman außerordentlich positiv aufgenommen wird, seine Verfasserin von der deutschen Kritik gar für „würdig [befunden wird,] die Fackel von Zweig, Kafka und Wassermann“[2] weiterzutragen, ist dabei deutliches Indiz dafür, dass ihre Verwandlungs- und Verstellungskünste auf ein kollektives Bedürfnis der Entlastung von Schuld angesichts der Holocaust-Vergangenheit treffen. Bereits die Pointe des Romans, die darin besteht, dass sich jener Überlebende für Adolf Hitler hält, weshalb er in einem Frankfurter Irrenhaus endet, weist jedoch in der Verkehrung auf eine Identität, deren Verstrickung in nationalsozialistische Verbrechen in der Travestie ebenso verhüllt wie zur Schau gestellt wird.

Philosemitismus manifestiert sich in dieser Erzählung als Hinwendung zum Judentum, die ausdrücklich mit dem Versuch der Generation der Täterkinder verbunden ist, sich durch Opferidentifikation von einem schwierigen Erbe zu befreien.[3] Indem er ein solches Exkulpations-Begehren als problematische Strategie der Verleugnung vorführt, verwirft der Text jedoch nicht grundsätzlich jede Inszenierung einer Grenzüberschreitung, welche die Möglichkeit einer ein-

---

[1] Maxim Biller, *Aus Dresden ein Brief*, in: ders., *Land der Väter und Verräter. Erzählungen*, Köln, 1994, S. 281-294, hier S. 281.

[2] Ebd., S. 288.

[3] Zur besonderen Ausprägung eines „durch Schuld- oder Schamgefühl verursachten“ Philosemitismus im Deutschland der Nachkriegszeit vgl. Michael Brenner, „Philosemitismus“, in: *RGG*, Bd. 6, 4. Aufl., Tübingen, 2004, Sp. 1289 f.; vgl. auch Margit Reiner, „Das negative Erbe. Die NS-Nachfolgegeneration in Österreich zwischen Antisemitismus und Philosemitismus“, in: *Jahrbuch für Antisemitismusforschung* 16 (2007), S. 87-113; Dies.: „Nachträgliche Wiedergutmachung. Philosemitismus bei den ‚Kindern der Täter‘“, in: *Geliebter Feind – gehasster Freund. Antisemitismus und Philosemitismus in Geschichte und Gegenwart. Festschrift zum 65. Geburtstag von Julius H. Schoeps*, hg. von Irene A. Diekmann u. Elke-Vera Kotowski, Berlin, 2009, S. 509-537.

deutigen Grenzziehung zwischen den Erben der Täter und Opfer zur Disposition stellt. Im Gegenteil wird deutlich, dass gerade die unauflösliche Verstrickung beider, die sich sowohl in (durchaus wechselseitigen) Symbiose- und Identifikationsphantasmen wie auch in Abspaltungs- und Verwerfungsszenarien manifestiert, ein gemeinsames Erbe darstellt. Die Hinwendung zu jüdischen Dingen[4], die Annahme einer jüdischen Identität gar, kann, so wird gezeigt, also auch als Symptom für gebrochene Genealogien, für die Unmöglichkeit, das Erbe des Vergangenen im Sinne einer bruchlosen Identifizierung anzutreten, gedeutet werden. In der Erzählung *Aus Dresden ein Brief,* die für viele andere Erzähltexte Billers paradigmatisch ist, wird damit die Frage nach der Möglichkeit repräsentierenden Sprechens grundsätzlich gestellt – und zwar sowohl in Bezug auf Probleme der Darstellung (nach) der Shoah wie auch hinsichtlich einer Rede und Autorschaft im Namen eines abgrenzbaren Kollektivs mit eigenen Traditionen und Erinnerungen. Indem das Sprechen ‚als Jüdin' hier den Bruch mit dem eigenen Herkommen voraussetzt und Selbst-Inszenierungen an die performative Aktualisierung von Fremdbildern geknüpft werden, wird die Aufmerksamkeit vor allem auf die Inadäquatheit und Inkommensurabilität der behaupteten Repräsentation gelenkt.

Dabei erschöpft sich der Text jedoch nicht in einer ideologiekritischen Entlarvung ‚falscher Identitätsbehauptung' und unstatthafter Übergriffe ‚auf das jüdische Feld'. Die Möglichkeit einer genauen Bestimmung und Abgrenzung eines solchen Feldes und die Frage nach dessen adäquater Repräsentation wird vielmehr selbst problematisiert. Der Akzent liegt stattdessen auf dem Umgang mit stereotypisierenden Bildern und Narrativen, mit den medialen Inszenierungen des Eigenen wie des Fremden, die durch Stilmittel hyperbolischer und grotesker Überzeichnung als solche ausgestellt werden.[5] Dass diese zumal für die zweite und dritte Generation nach der Shoah, deren Zugang zum historischen Geschehen auf mediale Bilder und Narrative angewiesen ist, die in der globalisierten Mediengesellschaft zunehmend auch grenzüberschreitend zirkulieren, auf neue Weise verfügbar werden, ist zentrales Thema aktueller Texte, die Philosemitismus verhandeln. Die gesteigerte Fungibilität stereotyper Identitätsmarker und -zuschreibungen erleichtert deren Aneignung in fremden Kontexten, die dadurch aber auch verstärkt Prozessen der Hybridisierung ausgesetzt sind. Transgressive Selbst-Setzungen im Zeichen philosemitischer Identifikations- und Symbiosephantasien bergen damit in besonderer Weise das Potential, Paradoxien und Ambivalenzen von Identitäts-Inszenierungen hervorzukehren. Ursprünglich zumeist einem Begehren nach Reinheit – im doppelten Sinne von

---

4 Vgl. Jack Zipes: „The Contemporary German Fascination for Things Jewish: Toward a Minor Jewish Culture", in: *Reemerging Jewish Culture in Germany – Life and Literature since 1989*, hg. von Sander Gilman und Karen Remmler, New York, 1994, S. 15-45.

5 Vgl. hierzu auch Doerte Bischoff, „Fetisch Holocaust. Reflexionen deutsch-jüdischer Verhältnisse in zeitgenössischen Diskursen", in: *Aschkenas* 18/19.2 (2008/2009), S. 437-457. Analysiert werden hier u.a. anderem Texte von Maxim Biller (z.B. *Harlem Holocaust*) und Robert Schindel *(Gebürtig).*

unverfälschter, bruchloser Einheit und moralischer Integrität – folgend, lassen sie erst recht die Brüche hervortreten, die dieses Begehren nach Heilung und Entschuldung allererst ausgelöst hatten. Entsprechend ist Philosemitismus in der Literatur der Gegenwart vielfach nicht nur als Strategie der Verleugnung markiert, vielmehr wird in der ihm eigenen transgressiven Tendenz auch die Möglichkeit entdeckt, Brüche in Genealogien, Traditionen und Gemeinschaften nach der Shoah auf symptomatische Weise vorzuführen. Texte wie Billers *Aus Dresden ein Brief* oder *Harlem Holocaust* treiben philosemitische Inszenierungen auf die Spitze, insofern Selbstbild und Fremdbild, Setzung und Verwerfung in einer Figur zusammentreten und keine neutrale Instanz außerhalb stereotypisierender Zuschreibungen greifbar erscheint. Stattdessen exponieren die Texte unzuverlässige Erzähler und positionsgebundene Darstellungen als – vielleicht einzige – Möglichkeit, die realitätsstiftende Wirkmacht dieser Bilder zu demonstrieren und im selben Zug zu demontieren.[6]

In *Aus Dresden ein Brief* wird die strategische Entscheidung des Nazi-Vaters, nach dem Krieg – ähnlich wie der Protagonist in Edgar Hilsenraths *Der Nazi und der Friseur* – „die Identität eines seiner Opfer“[7] anzunehmen, als Vorgeschichte der philosemitischen Tendenz der Tochter beschrieben, sich in ihren Selbst-Entwürfen dem Judentum anzuverwandeln und die Nähe zu jüdischen Menschen wie dem Ich-Erzähler, mit dem sie eine Beziehung eingeht, zu suchen. War es dem Vater gelungen, in die Vereinigten Staaten zu entkommen, um dort als vermeintlich jüdischer Arzt perfiderweise ausschließlich jüdische Patienten zu behandeln, die ihn „für einen der ihren“[8] hielten, stellt sich das Begehren der Tochter, eine „jüdische Schriftstellerin“ zu werden, als durchaus ambivalent dar. Ihre Rückkehr als angeblich jüdische Remigrantin, die Integrität und moralisches Kapital sichern soll, hat zugleich die Rückkehr des Verdrängten in Gestalt neonazistischer Gewalt zur Folge, der sie selbst ‚als Jüdin‘ schließlich während einer Lesung zum Opfer fällt. Auch ihr Roman, in dem eine Figur sich Adolf Hitler nennt, deren Abschiebung in ein Irrenhaus offensichtlich einen Prozess der Verdrängung performativ nachstellt, statuiert nicht einfach eine jüdische Identität, vielmehr verzeichnet er die verdrängte Kehrseite und die Funktion philosemitischer Transgression gleich mit, in dem er Hitler an der Stelle des Jüdischen wieder auftauchen lässt. Tatsächlich ist es wohl diese charakteristische Ambivalenz des Romans, die den Erzähler der Geschichte, den jüdischen Geliebten der Philosemitin, das Buch neidlos als „sehr gut“[9] beschreiben lässt. Er bewundert, wie es dem Buch offenbar mühelos gelingt, phi-

---

[6] Vgl. hierzu auch Barbara Beßlich, „Unzuverlässiges Erzählen im Dienste der Erinnerung. Perspektiven auf den Nationalsozialismus bei Maxim Biller, Robert Schindel und Martin Walser“, in: *Wende des Erinnerns? Geschichtskonstruktionen in der deutschen Literatur nach 1989*, hg. von Barbara Beßlich, Katharina Grätz und Olaf Hildebrand, Berlin, 2006, S. 35-52.

[7] Biller: *Aus Dresden ein Brief* (wie Anm. 1), S. 287.

[8] Ebd.

[9] Ebd., S. 288.

losemitische Affekte zu schüren und als solche vorzuführen, während Verkehrung und Travestie zugleich als Formen der Bearbeitung einer traumatischen Vergangenheit erscheinen. Dass seine Begeisterung für die Nazi-Tochter jedoch im Bereich eines erregenden Tabubruchs bleibt und er nicht willens oder in der Lage ist, sich dauerhaft mit ihr zu verbinden – stattdessen beschließt er im Laufe der Erzählung, seine jüdische, vor Ida lange geheim gehaltene Freundin zu heiraten –, verweist auf die Grenzen des philosemitischen Begehrens der Täterkinder, welche die ihnen von jüdischer Seite entgegengebrachte Neugier mit einem echten Interesse für ihre Person verwechseln. Es verweist hier aber auch auf die Grenzen der Transgression ererbter Zugehörigkeit, die in dieser Erzählung durch transgenerationelle Strukturen der Gewalt wie durch zugeschriebene Kontinuitäten von Opfer- bzw. Tätergenealogien markiert wird.[10] Da Ida sich dadurch in ihrem Begehren nach Anerkennung und Bestätigung durch den/die Juden zurückgewiesen sieht, verweigert sie schließlich ihrerseits die öffentliche Auseinandersetzung mit der Geschichte und Schuld ihres Vaters, zu welcher der Ich-Erzähler sie ausdrücklich ermutigt hatte und versäumt damit die Chance, auch in ihren öffentlichen Auftritten die Brüche im Eigenen im paradoxen Zugleich von Nazi-Erbschaft und jüdischer Identifizierung zur Schau zu stellen. Auch wenn der Text eine solche Selbst-Inszenierung, welche Brüche und Widersprüche nicht verdeckt, sondern vorführt, als (noch) nicht denk- und darstellbare erscheinen lässt, so bleibt doch festzuhalten, dass er im Spiel mit Versatzstücken stereotypisierender Rede, die der beschriebene Philosemitismus isoliert, Möglichkeiten der (literarischen) Transgression fataler Grenzziehungen und Reinheitsfiktionen erkennbar werden lässt.

Indem die Erzählung, wie ja auch der Titel hervorhebt, in Dresden, also in Ostdeutschland, spielt, lenkt sie den Blick ausdrücklich auf eine spezifische Nach-Wende-Situation, in der sich die Frage nach dem Umgang mit der gesamtdeutschen Vergangenheit noch einmal besonders zugespitzt stellt: Ein unreflektierter Philosemitismus, der sich in Westdeutschland im Zuge einer Erinnerungspolitik ausgeprägt hat, welche zur Erstarrung von Gedenkritualen und zu einer Instrumentalisierung der Shoah tendiert[11], trifft im Osten, wo sich wegen des behaupteten Staatsantifaschismus eine Auseinandersetzung mit eigener Schuld noch weniger hatte entwickeln können, auf offenen Antisemitismus. Mit der Wende, so könnte man diese Szene, an deren Ende ja ein Mord geschieht,

---

[10] Vgl. den letzten Abschnitt der Erzählung bei Biller: *Aus Dresden ein Brief* (wie Anm. 1), S. 294. Hier schildert der Erzähler, wie er nach dem Bekenntnis Idas, in dem sie ihm nicht nur von der Nazi-Vergangenheit des Vaters, sondern auch von ihrem eigenen Verhalten gegen ihn als altem Mann, den sie brutal traktiert, bevor sie ihn verlässt, erzählt, zu der Einsicht gelangt, „daß ich jemanden wie sie einfach nicht lieben kann".

[11] Zu diesem Aspekt bei Biller insgesamt vgl. Norbert Otto Eke, „'Was wollen Sie? Die Absolution?' Opfer- und Täterprojektionen bei Maxim Biller", in: *Zeitschrift für deutsche Philologie,* Beiheft 11: *Deutsch-jüdische Literatur der neunziger Jahre. Die Generation nach der Shoah*, hg. von Sander L. Gilman und Hartmut Steinecke, Berlin, 2002, S. 89-107; Jefferson Chase, „Shoah Business: Maxim Biller and the Problem of Contemporary German-Jewish Literature", in: *The German Quarterly* 74.2 (2001), S. 111-131.

deuten, wird der Philosemitismus mit seiner antisemitischen Kehrseite,[12] die er lediglich zu überdecken, nicht aber zu bearbeiten vermochte, auf brutale Weise konfrontiert. Mauerfall und Generationswechsel werden damit aber auch als Chance in den Blick gerückt, deutsch-jüdische Verhältnisse zu imaginieren und zu gestalten, ohne die Brüche und gewaltsamen Verwerfungen der Vergangenheit zu leugnen.

Dass dies gerade angesichts der im Zusammenhang mit der Wende wieder erstarkenden Rhetorik nationaler Einheit und Stärke, welche die sozialen Realitäten von Migration und kultureller Differenz ausblendet oder sogar attackiert, von besonderer Bedeutung ist, hat auch die ‚(Nach-)Wende-Literatur' vielfach ausdrücklich reflektiert. Charakteristisch ist hier auch die Tendenz, Fragen nach der Erinnerung der Shoah und nach deutsch-jüdischen Verhältnissen mit der allgemeineren Frage nach dem Umgang mit Differenz(en) zu verknüpfen. Vor diesem Horizont findet man auch eine dezidierte Auseinandersetzung mit Erscheinungsweisen des Philosemitismus, die entweder in ihrer Tendenz analysiert werden, gegen eine Anerkennung von Differenzen und Brüchen (im Eigenen) zu immunisieren oder aber gerade geeignet sind, für diese zu sensibilisieren. Denn in dem Maße, in dem die (fetischisierende) Fixierung auf die Shoah und auf ‚jüdische Dinge' von aktuellen Konflikten und Differenzen, und damit von anderen, aktuell (auch) diskriminierten Bevölkerungsgruppen ablenkt, wird sein Verleugnungspotential auf neue Weise erkennbar.[13] Andererseits birgt die Hinwendung zum Jüdischen, wie gezeigt wird, nicht nur die Möglichkeit, die Erinnerung an eine Geschichte der Ausgrenzung und Verfolgung wachzuhalten, sie eröffnet auch Perspektiven, Identitäten anders als durch Rückbindung an Täter- bzw. Opfergeschichten bzw. durch eindeutige Genealogien zu entwerfen. Tatsächlich lässt sich in manchen Gegenwartstexten beobachten, dass die Verhandlung des Philosemitismus innerhalb einer streng bipolaren Konstellation aus Tätern und Opfern bzw. deren Nachkommen aufgebrochen wird.

Exemplarisch lässt sich diese Tendenz etwa in dem 2003 zum ersten Mal erschienenen Roman *Selam Berlin* von Yadé Kara nachvollziehen. Im Vorder-

---

[12] Über die strukturellen Korrespondenzen von Philosemitismus und Antisemitismus vgl. Wolfram Kinzig, „Philosemitismus – was ist das? Eine kritische Begriffsanalyse", in: *Geliebter Feind – gehasster Freund. Antisemitismus und Philosemitismus in Geschichte und Gegenwart. Festschrift zum 65. Geburtstag von Julius H. Schoeps*, hg. von Irene A. Diekmann u. Elke-Vera Kotowski, Berlin, 2009, S. 25-59, hier S. 39 f.; Moshe Zuckermann, „Aspekte des Philosemitismus", in: ebd., S. 61-71, hier S. 61 f.; Kritisch zu einer vorschnellen Parallelisierung vgl. Anthony D. Kauders, „History as Censure. ‚Repression' and ‚Philo-Semitism' in Postwar Germany", in: *History & Memory* 15.1 (2003), S. 97-122.

[13] Vgl. ähnlich argumentierend auch bereits Matthias Konzett, „The Politics of Recognition in Contemporary Austrian Jewish Literature", in: *Monatshefte* 90.1 (1998), S. 71-88. Hier heißt es über rhetorische Strategien in Texten von E. Jelinek, R. Schindel und D. Rabinovici, diese seien gegen „dubious manifestations of ethnic fetishization and philo-Semitism" gerichtet. „The writers thus present an intriguing model of cultural diversity which aims beyond any multiculturalism that does not take overlapping and shared zones of social definition into account."

grund dieses Wende- und Berlinromans steht der zwischen den Ländern, Sprachen und Kulturen lebende Deutschtürke Hasan, der insbesondere nach dem Fall der Mauer und der damit einhergehenden Instabilität und Unsicherheit mit fremdenfeindlichen Zuschreibungen und Angriffen konfrontiert wird. Dabei bleibt dieser Protagonist eines Schelmenromans, der selbst allerhand durch Medien und Werbung vermittelte Klischees reproduziert und mit Blick auf die Aussicht, im Fernsehen auftreten zu können, sogar bereitwillig die stereotypisierte Rolle eines gewalttätigen Orientalen in einer Filmproduktion annimmt, zunächst weitgehend unbekümmert. Als schließlich jedoch sein bester Freund wegen seines türkischen Aussehens brutal zusammengeschlagen wird und er selbst in der U-Bahn plötzlich „Adolf Hitler [gegenübersteht] oder jemand, der ihm ähnlich sein wollte“[14], fühlt er sich doch massiv verunsichert und bedroht. In dieser Situation fällt ihm die Geschichte einer jüdischen Frau ein, die während der Pogromnacht 1938 mit ihrer Familie die ganze Nacht lang von einer Endstation zur anderen gefahren war, um nicht aufzufallen. Dasselbe würde ihm kaum gelingen, überlegt Hasan, da er mit seinem dunklen Äußeren auffallen würde. Hier deutet sich also eine andere Erinnerung an, die sich über Gewalt- und Fremderfahrungen herstellt und die dabei Gemeinschaft und Identifikation zugleich an Differenzen und Brüche knüpft.[15] Parallel zu der sich ausweitenden Fremdenfeindlichkeit und der Bedrohung durch gewaltbereite Neonazis erlebt Hasan, dass das Interesse der Öffentlichkeit sich wieder den Juden zuwendet – mit einer deutlich philosemitischen Tendenz. So schwärmt etwa der Regisseur Wolf, der zuvor jenen Film gedreht hatte, in dem Hasan den Klischee-Türken spielt, plötzlich für die Idee, einen Film über die neuen Juden im Nach-Wende Berlin zu machen. Seine Begeisterung für Berlin, das für ihn das Kap der großen Welt ist[16], verbindet sich dabei mit der Vorstellung, das kosmopolitische Flair des Berlins der zwanziger Jahre wieder aufleben zu lassen. Der Erzähler Hasan berichtet von dieser Vision einigermaßen befremdet:

---

14 Yadé Kara, *Selam Berlin*, Zürich, 2003, S. 333.

15 Zur Reflexion auf jüdische Figuren als „Zeugen der Multikultur“ vgl. Amy Colin, „Multikulturalismus und das Prinzip der Anerkennung in der zeitgenössischen deutsch-jüdischen Literatur“, in: *Schreiben zwischen den Kulturen. Beiträge zur deutschsprachigen Gegenwartsliteratur*, hg. von Paul Michael Lützeler, Frankfurt am Main, 1996, S. 165-195. Vgl. bes. S. 174: „Gerade aufgrund der von Ausgrenzung und Vertreibung markierten Geschichte ihres Volkes und der Shoah sind deutsch-jüdische Autoren prädestiniert, über die Notwendigkeit der wechselseitigen Anerkennung […] zu schreiben, das Verständnis für den anderen, den Fremden, den politischen Flüchtling, zu wecken. Gerade weil sie Opfer von Völkerhaß oder Nachfahren verfolgter Juden sind, fühlen sich deutsch-jüdische Autoren berufen, jüngere Generationen vor den Folgen von Fremdenfeindlichkeit und Rassismus zu warnen.“ Vgl. auch Sander L. Gilman, *Multiculturalism and the Jews*, New York, 2006.

16 Zur Repräsentationslogik der Vorstellung vom ‚Kap‘ vgl. Jacques Derrida, „Das andere Kap. Erinnerungen, Antworten und Verantwortungen“, in: ders., *Das andere Kap. Die vertagte Demokratie. Zwei Essays zu Europa*, aus dem Franz. von Alexander García Düttmann, Frankfurt am Main, 1992, S. 9-80.

„Berlin – das war eine Metropole, eine Weltstadt, das Tor zu Osteuropa. Mensch, Berlin war schon immer ein internationales Pflaster, wo Juden, Polen, Hugenotten aufeinandertrafen, sich befruchteten...“ Dabei kreiste er mit den Händen in der Luft, als würde die Befruchtung gleich jetzt stattfinden.[17]

Dass Juden aus Osteuropa nach der Wende sexy sind, wird im Text vor allem in der Episode mit Vladimir, einem jüdischen Geigenvirtuosen aus Riga deutlich, mit dem Hasans Schwarm Cora gleich eine Beziehung anknüpft. Damit erscheint auch die Aufmerksamkeit, die sie zuvor für kurze Zeit Hasan gewidmet hatte, nachträglich als eine Laune, die mehr mit ihrem Interesse für exotische Moden und ihren eigenen ungeklärten Herkünften zu tun hat als mit den jeweiligen Empfängern ihrer Gunst. Attraktiver als die Türken sind die „Juden aus Riga“[18] in den Augen des Film-Regisseurs nicht nur, weil sie „Pep“ haben und „westlich im Kopf“ sind und damit weit eher als die ‚hammelschlachtenden‘ und clanverhafteten Anatolen assimilierbar scheinen. Seine Begeisterung scheint vor allem auch von dem impliziten Versprechen zu rühren, dass in der philosemitischen Geste der Aneignung die Brüche in der eigenen deutschen Identität und Geschichte, die in der Nachwendesituation deutlicher spürbar werden, auf Distanz gehalten bzw. imaginär geheilt werden können. Mit seinen Sorgen und seiner Geschichte über die rechte Gewalt gegen seinen Freund findet Hasan bei Wolf kein Gehör. Stattdessen doziert dieser selbstverliebt:

Ja, jetzt, wo der Osten zusammenbricht, da blüht doch alles wieder auf, was jahrzehntelang verborgen war. Klezmer hat Tradition und Wurzeln, auch in Berlin. [...] Die Juden haben schon immer zu Berlin gehört, wie das Brandenburger Tor zu Preußen. [...] Was Hitler auszumerzen versucht hat, ist wieder im Aufleben. Ein jüdisches Leben in Berlin...! Die sind das Salz in der Suppe, schon immer gewesen...[19]

Das Klischee vom jüdisch-multikulturellen Berlin konstruiert historische Kontinuitäten, die die Differenz- und Ausgrenzungserfahrung der historischen Berliner Juden und jüdischen Zuwanderer unkenntlich macht, vor allem aber Auschwitz aus der Konstruktion der eigenen, über die Metropole Berlin vermittelten Identität, tilgt. Dass das große Interesse an Klezmer-Musik in den westeuropäischen Großstädten eher ein Phänomen der (Re-)Konstruktion einer vermeintlich genuinen jüdischen Kultur und Geschichte als deren authentischer

---

17 Kara, *Selam Berlin* (wie Anm. 14), S. 374.

18 Dies und die folgenden Zitate, ebd., S. 373.

19 Ebd., S. 371 f. Zur Art und Weise, wie hier „in einem oberflächlich geführten multikulturellen Diskurs die Türkenthematik gegen die Judenthematik ausgespielt“ wird, vgl. auch Gabriela Scherer, „Brennpunkt ‚Berlin‘. Kulturdifferenzen literarisch-topographisch auf den Punkt gebracht: Barbara Honigmann, Herta Müller, Emine Sevgi Özdamar, Yadé Kara“, in: *Akten des XI. Internationalen Germanistenkongresses Paris 2005*, „Germanistik im Konflikt der Kulturen“, hg. von Jean-Marie Valentin unter Mitarbeit von Stéphane Pesnel, Bd. 6, *Migrations-, Emigrations- und Remigrationsliteraturen. Multikulturalität in der deutschsprachigen Literatur*, Bern u.a., 2007, S. 273-279, hier S. 278.

Ausdruck ist, haben Analysen wie die von Liliane Weissberg gezeigt.[20] Während man diesen Befund, wie Weissberg ebenfalls zeigt, durchaus unterschiedlich beurteilen kann, wird in *Selam Berlin* die Begeisterung für alles Jüdische deutlich mit einer Tendenz zur Verleugnung von Differenzen, Brüchen und Fremdheit im Hinblick auf geschichtliche wie gegenwärtige Konstellationen in Verbindung gebracht. Philosemitismus erscheint dabei zum einen als Kehrseite eines gerade in den ostdeutschen Städten erstarkenden Antisemitismus, zum anderen aber als Strategie, die ungelösten Probleme der Gegenwart, vor allem im Hinblick auf den Umgang mit Minderheiten und kultureller Differenz, auszublenden. Dass der Regisseur sein geplantes Projekt über die Juden als „Bombenfilm" und „Volltreffer"[21] bezeichnet, deutet darauf hin, dass das mit Blick auf die Juden inszenierte Multikulti-Phantasma hier offenbar eine durchaus aggressive Tendenz besitzt, die nicht offen ausgesprochen wird, sich aber doch in der Sprache philosemitischer Leidenschaft gleichsam mitspricht. Dass antisemitische Klischees etwa über jüdische Potenz und Triebhaftigkeit die Kehrseite von Vereinigungswünschen, die sich auch in diesem Text als sexuelles Begehren manifestieren, sein können, wird in einer Kneipenszene deutlich, in der zwei ältere Männer Hasan zunächst als Juden identifizieren:

> „Det is een Jude", sagte ein zahnloser Greis zu seinem Nachbarn. „Vielleicht issa jar keener" erwiderte sein Nachbar mit Glatze. „Dann is er een Türke – das kommt aufs jleiche raus." „Eben nisch, ick erkenne, ob das ein Jude oder ein Türke ist", „An der Nase oder wat?" fragte der Zahnlose. „Ja, ooch, aber ick meine, unter dem Gürtel. Du weeßt schon!"[22]

Später begründet dann Cora ihre Abwendung von Hasan damit, dass ohnehin niemand sich für seinen „MINI WIENER"[23] begeistern könne. Die Stigmatisierung des ‚Anderen' funktioniert unabhängig davon, ob ein Zuviel oder Zuwenig, ob Mangel oder Exzessivität im Hinblick auf körperliche und sexuelle Normen behauptet wird. Gerade dass beide gegensätzliche und einander eigentlich widersprechende Zuschreibungen austauschbar sind und gleichzeitig in der Kennzeichnung derselben Person auftauchen können, kehrt jedoch ihren Konstruktionscharakter umso deutlicher hervor. Die Willkür und Kontingenz stereotyper Klassifikationen wird hier darüber hinaus darin akzentuiert, dass dieselben Merkmale bei unterschiedlichen Gruppen von Fremden festgestellt werden können: Indem Türken und Juden offensichtlich austauschbar werden, treten

---

[20] Liliane Weissberg, „'The Sound of Music': Das Studium jüdischer Kultur im neuen Europa", in: *Geliebter Feind – gehasster Freund. Antisemitismus und Philosemitismus in Geschichte und Gegenwart. Festschrift zum 65. Geburtstag von Julius H. Schoeps*, hg. von Irene A. Diekmann u. Elke-Vera Kotowski, Berlin, 2009, S. 653-674, hier S. 659; Weissberg zitiert hier Anne Seith, die von einer „Folklore ohne Geschichte" spricht.

[21] Kara, *Selam Berlin* (wie Anm. 14), S. 372.

[22] Ebd., S. 232.

[23] Ebd., S. 323.

die einzelnen Aspekte stereotypisierender Zuschreibungen als fungible Versatzstücke des Diskurses über den/die Anderen hervor.[24] Während Karas Roman dessen potentielle Gewaltförmigkeit, auch wo sie im Gewand philosemitischen Wohlmeinens daher kommt, zur Schau stellt, wird doch nicht jede Hinwendung zum Jüdischen als problematische Projektion vorgeführt. So gibt es etwa die Figur der Simone, die für die Abschlussarbeit ihres Fotografie-Studiums Schilder von ehemaligen jüdischen Geschäften in Berlin fotografiert: „Kürschner, Hutmacher. Mich interessiert das Leben der einfachen Juden, die keine Kohle hatten. Über die Reichen weiß man viel, aber die einfachen Leute sind verloren."[25] Diese Arbeit, die das Klischee vom reichen Juden im Bemühen um eine Sicherung historischer Spuren ‚des anderen' jüdischen Lebens unterläuft, beschreibt der Text als Beitrag zu einem produktiven und zukunftsweisenden Umgang mit Differenz. Im Gegensatz zu der kurzen Affäre zwischen Cora und Hasan, die von Anfang an keine Perspektive hat, steht denn auch die offensichtlich dauerhaftere Beziehung, die Simone zu Hasans deutsch-türkischem Halbbruder Adem eingeht. Dass auch Simone, von der es einmal heißt, dass ihre Arbeit sie „strahlen lasse", durchaus nicht frei ist von Narzissmus und Eigennutz – sie kann sich ihres Erfolgs gewiss sein, heißt es einmal, da niemand eine derart ausgefallene Fotoserie präsentieren wird –, tut dies der insgesamt positiven Bewertung ihrer philosemitischen Neigung dabei offenbar keinen Abbruch.

Eine programmatische Ausweitung der Perspektive auf das deutsch-jüdische Verhältnis mit Blick auf die türkische Position unternimmt bereits der 1998 erschienene Roman *Gefährliche Verwandtschaft* von Zafer Şenocak:

> Im Deutschland von heute stehen Juden und Deutsche einander nicht mehr allein gegenüber. [...] In Deutschland entsteht jetzt ein Trialog zwischen Deutschen, Juden und Türken, zwischen Christen, Juden und Muslimen. Die Auflösung der deutsch-jüdischen Dichotomie könnte beide Parteien, Deutsche und Juden, von ihren traumatischen Erfahrungen erlösen. Dazu müßten sie aber die Türken in ihre Sphäre aufnehmen. Und die Türken in Deutschland müßten ihrerseits die Existenz der Juden entdecken, nicht nur als ein Teil der deutschen Vergangenheit, an der sie nicht mehr teilhaben können, sondern als Teil der Gegenwart, in der sie leben.[26]

Wird die Rede von der Erlösung vom Ich-Erzähler anschließend sogleich als ‚Phantasie' gekennzeichnet, die er hege, wenn er gut gelaunt sei[27], so entfaltet der Text doch selbst eine historische Spurensuche, indem nicht nur den Vertreibungen und Exilerfahrungen infolge faschistischer Gewalt nachgespürt wird,

---

[24] Zur Übertragung von Stereotypen über ‚die Schwarzen' auf die europäischen Juden vgl. Sander L. Gilman, *Rasse, Sexualität und Seuche. Stereotype aus der Innenwelt der westlichen Kultur*, Reinbek bei Hamburg, 1992, S. 26-31.

[25] Kara, *Selam Berlin* (wie Anm. 14), S. 369.

[26] Zafer Şenocak, *Gefährliche Verwandtschaft*, 2. Aufl., München, 2009, S. 89. Zu diesem Aspekt vgl. auch Katharina Hall, „‚Bekanntlich sind Dreiecksbeziehungen am kompliziertesten': Turkish, Jewish and German Identity in Zafer Şenocak's *Gefährliche Verwandtschaft*", in: *German Life and Letters* 56.1 (2003), S. 72-88.

[27] Ebd., S. 90.

sondern auch etwa dem türkischen Völkermord an den Armeniern. Auch Şenocaks Text ist ein Wenderoman, der den Fall der Berliner Mauer mit einer Situation in Verbindung bringt, in der alte Identifikationsmuster und Sicherheiten erschüttert werden und eine neue Dynamik und Offenheit entsteht, welche die Chance zur Integration anderer Herkünfte und Existenzweisen birgt:

> Plötzlich war ich kein Fremder mehr in Berlin. Ich war hier nicht nur zu Hause. Ich gehörte auch dazu. Ich war einer von vielen Maulwürfen in der Stadt. Wir sorgten dafür, dass der Boden, auf dem die neue Hauptstadt errichtet werden sollte, immer locker und tückisch unfest blieb.[28]

Die Erinnerung an die von totalitären Grenzsetzungen geprägten Identitätspolitik des zu Ende gehenden Jahrhunderts – vom Großvater des Erzählers heißt es, er habe sein Leben an Grenzen verbracht, „die mit Blut geschaffen worden waren“[29] – wird hier mit alternativen Identitätsentwürfen verschränkt, welche eindeutige Zuordnungen und Klassifikationen nicht zulassen. Philosemitismus ist in Şenocaks Roman nicht ausdrücklich Thema, was ihn aber für den hier skizzierten Kontext interessant macht, ist neben dem Aufbrechen der bi-polaren Perspektive auf das deutsch-jüdische Verhältnis auch die Tatsache, dass die Hauptfigur keiner der drei Gruppen, die seiner Meinung nach in einen Trialog treten sollen, zuzuordnen ist, sondern dass die Auseinandersetzung mit deren Geschichten und jeweiligen historischen Verhältnissen sich immer auch als Erkundung der eigenen Geschichte erweist. Mit einer jüdischen Mutter, deren Eltern 1934 vor den Nazis ins türkische Exil flohen, und einem türkischen Vater, über den er mit dem Erbe der türkischen Verbrechen an den Armeniern konfrontiert wird, die ihrerseits als Christen Türken und Juden gleichermaßen hassten, ist er „ein Enkel von Opfern und Tätern“ zugleich.[30] In seinen Versuchen, sich seiner Herkunft zu vergewissern, stößt er daher nicht nur auf unheilbare Brüche, sondern auch auf die Unmöglichkeit, diese im Sinne einer Identifikation mit *einer* Gemeinschaft, mit *einem* genealogischen Narrativ, zu heilen.[31] Gerade dieser Schwierigkeit sehen sich aber ja auch die Kinder von Tätern oder Opfern nach der Shoah ausgesetzt. Tatsächlich birgt das Festhalten an eindeutigen Identitätszuschreibungen im Sinne der bipolaren Bestimmung des Jüdischen oder des Deutschen hier, wie die Texte demonstrieren, stets die Gefahr, alte Muster fortzuschreiben und Kontinuitäten zu suggerieren, die es nach dem Zivilisationsbruch des Holocaust spätestens nicht mehr geben kann.

Besonders eindrücklich wird dies in den Romanen Doron Rabinovicis gestaltet, in denen ebenfalls differenzierte Perspektiven auf Phänomene des Philosemitismus am Beginn des 21. Jahrhunderts entfaltet werden. Wie schon in *Suche*

---

[28] Şenocak, *Gefährliche Verwandtschaft* (wie Anm. 26), S. 47 f.
[29] Ebd., S. 77.
[30] Ebd., S. 40.
[31] Vgl. hierzu auch Roland Dollinger, „Hybride Identitäten. Zafer Şenocaks Roman *Gefährliche Verwandtschaft*“, in: *Seminar* 38.1 (2002), S. 59-73; Andreas Huyssen, „Diaspora and Nation: Migration Into Other Pasts“, in: *New German Critique* 88 (2003), S. 147-164.

nach M. (1997) und *Ohnehin* (2004) spielt auch in Doron Rabinovicis jüngstem Roman, der 2010 unter dem Titel *Andernorts* erschien, die Erinnerung an den Holocaust in all ihren unterschiedlichen Ausprägungen und kontroversen Verhandlungen eine zentrale Rolle. Bereits in den früheren Texten steht und fällt dieses Gedenken mit der Frage, ob und wie es zu aktuellen sozialen und kulturellen Konflikten in Beziehung gesetzt wird, wobei auch hier immer wieder eine Ausweitung der Perspektive auf andere Minderheiten, Migranten und Bürgerkriegsflüchtlinge und deren Kinder etwa, charakteristisch ist.[32] In *Suche nach M.* wird Dani Morgenthau, der als Sohn von Überlebenden an Symptomen transgenerationeller Traumatisierung leidet, als Geschworener in einen Prozess um einen vermeintlich typisch türkischen Ehrenmord involviert.[33] In *Ohnehin* wird ein Erzählstrang, in dem es um den unerbittlichen Versuch geht, einen senilen SS-Mann zu zwingen, die Wahrheit über die Vergangenheit preiszugeben, mit einem anderen verwoben, der auf dem Wiener Naschmarkt spielt und der aktuelle Konflikte einer multikulturellen Migrantengesellschaft beschreibt.[34] In beiden Texten werden philosemitische Projektionen als problematisch vorgeführt, sofern diese Zuschreibungen Figuren gegen ihre Umgebung absetzen und den Blick für Korrespondenzen und Dynamiken im Hinblick auf Ausgrenzungsphänomene verstellen. So erscheint jener Richter, der glaubt, sich mit dem Erzählen von jüdischen Witzen dem jüdischen Geschworenen anbiedern und sein Wissen um jüdische Kultur zur Schau stellen zu können, nicht nur letztlich als Antisemit, die von ihm vorgetragenen jüdischen Witze als herabsetzende

---

32 Bemerkenswerterweise kommt Matthias Konzett, der vor Erscheinen der Romane Rabinovicis einige seiner frühen Erzählungen analysiert, zu einem ähnlichen Ergebnis: „Rabinovici [...] does not settle for a fashionable multicultural model that would be welcomed by more liberal elements in Austria. His major reservation is once again a semantic one, struggling with a tacit consensus underlying the notion of cultural pluralism. The desired harmonization of diverse cultural claims [...] does not necessarily guarantee recognition, but demands assimilation to a norm, even if such a norm is now more heterogeneously articulated." Konzett, „The Politics of Recognition" (wie Anm. 13), S. 85.

33 Vgl. Doron Rabinovici, *Suche nach M.*, Frankfurt am Main, 1999, S. 70. Für den Richter ist klar, dass es sich im Fall der Ermordnung Hüseyin Çerçis um eine typisch „türkische G'schicht" handelt. Während er sich beeilt, explizit „jegliche Vorurteile zu verurteilen", reproduziert er sie zugleich nicht nur, indem er „die Verhältnisse und Sitten in den Familien der Orientalen, Blutrache und Sippenfehde" als Hintergrund der Tat schon vor Beginn der Verhandlung zu kennen glaubt, sondern auch, indem er die jüdische Identität des Geschworenen gegen dessen Willen öffentlich benennt.

34 Vgl. hierzu Matthias Beilein, „Auf diesem Markt ist Österreich. Doron Rabinovicis ‚Ohnehin'", in: *National Identities and European Literatures*, hg. von J. Manuel Barbeito u.a., Bern u.a., 2008, S. 93-104. Zu beiden Romanen auch die ausführlicheren Analysen: Doerte Bischoff, „Herkunft und Schuld. Identitätsverhandlungen in Doron Rabinovicis *Suche nach M.*", in: *Herkünfte. Historisch – ästhetisch – kulturell,* hg. von Barbara Thums u.a., Heidelberg, 2004, S. 249-279; Doerte Bischoff, „„Einmal muß Schluß sein"? Über Abrechnungen, Entschuldungen und kommunikative Erinnerung anläßlich einer Lektüre von Doron Rabinovici", in: *Erinnern des Holocaust? Eine neue Generation sucht Antworten,* hg. von Jens Birkmeyer und Cornelia Blasberg, Bielefeld, 2006, S. 187-219.

Witze über die Juden[35], er bleibt auch ansonsten seinen klischeehaften Vorstellungen in Bezug auf türkische Familienkonstellationen und Täterprofile verhaftet, so dass er eine gerechten Verhandlung des Konfliktfalls eher verhindert als befördert.[36] In *Ohnehin* sind die jüdischen Figuren, Paul Guttmann und Lew Feininger, immer wieder mit dem Identifikationsbegehren der Täterkinder konfrontiert, die sie offensichtlich instrumentalisieren wollen, ihnen ‚Absolution zu erteilen'[37]. Dass die Kinder der Opfer und Täter viele Gemeinsamkeiten hätten, weist Feininger ausdrücklich zurück: „Meinst du, wir wären eine einzige große Familie? Eine Art Mischehe aus Juden und Nazis? [...] Die Mischpoche von Auschwitz?“[38] In diesem Roman werden derartige familiäre Symbiosephantasien weniger mit einer Weigerung in Zusammenhang gebracht, sich mit dem Erbe der Nazi-Vergangenheit zu konfrontieren – eher ist ja das Gegenteil der Fall, da die Täterkinder geradezu obsessiv um die Fragen nach der Wahrheit der väterlichen Vergangenheit kreisen. Vielmehr werden Symbiose- und Identifikationsphantasmen hier als fatale Fixierungen vorgeführt, welche zu einer Unfähigkeit im Umgang mit realen Differenzen und aktuellen Konflikten führen und außerdem dazu tendieren, eine für die faschistische Identitätspolitik charakteristische Gewalt unreflektiert zu reproduzieren: der alte und kranke Hans Kerber wird regelrecht verhört und zu Geständnissen genötigt.

In *Andernorts* nun erfährt diese Problematisierung philosemitischer Überschreitung eine neue Wendung. Auch hier wird die Frage nach einem angemessenen Erinnern des Holocaust an Konstellationen geknüpft, die stärker noch als in den Vorgängerromanen als Phänomene der Globalisierung gekennzeichnet sind: die Hauptfiguren leben und arbeiten (als international engagierte Wissenschaftler) zwischen den Ländern und Kulturen, sie sprechen mehrere Sprachen, Transiträume wie Flughäfen und Flugzeuge sind zu ihren charakteristischen Aufenthaltsorten geworden. Sie profitieren von einer globalisierten kulinarischen Kultur wie überhaupt von einer wachsenden Zirkulation und Verbreitung kultureller Lebensformen. Das Interesse am Jüdischen und der Wunsch, jüdisch zu leben bzw. sich mit jüdisch Konnotiertem zu umgeben, wird dabei ausdrücklich in einen Kontext gestellt, in dem kulturelle Identität zunehmend nicht mehr Schicksal ist, sondern als austauschbar, kontingent und wählbar erscheint:

[35] Vgl. hierzu auch Doron Rabinovici, „Hundertundsiebzehn. Oder Eine kurze Anleitung zum jüdischen Witz“, in: ders., *Credo und Credit. Einmischungen,* Frankfurt am Main, 2001, S. 61-66. Hier heißt es: „Versuchen Sie [...] nie Jiddisch zu sprechen, wenn Sie es nicht beherrschen. Jiddeln hat mit der jiddischen Sprache nichts zu tun; sie ist deren Verballhornung. Antisemiten jiddeln. Unterlassen Sie das stereotype Händereiben, wenn Sie einen Juden nachzuahmen vermeinen [...]. Überschütten Sie Juden nicht mit ihrer reichhaltigen Sammlung jüdischer Witze, um sich ihnen anzubiedern. Einige Witze werden *Sie* nie erzählen können [...].“ Ebd., S. 62.

[36] Vgl. Rabinovici, *Suche nach M.* (wie Anm. 33), S. 71. Der Richter erscheint als Repräsentant einer „verstaatlichte[n] Toleranz“, die sich in seinem Fall in der unreflektierten Reproduktion von Stereotypen manifestiert, die kulturelle ‚Eigenarten', indem sie sie zu berücksichtigen vorgibt, allererst zuschreibt.

[37] Doron Rabinovici, *Ohnehin*, Frankfurt am Main, 2004, S. 55.

[38] Ebd., S. 119.

> Die Welt war voll mit Menschen, die Juden, Orientalen oder Südseeinsulaner sein wollten und sich und ihr Zuhause exotisch ausstaffierten. [...] Sie setzten eine Baskenmütze auf, ließen sich einen Schnurrbart wachsen und tranken Milchkaffee aus der Müslischale, um sich französisch zu fühlen. Sie tanzten Flamenco, weil ihnen ihr Heim nur noch spanisch vorkam. Warum auch nicht? Wieso sollte es lächerlicher sein, am Wörther See einen Sarong zu tragen als eine Lederhose? Sah etwa ein Kilt in Paris possierlicher aus als in Edinburgh?[39]

Der Text legt Wert auf die Feststellung, dass die Frage nach ihrem bzw. dem Judentum für die Protagonisten nicht auf die Beliebigkeit einer Kostümierung, ein *anything goes* in Sachen kulturelle Orientierung reduziert werden kann. Dennoch findet die Auseinandersetzung über jüdische Identität und Zugehörigkeit ausdrücklich im Horizont transkultureller Existenzweisen und Orientierungen, welche als Signatur der Gegenwart beschrieben werden, statt.[40] Dies schlägt sich auch in den wissenschaftlichen Themen nieder, mit denen Ethan Rosen und Rudi Klausinger aktuell befasst sind. Ethan Rosen, in Wien lebender Israeli, der im Laufe der Handlung überlegt, ins ‚Land', in das seine Eltern als Überlebende gekommen sind, zurückzukehren, schreibt gerade einen Aufsatz über Transkulturalität in der hebräischen Literatur und betreut eine Dissertation über Migranten im israelischen Film. Rudi Klausinger, von Geburt Österreicher, aber u.a. in Israel auf der Suche nach seinem unbekannten, möglicherweise jüdischen Vater, hat gerade ein Buch über museale Darstellungen von Minderheiten in Europa verfasst. Beide geraten aneinander, weil sie nicht nur um dieselben Stellen für Jüdische Studien konkurrieren, sondern auch eine öffentlich ausgetragene Kontroverse darüber initiieren, ob Schülerreisen nach Auschwitz eine angemessene Form des Holocaust-Gedenken seien und ob man einen NS-Exilanten, der solche Reisen begleitet hat, dafür kritisieren darf. Entzündet sich diese Kontroverse infolge eines Nachrufs, den Klausinger auf Dov Zedek, jenen ehemaligen Exilanten (ursprünglich Adolf Gerechter), schreibt, so wird im Laufe der Handlung noch ein weiterer Vertreter der Generation der Zeitzeugen und Überlebenden zu Grabe getragen: Ethans Vater Felix Rosen, der mit Dov Zedek eng befreundet gewesen war. Damit wird umso deutlicher,

---

39 Rabinovici, *Ohnehin* (wie Anm. 37), S. 194.

40 Dabei erfährt der Begriff der Zugehörigkeit zugleich eine Transformation. Vgl. hierzu auch Diana Pinto, „Europa – ein neuer ‚jüdischer Ort'", in: *Menora. Jahrbuch für deutsch-jüdische Geschichte* (1999), S. 15-34, hier S. 31: „Juden, insbesondere im Westen, können sich nicht so verhalten, als seien sie schon immer eingewurzelte Bürger des jeweiligen Staates gewesen, als hätte der Holocaust niemals stattgefunden. Das wäre eine gefährliche Verdrängung für alle Beteiligten. Vielmehr ändern die Juden in Paris, Amsterdam, Berlin oder Prag durch eine ungeschönte historische Wahrnehmung von Kontinuität und Brüchen ihrer ideellen, kulturellen, demographischen Wechselbeziehung zum Kontinent, die eigentliche Bedeutung des Wortes ‚zugehörig' neu zu interpretieren und zu besetzen. [sic!] ‚Zugehörigkeit' wird nicht länger mit mythisch-territorialen und rassischen Bezügen [...] assoziiert sein, sondern mit einer viel freieren Bindung an die Sprache, an die Kultur und an eine vielschichtige kulturelle und soziale Beziehungsgeschichte, ein Prozeß, der ebenso von Differenzen und Spannungen charakterisiert ist wie von traditionellen Eckwerten der Harmonie und Einheit."

dass die Generation der Nachgeborenen nun aufgefordert ist, Formen des Erinnerns an die Väter und das von ihnen Erlebte zu finden, die ihnen gerecht werden und die zugleich Differenzen zwischen den Erinnernden nicht leugnen. Beides gehört, so jedenfalls will es der Text, unablöslich zusammen, denn gerade der Versuch, über die Vergangenheit eine Deutungshoheit zu etablieren oder eine Position des Sprechens, naheliegenderweise die jüdische bzw. die des Sohns von Überlebenden, gegenüber anderen zu privilegieren, bringt aggressive Ausgrenzungen hervor, welche ihre eigene Unangemessenheit gerade im Hinblick auf das Erinnern von Ausgrenzung regelrecht zur Schau stellen.

Eine Strategie, die eigene Position zu immunisieren und Deutungshoheit über die Vergangenheit zu behaupten, ist im Text der Vorwurf des Philosemitismus. Rudi Klausinger wird durch seine Kompetenz in Sachen Judentum – er spricht Hebräisch, Jiddisch und Ladino –, vor allem aber durch die Suche nach seinem unbekannten Vater, die ihn auf Felix Rosen und Dov Zedek führt, für Ethan zunehmend zur Bedrohung. Dass dieser „andere sich in jede Ritze seiner Existenz zwängt[]“[41] illustriert der Text tatsächlich in durchaus drastischen Bildern, etwa wenn Rudi, der in Felix Rosen seinen Vater gefunden haben glaubt und von diesem auch freundlich aufgenommen wird, vorübergehend in Ethans altes Kinderzimmer einzieht oder wenn er zunehmend Interesse an Ethans Lebensgefährtin Noa bekundet. So ist es kaum erstaunlich, dass Ethan wünscht, er könne diesen ungebetenen vermeintlichen Halbbruder, dieses „Anhängsel aus Wien“ möglich schnell loswerden.[42] Rudis Begehren, Jude werden zu wollen (bzw. endlich Jude sein zu können), das sich sowohl in dem Entschluss, nach Jerusalem zu ziehen wie in dem, sich beschneiden zu lassen, manifestiert, weist Ethan schroff zurück, weil er argwöhnt, hier wolle jemand Opfer sein ohne je gelitten zu haben.[43] „Früher versuchten Juden, um zu überleben, als Arier zu gelten. Nun fahnden Kinder ehemaliger Nazis nach Vorfahren, die als Sarah und Israel verfolgt wurden, um instant koscher zu werden“[44] – so formuliert eine andere Stimme des Romans den Philosemitismus-Vorwurf. Tatsächlich unterläuft dieser Vergleich ebenso wie die Beschreibung Klausingers als Parvenü, habitueller Assimilant und Verwandlungskünstler, der nicht selbst denke, sondern sich (in andere) hinein denkt[45], die klare Unterscheidung von Juden und Nicht-Juden, die sie doch eigentlich zu affirmieren sucht. In der übergreifenden Problematisierung eines Assimilationsbegehrens, das dem Wunsch nach eindeutiger Verortung und Bindung in einer Situation folgt, in der Identität gerade durch Abtrennung und Entzug (der Vater-Figur) charakterisiert ist, findet der

41 Doron Rabinovici, *Andernorts,* Frankfurt am Main, 2010, S. 232.

42 Ebd., S. 245.

43 Ebd., S. 193.

44 Ebd., S. 142 f.

45 Diese Begriffe finden sich in einer Selbstbeschreibung Rudi Klausingers in erlebter Rede, die deutlich macht, auf welche Weise antijüdische Stereotype fungibel werden, indem sie von einem Sprecher, dessen Position (jüdisch oder nicht-jüdisch) nicht geklärt werden kann, aktualisiert werden. Vgl. ebd., S. 220. Vgl. auch ebd., S. 68 f.

Text hier zu einer anderen Perspektivierung des Philosemitismus. Der Wunsch der Identifikation mit dem Jüdischen bringt hier, so jedenfalls demonstriert es der Text, Brüche und Leerstellen zum Vorschein, die beide Seiten betreffen und gerade deshalb der Bildung einer „Familie nach Auschwitz“[46], wie es hier ganz ähnlich wie in *Ohnehin* heißt, grundsätzlich Widerstände entgegensetzen. Allerdings wird die Frage nach der Familie als die nach einer intakten und bruchlosen Genealogie auch im Hinblick auf die jüdische Seite problematisiert. Denn wie sich als Folge eines Gentests, der seinerseits im Zusammenhang mit Konstrukten und Phantasmen der Gemeinschaftskonstitution (in Israel) steht, herausstellt, ist Felix Rosen nicht nur nicht Rudis, sondern auch nicht Ethans leiblicher Vater, was dieser immer gewusst hatte. Indem die Möglichkeit aufgeworfen wird, dass dessen Unfruchtbarkeit mit seiner Lagererfahrung zu tun haben könnte, wird der Bruch der Genealogie ausdrücklich mit der Shoah in Verbindung gebracht. Tatsächlich können sich weder Rudi, dessen Vater ebenso Holocaust-Überlebender wie KZ-Kommandant gewesen sein könnte[47], noch Ethan durch eine eindeutige Vater-Sohn-Konstellation identifizieren. Dabei ist deutlich, dass sie den jeweils anderen in seiner Existenz nur wahrnehmen können, wenn sie von einer ausschließenden Beanspruchung des Vaters oder auch des Vaterlands absehen. Zuletzt jedenfalls ist Rudi angesichts der Enttäuschungen, die er in Israel im Hinblick auf seine Identitätssuche erlebt – und zwar nicht im Hinblick auf die Aufmerksamkeit und Zuneigung, die er erfährt, sondern im Hinblick auf die Eindeutigkeit der Abstammung, die sich eben nicht feststellen ließ – „endgültig kuriert“[48] von der Vatersuche, zumal der einzige, den er als Vater erinnern kann, Felix Rosen, seinerseits ohne festen Ort gelebt hatte: „Sein Jerusalem war immer andernorts und überall zugleich. Er war im Zwischenraum zu Hause, wo ein Mensch auf den anderen trifft.“[49] Dieses ebenso diasporische wie ethische Konzept einer Zerstreuung, die der eindeutigen Fixierung der Identität entgegensteht, weil sich in ihr immer verschiedene Bindungen und Potentialitäten verschränken, steht aber deutlich in einer jüdischen Tradition. Wenn es einen Philosemitismus gibt, den der Text affirmiert und als produktiv im Hinblick auf den Umgang mit der (Shoah-)Vergangenheit wie im Hinblick auf zeitgemäße Konzepte des Miteinanders in Zeiten von Globalisierung und Migration beschreibt, so ist es eine Hinwendung zu dieser diasporischen Tradition des Judentums, in der Partikularismus (und die Situiertheit jeder Identität

---

46 Rabinovici, *Andernorts* (wie Anm. 41), S. 224. Vgl. auch ebd., S. 142: „In Wien schreibt er einen Artikel gegen Dov, und hier will er Teil der Mischpoche werden.“

47 Vgl. ebd., S. 69: „Was, wenn ich selber jüdisch wäre? […] Was, wenn ich der uneheliche Sohn eines Überlebenden wäre?“; S. 266: „Er berichtete von der jüdischen Heimsuchung, die über ihn gekommen war. Daß er sogar den Übertritt geplant hatte. […] Und hatte er nicht selbst versucht, als Hebräer wiedergeboren zu werden? Was, wenn er genetisch wirklich der Sohn von Felix Rosen gewesen wäre? Hätte ihn das von Geburt an zum Antinazi gemacht? Oder jüdischer? Was, wenn er nun herausfände, sein Vater sei der Kommandant eines Konzentrationslagers gewesen?“

48 Ebd., S. 267.

49 Ebd., S. 285.

und Geschichtsdeutung) und Universalismus in einem stets unauflösbaren Spannungsverhältnis stehen. Mit seiner Hinwendung zum Jüdischen, seiner hebräischen Sprachkompetenz und seinem wissenschaftlichen Interesse für Judaistik repräsentiert Rudi Klausinger geradezu den typischen Studenten der Jüdischen Studien in Deutschland oder Österreich, die wie zahlreiche andere Orte und Räume des Jüdischen in Europa heute tatsächlich überwiegend von Nicht-Juden konstituiert und genutzt werden. Dass diese Form des Philosemitismus nicht nur die Pflege und Bewahrung der jüdischen Kultur jenseits einer mit ihr notwendig verkoppelten ‚Jewish agency' sichern kann, hat Liliane Weissberg unter Berufung auf Diana Pinto in dem schon zitierten Aufsatz ebenso nüchtern wie einleuchtend beschrieben.[50] Dass die eindeutige Unterscheidung zwischen Jewish und non-Jewish agency in manchen Fällen schwer fallen dürfte, lässt sich als Konsequenz daraus vermuten. Eine ‚Normalisierung' der jüdischen Kultur und Identität jedenfalls kann in diesem Kontext nur bedeuten, dass im kulturellen Mit- und Nebeneinander ihrer Spezifik ebenso Raum gegeben wird wie der Erinnerung an einen Bruch, der jede Verwurzelungs- und Verschmelzungsrhetorik als ideologische Phantasmen erweist.[51] Multi- oder transkulturelle Konzepte, wie sie hier entworfen werden, lassen sich – wie bei Yade Kara – gerade nicht im Bild einer Suppe fassen, in der alle Zutaten ein großes buntes Ganzes ergeben, dessen Würze und Abrundung das jüdische Element darstellt. Vielmehr sind es gerade die in den Identitäten zutage tretenden Brüche, ihre hybriden Überdeterminierungen sowie ihr Status zwischen den kulturell fixierbaren Orten, welche ein Philosemitismus zutage treten lässt, der sein Objekt nicht festlegt oder vereinnahmt, sondern der Prozesse und Grenzen der Identifizierung offenlegt.

50 Vgl. Weissberg, „'The Sound of Music'" (wie Anm. 20), S. 663-671.

51 Vgl. hierzu Pinto, „Europa – ein neuer ‚jüdischer Ort'" (wie Anm. 40), S. 30: „Als Erben einer religiösen Tradition, die seit undenklichen Zeiten immer versuchte, eine spezifische Identität mit universalistischen Prinzipien zu vereinbaren, müssen sie diese fruchtbare Tradition für heutige Herausforderungen aktualisieren. Sie sind deutlich besser darauf vorbereitet als andere Gruppen, ihre Eigenheiten zu bewahren bei gleichzeitigem Eintreten für universelle Rechte und Werte. Nur auf diese Art ist gewährleistet, daß Pluralismus sich nicht zu einem ghettoisierten Multikulturalismus entwickelt, der den Individuen die Möglichkeit entzieht, kulturelle Identität über die Grenzen der ethnischen Ursprünge hinaus zu gewinnen und zu gestalten."

Zu den Autorinnen und Autoren

DOERTE BISCHOFF ist Professorin für Neuere deutsche Literatur an der Universität Hamburg und Leiterin der Walter A. Berendsohn Forschungsstelle für deutsche Exilliteratur. Forschungsschwerpunkte: Deutsch-Jüdische Literatur, Holocaust-Erinnerung, Literatur und Exil, Transnationalität und Transkulturalität (in) der Literatur, Literatur und Wissen, literarische Ding-Kulturen, Gender und Rhetorik.
Publikationen u.a.: Poetischer Fetischismus. Der Kult der Dinge im 19. Jahrhundert. München 2013; Exil – Literatur – Judentum (Hg.), München 2016; Mitherausgeberin des Jahrbuchs Exilforschung.

STEPHAN BRAESE ist Ludwig Strauß-Professor für Europäisch-jüdische Literatur- und Kulturgeschichte an der RWTH Aachen University. Forschungsschwerpunkte: Deutsche Sprachkultur von Juden, Exilliteratur, Nachkriegs- und Gegenwartsliteratur, Literatur und Wissen.
Publikationen: Eine europäische Sprache. Deutsche Sprachkultur von Juden 1760-1930, Göttingen 2010; Die andere Erinnerung. Jüdische Autoren in der westdeutschen Nachkriegsliteratur, München ^{3}2010; Jenseits der Pässe. Wolfgang Hildesheimer – Eine Biographie, Göttingen 2016.

GEORG BRAUNGART ist Professor für Neuere deutsche Literatur an der Eberhard-Karls-Universität Tübingen. Forschungsschwerpunkte: Barockliteratur, Literatur der Moderne, Rhetorik / Ästhetik / Poetik, Körpergeschichte, Literaturgeschichte und Wissenschaftsgeschichte (bes. Geologie).
Publikationen: Hofberedsamkeit. Studien zur Praxis höfisch-politischer Rede im deutschen Territorialabsolutismus. Tübingen 1988. (Studien zur deutschen Literatur. Bd. 96); Leibhafter Sinn. Der andere Diskurs der Moderne. Tübingen 1995.

EVA EDELMANN-OHLER ist Lehrbeauftragte für Literatur- und Kulturwissenschaft an der ETH Zürich. Forschungsschwerpunkte: deutsch-jüdische Literatur und Kultur, Literatur und Religion/Atheismus, Kulturpoetik, Franz Kafka, Arnold Zweig.
Publikationen: Sprache des Krieges. Deutungen des Ersten Weltkriegs in zionistischer; Publizistik und Literatur (1914-1918). Berlin 2014, [Conditio Judaica 88]. (mit Andreas Kilcher und Henry Wassermann): Deutsch-jüdische Drucke aus Palästina/Israel. Bibliographie (1890–2000). Berlin 2016.

ANDREA GEIER ist Professorin für Neuere deutsche Literaturwissenschaft/Gender Studies an der Universität Trier und im Vorstand des Centrums für Postcolonial und Gender Studies (CePoG). Schwerpunkte in Forschung und Lehre: Gegenwartsliteratur, kultur- und literaturwissenschaftliche Geschlechter- und

Interkulturalitätsforschung, Literatur im Medienwechsel, Antisemitismus. Publikationen u.a. ‚Gewalt' und ‚Geschlecht'. Diskurse in deutschsprachiger Prosa der 1980er und 1990er Jahre. Tübingen 2005. Zu Veröffentlichungen und Projekten siehe www.andrea-geier.de.

KATHARINA GRÄTZ ist wissenschaftliche Kommentatorin am Nietzsche-Kommentar der Heidelberger Akademie an der Universität Freiburg. Forschungsschwerpunkte: Literatur und Philosophie, Literatur und Geschichte, Literaturgeschichte vom 18. Jahrhundert bis zur Gegenwart (insbes. Poetischer Realismus und Klassische Moderne), Editionsphilologie. Publikationen: Musealer Historismus. Die Gegenwart des Vergangenen bei Stifter, Keller und Raabe. Heidelberg 2006; Alles kommt auf die Beleuchtung an. Theodor Fontane – Leben und Werk. Stuttgart 2015; (mit Sebastian Kaufmann) (Hg.): Nietzsche zwischen Philosophie und Literatur. Von der Fröhlichen Wissenschaft zu Also sprach Zarathustra. Heidelberg 2016.

BERNHARD GREINER ist em. Professor für Neuere deutsche Literatur an der Universität Tübingen. 2000-2002 Inhaber des Walter Benjamin-Lehrstuhls für deutsch-jüdische Literatur und Kulturgeschichte an der Hebräischen Universität Jerusalem.
Forschungsschwerpunkte: Drama und Theater, Literatur der deutschen Klassik und Romantik, Kleist, deutsch-jüdische Literaturbeziehungen, Literaturtheorie, Literatur und Recht.
Publikationen u.a.: Die Tragödie. Eine Literaturgeschichte des aufrechten Ganges. Stuttgart 2012; Die Komödie. Eine theatralische Sendung. 2. aktual. u. erg. Aufl., Tübingen 2006; Beschneidung des Herzens. Konstellationen deutsch-jüdischer Literatur. München 2004; (Hg.): Placeless Topographies. Jewish Perspectives on the Literature of Exile. Tübingen 2003.

RALPH HÄFNER ist Inhaber des Lehrstuhls für Neuere deutsche Literaturgeschichte an der Albert-Ludwigs-Universität Freiburg im Breisgau. Forschungsschwerpunkte: Französisch-deutsche Literaturbeziehungen vom 15. bis 20. Jahrhundert; Europäische Traditionsgeschichte; Frühe Neuzeit, Aufklärung und ihre Wirkungsgeschichte.
Publikationen: Masken in Gesellschaft. Bacchanale, Bankette, Petits Soupers von Heine bis Rabelais, Heidelberg 2014; Die Weisheit des Silen. Heinrich Heine und die Kritik des Lebens, Berlin, New York 2006; (Hg.): Heinrich Heine und die Kunstkritik seiner Zeit. Akten des Internationalen und interdisziplinären Kolloquiums, Paris, 26.–30. Mai 2006, Heidelberg 2010.

HELMUTH KIESEL, Dr. phil., Jahrgang 1947, studierte in Tübingen Germanistik und Geschichte, wurde aufgrund einer Arbeit über literarische Hofkritik von Sebastian Brant bis Friedrich Schiller promoviert und aufgrund einer Arbeit über Alfred Döblins Exil- und Spätwerk habilitiert. Von 1987 bis 1990 war er

Professor für Neuere deutsche Literatur und Literaturvermittlung an der Universität Bamberg, von 1990 bis 2015 Inhaber eines Lehrstuhls für Neuere deutsche Literaturgeschichte am Germanistischen Seminar der Universität Heidelberg mit einem Schwerpunkt auf der Literatur des 20. Jahrhunderts. Zahlreiche Publikationen zur Literatur des Humanismus, der Barockzeit, der Aufklärung und des 20. Jahrhunderts, zuletzt „Geschichte der literarischen Moderne: Sprache, Ästhetik, Dichtung" (München 2004: C. H. Beck), „Ernst Jünger: Biographie" (München 2007: Siedler). Edition verschiedener Werke moderner Autoren (Alfred Döblin, Franz Kafka, Erich Maria Remarque, Joseph Roth, zuletzt historisch-kritische Ausgaben von Ernst Jüngers „Kriegstagebuch 1914-1918" (Stuttgart 2010: Klett-Cotta) sowie des Kriegsbuchs „In Stahlgewittern" (Stuttgart 2013: Klett-Cotta)). Eine umfangreiche „Geschichte der deutschsprachigen Literatur 1918-1933" erscheint im Frühjahr 2017 (bei C. H. Beck). Mitarbeiter des Feuilletons der „Frankfurter Allgemeinen Zeitung".

ANDREAS B. KILCHER ist Professor für Literatur- und Kulturwissenschaft an der ETH Zürich und aktueller Direktor des Zentrums für Geschichte des Wissens der ETH und der Universität Zürich. Er hatte Gastprofessuren u.a. in Jerusalem, Princeton und Stanford. Seine Forschungsgebiete sind jüdische Literatur- und Kulturgeschichte, literatur- und kulturwissenschaftliche Wissensforschung sowie Kabbala- und Esoterikforschung. Jüngste Buchpublikationen: Franz Kafka (2008); Max Frisch (2011); Lexikon der deutsch-jüdischen Literatur (2012^2) Poetik und Politik des Witzes bei Heinrich Heine (2014); Die Wissenschaft des Judentums (2015); Writing Jewish Culture. Paradoxes in Ethnography (2016).

STEFAN KNÖDLER ist Akademischer Rat für Neuere deutsche Literatur an der Eberhard-Karls-Universität Tübingen. Forschungsschwerpunkte: Romantik (bes. August Wilhelm Schlegel), Literatur in Württemberg, Buch- und Verlagswesen, deutsch-französische Literaturbeziehungen, klassische Moderne.
Publikationen u.a.: Rudolf Borchardts Anthologien, Berlin 2010; (Hg.) August Wilhelm Schlegel: Kritische Ausgabe der Vorlesungen, Bd. II/2, Paderborn 2016.

CHRISTIAN KOHLROSS ist Privatdozent für Kulturwissenschaften an der Universität Mannheim und als Dozent in der Psychotherapeutenfortbildung sowie psychotherapeutisch in eigener Praxis tätig.
Publikationen: Die poetische Erkundung der wirklichen Welt, Bielefeld 2010, Psychisch kranke Gesellschaft: Nicht nur Individuen haben Persönlichkeitsstörungen, in: Universitas 1/2016.

STEFANIE LEUENBERGER ist Oberassistentin an der Professur für Literatur- und Kulturwissenschaft der ETH Zürich. Forschungsschwerpunkte: Theorie der

Avantgarden des 20. Jahrhunderts, Literatur und Kultur des Fin de Siècle, Alphabetische Literatur seit der Antike, Deutsch-jüdische Kulturgeschichte und Literaturdiskurse, Literatur der deutschsprachigen Schweiz.
Publikationen: Schrift-Raum Jerusalem. Identitätsdiskurse im Werk deutsch-jüdischer Autoren. Köln 2007; (mit Simon Aeberhard und Caspar Battegay) (Hg.): dialÄktik. Deutschschweizer Literatur zwischen Mundart und Hochsprache. Zürich 2014.

HAIM MAHLEV ist Ausstellungskurator für Frühe Neuzeit im Jüdischen Museum Berlin. Forschungsschwerpunkte: Rationalismus und Enthusiasmus, Frühaufklärung und Aufklärung, Wissensüberlieferung und Philosophia Perennis (bes. hebräische und christliche Kabbala).
Publikationen umfassen u. a. Beiträge in Zeitschriften wie Journal of the History of Ideas, Jewish Quarterly Review, Philosophisches Jahrbuch und Scientia Poetica.

JÖRG MARQUARDT. Studium der Neueren deutschen Literatur und Neueren und neuesten Geschichte an der Ernst-Moritz-Arndt-Universität Greifswald und Eberhard-Karls-Universität Tübingen. Wissenschaftlicher Assistent an der Professur für Literatur- und Kulturwissenschaft an der ETH Zürich (bis 2014). Mitglied im SNF-Forschungsprojekt „Imitation – Assimilation – Transformation. Epistemologien, Semantiken und Praktiken der Anverwandlung im 19. u. 20. Jahrhundert“ (bis 2015). Seit 2016: Wirtschaftsredaktor bei Zürcher Oberland Medien AG, Wetzikon.

BURKHARD MEYER-SICKENDIEK ist Privatdozent an der Freien Universität Berlin. Forschungsschwerpunkte: Deutsch-jüdische Moderne, Affektpoetik, moderne und postmoderne Lyrik, Theater der Empfindsamkeit, digital humanities.
Publikationen: Die Ästhetik der Epigonalität (2001), Affektpoetik (2005), Was ist literarischer Sarkasmus? (2009), Tiefe. Über die Faszination des Grübelns (2010), Lyrisches Gespür (2012), Zärtlichkeit. Höfische Galanterie als Ursprung der bürgerlichen Gefühlskultur (2016)

GUNNAR OCH ist Professor für Neuere deutsche Literaturwissenschaft an der Friedrich-Alexander-Universität Erlangen-Nürnberg. Forschungsschwerpunkte: deutsch-jüdische Literaturgeschichte, literarischer Antisemitismus, Literatur der klassisch-romantischen Zeit.
Publikationen: (mit Georg Seiderer) (Hg.): Jean Paul der Fremde. Kleine Vorschule zu Texten und Kontexten eines schwierigen Autors. Würzburg 2014; (mit Burkhard Meyer-Sickendiek) (Hg.): Der jüdische Witz. Zur unabgegoltenen Problematik einer alten Kategorie. Paderborn 2015.

CORNELIA ORTLIEB ist Inhaberin des Lehrstuhls für Komparatistik an der FAU Erlangen-Nürnberg. Forschungsschwerpunkte: Europäische Literaturgeschichte (18.-21. Jahrhundert), Philosophie als Schreibart um 1800, Theorie des Materials und der Materialität in den Künsten.
Publikationen: Friedrich Heinrich Jacobi und die Philosophie als Schreibart, München 2010; (mit Patrick Ramponi und Jenny Willner) (Hg.): Das Tier als Medium und Obsession. Zur Politik des Wissens von Mensch und Tier um 1900. Berlin, 2015; (mit Christopher Blenkinsop und Alexander Roesler) (Hg.): Neue Rundschau 4/2015: Urheberrecht, Copyright, Künstler. Frankfurt am Main 2015.

LUTZ-HENNING PIETSCH ist Programmdirektor Kommunikations- und Kulturwissenschaft an der Zeppelin Universität Friedrichshafen. Forschungsschwerpunkte: Literatur des späten 18. und frühen 19. Jahrhunderts, Philosophie und Anthropologie der Spätaufklärung, Ideen- und Metapherngeschichte. Publikationen: Topik der Kritik. Die Auseinandersetzung um die Kantische Philosophie und ihre Metaphern (1781-1788). Berlin, New York 2010; Aufsätze zu Schiller, Herder u.a.

IRMGARD SCHEITLER ist apl. Professorin für Neuere Deutsche Literaturwissenschaft an der Julius-Maximilians-Universität Würzburg. Forschungsschwerpunkte: Beziehungen zwischen Musik und Literatur, Gattungstheorie, Genderforschung, Gegenwartsliteratur, Barock.
Publikationen: Schauspielmusik – Ästhetik und Funktion im Drama der Frühen Neuzeit. Bd. I: Materialband (mit Musik-MP3) Tutzing 2013. Bd. II: Darstellungsband Beeskow, Berlin 2015. Deutschsprachige Oratorienlibretti. Von den Anfängen bis 1730. (=Beiträge zur Geschichte der Kirchenmusik 12) Paderborn 2005.

MONIKA SCHMITZ-EMANS ist Professorin für Allgemeine und Vergleichende Literaturwissenschaft an der Ruhr-Universität Bochum. Forschungsschwerpunkte: Literaturtheorie und Poetik, komparatistische Stoff-, Motiv und Einflussforschung auf dem Feld der europäischen und amerikanischen Literatur, Beziehungen zwischen Literatur und Philosophie, Literatur und bildender Kunst, Literatur und Musik, Reflexion von Geschichte und Geschichtlichkeit im literarischen Medium.
Publikationen: (mit Christian A. Bachmann) Literatur-Comics. Adaptationen und Transformationen der Weltliteratur. Berlin, Boston 2012; (mit Achim Hölter) (Hg.): Literaturgeschichte und Bildmedien. Heidelberg 2015; (mit Christan A. Bachmann, Laura Emans) (Hg.): Bewegungsbücher. Spielformen, Poetiken, Konstellationen. Berlin 2016.

MARC SEIFFARTH ist wissenschaftlicher Mitarbeiter am Deutschen Seminar der Universität Tübingen. Forschungsschwerpunkte: Friedrich Schiller/Ästhetik

und Poetik um 1800; Literatur der Klassischen Moderne, bes. Franz Kafka; Literatur- und Mediengeschichte.
Publikationen: (mit Urs Büttner/Mario Gotterbarm u.a.) (Hg.): Diesseits des Virtuellen. Handschrift im 20. und 21. Jahrhundert, Paderborn 2015 (= Zur Genealogie des Schreibens 18).

PHILIPP THEISOHN ist SNF-Förderprofessor für Neuere deutsche Literatur an der Universität Zürich. Forschungsschwerpunkte: Jüdische Kulturtheorie, Realismus, Schweizer Literatur, Science Fiction und Futurologie, Literarisches Eigentum.
Publikationen (in Auswahl): Die Urbarkeit der Zeichen. Zionismus und Literatur – eine andere Poetik der Moderne, Stuttgart / Weimar 2005; Plagiat. Eine unoriginelle Literaturgeschichte, Stuttgart 2009; Die kommende Dichtung. Geschichte des literarischen Orakels 1450-2050, München 2012.

DIETMAR TILL ist Professor für Allgemeine Rhetorik an der Universität Tübingen. Forschungsschwerpunkte: Geschichte der Rhetorik seit der Antike – Poetik und Ästhetik – Literatur- und Kulturgeschichte der Frühen Neuzeit – Propagandaforschung – Theorie der Rhetorik.
Publikationen: Transformationen der Rhetorik (2004); Das doppelte Erhabene (2006); Rhetorik im 18. Jahrhundert (Hg., 2014); Mörike und sein Freundeskreis (Hg. mit Barbara Potthast und Kristin Rheinwald, 2015)